아동권리향연 마당

아동권리향연 마당

김정래

동문사

일러두기

✧ 본서 『아동권리향연 마당』은 모본인 『아동권리향연』을 증보한 『증보 아동권리향연』과 『아동권리향연 플러스』의 연작으로 기획된 책이다.

✧ 각종 점검 문항이나 프로그램에서 연작인 이전의 저서에 관련된 내용은 각기 『증보 아동권리향연』을 표시할 경우 **[증]**을 사용하고, 『아동권리향연 플러스』를 표시할 경우 **[플]**을 사용한다. 예를 들어서, 본문에서 **[증24]**는 『증보 아동권리향연』의 24쪽을 말하며, **[플55]**는 『아동권리향연 플러스』의 55쪽을 말한다.

✧ 점검 문항에서 사용하는 아이콘 ✾과 &은 각기 문항과 해답 또는 보충설명을 가리킨다. 예를 들자면 다음과 같다.

> ✾ 다음은 아동, 유아 등의 연령 기준에 관한 법률 규정 중 '청소년기본법 제3조', '청소년 보호법 제2조'의 내용이다. 지문을 읽고, 두 법률 내용의 공통점과 차이점을 적으시오. (중략) …
>
> & 청소년기본법과 청소년 보호법은 아동에 상응하는 주체를 이르는 호칭으로 '청소년'을 제시하고 있다는 점에서 공통점이 있다. 그러나 청소년기본법에서는 '9세 이상 24세 이하인 사람'을, 청소년 보호법에서는 '만 19세 미만인 사람'을 청소년으로 정의하고 있다는 점에서 차이점이 있다.

✧ 아이콘 ✾과 &과 함께 사용하는 ▱는 『증보 아동권리향연』과 『아동권리향연 플러스』의 본문에 소개되지 않은 내용이나 각종 참고할 문헌 및 자료를 소개하고 이에 관한 간략한 설명을 하는 아이

콘이다. 따라서 본서에는 별도의 참고문헌이나 각주가 마련되어 있지 않다. 사용 예를 들자면 다음과 같다.

🗀 지대추구(rent seeking): 지대추구는 당초 고든 털럭(Gordon Tullock)이 창안한 용어로서, … 말한다. 이 경우 기업들 간 비생산적인 경쟁이 초래된다. 그런 만큼 경제학에서도 좋은 뜻으로 쓰이는 말이 아니다. …

🗀 이상에 소개한 내용은 관점에서 다음 문헌을 참조하라.

* I. A. Snook, 1972, *Indoctrination and Education,* London: Routledge and Kegan Paul.
* I. A. Snook (ed.), 1972, *Concepts of Indoctrination,* London: Routledge and Kegan Paul. 이 두 권은 이미 제2장에서 소개한 바 있다.

또는 중요 인물을 소개하고 하는 경우에도 🗀 아이콘을 사용하였다. 예를 다음과 같다.

🗀 올더스 헉슬리(Aldous Leonard Huxley, 1894~1963): 영국의 소설가이자 비평가. … 토마스 헉슬리(Thomas Huxley, 1825~1895)의 손자이며, 줄리안 헉슬리(Julian Huxley, 1887~1975)의 동생이다. 그의 『멋진 신세계』는 … 개인의 자유와 권리가 순간적인 쾌락이나 '작은' 행복에 도취되는 순간 증발해버린다는 점을 입증하는 소설이다.

✧ &와 아울러 사용한 아이콘 ♋은 &와 🗀에 담긴 내용이 많을 경우 분절하는 의미에서 사용하였다.

✧ 책에 첨부된 책갈피는 독자들이 점검 문항을 접할 때 답을 가리기 위한 용도로 제공된 것이다.

머리말

이번에 출간하는 『아동권리향연 마당』(이하 『향연 마당』)은 『증보 아동권리향연』(이하 『증보 향연』)과 『아동권리향연 플러스』(이하 『향연 플러스』)를 교육 현장에서 펼칠 수 있는 마당을 제공하고자 한 것이다. 이 책의 이름이 지시하는 바와 같이, 아동이 자신의 권리를 향유하고 행사할 수 있는 '잔치'를 펼 '마당'을 마련하고자 한 것이다.

흔히 교육프로그램이라고 하면 현장을 필요에 따라 편의적인 방식에 의존하는 경우가 많다. 현장의 필요를 담아낸다는 점에서 수긍이 가지만, 교육프로그램으로서 역할을 제대로 수행하게 하려면 일련의 체계와 이론적 배경을 갖추어야 한다. 『향연 마당』은 이 점을 감안하여 이론적 토대를 가지고 체계적인 프로그램을 구성하여 독자들의 이해력을 증진하도록 기획하였다.

본서는 앞서 출간된 『증보 향연』과 『향연 플러스』에서 다룬 내용을 중심으로 하여 각자의 아동과 권리 그리고 아동권리의 실제를 얼마나 이해하고 이를 점검하는 데 초점을 맞추었다. 따라서 『향연 마당』에 제시된 내용은 『증보 향연』과 『향연 플러스』에서 소개하고 설명한 아동과 권리에 관한 내용을 숙지하였을 경우, 자신이 얼마나 권리를 이해하고 아동권리 현실을 보는 '눈'을 갖고 있는가를 스스로 헤아릴 수 있도록 하였다. 이를 성실하게 따른다면 『향연 마당』을 통하여 독자들은 보다 더 많은 흥미와 성과를 거둘 수 있으리라 사료된다.

특이할 점으로서 『향연 마당』은 점검 문항이 내용의 주를 이루는 듯하여 학술서적이나 일반 소개서 또는 개론서를 넘어서 마치 문제집으로 보일 것이다. 그러나 본서는 비록 일반인의 권리인식 제고라는 대중적 관심에 초점을 맞추고 있지만 엄연한 학술서이다. 이에 따라 『향연 마당』이 '문제집'의 외양을 지녀야 했던 다음과 같은 의도를 소개하지 않을 수 없다.

첫째, 많은 사람들이 아무런 근거도 없이 막연하게 권리주장을 한다. 그 결과 아무 상황에서나 '권' 자를 붙여서 권리를 둔갑시킨 다음 자기주장을 합리화해버리는 경우가 많다. 이를 보완하기 위하여 모본 『아동권리향연』을 보완하여 『증보 향연』을 출간하고 이어 이론적으로 보강한 『향연 플러스』를 출간하였지만, 이들 전작은 여전히 머릿속에 맴도는 수준에 머문 듯하다. 그리하여 시리즈 제목이 '아동권리의 잔치'이므로 『향연 마당』은 '잔치 마당'으로서 역할을 하도록 기획하였다. 책 이름이 뜻하는 그대로 마당에 직접 나와 잔치를 즐기도록 한 의도가 숨어 있다.

둘째, 공부를 하는 사람들조차도 '눈에 보이는 것'을 확인해야만 공부에 흥미와 의욕을 갖는다는 사실에 착안하였다. 아무리 훌륭한 이론이나 학설이라고 하더라도 그것을 들을 적에는 그럴듯하다가도 현실 문제에 당면하게 되면 그것이 무용지물인 경우가 종종 있다. 본서는 이러한 학습 폐단을 막기 위하여 관련 이론과 학설을 '눈에 보이도록' 하기 위하여 문항 형식으로 내용을 구성하기로 하였다. 하지만 『향연 마당』이 문제집은 아니다. 본문의 내용에 들어가 집중해 보면 알 수 있는 바와 같이 '아동', '권리', '아동권리' 그리고 그 실제를 어렴풋이 지나치는 것이 아니라 자기 자신의 지식과 신념으로 내면화하는 데 초점을 맞추었다.

셋째, 『향연 마당』이 현재의 모습으로 세상에 나오게 된 또 다른 사연은 '아동의 권리'가 실체 없이 껍데기만 통용되고 있는 현실에서 찾을 수 있다. 무슨 말인가 제목으로 보면 '아동권리'를 표방하면서도 그 내용을 보면 권리에 관한 알맹이가 하나도 없는 서적이 적지 않다는 사실을 발견하게 되었다. 예를 들어서 보육교사 2급 교육과정에 필수과목인 '아동권리와 복지'에 사용되는 동명의 수많은 교재들의 내용에 '아동권리'에 관한 내용은 없고, '권리'에 관한 실제 내용은 아예 없다. 대부분 한두 개의 장으로 할애하여 '아동권리'를 언급하고 있지만 실제 내용은 따로 배우지 않아도 되는 상식적인 사실들을 소개한 데 그치고 있다. 심지어는 1개의 장을 할애한 경우에도 거기에 담긴 내용은 여기서 언급하기 민망할 정도이다. 어느 교재의 경우 총 17장 433쪽 중에서 6쪽에 불과한 1개 장도 도저히 '권리'와 무슨 관련이 있는지 모를 내용을 담고 있다. 그럼에도 불구하고 '아동권리와 복지'라는 명칭의 도서가 많이 출간된 것은 보육교사 자격 취득을 원하는 학생 수가 많기 때문이다. 출판사 입장에서는 영업 이익을 고려하지 않을 수 없는 사정에 따라 해당 과목을 담당한 교수들의 원고에 의존하여 출판하게 된다. 그래도 책 제목이 아동권리와 아동복지의 두 부분이라면 '아동권리'의 체면을 세울 최소한의 내용을 구성해야 하지만, 현실은 정반대이다. 이에 『향연 마당』은 자격증을 취득하건 임용고시에 응시하건 간에 아동권리 학습을 필요로 하는 사람들에게 실질적 이득이 되도록 하고자 하였다. 이에 관한 자세한 소개는 이어지는 서장에서 다시 하도록 한다.

당초 구성 면에 있어서 『향연 마당』은 현재의 모습과는 달리 기획되었다. 원래 기획했던 제3부에서 아동권리를 학습할 수 있는 다양한 교육프로그램을 다루고자 하였다. 거기에는 아동권리교육 프로그램 개발 원리를 소개하고 이를 토대로 하여 각종 아동권리교육 프로그램을 구안하도록 하였다. 이어서 각급 학교에서 가르치는 권리교육 프로그램도 다루도록 기획하였다. 구체적으로 초·중등학교 교과서에 담긴 권리 관련 내용과 권리교육을 분석하는 한편, 교과 수업 이외에 다루어지는 각종 프로그램을 검토하려 하였다.

또한 초·중등학교 이외의 기관에서 다루어지는 권리교육 프로그램을 소개하고 검토하려 하였다. 여기에는 각 대학에서 다루어지는 권리교육 강좌와 프로그램, 교사양성과정에서 필요로 하는 프로그램을 염두에 두었다. 그러나 현행 대학 교육과정에 이에 관한 내용이 많지 않아서 교육대학과 사범대학 재학생 그리고 일반 대학생을 대상으로 한 프로그램을 각기 새롭게 구안하여 소개하기로 하였다. 이렇게 구안된 프로그램을 토대로 하여 일반인, 학부모를 대상으로 한 권리교육프로그램을 구안하도록 하였다. 끝으로 지식기반사회에 추세에 부응하여 컴퓨터 활용 프로그램 시안을 대상별로 마련하고자 기획하였다. 하지만 이렇게 설계한 당초 원고의 제3부의 분량이 현재 선보이는 『향연 마당』에 상응하여 총 분량이 1,500쪽이 넘는다는 사실을 알게 되었다. 그래서 고심 끝에 당초 기획한 제3부는 분책(分册)하여 『아동권리향연 프로그램』(이하 『향연 프로그램』)으로 차후에 출간하기로 하였다.

하지만 현재의 모습으로 세상에 나오는 『향연 마당』도 역시 3개의 부로 구성되어 있다. 서장을 제외한 내용은 다음과 같다. 제1부에 담긴 5개의 장은 『증보 향연』과 『향연 플러스』에서 다룬 내용을 토대로 하여 점검하는 계기를 마련하였다. 앞서 지적하였지만, 제1부의 내용이 주로 외양상 문항의 형식을 띠고 있지만, 독자들의 아동과 권리, 그리고 아동권리가 펼쳐지는 사회현실과 제도를 온전하게 이해하도록 이끄는 역할을 하도록 하였다. 제2부는『향연 플러스』에서 미처 다루지 못한 아동 참여에 초점을 맞추어 3개의 장으로 구성하였다. 아동 참여를 적극적으로 자극하는 '참여사다리'는『증보 향연』에서 소개하기도 하였지만, 거기서 세심하게 다루지 못한 내용을 보완하였다. 특히 원저자인 하트(R. Hart)의 진술을 토대로 하였으며 그가 강조한 아동의 놀이도 아울러 다루었다. 그 다음으로 아동권리협약을 보다 심층적으로 다루었다. 아동권리협약도 역시『증보 향연』에서 소개한 바 있지만, 단순한 이해를 넘어서 아동권리협약의 계보와 구성 그리고 아동권리협약의 내용을 온전하게 이해하는가에 초점을 맞추어 점검 문항을 마련하였다. 이는 이어 간행될『향연 프로그램』에서 소개될 내용과 밀접하게 관련된다. 우리나라 교육감들이 지방의회를 통하여 제정한 '학생인권조례'는 외형상 아동 참여에 일차적인 목적이 있다. 제2부의 끝장에서는 학생인권조례를 분석하여 그 성립 배경과 본질을 검토하고 거기에 포함된 문제점을 확인하기로 한다. 당초 제3부인 교육프로그램이 분책한 결과 제3부는 존재하지 않아야 하지만, 본서에서는 '마당'이라는 취지를 살려 제3부에 1개의 장을 마련하여 종합 점검하는 기회를 갖도록 하였다. 제9장은 자율 심화 점검이라고 명명하여 이제까지 공부한 내용을 종합적으로 점검함은 물론 독자들이 선호하는 주제를 택하여 심층적으로 공부할 수 있는 기회를 마련하였다.

책을 만든 사람의 입장에서 책을 내는 것은 물정을 모르는 자식을 세상에 내놓는 기분이 들게 한다. 독자들이 어떤 반응을 낼지 그리고 세상이 어떻게 평가할지 두려움과 설렘만이 마음에 남은 채, 저자는 오로지 이 책이 독자들에게 실질적인 이익을 증진시키기 바랄 뿐이다. 무엇보다도 책 제목이 암시하듯이 이 책이 많은 독자들에게 아동과 권리를 실질적으로 이해하는 '마당'이 되고 나름의 권리를 학습할 수 있는 '터전'이 되길 기원할 뿐이다. 그리하여 어중간하게 권리 주장을 하는 것이 아니라 적어도 자신의 분야와 관련된 권리를 온전하게 이해하고 개진할 수 있기를 바란다. 동시에 어림짐작으로 특정 단체에서 하는 주장에 현혹되어 휩쓸려 다니지 않고 나름대로 아동문제와 권리문제를 보는 정확한 시각을 지녔으면 하는 바람이 간절하다. 아울러 이러한 취지에서 독자들이 본서를 '문제집'으로 여기지 않기를 다시 당부드린다.

이 책을 기획하고 집필하는 과정에서 소중한 분들의 도움을 받았다. 먼저 완성된 초고를 읽고 부족하고 어색한 부분을 지정해준 문정애 박사님과 한지윤 박사님에게 감사의 말씀을 드린다. 또한 원고의 바탕이 되는 기초자료를 정리해준 부산교육대학교 김하민 군과 문항 제작을 도와준 정윤희 군에게도 고마움을 표한다. 끝으로 코로나 사태로 어려운 경제 사정에도 불구하고 원래 기획된 대로 출판을 진행토록 허락한 동문사 이중수 대표님, 기획과 제작을 총괄한 유재영 상무님, 실무에 여러 가지로 애를 써주신 편집부 남혜주 팀장님께 사의를 표한다.

壬寅 盛夏

玄山 金正來 謹識

차 례

표차례

서장: 아동권리증진을 위한 마당

우리말 사전에 '마당'은 '집의 앞이나 뒤에 평평하게 닦아 놓은 땅'이라는 뜻과 '어떤 일이 이루어지고 있는 곳'이라는 뜻을 가진 말이라고 되어 있다. 첫 번째 것은 '마당'을 물리적, 사실적으로 기술한 뜻이고, 두 번째 것은 사건이 일어나는 터라는 뜻이다. 후자는 사람이 영위하는 활동의 터전을 뜻한다. 사람이 하는 일에 관심을 가진다는 차원에서 '마당'은 중요한 개념이다. 우리말 '마당'은 사전에서 말하는 의미에서 나아가 '어떤 일이 벌어지는 판이나 상황'을 말한다. 흔히 '판이 벌어졌다'느니 '판을 벌이자'는 것은 사람이 도모하는 일을 기획하고 연출하고 실연한다는 뜻이다.

본서의 제목이 '아동권리향연 마당'인 것은 이전에 나온 아동권리향연 시리즈에 담긴 '잔칫상'이 실제 우리 현실 속에 일어나는 실상을 제대로 파악하고 일어나기 바라는 모습으로 온전하게 펼쳐지는 '잔치마당'이라는 뜻을 담았기 때문이다. 두 권의 전작이 아동, 권리, 제도를 소개하고 설명하는 데 초점이 맞추어져 있다면, 『아동권리향연 마당』(이하 『향연 마당』)은 거기 담긴 내용들이 펼쳐져 아동권리의 증진과 나아가서 우리 사회의 권리인식의 제고에 도움이 되도록 실질적 내용을 담는 데 초점이 맞추어져 있다. 우리말 '마당'이 함의하는 뜻인 '판을 벌이고자 한 것'이 『향연 마당』의 집필 의도이다. 그러면 왜 이러한 책을 내면서까지 '판'을 벌여야 하는지를 밝혀야 할 것이다.

이제 독자들의 '현실적인 입장'에서 『향연 마당』이 왜 필요한지를 구체적으로 설명하도록 하겠다. 앞서 『향연 마당』을 출간하는 의도를 잔치에 빗대어 소개한 바 있다. 손객이 잔칫집에 와서 즐기고 실컷 얻어먹고 가듯이, 본서 『향연 마당』은 일차적으로 보육교사, 사회복지사 그리고 관련 공무원이거나 그렇게 되고자 하는 사람들이 '권리' 공부라는 잔치 마당에서 융숭한 대접을 받을 수 있도록 기획한 것이다. 이외의 독자들에게는 아동과 권리 또는 아동권리라는 주제가 우리 문명사회의 일원으로서 필수교과로 공부해야 할 내용이라는 점을 체감할 수 있도록 기획하였다. 그럼에도 불구하고 우리 사회의 사정을 솔직하게 들여다보면 '아동'은 우리 모두가 아는 주제이고 '권리'는 안 들여다보아도 '뻔한 주제'라는 생각이 지배적이다. 그러나 실상은 그러하지 아니하다. 아동존중을 외치면서도 아동은 여전히 열등한 존재이며, 권리는 아무 노력 없이 무제한 제공받을 수 있는 '자유재'라고 생각한다. 그 결과 사회 곳곳에서 자기 입장에서 권리청원을 하면서도, 그것이 어떤 것이며 어떠해야 하는지에 대한 최소한 성찰도 없이 사회분열과 혼란만을 부추기는 것이 우리 자신의 현주소이다. 게다가 권리 일반이나 아동권리 문제에 관련된 종사자 내지는 그렇게 되고자 하는 사람들의 처지를 보면, 그것은 자신들이 생각하는 '문명'도 '인권'도 '인간존엄'도 아닌 입으로만 외치는 공허한 '메아리'에 불과한 듯하다.

보육교사의 경우, 2급 자격증을 취득하기 위하여 '아동권리와 복지'는 필수과목으로 선정되어 있어서 아동권리를 반드시 공부하도록 되어 있다. 이는 보육교사가 되려는 사람들이 반드시 아동권리에 관한 최소한 소양을 지녀야 한다는 뜻이다. 다시 말하자면, 우리 관련 법령이 아동권리를 반드시 공부해야 한다고 의무사항으로 규정하고 있다는 뜻이다. 이러한 정책 취지를 살리려면 이 과목을 운영하고, 이와 관련된 서적을 제작하려면 최소한 '아동', '권리', '복지'라는 세 가지 영역이 골고루 소개되고 이 세 주제가 정합적으로 엮여 있어야 한다. 그러나 매우 애석하게도 대부분의 동명(同名)의 교재들은 아동권리를 거의 패싱(passing)하는 수준에 머물러 있다. 현실을 보면 '아동권리와 복지'라는 제명의 서적과 교재는 거의 대부분 기존의 아동복지학이나 아동발달의 이론과 실태를 재편한 내용을 담고 있다. 책에 '권리' 부분에 할애한 그 분량도 열악하다고 할 지경이다. 그나마 권리를 설명하는 경우에도 대부분 상식적인 내용이거나 식상한 내용으로 구성되어 있다. 심지어 동명의 어느 책은 '아동권리' 부분이 전체 300~400여 쪽 가운데 4~5쪽에 불과한 경우도 있다. 보육교사가 되고자 하는 독자들은 『향연 마당』을 통하여 이러한 현실을 직시하고 아동권리를 제대로 공부하고 아동권리에 대한 새로운 인식과 안목을 갖추는 계기를 마련하기 기원한다. 우리 법령이 보육교사가 되려는 사람에게 아동권리의 기본 소양을 요구하고 있지 않은가. 교직은 전문직이라고 스스로 주장하면서 이래 가지고 어떻게 '전문성'을 운운하며 스스로가 전문가입네 하고 주장할 수 있겠는가.

사회복지사 2급 자격의 경우 10개 과목을 필수로 이수하고 7개 과목을 선택하여 총 51학점 이상을 이수하도록 되어 있다. 이 중에서 아동권리와 관련된 과목은 '사회복지와 인권'이라는 한 과목뿐이다. 물론 아동복지론, 복지국가론, 여성복지론, 청소년복지론, 학교사회복지론 등의 과목을 통하여 아동권리 관련 내용을 다룰 수 있으나, 그 가능성은 현실적으로 희박해 보인다. 이와 관련된 동명의 교재들을 개략적으로 조사해본 바에 따르면 아동권리를 기본적으로 다룬 서적을 발견할 수 없기 때문이다. 그러나 사회복지사가 관장하고 있는 전 영역, 즉 아동복지, 가족복지, 여성복지, 학교사회복지, 청소년복지, 교정복지를 비롯하여 관련 영역인 국제사회복지나 복지국가론에서도 빠지지 않고 쟁점이 되는 주제는 '권리'이다. 아동권리, 모성권리, 여성권리, 학생의 권리, 수감자의 권리 등이 쟁점이 되기 마련이다. 상황이 이럴진대, 현재처럼 아동권리를 거의 패싱하거나 주마간산(走馬看山) 격으로 공부한다는 것은 그 영역에 몸담고 있는 사람들이 우리나라 복지정책과 활동의 수준을 스스로 격하시키는 꼴이다. 사회복지사 1급을 취득하는 경우에도 사정은 마찬가지이다.

아동권리의 관점에서 보면 현행법상 보육교사보다도 유치원 교사가 되고자 하는 유아교육의 경우는 사정이 더욱 열악하다. 유아교사 양성 과정의 교과목에 '권리'와 '인권'이 들어간 이수과목이 하나도 없기 때문이다. 유아교육은 성격상 교육학에서 분기된 분야이다. 기존 교육학에서 권리문제가 본격적으로 다루어지지 않은 것이 가장 큰 요인으로 보인다. 더욱이 현행법상 유아교사 자격을 지닌 자는 보육교사 자격을 갖도록 되어 있어서 현실적으로 문제는 더욱 심각해진다. 관련 과목을 하나도 이수하지 않고 유아교사 자격을 취득한 사람이 보육교사 역할까지 수행하기 때문이다. 유아교육에서 이처럼 아예 아동권리가 무시되었다는 것은 그 영향이 보육 영역에도 미친다는 뜻이다.

초·중등교사 자격 취득을 위한 이른바 교직 과정에도 권리 문제를 다루는 과목은 없다. 이처럼 각종 자격증을 수여하는 교과과정에 아동권리 관련 과목이 전무한 것은 이제까지 권리에 관한 연구가 교육학이 아닌 다른 영역에서 이루어졌기 때문이기도 하다. 대형서점에

가도 권리만을 별도로 다룬 저술은 그리 많지 않지만, 그나마 정치이론이나 정치철학 그리고 헌법학을 중심으로 한 법학 코너에 가면 접할 수 있다. 크게 보면 정치학, 철학, 법학 영역에서 다루어지는 데, 그들 학문 영역에서도 권리 공부는 '마이너리티' 그룹에 속한다. 사정이 이러하다 보니 이 분야는 교육학에서 생소한 분야이고, 그 결과 보육교사, 사회복지사, 유아교사, 초·중등교사 자격취득 이수과정에 이러한 과목이 없는 것은 어쩌면 당연하다. 그럼에도 불구하고 각종 자격을 취득한 이들은 각기 현장에 부임하여 아동권리, 학생권리, 인권 등을 언급하면서 또는 스스로를 '전문가'라고 착각하면서 근무한다.

공무원 임용의 경우에는 어떠한가. 결론부터 말하자면, 권리인식 제고와 함께 현실적인 수요가 있음에도 불구하고 해당 공무원이 권리인식을 제고해줄 만한 특정한 과목이 없다. 흔히 행정고시라고 하는 5급 공무원 임용의 경우부터 보자. 일반행정직의 경우 1차 공통시험 과목에는 물론이고 2차 필수과목이나 선택과목에도 권리 관련 과목은 없다. 다만 사회복지직 5급 임용시험의 2차 4개의 필수과목 중 사회복지학이나 선택과목 중 사회문제론에서 권리 문제를 다룰 수 있겠지만, 그 가능성은 희박하다. 5급 임용시험 중 직렬상 법무행정, 보호직, 교정직, 검찰직에서도 권리문제를 다룰 필요성이 매우 크지만 현실적으로 그 가능성은 매우 작다.

일반적으로 외무고시라고 하는 5급 외교관 후보자 선발시험도 사정은 마찬가지이다. 그러나 외교관의 경우에는 소위 말하는 '인권' 문제가 주된 업무 영역이기도 하다. 외교관이 되면 각종 국제기구의 인권 담당 부서에 근무해야 하고, 현지 대사관 등 공관에 근무하는 경우에도, 이민, 난민, 재외한국인 납치 및 귀환 등 권리문제와 관련한 현안을 해결해야 한다. 이와 같은 당면 현안 문제 이외에 각종 조약과 관련되기도 하고, 국제기구와 관련하여 권리문서를 다루어야 할 경우가 많다. 다행하게도 외교관 후보자 선발시험에는 '학제통합논술시험'이라는 과목이 있어서 거기서 각종 외교상 권리문제가 다루어질 수 있을 것으로 기대된다.

직급을 내려서 7급 공무원 임용의 경우에는 사정이 더욱 나쁘다. 7급 임용시험에 사회복지직은 없으며, 관련된 직렬을 굳이 말하자면 교정직, 보호직, 고용노동직이 있지만, 관련 과목이 설정되어 있는 것은 아니다.

9급 공무원 임용시험의 경우에도 공무원이 권리인식을 뚜렷하게 제고해줄 만한 과목이 없다. 다만 9급 직업상담직에 직업상담과 심리학개론이 들어있어서 여기서 권리문제를 다룰 수 있지만 그 가능성도 역시 매우 희박하다. 현재 9급 공무원의 상당수가 기초자치단체의 민원창구나 읍면동 사무소(요즈음은 행정복지센터)에서 근무하면서 복지와 '권리' 업무를 수행한다. 그런데 그들을 선발하는 시험에 이를 다루는 과목이 없다. 권리문제를 잘 모르면, 인기에 연합하거나 정치적 선동에 휩쓸리게 된다. 정치적 중립을 요하는 공무원이 대중 인기와 정치적 선동에 흔들려서야 일선 행정 공무원으로서 본연의 소임을 다 할 수 있겠는가 반성해야 한다.

지금까지 살펴본 바에 의하면 많은 사람이 직접적인 필요를 느끼는 자격취득이나 공무원 임용에 권리를 공부해야 할 당위성을 찾을 수 없음을 알 수 있다. 즉 젊은이들이 의욕을 가지고 자격을 취득하거나 공무원에 임용될 경우에 공부할 권리문제 또는 아동권리를 공부할 계기가 마땅하지 않은 것이다. 그렇다고 우리의 권리인식이 제대로 되어 있는가 하면 실제 사정은 그렇지 못하다. 그나마 자격증 취득에 필요한 과목에서조차 아동권리가 제대로 다루어지지 않는 실정을 감안하면 우리의 권리 인식 제고를 위한 어떤 조치를 내려야 마땅하다.

그럼에도 불구하고 권리문제 또는 아동권리가 세간의 관심 밖에 있거나 도외시되는 것은 전혀 아니다. 오히려 권리에 관한 관심은 매우 높은 편이다. 그러나 실상은 권리에 관한 세간의 관심이 높은 것이 아니라 자신의 관심사에다 '권리'를 덧씌워서 자기주장만을 관철하고자 하는 형국이다. 그 결과 너도나도 '권리'를 운운하고 매사에 '권리청원'을 하는 것이 능사인 양 여긴다. 문제는 이들이 권리의 속성을 제대로 이해하고 청원을 하는가에 있다. 이와 같은 상황에서 권리 인식을 기본적으로 제고하고자 기획한 책이 『증보 아동권리향연』(이하 『증보 향연』)에 이은 『아동권리향연 플러스』(이하 『향연 플러스』)이다. 이를 통하여 소기의 성과가 나타나길 기원한다.

문제는 권리 인식 제고에 그치지 않는다. 권리인식의 정도가 어떻건 간에 사회적 현안에 '권리'라는 렌즈를 통해서 문제시한다. 이럴 경우 정작 문제는 자신이 쓰고 있는 안경이 어느 정도의 굴곡이 있는지 어떠한 색깔로 코팅되어 있는지를 스스로 판가름하지 못한다는 데 있다. 이러한 현실을 직시하면서도 이를 방기한다는 것은 학자적 양심으로 용납할 수 없다는 생각에 이르게 되었다. 그 결과 독자들이 아동권리인식을 현실적인 감각을 가지면서 비교적 쉽고 체계적으로 접근할 방법을 모색할 수 있도록 본서 『향연 마당』을 기획하고 집필하였다. 보다 구체적으로, 본서를 통하여 스스로 지닌 권리인식의 정도를 파악하고 권리의 개념을 제대로 이해하고 관련된 지식을 온전하게 습득하여 이를 스스로 내면화하는 계기를 만들고자 한 것이다. 이제까지 '마당'이라는 제하로 독자들에게 '판을 깔아서' 아동권리증진의 기틀을 마련하고자 '잔치'를 벌인 의도를 개진하였다.

권리 인식 정도에 관계없이 권리가 회자되는 만큼 자격증 취득이나 임용과 무관하게 권리교육이 다양한 형태로 시행된다. 시행하는 주체의 필요에 따라 다양한 종류의 권리교육 프로그램이 만들어진다. 여기서도 적지 않은 문제가 발견된다. 권리에 관한 개념적 설명 없이 권리를 편향적인 관점에서 이해하도록 하는 경우나 권리가 요구되고 정당화되는 상황을 전혀 고려하지 않고 극한적 상황만을 묘사하는 경우도 있다. 이를테면 어느 프로그램에서 강조한 권리가 복지권이 분명한데도 불구하고 그것이 마치 자연권적 기본권인 양 취급한다. 이미 『향연 플러스』에서 설명한 바와 같이 두 가지는 혼동해서 안 될 중요한 개념이다. 또한 권리에는 의무가 수반되는 경우도 있고 그렇지 않은 경우도 있다. 하지만 각종 프로그램을 보면 후자만을 강조하는 경향도 찾아볼 수 있다. 이 외에 여러 가지 권리교육을 시행하는 데 있어서 문제점을 적지 않게 발견할 수 있다.

권리교육에 관한 기본적인 사항은 『증보 향연』에서 다룬 바 있다. 하지만 『증보 향연』에서는 권리교육의 기본원리를 소개하는 수준에 그쳐 다소 미흡한 점이 없지 않았다. 그래서 이론중심으로 논의를 심화한 『향연 플러스』에서 다루지 못한 권리교육 부분을 당초 본서 『향연 마당』에서 다루고자 하였다. 그러나 머리말에서 언급한 바와 같이 그 내용을 『향연 마당』에서 함께 다루게 되면 전체분량이 1,500쪽이 넘어 출판관행상 분책(分冊)하지 않을 수 없게 되었다. 그 결과 권리교육 프로그램은 『아동권리향연 프로그램』(이하 『향연 프로그램』)이라는 별도의 저서 형태로 보다 체계적이고 심층적으로 다루기로 하였다. 『향연 프로그램』에서는 다양한 형태로 세상에 나온 기존의 권리교육프로그램을 분석하는 데 그치지 않고 『증보 향연』에 소개한 기본원리를 보다 심층적으로 설명하여 권리교육 프로그램 제작의 구체적인 원칙들을 설정하여 제시할 것이다. 아울러 이 작업을 하는 데 있어서 『증보 향연』과 『향연 플러스』에 이어 본서 『향연 마당』에 제시되었던 내용들이 정합적으로 조직되도록 할 것이다.

이어질 연작 『향연 프로그램』에서는 권리교육 프로그램의 원리와 이론적 측면만을 다루는 데 국한하지 않고 권리교육을 받는 사람의 입장에서 요구되는 바를 반영하여 프로그램을 범주화할 뿐만 아니라 권리교육을 시행하는 사람의 입장에서 고려해야 할 지침을 마련하도록 하여 권리교육의 실천적 측면을 강조할 것이다. 곧 권리교육이 실행력을 갖추도록 기획하였다. 물론 『향연 프로그램』에 담긴 각종 권리교육 프로그램에는 이제까지 향연 시리즈에서 다루어온 권리 개념의 정확한 이해, 아동의 현실, 권리와 관련된 제도적 차원의 문제 등을 토대로 하여 체계적으로 조직하여 구성할 것이다.

본서의 구성을 본격적으로 개괄하기에 앞서 본서에 선정되고 조직된 내용을 어떻게 접근해야 하는지를 언급하고자 한다.

먼저 제1부가 모두 문항 형식의 내용으로 구성되었다. 이는 많은 독자들이 관련 자격증 취득, 임용고시 대비 등의 현실적 욕구 충족에 부합하려는 의도이다. 그렇다고 본서가 각종 사설 학원이나 임용고시생이 다루는 '문제집'은 아니다. 점검 문항 중심의 구성은 앞서 밝힌 독자들의 권리인식을 보다 생생하게 제고하기 위한 것이다. 이는 곧 본서가 독자들의 취향에 맞게 잔뜩 얻어먹고 가는 잔치 마당이 되도록 하려는 취지와 다르지 않다. 상당수의 독자들이 관심을 갖고 있는 각종 자격취득 또는 자격시험에 대비하여 얻어갈 수 있는 장마당을 깔고자 한 것이다. 그러나 본서는 '문제집'이 아니라 엄연한 학술서이다. 왜냐하면 본서에는 권리의 온전한 향유, 행사 그리고 증진에는 자유민주주의가 전제되어야 한다는 학문적 입장이 기저에 깔려 있기 때문이다. 또한 그릇된 권리지상주의를 경계하고자 여러 학문적 논거를 정합적으로 제시하고 있기 때문이다. 다만 대중적인 기호에 맞추어 권리인식 제고라는 사명을 다하고자 현재의 모양으로 기획한 것이다. 따라서 책 전반에 걸쳐 독자들은 학문적 입장에 관한 논의와 소개가 적지 않음을 확인할 수 있을 것이다.

모든 사람은 현실적인 이해나 이기적 욕망에 비추어 행동을 한다. 본서 제9장에서 '공공선택론'을 소개하면서 언급하겠지만, 개인의 이기적 욕망이 사악한 것은 아니다. 이것은 인간 행동의 동기를 부여한다. 이러한 동기에 따라 수행하는 행동을 통하여 인간은 그 이전에 겪어보지 못한 지식이나 행동을 경험하게 된다. 그리하여 당초 지녔던 동기보다 차원이 높거나 격상된 경험을 하게 된다. 본서는 이를 고려하여 문항 중심의 구성을 고안하였다. 당장의 필요에 따라 독자들은 본서의 문항을 접하고 이를 통하여 새로운 지식을 획득하겠지만, 이와 동시에 이전에 상상하지 못하였던 성취를 경험할 수 있을 것이다. 심리학에서 '기능적 자율성(functional autonomy)'을 활용하여 아이들의 학습을 촉진하는 경우와 흡사하다.

제1부의 내용이 각종 평가 형태의 문항으로 구성되어 있지만, 주로 5지 선다형으로 이루어져 있다. 그리고 난도를 높이기 위하여 타당한 항목 또는 틀린 항목을 '모두' 고르라는 문항을 상당수 포함시켰다. 하지만 5지 선다형 문항 중 제시된 항목 다섯 개가 모두 답인 경우는

독자들에게 해당 문항에 관련된 정보와 지식을 일목요연하게 정리하게 하려는 의도이다.

이하에서는 본서의 이러한 기획 취지에 따라 이하 본문에 담길 내용을 개괄하도록 한다.

제1장은 독자들이 평상시에 지니고 있는 아동과 권리에 관한 지식과 이해도를 측정하고, 그것을 스스로 점검해 보는 계기를 마련하기 위한 것이다. '측정'이니 '평가'니 하는 용어는 우리에게 유쾌하지 않은 '심리적' 부담을 준다. 하지만 제1장의 기획 의도가 독자들에게 심리적 부담을 안겨주는 데 있는 것이 아니라 자신의 이해도를 확인하여 아동문제와 권리문제를 온전하게 파악하고자 하는 동기를 부여하는 데 있다.

제1절에 담긴 사전 점검은 진위형 50문항으로 구성되어 있다. 이 책을 접하기 전 아무런 조치 없이 자신이 아동과 권리에 관하여 얼마나 알고 있는가를 사전에 점검하고자 한 것이다. 교육학 용어로 하면 형성평가에 해당한다. 그 내용은 이 책 전반부에서 다루는 내용이 주를 이룬다. 여기서 60% 이상 점수를 획득하면 스스로 아동의 이해와 권리에 관한 기본 소양을 갖추었다고 평가할 수 있다. 그렇다고 해서 그 수준에 안주해도 좋다는 뜻은 아니다. 사전 점검 문항에 대한 내용 설명은 별도로 하지 않았다.

제2절 기본 점검은 사전 점검 문항의 수준과 비슷하게 기초지식을 점검하도록 한 문항으로 구성되어 있다. 완성형 문항, 연결형 문항도 있지만, 간략한 서술형 문항과 오지선다형이 주를 이룬다. 서술형이 비교적 많이 담긴 것은 기초지식을 습득하도록 하는 데 그 목적이 있다. 이 절의 문항이 다루고 있는 내용은 주로 아동관과 권리에 관한 기

본 소양이 되는 지식들이다.

제2장은 우리가 매일 접하는 아동을 얼마나 이해하고 있는가를 다각적인 관점에서 알아보도록 구성하였다. 주 내용이 『증보 향연』과 『향연 플러스』에 소개된 경우도 상당 정도 있지만, 아동권리향연 시리즈 전작에서 다루거나 소개하지 않은 내용도 적지 않게 포함되어 있다.

제2장의 앞부분 '아동의 위상'은 '아동'이라는 용어의 근원과 형성 그리고 함의하는 바를 다루고 이어 아동의 법적 지위와 연령에 따른 정의 및 제한을 다루었다. 많은 사람들이 아동을 다루면서 은연중에 성인보다 열등한 존재라는 인식 이외에 아동에 대한 올바른 이해를 위한 별도의 노력을 경주하지 않는 것이 사실이다. 비록 외양으로는 아동을 존중한다고 하면서 실상을 들여다보면 아동에 관한 이해가 깊지 않은 듯하다. 이런 점을 감안하여 표준어 '아동'을 비롯하여 우리말 '아이', '아기', '어린이', 그리고 '어른' 등의 용어에 담긴 의미를 소개한『향연 플러스』 제1장의 내용을 토대로 문항을 구성하였다. 또한 같은 맥락에서 헌법을 비롯한 각종 법령에 담긴 아동의 법적 지위와 연령 제한 문제를 점검하고 이해하도록 하였다.

그렇다고 해서 본서는『향연 플러스』에서 다룬 내용만을 대상으로 하지는 않았다. 예를 들어, 우리나라 아동존중 사상가이자 행동가인 소파 방정환 선생의 업적을 통해 본 어린이날의 의미와 제정 사정을 포함시켰다. 또한 아동의 법적 지위를 다루면서 보다 근원적으로 헌법적 차원에서 아동의 의미와 아동 존중의 사상을 짚어보았다. 그리고 이러한 내용과 관련된 여러 유형의 문항으로 이해한 내용을 점검하도록 하였다.

이어지는 '아동관'은 동·서양의 전통적 아동관을 개괄하였다. 전통적 사고체제에 함의된 아동관을 추출하는 내용을 중심으로 한 것이다. 이어서 다섯 가지 아동관을 심층적으로 다루었다. 이 내용은 당초 모본인『아동권리향연』과『증보 향연』에서 간략하게 소개한 내용을 토대로 보완 설명한『향연 플러스』의 제2장 내용과 관련된다. 이 다섯 가지 아동관은 교육을 설명하거나 아동정책을 기획하고 담당하는 사람들이 어떤 아동관을 전제하고 있는가를 가늠할 수 있는 잣대가 되는 만큼 중요한 내용이다.

제3장은 권리를 기초부터 비교적 체계적으로 이해할 수 있는 계기를 마련해주는 내용으로 구성되어 있다. 제3장은 네 부분으로 나누어 권리에 관한 이론적 내용을 스스로 점검하고 학습할 수 있도록 하였다. 제1절은 권리라는 개념을 이해하는 데 주안점을 두었다. 우리말 '권리'라는 용어가 도입된 배경과 거기에 담긴 뜻을 분석하였다. 이 내용은 주로『향연 플러스』의 제5장에서 다룬 내용을 토대로 하였으나, 이에 포함되지 않는 내용도 상당히 포함된다. 예를 들어 우리 헌법에 천명된 기본권을 소개하였다. 또한 권리와 유사하면서도 관련된 개념들도 점검 문항의 형식으로 다루었다.

제2절은 권리의 범주와 발달을 중심으로 하여 권리에 관한 이해도를 높이도록 하였다. 우리가 향유하고 행사하는 권리의 속성을 정확하게 파악하는 방법은 그 권리가 어떤 속성을 지니는가를 아는 것이다. 그것은 곧 그 권리가 어떤 범주에 속하는가의 문제이다. 또한 우리가 향유하고 행사하는 권리는 근대 계몽시대의 산물이다. 그러나 그 연원을 거슬러 올라가면 고대 희랍시대에 이른다. 이러한 맥락을 파악하게 되면 권리의 특성을 보다 명확하게 이해할 수 있다. 이런 점을

염두에 두고 제작한 제2절은 보다 정확한 이해를 도모하기 위하여 내용이 다소 중복되어도 다양한 문항으로 구성되었다.

권리이론을 다룬 제3장 제3절은 주로 『향연 플러스』의 제6장에 소개한 내용을 토대로 한 문항으로 구성되어 있다. 가장 기본적이면서 중요한 것은 호펠드의 권리의 형식을 정확하게 이해하는 데 있다. 그래서 문항을 다소 변형하여 반복적으로 제시하였다. 그 다음으로 중요한 내용으로 윤리학과 정치이론을 바탕으로 한 권리설을 점검하도록 하였다. 주로 이익이론, 선택이론 그리고 자격이론을 중심으로 한 문항들은 권리문제에 생소한 독자들에게 관심을 높이고 이해도를 끌어올리는 데 기여하리라 본다.

제4절에서 다룬 내용은 '아동권리의 실제'라는 제목을 달고 있지만, 그 내용은 권리의 보편성과 아동권리의 특수성에 관한 것이다. 주로 『향연 플러스』의 제3장과 제8장의 내용을 토대로 한 문항으로 구성되어 있다. 이 내용은 『향연 플러스』의 서문과 서장에서 밝힌 저술 의도와 밀접하게 관련된다. 그리하여 아동문제와 권리문제를 다루는 이들이 빠지기 쉬운 권리지상주의의 결함을 파악하고 이를 극복하는 데 매우 중요한 문항이라고 판단된다. 그 상당 부분은 한나 아렌트의 주장을 밑거름으로 한 것이다.

제3장의 끝에 설정된 제5절은 제2장과 제3장에서 다룬 내용을 중간 점검하는 계기를 마련하였다. 책의 중반부에 이르러 중간 점검을 한다는 뜻도 있지만, 이어지는 문항들이 이 기본적인 내용을 제대로 파악하지 않으면 진전시키기 어려운 내용들로 이어지기 때문이다. 반드시 밟고 가야 한다는 의미에서 별도의 '마당'을 마련하였다. 구성된 문항들은 사전 점검 문항과 마찬가지로 모두 진위형이며 약 120여 개

의 문항으로 구성되어 있다. 그러나 사전 점검 문항과 달리 문항에 대한 간략한 설명을 첨가하였다.

제4장은 권리가 중요하다고 해도 그것은 반드시 자유민주주의 체제 아래서 향유하고 행사할 수 있다는 점에 초점을 맞추었다. 따라서 자유와 민주주의 개념을 일차적으로 다룰 내용으로 하여 문항을 제작하였다. 문항은 자유와 관련하여 『향연 플러스』의 제9장과 민주주의와 관련하여 『향연 플러스』의 제10장에 담긴 내용을 대상으로 제작하였다. 하지만 여기서 다루어진 내용이 『향연 플러스』에만 의존한 것은 아니다.

제1절 '자유와 권리의 쟁점'은 권리가 자유민주주의 체제 속에서 온전하게 향유하고 행사할 수 있다는 논거를 제공한다. 이 점에서 보면 자유와 권리는 동의어이기도 하다. 실제로 헌법에 천명된 기본권이 대부분 '자유'로 명시되어 있다는 점이 이를 입증한다. 비록 자유의 개념 분석에 일차적 초점을 맞추기는 하였어도, 현실에서 자유가 왜곡되는 양상과 이로 인하여 비롯되는 자유민주주의 체제의 부정을 경계하고자 하였다. 여기에 담긴 문항들은 이러한 목적에 초점을 맞추고 있다. 역으로 그런 점에서 '자유'에 관한 철저한 분석이 더욱 요구된다. 또한 문항이 『향연 플러스』에 입각하여 구성되기는 하였어도 그것을 넘어서는 관련 내용을 소개하여 독자들의 관심에 따라 나름대로 심층적인 탐구가 가능하도록 내용을 구성하였다. 내용도 '자유'의 개념에 국한하지 않고 자본주의와 자유의 일상적 용법 등도 소개하였다.

제2절 '자유민주주의 사회'는 민주주의에 대한 철저히 이해하는 데 일차적으로 초점을 맞추었다. 우리 사회에 만연된 그릇된 '민주화'의

우상을 바로 잡는 데 있어서 필수적인 작업이기 때문이다. 주로 『향연 플러스』의 제10장의 구성에 따라 문항을 제작하고 전개하기도 하였다. 그러나 그 내용은 제1절과 마찬가지로 그 내용을 넘어서는 다양한 소재를 담고 있다. 흔히 민주주의의 폐단을 포퓰리즘이라고 한다. 포퓰리즘은 경계해야 마땅하다. 그렇다고 해서 민주주의는 특정 소수의 의견에 입각한 것은 아니다. 따라서 민주주의는 대중의 지혜를 존중하는 방향으로 가야 한다.

그럼에도 불구하고 민주주의는 여러 가지 방식으로 왜곡되기도 한다. 그것은 각기 지향하는 바가 다른 것을 모두 민주주의라고 칭하기 때문이다. 이 관점에서 '민주주의의 유형'을 문항으로 제작하였다. 같은 '민주주의'를 칭하면서도 어느 경우에는 상반된 결과를 드러내는 것은 여러 유형의 민주주의를 하나로 혼동하는 데서 비롯된다.

무엇보다도 민주주의는 하나의 이상적 가치가 아니다. 민주주의는 절차적 원리로서 이해해야 한다. 그렇지 않으면 우리 사회의 이른바 '86세대'들이 그러했던 것처럼 선민의식(選民意識)과 내로남불이라는 폐해를 낳는다. 과거 암울했던 시대 그들의 희생을 모르는 바 아니지만, 이 공과를 넘어서서 자신들의 행동이 그로 인하여 모두 합리화될 수 있다는 착각이 낳은 여러 가지 폐단을 우리는 작금 목격한 바 있다. 민주주의는 성취해야 할 '이상적 가치'가 아니라 '절차적 원리'라는 점을 간과한 결과이다. 이를 이해할 수 있는 다양한 문항으로 구성하였다.

이와 함께 강조한 내용이 자유민주주의의 가치이다. 이를 고전적 자유주의라고 하여 과거의 산물로 국한하는 것은 매우 그릇된 처사이다. 개인의 기본적인 자유와 권리가 보장되고 신장될 수 있는 체제는 자유민주주의 체제이다. 이를 도덕적 비아냥거림이 섞인 '자본주의'라는 용어와 결부시켜 폄훼하는 것은 궁극적으로 개인의 자유와 권리를 훼손하고 궁극적으로 자유민주주의 체제의 말살을 가져온다. 특히 사유재산제도의 부정은 곧 자유민주주의의 부정임을 상기시키고자 하였다. 자유와 생명 그리고 재산은 떼려야 뗄 수 없는 불가분의 가치이며 자유민주주의의 핵심이다.

제4장 제3절은 민주사회의 학교에서 아동 권리가 지니는 문제를 다루었다. 여기에 포함된 문항들은 『향연 플러스』의 제11장과 교육과 관련 있는 내용을 토대로 하여 제작되었다. 하지만 이 절에서 강조하는 내용은 자유와 민주주의 원리가 교육에 어떻게 적용되는가에 있다. 그 첫 번째가 '벌' 문제이다. 많은 사람들이 벌을 부정적으로 보는 것은 체벌을 반대하기 때문이다. 하지만 벌과 체벌은 전혀 다른 개념적 조건을 지닌다. 체벌을 반대한다고 해서 그 논거가 곧 벌을 반대하는 논거로 적용되지는 않는다. 또한 『증보 향연』과 『향연 플러스』에서 주마간산(走馬看山) 격으로 다룬 벌에 관한 내용을 보강하였다. 벌의 유형과 기본원리를 소개하고 우리 형법에 담긴 내용을 포함하여 문항을 작성하였다. 아울러 교육상황에서 벌이 요구되는 요건을 제시하고 형법상의 벌 교육상황에서 벌의 차이를 비교하였다.

권위적 간섭주의는 『향연 플러스』만이 아니라 모본 『아동권리향연』을 이은 『증보 향연』에서도 다루어왔던 중요한 내용이다. 당초 이 개념은 아동의 선택과 자유에 대한 부정적 의미를 담고 있지만, 교육적으로 보면 그 의미를 모두 부정할 수 없다. 이 점을 고려하여 관련 문항을 작성하였다. 권위적 간섭주의는 단순히 현재 아동의 자유를 제한하는 데 그치지 않고 민주적 원리가 어떻게 이에 적용되는가 하는 문제와 직결되어 있으므로, 이와 관련하여 민주주의를 다룬 문항을 다시 제작하였다.

교육상황에서 헌법상 기본권과 가장 밀접한 관련을 맺는 문제는 학교 선택 문제이다. 우리나라는 평준화 정책을 당연시하는 사회적 분위기 때문에 학교 선택 문제가 그리 크게 부각되지 못한 실정이다. 이 문제를 권리 차원에서 다루어 보았으나, 평준화 정책에 관한 내용은 제9장에서 집중적으로 다루었다.

의무교육은 교육에 관한 의무를 명시하면서 동시에 권리를 천명하는 매우 흥미 있는 개념이다. 특히 의무교육의 정당화 논거는 복지의 개념에 있다는 점을『증보 향연』에서 확인한 바 있다. 이 논거를 이어가면 의무교육을 받을 권리는 보편적 복지권임을 알 수 있다. 이와 함께『향연 플러스』에서 다룬 내용을 토대로 의무교육에 관한 점검 문항을 보완하여 제작하였다.

제5장은 아동이 처한 현실에 초점을 맞추어서 그 내용을 구성하였다. 제5장은 네 부분으로 나누어 이전의 내용보다 현실에 가까운 내용을 토대로 한 문항으로 구성되었다.

이러한 취지를 살려 나름 과감한 시도로 기획한 내용이 제1절의 '사고실험'이다. 이 부분은『향연 플러스』의 제7장을 토대로 하여 제작한 문항으로 구성되어 있다. 우리가 사고하여 내리는 판단이 권리의 측면에 얼마나 부합하는지를 다룬 부분이다. 제1절은 두 부분으로 나뉘는 바, 하나는 이른바 '난파선의 인명구조' 문제이고, 다른 하나는 롤스의 정의 원칙을 근거로 한 사고실험이다.

이 절을 이해하는 데에는 기존 서양 윤리학의 대강을 파악해야 하므로 이를 이해하는 데 필요한 문항을 포함시켰다. 이에 따라 난파선의 위급한 인명구조 상황에서 내리는 각종 판단이 어떤 근거에서 내려지며 그것이 과연 정당화될 수 있는가를 각 문항을 통하여 확인할 수 있도록 하였다. 롤스의 정의 이론과 두 가지 원칙은 권리문제를 숙고하는 데에 크게 기여하는 개념 기제이다. 이렇게 롤스의 이론이 중요한 만큼 이 분야에 익숙하지 않은 독자들을 위하여 비교적 자세한 정보를 제공하려고 노력하였다.

제2절 '현실 속의 아동'은 또 다른 중간 점검을 위한 공간이다. 제3장 제5절이 아동과 권리의 개념에 관한 첫 번째 중간 점검이었다면, 이 절의 문항은 현실 속의 우리 아동을 이해하고 있는가를 점검하는 또 다른 기회를 제공한다.

제3절 '영화 속의 아동'은 『향연 플러스』의 제4장과 <제1부 부록>에 소개된 영화를 소재로 한 문항으로 구성되어 있다. 『향연 플러스』에서 소개한 영화가 많지는 않지만 논의가 워낙 방대한 분량을 차지한다. 따라서 이 절에 담긴 문항들이 이들 영화가 함의하는 내용을 모두 담아내지는 못하지만, 그 대강을 토대로 한 핵심 쟁점을 담도록 하였다.

제4절 '복지사회와 아동'은 『향연 플러스』의 제12장의 내용을 토대로 한 문항으로 구성되어 있다. 이 절에서 기본적으로 염두에 둔 것은 현대 복지사회에서 일어나는 문제를 보는 시각이다. 하지만 권리와 관련하여 보면 제3세대 권리 또는 복지권에 맞추어져 있다. 복지정책은 대부분 사회정의라는 명분에서 기획되고 시행된다. 정의 문제는 『향연 플러스』의 제7장과 제12장에 제시되어 있어서 이를 근간으로 하여 문항이 제작되었다. 여기서 다루어지는 내용은 평등의 원리와 교정적 평등의 한계, 분배 정의의 문제 그리고 복지정책을 대상으로

하여 제작된 문항으로 구성되어 있다.

이리하여 제1부는 이해 마당이라는 대단원의 막을 내린다. 제2부는 『증보 향연』과 『향연 플러스』에서 심층적으로 다루지 못한 아동 참여 내용으로 구성되었다. 여기서 '아동 참여'라는 대전제 아래 세 가지 내용을 담았다. 하나는 하트의 참여 사다리이며, 다른 하나는 아동 권리의 성전(聖典)이라고 할 아동권리협약이며, 또 다른 하나는 우리나라 지방자치단체가 제정한 '학생인권조례'이다. 이 세 가지는 결코 우연이 아닌 이유로 인하여 모두 아동의 참여를 강조하고 그것을 목적으로 한다. 제2부는 제1부의 내용과 달리 점검 문항을 위주로 하지 않는다. 다만 참여사다리와 아동권리협약의 이해는 어느 면에서 보나 핵심 사안이므로 이에 대한 점검 문항을 별도로 마련하였다.

제6장에서 다룬 참여사다리는 당초 『증보 향연』에서 권리교육 프로그램의 일환으로 소개되었으나, 『향연 플러스』에서는 거의 다루지 못하였다. 제6장에서는 '참여사다리'를 고안한 하트의 원작을 소개함으로써 그 정확한 이해를 도모하도록 하였다. 특히 참여사다리를 보다 정확하게 이해하는 데 요구되는 용어상의 문제를 언급하였다. 하지만 교육 현장에서는 하트의 참여 사다리가 현실적으로 적용 가능한가에 대한 의문과 비판이 제기되어 왔다. 왜 이러한 지적이 나오는 것인지를 살펴보았다. 분량 면에서 본서 제6장에서 다룬 참여 사다리의 내용이 충분하다고 볼 수 없다. 하지만 참여사다리를 정확하게 이해하는 것이 아동 참여의 실질적인 증진을 위하여 요구된다. 이에 제5절에 하트의 참여사다리를 정확하게 파악했는가를 중심으로 점검하는 문항을 기획하였다.

제7장은 아동권리협약을 총체적으로 분석하였다. 이전 『증보 향연』

과 『향연 플러스』에서 다루지 못한 부분을 다소 다른 시각에서 접근하여 분석하였다. 그 예로 아동권리협약의 계보를 분석한 것을 들 수 있다. 제1절이 이에 해당한다. 아동권리협약은 두 가지 계보로 형성된다. 하나는 20세기 초 아동권리 제네바 선언을 효시로 하는 계보이다. 다른 하나는 국제연맹과 국제연합의 정신을 이어받는 계보이다. 이 두 가지 계보를 파악하면 아동권리협약의 정신을 보다 체계적으로 이해할 수 있다. 이 경우 독자는 『증보 향연』의 부록에 수록된 각종 권리문서를 참조하면 매우 도움이 될 것이다. **[증471-634]** 아동권리협약의 계보를 따라 여기 수록된 각종 권리문서를 보면 아동권리협약의 체계성과 정합성을 파악할 수 있다.

제2절은 아동권리협약의 3대 정신을 기점으로 하여 정합적으로 명시된 각 조항마다 그 내용과 의미를 분석하였다. 그러한 의도에 따라 설명에만 그치는 것이 아니라 우리 현실에서 지니는 의미와 그러한 조항이 제정되도록 하는 세계 각국의 아동 현실을 소개하였다.

제3절 '아동권리협약의 이행'은 아동권리협약이 어떻게 비준되고 발효되는지를 포함하여 협약 자체에 의하여 규정된 국가보고 의무와 이행 사항을 소개하였다. 여기서는 2024년 12월로 예정된 제7차 국가보고서 이전까지의 대한민국 정부의 아동 권리증진 노력을 개괄적으로 설명하였다. 다만 『증보 향연』의 부록 제14장에서 우리나라 제2차 국가보고서가 수록되어 있기 때문에 어떻게 국가보고서가 작성되고 보고되는지를 간략하게나마 확인할 수 있다.

제4절은 아동권리협약의 계보와 정신 그리고 각 조항이 담고 있는 내용을 토대로 얼마나 이해하고 있는가를 점검하는 마당이다. 이렇게 별도의 점검 기회를 마련한 것은 막연하게 권리 주장을 하는 것이 부

당한 것처럼 아동의 권리와 관련된 업무에 종사하는 이들이 아동 권리의 성전(聖典)인 아동권리협약을 정확하고 세세하게 이해하지 못하고 있기 때문이다. 적어도 아동문제와 권리를 다루는 업무를 담당하는 이들이 스스로 전문성을 지닌 전문가로 자처한다면 아동권리협약은 '외다시피' 해야 할 것으로 판단된다.

제5절은 제7장의 구성이나 본서 전체 구성으로 볼 때 사족(蛇足)처럼 보인다. 그럼에도 불구하고 '아동 실태'를 제7장의 마무리에 붙인 것은 아동권리협약이 전 세계 아동의 어떠한 현실을 반영한 것인지를 부분적으로 보여주기 위한 것이다. 사실 아동의 실태를 정리하는 것은 한 기관의 연보를 제작하는 것보다 많은 분량의 작업을 요구한다. 따라서 제5절은 지구상의 아동이 겪고 있는 실상과 참상의 일면을 알리고 동시에 이러한 급박한 현실을 반영하여 아동권리협약이 제정되었다는 점을 부각시키고자 한 것이다.

제8장은 우리나라 교육감이 주도하고 각 광역지방자치의회가 제정한 학생인권조례를 분석대상으로 하였다. 현재 시점으로 5개 시·도에서 학생인권조례가 제정되었다. 그 명분은 학생들의 권리를 증진하고 실질적인 참여를 도모한다는 것이었다. 하지만 경기도 의회에서 2010년 최초로 제정된 이래 이에 대한 사회 곳곳에서 적지 않은 부작용과 함께 우려가 노출되어 사회적 쟁점이 된 지 오래다. 4년마다 치러지는 지방선거에서 이 사안이 매번 거론되는 것도 사실이다. 이러한 문제 인식을 바탕으로 하여 우리나라 학생인권조례가 어떠한 절차와 과정을 통하여 제정되었는가를 살펴보았다.

학생인권조례는 명목상으로 아동권리협약의 정신을 계승하는 것으로 회자되기도 한다. 그러나 양자를 비교해 보면 그것은 절반은 사실이고, 절반은 사실이 아니다. 학생인권조례의 형식적 구성면에서 보면 아동권리협약의 정신을 이어받은 것으로 볼 수 있다. 그러나 그 실행에 있어서 아동권리협약은 아동권리가 해당 아동이 처한 현실을 고려하고 반영하게 되어 있으나 학생인권조례는 아동권리가 거의 강제적 의무사항으로 규정되어 있다. 우리나라의 다섯 개 학생인권조례를 상호 비교하였다. 제2절은 이러한 분석을 담았다.

제3절은 우리나라 학생인권조례가 드러내는 여러 가지 문제점을 정리하였다. 자세한 내용은 본문을 통하여 확인할 수 있다. 심각한 문제로 인식되는 문제 중에서 단적인 사례를 들면 다음과 같다. '학생'은 아동이 인류 문명이 고안해낸 학교라는 교육제도 안에서 부여받은 지위이다. 학생인권조례는 이를 아예 간과한 측면이 있다. 학생은 교육이라는 제도 속에서 학습하는 존재임에도 불구하고, 학생인권조례는 마치 학생이 사회계약론에 나오는 계약 당사자처럼 묘사되어 있다. 아울러 '권리' 대신에 '인권'이라는 용어를 채용함으로써 학생의 권리가 애초부터 기존 학교제도에 대한 저항권 의미로 읽히고 있다.

같은 맥락에서 학교교육은 교사의 권위와 수업에 관련된 각종 권한을 전제해야 작동한다. 그러나 학생의 '인권'은 교사의 권위와 각종 권리와 상충하고 갈등한다는 것을 전제하고 있다. 하지만 교육상황은 교사와 학생의 비대칭 상황을 전제해야 한다. 이를 빌미로 학생인권조례의 이면에는 이러한 비대칭이 마치 학생의 인권을 유린하는 것처럼 묘사되어 있다.

또한 학생인권조례는 학생들의 행복추구권을 과도하게 확대 해석하고 있다. 우리는 복지권이 현실적인 실행력을 갖추어야 함을 이미 확인한 바 있다. 같은 맥락에서 학생이 향유하는 행복추구권은 학생의 행복을 보장해주는 것이 능사가 아니다.

학생인권조례는 시·도 의회가 제정하는 일종의 실정법이다. 그러나 선언적 의미와 규범적 의미를 담고 있는 학생의 제 권리를 '인권'으로 포장하여 실정법으로 제정하는 것은 법리상으로 문제가 된다. 이외의 제 문제도 제8장 본문에서 상세하게 다루었다.

이러한 문제를 해결하고자 하는 취지에서 제4절은 이에 대한 대책을 탐색하였다. '결함과 대책'이라는 제하에서 앞서 살펴본 문제를 진단하고 이에 대한 대책을 고안하였다. 대책을 종합하여 내린 결론은 학생인권조례를 대체할 학생권리장전을 제정하는 것이다. 이를 위하여 '권리장전'의 유래와 의미를 살펴보고 이것이 학생인권조례를 대체할 수 있는지를 탐색하였다. 아울러 각종 권리장전을 살펴보고, 이어 국내외 학생권리장전을 탐색하여 그 특징을 분석하였다. 그 결과 학생권리장전을 제정할 경우 모델로 삼을 학생권리장전으로 미국 버지니아주 페어팩스 카운티 공립학교 학생권리장전을 선정하고 이를 분석하였다.

이를 토대로 하여 장차 우리나라가 중앙정부 차원이든 아니면 지방정부 차원이든 또는 단위학교 차원이든 학생권리장전을 제정할 경우 고려해야 할 사항을 선정하고 논의하였다. 또한 제정 주체 문제도 검토하도록 하였다. 따라서 학생권리장전은 각 교육 주체가 합리적이고 민주적인 절차와 토론을 거쳐 마련하도록 그 시안은 본서에서 마련하지 않았다.

지금까지 제2부에 담길 내용을 소개하였다. 다만 제2장에서 제8장까지 내용을 개괄적으로 소개하면서 문항 제작의 근간이 『향연 플러스』에 있다고 생각하기 쉽지만, 상당한 내용은 그 이전에 발간된 『증보 향연』에서 다룬 내용도 소재로 하였음을 밝혀둔다.

이로써 제2부는 마감하고 제3부를 '종합 점검 마당'이라는 제하로 마련하였다. 여기서는 이제까지 공부한 것을 단순히 점검하는 데 초점을 맞춘 것이 아니라 관심이 있는 독자들이 자기 나름대로 설정한 문제를 보다 심층적이고 확장적으로 탐구할 수 있는 계기를 마련하고자 하였다. 그 결과로 제9장은 '자율 심화 점검'이라는 제목을 갖게 되었다. 그 내용은 이전의 점검 문항과는 달리 주로 논술형으로 구성하였다. 그리고 『증보 향연』과 『향연 플러스』의 내용을 토대로 독자들이 보다 심층적으로 권리문제를 이해하고 그 폭을 확장시키기 위한 노력을 담아 여러 가지 관련 내용을 추가하되 논조가 일관되고 내용이 정합적으로 조직되도록 하였다. 다만 몇몇 문항을 제외하고는 『증보 향연』과 『향연 플러스』에서 다루지 않은 내용이 포함되어 있다. 그 이유는 제9장에 담긴 논술형 문항들이 다음과 같은 취지를 반영하여 작성되었기 때문이다.

- 일상적으로 반드시 숙지하고 있어야 할 중요한 논점
- 학부와 대학원 강의에서 사용할 수 있는 주제 또는 부과되는 과제
- 석사 및 박사논문의 소재 또는 주제가 될 수 있는 내용
- 우리 사회에서 왜곡된 사회적 이슈
- 중요한 사안임에도 불구하고 쟁점이 되지 못한 내용

제9장에 담긴 문항들은 독자가 스스로 관심에 따라 선별하여 탐구할 수 있으며, 전체를 조망한 다음 체계적으로 학습할 수도 있다.

이러한 취지에 부합하도록 문항에 대한 답을 제시하기보다는 문항

에서 제기된 문제를 해결하기 위하여 필요한 주요 개념, 관련 인물, 사건의 개요, 사상적 맥락을 소개하였다. 아울러 관련된 중요한 참고문헌 내지는 필독서를 소개하기도 하였다. 장 제목 '자율 심화 점검'에 어울리도록 독자들은 자신의 관심에 따라 문제를 선정할 수 있으며, 동시에 자신의 지적 성취를 이룰 심층적 학습의 장을 만들어낼 수도 있다.

무엇보다도 제9장을 통하여 의도하는 바는 다름 아닌 개인의 자유와 권리를 신장하는 자유민주주의 체제를 보다 정확하게 이해하고 수호하는 데 있다. 이 작업에 실패하면 개인의 자유와 권리는 왜곡되고 침해당하는 수준을 넘어서 자유와 권리를 존중하는 자유민주주의 체제를 몰락시킨다는 점을 명심해야 한다. 특히 권리를 내세우며 우리 사회에서 대한민국의 자유민주적 헌법 질서를 훼손하려는 시도를 경계해야 한다. 적어도 본서에서 권하는 자유와 권리 그리고 자유민주주의를 이해하고자 하는 노력 없이 개인의 자유와 권리는 보호되지 않는다. 더욱이 자유와 권리는 외치고 자기주장만 한다고 획득되는 것이 아니다. 자유는 자유재가 아니다. 다음 격언은 본서를 통하여 권리를 온전하게 이해하고자 하는 독자들의 태도에도 그대로 적용된다.

'자유는 공짜로 얻어지지 않는다(Freedom is NOT free).'

제1부

이해 마당

1

점검 마당

Ⅰ. 사전 점검

이 절에서 묻는 질문은 자신이 가지고 있는 아동과 권리 그리고 이와 관련된 제 문제를 얼마나 알고 있는가를 사전에 점검해 보는 내용이다. 다음에 제시하는 50문항은 모두 진위형으로 되어 있다. 정답에 관한 구체적인 설명은 하지 않으며, 60% 이하 정답을 받은 경우 스스로 권리인식이나 아동문제에 관하여 스스로를 되돌아볼 수 있는 계기가 될 것이다. 또한 사전 점검 결과를 토대로 향후 연작인 『증보 아동권리향연』과 『아동권리향연 플러스』를 통하여 확인하고 본서에서 이어지는 내용을 중심으로 다시 정리하기 바란다. 권리에 관한 기본적인 이해 없이 권리 주장을 하는 행태는 아예 주장을 하지 않은 것만 못하기 때문이다. 독자들은 아래의 사전 점검 문항들을 통하여 자신이 알고 있다고 생각한 내용을 확인하고 일상 속의 아동이 처한 현실과 권리문제를 새롭게 설정하는 계기를 마련할 수 있으리라 본다.

※ 다음 문항을 읽고 문장의 진위 여부를 답하시오.

1. 아동은 권리 주체로서 지위를 갖는다. ( )
2. 아동의 지위는 사다리형 위계 속에서 파악된다. ( )
3. '권리'와 '인권'은 상호 교차해서 사용할 수 있는 용어이다. ( )
4. 수동적 권리와 소극적 권리는 동의어이다. ( )
5. 권한, 권력, 권위는 모두 권리의 하위 개념이다. ( )
6. 권리의 주체는 언제든지 자신이 속한 집단에 그 권리를 양도할 수 있기 때문에 연대권이 성립한다. ( )
7. 아동권리협약은 국내법과 같은 법적 효력을 지니는 문서이다. ( )
8. 교육받을 권리는 복지권이다. ( )
9. 교육권과 학습권은 상관개념이다. ( )
10. 학습권은 그 성격상 저항권적 자유권이다. ( )
11. 인식론적 의미에서 아동존중은 아동과 성인의 차이를 인정하는 것을 전제한다. ( )
12. 체벌은 대증요법으로서 효과만이 있을 뿐이다. ( )
13. 공(公)의 의미가 변질되는 것을 막아야 개인의 자유와 권리를 온전하게 보호할 수 있다. ( )
14. 세계인권선언은 고전적 권리를 담고 있으나, 아동권리협약은 현대적 권리를 담고 있다. ( )
15. 아동을 '작은 성인'으로 보는 아동관은 가장 원시적인 아동관이다. ( )
16. 아동권리협약 당사국은 매 5년마다 국제연합 사무총장에서 국가보고서를 제출할 의무가 있다. ( )

17. 권위적 간섭주의는 의도적으로 아동 권리를 제한하고 침해하는 개념 장치이다. ( )
18. 아동권리 문제에 있어서 사적 영역보다 공적 영역을 중시해야 한다. ( )
19. 호펠드의 권리 구분은 권리의 범주에 따른 것이다. ( )
20. 교권은 전통사회의 전유물이다. ( )
21. 권리 문서에 규정된 권리는 반드시 보장되어야 한다. ( )
22. '권리'라는 말의 근원으로 보면 권리는 정치적 우파의 전유물이다. ( )
23. 정의 문제는 분배 문제와 관련되므로 주로 현대적 권리와 관련된다. ( )
24. 당초 정의 문제는 덕(德) 문제와 관련되었다. ( )
25. 복지권은 보다 발전된 현대적 권리이므로 아동권리도 복지권에 초점이 맞추어져야 한다. ( )
26. 롤스의 최소최대화(maximin) 원칙은 교정적 평등의 원리로 이어진다. ( )
27. 벌(punishment)은 고통을 수반하는 폭력이므로 아동권리 측면에서 정당화될 수 없다. ( )
28. 자유와 권리는 동의어처럼 사용되기도 한다. ( )
29. 소극적 권리는 상대방의 소극적 의무와 관련된 개념이다. ( )
30. 오늘날 이른바 진보주의 노선의 뿌리는 자유주의와 관련된다. ( )
31. 권위적 간섭주의는 권위주의이므로 윤리적으로 배제되어야 한다. ( )

32. 복지의 개념은 인간의 욕망 충족에 근거한다. ( )

33. 교사의 신분보장 및 사회경제적 지위보장은 협의의 교권에 해당한다. ( )

34. 인민민주주의는 민주주의를 절차적 원리로 보지 않고 하나의 이상적 가치로 본 결과물이다. ( )

35. 자유민주주의의 뿌리는 방어적 민주주의에서 찾을 수 있다. ( )

36. 자유주의의 반대개념은 권위주의이다. ( )

37. 이익이론은 권리를 의무이행의 결과로 본다. ( )

38. 호펠드의 권리형식 중에서 청구권의 상관개념은 무권리이다. ( )

39. 호펠드의 권리형식 중에서 면책권의 반대개념은 책무이다. ( )

40. 아동에게 적용되는 권리의 보편성은 아동의 특수성을 넘어설 수 없다. ( )

41. 하트의 일반권과 특정권은 도덕권이 보편성을 갖는다 해도 자연권처럼 성립하지 않음을 규명하기 위하여 구분된 것이다. ( )

42. 세계인권선언에는 제1세대 권리, 제2세대 권리, 제3세대 권리가 모두 망라되어 있다. ( )

43. 관용의 패러독스는 자유사회에서 야기되는 패러독스이다. ( )

44. 자유는 행위자의 내적 심리상태로 설명될 수도 있다. ( )

45. 평등교육의 원리는 학교선택권에 우선할 수 있다. ( )

46. 무상학교급식은 의무교육과 동일한 원리에 따라 정당화된다. ( )

47. 영화 '4등'에서 확인할 수 있듯이 경쟁은 아동권리를 침해한다.

( )

48. 자녀를 재산처럼 다루는 일부 부모는 아동을 '마음이 없는 존재'로 보는 아동관을 지니고 있다. ( )

49. 아동의 연령 준거가 각기 법률마다 다른 것은 아동 관련 법령의 입법 취지에 따른 것이기 때문이다. ( )

50. 개인의 자유와 권리를 증진하고 도모하기 위하여 자유민주주의를 존중해야 한다. ( )

& 정답은 다음과 같다. 사전 점검 문항인 만큼 문항에 대한 보충 설명은 하지 않도록 한다.

1. 아동은 권리 주체로서 지위를 갖는다. (○)
2. 아동의 지위는 사다리형 위계 속에서 파악된다. (×)
3. '권리'와 '인권'은 상호 교차해서 사용할 수 있는 용어이다. (×)
4. 수동적 권리와 소극적 권리는 동의어이다. (×)
5. 권한, 권력, 권위는 모두 권리의 하위 개념이다. (×)
6. 권리의 주체는 언제든지 자신이 속한 집단에 그 권리를 양도할 수 있기 때문에 연대권이 성립한다. (×)
7. 아동권리협약은 국내법과 같은 법적 효력을 지니는 문서이다. (○)
8. 교육받을 권리는 복지권이다. (○)
9. 교육권과 학습권은 상관개념이다. (×)
10. 학습권은 그 성격상 저항권적 자유권이다. (○)
11. 인식론적 의미에서 아동존중은 아동과 성인의 차이를 인정하는 것을 전제한다. (○)
12. 체벌은 대증요법으로서 효과만이 있을 뿐이다. (○)
13. 공(公)의 의미가 변질되는 것을 막아야 개인의 자유와 권리를 온전하게 보호할 수 있다. (○)
14. 세계인권선언은 고전적 권리를 담고 있으나, 아동권리협약은 현대적 권리를 담고 있다. (×)
15. 아동을 '작은 성인'으로 보는 아동관은 가장 원시적인 아동관이다. (×)
16. 아동권리협약 당사국은 매 5년마다 국제연합 사무총장에서 국가보고서를 제출할 의무가 있다. (○)
17. 권위적 간섭주의는 의도적으로 아동 권리를 제한하고 침해하는 개념 장치이다. (×)
18. 아동권리 문제에 있어서 사적 영역보다 공적 영역을 중시해야 한다. (×)

19. 호펠드의 권리 구분은 권리의 범주에 따른 것이다 (×)
20. 교권은 전통사회의 전유물이다. (×)
21. 권리 문서에 규정된 권리는 반드시 보장되어야 한다. (×)
22. '권리'라는 말의 근원으로 보면 권리는 정치적 우파의 전유물이다. (×)
23. 정의 문제는 분배 문제와 관련되므로 주로 현대적 권리와 관련된다. (×)
24. 당초 정의 문제는 덕(德) 문제와 관련되었다. (○)
25. 복지권은 보다 발전된 현대적 권리이므로 아동권리도 복지권에 초점이 맞추어져야 한다. (×)
26. 롤스의 최소최대화(maximin) 원칙은 교정적 평등의 원리로 이어진다. (○)
27. 벌(punishment)은 고통을 수반하는 폭력이므로 아동권리 측면에서 정당화될 수 없다. (×)
28. 자유와 권리는 동의어처럼 사용되기도 한다. (○)
29. 소극적 권리는 상대방의 소극적 의무와 관련된 개념이다. (○)
30. 오늘날 이른바 진보주의 노선의 뿌리는 자유주의와 관련된다. (○)
31. 권위적 간섭주의는 권위주의이므로 윤리적으로 배제되어야 한다. (×)
32. 복지의 개념은 인간의 욕망 충족에 근거한다. (×)
33. 교사의 신분보장 및 사회경제적 지위보장은 협의의 교권에 해당한다. (×)
34. 인민민주주의는 민주주의를 절차적 원리로 보지 않고 하나의 이상적 가치로 본 결과물이다. (○)
35. 자유민주주의의 뿌리는 방어적 민주주의에서 찾을 수 있다. (○)
36. 자유주의의 반대개념은 권위주의이다. (×)
37. 이익이론은 권리를 의무이행의 결과로 본다. (○)
38. 호펠드의 권리형식 중에서 청구권의 상관개념은 무권리이다. (×)

39. 호펠드의 권리형식 중에서 면책권의 반대개념은 책무이다. (○)
40. 아동에게 적용되는 권리의 보편성은 아동의 특수성을 넘어설 수 없다. (○)
41. 하트의 일반권과 특정권은 도덕권이 보편성을 갖는다 해도 자연권처럼 성립하지 않음을 규명하기 위하여 구분된 것이다. (○)
42. 세계인권선언에는 제1세대 권리, 제2세대 권리, 제3세대 권리가 모두 망라되어 있다. (○)
43. 관용의 패러독스는 자유사회에서 야기되는 패러독스이다. (○)
44. 자유는 행위자의 내적 심리상태로 설명될 수도 있다. (○)
45. 평등교육의 원리는 학교선택권에 우선할 수 있다. (×)
46. 무상학교급식은 의무교육과 동일한 원리에 따라 정당화된다. (×)
47. 영화 '4등'에서 확인할 수 있듯이 경쟁은 아동권리를 침해한다. (×)
48. 자녀를 재산처럼 다루는 일부 부모는 아동을 '마음이 없는 존재'로 보는 아동관을 지니고 있다. (○)
49. 아동의 연령 준거가 각기 법률마다 다른 것은 아동 관련 법령의 입법 취지에 따른 것이기 때문이다. (○)
50. 개인의 자유와 권리를 증진하고 도모하기 위하여 자유민주주의를 존중해야 한다. (○)

Ⅱ. 기본 점검

이 절은 아동과 권리에 관한 가장 기본적인 내용을 문항으로 접하면서 가장 기본적인 지식을 습득하고 권리인식 증진에 다소 도움이 되도록 하는 계기를 마련하고자 한 것이다.

'아동권리'라는 말을 들으면 가장 먼저 떠오르는 생각을 적어보고 그에 대한 자신의 생각을 진술해 보시오.

& 스스로의 권리인식을 묻는 문항이다. 본인의 생각을 적어보고 이하에 소개되는 문항을 풀어보면서 스스로 생각을 정리하는 계기를 마련하기 위한 것이다.

다음 용어를 보고 즉시 떠오르는 생각을 빈칸에 나름대로 적어 보시오. 그리고 이를 토대로 하여 이하 점검 문항을 풀면서 여기 적은 자신의 생각과 비교해 보시오.

- 아동
- 청소년
- 소년
- 연소자
- 어린이

- 아이

- 미성년자

- 영아

- 유아

- 영유아

- 신생아

- 미숙아

- 자녀

- 학생

- 의무교육대상자

& 아동의 의미를 위한 사전 자기 점검이다. [플40] 자신의 생각을 써 본 다음 이어지는 문항과 아동권리 향연 시리즈 저작에 담긴 내용을 토대로 정리해 보도록 한다.

다음 중 가장 표준적인 의미를 지닌 용어를 고르시오.

① 어린이 ② 아동 ③ 아이 ④ 소년

& 아동권리협약이 규정하는 '만 18세 미만의 자'를 토대로 한다. 그러나 이외에도 '아동'을 뜻하는 여러 법적 용어가 있다. [플38-39]

정답: ②

초등학교 인접 도로에 '어린이보호구역'이라는 표지판을 흔히 볼 수 있습니다. '아동'이라는 표준적 의미를 지닌 용어 대신 '어린이'를 사용한 이유를 적어 보시오.

& 법적 용어이기 때문이다. 도로교통법 제2조에 '어린이'는 13세 미만의 자로 규정되어 있으며, 이 법을 근거로 하여 '어린이'를 표시한 표지판이 설치된 것이다. 여기서 우리는 '어린이'가 표준적 의미를 지닌 '아동'의 하위 개념임을 확인할 수 있다. [증32] [플51]

세계인권선언이 천명된 해는 언제인지 답하시오.

& '세계인권선언(The Universal Declaration of Human Rights)'은 제2차 세계대전 이후 창설된 국제연합에 의하여 1948년 12월 10일 천명되었다. 모든 인간의 기본적 권리를 존중해야 한다는 유엔헌장(Charter of the United Nations)의 취지를 구체화한 권리문서이다. 여기에는 고전적 권리만이 아니라 현대적 권리도 포함되었다. [증383-389; 부록VI] 현대적 권리가 채용되게 된 사유는 크랜스톤이 지적한 바를 참조할 필요가 있다. 복지권을 포함한 현대적 권리는 당시 소련을 주축으로 한 마르크스주의자들이 고전적 권리를 '부르주아 권리'라고 폄하하면서 도입을 주장하였다. [플344-348]

정답: 1948년

Cranston, M., 1973, *What are Human Rights?*

아동의 권리를 보호하고 실천하기 위해 세계 최초로 만든 국제협약은 무엇인지 답하시오.

정답: 1989년 국제연합에 의하여 천명된 아동권리협약(The Convention of the Right of the Child) [증23]

다음을 읽고, 빈칸에 들어갈 알맞은 단어를 적으시오.

아동의 재화-보호-참여에 관한 권리 인식이 어떻게 해석된다고 하더라도 이들이 논리적 위계를 갖는다고 할 수는 없다. 아이들이 살아가는 삶의 현장은 이 세 가지가 복합적으로 요구되기 때문이다. 이렇게 보면 '재화-보호-참여'를 아동 권리 인식의 단계로 보는 데에는 한계가 있다. 오히려 이 세 가지는 아동 권리를 인식하는 데 동원되는 [　　　　　] 라고 보는 것이 타당하다.

& 개념 도구는 우리가 세상을 보는 인식론적 관점(epistemological perspectives)을 가능하게 해주는 개념적 장치를 말한다. [플107-108]

정답: 개념 도구(conceptual apparatus)

아동권리인식의 세 단계를 쓰시오.

& 아동권리인식의 이 세 단계는 재화공급(provision), 보호(protection), 참여(participation)를 말한다. 이는 다음과 같이 해석할 수 있다. 아동권리의 인식발달 단계를 뜻한다. 즉 초기에는 아동의 의식주의 결핍에 관심을 두다가 각종 위험과 재앙으로부터 보호에 초점을 맞추고 종국에는 아동참여에 관심을 갖게 된다는 점이다. 참여는 아동권리의 완숙한 단계라고 할 수 있다. 그러나 여기서 주의할 점은 '재화공급-보호-참여'에서 참여가 재화공급이나 보호가 이루어진 이후에 고려되어야 한다고 해석해서는 안 된다는 점이다. 따라서 아동참여를 고려하면서 전 단계의 재화공급과 보호도 함께 고려해야 한다. 반대로 기아, 질병 등으로 시달리는 아동의 권리를 증진하기 위하여 재화를 공급하는 것이 중요하지만, 그렇다고 해서 그들이 천부적으로 부여받은 참여의 권리가 경시되어서는 안 된다는 뜻도 중요하다. [증32; 84; 121; 306; 308] [플107-108]

정답: 재화공급–보호–참여

우리나라 '아동권리공약 3장'을 주도한 인물과 그 내용을 쓰시오.

& 1923년 우리나라 아동권리공약을 주도한 인물은 소파 방정환(1899~1931)이다. 방정환은 우리나라 어린이운동의 창시자이며 선구자이다. 민족운동이라는 측면에서 조망하기도 하지만, 기존 그에 관한 연구는 주로 문학적 측면에서 이루어졌다. 그는 '어린이'라는 용어를 처음으로 사용하였다. 아동권리 측면에서 보면, 방정환은 전통사회의 유교적 제도와 체제가 어린이의 인격을 말살했으며, 우리나라가 해방된 근대사회로 나아가기 위해서는 아동존중의 의미를 도입한 인물로 평가된다.

'아동권리공약 3장'은 다음과 같다.

- 어린이를 재래의 윤리적 압박으로부터 해방하여 그들에 대한 완전한 인격적 예우를 허하라.
- 어린이를 재래의 경제적 압박으로부터 해방하여, 만 14세 이하의 그들에 대한 무상 또는 유상의 노동을 폐하라.
- 어린이에게 그들이 고요히 배우고 즐거이 놀 만한 각양의 가정 또는 사회적 시설을 행하라. [증379; 471]

정답: 소파 방정환

우리나라의 '대한민국 어린이헌장'이 공포된 해는 언제인지 답하시오.

& 대한민국 어린이헌장은 세계인권선언의 정신을 존중하고 제네바 선언, 아동권리공약 3장, 1959년 아동권리선언을 망라하여 아동의 권리와 복지, 발달과 성장의 방향을 제시하면서 1975년 아동권리를 천명한 권리문서이다. [증391]

정답: 1975년

다음은 아렌트가 아동의 세기라고 한 20세기에 들어서면서 등장한, 이를 증명하는 사건들이다. 시대순으로 올바르게 배열한 것을 고르시오.

㉠ 어린이선언문	㉡ 아동권리협약
㉢ 아동권리선언	㉣ 아동권리제네바선언

① ㉠-㉡-㉢-㉣　② ㉠-㉢-㉣-㉡　③ ㉡-㉠-㉢-㉣
④ ㉠-㉣-㉢-㉡　⑤ ㉢-㉣-㉠-㉡

& ㉠ 어린이선언문-1923년 **[증471]**, ㉡ 아동권리협약-1989년 **[증531-558]**, ㉢ 아동권리선언-1959년 **[증479]**, ㉣ 아동권리제네바선언-1924년 **[증477]**. 따라서 옳은 순서는 ㉠-㉣-㉢-㉡이다.

정답: ④

아동을 이해하는 아동관 다섯 가지를 쓰시오.

& ① 마음이 없는 존재; ② 작은 성인(成人); ③ 주조되는 존재; ④ 성장하는 존재; ⑤ 권리 주체. **[증17-23; 제4장] [플97-108]**

다음 〈보기〉가 설명하는 아동관을 고르시오.

보기

아동은 인간보다는 동물에 가까운 존재이다. 이 말은 아동이 사물을 전혀 인지하거나 지각할 수 있는 존재가 아니라, 아동에게 기대될 수 있는 것이 아무것도 없는 존재라는 뜻이다. 따라서 아이들에게 할 수 있는 것은 기본적이고 생리적인 필요를 충족시켜주고, 신체적인 안전을 보장해주는 것과 함께 질병, 기아, 추위와 같은 위해로부터 아이들을 보호해 주는 일이다. 이 아동관은 아이들을 생존적 차원에서 보호한다는 의미가 있지만, 다른 한편으로는 아이들을 어른들의 소유물로 본다는 뜻도 담고 있다.

① 마음이 없는 존재(mindless creature)

② 작은 성인(miniature adult)

③ 주조될 수 있는 존재(moulded being)

④ 성장하는 능동적인 존재(growing being)

⑤ 권리주체(rights-holder)

& 가장 조잡한 인간관이다. [증17-18] [플97-98]

정답: ①

다음 〈보기〉가 설명하는 아동관을 고르시오.

보기

아동은 성인에 비하여 '덩치'만 작은 존재이지 여타의 면에서 성인과 똑같은 특징을 갖는 존재이다. 이 관점은 아동을 인격적으로 대우한다는 점에서 고무할 만하다. 이 관점이 가정하고 있는 가장 큰 문제는 아동의 사고 과정이 성인의 사고 과정과 근본적으로 동일하다고 보는 데에 있다. 그 결과 성인이 할 수 있는 과업은 당연히 아동이 수행할 수 있는 과업이라는 결론이 도출된다. 따라서 아동에게도 짊어져야 할 의무와 과업이 주어진다.

① 마음이 없는 존재(mindless creature)

② 작은 성인(miniature adult)

③ 주조될 수 있는 존재(moulded being)

④ 성장하는 능동적인 존재(growing being)

⑤ 권리주체(rights-holder)

& 위의 지문을 통하여 성인의 잣대로 아동을 재단해서는 안 된다는 교훈을 얻을 수 있다. [증18-19] [플99-100]

정답: ②

다음 〈보기〉가 설명하는 아동관을 고르시오.

보기

이 아동관은 아동의 인격적 주관성을 전혀 고려하지 않는 아동관이다. 이 아동관의 근거는 아동의 가소성(可塑性)에 기인한다. 아동의 의사결정은 물론 책임 소재조차도 물을 수 없다는 점에서 '작은 성인'으로 보는 아동관보다 아동을 더욱 열악하게 대한다. 아동이 형성되어야 할 존재로서 '틀'을 잘 제시하고 그 형성과정에 있어서 아동은 '수동적인 존재'에 머무는 것뿐만 아니라 성인의 '조작 대상'이 된다.

① 마음이 없는 존재(mindless creature)
② 작은 성인(miniature adult)
③ 주조될 수 있는 존재(moulded being)
④ 성장하는 능동적인 존재(growing being)
⑤ 권리주체(rights-holder)

& 아동을 주조할 수 있는 존재라는 관념은 '가소성'을 전제로 하여 아동을 성인의 의도대로 만들어낼 수 있다는 뜻이다. **[증19-20] [플100-103]** 전통교육에서 수용되었던 아동관은 이른바 진보교육에 의하여 아동을 '성장하는 존재'로 보는 아동관으로 발전된다. **[증21-23] [플103-105]**

정답: ③

아동을 주조의 대상으로 보게 하는 원인 세 가지를 쓰시오.

& 하나는 전통의 존중이다. 다른 하나는 어른이 설정한 성취기준에 대한 도달 압력을 말하는 성취압력이다. 또 다른 하나는 교화와 세뇌를 통한 인간 조작이다. **[플100-103]**

✕ 다음 〈보기〉가 설명하는 아동관을 고르시오.

> **보기**
>
> 아동의 인격을 최초로 인정한 아동관이다. 아동은 더 이상 성인의 부속물도 아니고 조작될 대상이 아닌 하나의 인격체이다. 이러한 아동관이 자리 잡게 된 데에는 두 가지 요인을 들 수 있다. 하나는 계몽의 영향이고, 다른 하나는 실증적 연구의 결과이다.

① 마음이 없는 존재(mindless creature)
② 작은 성인(miniature adult)
③ 주조될 수 있는 존재(moulded being)
④ 성장하는 능동적인 존재(growing being)
⑤ 권리주체(rights-holder)

& 19세기말부터 20세기 초 아동에 관한 실증적 연구가 기여한 바 크다. [증20-23] [플103-105]

정답: ④

✕ 다음 〈보기〉가 설명하는 아동관을 고르시오.

> **보기**
>
> 이 아동관은 가장 발달된 아동관을 (   )의 개념으로 설명하고자 시도한 바 있다. 우선 권리의 보편적 가치가 바로 인간 존중에서 비롯된 것과 마찬가지로 권리주체로서 아동의 근거가 아동 존중이라는 논거에서 권리주체의 의미를 두 가지 아동 존중의 개념을 통하여 정당화하고자 하였다. 하나는 아동을 인식론적 관점에서 본 것이고, 다른 하나는 정치 철학적 관점에서 본 것이다.

① 마음이 없는 존재(mindless creature)
② 작은 성인(miniature adult)
③ 주조될 수 있는 존재(moulded being)

④ 성장하는 능동적인 존재(growing being)

⑤ 권리주체(rights-holder)

& 가장 발달된 아동관은 아동을 권리주체로 보는 것이다. 거기에는 일차적으로 아동존중의 의미가 담겨 있다. [증129-156] 또한 이 아동관은 진보교육이 안고 있는 문제점과 법적 한계 그리고 대리인 문제를 면밀하게 검토해야 할 필요가 있다. [플105-115]

정답: ⑤

아동을 수동적인 대상이 아니라 성장하는 능동적 존재로 보는 아동관이 자리 잡게 된 두 가지 요인에 대해 서술하시오.

& 하나는 계몽의 영향이고, 다른 하나는 실증적 연구의 결과이다. 전자는 인권사상을 낳았으며, 이에 그치지 않고 인권의 보편성에 아동을 대상으로 하기에 이른다. 그래서 아렌트는 '아이들을 해방시키고 어른 세계에서 파생된 기준으로부터 자유롭게' 해주는 '아동의 세기'라고 하였다. 후자는 아동의 세계가 어른의 세계와는 별도로 존재한다는 사실에 근거하여 새로운 아동관의 토대를 제공하였다. [증20-23] [플103-105]

다음 아동을 '권리주체'로 보는 아동관에 대한 설명 중 옳지 않은 것을 고르시오.

① 가장 발달된 아동관이다.

② 권리의 보편적 가치가 바로 인간 존중에서 비롯된 것과 마찬가지로 권리주체로서 아동의 근거가 아동 존중이다.

③ 인식론적 관점에서, 아동을 성인과 달리 대하여야 아동이 존중된다고 본다.

④ 정치 철학적 관점에서, 아동을 성인과 일체의 차이나 차별 없이 똑

같이 대하여야 아동이 존중된다고 본다.

⑤ 권리주체로 인식되려면 참여로만 설명되어야 한다.

& 아동을 권리주체(rights-golder)로 보는 관점은 가장 발달한 아동관이지만, 그렇다고 해서 이른바 3P 중 아동참여만을 고려한 개념이 아니다. [증121-156] [플105-108]

정답: ⑤

아동을 '권리주체'로서 보는 아동관에서 권리주체의 의미를 두 가지 아동 존중의 개념을 통해 정당화할 수 있습니다. 각 관점과 입장을 올바르게 연결하시오.

인식론적 관점 •	• 아동을 성인과 달리 대하는 것이 아동 존중임
정치 철학적 관점 •	• 아동을 성인과 똑같이 대하는 것이 아동 존중임

& 단순하게 설명하자면, 아동존중의 인식론적 의미는 아동과 성인(成人)의 차이를 인정해야 한다는 것이고, 정치철학적 의미는 아동과 성인 간의 일체의 차이를 인정하지 말아야 한다는 논의이다. [증129-156] 전자는 아동권리의 특수성 논의로 발전한다. [플133-140] 후자는 아동권리의 보편성을 존중하지만 오히려 아동의 아동권리를 왜곡하고 심지어 훼손할 수 있다는 위험성을 내포한다. [플105-108; 140-147]

정답: 인식론적 관점 — 아동을 성인과 달리 대하는 것이 아동 존중임; 정치철학적 관점 — 아동을 성인과 똑같이 대하는 것이 아동 존중임.

다음은 '아동으로부터 출발'에 대한 내용입니다. 빈칸에 알맞은 용어를 채우시오.

> 첫째, [   ]을/를 출발점으로 삼아야 한다는 것이다. 이는 아이들이 지닌 각자 개성을 존중한다는 뜻이다. 상상력과 통찰력을 함양하는 일을 통하여 아이들은 현실 생활에서 역동적인 체험을 하게 된다.

& 권리주체로서 아동의 의미는 성장모형으로 보는 관점의 핵심인 아동의 내재적 흥미를 출발점으로 삼아야 한다. 아울러 아동을 성장하는 존재로 보는 아동관은 아동 개성의 존중, 아동의 고유성(authenticity), 그리고 선천적 선함을 중시한다. 자신만이 지닌 고유성은 아동의 선천적 선함에 기초한 것이다. 따라서 아이들은 그것을 스스로 표현할 수 있어야 하고, 그것은 성장의 내적 원리로 부합해야 한다. 이는 이른바 발현설(Unfolding Theory)에 기초한 성장의 비유이다. 자신의 개성을 존중하는 데 수행되는 '발견'의 기능을 수행하게 된다. 아동 중심 교육에서 발견학습이 강조되는 것은 '개성 존중'의 맥락에서 설명할 수 있다. 그러나 권리주체로서 아동이 곧 성장모형에 근거한 아동관과 동일시되는 것은 아니다. **[플108-111]**

정답: 아동의 내재적 흥미(intrinsic interests)

(가)를 참고하여 (나)에 대해 설명해보시오.

> (가) 중세철학이 신중심주의로 일관한 것은 아니다. 신 중심을 내세우면서 신이 자신의 대리인으로서 인간의 지위를 부여함으로써 인간중심주의 사상을 잉태하게 한다.

(나)

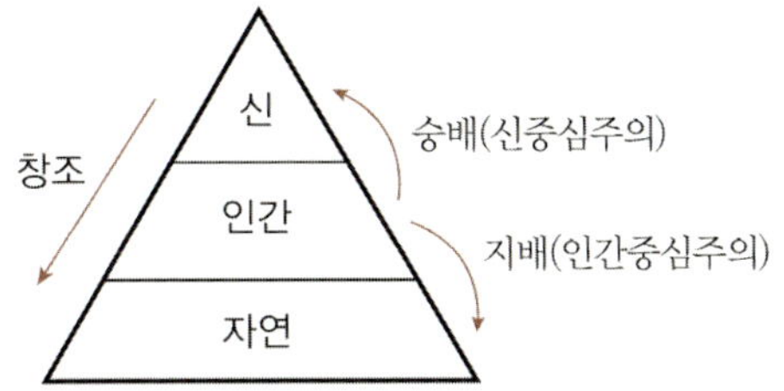

& 우주 만물을 창조한 신은 인간에게 하등동물과 자연을 지배하도록 위임한다. 자연은 비록 신이 창조하였지만 자연의 지배권을 지니게 되며, 그 결과 인간은 자연의 주인이 된다. **[플77-80]** 그러나 이러한 사고는 일상적으로 아동을 성인의 하위에 두는 세속적인 아동관을 잉태하는 논거로 활용되기도 한다. 심층적으로 보면 기독교의 아동관은 아동을 열등한 지위가 아니라 오히려 신처럼 경외할 대상으로 여겨진다. **[증125-128]**

다음은 '마가복음' 중 한 부분이다. 이 문장의 의미를 쓰시오.

하나님 나라를 어린아이들과 같이 받들라

& 앞서 문항에서 언급한 내용의 토대가 되는 복음서 중 일부이다. 아동의 존재가 천국과 같다는 것을 함의한다. 또한 실천 상황에서 아동을 존중하지 않는 자는 천국의 세계와는 무관한 존재임을 뜻한다. 아동관 중에서 '권리 주체로서 아동'의 근거가 된다. **[플79-80]** **[증127-128]**

유가와 서양의 아동관의 유사점을 적어보시오.

& 유가의 아동관은 장유유서의 위계질서를 강조한다는 점에서 서양의 사다리형 관점과 유사하다. [플80]

아동권리협약의 3대 정신을 쓰시오.

& 아동권리협약의 정신은 다음의 3대 정신에서 비롯된다. [증415-421]

정답: 아동 최선의 이익, 무차별의 원칙, 참여의 존중

아동권리협약이 국제연합에 의하여 언제 채택되고 천명되었는가?

& 1989년 11월 20일 국제연합 총회에서 채택되고 공포되었다. [증411]

※ 이하 아동의 정의와 관련 용어의 연령에 관한 법적 규정은 [증보부록15]를 참조하시오.

아동의 표준적 연령은 어떻게 설정해야 하는가 설명하시오.

& 아동의 표준적 의미에 따라 만 18세 미만의 자로 한다. 이는 아동권리협약에 근거한다. [플38-39] 다만 각종 법령의 입법취지에 따라 연령 범주에 차이가 있다. 하지만 아동으로 정의된 연령은 대개 18세를 넘지 않는다. [플50]

아동복지법이 정의하는 아동의 연령을 쓰시오.

& 아동복지법은 아동권리협약의 정신에 따라 아동의 연령 기준을 18세 미만으로 잡고 있다. [플48; 50]

정답: 18세 미만

다음 '아동' 관련 법률과 연령 구분을 올바르게 연결해보시오.

장애아동 복지지원법 •	• 16세 미만
입양특례법 •	
형법 •	• 18세 미만

& 아동의 연령 정의가 법령에 따라 다르다. 입법취지 때문이다. [증31] [플50]

정답: 장애아동복지지원법 — 18세 미만; 입양특례법 — 18세 미만; 형법 — 16세 미만

다음 '어린이' 관련 법률과 연령 구분을 올바르게 연결해보시오.

도로교통법 •	• 5세 미만
약사법 •	• 만 13세 이하
어린이제품안전특별법 •	• 13세 미만

& 어린이의 연령 정의도 법의 입법취지에 따라 다르다. [증32] [플51; 55]

정답: 도로교통법 — 13세 미만; 약사법 — 5세 미만; 어린이제품안전특별법 — 만 13세 이하

다음 '청소년' 관련 법률과 연령 구분을 올바르게 연결해보시오.

청소년기본법 •	• 9세 이상 24세 이하
청소년보호법 •	• 24세 이하
한부모가족지원법 •	• 만 19세 미만

& 청소년의 의미와 연령 기준은 중복되어 있다. **[증31-34; 39-43] [플 43-45; 48; 50-51]**

정답: 청소년기본법 — 9세 이상 24세 이하; 청소년보호법 — 만 19세 미만; 한부모가족지원법 — 24세 이하

도가(道家)에서 아동을 지칭하는 용어를 쓰시오.

& 영아(嬰兒)는 우리가 일상적으로 사용하는 법적 용어인 '영아'와는 같은 한자어이지만, 그 의미가 다르다. 한자어 '嬰兒'는 '젖먹이'를 뜻한다. 그러나 도가에서 이 말을 가소성(可塑性)이 매우 약한 존재를 뜻하는 말로 사용한다. 유가(儒家)와 달리 도가에서는 미분화를 전제한다는 뜻이다. **[플84]**

정답: 영아(嬰兒)

불교에서 아동을 지칭하는 용어를 쓰시오.

& 불교에서는 남자의 경우 동자(童子), 여자의 경우 동녀(童女)라고 한다. 간혹 남아를 동아(童兒), 동진(童眞)으로 부르기도 한다. 이 용법은 일상적으로 나이 어린 스님을 '동자승(童子僧)'이라고 하는 데서도 확인된다. 그러나 '동자'라는 말이 곧 '승려가 되려고 절에서 공부하면서 아직 출가하지 아니한 사내아이' 또는 '보살'을 이르기도 하므로 매우 종교적인 색채를 지닌 용어이다. 한편으로 '동자'가 '절에서 심부름하는 아이'를 지칭하기도 한다. **[플87]**

정답: 동자(童子), 동녀(童女), 동아(童兒), 동진(童眞)

다음을 참고하여 도가의 아동관이 주는 가르침을 쓰시오.

> 도가에 나타난 아동관은 아동이 분별을 하지 않는다는 데 있다. 이는 불교의 아동관과 상통한다. 그리하여 갓 태어난 아이는 웃을 줄도 모르며, 선악 분별조차 없다고 한다. 일체의 분별심이 없으므로 원초적으로 분화가 일어나지 않는 '원초적 미분화'를 특징으로 한다. 그 상태가 어린아이의 상태라는 것이다. 바꿔 말하자면, 원초적인 미분화는 양극의 조화를 뜻한다. 그리고 이러한 어린아이의 상태가 바로 성인(聖人)이 지니는 상태라는 것이다. 성인의 상태인 것은 바로 막힘이 없고 혼심의 상태를 뜻한다.

& 도가는 아동과 관련하여 어린아이와 같아져야 한다는 실제적 가르침을 준다. 아이의 유연함을 배워라. 그 유연함이 어떤 외부의 강적으로부터도 보호된다는 것이다. [플84-85]

다음 도가의 아동관에 대한 설명 중 옳지 않은 것을 고르시오.

① 도가에 나타난 아동관은 아동이 분별을 하지 않는다는 데 있다.

② 갓 태어난 아이는 웃을 줄도 모르며, 선악 분별조차 없다.

③ 일체의 분별심이 없으므로 원초적으로 분화가 일어나지 않는 '원초적 미분화'를 특징으로 한다.

④ '원초적 미분화' 상태가 어린아이의 상태이다.

⑤ 어린아이의 상태는 성인(聖人)이 지니는 상태와 다르다.

& 분화하지 않은 순진무구한 상태가 성인의 경지이며, 그러한 상태는 어린아이[嬰兒]의 상태를 말한다. [플84-85]

정답: ⑤

다음을 읽고, 불교의 아동관을 정리해보시오.

> 불교는 도가와 마찬가지로 모든 분별심을 경계하고 이를 타파하고자 한다. 그 결과 선-악을 비롯한 일체의 분별을 타파하고자 한다. 이러한 맥락에서 보면, 성인과 아동의 구분은 중요한 것이 아니다. 여기에는 만물에는 불성이 깃들어있다는 실유불성(悉有佛性)의 사상은 모든 인간의 마음속에 불성이 자리 잡고 있음을 강조한다. 그것은 보다 구체적으로 나이의 적고 많음이나, 성별, 신분의 귀함과 천함에 상관없이 모든 인간은 깨달을 수 있고 누구나 깨달음을 통해 부처가 될 수 있다고 보는 사상이다.

& 아동은 마음이 없는 열등한 존재도 아니고, 성인이 축소된 '작은 성인'도 아니다. 오히려 성인(成人)도 본받을 점이 있는 순수한 존재, 즉 부처이다. 분별심을 타파하는 데 핵심이 있다. [플85-87]

다음은 불교의 놀이와 관련된 설명입니다. 이에 교육적으로 시사하는 바를 쓰시오.

> 아동의 놀이는 순수하고 이상적인 인간의 일면을 보여주는 것이며, 그 순수성은 어른이 본받아야 할 본성이다. 놀이는 자의적인 장난이 아니다.

& 분별심을 가지고 하는 활동이 아니라 분별하지 않는 삶의 일면을 아동의 놀이에서 찾고 있다. 유희나 장난이 분별심을 배제하는 한 그것은 불교가 지향하는 바와 일치한다. 따라서 설사 장난으로 보이는 아동의 활동도 주의 깊은 관심을 기울여야 하는 활동임을 시사한다. [플86]

⌘ 다음은 불교의 아동관에 대한 설명입니다. 밑줄 친 '불교의 아동존중관'에 대해 서술하시오.

> 아동은 세상에 나올 적에 분별심을 별로 갖지 아니한다. 사회생활을 하면서 분별심을 쌓아간다. 어떻게 보면, 교육은 사실 분별심을 북돋아 주는 활동이다. 아동이 분별 이전의 상태에 있다는 점에서 <u>불교의 아동존중관</u>을 확인할 수 있다.

& 분별 이전의 상태는 부처님의 원융을 뜻한다. 이러한 측면에서 불교는 아동이 지닌 순수성을 불성에 가까운 것이라 보면서 아동의 존엄성을 매우 강조한다. [플87]

⌘ 다음은 불교에서 아동을 부를 때 사용하는 호칭에 대한 설명입니다. 빈칸에 들어갈 단어를 순서대로 나열한 것을 고르시오.

> 불교에서는 4세에서 20세 사이의 남자 아동을 대신 ( )라고 부르면 여자 아동은 ( )라고 한다.

① 동자 – 동아　② 동자 – 동녀　③ 동녀 – 동자
④ 동진 – 동아　⑤ 동아 –동진

& 불교에서는 4세에서 20세 사이의 남자 아동을 대신 '동자, 동아, 동진'이라고 부르며 여자 아동은 '동녀'라고 한다. [플87]

정답: ②

⌘ 흔히 단군신화를 이해하는 핵심어로 '홍익인간'을 언급합니다. 이외에 단군신화를 외래신화나 가치관이 아닌 온전하게 이해하기 위한 두 가지 핵심개념을 적어 보시오.

& '원화위인(願化爲人)'과 '탐구인세(貪求人世)'는 홍익인간의 의미

를 이해하는 핵심적 개념이다. [플92-94]

정답: '원화위인(願化爲人)', '탐구인세(貪求人世)'

다음을 읽고, 밑줄 친 '하늘'의 기능에 대해 정리해보시오.

단군신화에 나타난 '<u>하늘</u>'은 모든 것을 독점적으로 관장하고 세상을 자신의 뜻대로 창조하는 절대자, 즉 천자를 지칭하는 것이 아니다. 하늘은 인간과 더불어 존재한다. 그래서 단군신화는 신에 대한 이야기 형태이지만, 실제로는 인간의 이야기이다. 단군신화에서는 모든 사람들이 제천행사를 거행하고, 그것을 통하여 공통된 정체성을 갖게 한다.

& 어원 '한울', 즉 '큰 울타리'라는 뜻에서 알 수 있듯이 우주론적 사상을 알 수 있다. 이는 개인 상호 간의 정체성을 갖게 해주는 기능을 수행한다. 또한 '하늘'은 민족 정체성을 부여해주는 기능을 한다고 할 수 있다. [플89]

다음 설명을 읽고, 단군신화에서 하늘과 인간의 관계는 어떻게 이해되어야 하는지 설명하시오.

'천인(天人)'에 의하여 하늘과 인간, 또는 신과 인간이 함께 한다는 의미를 갖는다. 여기서 단군신화에서 인간의 공존을 뜻하는 '천인공공(天人公共)'은 단순하게 '인간이 천하와 함께한다'는 뜻이 아니라 '하늘과 인간이 서로 협력한다'는 뜻이다.

& 인간이 하늘을 일방적으로 본받는 중국적인 천인관이 아니라 하늘과 인간이 서로 협력하는, 그리하여 '양자가 서로를 필요로 하는 상보관계'로 이해되어야 한다. [플90]

☒ 다음을 참고하여 단군신화에 담긴 '비분화'에 대해 간단히 설명하시오.

(가)
단군신화에 담긴 질서는 창세기처럼 부여된 질서이거나 능생자 로고스에 의하여 제작된 질서가 아니라, 원래 주어진 원융의 상태이다. 이 경우 원융은 분화된 것을 통합한다는 의미가 아니다. 원융은 '미분화'가 아니라 '비분화' 상태를 가리킨다.

(나)
미분화는 분화를 전제하고, 분화된 상태로 나아가는 것을 문명의 지표로 삼는 서양의 가치체계를 반영한다. 앞서 살펴본 고대 희랍의 기능론이나 성경의 창세기는 분화를 전제로 한 미분화를 가정하고 '미분화에서 분화로' 이행과정을 문명화되는 과정으로 본다. 그리고 이를 개인의 성장에 적용하면 교육의 과정으로 볼 수 있다. 이는 현대 서양철학에 그대로 반영되어 있다. 이들에 따르면, 희랍 사상과 창세기에 담긴 분화는 곧 '마음의 분화' 또는 '의식의 분화'와 논리적으로 관련을 맺는다. 그리고 분화된 마음 또는 분화된 의식은 곧 교육받은 인간의 징표이다.

& 단군신화에 담긴 '비분화'는 '혼돈 대 질서'와 같은 대립 구도를 전제하지 않으며, 분화를 질서의 이행과정으로 보지도 않는다. 하늘과 땅 그리고 사람, 천상과 천하 그리고 지상 자체가 '하나의 경계' 또는 '하나로' 상태이다. 이를 '비분화(non-differentiation)'라고 지칭하며, 이는 분화를 전제로 한 미분화(un-differentiation)와는 전혀 다르다. **[플92]**

☒ 원융 사상에 함의된 내용을 3가지로 정리해보시오.

& 첫째, 원융은 유불선의 원융을 뜻한다.
둘째, 하늘과 인간이 상호 상즉, 상입하면서 원융한다는 점이다.

홍익인간은 기독교 신학이나 신앙처럼 하늘에서 인간을 '구원'한다는 뜻을 담고 있지 않다. 하늘에서 인간세상을 그리워한다는 점과 인간이 되기를 간절히 바란다는 점을 통해서 확인할 수 있다. 천지인이 하나로 원융하는 것을 말한다.

셋째, 천지인이 상보적 관계에 있다는 것은 곧 아동을 보는 관점에도 적용된다. 즉 천지인의 상보적 관계는 어른과 아이의 대등함을 함의한다. 하늘과 인간이 수직적 위계가 없기 때문에 성인과 아동의 수직적 위계도 상정할 수 없다. [플95-96]

단군신화의 아동 존중과 서양의 아동 존중관의 결정적 차이를 서술하시오.

& 기독교의 아동존중은 수직적 위계질서 안에서 파악되었다. 하지만 복음서에 따르면 그것은 아동이 열등한 존재가 아니라 거꾸로 성인이 아동을 천국처럼 받드는 '존중'을 뜻한다. 반면에 단군신화의 아동 존중은 천지인이 합일하는 원융(圓融)의 차원에서 어른과 아이가 상호 존중되는 가운데서 파악된다. 서양의 목적론적 사고나 위계질서에서 볼 수 있는 아동의 열등함(inferiority)을 찾아볼 수 없다. 또한 서양의 심신이원론처럼 몸과 마음을 분리해서 인간을 이해하지 않으므로 이 점 또한 원융의 차원에서 이해된다. 같은 맥락에서 아동은 구원의 대상이 되지 않는다. 이는 불교의 인불사상(人佛思想)과도 연계된다. 그 핵심적 단초는 '원화위인(願化爲人)'과 '탐구인세(貪求人世)'라는 뜻에서 찾을 수 있다. [플96]

'권리' 개념이 전제하는 논리적 특성 두 가지를 서술하시오.

& 보편성(universality)과 천부성(entitlement)

전자는 인간존엄성 또는 인간이라는 '지위(title)'에 의하여 부여받은(entitled) 권리이다. 그래서 우리는 흔히 이를 천부적(天賦的)

권리라고 표현하기도 한다. 불가양도성, 불가분성, 불가침성 등으로 설명하기도 한다. 후자인 보편성은 예외나 정도의 차이를 두지 않는 특성을 지니며, 이는 일반성(generality)과 구분된다고 설명한 바 있다. 여기서 예외나 정도의 차이를 두지 않는다고 보편성을 규정하는 것은 세계인권선언이 표방하는 보편성이나 아동권리협약에서 무차별의 원칙처럼 일체의 인간을 대하는 데 있어서 일체 차별을 두지 말아야 함을 뜻한다.

실행성과 관련하여 보면, 권리의 속성인 '천부성'과 '보편성'이 실제적으로 보장되기 위하여 요구되는 실제적인 속성은 '불가분성'(indivisibility), '불가양도성'(inalienability), '불가침성'(inviolability)이다. 불가분성은 권리를 타인에게 나누어 줄 수 없다는 의미이며, 불가양도성은 타인에게 양도할 수 없다는 의미를 담고 있다. 이와 함께 불가침성은 권리의 소극적 측면, 즉 타인에 의하여 한 개인의 권리가 침해될 수 없다는 의미를 담고 있다. 이러한 실제적 속성은 '천부성'에 기인한다고 볼 수 있다. 반면 보편성은 연령적 제한을 받고 있는 아동의 권리 문제에 필수적으로 요구되는 속성이다. 즉, 보편성은 아동에게 불가분성, 불가양도성, 불가침성과 같은 실제적인 속성을 성인과 똑같이 부여해 주는 개념적 속성이다. **[증50-51] [플322]**

호펠드(Hohfeld, W.)의 네 가지 권리 형식을 설명하시오.

& 권리의 속성을 구분하는 법적 관념 네 가지를 말한다. ① 청구권(claim-rightr), ② 특권(liberty-rights, 자유권), ③ 권한(power), ④ 면책권(immunity) **[증52-57] [플300-303; 361-378]**

실정권과 도덕권의 차이를 설명하시오.

& 실정권(positive rights)은 실정법에 명기되어 보장된 권리를 말하고, 도덕권(moral rights)은 실정권에 의하여 보장되지 않지만 도덕적 근거(moral reasons)에 따라 성립하는 권리이다. **[증59-60] [플315]**

보편성과 일반성의 차이를 설명하시오.

& 보편성(universlaity)과 일반성(generality)의 결정적인 차이는 두 가지이다. 하나는 정도의 차이이고, 다른 하나는 예외의 인정 여부이다. **[증50-51] [플322]**

교육권과 학습권의 공통점과 차이점을 서술하시오.

& 교육권과 학습권은 모두 '교육받을 권리'를 지칭한다. 이 두 가지를 짝 개념(상관개념)으로 보면 안 된다. 교육권은 보편적 복지권이며, 학습권은 저항권적 자유권에 해당한다. **[증236-244]**

벌의 형태를 쓰시오.

& 신체형, 생명형, 자유형, 재산형, 자격형 **[플681-682]**

『아동권리향연 플러스』에서 벌의 유형을 네 가지로 나눈 바 있으나, 실제로 형법 제41조에 규정된 벌은 아홉 가지로, 이를 분류하면 다섯 가지이다. 하지만 근대법 체제에서 신체형이 없으므로 형법상 벌은 네 가지 종류이다. 자격형에는 자격상실과 자격정지가 있다. 여기서 자격은 형법 제43조에 따르면, 공무원이 되는 자격, 공법상의 선거권과 피선거권, 법률로 요건을 정한 공법상의 업무에 관한 자격, 법인의 이사, 감사 또는 지배인 기타 법인의 업무에 관한 검사역이나 재산관리인이 되는 자격의 네 가지를 말한다. 자격형은 대부분 다른 형에 병과(竝課)하는 벌이다.

한편, 형법 제41조의 형의 종류는 사형, 징역, 금고, 자격상실, 자격정지, 벌금, 구류, 과료, 몰수 등 아홉 가지이다.

다음 도표의 빈칸을 채우시오.

	쾌락	고통
+	①	②
−	③	④

& 상과 벌의 구분 **[플677]**

정답: ① 적극적 상; ② 적극적 벌; ③ 소극적 벌; ④ 소극적 상

교육권의 개념적 특성인 '보편적 필요'를 설명하시오.

& 교육권은 복지권이다. 복지는 결핍을 충족시키는 공적 활동이다. 교육은 무지라는 결핍 상태에서 벗어나게 한다는 점에서 복지 활동이라고 볼 수 있다. 따라서 교육권은 복지권으로 설명된다. 이에 관한 상세한 분석을 통하여 필요의 개념을 이해하고 이를 충족하는 복지정책의 성격을 파악해야 한다. 여기서 보편적 필요의 개념이 나온다. 즉 보편적 필요는 모든 사람이 무지라는 결핍 상태에서 벗어나야 한다는 뜻을 갖는다. 무상의무교육의 정당화는 이를 토대로 이루어진다. **[증211-230]**

권리문서의 종류와 특징을 간략하게 적어 보시오.

& 헌장(charter), 선언(declaration), 협약(convention) 등이 있다. 이 세 가지는 권리 이행의 강제성 또는 구속력의 차이를 보인다. 따라서 이들은 추상성과 구체성 측면에서도 차이를 보인다. 헌장은 가장 추상적이고 선언적이며, 그 다음으로 선언이 그러하다. 협약은

실정법적 효력을 지니는 구속력과 강제성을 가지고 있다. 국내법과 상충할 경우 국제법 우선의 원칙에 따라 협약이 우선한다.

동음이의어인 유아(幼兒)와 유아(乳兒)의 차이를 설명하고, 이를 왜 구분해야 하는지 설명하시오.

& 통상 유아(幼兒)는 6세 미만의 아동을 뜻하며, 간혹 3세 미만의 아동을 영아라고 세분하기도 한다. 반면 유아(乳兒)는 '젖먹이' 또는 '젖 먹는 아이'를 이르는 용어로서 「근로기준법」, 「군인의 지위 및 복무에 관한 기본법 시행령」에 따라 생후 1개월 미만의 아동을 뜻하며 「형의 집행 및 수용자의 처우에 관한 법률」에 따르면 생후 18개월 미만의 아동을 뜻한다. 연령만 보면 전자가 후자를 포함하지만, 입법 취지에 비추어 이 두 용어를 혼동하면 안 된다. **[플54]**

다음 중 틀린 진술을 고르시오.

① 진보교육의 교사상은 매우 도전적 교사상이다.
② 진보주의자들은 전통 교육의 교사-학생의 관계를 지배와 종속 상태로 본다.
③ 진보주의자들이 '혁명적으로' 제시한 교사상이 도우미, 협력자, 친구의 개념이다.
④ 전통주의자들은 교사-학생 지배와 종속 관계를 주인-노예 관계로 설명한다.
⑤ 철학자들은 주인-노예 의식의 대립을 파기하고자 '노예 없는 사람'을 상정하였다.

& 전통교육과 진보교육의 이분법은 교육상황과 권리주체로서 아동의 의미를 왜곡한다. **[플281-288]**

정답: ④

'공적 영역'–'사적 영역'–'아동 권리'의 상호 관련성에 대해 간단하게 서술하시오.

& 아동이 권리주체라면, 그것은 아동이 부당하게 치환되지 않은 개인으로서 권리를 향유하고 행사하는 주체이어야 한다. 공적 영역이 왜곡되어 사적 영역을 부당하게 침범하면 권리 자체도 왜곡되고, 아울러 아동 권리도 왜곡된다.

1923년 우리나라 어린이선언문을 쓰고 아동권리의 측면에서 그 의미를 서술하시오.

& 1923년 우리나라 어린이선언문은 다음과 같다. **[증471-472]**

어른들에게

- 어린이를 내려다보지 마시고 치어다 보아 주시오.
- 어린이를 가까이하시어 자주 이야기하여 주시오.
- 어린이에게 경어를 쓰되 늘 보드랍게 하여 주시오.
- 이발이나 목욕, 의복 같은 것을 때 맞춰 하도록 하시오.
- 잠자는 것과 운동하는 것을 충분히 하게 하여 주시오.
- 산보와 원족 같은 것을 가끔가끔 시켜 주시오.
- 어린이를 책망하실 때는 쉽게 성만 내지 마시고 자세자세 타일러 주시오.
- 어린이들이 서로 모여 즐겁게 놀만 한 놀이터와 기계 같은 것을 지어 주시오.
- 대우주의 뇌신경의 말초는 늙은이에게 있지 아니하고 젊은이에게도 있지 아니하고 오직 어린이에게만 있는 것을 늘 생각해 주시오.

어린 동무들에게

- 돋는 해와 지는 해를 반드시 보기로 합시다.
- 어른들에게는 물론이고 당신들끼리도 서로 존대하기로 합시다.

- 뒷간이나 담벽에 글씨를 쓰거나 그림 같은 것을 그리지 말기로 합시다.
- 꽃이나 풀을 꺾지 말고 동물을 사랑하기로 합시다.
- 전차나 기차에서는 어른들에게 자리를 사양하기로 합시다.
- 입을 꼭 다물고 몸을 바르게 가지기로 합시다.

아동권리의 측면에서 그 의미를 다음과 같이 정리할 수 있다.

첫째, 아동권리인식의 씨앗을 뿌렸다는 점이다. 이는 세계 최초의 아동권리선언문서라는 데서 그 의미를 찾을 수 있다. **[증308-309; 316]** 이 문서는 에글렌타인 젭(Eglantyne Jebb, 1876~1928) 여사가 1923년 제정하여 1924년 국제연맹에 의하여 채택된 아동권리 제네바 선언보다 앞선다는 점에 유념할 필요가 있다. 참고로 젭은 영국의 사회개혁가로서 '세이브더칠드런(Save the Children)'의 창시자이다.

둘째, 과거 봉건적 사고의 틀에서 아동을 보지 말아야 한다는 점을 주창하고 있다. 아동존중의 사상을 천명하고 있다. 아이들을 올려다보고, 경어를 쓰라는 주장은 곧 아동존중을 뜻한다. 이는 만민평등사상으로 연결되기도 한다.

셋째, 아동이 성인이나 기존 사회 규범에 복속되지 않는다는 점을 천명한다. 아동의 존재를 우주론적 차원에서 언급하고 있다. 즉 아동이 권리 주체라는 것이다. 아동의 무한한 잠재 가능성은 이 아동관에서 비롯된다. **[증137-156]**

넷째, 아동의 발달권에 초점을 맞추고 있다. 이발, 목욕, 의복 등은 특히 신체적 발달에 초점을 둔 것으로 보인다. 흔히 재화공급-보호-참여의 3P에 발달을 더하여 재화공급-보호-발달-참여의 단계를 주장하기도 한다. 이 점에서 보면 아동권리인식이 상당히 앞서가고 있지만 당시 우리나라 아동의 현실을 볼 때 영양공급, 피복 등의 기본적인 생존적 재화 공급에 초점을 맞추고 있다. 같은 맥락에서 아이들을 노역에 종사하게 하는 일 등을 금지하는 보호의 관점에서도 초점을 맞추고 있다.

다섯째, 아동존중의 실천적 지침을 담고 있다. 일상에서 어른들이 아이들을 다룰 때 유념해야 할 사항들을 구체적으로 적시하고 있다.

여섯째, 아동의 놀이권(rights to play)을 강조하고 있다. 과거 통념에 비추어보면 아이들의 놀이란 시간 낭비 또는 게으름의 징표로 여기고 이를 토대로 하여 근면과 노작을 강요한 것이 사실이다. 그러나 아동의 세계에서 놀이는 독특한 위상을 지닌다. **[증290-298]** 놀이는 앎의 선행조건이 되기도 한다. **[증274-277]** 다만 놀이권은 문화권(cultural rights)에 해당하므로, 그 실행에는 상당한 경제적 여건과 사회인식이 뒷받침되어야 한다. 일제의 한반도 강점으로 피폐한 20세기 초 우리나라 현실 속에서 아이들이 이 권리를 온전하게 향유할 수 없었다는 점을 지적하지 않을 수 없다.

일곱째, 제3세대 권리에 해당하는 환경권 문제를 부각시키고 있다.

다음은 아동을 성장하는 존재로 보는 아동관과 영화 '죽은 시인의 사회'를 관련시킨 내용이다. 빈칸에 들어갈 단어를 쓰시오.

성장하는 존재로서 아동을 영화와 관련시켜 보면 영화 '죽은 시인의 사회'의 내용은 매우 타당한 논의거리를 제공해준다. 이 영화에서 아동의 수업은 아동의 자발성과 창의력을 [㉠]하지만, 수업의 [㉡]은 전적으로 교사에게 있다는 점을 확인할 수 있다. 이러한 교사의 주도권이 없으면 교육이 이루어지지 않는다. 그래서 주도권이 없는 상황은 '교육'이 아니라 [㉢]이라고 할 수 있다.

영화 '죽은 시인의 사회'는 여러 가지 면에서 고려할 수 있는 수작(秀作)이다. 흔히 전통교육의 폐해를 지적하고 이를 극복하는 대안으로 진보교육의 입장을 대변한다고 보지만, 이 영화의 심층을 보면 그렇게 단정할 수 없다. 이 영화를 통하여 전통과 진보교육의

갈등을 극복할 수 있다는 점을 가장 먼저 지적할 수 있다. 철학적으로는 플라톤의 동굴과 니체의 동굴을 비교하면 그 의미를 새겨 볼 수 있다. 여기서 새로운 교육모형을 정립할 수 있는 단초를 제공받을 수 있다. [플265-288] 아울러 본서 제9장 참조.
다만 영화의 전반적인 개요와 구체적인 정보를 먼저 숙지해야 한다. [플252-265] 아동관과 관련해 볼 때 성장하는 존재로서 아동관을 반영한 것이라고 볼 근거가 그리 많지 않다. [플155-157]

정답: ㉠ 존중, ㉡ 주도권, ㉢ 아육(兒育)

다음을 읽고, 아동을 주조의 대상으로 보게 하는 원인을 쓰시오.

> 영화 '4등'에서 주인공 준호는 늘 4등을 하는 승부욕이 부족한 아이이다. 이러한 상황에서 준호의 승부욕을 고취한다는 명분으로 코치 관수는 체벌을 가한다. '틀'에 잡혀 압력이 가해지고, 이는 다시 체벌을 불러오고, 그것이 곧 아동에 대한 폭력, 아동 권리 침해로 이어진다. 이는 교육상황, 특히 체육선수들의 훈련에서 발견되어 곧 사회 문제로 비화된다.

& 영화 '4등'은 성취압력에 의한 체벌을 보여주는 영화이다. 사회가 제시하는 기준은 빈번하게 아동에게 성취압력으로 구체화된다. 다른 한편으로 보면, 성취압력은 경쟁의 왜곡으로 나타난 현상이다. 그리하여 아동은 그 압력에 비추어 재단될 수 있는 존재가 된다. [플192-196] 그리고 구체적인 수단이 체벌과 폭행이다. 권리의 측면에서만이 아니라 교육적, 법적 측면에서도 체벌은 '벌'이 아니라 폭력이다. 체벌을 가하는 사람의 근본 원인이 폭력의 재생산이라면, 체벌의 명분은 성취압력인 경우가 많은데 이 영화가 이를 보여준다. [플678-679] 이를 종합하면 아동을 주조의 대상으로 보게 하는 요인의 하나로 '성취압력'을 들 수 있다. [플100-102]

⊠ 권리주체로서 아동이 당면하는 상황을 세 가지로 간단히 정리하시오.

첫째, ______________________

둘째, ______________________

셋째, ______________________

& 첫째, 아동은 단순한 생물학적 의미의 생존을 할 수 있어야 한다. 둘째, 생물학적 실존이 가능하려면 생존의 지속이 보장되어야 한다. 그것은 물리적인 재화의 지속적 공급, 즉 안정적 삶을 가능하게 하는 주택의 공급도 중요하지만, 심리적, 사회적 안정을 확보할 수 있는 보호가 요구된다. 셋째, 생물학적 생존과 생존의 지속을 담보하는 여건이 갖추어진 것은 아동이 자신의 삶을 특징지을 수 있는 나름의 활동을 영위하도록 하는 것이다. 그것은 아동이 단지 수동적 존재이거나 조작의 대상이 되지 않는 필요조건이기도 하다. **[플106-107]**

아울러 이 세 가지는 곧 아동권리인식의 세 단계를 반영하고 있으며, 동시에 아렌트의 인간의 조건인 탄생성(natality), 사멸성(mortality), 다원성(plurality)과 맞물려 있다. **[플140-147]**

⊠ 한나 아렌트의 '인간의 조건' 세 가지는 (　　　　), (　　　　), 다원성으로 표현된다.

& 인간의 조건은 탄생성, 사멸성, 다원성이다. 여기서 노동, 작업, 행위라는 세 가지 인간 활동이 나온다.

정답: 탄생성, 사멸성

⊠ 자유민주주의에서 자유, (　　　　), (　　　　)은(는) 불가분의 가치이다.

& 고전적 자유주의 그리고 자유민주주의 토대가 되는 방어적 민주주

의(protective democracy)에서 자유, 생명, 재산은 불가분의 일체를 이루는 가치들이다. [플339-344; 505-506; 569-570]

정답: 생명, 재산(사유재산)

자유를 왜곡하는 사고유형으로는 (　　　　　), 역사주의, (　　　　　), 중간주의(또는 대중주의)가 있다.

& 자유를 관념적인 것으로 왜곡하는 추상주의, 인간의 자유조차 기획할 수 있다는 구성주의가 답이다. [플489-492]

정답: 추상주의, 구성주의

우리나라 교육에서 허용된 벌의 범주는 (　　　　)형과 (　　　　)형뿐이다.

& 벌의 유형은 생명형, 신체형, 자유형, 재산형, 자격형의 다섯 가지가 있다. 우리 교육관련법에서 교육상 허용된 벌은 해당 학생의 행동에 제재를 가해지는 경우와 정학과 퇴학 등이 있다. 전자는 자유형이고, 후자는 자격형에 해당한다. 자격형은 명예형이라고도 한다.

정답: 자유형, 자격형(명예형)

2

아동의 이해

Ⅰ. 아동의 위상

이 절에서는 아동을 이해하는 방법으로 '아동'이라는 용어와 그 동족어를 살펴보고, 실정법에 규정하고 있는 아동의 연령과 의미를 검토하고자 한다.

우리말 '어린이'는 누구에 의하여 공식화되었는지 말하시오.

& 1921년 소파 방정환에 의하여 '어린이'라는 말이 공식화되었다. [증382]

우리 헌법에 명시된 '아동'에 해당하는 용어를 열거해 보시오.

& 여러 법률에 있어서 '아동'이 표준적 의미를 지니고 있음에도 불구하고, '아동'은 헌법상 용어가 아니다. [플38-39] 헌법에 규정된 '아동'에 해당하는 용어로는 '연소자'(제32조 5항), '청소년'(제34조 4항), '자녀'(제31조 2항), '기타의 사유로 생활 능력이 없는 국민'(제34조 5항)이 있다.

우리 헌법에 명시되지 않은 용어를 고르시오.

① 아동 ② 연소자 ③ 청소년
④ 자녀 ⑤ 생활 능력이 없는 국민

& '연소자'(제32조 5항), '청소년'(제34조 4항), '자녀'(제31조 2항), '기타의 사유로 생활 능력이 없는 국민'(제34조 5항)

정답: ①

다음 중 우리 헌법에 부합하는 진술만을 모은 항목을 고르시오.

㉠ 대한민국 헌법에는 '아동'의 규정이 있다. ㉡ 아동의 권리와 의무는 법리상 '모든 국민'의 권리와 의무에 담겨 있다. ㉢ 가족생활, 모성보호 등의 규정에 따라 아동의 권리를 보장한다. ㉣ 아동을 뜻하는 연소자의 권리 보호를 언급하고 있다. ㉤ 청소년의 복지 향상을 위한 국가의무를 명시하고 있다.

① ㉠-㉡-㉢-㉣-㉤ ② ㉡-㉢-㉣-㉤
③ ㉢-㉣-㉤ ④ ㉣-㉤
⑤ ㉠-㉡-㉢-㉣

& 가족생활, 모성의 보호는 헌법 제36조 1항과 2항에 명시되어 있다. 연소자의 근로에 대한 특별한 보호는 제32조 5항에, 청소년 복지 향상은 제34조 4항에 명시되어 있다. 아동이라는 용어는 우리 헌법에 없다.

정답: ②

대한민국 헌법에 담긴 아동의 권리를 서술하시오.

& 대한민국 헌법에는 '아동'의 규정이 없다. 다만 아동의 범주 안에 들어가는 용어인 '연소자'(제32조 5항), '청소년'(제34조 4항)이라는 용어는 명시되어 있다. **[플41-52] [증28-32]** 그렇다고 우리 헌법이 아동권리를 경시하거나 염두에 두지 않은 것은 아니다. 헌법이 천명하는 '모든 국민'의 권리에는 '아동'이 포함되기 때문이다. 따라서 아동은 삶의 전반에 걸쳐 권리를 향유하고 행사할 권리주체이다. 특히 제10조에 따라 모든 아동이 인간존엄성과 행복추구권을 가지고 있다.

비록 교육문제에 관한 규정이기는 하지만 '아동'에 해당하는 적극적인 헌법 규정은 제31조 2항에서 찾을 수 있다. 해당 조항은 '모든 국민은 그 보호하는 자녀에게 적어도 초등교육과 법률이 정하는 교육을 받게 할 의무를 진다'고 명시되어 있다. 특히 초등교육의 대상인 점을 고려하면, 여기서 '자녀'는 분명히 아동에 해당한다.

또한 헌법이 아동권리를 직접 명시하지 않았지만, 제37조 1항에 따라 '헌법에 열거되지 아니한 이유로 경시되지 아니한다'는 규정에 따라 아동권리는 존중된다고 보아야 한다. 비록 권리를 향유하고 행사하는 주체를 언급한 것은 아니지만 '가족생활'과 '모성보호'를 언급함으로써 우리 헌법은 아동권리 증진 노력을 명시한 것으로 볼 수 있다. 왜냐하면 그 정책의 주요 대상에 아동이 포함되기 때문이다.

또한 아동이 가장 열악한 상태에 놓인 가장 중요한 이유가 경제적 능력 결여인 점을 감안하면 **[증138-144]** 헌법의 제34조 5항의 규정도 아동권리의 보호와 관련이 있다고 볼 수 있다. 왜냐하면 해당 조항의 '기타의 사유로 생활능력이 없는 국민'에는 아동이 분명히 포함되기 때문이다.

이상의 내용을 통해서 볼 때 우리 헌법이 아동권리를 경시하거나 전혀 묵살한다고 단정할 수는 없다. 오히려 헌법에 담긴 여러 조항을 토대로 아동권리 증진 노력을 담고 있다고 볼 수 있다.

관련 헌법 조항을 소개하면 다음과 같다.

제10조 모든 국민은 인간으로서의 존엄과 가치를 가지며, 행복을 추구할 권리를 가진다. 국가는 개인이 가지는 불가침의 기본적 인권을 확인하고 이를 보장할 의무를 진다.

제31조 ② 모든 국민은 그 보호하는 자녀에게 적어도 초등교육과 법률이 정하는 교육을 받게 할 의무를 진다.

③ 의무교육은 무상으로 한다.

제32조 ① 모든 국민은 근로의 권리를 가진다. …

⑤ 연소자의 근로는 특별한 보호를 받는다.

제34조 ④ 국가는 노인과 청소년의 복지향상을 위한 정책을 실시할 의무를 진다.

⑤ 신체장애자 및 질병·노령 기타의 사유로 생활능력이 없는 국민은 법률이 정하는 바에 의하여 국가의 보호를 받는다.

제36조 ② 국가는 모성의 보호를 위하여 노력하여야 한다.

제37조 ① 국민의 자유와 권리는 헌법에 열거되지 아니한 이유로 경시되지 아니한다.

어린이날에 관하여 간략하게 서술하시오.

& 어린이날은 매년 5월 5일로 법정 공휴일로 지정되어 있다. 아동복지법 제6조에 의하여 법적으로 규정되어 있다. 아울러 동법은 5월 1일부터 5월 7일에 이르는 7일간을 어린이 주간으로 정하고 있다. 1973년에는 기념일로 지정하였다가 1975년부터는 공휴일로 제정하였다. 2018년부터는 어린이날이 주말이나 다른 공휴일과 겹칠 경우, 그다음 비공휴일을 대체휴일로 지정하고 있다. 국가가 어린이날을 공휴일로 지정한 것은 어린이에 대한 국가적 관심을 표명했다는 것은 물론이고 실질적으로는 어린이를 위한 각종 행사 등에 있어서 적극적인 참여를 보장하기 위한 것이다.

어린이날은 1922년 4월 소파 방정환(1899~1931)을 비롯한 김기

전, 이정호가 조직한 '천도교소년회'가 각 소년운동 단체 및 신문사 등과 논의한 결과 '새싹이 돋아난다'는 의미로 새싹이 돋아나는 5월 1일을 정하였고, 방정환은 천도교소년회에서 '어린이 달'이라는 이름으로 "십 년 후 조선을 려(慮)하라"는 전단을 배포하고 '어린이날'의 취지를 발표하였다.

방정환은 그 이전에 1921년 '어린이'라는 단어를 한국 최초로 공식화한 인물이다. 1923년 그는 순수 아동잡지인 『어린이』를 창간하였다. 또한 1923년 4월 30일 일본 동경에서 '색동회'를 조직하여 5월 1일을 '어린이날'로 제정하였다. 1923년 5월 1일에는 천도교소년단을 모태로 하여 '어른에게 드리는 글', '어린 동무에게 주는 말', '어린이날의 약속'이라는 제목으로 전단 12만 장을 서울에서 배포하였다. 이것이 『증보 아동권리향연』 부록Ⅰ에 수록한 아동권리공약 3장과 어린이선언문이다. **[증471-472]**

여기서 한 가지 짚고 넘어가야 할 점은 어린이날의 출발일이다. 소파 방정환의 연보에 따르면, 어린이날의 취지를 공포한 것은 1922년 5월 1일이고, 어린이날을 제정하여 행사를 가진 것은 1923년 5월 1일로 기록되어 있다. 한편 한국민족문화대백과에 따르면 1923년 5월 1일 첫 번째 어린이날 행사를 치른 것으로 되어 있다. 그러나 2022년 시점에서 '어린이날 100주년 기념'이라고 보도하고 일부에서는 '99주년'이라고 하는 것을 보면 혼선이 있는 듯하다. 그 공식적 출발점을 1922년 5월 1일로 하면 2022년 5월 5일은 어린이날 '제100주년'이 된다. 1923년을 기준으로 하면 2022년 5월 5일은 '제100회' 어린이날이라고 해야 타당하다. 이와 같은 혼선도 어린이에 대한 실질적인 관심이 낮다는 증거로 보여 아쉽다.

이후 5월 1일을 중심으로 어린이를 위한 여러 활동이 추진되었다. 5월 1일이 노동절과 겹치게 되자 1927년부터 어린이날 행사를 5월 첫째 일요일에 열었다.

어린이날이 해가 갈수록 규모가 커지자 어린이 운동이나 어린이날 행사가 민족의식을 높일 것을 염려한 일제는 1937년에 소년단체 해산명령을 내려 어린이날 행사도 금지시켰다. 어린이들이 참가하지 못하도록 일요일에도 학교에서 수업을 했다. 이러한 이유로 어린이날은 1939년부터 중단되었다.

광복 이듬해인 1946년에 일제에 의하여 1934년 폐간된 『어린이』가 다시 발행되고, 조선건국준비위원회에 의해 어린이날도 부활하였다. 이때 첫 기념식을 연 1946년 5월 첫째 일요일이 5월 5일이었는데, 이후 날짜가 달라지는 불편을 막기 위해 1946년 이후로는 요일에 관계없이 5월 5일을 어린이날로 정하였고, 이 날짜가 오늘날까지 이르게 되었다.

우리나라 이외의 많은 나라가 어린이날을 제정하여 기념하고 여러 행사를 하는 것으로 알려져 있다. 우선 이웃 일본의 어린이날(こどもの日)도 한국과 똑같이 양력 5월 5일이다. 근대이전에는 남자어린이의 건강을 기원하는 날이었던 음력 5월 5일인 단오절이었다. 이날이 메이지 유신 이후에는 양력 5월 5일로 바뀌었고 1948년 정식으로 공휴일로 공포되었다.

국제연합과 유네스코는 1954년부터 매년 11월 20일을 '세계 어린이날(Universal Children's Day)'로 지정하여 기념한다. 그 이전에 1925년 제네바에서 있었던 '아동 복지를 위한 세계 회의(World Conference for the Well-being of Children)'에서 제정된 국제 어린이날은 6월 1일이었다. 그러나 이날을 기념하는 국가는 공교롭게도 구소련을 비롯한 구 공산국가들로서 러시아, 중국, 체코, 폴란드, 라트비아, 리투아니아, 베트남 등이다. 또한 이슬람 국가들은 이슬람력으로 5월 5일인 7월 4일을 어린이날로 지낸다. 그 외에 멕시코의 어린이날(Día de los niños)은 4월 30일이며, 태국의 어린이날은 1월 두 번째 주의 토요일이다. 모든 국가가 우리나라처럼 어린이날을 공휴일로 삼지는 않는다.

아동복지법 제6조 어린이에 대한 사랑과 보호의 정신을 높임으로써 이들을 옳고 아름답고 슬기로우며 씩씩하게 자라나도록 하기 위하여 매년 5월 5일을 어린이날로 하며, 5월 1일부터 5월 7일까지를 어린이 주간으로 한다.

🗀 소파 방정환(小波 方定煥)은 1899년 11월 9일 서울 야주개에서 미곡상 방경수의 맏아들로 태어났다. 보성소학교와 미동공립보통학교에서 수학하고 선린상학교를 중퇴하였다. 1920년 일본으로 건너가 동양대학에 다니며 아동 문제를 연구하였다. 1917년 4월 8일 천도교 제3대 교조 의암 손병희(孫秉熙)의 3녀 손용화와 결혼하였다. 의암(義庵)의 셋째 사위인 그는 장인의 독립운동에 가담하는 등 활동으로 옥고를 치르기도 하였다. 방정환은 아동문학가, 아동활동가 이전에 독립운동가이다. 그의 활동이 천도교와 밀접하게 관련된 것은 의암 선생과의 인연 때문이다. 33세인 1931년 7월 23일 서울대학 병원에서 고혈압으로 운명하였다. 방정환의 일생과 작품, 그리고 주요 행적에 관하여는 다음 문집을 참고하라.

소파방정환선생기념사업회 편, 1997, **소파 방정환 문집** 상·하, 서울: 하한출판사.

가정의 달 5월의 주요기념일을 들어보시오.

& 우리나라는 5월을 가정의 달로, 6월을 호국보훈의 달로 지정한다. 가정과 국가를 연계하여 생각하는 우리의 사고관습을 엿볼 수 있다.

5월의 기념일로는 5일 어린이날, 8일 어버이날, 15일 스승의 날, 셋째 월요일은 성년의 날, 21일은 부부의 날이다. 성년의 날은 15일에서 21일에 걸쳐 있으므로, 스승의 날과 부부의 날과 겹치기도 한다.

🗀 여기서 중요한 점을 지적하고자 한다. 즉 이들 기념일이 사람이 성장하는 과정을 나타내는 일련의 정합적인 계열(sequence)을 지니고 있다는 점이다. 이를테면, 아이가 태어나서 어린이가 되며(5일), 부모님의 따뜻한 양육을 받아 자라서(8일), 스승의 가르침을 받고(15일), 성년이 되어(15~21일), 짝을 맺어 부부가 된다(21일)는 계열성을 말한다. 숫자 '21'

은 둘(2)이 하나(1)가 된다는 뜻을 지닌다. 여담이지만, 오래전 어느 교원 노조에서 스승의 날 '촌지'를 우려하여 스승의 날을 학년이 넘어가는 방학인 2월로 옮기자는 주장이 있었다. 이 주장은 인간발달의 계열성을 존중하는 우리의 아름다운 사고방식을 무시한 처사이면서 동시에 교사를 잠재적인 집단 범죄자로 여기는 인식이 숨어 있다는 두 가지 점에서 잘못되었다.

우리말 '아이'에 관련한 진술 중 타당한 것을 모두 고르시오.

① 우리말 '아이'는 시작을 뜻하는 '아시'와 관련되어 새로 태어남을 뜻한다.

② 우리말 '아이'는 작음을 뜻하는 '아지'와 관련되어 작은 존재를 뜻한다.

③ 우리말 '아이'의 어원은 단군신화의 '아사달'과 관련된다.

④ 우리말 '아이'의 어원은 작은아버지를 뜻하는 '아저씨'의 어원과 관련된다.

⑤ 우리말 '아이'는 한자어 '아해(兒孩)'에서 비롯된 말이다.

& 한자어 '아해(兒孩)'는 우리말을 한자어로 표기하려는 의도에 불과할 뿐이다. **[플35-36]**

정답: ①, ②, ③, ④

다음 진술 중 타당한 것을 모두 고르시오.

① 우리말 '어른'은 어우르는 존재로서 아이와 상반된 뜻을 지닌다.

② 우리말 '어른'은 '얼'과 관련된다는 점에서 '아들'과 어원이 같다.

③ 우리말 '아이'는 어른과 상반된 뜻을 지니므로 '마음이 없는 존재'라는 뜻이다.

④ 우리말 '아이'는 작은 존재라는 뜻에서 열등한 존재라는 의미를

가진다.

⑤ 우리말 '아이'는 여러 면에서 아동 존엄성을 함의한 말이다.

& 이성을 취하는 존재라는 의미에서 '아이'가 어른과 상반되는 뜻을 갖는다. 작은 존재라고 해서 열등한 존재로 볼 수 없다. **[증18-19; 137-147] [플37-38]**

정답: ①, ②, ⑤

다음 사례에서 확인할 수 있는 아동의 의미를 쓰시오.

> ① 작은아버지를 뜻하는 숙부를 삼촌 또는 '아저씨'라고 부른다. '아저씨'는 '앗+엇+이'로 구성된다. 또 아저씨의 다른 말인 '아재비'의 어원을 보아도 마찬가지이다. 즉 '아재비'는 '앗+압+이'이다. 이 말은 '아자비' 또는 '아재비'로 사용되다가 오늘날 '아저씨'가 된다. 아저씨의 **'앗'**이 **'작은'**이라는 뜻을 가진다.
>
> ② 아동에 상응하는 우리말 중에는 '아이' 말고도 '아기'도 있다. **아이**는 **'앗+이'**에서 비롯된 말이다. '앗이'에서 '아지', '아기'가 나온다.

& 위의 지문은 앞서 소개한 다섯 아동관 중 작은 성인의 의미를 뒷받침해주는 분석이다. **[플36]**

정답: 작은 존재

우리말 '어린이'에 관련한 진술 중 타당한 것을 모두 고르시오.

① 나이가 어리다는 뜻을 지닌다.

② 갓 태어나다는 뜻을 지닌다.

③ 어리석다는 뜻을 지니지만, 이는 미성숙의 개념처럼 그 자체가 성장가능성을 지닌다.

④ 얼을 지닌 존재라는 뜻을 지닌다.

⑤ 소파 방정환에 의하여 아동의 표준적 의미를 지닌 우리말로 정착했다.

& 모두 옳은 진술이다. [플37-38] [증144-147]

정답: ①, ②, ③, ④, ⑤

※ 다음은 어른의 어원에 대한 설명이다. 지문을 읽고, 아동의 의미에 대해 해석하시오.

> '어른'의 어원은 크게 두 가지로 나뉜다. 하나는 어우르는 존재, 큰 존재라는 뜻이고, 다른 하나는 얼을 지닌 존재라는 뜻이다. 전자는 '어르+우+ㄴ' 또는 '어루+ㄴ'에서 비롯된 말이다. 즉 성인은 이성을 취하는 존재라는 뜻이다. 즉 어른은 아이가 할 수 없는 일을 하는 존재라는 점에서 상반되는 개념이다. 이와는 달리 어른이 '얼'에서 온 말이라는 해석도 있다. 즉 어른은 '얻+은'에서 온 말이다. 여기는 '얻'은 '얼'을 뜻하는 말로서, '아들', '아ᄉᆞ'와 어원이 같다. **전자는 어른이 아이와 상반된 뜻에서 나온 말이라는 것을 알 수 있지만, 후자는 어른의 어원이 아이를 뜻하는 말과 어원이 같다는 점을 확인할 수 있다.**

& 전자로 보면, 일상생활의 장면에서 아동은 작은 존재이면서 새로 나온 존재, 어른이 할 수 있는 일을 할 수 없는 능력과 행위의 제한을 받는 존재이다. 반면에 후자로 보면 아동의 존엄성을 확인할 수 있다. 즉, 아동이 권리주체로서 대접받을 수 있다는 뜻이다. [플37]

다음은 아동의 뜻에 대해 요약 · 정리한 것이다. 지문을 읽고 알 수 있는 것을 쓰시오.

> 아동에 해당하는 우리말, 아이와 어린이는 작은 존재, 갓 태어난 존재, 세상에 처음 나온 존재, 나이가 적은 존재, 힘이 약한 존재라는 뜻을 지니지만, 모든 사람을 지칭하는 '얼'에서 비롯된 말이기도 하다.

& 권리주체로서 아동의 근거를 확인할 수 있다. [플37-38]

다음 현행법상 아동의 법적 명칭 중 아닌 것을 고르시오.

① 아동 ② 청소년 ③ 소년 ④ 아기 ⑤ 연소자

& '아이'는 아이돌봄지원법 제2조에 규정되어 있는 법적 명칭이지만, '아기'는 아직까지는 법적 명칭이 아니다. [플41-46]

정답: ④

다음 중 아동의 법적 호칭과 해당 법률을 올바르게 연결하지 않은 것을 찾으시오.

① 청소년 – 청소년기본법, 아동·청소년의 성 보호에 관한 법률, 한부모가족지원법
② 영유아 – 영유아교육법, 모자보건법
③ 유아 – 유아교육법, 영유아교육법, 모자보건법
④ 아동 – 아동복지법, 초·중등교육법, 국민기초생활보장법
⑤ 어린이 – 도로교통법

& 아동에 상응하는 주체를 이르는 호칭으로 '유아'를 제시한 법률은 유아교육법, 영유아교육법이다. 모자보건법에는 '영유아'가 정의되어 있다. [증31-32표] [플41-42표]

정답: ③

이하 아동의 정의와 관련 용어의 연령에 관한 법적 규정은 **[증보 부록15]**를 참조하라. 각 문항에 제시한 출처 근거는 **[증보 부록15]**를 제외한 본문의 내용을 지적하였음을 확인하라.

다음 빈칸에 들어갈 알맞은 단어를 적으시오.

> 실제로 실종 아동 등의 보호 및 지원에 관한 법률과 같이 매우 예외적인 경우를 제외하고 모두 '아동'을 18세 미만의 자로 규정한다. 현실적으로 우리나라의 경우를 보면, 고등학교 2학년 학생 이하의 연령이 이에 포함된다. 이 연령에 속하면서 학생 신분을 얻지 못하는 경우에 [㉠]으로 규정하여 보호하고 있다. 실제로 '아동' 다음으로 많이 채용하는 호칭이 [㉠]이다. [㉠]을 주체로 하는 법률은 [㉡]을 준거로 삼지 않는다는 것이 특징이다. 그 기준이 되는 연령이 [㉢] 그리고 19세 미만의 사람으로 되어 있다.

용어 '청소년'이 지니는 의미를 숙지할 필요가 있다. **[증39-43] [플43-44]**

정답: ㉠ 청소년, ㉡ 18세 미만, ㉢ 9세 이상 24세 이하

다음 빈칸에 들어갈 알맞은 단어를 적으시오.

> 임신과 분만을 중심 사안으로 한 모자보건법은 '영유아'를 영유아교육법과 같이 사용하면서, '신생아', '미숙아'라는 말을 채용한다. 영유아 중에서 [㉠]이 신생아이며, 미숙아는 [㉡]로 규정하고 있다.

영아, 신생아, 미숙아는 모두 아동의 하위개념이며, 신생아와 미숙아는 의료복지와 관련된 용어이다. **[플46-47] [증30]**

정답: ㉠ 28일 이내인 사람, ㉡ 신체의 발육이 미숙한 채로 출생한 영유아

아동을 적극적으로 규정하는 법이 아닌 것은?

① 가정폭력방지 및 피해자 보호 등에 관한 법률

② 국민기초생활보장법

③ 도로교통법

④ 민법, 형법

⑤ 공직선거법

& 공직선거법은 선거연령을 정의하므로, 아동의 의미와 일차적으로 관련이 없다. 하지만 공직선거법은 18세 이상의 국민이 선거권이 있음을 명시함으로써 18세 미만의 아동을 선거권이 없음을 소극적으로 규정하고 있다. 예시된 나머지 법령은 입법취지에 따라 아동을 16세, 18세 미만의 자로 규정하고 있다. **[플50표]**

정답: ⑤ 공직선거법

다음은 아동, 유아 등의 연령 기준에 관한 법률 규정 중 '청소년기본법 제3조', '청소년 보호법 제2조'의 내용이다. 지문을 읽고, 두 법률 내용의 공통점과 차이점을 적으시오.

〈청소년기본법 제3조 제1호〉

"청소년"이란 9세 이상 24세 이하인 사람을 말한다. 다만, 다른 법률에서 청소년에 대한 적용을 다르게 할 필요가 있는 경우에는 따로 정할 수 있다.

〈청소년 보호법 제2조 제1호〉

"청소년"이란 만 19세 미만인 사람을 말한다. 다만, 만 19세가 되는 해의 1월 1일을 맞이한 사람은 제외한다.

& 청소년기본법과 청소년 보호법은 아동에 상응하는 주체를 이르는 호칭으로 '청소년'을 제시하고 있다는 점에서 공통점이 있다. 그러나 청소년기본법에서는 '9세 이상 24세 이하인 사람'을, 청소년 보호법에서는 '만 19세 미만인 사람'을 청소년으로 정의함으로써, 전자는 청소년의 육성에 초점을 맞추고 후자는 청소년의 보호에 초점을 맞추고 있다는 점에서 차이점이 있다.

다음 대한민국 아동 관련 법률과 연령 구분, 호칭을 올바르게 연결해보시오.

법률	연령 구분	호칭
아동복지법 •	• 만 3세 ~ 취학 전 •	• 유아
유아교육법 •	• 19세 미만 •	• 소년
소년법 •	• 18세 미만 •	• 아동

정답: 아동복지법 — 만 18세 미만 — 아동/ 유아교육법 — 만3세 ~ 취학 전 — 유아/ 소년법 — 만 19세 미만 — 소년 [플41-42; 50-52표]

다음 중 아동에 대해 '청소년'으로 정의하지 <u>않은</u> 법률을 고르시오.

① 청소년기본법 제3조
② 청소년복지 지원법 제4조
③ 대중문화예술산업발전법 제2조
④ 가정폭력방지 및 피해자보호 등에 관한 법률 제2조
⑤ 음악산업진흥에 관한 법률 제2조

& 가정폭력방지 및 피해자보호 등에 관한 법률 제2조 제4호에서는 18세 미만의 자를 '아동'으로 정의한다. **[플41-42; 50-52]**

정답: ④

다음 중 아동에 대해 '연소자'로 정의한 법률을 모두 고르시오.

① 입양특례법 제2조
② 근로기준법 제66조
③ 한부모가족지원법 제4조
④ 영화 및 비디오물의 진흥에 관한 법률 제2조
⑤ 공연법 제2조

& ① 입양특례법 제2조는 18세 미만의 '아동'을 정의한다. ③ 한부모가족지원법 제4조에서는 18세 미만, 취학 중인 경우 22세 미만의 '아동'을 정의한다. ④ 영화 및 비디오물의 진흥에 관한 법률 제2조에서는 18세 미만의 '청소년'을 정의한다. 하지만 공연법과 근로기준법은 18세 미만의 아동을 모두 '연소자'라고 정의한다. **[플51표]**

정답: ②, ⑤

다음 중 아동에 대해 '미성년자'로 정의하지 않은 법률을 모두 고르시오.

① 근로기준법 제66조
② 결혼중개업의 관리에 관한 법률 제12조
③ 민법 제4조
④ 형법 제9조
⑤ 공연법 제2조

& 근로기준법 제66조와 공연법 제2조에서는 18세 미만의 '연소자'로 구분하고 있다. 나머지 예시된 법들은 '미성년자'로 정의한다. **[플51표]**

정답: ①, ⑤

다음은 아동에 상응하는 주체를 이르는 호칭으로 모두 다르게 정의한 법률입니다. 호칭에 대한 연령 규정(정의)이 낮은 순서대로 나열해보시오.

㉮ 모자보건법 제2조의 신생아
㉯ 헤이그 국제 아동탈취협약 이행에 관한 법률 제2조의 아동
㉰ 소년법 제2조의 소년
㉱ 장애인 등에 대한 특수교육법 제3조의 영아
㉲ 도로교통법 제2조의 어린이

& ㉮ 신생아 — 출생 후 28일 이내의 영유아/ ㉱ 영아 — 3세 미만/ ㉲ 어린이 — 13세 미만/ ㉯ 아동 — 16세 미만인 사람/ ㉰ 소년 — 19세 미만인 자 **[플50-52표]**

정답: ㉮→㉱→㉲→㉯→㉰

다음 문장을 읽고, ○/× 표시하시오.

(1) 초·중등교육법은 의무교육을 다루고 교육상황에서 학습자의 신분을 나타내는 '의무교육대상자'와 '학생'이라는 용어를 사용한다. ( )

(2) 부모의 취학의무를 규정하기 위하여 '자녀'라는 호칭을 사용한다. ( )

& 교육관련법은 아동이라는 호칭 대신에 의무교육대상자, 학생이라는 용어를 사용한다. 다만 취학의무를 규정할 때 '자녀' 또는 '아동'이라는 용어를 사용한다. **[플50-52]**

정답: (1) ○, (2) ○

다음 문장을 읽고, 틀린 부분을 찾아 고쳐 쓰시오.

우리나라의 법률 중에서 '청소년'을 사용하는 법률이 가장 많다.

& 법령 중에는 아동과 그 하위개념을 사용하는 경우가 많다. **[플 50-52표]**

정답: (틀린 부분) 청소년 → (고친 부분) 아동

다음 제시된 법에서 공통적으로 사용하는 용어를 쓰시오.

아동복지법 / 입양특례법 / 실종아동 등의 보호 및 지원에 관한 법률 / 가정폭력방지 및 피해자 보호 등에 관한 법률 / 가족폭력범죄의 처벌 등에 관한 특례법 / 한부모가족지원법 / 국민기초생활보장법 / 초·중등교육법

& 표준적인 의미에서 사용된다. **[플50-52]**

정답: 아동

다음 중 「모자보건법」에 제시된 '아동'의 하위개념을 뜻하는 용어를 모두 고르시오.

유아 / 청소년 / 신생아 / 영유아 / 소년 / 자녀 / 미숙아 / 미성년자 / 학생 / 국민

& 모자보건법은 입법 특성상 여러 유형의 아동을 규정한다. **[플51-52 표]**

정답: 유아, 미숙아, 신생아, 영유아, 자녀

다음 법률 중 '아동'에 대한 연령 규정 정의가 '18세 미만인 사람'이 아닌 것을 고르시오.

① 아동복지법 제3조
② 장애아동 복지지원법 제2조
③ 가정폭력방지 및 피해자 보호 등에 관한 법률 제2조
④ 형법 제274조
⑤ 실종 아동 등의 보호 및 지원에 관한 법률 제2조

& 형법 제274조에는 '16세 미만인 사람'을 '아동'으로 정의하고 있다. **[플50표]**

정답: ④

다음은 아동, 청소년 등의 연령 기준에 관한 법률 규정 중 '장애아동 복지지원법 제2조', '근로기준법 제66조'의 내용이다. 지문을 읽고, 두 법률 내용의 공통점과 차이점을 적으시오.

> **〈장애아동 복지지원법 제2조 제1호〉**
> "장애아동"이란 18세 미만의 사람 중 '장애인복지법' 제32조에 따라 등록한 장애인을 말한다. 다만, 6세 미만의 아동으로서 장애가 있다고 보건복지부장관이 별도로 인정하는 사람을 포함한다.
>
> **〈근로기준법 제66조 (연소자 증명서)〉**
> 사용자는 18세 미만인 사람에 대하여는 그 연령을 증명하는 가족관계 기록사항에 관한 증명서와 친권자 또는 후견인의 동의서를 사업장에 갖추어 두어야 한다.

& 장애아동 복지지원법 제2조와 근로기준법 제66조에서 대상자에 대한 연령 기준을 '18세 미만'으로 제한하고 있다는 점에서 공통점이 있다. 그러나 장애아동 복지지원법 제2조는 '아동'으로, 근로

기준법 제66조에서는 '연소자'로 대상자를 구분하고 있다는 점에서 차이가 있다. **[증28-37] [플48-52]**

다음과 같이 연령을 규정한 실정법을 고르시오.

> (호칭) 영유아 - (정의) 6세 미만인 사람
> (호칭) 어린이 - (정의) 13세 미만

① 모자보건법 ② 도로교통법
③ 청소년기본법 ④ 청소년 보호법
⑤ 소년법

& 도로교통법은 입법 취지에 따라 아동을 '영유아'와 '어린이'로 나누어 정의한다. **[플51표]**

정답: ②

다음과 같이 연령을 규정한 실정법을 고르시오.

> (호칭) 영아 - (정의) 만 3세 미만
> (호칭) 영유아 - (정의) 6세 미만의 취학 전 아동

① 도로교통법
② 장애인 등에 대한 특수교육법
③ 청소년 보호법
④ 아동복지법
⑤ 영유아보육법

& 영유아보육법은 6세를 기준으로 '영유아'를 규정하고 있으나, 제26조에 관련법을 준용하여 '영아'를 보육 우선 대상으로 규정하고 있다. **[플51표]**

정답: ⑤

다음의 사항으로 연령을 모두 규정한 실정법을 고르시오.

(호칭) 아동 – (정의) 18세 미만 (취학 중인 경우 22세 미만) (호칭) 청소년 – (정의) 24세 이하

① 실종 아동 등의 보호 및 지원에 관한 법률
② 청소년기본법
③ 형법
④ 한부모가족지원법
⑤ 아동복지법

& 한부모가족지원법은 지원대상의 폭을 넓히고자 하는 입법취지에 따라 청소년을 포함시킨다. 한부모가족지원법은 아동과 청소년이 모두 들어간 법이다. 하지만 여기서 '청소년'은 한부모인 경우에 해당한다. **[증32표] [플50-51표]**

정답: ④

다음 중 틀린 진술을 고르시오.

① 우리나라에서 생애 전반기에 해당하는 어린 시기의 연령은 법적으로 상이하다.
② 법률에 같은 용어가 사용되지만, 연령 규정이 다른 경우가 존재한다.
③ 법률에 다른 용어를 쓰면서도 연령을 동일하게 규정하는 경우는 존재하지 않는다.
④ 우리나라는 보건복지부가 아동정책을 관할하고 있다.
⑤ 우리나라는 여성가족부가 청소년정책을, 국무조정실이 청년정책을 관할한다.

& '아동'의 연령은 법령에 따라 18세와 16세로 정의되며, '청소년'은

법령에 따라 9세, 18세, 19세, 24세 등의 연령으로 정의된다. 반면에 18세 미만의 사람을 아동복지법 등에서 '아동'으로 정의하지만, 게임산업진흥에 관한 법률에서는 '청소년'으로, 근로기준법과 공연법에서는 '연소자'로, 결혼중개업의 관리에 관한 법률에서는 '미성년자'로 정의한다. **[증28-37] [플48-52]**

정답: ③

다음은 우리나라의 정책추진 주관부처에 대한 설명이다. 이러한 우리나라 상황에 대한 자신의 생각과 그렇게 생각한 이유를 적어보시오.

우리나라는 보건복지부가 아동정책을 추진하고 있으며, 여성가족부가 청소년정책을, 국무조정실이 청년정책을 추진하는 주관부처로 나누어져 있다. 따라서 생애 전반기 대상 정책을 각각 다른 부처에서 담당하고 있다.

& (다음은 정답이라고 할 수는 없지만, 제시할 수 있는 답안이다.) 생애 전반기 대상 정책을 각각 다른 부처에서 담당하는 것은 전문성을 제고한다는 측면에서 권장할 수 있지만, 부적절해 보인다. 이러한 현상이 나타난 것은 입법을 추진하면서 해당부처의 입법취지와 업무의 행정적 편의성 때문으로 보인다. 그러나 평생교육과 같이 생애 전반을 규정한 법도 있다. 평생교육법이 이에 해당한다. 생애 전반을 국가가 관장하는 것은 나름대로 의미를 찾을 수도 있지만, 개인의 권리를 국가가 관장한다는 점에서 문제가 부각될 수도 있다. **[플55]**

다음 설명 중 빈칸에 들어갈 적절한 단어를 고르시오.

어학사전을 통해 용어 그 자체의 의미를 보면, _______은/는 생후 4주까지로 한 달 이내의 태어난 아이를 가리킨다. 일주일이 7일이므로 단순 합산할 경우 28일에 해당하는데, 이는 사망원인을 분류하는 국제적인 기준에서 활용하는 것이어서 논란의 여지가 적다. 법률에서 _______은/는 모자보건법에 규정되어 있는데 사전적 정의와 다르지 않다.

① 신생아
② 미숙아
③ 영아
④ 어린이
⑤ 아동

& 아동복지에서 다루는 복지지표 중 중요한 것이 영아사망률이다. 영아사망률이 낮아야 아동복지가 잘 이루어진 나라라는 뜻이다. 이러한 취지에서 '신생아'는 매우 중요한 개념이다. **[플50]** 영아사망률과 아울러 아동사망률, 모성사망비 그리고 모성사망률을 숙지할 필요가 있다. 본서 제7장 제5절 참조.

정답: ①

다음 설명 중 빈칸에 들어갈 적절한 단어를 고르시오.

어학사전을 통해 용어 그 자체의 의미를 보면, _____은/는 모유나 분유를 먹는 시기의 어린아이로 모유 수유 권장 기간이 2년이지만 개인별로 편차가 있기 때문에 일률적으로 말하기 어렵다. 법률에서 _____은/는 사전적 정의와 다르지 않은데, 다만 아이돌봄 지원법은 2년 이내로 규정하고 있는 데 반해서 영유아보육법은 출생 후 3년 이내로 규정하고 있다.

① 영유아
② 영아

③ 유아   ④ 미숙아

⑤ 어린이

& 영아를 규정한 문항이다. 영아를 유아와 구분한 것은 초기 아동의 발달을 고려해야 한다는 입법취지를 담고 있다. [플49]

정답: ②

다음 중 <u>틀린</u> 진술을 고르시오.

① 법률상 정의에서 사전적 정의에 큰 편차가 존재하는 것은 '어린이'에서만 발생한다.

② 18세 미만으로 정의되는 것은 국제연합의 아동권리협약에서 성인이 아닌 사람을 아동으로 정의하면서 나타나는 현상이다.

③ 복지나 대상 지원에 대한 내용을 다루는 법률들은 후생학적으로 연령을 포괄적으로 정의하는 경향이 있다.

④ 연소자는 '연소자관람불가'가 떠오를 정도로 성년 개념과 연결되며 사실상 청소년도 성년이 되지 않은 시기를 지칭하는 미성년과 어감상 유사한 비슷한 용어이다.

⑤ 소년부터 연소자, 성년, 미성년 등은 청소년보호나 비행과 관련된 법률에서 대체로 만 8세나 만 19세까지를 지칭하는 용어이다.

& 법률상 정의에서 사전적인 정의와 큰 편차가 존재하는 것은 '아동'에서 더 많이 찾아볼 수 있다. [플50-51표]

정답: ①

법률에서 굳이 정책 대상에 대한 특정 연령을 정의하는 이유는 무엇인지 쓰시오.

& 첫째, 입법 취지를 고려했기 때문이다. 둘째, 용어를 명료화하여야

법적 혼란이나 분쟁을 줄일 수 있다.

다음은 정책적 연령 정의를 하는 방법 중 하나로 실질적인 '역연령'을 설정하는 것이다. 다음은 역연령에 대한 설명이다. 실질적인 '역연령'을 정하는 것은 어떻게 이루어지는지에 대해 2가지 이상 적어보시오.

> '역연령'은 일종의 달력에 언제부터 언제까지를 정하듯이 일정한 시기에 도달한 연령과 이탈한 연령을 정하는 것이다.

& 아동의 역연령(曆年齡, chronological age)을 설정하는 것이 중요한 이유는 법령상의 연령과 현실상 연령이 일치하지 않을 경우에 대비하여 각종 정책을 수립할 수 있다는 점이다. 이때 사용되는 개념이 '골격연령(骨格年齡, skeletal age)'이다. 용어가 담고 있는 뜻을 풀이하면 골격의 성장 정도에 따라 나타나는 나이이다. 따라서 골격연령은 아동의 신체발달상의 연령을 나타낸다. 또한 아동의 역연령을 정하는 것은 국민들이 생각하는 해당 연령 기간을 보고 판단하거나, 사회적 역할이나 자격을 취득하거나 시점을 보고, 아니면 인간의 기능적, 신체적 능력을 얻거나 상실하는 시점을 확인해 이루어진다. **[플66-68]**

다음 문장을 읽고, ○/X 표시하시오.

(1) 사회적 역할 취득과 상실은 시기상 교육을 통해 살펴볼 수 있다. ( )

(2) 아동과 청소년의 구분은 입학연령에 따른 것이다. ( )

(3) 초등학교에 입학하는 6세부터 중학교에 입학하는 12세까지를 아동으로 볼 수 있다. ( )

(4) 12세 중학교 입학 시기부터 고등학교를 졸업하는 시점인 18세나

대학을 졸업하는 시점인 24세를 청소년으로 정의한다면 이 시기의 사회적 역할 취득과 상실에 부합한다고 볼 수 있다. ( )

(5) 청소년 상한연령을 고등학교냐, 대학교냐를 사회적 역할과 관련하여 정하기 위해서는 해당 연령인구의 취학률이나 졸업 시점 등의 변화를 통해 볼 수 있다. ( )

& 학령이 갖는 의미를 묻고 있다. [플53-56]

정답: (1) ○, (2) ×, (3) ×, (4) ○, (5) ×

다음 중 틀린 진술을 고르시오.

① 기능적 연령은 성장 호르몬이 분비되어 빠르게 성장이 이루어지는 시점인 사춘기를 기준으로 아동과 청소년을 구분해볼 수 있다.

② 신장을 기준으로 사춘기가 시작되는 시점은 10세 이후에 나타난다.

③ 남성은 10세에서 12세 사이, 여성은 11세에서 13세 사이에 가장 큰 변화가 이루어진다.

④ 사춘기와 관련하여 남성은 사춘기의 시작 시점이 2010년과 비교하여 2015년 1세 정도 빨라졌다.

⑤ 사춘기와 관련하여 여성은 사춘기의 시작 시점이 2010년과 2015년을 비교하였을 때 5년 사이에 큰 변동이 없었다.

& 아동발달의 지표를 통하여 그 특징을 숙지할 필요가 있다. 신장을 기준으로 사춘기가 시작되는 시점은 10세 이후에 나타나는데, 남성은 11세에서 13세 사이에, 여성은 10세에서 12세 사이에 가장 큰 변화가 이루어진다. 여성의 발달이 이르다. [플57-65]

정답: ③

다음은 우리나라 법률의 일관성과 통일성에 대한 문제점 관련 설명이다. 이를 읽고, 문제점에 대한 자신의 생각을 쓰시오.

> 불필요하게 용어상 정의가 다른 문제는 법률을 접하거나 적용을 받는 국민의 입장에서 매우 불편할 수밖에 없다. 선거 참여를 비롯하여 혼인이든, 음주허용이든, 운전이든 가능한 연령이 제각각이어서 이를 알려주는 웹·애플리케이션이 있을 정도이다.

& (예시) 법률을 개정해 일관된 용어를 사용하도록 하는 데에 법 개정 등에 시일이 걸리겠지만 역연령을 통해 파악한 시점에서 검토할 필요가 있다. 그러나 그것이 모두 법 개정을 통해서 일원화되는 것도 바람직하지 않다. 법 개정이 급변하는 사회변화를 따라가지 못할 수도 있기 때문이다. 오히려 이에 앞서 아동과 청소년을 사회적으로, 심리적으로 이해하기 위한 사회적 차원의 노력이 필요해 보인다.

다음은 현행법상 연령 기준의 문제점에 대한 설명이다. 밑줄 친 부분의 해결책을 생각하여 적어보시오.

> '유아'의 경우에는 통상 만 3세 이상 6세 미만의 취학 전 아동을 의미함에도 불구하고, 「근로기준법」과 「군인의 지위 및 복무에 관한 기본법 시행령」에서는 생후 1년 미만을, 「형의 집행 및 수용자의 처우에 관한 법률」은 생후 18개월 미만을 '유아'로 칭하고 있다. 물론 여기에서 말하는 <u>유아는 영유아보육법 내지 유아교육법상의 유아(幼兒)와는 다른, '유아(乳兒)'를 의미하는 것으로 보아야 하지만, 한자어를 별도로 표기하지 않는 경우도 많고, 한글로 표시한 경우에는 수범자에게 혼란을 줄 수 있다.</u>

& (예시) '유아'를 '영아' 내지 '자녀'라는 용어를 사용하는 것이 더 적합할 것이다. 「근로기준법」, 「군인의 지위 및 복무에 관한 기본

법 시행령」과 「형의 집행 및 수용자의 처우에 관한 법률」에 따른 '유아'는 '자녀'로 용어를 변경할 필요가 있다.

다음 (가) 지문을 읽고, 이와 유사하게 (나) 법률의 연령 기준을 더 타당하게 변경해보시오.

> (가) 어린이의 개념은 경우에 따라 5세 미만, 만 3세부터 취학 전, 13세 미만으로 정해지고 있는데, 5세 미만의 경우에는 '유아'의 개념에 더 근접하므로 이에 따르되, 연령 역시 입법상 목적을 달성하는데 특별한 이유가 없다면, 통상적인 유아의 연령범위와 동일하게 6세 미만으로 정하는 것이 타당할 것으로 생각된다.

(나) 대상자 구분	연령 기준	법적 근거
영아	24개월 이하	아이돌봄 지원법 제13조 5항

& 「아이돌봄 지원법」상 영아의 연령은 36개월 미만으로 변경하는 것이 타당해 보인다. 아동 보호 확대 차원에서 이를 향후 정책 제안 등에 참고할 수 있다.

다음 (가) 지문을 읽고, 이와 유사하게 (나) 법률의 연령 기준을 더 타당하게 변경해보시오.

> (가) 어린이의 개념은 경우에 따라 5세 미만, 만 3세부터 취학 전, 13세 미만으로 정해지고 있는데, 5세 미만의 경우에는 '유아'의 개념에 더 근접하므로 이에 따르되, 연령 역시 입법상 목적을 달성하는데 특별한 이유가 없다면, 통상적인 유아의 연령범위와 동일하게 6세 미만으로 정하는 것이 타당할 것으로 생각된다.

(나) 대상자 구분	연령 기준	법적 근거
어린이	5세 미만	약사법 제2조 제13호
	5세 미만	전기용품 및 생활용품 안전관리법 제2조 제14호
	만 5세 미만	화장품법 제2조 제4호

& 「약사법」, 「전기용품 및 생활용품 안전관리법」, 「화장품법」 등에 따른 '어린이'는 '영유아'로 용어를 변경하되, 그 연령범위에 있어서도 특별한 이유가 없다면 6세 미만으로 연령범위를 확대하는 것이 타당해 보인다. 아동 보호 확대 차원에서 이를 향후 정책 제안 등에 참고할 수 있다. **[플49; 55] [증 부록15]**

「민법」에 대한 설명 중 틀린 설명을 고르시오.

① 성인의 반대개념으로 미성년자라는 용어를 사용하고 있으며, 연령기준은 19세 미만이다.

② 2011년 우리나라가 「민법」을 개정하여 성년에 이르는 연령을 만 20세에서 만 19세로 낮춘 것이다.

③ 성년에 이르는 연령을 만 19세로 낮춘 것은 청소년의 조숙 정도에 맞추고 성년연령을 낮추는 세계적 추세를 반영한 결과이다.

④ 성년에 이르는 연령을 만 19세로 낮춘 것은 「공직선거법」 등의 법령 및 사회·경제적 현실을 반영하여 아동의 권리를 확대한 결과이다.

⑤ 아동과 미성년자의 연령범위는 차이가 없다.

& 합리적 판단을 할 수 있는 연령기준이 하향화되는 경향을 다루고 있다. 아동과 달리 미성년자는 부정적인 이미지를 포함한다. 이와는 달리 오히려 '미숙(immature)'은 아동의 고유 특징이면서 그 가능성을 드러내는 개념이다. **[증144-147]**

정답: ⑤

다음 설명에 해당하는 법을 시행하고 있는 나라를 고르시오.

> 아동복지법에서 영아는 1세 미만, 유아는 1세부터 초등학교 취학 전, 소년은 초등학교 입학 후 18세 미만, 그리고 이 모든 개념을 통합하여 아동으로 정의하고 있다.

① 일본 ② 중국
③ 한국 ④ 독일
⑤ 영국

& 아동의 연령을 연대기로 정리한 경우이다.

정답: ①

다음 〈아동, 청소년 등의 연령기준에 관한 법률 규정 표〉를 살펴보고, 보건복지부/여성가족부 관할 법령들의 경우로 나누어 용어의 정의에 대해 대략적으로 정리해보시오.

대상자 구분	연령기준	법적 근거	대상자 구분	연령기준	법적 근거
아동	18세 미만	실종아동 등의 보호 및 지원에 관한 법률 제2조 제1호 가목	청소년	9세 이상 24세 이하	청소년 기본법 제3조 제1호
아동	18세 미만	장애아동 복지지원법 제2조 제1호	청소년	만 19세 미만	청소년 보호법 제2조 제1호
아동	18세 미만	가정폭력방지 및 피해자보호 등에 관한 법률 제2조 제4호	청소년증 발급	9세 이상 18세 이하	청소년복지 지원법 제4조 제1항
아동	18세 미만	입양특례법 제2조 제1호	청소년	18세 미만	게임사업진흥에 관한 법률 제2조 제10호

대상자 구분	연령기준	법적 근거	대상자 구분	연령기준	법적 근거
아동	18세 미만 (취학 중인 경우 22세 미만)	한부모가족지원법 제4조 제5호	아동·청소년	24세 이하	다문화가족지원법 제2조 제3호
아동	16세 미만	헤이그 국제아동탈취협약 이행에 관한 법률 제2조 제1호	아동·청소년	19세 미만	아동·청소년의 성보호에 관한 법률 제2조 제1호
아동	16세 미만	형법 제274조	청소년	만 19세 미만	대중문화예술산업 발전법 제2조 제10호
연소자	18세 미만	근로기준법 제66조	청소년	18세 미만	영화 및 비디오물의 진흥에 관한 법률 제2조 제18호
연소자	18세 미만	직업안정법 제21조의3 제1항	청소년	18세 미만	음악산업진흥에 관한 법률 제2조 제14호
연소자	18세 미만	공연법 제2조 제6호	청소년	24세 이하	한부모가족지원법 제4조 제1의2호 (한부모인 경우)
미성년자	19세 미만	민법 제4조	소년	19세 미만	소년법 제2조
미성년자	18세 미만	근로기준법 제67조 제3항	미성년자	18세 미만	결혼중개업의 관리에 관한 법률 제12조의2조 제1호
(형사) 미성년자	14세 미만	형법 제9조	-	-	-

& 보건복지부 관할 법령들의 경우 '아동'의 범위를 주로 18세 미만으로 정의하고 있으며, 여성가족부 관할 법령들의 경우 '아동' 대신 '청소년'이라는 용어를 사용하여 원칙은 9세 이상 24세 이하이지만 경우에 따라 19세 미만으로 정하고 있다. 그러나 이는 경향성이며, 각 관련법을 일일이 참조할 필요가 있다. **[플50-52]**

「근로기준법」과 「직업안정법」 등의 경우 '연소자'라는 용어를 사용하여 18세 미만으로 규정하고 있는데, 이처럼 18세 미만으로 정한 법률

들 중 일부는 고등학교에 재학 중인 학생을 그 대상에 포함시키고 있다. 이에 실질적으로 내포하고 있는 의미는 무엇인지 쓰시오.

& 실질적으로는 미성년자인 학생들을 보호 내지 규제하려는 의도를 담고 있다.

다음을 읽고 빈칸을 채워보시오.

「청년고용촉진 특별법」에서는 청년을 15세 이상 29세 미만으로 보면서 34세까지 연장될 수 있도록 하고, 「조세특례제한법」에서는 15세 이상 29세 이하, 「중소기업인력지원특별법」에서는 15세 이상 34세 이하, 「전통시장 및 상점가 육성을 위한 특별법」, 「중소기업창업지원법」에서는 39세 이하의 사람으로 규정하는 것을 볼 때, 청년 연령의 하한을 15세로 보는 것은 ＿＿＿＿＿＿＿＿으로 보인다.

& 아동을 노동의 굴레에서 보호하기 위한 조치는 아동관련법이 아니더라도 찾아볼 수 있다. 분명한 점은 연령 15세 전후는 아동의 범주에 들어간다.

정답: 근로 가능 연령인 15세를 기준으로 한 것

'청년 연령의 하한을 15세로 보는 것은 근로 가능 연령인 15세를 기준으로 한 것'에 준용할 수 있는 법률이 아닌 것을 모두 고르시오.

① 「청년고용촉진 특별법」
② 「조세특례제한법」
③ 「음악산업진흥에 관한 법률」
④ 「중소기업인력지원특별법」
⑤ 「공연법」

& 「음악산업진흥에 관한 법률」은 19세 미만의 청소년으로 규정하고, 「공연법」은 18세 미만의 연소자로 규정하고 있다. [플50-51]

정답: ③, ⑤

Ⅱ. 아동관

이 절에서는 동·서양에서 아동을 전통적으로 어떻게 이해하고 있는지를 살펴본다. 이를 아동관이라는 범주로 묶어 아동을 이해하고 현실적으로 아동을 대하는 방식이나 아동 관련 정책에 반영되어 있는 관점을 검토할 것이다.

⌘ 아동을 이해하는 아동관 다섯 가지의 특징을 서술하시오.

& 아동을 이해하는 아동관은 다음의 다섯 가지이다. ① 마음이 없는 존재; ② 작은 성인(成人); ③ 주조되는 존재; ④ 성장하는 존재; ⑤ 권리 주체. **[증17-23; 제4장] [플97-108]**

& **[증보]**에서는 다섯 가지를 소개하는 데 그쳤고, 다만 제4장에서 '권리주체'로서 아동의 의미를 분석하였다. **[플러스]**에서는 다섯 가지의 특징을 간략하게 소개한 바 있다.

⌘ 다음 진술 중 타당한 것을 모두 고르시오.

① 자녀를 재산처럼 소유물로 취급하는 것은 아동을 마음이 없는 존재로 보는 아동관과 관련된다.

② 아동을 작은 성인으로 보는 아동관은 아동에게 성인과 똑같은 의무와 멍에를 지게 한다.

③ 아동을 작은 성인으로 보는 아동관은 아동을 덩치만 작은 존재로 보지만 똑같은 인격을 지닌 존재로 보는 긍정적인 측면도 있다.

④ 영화 '가버나움'의 주인공은 아동을 마음이 없는 존재로 보는 아동관과 작은 성인으로 보는 아동관이 모두 반영된 존재이다.

⑤ 아동을 인신매매, 노동착취, 성 착취의 대상으로 삼는 극악한 현실은 아동을 마음이 없는 존재로 보는 아동관에 기인한다.

& 모두 옳은 진술이다. **[플97-99] [증17-19]**

정답: ①, ②, ③, ④, ⑤

다음 진술 중 타당하지 않은 것을 모두 고르시오.

① 아동에게 벌을 줄 수 있다는 생각 이면에는 아동을 작은 성인으로 보는 아동관이 자리 잡고 있다.

② 아동의 미성숙은 아동을 마음이 없는 존재로 보는 데서 비롯된다.

③ 아동의 연령 제한은 무능 준거에 따른 것이다.

④ 아동을 주조될 수 있는 존재로 보는 것은 아동의 가소성에 근거한다.

⑤ 아동을 주조될 수 있는 존재로 보는 아동관은 아동의 인격을 존중한다.

& 아동의 미성숙은 성숙의 가능성을 지닌다. 아동의 연령 제한은 일차적으로 아동 보호에 초점이 맞추어져 있다. 아동을 주조될 수 있는 존재로 보는 아동관은 가소성에 기인하지만, 아동을 조작의 대상으로 본다. **[플100] [증19-20; 138-147]**

정답: ②, ③, ⑤

다음 진술 중 타당한 것을 모두 고르시오.

① 아동을 주조되는 존재로 보는 아동관은 아동을 수동적인 존재로 본다.

② 아동을 주조되는 존재로 보는 아동관은 아동을 성인의 조작 대상으로 본다.

③ 아동을 주조되는 존재로 보는 아동관은 아동에게 성취 압력을 가하는 경향으로 나타난다.

④ 아동을 주조되는 존재로 보는 아동관은 전통적인 교육관과 관련된다.

⑤ 아동을 주조되는 존재로 보는 아동관은 아동을 사회 순응적 존재로 만드는 데 일차적 관심을 가진다.

& 모두 옳은 진술이다. **[증19-20] [플100-102]**

정답: ①, ②, ③, ④, ⑤

아동을 주조되는 존재로 보는 아동관에 관한 진술 중 타당한 것을 모두 고르시오.

① 아동을 주조되는 존재로 보는 아동관은 아동을 성인이 원하는 바에 따라 아동을 조작할 수 있다는 아동관이다.

② 아동을 주조되는 존재로 보는 아동관은 성취압력을 가하고 종국에는 체벌이라는 폭력을 유발할 수도 있다.

③ 아동을 주조되는 존재로 보는 아동관은 극단적으로 아동을 교화와 세뇌의 대상으로 본다.

④ 아동을 주조되는 존재로 보는 아동관은 일정한 '틀'에다 아동을 가둔다.

⑤ 영화 '태양 아래'는 전체주의 사회에서 아동을 세뇌시킴으로써 주조되는 존재로 보는 극단적인 아동관을 잘 설명해준다.

& 모두 옳은 진술이다. **[증19-20] [플100-103; 205-209]**

정답: ①, ②, ③, ④, ⑤

※ 아동을 성장하는 존재로 보는 아동관에 관한 진술 중 타당한 것을 모두 고르시오.

① 아동을 성장하는 존재로 보는 아동관은 아동의 인격을 존중하는 초기 아동관이다.
② 아동을 성장하는 존재로 보는 아동관은 계몽사상에서 그 기원을 찾을 수 있으며, 아동의 독자적인 세계를 발견한 인간의 실증적 연구가 기폭제가 되었다.
③ 아동을 성장하는 존재로 보는 아동관은 이른바 진보사상과 관련된다.
④ 아동을 성장하는 존재로 보는 아동관은 소극적 교육과 관련된다.
⑤ 아동을 성장하는 존재로 보는 아동관은 초기 아동권리 인식의 싹을 피웠다.

& 모두 옳은 진술이다. **[증20-23] [플103-105]**

정답: ①, ②, ③, ④, ⑤

※ 다음 진술 중 타당하지 않은 것을 모두 고르시오.

① 아동을 성장하는 존재로 보는 아동관은 전통교육의 장점을 계승한다.
② 아동을 성장하는 존재로 보는 아동관은 '아동을 해방시킨다'는 그릇된 주장으로 이어진다.
③ 아동을 성장하는 존재로 보는 아동관은 아동과 성인을 동등한 지위로 격상시킨 바 있다.
④ 인식론적 관점에서 아동과 성인을 동등한 지위로 격상시켜야만 아동권리증진에 기여한다.
⑤ 아동을 성장하는 존재로 보는 아동관은 아렌트가 우려하는 아동

의 위기를 담고 있다.

& 아동을 성장하는 존재로 보는 아동관은 전통교육의 폐해를 비판하는 것을 단초로 시작된다. 아동과 성인을 동등한 지위로 격상시킨 아동관은 인식론적 관점이 아니라 정치철학적 관점에서 정당화된다. **[플103-106; 136-146]** **[증22-23]**

정답: ①, ④

다음 진술 중 타당한 것을 <u>모두</u> 고르시오.

① 아동을 권리 주체로 보는 아동관은 가장 발달된 아동관이다.

② 아동을 권리 주체로 보는 아동관은 인간존엄성에서 나온 아동존중의 의미를 담고 있다.

③ 아동존중의 인식론적 의미는 구분이 타당한 측면에서는 아동과 성인을 차별해야 한다는 뜻이다.

④ 아동존중의 정치철학적 의미는 아동을 성인과 일체의 차이가 없다는 전제를 깔고 있다.

⑤ 아동을 권리 주체로 보는 아동관은 아동권리인식 단계에 비추어 여러 측면에서 고려되어야 한다.

& 모두 타당한 진술이다. **[플105-107]** **[증130-137]**

정답: ①, ②, ③, ④, ⑤

다음 진술 중 타당하지 <u>않은</u> 것을 <u>모두</u> 고르시오.

① 아동을 권리 주체로 보는 아동관은 이른바 진보사상의 산물이다.

② 아동을 권리 주체로 보는 아동관은 재화-보호-참여라는 아동권리 인식 단계에 비추어 이해된다.

③ 아동을 권리 주체로 보는 아동관은 아동을 시여(施與)의 대상으로

본다.

④ 아동을 권리 주체로 보는 아동관은 가장 발달된 아동관이므로 여유가 있는 선진국에만 적용되어야 한다.

⑤ 아동을 권리 주체로 보는 아동관은 기독교적 가치관이나 불교의 가치관 등 종교적으로도 정당화된다.

& 아동을 권리 주체로 보는 아동관은 보수-진보의 이념을 넘어서는 보편적인 아동관이다. 아동은 시여의 대상이 아니라 권리 주체이다. 선진국과 후진국을 막론하고 재화-보호-참여의 세 가지가 상황에 맞게 고려되어야 한다. **[플106-108] [증123-128]**

정답: ①, ③, ④

기독교적 질서에 대해 <u>틀린</u> 진술을 고르시오.

① 아리스토텔레스 철학의 영향을 받은 아퀴나스의 사고체계에서 잘 확인할 수 있다.

② 목적론적 사다리를 통해 인간은 위계질서 상 신의 아래에 위치하면서 다른 존재, 이를테면, 무생물, 식물, 동물의 위에 위치한다.

③ 인간은 신의 위임을 받아 자연을 지배한다.

④ 자연은 인간을 포함한 모든 피조물을 말한다.

⑤ 기독교에서 신은 최고지존의 지위에 놓이게 된다.

& 위에 상술한 내용은 기독교적 아동관이다. **[플77-79]** 하지만 심층적으로 보면 기독교 사상에는 아동존중의 의미가 이러한 일상적인 견해와는 반대 의미를 담고 있다. 이는 성경의 복음서에서 확인할 수 있다. 이에 따르면 아동은 목적론적 사다리에서 열등한 지위에 놓이는 것이 아니라 신처럼 경외할 대상이다. **[증125-128]**

정답: ④

다음 밑줄 친 단어의 뜻을 쓰시오.

> 기독교에서 신은 최고지존의 지위에 놓이게 된다. 이는 희랍의 아리스토텔레스의 목적론에 의하여 정당화된다. 신의 신성성은 인간이 범접할 수 있는 것이 아니다. 다만 인간은 <u>영성(animus)</u>을 가진다. 여기서 영성은 인간이 이성만이 아니라 영혼을 지니고 있다는 뜻이다.

& 영성은 인간이 이성만이 아니라 영혼을 지니고 있다는 뜻이다. 인간은 신의 속성인 신성성을 지니지는 못하지만, 이로써 다른 피조물과는 달리 인간은 신과 소통할 수 있다. **[플78]**

다음은 '기독교에서 인간의 지위' 그림이다. 이 위계질서 속에서 인간은 기독교 교리에 의거하여 '**성인 남성**'을 뜻한다. 이 점을 지적해보시오.

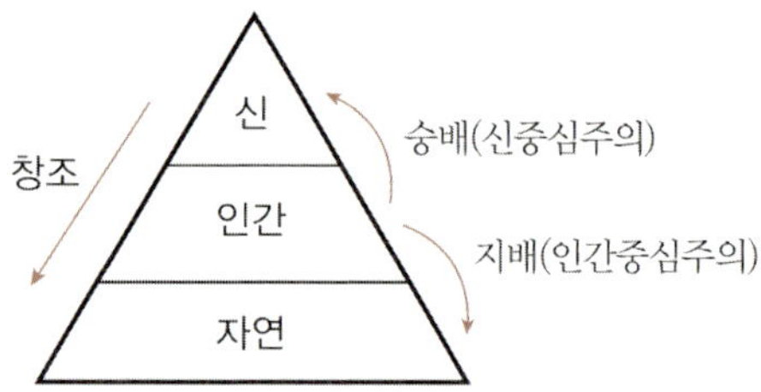

& 우주 만물을 창조한 신은 인간에게 하등동물과 자연을 지배하도록 위임한다. 자연은 비록 신이 창조하였지만 자연의 지배권을 지니게 되며, 그 결과 인간은 자연의 주인이 된다. **[플78-79]** 이 도식에서 인간이 성인 남성이라는 해석이나 주장이 도출된다. 그러나 이 관점은 권리의 측면에서 수긍하기 어려운 점만이 아니라 기독교 교리를 세속화하는 과정에서 생긴 것이다. 당연히 여성이나 아동의 입지가 보편적으로 마련되지 않는다면, 기독교는 유대교가 주장하는 바와 다를 바 없이 보편성을 상실하게 된다. 인간의 보편적 가치는 성경의 복음서에서 확인할 수 있다. **[증125-128]**

다음 기독교적 아동관에 관한 진술 중 타당하지 않은 것을 모두 고르시오.

① 목적론적 위계를 지닌 기독교적 질서에서 아동은 성인에 비하여 열등한 존재이다.

② 인간은 피조물이지만 신과 교섭할 수 있는 영성을 지닌 존재이다.

③ 기독교적 아동관은 아동을 시여의 대상으로 보는 것이다.

④ 아동을 존중하지 않는 자는 천국을 존중하지 않는 사람이다.

⑤ 아동을 열등한 존재로 보는 것은 기독교적 질서를 성인(成人)들이 자의적인 목적에서 왜곡한 결과이다.

& 기독교는 나름대로 위계질서를 갖지만, 이를 넘어서 아동을 존중한다는 점을 복음서에서 확인할 수 있다. [증125-129] [플78-80]

정답: ①, ③

다음을 읽고, 그 결과 이 내용이 지적하는 점을 적어보시오.

> 마가복음의 '하나님 나라를 어린아이들과 같이 받들라'라는 부분은 아동의 존재가 천국과 같다는 것을 함의한다. 또한 실천 상황에서 아동을 존중하지 않는 자는 천국의 세계와는 무관한 존재임을 뜻한다.

& 앞서 문항에서 언급한 내용의 토대가 되는 복음서 중 일부이다. 아동의 존재가 천국과 같다는 것을 함의한다. 이 내용은 권리 차원에서 아동을 재화를 공급해 주는 대상이나 시혜의 대상으로 보아서는 안 된다는 점, 그리고 성인이 아동보다 우월하다는 오만에 빠져서는 안 된다는 점을 보여준다. [플 79-80] [증127]

다음 유가의 아동관에 대한 설명 중 옳지 않은 것을 고르시오.

① 아동의 존재를 분화하지 않은 상태로 보고, 그것을 교육적 필요성

과 관련시킨다.

② 인간에게 보편적으로 필요한 것이 교육임을 주장한다.

③ 몽괘가 암시하듯이 분화에서 미분화로 가는 것이 징표이다.

④ 아동이 교육적 필요에 의하여 설명되어야 한다는 당위성을 제시한다.

⑤ 서양 기독교의 아동관과 유사한 측면이 있다.

& 교육은 미분화에서 분화로 이행하는 것을 논리적으로 전제한다. 주역의 '서괘전'은 교육의 과정을 잘 드러내주는 고전이다. 이러한 해석에 여러 가지 권리의 관점이 함의되어 있다. [플81-84]

정답: ③

같은 동양사상이지만 유가(儒家)의 아동관이 도가(道家)와 불교와 확연히 <u>다른</u> 점을 적으시오.

& 유가에서 위계를 강조한다고 해서 아동을 성인의 복속이나 소유물, 또는 단순한 보호와 시혜의 대상으로 보지 않는다. 다만 유가는 의식의 분화를 뜻하는 분별심을 갖추는 것이 교육받은 징표 중 하나로 본다. 이 점은 같은 동양사상이지만 도가와 불교와 확연히 다른 점이다.

도가의 아동관과 불교의 아동관이 <u>상통</u>하는 점을 적으시오.

& 도가에 나타난 아동관은 아동이 분별을 하지 않는다는 데 있다. 이는 불교의 아동관과 상통한다. 분별심 타파는 불교가 지향하는 수행의 목적이기도 하다. 이 점이 도가의 영아(嬰兒)와 상통한다. [플87]

다음을 읽고, 빈칸에 알맞은 진술을 넣어보시오.

도가(道家)에 나타난 아동관은 아동이 분별을 하지 않는다는 데 있다. 이는 불교의 아동관과 상통한다. 그리하여 갓 태어난 아이는 웃을 줄도 모르며, 선악 분별조차 없다고 한다. 일체의 분별심이 없으므로 원초적으로 분화가 일어나지 않는 '원초적 미분화'를 특징으로 한다. 그 상태가 어린아이의 상태라는 것이다. 바꿔 말하자면, 원초적인 미분화는 [㉠] 를 뜻한다. 그리고 이러한 어린아이의 상태가 바로 성인(聖人)이 지니는 상태라는 것이다. 성인의 상태인 것은 바로 [㉡] 를 뜻한다.

& 여기서 분화는 의식의 분화를 뜻한다. 이 관점에서 미분화는 '교육받지 않은 상태'를 지칭하기도 한다. 그러나 도가에 나타난 미분화는 청정무구한 아동의 상태를 뜻한다. 그런 상태에서만 만물을 화통할 수 있다고 본 것이다. **[플84-85]**

정답: ㉠ 양극의 조화, ㉡ 막힘이 없고 혼심의 상태

도가(道家)의 영아(嬰兒)에 담긴 아동관을 서양의 루소 아동관과 동일시해서는 안 되는 이유를 들어보시오.

& 루소(J. J. Rousseau)의 아동관은 '자연 상태로의 강제'를 전제로 하는 자연에 근거하지만, 도가의 아동관과 자연은 일체 '강제(compulsion)'가 없는 상태를 가리킨다. **[플85]** 아울러 '자연'의 의미도 다르다. 루소의 자연은 문명 이전의 상태를 말하면서도 문명에 대한 저항적 의미를 담고 있다. 이에 반하여 도가의 자연은 일체의 제약과 구속이 없는 상태로 문명을 부정하는 측면도 있지만 그것을 타도의 대상으로 보지 않는다.

다음을 읽고, 도가의 아동관을 정리해보시오.

> 도가에 나타난 아동관은 아동이 분별을 하지 않는다는 데 있다. 이는 불교의 아동관과 상통한다. 그리하여 갓 태어난 아이는 웃을 줄도 모르며, 선악 분별조차 없다고 한다. 일체의 분별심이 없으므로 원초적으로 분화가 일어나지 않는 '원초적 미분화'를 특징으로 한다. 그 상태가 어린아이의 상태라는 것이다. 바꿔 말하자면, 원초적인 미분화는 양극의 조화를 뜻한다. 그리고 이러한 어린아이의 상태가 바로 성인(聖人)이 지니는 상태라는 것이다. 성인의 상태인 것은 바로 막힘이 없고 혼심의 상태를 뜻한다.
> 이러한 기조에서 도가는 아동과 관련하여 어린아이와 같아져야 한다는 실제적 가르침을 준다. **아이의 유연함이 어떤 외부의 강적으로부터도 보호된다는 것이다.**

& 아동은 자신의 가소성으로 인하여 약함이 안전을 도모해주고, 그것이 오히려 강한 존재로부터 보호해준다는 것이다. 도가의 이러한 아동관은 『노자 도덕경』 전반에 걸쳐 확인할 수 있다. **[플85]**

다음 불교의 아동관에 대한 설명 중 옳지 않은 것을 고르시오.

① 불교는 도가와 달리 모든 분별심을 경계하고 이를 타파하고자 한다.

② 선-악을 비롯한 일체의 분별을 타파하고자 한다.

③ 만물에는 불성이 깃들어있다는 실유불성의 사상은 모든 인간의 마음속에 불성이 자리 잡고 있음을 강조한다.

④ 아동은 마음이 없는 열등한 존재가 아니다.

⑤ 아동은 성인이 축소된 '작은 성인'이 아니다.

& 불교의 관점에서 일체의 분별심은 경계하고 타파해야 할 사안이다. **[플85-87]**

정답: ①

사찰에서 순진무구한 동자상을 흔히 볼 수 있다. 그 이유를 불교의 아동관과 관련하여 서술하시오.

& 아동의 천진무구한 특성은 아동이 곧 부처임을 뜻한다. 즉 동자상은 아동을 미숙한 어린 존재로 보는 것이 아니라 세속에 물들지 않고 순수한 마음을 유지하고 있는 이상적 인간상으로 여겨진다. 그래서 동자상은 신앙의 대상이 된다. [플86-87]

다음 불교의 아동관과 놀이와 관련된 설명을 읽고, 간단히 정리해보시오.

대반열반경은 아동의 마음과 행동은 곧 여래의 마음과 행동과 같은 것으로 보고 있다. 그 결과 아동이 지닌 순수성을 불성으로 보면서 아동의 존엄성을 매우 강조한다. 아동의 놀이는 순수하고 이상적인 인간의 일면을 보여주는 것이며, 그 순수성은 어른이 본받아야 할 본성이다. 자의적인 장난이 아니다.

& 아동의 본질을 분별심을 가지고 하는 활동이 아니라 분별하지 않는 삶의 일면을 지닌 아동의 놀이에서 찾고 있다. 아동은 축소된 성인이 아니라 성인도 본받을 점이 있는 순수한 존재로 아동의 놀이나 장난은 인간 형성 과정의 중요한 일면으로 인정된다. 또한 아동의 마음과 행동은 곧 여래의 마음과 행동과 같은 것으로 보고 있다. [플86-87]

다음은 불교의 아동관과 관련된 설명이다. 빈칸에 공통으로 들어갈 단어를 채우시오.

> 불교가 지향하는 바, [　　　　　　] 에 있다. 많은 이들이 분별심의 문제를 사회적인 선악에서 찾고 있으나, [　　　　　　]는 이에 한정되는 것이 아니다. 불교의 [　　　　　　] 는 무생물과 생물, 즉 무정물과 유정물의 분별, 동물과 인간의 분별, 인간 세상의 온갖 차별의 초월을 담고 있다. 그 결과 부처와 중생의 분별, 천사와 마귀의 분별조차 허용하지 않는다.

& 분별심은 불교에서 떨쳐버려야 할 가장 큰 장애이다. **[플85-87]**

정답: 분별심의 타파

다음 불교의 아동관에 대한 설명을 읽고 '아동과 성인'에 관하여 서술하시오.

> 불교가 지향하는 바, 분별심의 타파에 있다. 많은 이들이 분별심의 문제를 사회적인 선악에서 찾고 있으나, 분별심의 타파는 이에 한정되는 것이 아니다. 불교의 분별심 타파는 무생물과 생물, 즉 무정물과 유정물의 분별, 동물과 인간의 분별, 인간 세상의 온갖 차별의 초월을 담고 있다. 그 결과 부처와 중생의 분별, 천사와 마귀의 분별조차 허용하지 않는다.

& 분별심을 배제하는 한, 아동과 성인은 달리 볼 근거가 없다. 오히려 분별을 하지 않는 상태에 놓인 아동이 성인보다 높은 지위에서 대접받을 자격이 있다. **[플84-87]**

다음은 불교의 아동관과 관련된 설명이다. 빈칸에 들어갈 단어를 쓰시오.

> 아동이 세상에 나올 적에 분별심을 별로 갖지 아니한다. 사회생활을 하면서 분별심을 쌓아간다. 어떻게 보면, 교육은 사실 분별심을 북돋아주는 활동이다. 아동이 [   ] 의 상태에 있다는 점에서 불교의 아동존중관을 확인할 수 있다. 따라서 불교는 아동이 지닌 순수성을 불성에 가까운 것이라 보면서 아동의 존엄성을 매우 강조한다.

& 아동은 분별심을 갖기 이전 상태에 있다는 점을 상기할 필요가 있다. 일종의 '원초적 미분화' 상태를 뜻한다. **[플87]**

정답: 분별 이전

불교의 아동관을 살펴보면, 아동은 세상에 나올 적에 분별심을 별로 갖지 않고, 사회생활을 하면서 분별심을 쌓아간다고 한다. 이때 불교의 아동관에서의 교육은 어떤 활동인지 쓰시오.

& 불교의 관점에서 보면 교육은 사실 분별심을 북돋아주는 활동이라고 할 수 있다. 그러나 불교가 일체의 교육을 부정한다고 볼 수는 없다. 아예 아무것도 하지 않는 무위도식을 지향하는 것은 아니기 때문이다. 여기서 우리는 불교의 '중도'의 의미를 새겨볼 필요가 있다.

다음은 도가의 아동관과 불교의 아동관을 표로 정리한 것이다. 빈칸을 알맞은 단어로 채워 표를 완성하시오.

	도가	불교
특징	- 갓 태어난 아이는 웃을 줄도 모르며, 선악 분별조차 없다. - 일체의 분별심이 없으므로 원초적으로 분화가 일어나지 않	- 만물에는 불성이 깃들어있다는 실유불성의 사상은 모든 인간의 마음속에 불성이 자리 잡고 있음을 강조한다.

	도가	불교
	는 '원초적 미분화'를 특징으로 한다. - 어린아이의 상태가 성인(聖人)이 지니는 상태이다.	- 아동은 마음이 없는 열등한 존재도 아니고, 성인이 축소된 '작은 성인'도 아니다.
공통점		

& 모든 분별심을 경계하고 이를 타파하고자 한다. 아동이 분별을 하지 않는다. **[플84]**

다음 단군신화에 대한 설명 중 옳지 않은 것을 고르시오.

① 단군신화에 나타난 세상의 '출현'은 서양의 가치체계에서 확인할 수 있는 창조도 아니고 제작도 아니다.

② 단군신화는 같은 동양사상인 하늘의 지배를 받는 중국의 천자 사상과 유사하다.

③ 단군신화에서 세상의 출현을 뜻하는 개념은 '이화(理化)'이다.

④ 세상의 출현은 곧 천리(天理)의 발현이다.

⑤ 단군신화는 유불선(儒佛仙)의 요소를 모두 복합적으로 담고 있다.

& 단군신화에는 '지배', '구원'과 같은 사상을 찾아보기 어렵다. **[플89]** 따라서 아동은 지배의 대상도 아니고 구원의 대상도 아니다.

정답: ②

다음 단군신화에 대한 설명 중 옳은 것을 고르시오.

① '환웅'은 신의 지위, 하늘나라의 존재, 즉 천상으로 본다.

② ‘환인’은 천상의 질서와 지상의 질서를 맺어주는 ‘천하’로 본다.
③ 웅녀를 지상의 이미지로 해석한다.
④ 국조 단군은 천지의 조합으로 파악하는 관점은 그릇된 해석이다.
⑤ 단군신화에서 ‘천지’는 창조주가 지배하는 대상으로서 하늘과 땅이다.

& ①과 ②의 진술이 바뀌었고, 단군은 지배가 아니라 원융과 조화의 특징으로 설명할 수 있다. **[플88-89]**

정답: ③

(가)와 (나)를 읽고 단군신화에 소개된 ‘환웅과 단군’을 규정하는 개념을 쓰시오.

> (가)
> 단군신화에서 ‘환인’은 신의 지위, 하늘나라의 존재, 즉 천상으로 보고, ‘환웅’은 천상의 질서인 환인과 지상의 질서를 맺어주는 ‘천하’로 보며, 웅녀를 지상의 이미지로 해석한다. 그 결과 국조 단군은 천지의 조합으로만 파악한다. 물론 이 관점이 전혀 그릇된 해석은 아니지만, 이렇게 해석하면 단군신화에 담긴 ‘원융’과 ‘출현’의 의미를 온전하게 파악할 수 없다. 단군신화에서 ‘천지’는 성경에서처럼 능생자도 아니며, 창조주가 지배하는 대상으로서 하늘과 땅도 아니다.

> (나)
> 단군신화에 나타난 ‘하늘’은 모든 것을 독점적으로 관장하고 세상을 자신의 뜻대로 창조하는 절대자, 즉 천자를 지칭하는 것이 아니다. 하늘은 인간과 더불어 존재한다. 그래서 단군신화는 신에 대한 이야기 형태이지만, 실제로는 인간의 이야기이다. 단군신화에서는 모든 사람들이 제천행사를 거행하고, 그것을 통하여 공통된 정체성을 갖게 하므로 ‘하늘’은 민족 정체성을 부여해주는 기능을 한다.

& 단군신화에 소개된 환웅과 단군은 성인(聖人)이 아니다. 인간이 하늘과 땅과 함께 조화를 이루는 원융사상을 포함한다. **[플88-90]**

정답: 천인(天人)

🗀 이하에서 단군신화 관련 내용이 지속적으로 나오므로 단군신화(檀君神話)를 간략하게 소개하고자 한다. 주지하는 바와 같이, 단군신화는 일연(一然)의 『삼국유사(三國遺事)』 기이(紀異) 고조선 조(古朝鮮 條)에 수록되어 있다. 이하에서는 삼국유사에 실린 '단군신화' 원본과 두 가지 권위 있는 번역본을 수록한다.

♋ 아동 문제만이 아니라 인간관, 아동관, 정치관 등 형이상학적 가정이 이 짧은 글에 함의되어 있다는 점을 유념하여 관심 있는 독자들은 필독하고 그 내용을 숙지할 것을 권한다.

♋ 원본은 다음과 같다.

檀君神話

一然(1206～1289)

古朝鮮(王儉朝鮮)

魏書云, 乃往二千載, 有壇君王儉, 立都阿斯達(經云, 無葉山, 亦云白岳, 在白州地, 或云在開城東, 今白岳宮是), 開國 號朝鮮, 與高同時.

古記云, 昔有桓因(謂帝釋也), 庶子桓雄, 數意天下, 貪求人世. 父知子意, 下視三危太伯, 可以弘益人間, 乃授天符印三箇, 遣往理之. 雄率徒三千, 降於太伯山頂(卽太伯今 妙香山) 神壇樹下, 謂之神市. 是謂桓雄天王也. 將風伯雨師雲師, 而主穀主命主病主刑主善惡. 凡主人間三百六十餘事, 在世理化. 時有一熊一虎, 同穴而居, 常祈于神雄, 願化爲人. 時神遺靈艾一炷蒜二十枚曰, 爾輩食之, 不見日光百日, 更得人形. 熊虎得而食之, 忌三七日, 熊得女身, 虎不能忌, 而不得人身. 熊女者無與爲婚, 故每於壇樹下, 呪願有孕, 雄乃假化而婚之, 孕生子, 號曰壇君王儉. 以唐高卽位五十年庚寅(唐高卽位元年戊辰, 則五十年丁巳. 非庚寅也, 疑其未實), 都平壤城(今西京), 始稱朝鮮, 又移都於白岳山阿斯達. 又名弓(一作方)忽山, 又今彌達. 御國一千五百年. 周虎王卽位己卯, 封箕子於朝鮮, 壇君乃移於藏唐京, 後還隱於阿斯達, 爲山神, 壽一千九百八歲.
唐裴矩傳云. 高麗本孤竹國(今海州). 周以封箕子 僞朝鮮 漢分置三郡. 僞玄菟·樂浪·帶方(北帶方). 通典 亦同此說(漢書則眞臨樂玄四郡. 今云三郡. 名又不同. 何耶).

출처: 三國遺事 紀異 古朝鮮 條

다음은 신용하의 번역이다.

고조선 (왕검조선)

『魏書』에 이르되 지금으로부터 2천 년 전에 단군왕검이 있어, 도읍을 阿斯達(經에는 無葉山이라 하고 또한 白岳이라고도 하니 白州에 있다. 혹은 이르되 개성 동쪽에 있다 하니 지금의 白岳宮이 그것이다)에 정하고 나라를 開創하여 이름을 조선이라 하니, 高(堯)와 같은 시기이다.

『古記』에 이르되 옛날에 桓因(帝釋을 이름)의 庶子 桓雄이 있어 항상 천하에 뜻을 두고 人世를 탐내고 구하거늘, 아버지가 아들의 뜻을 알고 三危太白을 내려다보며 가히 弘益人間할 만한지라. 이에 天符印 3개를 주어 가서 세상(사람)을 다스리게 하였다. 雄이 무리 3천을 이끌고 태백산 꼭대기(太伯은 지금의 묘향산) 神檀樹 밑에 내려와 여기를 神市라 이르니 이가 桓雄天王이라 하는 분이다. (그는) 風伯·雨師·雲師를 거느리고 主穀, 主命, 主病, 主刑, 主善惡 등 무릇 인간 360여 가지 일을 主하여 人世에 있으면서 다스리고 敎化하였다.

그때에 一熊과 一虎가 같은 굴에서 살며 神雄에게 빌되, 원컨대 化하여 사람이 되어지이다 하거늘, 이때 神雄이 신령스러운 쑥 한 타래와 마늘 20개를 주면서 이르기를, 너희들이 이것을 먹고 백일 동안 日光을 보지 아니하면 곧 사람이 될 수 있다고 하였다. 곰과

범이 이것을 받아서 먹고 삼칠일 만에 곰은 여자의 몸이 되고 범은 능히 忌하지 못하여 사람이 되지 못하였다.

熊女는 그와 혼인해 주는 이가 없으므로 매번 壇樹 아래서 주문을 외우면서 원하기를 아기를 잉태하여지이다 하였다. 雄이 이에 잠깐 변하여 혼인하여 아들을 낳으니 이를 檀君王儉이라 하였다. (단군왕검이) 唐高(堯)의 즉위한 지 50년인 庚寅(唐高(堯)의 즉위년은 戊辰인 즉 50년은 丁巳요 庚寅이 아니다. 아마 틀린 듯하다)에 平壤城(지금의 西京)에 도읍하여 비로소 조선이라 칭하였다.

또 도읍을 白岳山 阿斯達로 옮기었는데, 그곳을 또 弓(一作 方)忽山이라고도 하고 今彌達이라고도 한다. 나라를 다스린 것이 1500년이었다.

周나라 虎(武)王 즉위년인 己卯에 箕子를 조선에 봉하매, 단군은 藏唐京으로 옮기었다가 후에 아사달에 돌아와 숨어서 山神이 되니, 수가 1908세이었다 한다.

출처: 신용하, 2001, **한국민족의 형성과 민족사회학**, 서울: 지식산업사, 148-149.

♋ 다음은 이민수의 번역이다.

고조선 (왕검조선)

『위서(魏書)』에 이렇게 말하였다. "지금부터 2,000년에 단군왕검(壇君王)이 있었다. 그는 아사달(阿斯達)에 도읍을 정하고 새로 나라를 세워 조선이라고 불렀으니, 이것은 고(高)와 같은 시기였다." 또 『고기(古記)』에는 이렇게 말하였다. "옛날에 환인(桓因)의 서자 환웅(桓雄)이란 이가 있었는데 자주 천하를 차지할 뜻을 두어 사람이 사는 세상을 탐내고 있었다. 그 아버지가 아들의 뜻을 알고 삼위태 백산(三危太白山)을 내려다보니 인간들을 널리 이롭게 해줄 만했다. 이에 환인은 천부인(天符印) 세 개를 환웅(桓雄)에게 주어 인간의 세계를 다스리게 했다. 환웅은 무리 3천 명을 거느리고 태백산(太白山) 마루턱에 있는 신단수(神壇樹) 밑에 내려왔다. 이곳을 신시(神市)라 하고, 이분을 환웅천왕(桓雄天王)이라고 이른다. 그는 풍백(風伯) 우사(雨師) 운사(雲師)를 거느리고 곡식 수명 질병 형벌 선악 등을 주관하고, 모든 인간의 360여 가지 일을 주관하여 세상을 다스리고 교화했다.

이때 호랑이 한 마리와 곰 한 마리가 같은 굴속에서 살고 있었는데 그들은 항상 신웅(神雄), 즉 환웅에게 빌어 사람이 되기를 원했다. 이때 신웅이 신령스러운 쑥 한 줌과 마늘 20개를 주면서 말하기를 '너희들이 이것을 먹고 백일 동안 햇빛을 보지 않으면 곧 사람이 될 것이다'라고 했다.

이에 곰과 호랑이가 이것을 받아서 먹고 삼칠일(21)일 동안 조심했더니 곰은 여자의 몸으로 변했으나 호랑이는 금기를 지키지 못해서 사람의 몸으로 변하지 못했다. 웅녀(熊女)는 혼인해서 같이 살 사람이 없으므로 날마다 단수(檀樹) 밑에서 아기 배기를 축원했다. 환웅이 잠시 거짓으로 변하여 그와 혼인했더니 이내 잉태해서 아들을 낳았다. 바로 그 아기의 이름을 단군왕검(壇君王儉)이라 한 것이다.

단군왕검은 당고(唐高)가 즉위한 지 50년인 경인년(요(堯)가 즉위한 원년은 무진년이다. 그러니 50년은 정사요. 경인이 아니다. 이것이 사실인지 아닌지 의심스럽다.)에 평양성(平壤城)에 도읍하여 비로소 조선이라고 불렀다. 또 도읍을 백악산(白岳山) 아사달로 옮기니 그곳은 궁홀산(弓忽山)이라고도 하고 금미달(今彌達)이라고도 한다. 그는 1천5백 년 동안 여기에서 나라를 다스렸다. 주(周)나라 호왕(虎王)이 즉위한 기묘년에 기자(箕子)를 조선에 봉했다. 이에 단군은 장당경(藏唐京)으로 옮겼다가 뒤에 돌아와서 아사달에 숨어서 산신(山神)이 되니, 나이는 1908세였다고 한다.

당나라 『배구전(裴矩傳)』에는 이렇게 전한다. "고려(高麗)는 원래 고죽국(孤竹國)이었다. 주나라에서 기자를 봉해 줌으로 해서 조선이라 했다. 한(漢)나라에서는 세 군(郡)으로 나누어 설치하였으니 이것이 곧 현도(玄菟)·낙랑(樂浪)·대방(帶方)이다."
『통전(通典)』에도 역시 이 말과 같다.

출처: 이민수 옮김, 1994, 2015(개정판), **삼국유사**, 서울: 을유문화사, 23~26.

ꟹ 아울러 본서에 나와 있는 단군신화 관련 내용은 다음 논문을 참고하라.

• 김정래, 2017, 단군신화에 담긴 '생성'과 '출현', **교육철학** 제64집, 한국교육철학회, 27-53.

다음을 참고하여, 단군신화에 담겨 있는 '천인(天人)'과 중국의 '천자'나 성리학의 '천리'를 단순하게 대비해보시오.

> 단군신화에 나타난 '하늘'은 모든 것을 독점적으로 관장하고 세상을 자신의 뜻대로 창조하는 절대자, 즉 천자를 지칭하는 것이 아니다. 하늘은 인간과 더불어 존재한다. 그래서 단군신화는 신에 대한 이야기 형태이지만, 실제로는 인간의 이야기이다. 단군신화에서는 모든 사람들이 제천행사를 거행하고, 그것을 통하여 공통된 정체성을 갖게 하므로 '하늘'은 민족 정체성을 부여해주는 기능을 한다. 즉 '하늘인간'인 천인은 세상에 살아가는 인간이 본받고 따라야 할 본이 아니라, 인간 자체에 천성이 이미 담겨 스스로가 존엄한 존재로서 인간 자체를 뜻한다.

& 중국의 천자나 성리학의 천리는 인간이 모방해야 할 인간 바깥의 규준인 반면, 단군신화에 담겨 있는 천인은 인간 그 자체의 신성함을 가리킨다. 일종의 인본사상이다. 그러나 그것은 서양의 인본사상과는 다르다. 서양의 인본사상은 자연과 대립관계에서 본 인간중심사상인 반면, 단군신화에서는 인간과 자연이 대립하지 않는다. **[플89]**

다음 빈칸에 들어갈 말로 이루어지지 <u>않은</u> 것을 고르시오.

> 인간의 생겨남을 '천인'으로 설명한다면, 이는 인간의 원형이 세상에서 분화되거나 세상과 따로 떼어낼 수 없다는 뜻이다. 즉 인간의 원형은 [ ] 에 의하여 설명된다. 여기서 천인공공(天人公共)의 의를 통하여 인간이 생겨남이 무슨 뜻인지를 확인할 수 있을 것이다. 그다음 이 원형에 의하여 인간의 출현은 사람됨의 '인화(人化)'로 설명된다. 그리고 그것은 '사람됨'의 전형을 드러낸다.

① 땅, 하늘
② 천지인, 하늘
③ 하늘, 천인
④ 천인, 천지인, 하늘
⑤ 천지인, 천인

& 하늘, 땅, 사람 세 가지가 모두 들어가야 한다. **[플90]**

정답: ①

다음은 단군신화에 담긴 출현의 질서에 대한 설명이다. 옳지 <u>않은</u> 것을 고르시오.

① 단군신화에서 '형상'을 찾으려고 한다면, 그 형상은 다름 아닌 '원화위인(願化爲人)'의 주체, 즉 사람이 되고자 하는 주체에 이미 담겨 있는 사람의 '형상'일 뿐이다.
② 단군신화에 담긴 질서는 원래 주어진 원융의 상태이다.
③ 원융은 분화된 것을 통합한다는 의미가 아니다.
④ 원융은 생성 그 자체로 '하나의 경계'로 이루어져 있다.
⑤ 원융은 '미분화' 상태를 가리킨다.

& 원융은 분화를 전제로 한 미분화(un-differentiation) 상태가 아니라 아예 분화와 무관한 비분화(non-differentiation) 상태를 지칭한다. **[플92]**

정답: ⑤

다음은 단군신화와 관련된 설명이다. 빈칸에 들어갈 진술을 쓰시오.

단군신화에는 희랍의 퓌지스-스모스-탁시스와 같은 질서 구분이 없다. 앞서 단군신화에서 '원형'은 '원융'에서, '전형'은 '천인'에서, 그리고 정형은 '탐구인세'의 일상성에 찾을 수 있다고 하였다. 여기서 우리는 능생자, 창조자, 제작자와 같은 개념을 찾을 수 없다. 또한 이들에 의한 분화라는 것을 상정할 수가 없다. '하늘나라에서 인간 세상을 탐한다'는 것은 [　　　　　　　　] 이다. 또한 천명으로 규정된 질서도 없고, 인간이 인위적으로 만든 질서도 없다. 관습적이며 자생적으로 이루어진 노모스가 있어 보일 뿐이다.

& 위의 지문은 인간세상이 천상보다 열등하다거나 천상의 존재가 지상을 구원한다는 외래사상과 다르다는 점을 보여준다. [플93-94]

정답: 당초 혼돈에서 질서, 미분화에서 분화로 이행을 아예 전제하지 않은 것

다음 홍익인간에 대한 설명 중 옳지 않은 것을 고르시오.

① 홍익인간은 인간이 된 주체가 드디어 널리 이롭게 할 교화를 구현하기 위하여 표현한 말이다.

② 인간을 이롭게 한다는 뜻을 인본주의로 해석하기도 한다.

③ 단군신화의 홍익인간은 오로지 천지가 모두 인간을 선망하므로 이를 이롭게 한다는 뜻에서만 성립한다.

④ 천지조화로서 인간을 제작한 것이다.

⑤ 홍익인간은 천상, 천하, 지상이 모두 선망하고 지향했던 존재로서 인간을 지칭하는 말이다.

& 제작설은 성경의 창세기를 설명하는 하나의 관점이다. [플94-95]

정답: ④

다음 원융 사상에 함의된 내용에 대한 설명 중 옳지 않은 것을 고르시오.

① 원융은 유불선의 원융을 뜻한다.

② 하늘과 인간은 상호 상즉, 상입하면서 원융한다.

③ 천지인이 하나로 원융한다.

④ 천지인의 상보적 관계는 어른과 아이의 대등함을 함의한다.

⑤ 아동 존중은 성인이 아동을 천국처럼 받드는 존중이다.

& 유사해 보이지만, 단군신화에서는 성인과 아동이 상호 존중하는 패러다임 속에서 파악된다. [플96]

정답: ⑤

단군신화의 아동 존중의 의미를 다른 전통적 가치관에 비추어 설명해 보시오.

& 첫째, 아동과 성인(成人)의 위계적 구분이 없다. 기독교의 아동존중은 수직적 위계질서 안에서 열등한 존재가 아니라 거꾸로 성인이 아동을 천국처럼 받드는 '존중'이다. 그러나 단군신화의 아동 존중은 천지인이 합일하는 원융의 차원에서 어른과 아이가 상호 존중되는 가운데서 파악된다.

둘째, 원융의 관점에서 아동을 분석적으로 이해할 필요가 없다. 마음과 몸, 인간과 자연을 초월하는 관점에서 원융의 의미를 파악해야 한다.

셋째, 아동의 탄생은 구원이 아니라 스스로 이로운 인간상, 즉 홍익인간의 이념에 의한다.

넷째, 아동은 채워서 가르쳐야 할 대상이 아니라 스스로 존중되어야 할 존재이다. 이는 교육관에도 깊이 관련된다. [플96]

다음 아동을 '마음이 없는 존재'로 보는 아동관에 대한 설명 중 옳지 않은 것을 고르시오.

① 가장 단순하고 조잡한 아동관이다.

② 아동은 인간보다는 동물에 가까운 존재이다.

③ 아동은 사물을 전혀 인지하거나 지각할 수 없는 존재이다.

④ 아동에게 기대할 수 있는 것이 아무것도 없는 존재이다.

⑤ 아이들을 생존적 차원에서 보호한다는 의미가 있다.

& 아직도 이러한 조잡한 아동관을 가지고 아동을 대하는 경우를 일상에서 쉽게 발견할 수 있다. 아이들을 부모의 소유물로 보거나 거래할 수 있는 상품으로 보는 경우도 드물지 않다. **[증17-18] [플97-98]** 그렇지만 아동이 지각과 인지 능력이 없다는 뜻은 아니다.

정답: ③

다음 문장을 읽고, ○/X 표시하시오.

(1) 아동을 마음이 없는 존재로 보는 아동관은 궁극적으로 보면 아동 존재의 소멸로 이어진다. ( )

(2) 아동을 마음이 없는 존재로 보는 아동관에서는 아이들을 어른들의 소유물로 본다. ( )

(3) 아동을 마음이 없는 존재로 보는 아동관은 아이들을 생존적 차원에서 최소한의 보호도 하지 않는다는 뜻을 담고 있다. ( )

& 마음이 없는 가장 조잡하고 위험한 아동관이지만 여전히 우리 주변에서 쉽게 찾아볼 수 있는 아동관이다. **[증17-18] [플97-98; 153]**

정답: (1) ○, (2) ○, (3) ×

다음 아동을 '작은 성인(small adult)'으로 보는 아동관에 대한 설명 중 옳지 않은 것을 고르시오.

① '마음이 없는 존재'로 보는 경우보다 다소 발전된 아동관이다.

② 역사적으로 아동에게 많은 부담과 멍에를 지게 하였다.

③ 아동은 성인에 비하여 '덩치'만 작은 존재이다.

④ 아동을 인격적으로 대우하지 않는다.

⑤ 아동의 사고 과정이 성인의 사고 과정과 근본적으로 동일하다.

& '작은 성인'은 아동을 인격으로 대하지만, 그 정도가 아동의 역량을 넘어서는 성인(成人)의 잣대로 하여 결국 아동의 인격과 권리를 침해하는 경우로 귀결된다. ④번을 제외한 진술들은 '작은 성인'으로 보는 아동관의 특징들이다. **[증18-19] [플99-100]**

정답: ④

다음 중 '아동에게 형벌이 합리화되는 것'의 근거가 될 수 있는 아동관을 쓰시오.

& 아동에게 형벌이 합리화되는 것은 아동을 성인과 같은 지위로 보는 데서 비롯된다. 이는 '마음이 없는 존재'로 보는 아동관과 함께 아동착취, 유기, 매매, 방임 등의 비행을 야기하는 아동관이다. 즉 '작은 성인'으로 보는 관점 때문에 벌어지는 일이다. **[증18-19] [플99-100]**

정답: 작은 성인

다음 지문을 읽고, 이 연장선상에서 아동권리의 문제점을 지적하시오.

> 아동은 성인에 비하여 '덩치'만 작은 존재이지 여타의 면에서 성인과 똑같은 특징을 갖는 존재이다. 아동을 인격적으로 대우한다는 점에서 고무할 만하다. 이 관점이 가정하고 있는 가장 큰 문제는 아동의 사고 과정이 성인의 사고 과정과 근본적으로 동일하다고 보는 데에 있다. 그 결과 성인이 할 수 있는 과업은 당연히 아동이 수행할 수 있는 과업이라는 결론이 도출된다. 따라서 아동에게도 짊어져야 할 의무와 과업이 주어진다.

& 이 연장에서 아이들은 노동과 생계유지를 위한 속박에서 벗어날 수 없다. 문제는 아이들이 성인과 똑같은 대우나 지위를 보장받지 못한 상태에 있다는 뜻이다. 아동에게 형벌이 합리화되는 것도 이 아동관 때문이다. [증18-19] [플99-100]

& 무엇보다도 이 아동관으로 인하여 아동은 성인이 부과하는 '짐'을 지고 살아야 하는 처지에 놓이게 된다. 아동의 보호, 발달에 관한 권리가 실종된다. 아동권리협약의 제6조 ②항이 규정한 생존과 발달의 권리를 침해하는 결과를 가져온다. [증535]

다음 문장을 읽고, ○/× 표시하시오.

(1) 아동을 작은 성인으로 보는 아동관은 마음이 없는 존재로 보는 경우보다 다소 발전된 아동관이다. ( )

(2) 아동을 작은 성인으로 보는 아동관은 아이들을 어른들의 소유물로 본다. ( )

(3) 아동을 작은 성인으로 보는 아동관은 아동을 덩치뿐만 아니라 여타의 면에서도 성인과 다른 특징을 갖는 존재로 본다. ( )

& 작은 성인으로 보는 아동관은 마음이 없는 존재로 보는 경우보다 다소 발전된 아동관이지만, 여전히 아동의 권리를 침해할 소지가

많은 아동관이다. 작은 성인으로 아동을 보는 것은 아동과 성인(成人)의 근본적인 차이가 없으며, 단지 양자에는 용량(capacity)의 차이가 있다는 견해이다. **[증18-19]** **[플99-100]**

정답: (1) ○, (2) ×, (3) ×

다음 아동을 '주조될 수 있는 존재'로 보는 아동관에 대한 설명 중 옳지 <u>않은</u> 것을 고르시오.

① 아동의 인격적 주관성을 고려한 아동관이다.

② 이 아동관의 근거는 아동의 가소성에 기인한다.

③ 아동의 의사결정은 물론 책임 소재조차도 물을 수 없다.

④ 아동을 짜 맞추어야 할 틀의 모양과 강도를 결정하는 책임이 성인에게 있다.

⑤ 아동은 '수동적인 존재'에 머무는 것뿐만 아니라 성인의 '조작 대상'이 된다.

주조할 수 있는 존재라는 관념은 '가소성'을 전제로 하여 아동을 성인의 의도대로 만들어낼 수 있다는 뜻이다. **[증19-20]** **[플100-103]** 이 관점은 전통교육에서 암암리에 수용되었다. 그런 만큼 폐해와 비판도 만만치 않다. 극단적으로 가면 아이들의 심리상태를 조작하고 세뇌시킬 수 있다는 지경으로 연결될 수 있기 때문이다. 영화 '4등'과 '페임2009'는 전자에 해당하고, 소개한 영화 '태양 아래'는 후자에 해당한다. **[플161-165]**

정답: ①

아동을 주조의 대상으로 보는 요인을 분석해 보시오.

세 가지를 들 수 있다. **[플100-103]** 첫째, 전통의 존중이다. 전통의 가치를 지나치게 높게 평가하거나 집착하게 되면 아이들을 전통의 틀 또는 가치기준에 맞추려는 시도를 하게 된다. 전통과 진보의 이분법에 의하여 진보교육은 전통이 아니라 아동의 개개인이 지닌 특성과 추구하는 가치를 존중해야 한다고 본다. 그러나 이는 전통을 극단적으로 해석한다는 비판에 직면하게 된다. 전통의 존중이 과연 아동의 개성을 말살하는가 하는 문제는 좀 더 심각하게 고려될 필요가 있다. 이러한 사례는 영화 '죽은 시인의 사회'를 통해서 확인할 수 있다. **[플155-157; 186; 276-288]** 다른 하나는 어른이 설정한 성취기준에 대한 도달 압력을 말하는 성취압력이다. 우리나라 아이들은 여러 가지 성취압력에 시달린다. 부모의 교육열이나 출세 지향적 사회적 가치 등은 아이들을 성취압력에 시달리게 한다. 소개한 영화 '4등'은 이러한 사례의 일면을 보여준다. **[플192-196]** 교사에게 성취압력은 체벌의 유혹을 느끼게 한다. 즉 체벌의 명분은 성취에서 찾아지고, 아이에게는 그 압력과 함께 체벌이 주어지는 것이다. 그러나 체벌은 벌이 아니라 폭력이다. **[플678-679]** 또 다른 하나는 교화와 세뇌를 통한 인간 조작이다. 교화의 폐해는 사람의 합리적 판단능력을 말살한다는 데 있다. 비도덕적인 방법을 동원하는 교화의 극단적인 형태는 세뇌이다. 소개한 영화 '태양 아래'는 북한 아동 세뇌의 심각성을 보여준다. **[플205-209]**

교육열: '교육열'이라는 용어는 우리나라에만 존재하는 말이다. 영어에서 이에 상응하는 용어를 찾기 어렵다. 가장 적합한 말을 고안해낸다면, 그것은 'parental fever for education' 정도가 아닐까 한다. 그 의미는 부모가 자녀들에 대하여 지니는 교육적 열정 내지는 열병이라는 뜻이다. 열정을 뜻하는 'passion' 대신에 'fever'를 사용하는 것은 그것이 사회병리현상에 가깝기 때문이다. 여기서 논점은 바로 '사회병리현상'에 있다. 부모의 교육열이 긍정적인 결과를 내는 경우라면, 결코 문제가 되지 않는다. 그 교육열이 사회적으로 병폐 현상으로 이어지니 문제가 된다. 이 점에 초점을 맞출 필요가 있다.

도서관이나 각종 사이트를 검색해 보면 '교육열'에 관한 논문이나 보고서가 적지 않게 있으므로 이들을 검색하여 본인의 관심사에 따라 참고하면 좋을 듯하다.

🗁 교화(indoctrination): 교화는 교육목적이나 방법 측면에서 매우 심각한 문제가 된다. 원래 이 개념은 동서양을 막론하고 도덕적으로 심각하게 문제가 되지 않는 개념이다.
한자어 '敎化'는 원래 백성들을 순화시킨다는 의미를 지닌 말이며, 영어 'indoctrination'은 기독교 사회인 유럽에서 기독교 교리를 바탕으로 한 가르침을 가리킨 말이다. 그러나 종교적 의미나 전통적 의미에서 교화를 당하는 사람들이 자신이 지닌 신념에 대한 올바른 근거를 댈 수 없을 경우에 문제가 된다. 또한 이 개념은 정치적 의미를 가지면서 도덕적 문제를 야기한다. 핵심은 교화를 당하는 사람이 그릇된 사실이나 특정한 정치적 신념을 지니면서 그것이 옳지 못한 것임을 스스로 알지 못한다는 데 있다. 이 관점에 비추어 교육학에서 쟁점이 된다.

🗁 교육학의 관점에서 '교화' 문제를 체계적으로 다룬 문헌은 다음과 같다.
* I. A. Snook, 1972, *Indoctrination and Education,* London: Routledge and Kegan Paul.
* I. A. Snook (ed.), 1972, *Concepts of Indoctrination,* London: Routledge and Kegan Paul.

스눅은 교화의 순기능과 역기능을 전제하면서 다음의 네 가지 기준을 제시한 바 있다. ① 방법 기준; ② 내용 기준; ③ 의도 기준; ④ 결과 기준.
첫째, 방법 기준은 교화가 방법상 그릇된 방식을 취한다는 뜻이다. 즉 방법 기준은 검열, 선전, 강압의 방법을 동원하거나, 권위주의적 방법 또는 세뇌를 위한 주입이나 위협을 가하는 방법을 동원하여 자유토론을 아예 허락하지 않는 경우를 가리킨다. 그 범위가 폭넓기 때문에 방법 기준은 그 자체로 교화의 본질을 가리킨다.
둘째, 내용 기준은 내용상 그릇된 것 또는 참이라고 확증할 수 없는 내용을 가르치는 경우를 말한다. 즉 교육내용으로 신념과 교조(敎條)를 가르친 경우, 불확실한 신념을 확실한 신념으로 가르친 경우, 그리고 허위 신념(false belief)을 교육내용으로 가르친 경우를 말한다.
셋째, 의도 기준은 대상이 되는 사람의 자율적 사고를 차단(遮斷)하려는 의도를 가리킨다. 즉 의도 기준은 아동 스스로 사고할 수 없게 하려는 의도를 가진 경우를 말한다. 종국에는 아동 스스로가 변화시키지 못하게 하려는 의도를 말한다. 이른바 '자율적 사고 능력의 차단' 의도를 가리킨다.

넷째, 결과 기준은 의도는 문제가 없는데 결과적으로 교화된 상태를 나타낸다. 즉 결과 기준은 학습한 사람이 결과적으로 신념과 이유를 명백하게 제시하지 못하는 상태(결과)에 처했다는 것이다. 따라서 교화 당하였다는 것(being indoctrinated)은 '교화된 사람(indoctrinated man)'이 되어버렸다는 뜻이다.

현실 속의 교화 사례는 위의 네 가지 중 하나이거나 둘 이상이 결합된 형태임을 알 수 있다.

가르치는 일에 있어서 교화의 측면을 받아들이지 않을 수 없는 상황이 있다. 바꿔 말하자면, 교화는 순기능의 측면도 있다고 할 수 있다.

첫째, 방법 기준이 용납되는 경우가 있다. 먼저 기계적 훈련이 반드시 필요한 경우가 있다. 이 경우 학습자가 무엇을 하는지 인식하지 않는 것은 별반 문제가 되질 않는다. 영어 불규칙 동사를 외워야 하는 경우가 이에 해당한다. 또한 교육 내용에 따라 수업(교수) 방법이 달라질 경우에 교화는 수용될 수 있다. 교사의 교수 방법은 내용에 따라 달라진다. 어느 과목은 상당히 훈련, 반복 및 교사의 강압적 방법에 의존하기 때문에, 교육이라고 볼 수 없는 상황도 있기 때문이다. 그리고 영·유아의 경우처럼, 초기 훈련, 초기 습관 형성이 필요한 경우에도 교화는 수용된다. 무엇보다도 교화를 전적으로 배척할 수 있는 '합리적 방법'이라고 할 만한 기준이 현실적으로 존재하지 않는다. 즉 '합리적 방법'을 따로 사정(査定)할 수 없다.

둘째, 내용 기준에 비추어 교화가 수용되는 경우는 신념과 지식을 따로 이분할 수 없다. 지식과 신념을 이분하는 것은 원칙적으로 불가능하다. 지식의 조건에 신념이 논리적으로 포함되기 때문이다. 그리고 현실적으로 교사의 전문성에 비추어 교육내용이 결정된다는 것은 교육내용에 교사의 신념이 담겨 있다는 뜻이다. 따라서 교사가 의도하는 내용을 가르칠 수밖에 없다.

셋째, 의도 기준은 교육 자체가 '의도적 변화'를 도모하는 것이기 때문에 수용될 수도 있다. 무조건 의도한 바라는 이유로 그것을 '교화'라고 비난할 수 없다. 다만, 의도 기준은 의도가 표층에 드러나지 않아서 파악하기 어렵고, 의도 자체가 '자율적 사고 능력의 차단'에 있을 경우 문제가 된다.

넷째, 결과 기준은 교육의 결과는 확고한 신념을 지니게 하는 것이라는 점에서 수용된다. 뒤집어 말하자면, 보다 세련되고 확고하게 교화된 사람의 경우 오히려 확고한 신념과 이유를 지니고 있다. 이는 교육의 특성이 성취어와 과업어의 특성을 모두 지니고 있기 때문이다. 즉 방법, 내용, 의도 기준에 의한 교화는 '과업어로서 교화'인 반면, 결과 기준에 의한 교화는 '성취어로서 교화'이다. 다만 교화된 결과가 훈련의 경우에는 수용되지만, 그것이 세뇌의 결과를 낳았다면 문제가 된다.
결론적으로 말하자면, 도덕적으로 용납될 수 있는 기준은 방법 기준이고, 용납되기 어려운 기준은 의도 기준이다. 나머지 사항은 교사의 역량과 교수-학습 상황에 비추어 면밀하게 살펴볼 일이다.

다음을 읽고, ○/X 표시하시오.

(1) 아동을 주조될 수 있는 존재로 보는 아동관은 아동의 인격적 주관성을 고려한 아동관이다. ( )

(2) 아동을 주조될 수 있는 존재로 보는 아동관에서는 아동을 성인의 '조작 대상'으로 본다. ( )

(3) 아동을 주조될 수 있는 존재로 보는 아동관은 아동을 작은 성인으로 보는 아동관보다 아동을 더 인격적으로 대하는 발전된 생각이다. ( )

& 주조되는 존재란 곧 아동이 세뇌를 당할 수 있는 존재로 볼 수 있으며, 아동에게 외부 압력을 가해도 합리화된다는 논거를 제공하고, 전통의 의미를 왜곡시키는 등의 폐해를 유발한다. 아동을 최악의 상황으로 몰아갈 수도 있는 아동관이다. **[증19-20] [플100-103]**

정답: (1) ×, (2) ○, (3) ×

다음 아동을 '성장하는 능동적 존재'로 보는 아동관에 대한 설명 중 옳지 않은 것을 고르시오.

① 아동의 인격을 최초로 인정한 아동관이다.

② 아동은 더 이상 성인의 부속물이 아니다.

③ 이 아동관은 나아가 아동이 권리의 주체라는 관점으로 발전하게 된다.

④ 아동은 조작될 대상이 아닌 하나의 인격체이다.

⑤ 이 아동관이 자리 잡게 된 데에는 실증주의라는 오직 한 가지 요인만을 들 수 있다.

& 성장하는 존재로서 아동을 보는 관점은 전통교육에 대한 반발로 진보사상가에 의하여 시도된 것이다. 한편으로 20세기 초부터 아동의 실증적 연구가 성행한 것도 이 아동관을 형성시킨 다른 요인이다. **[증20-23] [플103-105]** 그러나 권리의 관점에서 보면, 이른바 '아동의 세기'라고 할 수 있을 만큼 이 아동관이 가져다준 장점에 못지않게 드러난 폐해도 심각하다. 권리의 보편성이 아동이 처한 구체적인 삶의 현장에 특수성이 말살될 수 있기 때문이다. 한나 아렌트는 이 점을 매우 면밀하게 지적하고 비판한 바 있다. **[플133-147]**

정답: ⑤

다음은 아동을 성장하는 능동적 존재로 보는 아동관이 자리 잡게 된 내용이다. 빈칸에 들어갈 단어를 쓰시오.

> 아동을 성장하는 능동적 존재로 보는 아동관이 자리 잡게 된 데에는 두 가지 요인을 들 수 있다. 하나는 [㉠]이고, 다른 하나는 [㉡]이다.
> 전자는 인권사상을 낳았으며, 이에 그치지 않고 인권의 보편성에 아동

을 대상으로 하기에 이른다. 그래서 아렌트는 '아이들을 해방시키고 어른 세계에서 파생된 기준으로부터 자유롭게 해'주는 '아동의 세기'라고 하였다. 후자는 아동의 세계가 어른의 세계와는 별도로 존재한다는 사실에 근거하여 새로운 아동관의 실증적 토대를 마련해 주었다.

& 권리의 보편성이 기여한 바 있지만, 다른 한편으로 아동의 특수성을 경시했다는 비판을 받는다. **[플103-104; 133-146]**

정답: ㉠ 계몽의 영향, ㉡ 실증적 연구의 결과

다음 문장을 읽고, ○/× 표시하시오.

(1) 아동을 성장하는 능동적 존재로 보는 아동관은 아동의 인격적 주관성을 고려한 아동관이다. ( )

(2) 아동을 성장하는 능동적 존재로 보는 아동관에서는 아동을 성인의 '조작 대상'으로 보지 않는다. ( )

(3) 아동을 성장하는 능동적 존재로 보는 아동관은 나아가 아동이 권리의 주체라는 관점으로 발전하게 된다. ( )

& 성장하는 존재로 보는 아동관은 20세기를 '아동의 세기'라고 부를 수 있게 한 관점이다. **[증20-23] [플103-105]** 이즈음에 와서야 아동은 성인(成人)과는 별개의 세계를 지니는 존재라는 것이 입증되었다. **[플134]**

정답: (1) ○, (2) ○, (3) ○

다음을 참고하여, 인식론적 관점에서 본 아동 존중을 서술하시오.

이 아동관은 가장 발달된 아동관으로서 '권리주체'의 개념으로 아동을 설명하고자 한다. 우선 권리의 보편적 가치가 바로 인간 존중에서 비롯된 것과 마찬가지로 권리주체로서 아동의 근거가 아동 존중이라는 논거에서 권리주체의 의미를 두 가지 아동 존중의 개념을 통하여 정당화하고자 하였다. 하나는 아동을 인식론적 관점에서 본 것이고, 다른 하나는 정치 철학적 관점에서 본 것이다. 전자는 아동을 성인과 달리 대하여야 아동이 존중된다고 보며, 후자는 아동을 성인과 일체의 차이나 차별 없이 똑같이 대하여야 아동이 존중된다고 본다.

& 인식론적 관점에서 본 아동 존중은 발달이나 성장 등을 고려할 때, 아이들이 그에 적합한 대우나 처방이 요구되므로 성인과 달리 대해야 한다는 논리이다. 이러한 차이를 존중하지 않으면 아이들이 온전하게 대접을 받는 것이 아니며, 결과적으로 아동 존중에 실패한다는 것이다. 아동의 세계가 성인의 세계와는 별도로 존재한다는 실증적 연구 결과는 이러한 아동 존중 사상을 뒷받침한다. **[증130-135]**

다른 한편으로는 이 관점에서 우리는 아동의 특수성을 고려해볼 수 있다. 아동의 특수성은 아렌트의 '인간의 조건'인 탄생성, 사멸성, 다양성과 맞물리면서 아동권리인식의 세 단계인 3P와도 관련이 있다. **[플140-147]** 이는 아동권리의 특수성 논의로 이어진다. **[플466-479]**

다음을 참고하여, 정치 철학적 관점에서 본 아동 존중을 서술하시오.

이 아동관은 가장 발달된 아동관을 '권리주체'의 개념으로 설명하고자 시도한 바 있다. 우선 권리의 보편적 가치가 바로 인간 존중에서 비롯된 것과 마찬가지로 권리주체로서 아동의 근거가 아동 존중이라는 논거에서 권리주체의 의미를 두 가지 아동 존중의 개념을 통하여 정당화하고자 하였다. 하나는 아동을 인식론적 관점에서 본 것이고, 다른 하나는 정치 철학적 관점에서 본 것이다. 전자는 아동을 성인과 달리 대하여야 아동이 존중된다고 보며, 후자는 아동을 성인과 일체의 차이나 차별 없이 똑같이 대하여야 아동을 존중하는 것으로 본다.

& 정치철학적 관점에서 본 아동 존중은 성인(成人)과 아동 사이에 일체의 차이를 두는 것은 차별로 보는 관점이다. **[증137-156]** 매우 급진적인 관점(radical view)에 해당한다. 구체적으로는 아동은 성인에 비하여 열등한 존재도 아니며 미숙한 존재도 아닌 것으로 본다. 특히 듀이는 미성숙이 오히려 성숙의 전제가 되는 필연적인 요인이라고 본다. 이 관점에 따르면 아동은 성인에 비하여 무능하다고 보는 견해도 수용하지 않는다. 여기에는 여러 가지 반론이 있다. 그러나 분명한 점은 성인의 지위에 있지만 아동보다 무능하고 열등한 경우를 우리 주변에서 흔히 찾아볼 수 있다. 이와 관련된 것이 연령 준거인데, 주지하는 바와 같이 아동의 다양한 연령준거는 실정법의 입법취지에 따라 정한 것이다. **[증28-37] [플48-56]**

다음 3P(재화–보호–참여)에 대한 설명 중 옳지 <u>않은</u> 것을 고르시오.

① 권리주체로서 아동관은 '재화-보호-참여'의 형식적인 틀로만 이해하는 것만으로 충분하다.

② 권리주체로서 아동이 세 가지 권리를 향유해야 한다는 것을 의미할 수 있다.

③ 아동의 발달 단계에 따른 재화-보호-참여를 형식적 위계로 볼 수 있다.

④ 재화-보호-참여를 권리 인식의 단계로 간주할 수 있다.

⑤ 아동 권리를 인식하는 데 동원되는 논리적 개념 도구로 보는 것이 타당하다.

& 이른바 3P는 아동발달의 측면에서 고려되어야 하지만, 발달단계와 동일한 것은 아니다. 또한 3P는 권리의 측면에서도 면밀하게 고려되어야 한다. **[증121-123; 305-310] [플119-121]**

정답: ①, ③

다음 법적 한계와 대리인 문제에 대한 설명 중 옳지 않은 것을 고르시오.

① 연령상의 아동은 법의 보호를 받는 만큼 법에 의하여 권리의 제약을 받는다.

② 권리주체로서 아동이 연령 제약으로 인하여 자신의 권리를 대리인을 통해서 행사한다.

③ 아동의 대리인 문제는 국가가 우선적으로 책무를 지게 된다.

④ 아동권리협약 등에 따르면 원칙상 부모가 대리인으로서 우선권을 갖는다.

⑤ 일상사에서 부모가 대리 능력을 상실하거나 존재하지 않을 경우에 문제가 야기된다.

& 아동을 권리 주체로 본다고 해도 법적 연령 한계와 대리인 문제는 여전히 남는다. **[플111-115]**

정답: ③

3

권리의 이해

Ⅰ. 개념의 이해

이 절에서는 권리의 개념에 관한 기본적인 내용을 점검해보도록 한다. 여기에는 주로 '권리'라는 용어의 성립과 특성, 유사어의 분석 등이 포함된다.

권리의 의미를 설명한 다음 진술 중 옳은 것을 고르시오.

① 권리의 의미는 의무와 함께 형성된 개념이다.
② 권리(權利)라는 한자어 용어의 번역은 일본의 근대 사상가들에 의하여 이루어졌다.
③ 권리는 '權'과 '利'의 합성어이므로 권력이나 기세, 힘 등에 상응하는 의미를 지닌다.
④ 권리에 상응하는 영어 'right'는 오른쪽을 의미하므로 권리는 우파 지향의 정치개념이다.
⑤ 교권은 교사의 권리를 뜻하는 용어이다.

& 권리는 의무와 짝이 되는 상관개념이 아니다. **[증25]** 권리는 '權'과 '利'의 합성어인 것은 사실이지만, 그렇다고 해서 권력이나 기세, 힘만을 의미하지 않는다. 권리는 선택과 의사를 뜻하기도 하고, 행사하는 사람이 향유하는 이익을 뜻하기도 한다. **[플296-297]** 교권은 교사의 권위를 뜻하기도 하고, 교사의 직무상 권한을 지칭하기도 하며, 때로는 교사가 향유하는 각종 권리를 뜻하기도 한다. **[플620-628]**

정답: ②

'권리'라는 번역어를 탄생시킨 사정은 『번역어 성립사정』(야나부 아키라, 서혜영 역, 2003, 서울: 일빛) 참조. 이 책에는 자유, 사회 등 중요한 개념이 일본 근대 사상가들에 의하여 번역된 사정을 담고 있다.

다음 중 맞는 진술을 고르시오.

① 교권은 교사의 권위를 뜻하는 말이다.

② 권위에는 전문성과 도덕성이 요구된다.

③ 교권은 교사가 노동자로서 지니는 권리를 뜻한다.

④ 교권과 교사의 권한은 동의어이다.

⑤ 교권은 민주사회의 가치와 상치된다.

& 교권은 교사의 권위, 권리, 권한을 모두 뜻하는 중첩어이다. **[플307-314]**

정답: ②

다음 진술 중 맞지 <u>않는</u> 것을 <u>모두</u> 고르시오.

① 우리나라 어린이선언문은 아동의 문화적 권리를 포함하고 있다.

② 우리나라 어린이선언문은 아동의 노동을 금하도록 권장한다.

③ 우리나라 어린이선언문은 국제연맹에서 채택한 해에 공포되었다.

④ 우리나라 어린이선언문은 아동 존중의 형이상학적 가정을 담고

있다.

⑤ 우리나라 어린이선언문은 여전히 유교적 질서관에 매여 있다.

& 국제연맹보다 한 해 앞선 권리문서이며, 유교적 질서관을 넘어서는 우주관을 담고 있다. **[증471-472]**

정답: ③, ⑤

'권리'라는 번역어가 성립하게 된 경위를 설명한 것 중 타당하지 않은 것을 모두 고르시오.

① '권'은 정부나 군주가 힘을 행사하고 이익을 추구한다는 뜻이다.

② '권'이라는 뜻은 민권사상과 관련된다.

③ '권'에는 인간의 존엄성과 인간으로서 부여받은 자격에 따른 이익의 추구라는 뜻이 담겨 있다.

④ '리'는 법에 의하여 부여된 힘에 의하여 이익이 추구된다는 뜻이 담겨 있다.

⑤ 의무(義務)라는 번역어를 염두에 두고 생산한 번역어이다.

& 권리와 의무는 짝이 되는 상관개념으로 항상 성립하지 않는다. **[플295-298]**

정답: ①, ⑤

교육권에 관한 서술 중 맞지 않는 것을 모두 고르시오.

① 교육권은 보편적 복지권으로 정당화된다.

② 교육권은 교사가 자의적으로 가르칠 자유권이다.

③ 교육권은 아동권리협약 제28조, 제29조에 규정되어 있다.

④ 교육권은 파리선언과 함부르크 선언에 의하여 천명되었다.

⑤ 교육권과 학습권은 모두 교육받을 권리를 말한다.

&: 교육권은 교사의 권한이 아니다. 파리선언과 함부르크 선언에 의하여 천명된 권리는 학습권이다. [증203-210; 227-230; 244-256; 545-546]

정답: ②, ④

다음 중 맞는 진술을 모두 고르시오.

① 아동권리협약에 따르면, 아동의 자유로운 의사표현은 나이와 성숙도에 관계없이 보장받은 권리이다.

② 아동의 성명권은 아동의 자기결정권을 침해한다.

③ 아동권리협약에서 입양의 원칙은 아동 최선의 이익에 따르도록 한다.

④ 아동권리협약은 모든 아동이 능력에 기초한 고등교육을 받을 것을 국가와 부모의 의무로 규정한다.

⑤ 아동권리협약은 아동권리 제네바선언과 국제연합 헌장의 정신을 계승한 문헌이다.

&: 성명권은 아동의 기본적인 생존을 위하여 천명한 것이며, 아동의 자유로운 의사표현은 성인과 마찬가지로 무제한 보장받지 않는다. [증415-428; 531-558] 아울러 본서 제7장은 아동권리협약에 관한 심층적 내용을 소개하고 있다.

정답: ③, ⑤

'권리'와 '인권'의 차이를 정리해 보시오.

&: 흔히 일상에서 '권리'와 '인권'을 동의어로 사용하기도 하고, 어느 경우에는 '인권'을 보다 보편적인 용어로 여긴다. 그러나 표준적인 의미를 지니는 말은 '권리'이다. 그 차이를 알아본다. 첫째, 인간이 지니는 보편적 권리를 지칭한다. 이는 영어 'universal rights'의 번역에서 온 말이다. 인간이면 누구나 지니는 보편적 권리를 가리킬

경우 '인권'이라는 말을 사용한다. 인간이 지니는 권리의 보편성은 매우 심각한 논쟁을 야기한다. 이에 관한 주된 쟁점은 주로 권리의 보편성이 '현실적으로' 무엇을 지칭하는가에 관한 문제와 복지권과 같은 현대적 권리가 고전적 권리처럼 보편성을 지니는가에 관한 문제에 집중된다. 아동 문제의 경우 아동의 특수성이 간과된다.

[플133-136]

둘째, 인권은 용어가 지칭하는 그대로 '인간이 지니는 권리'를 가리킨다. 그럴 경우 이에 상반되는 말로서 인간 이외의 존재가 지니는 권리, 이를테면 동물이 지닌 권리를 가리키는 '동물권(animal rights)'을 생각할 수 있다. 이 경우 '인권'은 인간의 범주를 전제한 개념이므로, 그 사용에 있어서 주의할 필요가 있다. 예를 들어서 '아동인권'이라는 말을 사용할 경우, 그것은 자칫 '범주의 오류'를 범하기 쉽다. '아동'의 범주가 '인간'의 하위 범주이므로 '아동인권'이라는 말은 어색할 뿐만 아니라 논리적으로 오류를 범하게 된다. '학생 인권'의 경우도 마찬가지다.

셋째, 인권이 'rights of man'의 번역어로 사용되는 경우이다. 이 경우 '인권'은 자연권을 뜻한다. 17~18세기 이래 계몽사상의 연장에서 정립된 자연법이 잉태한 일반적인 권리인 자연권을 뜻한다. 이 경우 '인권'은 '시민권(civil rights)'의 상대어이다. 시민권이 없는 사람도 지니는 권리를 흔히 '인권'이라고 칭하기도 한다. 예를 들면, 우리나라에 체류하는 외국인 근로자는 선거권이나 피선거권을 갖지 않지만, 그것이 이들이 노동이나 생활을 영위함에 있어서 인간 이하의 대접을 받아도 된다는 것을 뜻하지는 않는다. 적정한 임금을 받고 적정한 거주지에서 최소한 생계를 유지할 권리를 대개 '인권'이라고 칭한다.

넷째, 매우 특이하지만 자주 사용하는 경우, '인권'을 '저항권(rights of resistance to X)'으로 사용한다. 앞서 경우와는 달리, 시민권 등 실정법에 의하여 여러 권리가 보장되었음에도 불구하고 특정한 정책결정에 대하여 시위를 하거나 청원을 할 때 사용하는 '인권'이 이에 해당한다. **[증47-48] [플303-307]**

'범주의 오류(category mistake)'는 서로 상이한 범주의 대상을 동일한 범주로 놓고 논의할 때 야기되는 오류를 뜻한다. "길 건너에 군인 한 명과 경찰 두 명이 온다"는 표현을 "길 건너에 군인 한 명과 사람 두 명이 온다"고 하면 그것은 범주의 오류를 범하는 경우이다. 여기서 뜻하는 범주는 이에 해당하지만, 범주의 오류는 여러 다른 맥락에서 저지르는 오류로 그 의미가 매우 다양하며, 그 뜻하는 바도 각기 상이하다.

다음은 권리의 속성에 대한 설명입니다. 빈칸에 알맞은 용어를 채우시오.

권리의 속성을 단적으로 표현하면 두 가지이다. 하나는 ㉠ ______이고, 다른 하나는 ㉡ ______이다. 전자는 인간이면 누구나가 예외나 정도의 차이 없이 권리를 향유하고 행사할 수 있다는 뜻이며, 후자는 이러한 자격을 태어나서부터 이미 부여받았다는 뜻이다. 이 두 가지를 한데 묶어서 권리의 ㉠ ______이라고 표현할 수도 있다.

& 보편성(universality)은 인간이면 누구나가 예외나 정도의 차이 없이 권리를 향유하고 행사할 수 있다는 뜻이며, 천부성(entitlement)은 이러한 자격을 태어나서부터 이미 부여받았다는 뜻이다. 이 두 가지를 한데 묶어서 권리의 보편성이라고 표현한 것이다. **[증50-51]** 그러나 권리의 보편성이 아동의 특수성을 넘어서 작동한다고 보는 데에는 한계가 있다. 아동이 처한 현실적인 사정을 우선적으로 고려해야 권리의 보편성을 실현시킬 수 있다. **[플119-121; 322]**

정답: ㉠ 보편성, ㉡ 천부성

‘권리’ 개념이 전제하는 논리적 특성인 보편성(universality)과 천부성(entitlement)을 서술하시오.

& 천부성은 인간존엄성 또는 인간이라는 ‘지위(title)’에 의하여 부여받은(entitled) 권리이다. 그래서 우리는 흔히 이를 천부적(天賦的) 권리라고 표현하기도 한다. 불가양도성, 불가분성, 불가침성 등으로 설명하기도 한다. 반면에 보편성은 예외나 정도의 차이를 두지 않는 특성을 지니며, 이는 일반성(generality)과 구분된다고 설명한 바 있다. 여기서 예외나 정도의 차이를 두지 않는다고 보편성을 규정하는 것은 세계인권선언이 표방하는 보편성이나 아동권리협약에서 무차별의 원칙처럼 일체의 인간을 대하는 데 있어서 일체 차별을 두지 말아야 함을 뜻한다. 실행성과 관련하여 보면, 권리의 속성인 ‘천부성’과 ‘보편성’이 실제적으로 보장되기 위하여 요구되는 실제적인 속성은 ‘불가분성’(indivisibility), ‘불가양도성’(inalienability), ‘불가침성’(inviolability)이다. 불가분성은 권리를 타인에게 나누어 줄 수 없다는 의미이며, 불가양도성은 타인에게 양도할 수 없다는 의미를 담고 있다. 이와 함께 불가침성은 권리의 소극적 측면, 즉 타인에 의하여 한 개인의 권리가 침해될 수 없다는 의미를 담고 있다. 이러한 실제적 속성은 ‘천부성’에 기인한다. 반면 보편성은 연령적 제한을 받고 있는 아동의 권리 문제에 필수적으로 요구되는 속성이다. 즉, 보편성은 아동에게 불가분성, 불가양도성, 불가침성과 같은 실제적인 속성을 성인과 똑같이 부여해 주는 개념적 속성이다. **[증50-51] [플322]**

헌법에 천명된 기본권의 특징을 간략하게 서술하시오.

& 앞서 권리의 보편성과 천부성을 언급하였다. 이러한 권리의 근본적 속성을 최고의 실정법 규범에 규정한 것이 헌법의 기본권이다. 법학에서 헌법의 기본권을 설명할 때, ‘천부인권’ 사상을 소개하

고, 불가양도 및 불가침의 자연법적 권리를 언급한다. 전자가 바로 천부성(entitlement)'을 가리키고, 후자가 '보편성(universality)'을 가리킨다. 이를 실정법에 보장하도록 한 것이 헌법상 기본권인 셈이다.

우리나라 헌법에 규정된 기본권을 소개하시오.

& 우리나라 헌법상 기본권은 다음과 같다.

제10조 인간존엄성과 행복추구권
제11조 평등권
제12조 신체의 자유
제13조 죄형법정주의에 따른 권리
제14조 거주·이전의 자유
제15조 직업선택의 자유
제16조 주거의 자유
제17조 사생활의 비밀과 자유
제18조 통신비밀의 보호
제19조 양심의 자유
제20조 종교의 자유
제21조 언론, 출판, 집회, 결사의 자유
제22조 학문과 예술의 자유
제23조 재산권
제24조 선거권
제25조 공무담임권
제26조 청원권
제27조 재판을 받을 권리
제28조 보상청구권
제29조 배상청구권

제30조 법률구조권
제31조 교육받을 권리
제32조 근로의 권리
제33조 단결권, 단체교섭권, 단체행동권
제34조 인간다운 생활을 할 권리
제35조 환경권
제36조 혼인, 가족생활, 보건에 관한 권리
제37조 기본권의 포괄성과 제한

우리나라 헌법상 규정된 기본권은 권리라는 용어 대신에 자유라는 용어로 명시된 것임을 알 수 있다. 이 경우 자유와 권리는 동의어이다. 이외에 헌법상 의무, 즉 기본적 의무가 규정되어 있다. 제38조의 납세의 의무, 제39조의 국방의 의무를 규정하고 있다. 별도로 의무를 규정하지 않고 기본적인 권리를 천명하면서 규정된 의무도 있다. 제31조의 의무교육, 제32조의 근로의 의무, 제35조의 환경보전의 의무, 제23조에는 재산권 행사에 따른 공공복리 적합 의무를 규정하고 있다.

이상의 헌법상 기본권은 여러 가지 범주에 따라 분류될 수도 있다. 인간존엄과 행복추구권을 바탕으로 하여 자유권, 평등권, 참정권, 사회권 또는 사회적 기본권(복지권), 청구권으로 나눌 수 있다.

헌법상 기본권에 관한 설명 중 타당한 것을 모두 고르시오.

① 헌법상 자유라는 용어는 자유권을 가리킨다.
② 청구권은 절차적 기본권이라고 한다.
③ 헌법상 사회권은 최소한 인간다운 생활을 할 권리를 말하며, 곧 복지권을 말한다.
④ 우리나라 헌법에서 생명권이라는 용어는 명기되어 있지 아니하다.
⑤ 행복추구권은 소극적 자유권이면서 복지권의 성격을 모두 지닌다.

& 모두 옳은 진술이다.

정답: ①, ②, ③, ④, ⑤

※ 헌법상 기본권에 관한 설명 중 타당한 것을 모두 고르시오.

① 헌법상 기본권은 권리의 보편성과 천부성을 실정법으로 보장하고자 한 것이다.

② 헌법상 자유권은 국가권력이 행사하지 않음으로써 보장되는 소극적 권리이다.

③ 헌법상 자유권은 국가권력의 침해를 배제하는 방어적 권리이다.

④ 헌법상 사회권은 국가에 대하여 인간다운 생활을 요구한다는 점에서 적극적 권리이다.

⑤ 헌법상 참정권은 능동적 권리이다.

& 모두 옳은 진술이다. 권리의 범주 부분을 이해할 필요가 있다. **[플 315-352]** 이어지는 제2절 참조.

정답: ①, ②, ③, ④, ⑤

※ 우리나라 헌법의 참정권을 열거하시오.

& 대표자를 선출하는 선거권(제24조), 국가기관의 구성원으로 선임될 수 있는 공무담임권(제25조), 헌법 개정과 국가 중대 사안에 대한 국민투표권(제72조)

※ 우리나라 헌법의 사회권을 열거하시오.

& 인간다운 생활을 할 권리(제34조), 교육을 받을 권리(제31조), 근로의 권리(제32조), 환경권(제35조), 보건권(제36조)

※ 우리나라 헌법상 천명된 평등권을 열거하시오.

& 헌법전문(기회균등), 법 앞의 평등(제11조), 교육 기회 균등(제31조 1항), 여성근로(제32조 4항), 양성의 평등(제36조 1항), 선거의 평등(제41조 1항, 제61조 1항, 제116조 1항), 균형적 국민경제(제119조 2항), 지역 간 균형발전(제123조 2항)

※ 헌법에 관한 진술 중 타당하지 않은 것을 모두 고르시오.

① 헌법상 기본권은 자연법적 성격과 실정법적 성격을 모두 지닌다.
② 우리 헌법 제10조는 자연법적 기본권의 성격을, 제37조는 실정법적 기본권의 성격을 지닌다.
③ 우리 헌법상 행복추구권은 적극적 자유권의 성격을 지닌다.
④ 우리 헌법상 행복추구권은 포괄적 권리이다.
⑤ 우리 헌법은 외국인에 대한 권리를 자국민과 똑같이 규정한다.

& 우리 헌법상 행복추구권은 국민의 행복 추구에 필요한 모든 자유와 권리를 포함하는 포괄적 권리이며, 사회권적 성격도 지닌다. 제6조 2항에 따라 외국의 권리는 원칙적으로 자국민과 똑같이 인정하지 아니한다.

정답: ③, ⑤

제10조 모든 국민은 인간으로서의 존엄과 가치를 가지며, 행복을 추구할 권리를 가진다. 국가는 개인이 가지는 불가침의 기본적 인권을 확인하고 이를 보장할 의무를 진다.

제37조 1항 국민의 자유와 권리는 헌법에 열거되지 아니한 이유로 경시되지 아니한다.

2항 국민의 모든 자유와 권리는 국가안전보장·질서유지 또는 공공복리를 위하여 필요한 경우에 한하여 법률로써 제한할 수 있으며, 제한하는 경우에도 자유와 권리의 본질적인 내용을 침해할 수 없다.

헌법상 권리의 수혜와 의무가 상관개념으로 이해할 수 있는 내용을 모두 고르시오.

① 근로 ② 납세

③ 국방 ④ 교육

⑤ 환경

& 납세, 국방, 환경의 의무는 그 수혜자와 의무이행자가 상관관계에 있지 않다. 아동의 경우도 그러하다. 의무교육의 경우에는 의무의 주체가 국가와 부모 등이며, 권리 수혜자는 아동이다. 반면에 근로는 의무와 권리가 상관개념이다.

정답: ①

호펠드(Hohfeld, W.)의 네 가지 권리 형식을 간략하게 설명하시오.

& 권리의 속성을 구분하는 법적 관념 네 가지를 말한다. ① 청구권(claim-right), ② 특권(liberty-right, 자유권), ③ 권한(power), ④ 면책권(immunity)을 말한다.

첫째, 청구권(claim-right)은 청구(청원) 행위를 통하여 성립하는 권리를 말한다. 앞서 돈을 빌려준 내 친구는 내게 돈을 갚으라고 청구할 권리를 갖는다.

둘째, 자유권(liberty-right)은 하지 말아야 할 제약, 즉 의무 부과가 없는 상태에서 자유로운 행위를 통하여 성립하는 권리를 말한다. 상대방에 대하여 그 행위를 하지 말아야 할 의무가 없으므로 특권(privilege)이라고도 한다. 점심 메뉴로 자장면 대신에 햄버거를 선택한 것은 이 권리에 해당한다.

셋째, 권한(power)은 다른 사람이 지니지 못한 모종의 힘을 행사함으로써 성립하는 권리를 말한다. 많은 사람들이 법률상의 차이를 들어 '권능'이라고 번역하기도 한다. 처방전은 의사만이 행사하는 권한이다. 이는 전적으로 의사의 자격(면허증)으로 인한 것이기 때문이다. 그러나 같은 질병을 놓고도 처방이 달라지는 것은 권한의 속성으로 설명될 수 있다는 뜻이다.

넷째, 면책권(immunity)은 모종의 책무가 다른 사람에게는 부여되어 있으나 자신에게는 부여되어 있지 않아서 수혜되는 권리를 말한다. 외교관은 타국 공항에서 검색을 받아야 할 책무가 면제된다. 이러한 수혜가 면책권이다. **[증52-57] [플300-303; 361-378]**

🗁 호펠드(Wesley Newcomb Hohfeld, 1879~1918)의 권리의 형식은 다음 책에 의하여 세상에 소개되었다. Hohfeld, W. N., 1919, *Fundamental Legal Conceptions as Applied in Judicial Reasoning,* Yale University Press. 이후 이 책은 W. W. Cook의 서문을 포함한 편집을 통하여 1964년과 1978년 Greenwood 출판사에 의하여 세상에 다시 나왔다. 권리와 관련된 전공을 하고자 하는 사람은 필독해야 한다.

다음 칸을 채워보고 그 의미를 간략하게 설명하시오.

유형	청구권	자유권	권한	면책권
상관개념				
반대개념				

& 호펠드의 권리 형식은 권리라는 용어가 여러 가지 개념으로 사용된다는 점을 보여준다. 권리소지자가 권리를 향유하고 행사할 경우 그것이 표상하는 바를 설명해준다. 이러한 이해를 돕기 위하여 동원된 개념이 상관개념과 반대개념이다. **[증55] [플302]** 이어지는 제3절 참조.

정답:

유형	청구권	자유권	권한	면책권
상관개념	의무	무권리	책무	무능
반대개념	무권리	의무	무능	책무

권위를 성립시키는 내적 요인과 외적 요인을 설명하시오.

& 권위 행사자의 내적 요인은 전문성과 도덕성이다. 전문성은 직무에 요구되는 전문성을 뜻한다. 의사의 경우, 기초 의학 전문지식은 물론이고 자기 전공 분야의 전문지식과 기술을 지칭한다. 법률가의 경우에는 법률 전반에 관한 지식과 해당 사건 관련 전문지식을 포함한 법률 실무를 총괄하는 능력을 지칭한다.

한편 도덕성은 권위를 행사하는 전문가의 인격성을 가리킨다. 그것은 구체적으로 도덕적 성숙성을 뜻한다. 여기서 도덕적 성숙성은 인간 존중의 정신과 권위를 행사함으로써 도모되는 상대방의 이익을 증진한다는 도덕적 신념에 근거한다. 의사의 경우, 도덕적 성숙성은 환자의 이익 증진에 있으며, 법관의 경우 공정한 재판을 통한 이해당사자의 이익을 증진하는 데 있다.

권위의 외적 요인은 다음의 세 차원에서 생각할 수 있다. 첫째, 법적 차원에서 권위 소지자의 신분 보장 등 법적 지위를 말한다. 둘째, 정책적 차원에서 권위 소지자의 경제적 처우 및 근무 환경 개선 등 정책적 배려를 말한다. 셋째, 사회적 차원에서, 사회적 존경 및 문화적 요인 등 사회제도적 요인의 뒷받침을 말한다. 외적 요인이 없다면 권위의 실행력을 보장하기 어렵다. **[플 313-314]**

권위에 관한 설명으로 타당한 것을 모두 고르시오.

① 권위와 권리는 동의어로 사용되는 경우도 있다.

② 권위는 내적 요인과 외적 요인에 의하여 성립한다.

③ 권위의 외적 요인은 법적 조건을 말한다.

④ 권위의 내적 요인은 권위 행사자의 도덕성과 전문성을 말한다.

⑤ 개인적 권위(권위자)와 카리스마는 원천적으로 구분되지 않는다.

& 교권은 교사의 권리를 가리키기도 하며, 교사의 권위를 가리키기도 한다. [플619-628] 권위의 외적 요인은 법적 차원, 정책적 차원, 사회적 차원에서 고려된다. [플313-314] 개인적 권위(권위자)와 카리스마는 근본적으로 구분된다. [플613]

정답: ①, ②, ④

권위에 관한 설명으로 타당하지 않은 것을 모두 고르시오.

① 권한은 권위를 가능하게 하는 힘으로 해석되기도 한다.

② 권위의 주체는 개인과 집합이다.

③ '당국'이라는 말은 권위가 집합적으로 사용될 경우에 해당한다.

④ 카리스마는 개인적 권위를 소지한 권위자와 동의어이다.

⑤ 베버의 합리적 권위는 도덕성과 전문성을 토대로 한다.

& 권위의 주체는 개인과 집합 이외에 제도도 있다. 제도적 권위가 그것이다. [플309] 카리스마는 개인적 권위를 소지한 권위자와 달리 신비함으로 감추어져 있다. [플613]

정답: ②, ④

Ⅱ. 권리의 범주와 발달

이 절에서는 권리의 탄생과 발전과정을 중심으로 하여 권리의 특성을 점검해보기로 한다. 이에 따라 권리가 어떻게 구분되며, 어떠한 범주로 나누어지는지도 함께 검토해 본다.

권리의 범주를 나누는 방식 중 옳은 설명을 모두 고르시오.

① 권리의 명문화 여부에 따라 도덕권과 실정권으로 구분된다.

② 향유하는 권리는 수동적 권리이고, 행사하는 권리는 능동적 권리이다.

③ 창업할 권리는 경제적 권리이다.

④ 권리발달에 따라 고전적 권리, 현대적 권리로 나뉜다.

⑤ 아동권리인식은 생존-보호-참여의 단계로 본다.

& 경제적 권리는 경제적 재화와 서비스를 제공받을 권리를 말하며, 창업할 권리는 자유권에 속한다. **[증57-69] [플316-324]**

정답: ①, ②, ④, ⑤

권리를 다양한 범주로 나누어 구분해 보시오.

& 첫째, 권리는 행위자의 적극성 여부에 따라 능동적 권리(active rights)와 수동적 권리(passive rights)로 구분된다.

둘째, 권리는 타인의 의무 이행에 따라 소극적 권리(negative rights)와 적극적 권리(positive rights)로 구분된다.

셋째, 권리를 실정법에 명문화되어 있는가 여부에 따라 실정권(legal rights)과 도덕권(moral rights)으로 구분된다.

넷째, 권리발달 단계에 따라 고전적 권리(classical rights)와 현대적 권리(modern rights)로 나눈다. 고전적 권리에는 정치적 권리(political rights)와 시민권(civil rights)이 포함되며, 현대적 권리에는 경제권(economic rights), 사회권(social rights), 문화권(cultural rights) 등이 포함된다. 또한 '현대적 권리'는 환경, 노동단결과 같은 집단에 의하여 행사하는 '연대적 권리'를 포함한다. 이 세 가지를 제1세대 권리, 제2세대 권리, 제3세대 권리라고 부르기도 한다. 세계인권선언으로 보면, 제2조에서 제21조가 제1세대 권리를, 제

22조에서 제27조가 제2세대 권리를, 제28조가 제3세대 권리를 담고 있다. **[플314-315]**

다음 중 옳은 진술을 모두 고르시오.

① 수동적 권리와 능동적 권리는 상관(짝)개념이다.

② 수동적 권리와 능동적 권리는 권리 주체가 권리를 향유하는가 아니면 행사하는가에 따라 구분된다.

③ 한 개인이 수동적 권리와 능동적 권리를 동시에 지닐 수 있다.

④ 아동권리인식 단계로 보면, 생존과 보호는 수동적 권리에 상응하고, 발달과 참여는 능동적 권리에 상응한다.

⑤ 내가 보호받을 권리를 가지고 있다면, 그 권리는 수동적 권리이기도 하지만 소극적 권리이기도 하다.

& 예를 들어서 부부간에 성립하는 수동적 권리와 능동적 권리는 권리-의무 관계처럼 상관개념이 아니다. **[플316-317]**

정답: ②, ③, ④, ⑤

능동적 권리와 수동적 권리를 간략하게 설명하시오.

& 이 두 가지 권리는 행위자의 적극성 여부에 따라 구분된다. 능동적 권리(active rights)는 행사하는 권리, 즉 자신의 행위가 전제되었을 경우 성립하는 권리이다. 예를 들자면, 방해받지 않고 하고자 하는 일을 할 권리, 그리고 바둑에서 행마(行馬)를 마음대로 부릴 권리를 들 수 있다. 행마 자체가 바둑기사의 자유이자 권리이다. 수동적 권리(passive rights)는 향유하는 권리, 즉 자신의 행위가 전제되지 않았을 경우에도 향유하도록 성립하는 권리를 말한다. 예컨대, 초재기, 덤 등과 같은 바둑의 규칙에 따라 대국 시 주어진 권리를 들 수 있다. **[플314-315]**

다음 수동적 권리에 관한 진술 중 타당한 것을 모두 고르시오.

① 교수가 각종 연구시설을 사용할 권리
② 학생이 대학으로부터 각종 학습편의를 제공받을 권리
③ 아동권리인식에서 생존과 보호에 관한 권리는 수동적 권리이다.
④ 자기결정을 할 권리는 부여받았으므로 수동적 권리이다.
⑤ 헌법상 자유권은 수동적 권리에 해당한다.

& 헌법상 자유권은 소극적 권리에 해당한다. 자기결정권은 전형적인 능동적 권리이다. [플316-317]

정답: ①, ②, ③

다음 수동적 권리와 능동적 권리에 관한 진술 중 타당하지 않은 것을 모두 고르시오.

① 교수가 자신의 학문적 입장에 따라 강의를 할 권리는 능동적 권리이다.
② 학생이 졸업논문 주제를 정할 권리는 능동적 권리이다.
③ 학급 집회에 참여하여 자신의 의견을 개진할 권리는 능동적 권리이다.
④ 수동적 권리와 능동적 권리는 상관개념이다.
⑤ 천부적으로 부여받은 권리는 수동적 권리를 뜻한다.

& 수동적 권리와 능동적 권리는 상관개념이 아니다. [플316] 천부적으로 부여받은 권리에는 수동적 권리만이 아니다. 배우자를 선택할 권리는 천부적으로 부여받은 인간답게 살 권리이지만 수혜를 뜻하는 수동적 권리는 아니다.

정답: ④, ⑤

다음 진술 중 옳지 않은 것을 모두 고르시오.

① 소극적 권리는 금지의 의미를 담고 있으며, 적극적 권리는 허용의 의미를 담고 있다.

② 소극적 권리와 적극적 권리를 이해하는 핵심은 상대방의 의무 이행 여부에 달려 있다.

③ 소극적 권리와 적극적 권리의 범주와 수동적 권리와 능동적 권리의 범주는 중복되기도 한다.

④ 소극적 권리와 적극적 권리는 권리 주체가 권리를 향유하는가 아니면 행사하는가에 따라 구분된다.

⑤ 소극적 권리에 비하여 적극적 권리가 보편성을 더 지닌다고 볼 수 있다.

& 적극적 권리는 사회, 경제적 권리에 상응하는 측면이 있고, 이에 따라 국가의 적극적 의무가 성립하기도 하지만, 그것이 모든 국민에게 적용되는 보편적인 성격을 지닌다고 보기는 어렵다. **[플317-320]**

정답: ④, ⑤

소극적 권리와 적극적 권리를 간략하게 설명하시오.

& 이 두 가지는 타인의 의무 이행에 따라 구분된다. 소극적 권리(negative rights)는 타인의 소극적 의무에 비추어 성립하는 권리를 말하며, 적극적 권리(positive rights)는 타인의 적극적 의무에 비추어 성립하는 권리를 말한다. 이 구분은 상대방의 의무 이행 여부에 달려 있다. 상대방이 자신을 방해하지 않을 의무에서 방해받지 않을 권리가 소극적 권리로 성립한다. 상대방이 의무 이행(채무 상환)을 해야 할 경우 그에 따른 권리 행사(채권)를 할 권리가 적극적 권리로 성립한다. **[플317-320]**

다음 소극적 권리에 관한 진술 중 타당한 것을 모두 고르시오.

① 소극적 권리와 수동적 권리는 동의어이다.

② 소극적 권리는 금지로서 권리를 뜻한다.

③ 소극적 권리는 타인으로부터 방해를 받지 않을 권리를 포함한다.

④ 소극적 권리는 상대방의 소극적 의무로 인하여 성립한다.

⑤ 소극적 권리는 소극적 자유와 관련된다.

& 수동적 권리는 향유하는 권리를 말하고, 소극적 권리는 금지로서 권리를 말한다. [플317-320]

정답: ②, ③, ④, ⑤

다음 적극적 권리에 관한 진술 중 타당한 것을 모두 고르시오.

① 적극적 권리와 능동적 권리는 동의어이다.

② 적극적 권리는 허용으로서 권리를 뜻한다.

③ 적극적 권리는 타인으로부터 어떤 지원을 받지 않을 권리를 말한다.

④ 적극적 권리는 상대방의 적극적 의무로 인하여 성립한다.

⑤ 적극적 권리는 적극적 자유와 관련된다.

& 능동적 권리는 행사하는 권리를 말하고, 적극적 권리는 허용으로서 권리를 말한다. [플317-320]

정답: ②, ③, ④, ⑤

능동적 권리와 적극적 권리의 차이를 서술하시오.

& 능동적 권리는 행위자의 적극성에 따라 규정되는 권리이며, 적극적 권리는 타인의 적극적 의무 이행에 따라 성립하는 권리이다. 이 두 가지는 수동적 권리와 소극적 권리를 혼동하는 만큼 혼동하기

쉬운 개념이다. [플316-320]

다음 진술 중 타당하지 않은 것을 모두 고르시오.

① 소극적 권리는 헌법상 명시된 자유권과 관련된다.
② 적극적 권리는 대부분 경제, 사회, 문화권과 관련된다.
③ 적극적 권리는 국민들의 권리를 강화하는 조치이므로 권리를 증진시킬 수 있다.
④ 적극적 권리는 자연법상으로 그 실행이 정당화된다.
⑤ 적극적 권리의 청원으로 권리지상주의에 빠질 우려가 있다.

& 적극적 권리는 국가의 강제적 개입을 불러올 수 있으므로 오히려 권리를 침해, 훼손할 소지를 가지고 있다. 적극적 권리는 실정법상으로 그 실행이 정당화된다. [플317-320]

정답: ③, ④

실정권과 도덕권을 구분해 보시오.

& 이 두 가지는 권리가 실정법에 명문화되어 있는가 여부에 따라 구분된다. 따라서 실정권(legal rights)은 실정법에 명문화된 권리이다. 반면 도덕권(moral rights)은 실정법에 규정되지 않는 권리이다. 도덕권은 그만큼 강제성과 구속성이 떨어지지만, 양심과 도덕이라는 가치 규범에 근거하는 만큼 그 영향력이 실정권보다 큰 경우도 있다. 인권, 절대적 권리라고도 하며, 때로는 저항권은 이에 해당한다. [플315]

실정권은 주로 법실증주의(legal positivism)에 의하여 견지된다. 법실증주의는 권리가 실정법에 보장되어 있을 때만이 권리로서 면모를 갖는다고 보는 법리학설이다. 그러나 이 학설은 그 나름의 한계를 지니고 있다. 제3세계 많은 빈국들은 자국민의 최저 생계를 책임지는 일조차도 전전긍긍하는 것이 현실이다. 따라서 이들 국가의 실정법에는 사회·경제·문화적 권리가 보장되어 있지 않다. 이들의 권리가 실정권으로 보장되어 있지 않은 셈이다. 그렇다고 이들 국가에 거주하는 사람들의 기본적인 권리가 존재하지 않는다고 볼 근거는 없다. 이 경우 이들의 권리는 도덕권으로 보장된다. [증60]

다음 진술 중 타당하지 <u>않은</u> 것을 <u>모두</u> 고르시오.

① 도덕권은 자연법에 따른 권리와 거의 일치한다.

② 실정권이 도덕권으로 이행되는 것은 권리의 실행성을 강화함을 뜻한다.

③ 도덕권과 실정권의 구분은 권리의 명문화 여부에 달려 있다.

④ 도덕권은 강제성과 실행성 면에서 실정권과 동일하다.

⑤ 도덕권은 강한 규범성을 지닌다.

& 도덕권이 실정권으로 이행되는 것은 권리의 실행성을 증진함을 뜻한다. 도덕권은 실정권에 비하여 강제성과 구속성이 떨어진다. [플 320-324] [증60]

정답: ②, ④

다음 진술 중 타당하지 <u>않은</u> 것을 <u>모두</u> 고르시오.

① 도덕권은 권리의 본질인 천부성과 보편성으로 권리의 정당성을 부여한다.

② 법실증주의는 대부분 도덕권에 대하여 부정적이다.

③ 도덕적 권리는 절대적 권리이다.

④ 도덕권은 실정법에 의하여 권리가 명시되지 않은 지역에서 권리의 보호와 신장에 많은 기여를 한다.

⑤ 헌법에 명기된 기본권은 형식상으로는 도덕권이지만, 그 포괄성 면에서 실정권이다.

& 절대적 권리라는 용어를 사용하는 데에는 세심한 주의와 한계를 요구한다. 헌법에 명기된 기본권은 형식상으로는 실정권이지만, 그 포괄성 면에서 도덕권이다. [플322-324]

정답: ③, ⑤

도덕권이 성립하는 근거를 설명하시오.

& 도덕권은 실정법에 명문화되지 않아서 구속력이 떨어지지만, 다음과 같은 근거에서 성립된다.

첫째, 도덕권은 관습에 의하여 성립된다. 경우에 따라서 세습에 의한 전근대적인 권리가 포함되기도 하지만, 관습에 따른 규범을 준수하고자 할 경우 도덕권이 성립된다.

둘째, 도덕권은 자연법에 의거하여 성립된다. 자연법이 제시하는 어떤 이상이나 가치를 추구하는 권리이다. 평등의 이념이라든가 인간 존엄성은 이러한 가치에 해당한다.

셋째, 도덕권은 양심에 의하여 성립된다. 기존의 도덕률에 의하여 명시되어 있지 않았지만, 인간이 지니는 양심에 의거하여 권리가 성립할 수 있다. 흔히 내부자의 고발이나 양심선언을 하는 경우, 그 내용에는 우리가 추구하는 가치가 있으며, 이를 존중하고자 하는 행위자의 권리가 포함되어 있다.

넷째, 기존의 제도와 질서에 대한 저항의 차원에서 도덕권이 성립된다. 기존의 실정법과 도덕률이 인간의 보편적 가치를 위배할 경우, 저항권적 의미에서 도덕권이 성립한다. 극단적인 정치집단이나 종교단체에서 일어나는 비도덕적 행위를 두고 인권 차원에서 문제를 제기하는데, 이때 사용되는 권리가 이에 해당한다. [플321-322] [증59-60]

도덕권에 관한 다음 진술 중 타당한 것을 모두 고르시오.

① 도덕권은 관습에 의하여 성립된다.

② 도덕권은 자연법에 의거하여 성립된다.

③ 도덕권은 양심에 의하여 성립된다.

④ 도덕권은 실정권이 보장되지 않은 상황에서 저항권적 의미로 역할을 수행하기도 한다.

⑤ 도덕권은 실정권에 비하여 포괄적 의미를 지닌다.

& 모두 타당한 진술이다. [플321-322]

정답: ①, ②, ③, ④, ⑤

도덕권에 관한 다음 진술 중 타당하지 않은 것을 모두 고르시오.

① 도덕권은 실정법에 의하여 명시되기 이전에 자연권, 인권으로 표현되기도 한다.

② 도덕권은 자연권과 동의어로 쓰이기도 한다.

③ 헌법에 명기된 기본권은 형식상으로는 실정권이지만, 그 포괄성면에서 도덕권이다.

④ 도덕권만이 도덕적 정당화되는 권리이다.

⑤ 모든 기본권은 도덕권이다.

& 실정권도 도덕적 정당화를 요구한다. 헌법상 기본권은 명문화되어 있으므로 일차적으로 실정권이다. [플320-323]

정답: ④, ⑤

복지권이 성립하는 개념적 조건을 서술하시오.

& 복지권(welfare rights)은 복지 수혜를 받을 권리를 가리킨다. 복지권은 결국 '복지'가 무엇인지에 달려 있다. 복지의 개념은 두 가지

를 전제한다. 하나는 복지는 공공의 문제, 즉 공공정책처럼 공적 영역의 문제라는 점이다. 따라서 복지는 상조나 계(契)와 같은 사적 영역의 문제가 아니다. 다른 하나는 복지는 인간의 결핍(deficit) 충족을 전제로 한다는 점이다. 여기서 '결핍'이란 그것이 충족되지 않으면 인간의 삶이 황폐화되는 경우를 말한다. 의식주나 건강하지 못할 경우 의약품이 없는 경우를 들 수 있다. 불교에서는 이 네 가지를 사의(四依)라고 한다. 즉 인간이 기본적인 생존을 위하여 요구되는 재화나 서비스를 말한다. 이와 같은 결핍을 충족시키는 것을 '필요(needs)'라고 한다. 흔히 필요를 '욕망(desire)'과 혼동하기 쉽다. 심리적 상태를 뜻하는 욕망과 달리 필요는 '대치불가능성(non-substitution)'과 '결정적 원인(deterministic causation)'이라는 논리적 특성을 지닌다. 수면이나 영양은 대체가 불가능하고 결핍되는 순간 생명에 치명적인 위협의 원인이 된다. 필요는 그 자체로 요구되는 가치를 지니는 정언적 필요와 다른 욕망에 수단을 제공하는 수단적 필요가 있다. 앞서 대체가 불가능하고 생존에 결정적인 원인을 제공하는 필요는 정언적 필요이다. 수단적 필요는 자신이 하고 싶은 일을 실현하는 데 요구되는 수단을 구비하게 하는 것을 말한다. 그림을 그리고 싶으면 물감, 붓, 종이나 화폭이 필요하다. 그러나 그것이 없다고 해서 당장의 생존에 영향을 주지는 않는다. 따라서 수단적 필요는 원칙적으로 복지 대상이 될 수 없다.

복지는 정언적 필요를 충족시켜주는 공적 제도이다. 정언적 필요는 두 가지가 있다. 하나는 인간에게 당장의 생존에 요구되는 재화를 요구하는 필요이다. 이를 생존적 필요(substantial needs)라고 한다. 앞서 언급한 사의(四依)가 이에 해당한다. 음식, 공기, 물, 수면, 보온 등이 생존적 필요에 해당한다. 그러나 인간이 살아가는 데 있어서 의식주만 가지고 그 사람의 존엄에 요구되는 필요를 충족시켰다고 단정할 수 없다. 예를 들어 신체가 부당하게 구속되어 있는 경우나 일자무식인 경우 그 사람이 의식주를 해결했다고 온전한 삶을 살아간다고 단정할 수는 없다. 무지에서 벗어남이나 부당한 속박이나 구금에서 벗어나는 것도 충족해야 할 정언적 필요이다. 이는 인간이면 누구나 향유해야 하기 때문에 보편적 필요(universal needs)라고 한다. 따라서 복지권은 생존적 필요와 보편적 필요를 충족시켜 주는 공적 제도이다. **[증211-216] [플735-736]**
생존적 필요의 충족과 관련된 복지는 기본식량, 의복, 침구 등을 제공하는 공적 활동이다. 따라서 이 경우 복지권은 이들 재화와 서비스를 수혜하고 향유할 권리를 말한다. 기초소득이니 기초생활이라는 용어는 모두 이 범주의 복지재를 말한다. 한편 보편적 필요의 충족과 관련된 복지는 무상의무교육을 '누구에게나 예외 없이' 제공하는 것이 대표적이다. 따라서 무상의무교육을 받을 권리는 복지권에 해당한다. **[증209-210]**
대부분의 복지권은 제2세대 권리에 해당한다. 또 세계인권선언에 담긴 사회경제적 권리가 복지권에 해당한다. 참고로 서양에서 복지재를 필요로 하는 사람을 '니디(the needy)'라고 하는 것은 복지가 '필요'의 개념과 관련되어 있으며, 이 필요의 충족을 통하여 결핍 상태에서 벗어나게 하는 것을 뜻한다. **[증215-216]**

복지권에 관한 진술로 맞는 것을 모두 고르시오.

① 복지권은 복지 수혜를 받을 권리를 말한다.
② 복지권은 사회권이라고도 한다.
③ 복지는 정언적 필요를 충족시켜주는 것을 말한다.
④ 복지권은 제3세대 권리라고도 한다.
⑤ 교육권은 복지권에 속한다.

& 모두 옳은 진술이다.

정답: ①, ②, ③, ④, ⑤

복지권에 관한 진술로 타당하지 않은 것을 모두 고르시오.

① 복지권은 실행력을 전제로 해야 한다.
② 복지권은 일반권이다.
③ 복지권은 도덕권이다.
④ 복지권은 기본적으로 생존에 요구되는 재화를 공급하는 것과 관련된다.
⑤ 복지권은 이른바 경제적 자유와 관련된다.

& 복지권은 기본적 자유권과 같이 일반권이 아니다. 복지권은 실정법에 명시되어 있지 않으면 그 의미가 없다. 여기서 경제적 자유란 결핍으로부터 자유를 가리킨다. [플344-348]

정답: ②, ③

사회, 경제권이 자연권처럼 성립하지 않는 이유로 적합한 것을 모두 고르시오.

① 고전적 권리인 정치적 권리와 시민권과 상반된 성격을 지닌다.
② 실행력을 보장할 수 없다.
③ 일종의 특정권이다.
④ 도덕적 청구일 뿐이어서 그 내용이 모두 권리로 성립하지 않는다.
⑤ 이 권리에 대한 의무 관계가 불분명하다.

& 모두 옳은 진술이다. 이외에 그 수혜대상과 지역이 명백하지 않은 점도 지적할 수 있다. [플346-348]

정답: ①, ②, ③, ④, ⑤

1948년 국제연합에 의하여 공포된 세계인권선언의 성립과정을 포함하여 복지권이 성립되기 어렵다는 논점은 다음 서적에 잘 소개되어 있다. 아울러 고전적 권리가 어떻게 형성되고 정당화되는지를 명확하게 파악할 수 있다는 점도 이 책이 독자들에게 주는 선물이다.

Cranston, M., 1973, *What are Human Rights?*, New York: Taplinger.

교육받을 권리가 지니는 특징을 설명하시오.

& 교육받을 권리는 복지권에 해당한다. 전술한 바와 같이, 복지는 필요를 충족시키는 공적 제도이다. 그리고 필요는 결핍에서 벗어나기 위하여 요구되는 재화와 서비스를 뜻한다. 결국 교육받을 권리는 무지라는 결핍에서 벗어날 권리를 뜻한다. 이는 보편적 필요의 충족으로 설명이 가능하다.

교육받을 권리는 보편적 필요를 충족시키는 보편적 복지권이 대표적인 경우이다. 무상의무교육은 이러한 개념에서 출발한다. 이를 대개 '교육권(rights to education)'이라고 한다. 그러나 평생교육의 연장에서 성립하는 교육받을 권리는 '학습권(rights to learn)'이 있다. 여기서 학습권은 저항권적 자유권에 해당한다. 학습권은 1985년 파리선언과 1997년 함부르크선언을 바탕으로 하여 그 기반을 마련하였다. **[증236-256]**

흔히 교육권은 '교육시킬 권리'로 보고, 이에 대하여 학습권을 '교육받을 권리'로 보는 경향이 있다. 그러나 이렇게 보는 것은 교육권과 학습권을 마치 채권과 채무와 같은 상관개념으로 보는 것으로 옳지 않다. 왜냐하면 권리는 수혜하거나 향유할 속성을 지니고 있다. 능동적 권리의 경우에도 그것은 행사하는 것이다. 무엇인가를 행사하는 권리를 '교육을 시킬 권리'로 해석하는 것도 온당하지 못하다. 능동적 권리는 오늘 출근하면서 어느 색의 재킷을 입을까, 점심 메뉴로 무엇을 할 것인가를 정하는 권리를 가리킨다. 교사가 학교에서 가르치는 일은 이러한 행위나 이러한 행위를 할 권리를 뜻하지 않는다. 그것은 교사가 법령과 자격에 따라 부여받은 '권한(power)'에 해당한다. 따라서 교육권과 학습권은 대립하는 상관개념이 아니라 모두 '교육받을 권리'를 가리킨다. 다만 두 가지는 다

른 속성을 지닌다는 점에서 차이가 있다. [증256-264]

교육받을 권리에 관한 진술로 타당하지 않은 것을 모두 고르시오.

① 교육권과 학습권은 상관개념이다.

② 교육권은 보편적인 복지권이다.

③ 학습권은 저항권적 자유권이다.

④ 교육권은 상대방을 가르칠 능동적 권리를 말한다.

⑤ 교육권은 평생교육의 연장에서 성립하였다.

& 교육권과 학습권은 상관개념이 아니다. 교육권은 교육이라는 수혜를 받을 권리를 말한다. 학습권은 평생교육의 연장에서 성립하였다. [증256-264]

정답: ①, ④, ⑤

교육받을 권리에 관한 진술로 타당한 것을 모두 고르시오.

① 헌법 제31조에 명시되어 있다.

② 세계인권선언 제26조에 명시되어 있다.

③ 아동권리협약 제28조와 제29조에 명시되어 있다.

④ 경제적·사회적·문화적 권리에 관한 국제협약 제13조와 제14조에 명시되어 있다.

⑤ 아동권리 제네바 선언에 천명되어 있다.

& 1924년 국제연맹에 의하여 채택된 아동권리 제네바 선언에는 교육받을 권리가 천명되어 있지 않다. [증477; 488; 497-498; 545-546]

정답: ①, ②, ③, ④

교육권과 학습권에 관한 진술 중 타당한 것을 모두 고르시오.

① 학습권은 1985년 파리선언과 1997년 함부르크선언에서 그 논거를 찾을 수 있다.

② 교육권을 '교육시킬 권리'로 보는 것은 권리의 본질에 반한다.

③ 교육을 시킬 힘은 권리의 속성 중 권한(power)으로 보아야 한다.

④ 학습권은 그 적용에 있어서 교육권보다 포괄적이다.

⑤ 양자의 차이를 고려할 때, 상대적으로 교육권은 수동적 권리로, 학습권은 능동적 권리로 볼 여지가 있다.

& 교육권을 '교육시킬 권리'로 보는 것은 권리의 본질인 천부성과 보편성에 반한다. 즉 권리를 그것을 향유하거나 행사한다는 뜻을 담고 있다. 예컨대, 복지권은 복지혜택을 줄 권리가 아니라 복지 수혜를 받을 권리라는 뜻이다. 학습권은 전 생애에 거쳐 청원하고 수혜받을 권리이기 때문에 주로 무상의무교육과 관련되는 교육권에 비하여 포괄적이다. 모두 옳은 진술이다. [증244-256]

정답: ①, ②, ③, ④, ⑤

권리의 발달을 간략하게 소개하시오.

& 고전적 권리—현대적 권리—연대권으로 구분하여 발달을 설명하기도 하며, 제1세대 권리—제2세대 권리—제3세대 권리로 구분하기도 한다. 고전적 권리는 정치적 권리, 시민권에 집중되어 있으며, 현대적 권리는 복지권 또는 사회, 경제, 문화적 권리에 집중되어 있다. 연대권 또는 제3세대 권리는 권리의 주체를 집합으로 보는 권리로서 환경권이 대표적이다. [증63-69] [플352-354]

세계인권선언에 명시된 권리를 중심으로 권리의 발달을 설명하시오.

제1세대 권리는 17-8세기 고전적 권리라고 하는 시민권과 정치적 권리를 핵심으로 하는 권리이다. 기반이 되는 사상은 고전적 자유주의, 개인주의이다. 권리의 성격으로 보면 소극적 권리가 핵심이다. 여기에는 저항권이 포함된다. 이때 저항권은 20세기 확대된 인권의 차원에서 본 저항권이 아니라 정치적 권리의 연장에서 본 저항권이다. 세계인권선언의 제2조에서 제21조가 이에 해당한다.

제2세대 권리는 19세기 이후 고전적 권리에 평등사상이 가미되어 형성된 경제·사회·문화적 권리를 말한다. 기반이 되는 사상은 진보적 자유주의, 사회주의, 공동체주의이다. 권리의 성격으로 보면 적극적 권리가 핵심이다. 세계인권선언의 제22조에서 제27조가 이에 해당한다.

제22조 사회보장, 경제·사회·문화권의 보장

제23조 노동의 권리, 노동조건, 실업에 대한 노동자 보호

제24조 여가, 휴가, 유급휴가를 받을 권리

제25조 의료, 주택, 사회서비스를 받을 권리, 장애인과 모성의 권리

제26조 무상의무교육, 발달권, 부모의 우선권

제27조 공동체 생활의 권리(공동체 생활을 문화, 예술, 과학의 활동 보장으로 표현)

제3세대 권리는 20세기 중반 이후 대두된 권리로서 인권의 보편성이 확대된 결과로 나타난 것이다. 기반이 되는 사상은 생태주의, 환경주의이다. 권리의 성격으로 보면 집단적 단결권이 핵심이다. 세계인권선언의 제28조와 제29조가 이에 해당한다.

제3세대 권리의 특징은 연대권에 있다. 즉 공동체적 유대와 관련하여 성립하는 권리이다. 연대의 의미가 각기 다르게 해석되기도 하지만, 대체로 개인의 차원에서 해결할 수 없는 문제를 '집합'의 개념으로 해결을 시도한다는 점이 특징이다.

이와 같이 세대라는 비유를 들어 본 세 가지 권리는 '세계인권선

언'에 모두 반영되어 있다. 세계인권선언과 관련하여 그 특징을 정리하면 다음 표와 같다. [플352-354]

권리의 발달

제1세대 권리	제2세대 권리	제3세대 권리
고전적 자유주의	진보적 자유주의, 사회주의	생태주의
자유	평등	연대(박애)
개인주의, 개인의 권리	공동체주의, 집단의 권리	연대권, 집단적 자결권
소극적 권리 중심	적극적 권리 중심	권리 보편성 확장
세계인권선언 제2조 ~ 제21조	세계인권선언 제22조 ~ 제27조	세계인권선언 제28조 ~제29조

권리의 발달에 관한 진술입니다. 빈칸에 들어갈 용어를 쓰시오.

> 프랑스 대혁명의 기치를 활용해 보면, 제1세대 권리는 [ⓐ   ]와(과), 제2세대 권리는 [ⓑ   ]와(과) 그리고 제3세대 권리는 [ⓒ   ]와(과) 관련된다.

& 자유, 평등, 연대의 가치를 말한다. [플354]

정답: ⓐ 자유; ⓑ 평등; ⓒ 연대(박애)

권리 인식에 관한 진술 중 타당한 것을 모두 고르시오.

① 권리는 당초 고대 희랍 시대에 '정의'라는 개념 속에 잉태되어 있었다.

② 권리라는 개념은 근대 민권사상의 연장에서 부각되었다.

③ 아리스토텔레스에 따르면, 권리는 비례적 평등에 의한 '각자의 몫'이라는 의미를 지닌다.

④ 고대 희랍의 고전적 민주주의는 정치 참여를 통하여 권리인식을 발아시켰다.

⑤ 근대성의 맥락에서 '인간의 권리(Rights of Man)'라는 개념이 형성되었으나, 그것이 인권(human rights)로 변형되기도 하였다.

& 모두 옳은 정답이다. [플324-328]

정답: ①, ②, ③, ④, ⑤

자연법과 자연권에 관한 진술 중 타당한 것을 모두 고르시오.

① 스토아 사상에서 자연법은 실정법에 우선하며, 이성법으로서 자연법이 관습법에 우선한다.

② 만민법은 자연법의 연장에서 제정되었다.

③ 스토아 사상가들은 자연을 '이치'로 보고 있다.

④ 스토아 사상에 따라 자연법은 실정법보다 우위에 있다.

⑤ 자연법은 자연권을 낳는 모태가 된다.

& 모두 옳은 진술이다. [플328-331]

정답: ①, ②, ③, ④, ⑤

자연법에 관한 설명으로 타당한 것을 모두 고르시오.

① 사회계약론을 주장한 사상들이 서로 다른 것은 자연을 보는 관점이 다르다는 데 기인한다.

② 자연법은 자연권을 낳는 모태가 되기도 하지만, 자연권이 자연법을 설명하기도 한다.

③ 자연 상태를 전쟁 상태로 본 홉스는 자연권이 자연법에 앞선다고 본다.

④ 자연 상태를 평화 상태로 본 로크는 자연법이 자연권에 앞선다고

본다.

⑤ 자연 상태를 일종의 이상향으로 본 루소는 도덕적 인간을 설정하여 이를 권리의 주체로 보았다.

& 모두 옳은 진술이다. 로크는 자연권이 자연법에 근거한다고 보기 때문에 자연법이 자연권에 앞선다고 본다. **[플331-332]**

정답: ①, ②, ③, ④, ⑤

자연법에 관한 진술로 타당하지 않은 것을 모두 고르시오.

① 자연 대신에 이성의 법칙에 따라야 한다고 비판한 대표적인 인물은 칸트이다.

② 자연 대신에 실정법에 따라야 한다고 비판한 대표적인 인물은 공리주의자 벤담이다.

③ 루소는 도덕적 인간을 설정하여 권리를 향유하고 행사하는 주체를 집합적 추상적 인간으로 보았다.

④ 로크는 자연권이 자연법에 앞선다고 본다.

⑤ 홉스는 자연법이 자연권에 앞선다고 본다.

& 홉스는 자연권이 자연법에, 로크는 자연법이 자연권에 앞선다고 본다. **[플328-333]**

정답: ④, ⑤

루소에 관한 진술 중 타당하지 않은 진술을 고르시오.

① 루소의 일반의지가 집합적이고 추상적인 것은 그가 자연 상태를 이상적인 것으로 설정했기 때문이다.

② 루소의 일반의지 이론은 현대의 연대권의 토대를 마련해준다.

③ 루소에게 '자유'는 개인이 향유하고 행사하는 것이 아니라 '부여

되는' 것이다.

④ 루소의 자연 상태에서 인간의 성선(性善)이 나오므로 일체의 인위적인 것은 악으로 본다.

⑤ 루소는 인간을 착한 존재로 보아서 개인이 향유하는 재산, 소유권 등은 불가양도의 권리라고 주장한다.

& 개인이 향유하는 재산, 소유권 등은 불가양도의 권리라고 한 인물은 로크이다. [플332-333]

정답: ⑤

다음 진술 중 타당한 내용을 모두 고르시오.

① 자연법사상은 스토아에 의하여 발아되어 사회계약론에 의하여 다양하게 해석된다.

② 스토아의 자연법은 실정법과 관습법에 대한 우위를 특징으로 한다.

③ 사회계약설 이후 자연법은 칸트의 합리론과 영국의 공리주의에 의하여 부정된다.

④ 칸트에 따르면 인간은 자연법이 아닌 인간 스스로가 이성에 따라 부여한 법에 복종해야 한다.

⑤ 벤담에 따르면 자연법에 근거한 무제한적인 자연권은 최대다수의 최대행복을 위협하는 '허튼소리'일 뿐이다.

& 모두 옳은 진술이다. [플328-334]

정답: ①, ②, ③, ④, ⑤

자연의 의미에 관한 다음 진술 중 타당한 내용을 모두 고르시오.

> 자연을 보는 관점은 다음 네 가지가 있다. 사실로서(as fact) 자연, 반인위적(as anti-artificial) 자연, 이치로서(as reason) 자연, 우주질서로서(as cosmos) 자연이 있다.

① 스토아 사상은 희랍에서 비롯된 피지스(*physis*)의 관점이 이성과 관습을 넘어서는 자연법사상에 닿아 있다.

② 루소의 자연 상태는 반인위적 상태로 본 관점에 닿아 있다.

③ 홉스의 자연 상태는 자연을 사실 상태로 본 관점에 닿아 있다.

④ 로크의 자연 상태는 자연을 하나의 이치로 보는 관점에 닿아 있다.

⑤ 사회계약론 이후 칸트의 합리론과 영국의 공리주의는 이성과 관습을 넘어서는 자연의 의미를 부정한 것으로 볼 수 있다.

& 모두 옳은 진술이다. **[플328-334]**

정답: ①, ②, ③, ④, ⑤

특히 교육학 논의에서 '자연'을 언급하는 경우가 많다. 그러나 논자에 따라서 그 의미가 다르다는 점에 유념해야 한다. 경우에 따라서 정반대 의미로 사용된다. 이는 이들이 사용하는 '자연'이라는 용어에 담긴 개념이 무엇인가를 면밀하게 검토해야 한다는 뜻이다. 자연을 보는 네 가지 관점은 다음 논문을 참고하라. 김정래, 2016, 교육학 논의에서 '자연'의 위치, **한국교육사학** 제38권 제3호, 한국교육사학회, 89-113.

간단하게 설명하자면, 다음과 같다. 첫째, 사실로서 자연은 일체의 가치를 배제한다는 의미이다. 실증적 자연과학에서 자연은 이를 뜻한다. 이를 어기게 되면 '자연주의 오류'를 범하게 된다. 둘째, 반인위적 자연은 루소의 자연이 해당된다. 일체의 인위적인 것을 악으로 보기 때문에 자연은 선으로 귀결된다. 셋째, 이치로서 자연은 자연을 하나의 이법(理法)으로 보는 것이다. 성리학에서 이치는 이에 해당한다. 일상적으로는 어떤 사물의 상태나 사람의 행실을 보고 '자연스럽다' 또는 '자연스럽지 않다'고 하는 것은 이 범주의 자연에 해당한다. 넷째, 우주질서로서 자연은 도가의 도(道)나 불교의 법계(法界)를 가리킨다. 삼라만상을 자연이라고 할 경우도 이에 해당한다.

※ 고전적 권리는 한 마디로 무엇을 지칭하는지 서술하시오.

& 시민권과 정치적 권리를 지칭한다. 혹은 제1세대 권리라고도 한다. **[플335]**

※ 고전적 권리에 관한 서술로서 타당한 것을 모두 고르시오.

① 로크의 민권사상은 결정적인 영향을 주었다.

② 생명·자유·재산에 관한 권리를 핵심으로 한다.

③ 17~18세기 시민운동과 깊이 관련된다.

④ 고전적 권리를 분석하면 행위의 자유와 언론의 자유에서 비롯된 것임을 알 수 있다.

⑤ 제1세대 권리라고도 한다.

& 모두 옳은 진술이다. **[플335-344]**

정답: ①, ②, ③, ④, ⑤

※ 고전적 권리에서 생명, 자유, 재산이 불가분의 관계에 있다는 점을 예를 들어서 설명하시오.

& 일단 롤스의 원초적 지위에 놓인 원시 상태에서 갑돌이를 가정하자. 갑돌이라고 하는 사람은 자신의 주어진 시간 동안에 무엇을 할 것인가를 고민하는 상황이다. 그런데 을순이라고 하는 옆에 사는 이웃이 사과나무를 심는 것을 보았다고 하자. 그는 자신도 이웃처럼 사과나무를 심을 것인가 아니면 다른 농사를 지을 것인가를 고민할 것이다. 고민한 결과, 그는 기후의 특성을 살려서 키위 농사를 짓기로 하였다. 시간이 흘러 수확을 할 때가 되어 이 두 사람은

수확한 결과를 비교할 수 있게 되었다. 사과 농사를 지은 을순이는 100이라는 재화를 얻은 반면에, 갑돌이 자신은 키위의 희소성 덕분에 500이라는 재화를 획득할 수 있었다. 예상 밖의 수입에 자신도 놀라지 않을 수 없었다. 이러한 상황은 여러 각도에서 논의가 가능하다. (이를테면 이 논의가 을순이를 포함한 이웃 사람들이 내년부터는 키위 농사를 짓겠다고 하여, 결과적으로 키위 농사로 인한 재화가 줄어든다는 방향으로 가면 경제학의 수요-공급 논의가 되어 버린다. 그리고 여기서 논의가 갑돌이가 잉여생산을 하여 문화생활이 가능해졌다는 식으로 가면 문화인류학 논의가 되고, 생산에 종사하지 않는 부류가 '여가생활'이 가능하게 되어 교육을 하는 직종이 생겼다고 하면 발생론적 교육학 논의가 되어 버린다.)
사과 농사를 지은 을순이, 그리고 감자 농사를 지어 40이라는 재화에 해당하는 생산물을 수확한 병진이와 전혀 생산을 하지 않은 베짱이 같은 정덕이 등이 키위 농사를 지은 갑돌이의 풍요를 못마땅하게 여기고 갑돌이의 생산물을 나누어 갖자고 제의하는 상황을 가정해 보자.

500이라는 재화만큼의 재산을 축적한 갑돌이의 입장에서 자신의 생산물을 다른 사람들과 나누어 갖는 상황은 어떻게 이해해야 하는가? 여기서 복잡한 분배 방식이나 분배정의를 논하기 전에 갑돌이의 처지에서 재산을 나누어주는 상황만을 생각해 보자. 총 생산물의 가치는 640이 되므로 네 사람이 각기 똑같이 나누어 갖자고 한다면, 160의 재화를 가지면 된다. 갑돌이 입장에서는 자기가 생산한 양의 ⅓도 못 건져내는 상황이 되고, 을순이 입장에서는 자신의 생산량의 60%의 한계 수입이, 병진이 입장에서는 자신의 생산량의 4배, 정덕이 입장에서는 하늘에서 횡재를 한 것처럼 모든 것이 공짜가 되어버린다.

이 상황에서 복잡한 분배의 원리나 고차원적인 정의 원리를 소개하려는 것이 아니라 갑돌이를 포함하는 참여자의 기본적 권리를 말하고자 하는 것이다. 따라서 갑돌이가 자신의 한정된 생애 중 귀중한 1년을 활용해서 선택한 행위로 인하여 얻은 소득이 500이다. 갑돌이가 그 해에 소득 500을 얻기 위하여 자신의 중요한 삶의 일부분을 다른 선택(사과 농사, 낚시질, 사냥 등)이 아니라 키위 농사에 투여한 것이므로 그의 소득은 자신의 삶을 투자한 결과로 얻어낸 것이다. 즉, 그의 소득은 그의 생존과 관련된 것이다. 그리고 그가 키위 농사를 짓겠다는 것은 다름 아닌 자기 스스로의 결정에 의한 것이므로 그의 자유로운 선택에 의한 것이다. 갑돌이의 사과가 아닌 키위 농사를 택한 것은 지금으로 치면 기업의 창의적인 활동과 마찬가지이다. 따라서 그의 소득은 그의 자유와 밀접하게 관련된 것이다.

그가 획득한 재화 500은 자기가 하고 싶은 욕망을 충족시키는 데 사용할 수 있다. 그리고 그 자신의 선택에 따라서 재화의 일부분을 다음 생산에 투자할 수 있을 것이다. 그 투자는 자신의 욕망 일부를 일단 유보하고 더 큰 재화를 통한 욕망 충족에 맞추어져 있는 것이다. 이렇게 보면, 갑돌이가 생산한 재화 500은 갑돌의 행복을 증진시키는 수단이다. 따라서 갑돌이의 사유재산은 그 자신의 생명을 바친 결과물이며, 그 자신의 자유를 행사한 결과물이며, 그의 행복 추구의 핵심이다. 이렇게 보면, 개인의 생명과 자유, 그리고 사유재산은 한 가지라고 볼 수 있다. 생명 또는 생존, 자유, 재산의 가치를 존중한 로크의 이론이 돋보이는 것은 이 때문이다.

하지만, 다른 한편으로 갑돌이의 재산을 분배에 의하여 나누어 가지려면, 앞의 예처럼 총량 640에 대한 동일한 분배가 이루어지려면, 갑돌이의 소정 시간, 즉 생명과 자신의 자유로운 의사결정을 제한할 수 있는 정당한 근거가 제시될 수 있어야 한다. 이를테면 절대 빈곤 상태의 정덕이의 기초 생계와 병식의 생활안정 등이 고려사항이 될 수 있다. 이 경우에도 160이라는 균등한 배분이 정당한지에 대한 여러 가지 검토가 이루어져야 한다. **[플341-343]**

✖ 고전적 권리에 관한 진술 중 타당한 것을 모두 고르시오.

① 고전적 권리에서 생명, 자유, 재산에 관한 권리는 헌법상 기본적권 자유권을 구성하는 핵심이 된다.

② 고전적 권리의 관점에서 사유재산을 분배하는 것은 소유자의 생의 일부분을 앗아가는 부당행위가 된다.

③ 생명, 자유, 재산을 핵으로 하는 고전적 논의는 '나는 어떻게 살아야 하는가'하는 전형적인 철학적 질문과 관련된다.

④ 고전적 권리 중 '자유'는 개인의 삶의 가치를 스스로 결정하는 선택의 문제로 귀결된다.

⑤ 고전적 권리에서 생명, 자유, 재산을 존중해야 하는 또 다른 이유는 인간의 삶이 당면하는 조건에 자원과 시간의 한계와 같은 여러 제약이 따른다는 데서도 찾을 수 있다.

& 모두 옳은 진술이다. **[플339-341]**

정답: ①, ②, ③, ④, ⑤

✖ 고전적 권리가 당초 행위의 자유(freedom of movement)와 언론의 자유(freedom of speech)에서 비롯되어 오늘날 헌법상의 기본권을 형성한다는 논점을 서술하시오.

& 첫째, 행위의 자유 측면에서 살펴본다. 행위의 자유는 당초 노예상태를 가리키는 속박에서 벗어나는 것을 의미한다. 이 개념에서 동작의 제약을 받지 않고, 이동할 수 있는 자유, 주거의 자유, 거주 이전의 자유가 성립한다. 자유의 이러한 내용을 확대하면 출입국의 자유와 함께 국적권이 성립한다. 또한 행동의 제약을 받지 않는다는 것은 스스로 하고 싶은 일을 할 수 있는 자유, 즉 창업(創業)의 자유로 이어진다. 창업의 자유는 또한 다른 시각에서 보면 직업 선택의 자유를 의미한다. 창업과 직업선택, 상거래 등에 동작의 제

약을 가하지 않아야 한다는 자유의 의미는 다시 사생활 보호의 자유(privacy)를 포함한다. 이를테면 상행위의 영업비밀이나 가계운영, 신체에 관한 비밀은 자유권의 차원에서 보호된다.

둘째, 언론의 자유 측면에서 살펴본다. 언론의 자유는 검열을 받지 말아야 하는 경우를 지칭하는 것이다. 자의적인 검열이나 독재정권이나 전제 사회 유지를 위한 검열을 피하기 위하여 정당화되는 것이 언론의 자유이다. 그러나 이 자유가 이른바 '표현의 자유'라고 하여 확대 해석되는 경우가 있다. 무한 예술 표현, 이적 행위를 찬양하는 표현 등이 제약을 받아선 안 된다는 주장이 그것이다. 그러나 검열이 없는 사회는 없다. 심지어 '검열 없는 문명사회는 없다.' 검열은 사회악이거나 필요악이 아니라, 사회를 구성하는 요소이다. 그것이 독재 사회나 전체주의를 유지하고 개인을 강압하는 수단이 아닌 한 정당화되는 경우가 있다. 여기에는 세 가지가 포함된다. 하나는 양육과 교육을 위한 검열이다. 이 문제는 '권위적 간섭주의'와 관련하여 많은 논의를 양산한다. 다른 하나는 창작이나 도제 제도에서 검열이 요구된다. 과학자들의 연구, 의사들의 임상연구에서 장인들의 실기에는 검열이 따르지만, 이를 도덕적으로 비난하는 경우는 없다. 심지어 창작에 전념하는 예술가는 자기검열(self-censorship)이라는 가혹한 멍에조차 스스로 짊어진다. 또 다른 하나는 사회존속이나 관습에 따른 검열이다. 물론 밀은 사회 자체를 폭정이라고 보지만, 사회가 존속하는 데에는 '보이지 않는 검열'이 존재한다. 이를테면 가정에는 '집안단속', 지역사회에는 '풍기단속' 같은 것이 존재한다. 이들은 일종의 검열제도이다. 그렇다고 집안단속, 풍기단속이 전제나 압제를 의미하는 것은 아니다.

언론자유와 관련하여 빼놓을 수 없는 것이 표현의 자유의 성격과 그 한계이다. 표현의 자유는 적극적 자유가 아니라 소극적 자유의 의미로 파악되어야 한다. 그래야 중상모략(libel), 명예훼손

(slander), 외설(obscenity), 불경(blasphemy) 등과 같은 부당행위를 방지할 수 있다. 즉 표현의 자유를 적극적 자유로 보면, 중상모략, 명예훼손, 외설 등이 정당한 권리로 성립할 수 있다. 여기서 국가에 대한 이적(利敵) 행위를 나타내는 표현은 불경에 해당한다. 표현의 자유를 기본적 자유와 권리로 인식한다 하더라도, 거기에는 한계가 있다. 이를테면 자유민주주의를 수호하는 대한민국 헌법 질서를 부정하고 파괴하는 '표현'이나 이를 파괴하고자 하는 국가나 이적 단체를 찬양하는 '표현'은 제한되어야 한다. 이러한 표현은 '불경(不敬)의 현대적 의미에 해당한다. **[플337-339]**

이 논의는 앞서 소개한 크랜스턴의 책 제5장을 참조하라.
Cranston, M., 1973, *What are Human Rights?*, New York: Taplinger, chapter 5.

고전적 권리 중 당초 행위의 자유(freedom of movement)로부터 비롯된 것을 구성하는 내용을 설명하는 것을 <u>모두</u> 고르시오.

① 거주 이전의 자유 ② 주거의 자유
③ 창업의 자유 ④ 사생활 보호의 자유
⑤ 신체의 자유

모두 옳은 답이다. 우리 헌법에서도 기본권적 자유권으로 보장하고 있으며, 이들은 모두 소극적 자유권이다. **[플337-338]**

정답: ①, ②, ③, ④, ⑤

고전적 권리 중 당초 언론의 자유(freedom of speech)로부터 비롯된 내용을 진술한 것 중 타당하지 <u>않은</u> 것을 <u>모두</u> 고르시오.

① 표현의 자유
② 자의적인 검열을 받지 않을 자유

③ 교육적 필요 또는 관습에 의한 것이라도 검열은 금지되어야 한다.
④ 중상모략(libel), 명예훼손(slander), 외설(obscenity), 불경(blasphemy) 등과 같은 부당 행위를 방지할 장치를 마련하지 않으면 자유의 패러독스처럼 자유민주적 질서를 파괴한다.
⑤ 자기검열은 언론의 자유를 제한함을 뜻한다.

& 자유사회에서 교육적 필요 또는 관습에 의한 것이라도 검열은 제한적으로 허용된다. 또한 자기검열은 자유사회에서 창의적 활동에 필수적 요소이다. [플337-339]

정답: ③, ⑤

현대적 권리는 한 마디로 무엇을 지칭하는지 서술하시오.

& 사회·경제적 권리, 또는 사회권을 지칭한다. 복지권이 핵심이다. 혹은 제2세대 권리라고도 한다. [플344]

현대적 권리의 특징을 진술한 내용 중 타당한 것을 모두 고르시오.

① 제2세대 권리라고 하며, 경제적 재화와 서비스, 각종 사회문화적 여건을 제공하는 것을 골자로 한다.
② 세계인권선언 제22조에서 제27조의 내용이 해당된다.
③ 기본권인 행복추구권은 실행력을 갖도록 하는 구속력을 강조한다.
④ 권리를 개인 차원이 아니라 국가 차원에서 추진하도록 한다.
⑤ 고전적 권리의 대안으로 마르크스주의를 수용한다.

& 모두 옳은 진술이다. [플344-345]

정답: ①, ②, ③, ④, ⑤

현대적 권리를 서술한 내용 중 타당하지 않은 것을 모두 고르시오.

① 경제적 평등에 초점을 맞추며, 진보적 자유주의에 의하여 지지받는다.

② 빈곤으로부터 해방이라는 경제적 자유와 관련된다.

③ 보편적 의무(universal duty)에 의하여 성립한다.

④ 복지권은 대표적인 현대적 권리이다.

⑤ 자연권으로 성립한다.

& 자연권으로 성립하지 않으며, 보편적 의무(universal duty)가 성립하지 않는다. **[플345-347]**

정답: ③, ⑤

사회 · 경제적 권리가 성립할 수 없다는 크랜스턴의 논거와 어긋나는 것을 모두 고르시오.

① 사회·경제적 권리는 선거권과 같은 일반권이 아니다.

② 사회·경제적 권리는 실행력을 보장할 수 있을 때만 가능하다.

③ 사회·경제적 권리는 도덕적 정당성으로 청구권으로 보장될 수 있다.

④ 사회·경제적 권리는 국가의 의무관계를 보편적으로 설정할 수 있다.

⑤ 사회·경제적 권리는 모든 사람(everyone)이 수혜대상이 될 수 없다.

& 사회·경제적 권리는 도덕적 정당성만으로 청구한다고 모두 보장되는 것이 아니며, 국가의 의무관계를 보편적으로 설정할 수 있는 것도 아니다. **[플347-348]**

정답: ③, ④

이 논의는 앞서 소개한 크랜스턴의 책 제8장을 참조하라. Cranston,

M., 1973, *What are Human Rights?*, New York: Taplinger, chapter 8.

연대권은 한 마디로 무엇을 지칭하는지 서술하시오.

& 공동체적 유대와 관련된 권리를 지칭한다. 제3세대 권리라고도 하며, 환경권이 대표적이다. **[플348]**

연대권에 관한 진술로 타당하지 <u>않은</u> 것을 <u>모두</u> 고르시오.

① 제3세대 권리로서 권리 주체의 집합적 의미가 강하다.
② 프랑스 혁명의 구호인 'fraternity'와 밀접하게 관련된다.
③ '박애', '연대' '우애' 등의 의미가 권리의 성립에 문제점을 야기한다.
④ 개인 차원의 자기결정권과 관련된다.
⑤ 제2세대 권리가 지니는 '모든 사람(everyone)'의 문제가 해소된다.

& 연대권의 자결권은 개인 차원의 자기결정권과 다르며, 제2세대 권리의 '모든 사람(everyone)'이 지니는 문제와 동일한 문제가 야기된다. 전친성과 보편성은 동의어가 아니다. **[플348-350]**

정답: ④, ⑤

연대권이 포함하는 연대 또는 우애(fraternity)에 관한 진술 중 타당한 것을 <u>모두</u> 고르시오.

① 우애는 부모와 자식처럼 생물학적 결속과 같은 유대를 뜻한다.
② 가족을 벗어난 공동체의 기초 덕목을 뜻한다.
③ 스토아 사상이 말하는 인류애를 뜻한다.
④ 근대 이익사회의 결사체가 지니는 유대감을 뜻한다.

⑤ 권리 주체의 의무감을 증가시킨다.

& 모두 옳은 진술이다. [플349]

정답: ①, ②, ③, ④, ⑤

연대권이 포함하는 연대 또는 우애(fraternity)라는 개념이 야기하는 문제에 관한 다음 진술 중 타당한 것을 모두 고르시오.

① 권리에 앞서 의무를 우선하여 고려해야 한다.

② 의무 부과에 초점이 맞추어져 있어서 권리의 보편성에 어긋난다.

③ 현대 사회의 공동체 논의에서 사용하는 '연대'의 의미와 가족과 소규모 공동체가 지향하는 연대의 의미가 상이하거나 상충된다.

④ 공동체라는 '굴레'에 개인이 속박되어 개인의 자유와 권리가 침해당할 소지가 있다.

⑤ 자기결정의 뜻이 개인 차원이 아니라 집합적으로 해석된다.

& 의무부과에 초점이 맞추어져서 권리의 천부성에 어긋난다. [플349-350]

정답: ①, ③, ④, ⑤

연대권의 현실적 문제에 관한 진술 중 타당한 것을 모두 고르시오.

① 연대권을 표현하는 주체인 '모든 사람(everyone)'은 전칭성이 아니라 보편성을 지칭한다.

② 연대권은 '모든 사람은 죽는다'는 명제처럼 보편적으로 모든 사람에게 적용될 수 있다.

③ 루소의 일반의지는 연대권의 토대를 제공하지만 그것이 현대사회에 적용되는 데에는 한계가 있다.

④ 연대권에 해당하는 환경권이나 문화적 자결권은 인류 존속을 위

하여 경시할 수는 없다.

⑤ '인민(people)'이라는 집합이 권리 주체로 인식되는 데에는 한계가 있다.

& 연대권을 표현하는 주체인 '모든 사람(everyone)'은 보편성이 아니라 전칭성을 뜻한다. **[플350-352]**

정답: ③, ④, ⑤

※ 아래 표에서 권리의 발달에 관한 내용 ⓐ~ⓕ를 채우시오.

제1세대 권리	제2세대 권리	제3세대 권리
고전적 자유주의	진보적 자유주의, 사회주의	생태주의
자유	평등	ⓐ
개인주의, 개인의 권리	ⓑ, 집단의 권리	연대권, 집단적 자결권
ⓒ 중심	적극적 권리 중심	ⓓ
세계인권선언 제2조 ~ 제21조	세계인권선언 ⓔ	세계인권선언 ⓕ

& 권리 발달의 특징이다. **[플354]**

정답: ⓐ **연대(박애)**; ⓑ **공동체주의**; ⓒ **소극적 권리**; ⓓ **권리 확장성 보장**; ⓔ **제22조~제27조**; ⓕ **제28조~제29조**

Ⅲ. 권리이론

이 절에서는 권리의 이론적 특성을 살펴보고 이를 점검해보기로 한다. 특히 호펠드의 권리의 형식은 권리를 이해하는 핵심이므로 이를 심층적으로 점검해보기로 한다.

호펠드가 설정한 권리의 형식을 간략하게 설명하시오.

먼저 누군가가 권리를 가지고 있다 또는 권리소지자라고 할 경우를 생각해 보자. 이 경우 그 사람은 자기가 소유한 재산에 대한 권리를 갖는다고 말할 수 있다. 만약 그가 그 재산을 다른 사람에게 일정 기간 동안 빌려줄 경우, 그에게 권리가 발생한다. 또한 그 재산을 남들이 자신의 허락 없이 사용하거나 처분할 수 없도록 하는 권리를 지닌다. 그러나 이 소유자가 자신의 재산을 자신의 뜻대로 이용하거나 변경할 수도 있다. 이를테면 은행에 예치하거나 아니면 사업에 출자하는 경우를 들 수 있다. 이때 권리는 앞의 권리와는 다르다. 이러한 혼동을 피하기 위하여 호펠드는 전자를 청구권이라고 하였고, 후자를 자유권 또는 특권이라고 하였다. 또한 어떤 사람이 남이 지니지 않은 능력이나 권위 또는 자격을 지님으로써 갖게 되는 권리가 있을 수 있다. 경찰은 지나가는 행인을 검문하면서 그 사람의 신원을 확인할 수 있지만, 경찰이 아닌 사람은 그럴 수 없다. 이때 경찰관은 모종의 권리를 지녔다고 할 수 있다. 한편 국회의원은 회기 중에 현행범이 아닌 경우 국회 동의 없이 체포되지 아니한다. 이 경우 국회의원은 모종의 권리를 지닌 셈이다. 그러나 국회의원이 아닌 사람은 이러한 권리를 지니지 않는다. 지금 두 사례는 모두 권리라는 말로 포함되며, 권리라는 말을 통하여 그 의미가 전달되는 데 아무런 지장이 없다. 그러나 이 각각의 권리를 같은 것으로 혼동해서도 안 된다. 이러한 혼동을 피하기 위하여 호펠드는 전자를 권한이라고 하였고, 후자를 면책권이라고 하였다. 이와 같이 '권리를 가진다(have a right)'는 뜻이 무엇인지 이해하고 혼동을 피하려면 호펠드의 권리 형식 분석을 따라야 한다. 권리이론을 배우는 사람이라면 호펠드의 이론을 반드시 공부해야 하는 이유는 여기에 있다. **[플362-363]**

호펠드의 청구권을 간략하게 설명하시오.

& '청구권(請求權, claim rights)'은 흔히 채권-채무 관계에서 볼 수 있는 가장 상식적이고 단순한 형태의 권리이다. *B*가 *A*에게 일정한 금액을 지불하기로 *A*와 *B*가 서로 계약을 체결하였다고 가정하자. 그러면 *A*는 그 돈의 액수에 대한 권리를 가지며, *B*는 그만한 액수의 돈을 지불할 의무가 있다. 호펠드는 '엄격한 의미에서' 이러한 종류의 권리만이 권리라고 하였다. 이러한 권리는 한 당사자가 상대방에게 청구를 하는 형식으로 이루어지기 때문에 통상적으로 '청구권'이라고 사용되어 왔다. 청구권이 다른 사람들에게 청구를 하는 형식을 취하기 때문에, 그것은 상대방에 대한 의무와 상관개념으로 파악된다. **[증52-53]**

호펠드의 자유권(특권)을 간략하게 설명하시오.

& '자유권(自由權, liberty rights)' 또는 '특권(privilege rights)'은 한 개인이 남에게 아무런 간섭도 받지 않고 자기가 하고 싶은 것을 행사할 수 있는 권리이다. 이를테면, 나는 내 마음에 드는 옷을 입을 권리를 가지고 있다고 했을 때 성립하는 권리이다. 그러나 이때의 '권리'는 청구권에서의 '권리'와는 상당히 다른 의미를 가진다. 이 권리의 속성은 다른 사람들이 나에게 채무를 졌다는 것이 아니라, 오히려 내가 내 마음에 드는 옷을 입을 때 나에게 어떤 법적 하자 또는 나 자신이 지어야 할 아무런 책무가 없다는 것이다. 따라서 내가 옷을 입을, 혹은 입지 않을 의무를 가지고 있는 것은 아니며, 나는 내가 좋아하는 옷을 입을 '자유'가 있기 때문에, 성립하는 권리를 '자유권'이라고 한다. **[증53] [플364]**

여기서 'liberty-right'을 직역하여 '자유권'이라고 번역한 용어를 고전적 권리로서 자유권(the right of liberty)과 혼동을 피하기 위하여 특권(privilege right)이라고 병행하여 사용하기로 한다. 이 개념은 허용(permission)이라는 의미도 포함되어 있어서 '허용된 권리'라고 번역되어 사용하기도 한다. [플363]

호펠드의 권한을 간략하게 설명하시오.

& '권한(權限, power)'은 어떤 개인이 특정한 것을 행사할 모종의 힘을 얻었을 때 발생하는 권리의 일종이다. 이 경우 우리는 유언장을 작성할 권리 혹은 투표할 권리를 생각해 볼 수 있다. 이 권리는 자유권의 측면에서, 유언장을 작성하지 않을 혹은 투표를 하지 않을 어떠한 의무도 없을 때의 권리, 혹은 청구권의 측면에서, 사람들로 하여금 유언장을 작성하지 못하게 하거나 혹은 투표를 하지 못하도록 다른 사람들이 의무를 가지고 있을 때 특정 개인이 갖는 권리로 이해될 수 있다. 그러나 이 권리는 법적 뒷받침이 있을 때 '권한'으로서 의미를 가진다. 이를테면 내가 죽은 다음에 나의 부동산을 내가 처분하는 것을 가능하게 해 주는 법적인 편의를 제공해 준다는 점에서 나의 유언장을 작성할 권리는 '권한'으로 이해될 수 있다. 또한 나는 선거에서 투표할 '권한'을 법률적으로 부여받았다는 점에서 투표할 권리, 즉 투표권을 가진다. 따라서 선거권을 가지지 않은 사람에게는 그러한 권한도 발생하지 않는다. [증53-54] [플364-365] 여기서 권한이라고 번역한 'power'는 우리나라 법학계에서 '권능(權能)'이라고도 한다는 점을 밝혀둔다. 그러나 권능이라는 용어의 '능(能)'이라는 한자어는 주관적인 특성을 지니며 그래서 심리적 특성을 뜻하는 경우가 많다. 불교에서 경-능(境-能)이라고 구분하는 경우가 전자에 해당하며, '지능'이라는 말을 사용할 경우가 후자에 해당한다. 그러나 호펠드의 경우 이 용어는 심리적 특성이나 주관적인 판단에 근거한 것이 아니다. 권리-의무의 상관관계를 넘어서 이차적 규칙에 따라 지니게 되는 힘을 뜻한다. [플363; 369-370] 그래서 '권능'보다는 '권한'이 합당하다고 판단된다.

호펠드의 면책권을 간략하게 설명하시오.

& '면책권(免責權, immunity)'은 '권한'과 반대로 타인의 권한으로부터 제약받지 않는다는 권리이다. 즉 다른 사람들의 권한으로 인하여 제약받지 않는다는 점에서 향유할 수 있는 권리이다. 이 권리가 '면책권'이다. 달리 말하자면, 타인의 권한으로부터 '면책'된 권리이다. 일반적으로 한 개인이 타인의 사생활이나 인격에 관련된 발언이나 행위를 했을 때, 자신의 발언에 대하여 도덕적·법적 책임을 져야 한다. 이 경우에 해당하는 타인은 발언자에 대하여 모종의 책무를 지닌다. 그러나 국회의원은 회기 중에 자신이 행한 발언이 타인의 권한에 반한다 하더라도 그 책임을 면한다. 이것이 면책권이다. 그런데 이 경우의 면책권은 국회의원만이 지니는 '특권'(privilege)이기 때문에 '면책특권'이라 한다. [증54] [플365]

다음 빈칸을 채워 보시오.

유형	청구권	자유권(특권)		면책권
	의무		책무	
반대개념		의무		책무

& 호펠드의 권리 형식 [증55] [플302]

정답:

유형	청구권	자유권(특권)	(권한)	면책권
(상관개념)	의무	(무권리)	책무	(무능)
반대개념	(무권리)	의무	(무능)	책무

다음 빈칸을 채워 보시오.

유형	청구권	자유권(특권)	권한	
상관개념		무권리		무능
	무권리		무능	

& 호펠드의 권리 형식 **[증55] [플302]**

정답:

유형	청구권	자유권(특권)	권한	(면책권)
상관개념	(의무)	무권리	(책무)	무능
(반대개념)	무권리	(의무)	무능	(책무)

호펠드의 상관개념을 간략하게 설명하시오.

& '상관개념(correlatives)'이란 호펠드가 '법적으로 상응하는 개념(jural correlatives)'이라는 뜻으로 설정한 개념이다. 혹은 '짝' 개념이라고도 한다.

청구권은 상대방의 의무 이행을 전제로 갖게 되는 권리 유형이다. 위에서 언급한 채권-채무 관계가 대표적인 예가 된다. 채권자는 권리의 주체이고, 채무자는 의무이행자가 되는 관계를 나타낸다. 이에 대하여 자유권은 내가 선택한 내용에 대하여 지니는 권리에 대하여 상대방은 아무런 권리가 성립하지 않는다. 예를 들어 내가 오늘 빨간색 정장을 입고 출근하고자 할 경우 상대방은 이에 대한 아무런 권리를 행사할 수 없다. 이 점에서 '무권리(no-right)'라고 한 것이다. 자유권은 권리 행사자의 특권이며, 아무런 제약을 받지 않는다는 점에서 허용이다. 자유권을 행사하는 사람은 그 '행위를 하지 않을 의무(no duty not to do x)'가 없다. 권한은 이를 행사하는 권리소유자에 대하여 상대방이 짊어져야 할 의무가 아닌 책무를 성립시킨다. 여기서 의무와 책무의 차이를 보자. 청구권에서 상대방이 지니는 의무는 청구행위에 대한 수행의무를 뜻하지만, 책무는 권한을 지니는 사람의 책임 아래 자신의 법적 관계가 변경된다는 것을 의미한다. 그래서 의무가 아닌 책무라는 표현을 사용한다. 의사는 환자에게 일정 시간 동안 행동을 제약하는 조치를 취할 수 있다. 이 조치는 의사의 청구에 의하여 환자가 짊어지는 의무가 아니다. 즉 채권-채무 관계에서 성립하는 강제 이행이 아니다. 의사의 이와 같은 조치는 상당한 구속력을 지닌 법적 근거나 자격 등을 기반으로 하며, 이에 따른 환자의 책무는 경우에 따라 다소 불이익을 감수할 상황을 야기할 수도 있는 강제 이행을 뜻한다. 면책권은 면제권이라고도 한다. 이 권리의 행사자는 당연히 수행해야 할 책무, 이를테면 법적 채무를 면제받은 것을 말한다. 모든 사람은 물건을 구입할 경우 소정의 세금, 이를테면 부가가치세를 납부한다. 그러나 공항 면세점에서 특정 상품은 부가가치세를 감면하여 판매된다. 이 상품을 사는 사람은 당연히 짊어져야 할 책무를 면제받는 셈이다. 그러나 공항 면세점에 들어갈 수 없는 사람, 이를테면 외국에 나갈 형편이 안 되거나 출국 금지자는 이러한 면제 혜택을 받을 수 없다. **[플365-366]**

다시 간략하게 소개하면 다음과 같다.

(1) 청구권의 경우, *A*가 *x*의 권리를 지녔다면, 상대방인 *B*는 *x*를 이행할 의무(duty)를 지녔다는 말이다.

(2) 자유권 또는 특권의 경우, *A*가 *x*를 할 자유권을 가졌다면, 상대방인 *B*는 그의 자유로운 행위인 *x*를 할 권리가 없다는 뜻이다. 이를 *A*의 입장에서 보면 *x*를 하지 않을 어떤 의무가 없다는 뜻이며, *B*의 입장에서 보면 *A*의 *x*를 방해할 어떠한 권리도 없다는 뜻이다.

(3) 권한 또는 권능의 경우, *A*가 *x*를 할 권한을 가졌다면, 상대방인 *B*는 그 행위인 *x*에 대한 책무(liability; accountability)를 지녔다는 뜻이다.

(4) 면책권의 경우, A가 x라는 면책권을 가졌다면, 상대방인 B는 그 면책 행위인 x에 대한 권한이 없다는 뜻이다. 또한 A의 입장에서 보면 x를 해야 할 어떤 책무가 없다는 뜻이다. **[플 301-302]**

호펠드의 원문을 인용하면 다음과 같다.

(1) claim-right: (*A* has a right to do *x*.) vs (*B* has a duty to do *x*.)

(2) liberty-right: (*A* has a liberty-right to do *x*.) vs (*B* has no right to do *x*.); *A* has a liberty-right to do *x*. ≡ *A* has no duty not to do *x*.; *B* has no right to do *x* ≡ *B* has no right to interfere *x*.

(3) power: (*A* has a power to do *x*.) vs (*B* has an accountability(liability) right to do *x*.)

(4) immunity: (*A* has an immunity right to do *x*.) vs (*B* has no power to do *x*.); *A* has an immunity right to do *x*. ≡ *A* has no liability to do *x*.

다음 빈칸을 채워 보시오.

유형	청구권	자유권(특권)	권한	면책권
상관개념				

& 권리의 상관개념 **[플367]**

정답:

유형	청구권	자유권(특권)	권한	면책권
상관개념	의무	무권리	책무	무능

호펠드의 상관개념이 제대로 짝지어지지 않은 것을 고르시오.

① 청구권 — 의무
② 특권 — 무권리
③ 권한 — 책무
④ 면책 — 책무
⑤ 면책 — 무능

& 면책권의 상관개념은 무능이다. **[플367]**

정답: ④

호펠드의 반대개념을 간략하게 설명하시오.

& '반대개념(opposition)'은 호펠드가 '법적으로 상반하는 개념(jural opposites)'이라는 뜻으로 설정한 개념이다. 상관개념이 권리소유자와 상대방과의 관계를 설명한 것이라면, 반대개념은 권리소유자가 그 권리를 지니지 않은 경우를 지칭한다.

청구권의 반대개념을 무권리라고 한 것은 청구행위 자체가 성립하지 않기 때문에 붙여진 이름이다. 호펠드는 청구권을 권리의 가장 전형적인 것으로 보았기 때문에 그 반대개념을 '무권리'라고 칭한다. 자유권 또는 특권에 대한 반대개념은 의무이다. 앞서 자유권 또는 특권을 '어떤 행위를 하지 않을 의무(no duty not to do x)'가 없다고 하였다. 그러므로 이것의 반대는 '그러한 행위를 하지 않을 의무(duty not to do x)'를 부여받는 경우가 된다. 내 마음대로 옷을 입고 출근할 수 있도록 허용되어 나에게 특권이 주어진 것이 아니라 그 옷을 입지 말아야 할 의무가 성립하는 경우를 뜻한다. 권한에 반대되는 개념은 무능(disability)이다. 앞서 의사의 처방을 예로 들었다. 이 경우 권리소지자가 의사가 아닌 경우라면 처방을 내리는 행위에 대하여 무능 상태에 놓이게 된다. 끝으로 면책권의 반대개념이 책무인 것은 법적 책무를 원래대로 지게 된다는 뜻이다. 예컨대 공항 면세점에 들어갈 수 없는 모든 사람은 이외의 장소에서 이행하는 법적 책무를 면제받을 수 없다. 즉 공항 면세점에 갈 수 없는 사람은 소정의 부가가치세를 면제받을 수 없다는 한다는 뜻이다. **[플367]**

이를 다시 간략하게 소개하면 다음과 같다.

첫째, 청구권의 반대개념은 그러한 권리가 없는 것(no claim right,

no right)이다.

둘째, 자유권 또는 특권의 반대개념은 의무(duty)이다.

셋째, 권한 또는 권능의 반대개념은 책무성이 없는 것(no liability) 이다.

넷째, 면책권의 반대개념은 책무성(liability)이다. [플302]

다음 빈칸을 채워 보시오.

유형	청구권	자유권(특권)	권한	면책권
반대개념				

& 권리의 반대개념 [플368]

정답:

유형	청구권	자유권(특권)	권한	면책권
반대개념	무권리	의무	무능	책무

호펠드의 반대개념이 제대로 짝지어진 것을 모두 고르시오.

① 청구권 — 무권리
② 자유권 — 무권리
③ 특권 — 의무
④ 권한 — 책무
⑤ 면책 — 무능

& 청구권과 자유권(특권)의 반대개념은 각각 무권리와 의무이다. [플368]

정답: ①, ③

다음 중 호펠드의 권리형식 중 옳게 묶인 것을 모두 고르시오.

① 청구권 — 의무 (상관개념)
② 자유권 — 책무 (반대개념)
③ 면책 — 무능 (상관개념)
④ 권한 — 무능 (반대개념)

⑤ 특권 — 의무 (상관개념)

& 자유권(특권)의 반대개념은 의무이며, 특권의 상관개념은 무권리이다. [플302]

정답: ①, ③, ④

호펠드의 권리 형식에서 의무와 권한의 차이를 서술하시오.

& 하트(Hart)에 따르면, 의무(duty)를 부과하는 일차적 규칙(primary rule)이 있으며, 권한(power)을 부여하는 이차적 규칙(secondary rule)이 있다.

여기서 일차적 규칙은 의무를 부과할 뿐만 아니라 규칙을 위반할 경우 도덕적 비난을 야기한다. 그러나 규칙을 만든 근거나 근원은 무엇인가, 그 규칙은 왜 준수해야 하는가, 그리고 준수하지 않은 경우 어떤 일이 야기되는가를 따져보지 않을 수 없다. 그 결과 사회적 규칙이 나오는 근거 또는 근원이 무엇인지 알 수 없는 경우를 불확실성(uncertainty)이라고 하여 이를 해소하기 위한 규칙의 근원을 따지는 승인의 규칙이 필요하다. 그리고 정해진 규칙이 변화하는 상황에 맞지 않는 정태성(static character)을 극복할 변경의 규칙이 필요하며, 규칙 위반과 해석에 따른 각종 분쟁이 야기되는 비효율성(inefficiency)을 해결하는 재정(裁定)의 규칙이 필요하다. 승인의 규칙, 변경의 규칙, 재정의 규칙이 바로 일차적 규칙과 구분되는 이차적 규칙이다. 그리고 이 이차적 규칙이 권한을 부여하고, 경우에 따라 부여된 책무를 면제해주는 근거가 되는 것도 이차적 규칙이다.

그 결과 청구권과 특권(자유권)은 일차적 규칙에 근거하여 성립하는 권리 형식이며, 권한과 면책권은 이차적 규칙에 근거하여 성립하는 권리 형식이다. 이를 달리 설명하면, 청구권과 특권(자유권)은 권리 내용이 되는 행동이 청구되는지 아니면 허용 또는 금지되는지와 관계된 권리이다. 반면에 권한과 면책권은 일차적 규칙을 어떻게 도입하고 변경시키고 때로는 무효화시킬 것인지를 정하는 이차적 규칙에 근거하여 성립하는 권리이다.

이 두 가지 유형을 각기 '1차적 권리'와 '2차적 권리'라고 한다. 호펠드의 권리 형식 표로 나타내면 다음과 같이 표현할 수 있다. **[플369-370]**

1차적 권리

	청구권	자유권(특권)
상관개념	의무	무권리
반대개념	무권리	의무

2차적 권리

	권한	면책
상관개념	책무	무능
반대개념	무능	책무

- Hart, H. L. A., 1961, *The Concept of Law*, Oxford: Oxford University Press.
- 1차적 권리와 2차적 권리의 구분에 관한 보다 자세한 내용은 다음 책을 참조하라.
  이종은, 2011, **평등, 자유, 권리,** 서울: 책세상.

호펠드의 권리 형식에서 의무와 책무의 차이를 구체적인 사례를 들어 설명하시오.

& 만약 갑돌이가 을순이에게 한 달 후에 갚을 것을 약속하고 100원을 빌렸다고 하자. 갑돌이는 을순이에게 정해진 기간 안에 100원을 갚을 의무를 지닌다. 그러나 갑돌이가 을순이게 100원을 갚지 않고 행방을 감추거나 1년 뒤에 갚겠다고 했을 경우를 보자. 갑돌이와 을순이 사이에 채권-채무 관계는 그들 사이에 맺어진 일차적 규칙에 따라 이행된다. 그러나 갑돌이의 채무 불이행으로 일차적 규칙이 위반되었으므로 이를 해소할 방도가 있어야 한다. 을순이가 경찰에 신고하든가 변호사를 선임하여 재판을 거는 경우, 경찰

관이나 법관이 이 두 사람 사이에 개입하게 된다. 이때 경찰관이나 법관이 채무를 이행하지 않은 갑돌이에게 모종의 힘을 행사한다. 경찰관과 법관이 지니는 힘이 호펠드가 말하는 권한이다. 이 권한은 갑돌이가 을순이에게 지고 있는 의무와는 성격이 다르다.

여기서 갑돌이와 을순이 사이의 채권-채무 관계를 규율하는 규칙이 일차적 규칙이고, 이 두 사람 사이의 분쟁을 조정하거나 갈등을 해소하는 데 권한을 사용할 근거를 마련해주는 규칙(이 경우 민법이나 공무집행에 관한 법령 등)이 이차적 규칙이다. 이것이 의무와 책무의 차이를 설명하는 결정적인 차이이다.

호펠드의 권리 형식에서 의무와 권한의 차이를 교육적 사례를 들어 설명하시오.

& 교사가 학생을 지도할 경우, 모종의 힘을 행사한다. 이를테면 수업태도가 불량하든가, 수업을 방해하는 행위를 할 경우 제재를 가할 수 있다. 그리고 방과 후에 수행할 과제를 부과하는 경우도 있다. 이 모든 경우에 학생의 행동은 제약을 받는다. 교사가 숙제를 내준 경우 학생들은 이에 대한 의무감을 지니게 된다. 그러나 만약 교사가 학생에게 우산을 접었다 펴기를 100번씩 하라는 숙제를 내준 경우, 학생 또는 해당 학생의 학부모는 이런 과제를 수행해야 하는가에 관한 의문을 가진다. 일단 우산을 접었다가 펴기를 100번 하기와 영어 단어 10개를 암기하라는 숙제의 합당함을 비교한다. 이 경우 그들에게 우산 접었다 펴기 숙제에 대한 타당성 여부를 가늠할 수 있는 규칙이 있다. 이를테면 초중등교육법 시행령이나 시행규칙이 그것이다. 거기에 교사가 수행하는 일과 그에 따르는 힘이 명기되어 있다. 이 규칙에 따라 교사의 가르치는 활동에 부여되는 모종의 '힘'을 확인할 수 있다. 이 힘이 호펠드가 말하는 '권한'이다. 이 권한에 비추어 교사에게 책무가 부여된다.

이와 관련하여 부기해야 할 점이 있다. 흔히 교육권과 학습권을 상관개념으로 보고 교육권을 '교육시킬 권리'로 보는 것은 타당하지 않다. [증236-244] [플305] 두 가지 모두 '교육받을 권리'임을 논증하였다. [증220-230] 이럴 경우 그렇다면 '교육상황에서 교사가 지니는 힘'은 어떻게 설명해야 하는가라는 의문이 제기된다. 이를 설명하는 개념이 호펠드의 '권한'이다. 그렇게 보아야 권리의 기본 속성인 '천부성(entitlement)'에 부합한다. 권리는 본질상 타인에게 '무엇을 시키는 힘'이 아니라 부여받아야 할 '수혜' 내지는 자유로운 행위를 할 '자격'을 가리키기 때문이다. 이를테면 '복지권'이 복지정책을 강행할 힘이 아니라 복지 수혜를 받을 자격을 뜻한다는 점을 상기할 필요가 있다. 이를 복지재를 분배하고 모종의 힘을 행사하는 관련 공무원이 지니는 권한과 혼동해서는 안 된다.

호펠드의 권리 형식에 관한 진술 중 타당한 것을 모두 고르시오.

① 권리는 엄밀한 의미에서 상관개념에서 성립한다.

② 권리의 형식은 법적 권리를 전제로 한 것이어서 도덕권에는 잘 적용되지 않는다.

③ 권리의 수혜자가 권리-의무의 당사자가 아닌 경우가 있다.

④ 의무이행이 불가능한 사람에게는 적용하기 어렵다는 단점이 있다.

⑤ 권리가 표상하는 특성이 다르다는 점을 보여주는 이론이다.

& 모두 옳은 진술이다. [플370-374]

정답: ①, ②, ③, ④, ⑤

호펠드의 권리 형식에 관한 진술 중 타당한 것을 모두 고르시오.

① 가장 엄격한 의미에서 모든 권리는 청구권이다.

② 모든 권리는 타당한 청구이다.

③ 권리는 가장 중요한 의미에서 자유권(특권)과 청구권의 결합이다.

④ 권리는 청구되는 것이기보다는 허용되는 것이라는 점에서 고전적 권리의 특성을 잘 설명해준다.

⑤ 어느 누구도 무엇을 할 권리는 갖지는 않는다는 점에서 권리지상주의를 경계한다.

& 모두 옳은 진술이다. **[플375-378]**

정답: ①, ②, ③, ④, ⑤

호펠드의 권리 형식 이론을 정리해 보시오.

& 이종은은 다음과 같이 정리한 바 있다. **[플375]** 이를 옮긴다.

(1) 가장 엄격한 의미에서 모든 권리는 청구권이다.

(2) 모든 권리는 타당한 청구이다.

(3) 권리는 가장 중요한 의미에서 자유권(특권)과 청구권의 결합이다.

(4) 권리는 청구되는 것이기보다는 허용되는 것이다. 권리는 소지자가 자유롭게 할 수 있는 것이 무엇인지를 알려주지만, 해야 할 것과 하지 않아야 하는 것은 알려주지 않는다.

(5) 어느 누구도 무엇을 할 권리는 갖지는 않는다. 다른 어떤 사람이 무엇을 하게 되거나 하는 것을 억제할 권리를 가질 뿐이다.

(6) 권리는 확립된 행동방식이다.

(7) 행사할 수 있다는 것을 도외시하고는 권리에 대해 생각하기 어렵다.

(8) 권리는 피조물이 소유해야 하는 권한(힘)이다.

(9) 모든 권리는 본질적으로 재산권이다.

이종은, 2011, **평등, 자유, 권리**, 서울: 책세상, 644-645.

다음 내용에 관한 해석으로 타당하지 않은 것을 모두 고르시오.

> 어느 누구도 무엇을 할 권리는 갖지는 않는다. 다른 어떤 사람이 무엇을 하게 되거나 하는 것을 억제할 권리를 가질 뿐이다.

① 교육권을 '교육시킬 권리'로 해석해서는 안 된다.

② 이는 권한을 설정하는 논거를 제공한다.

③ 교사의 책무를 설명해준다.

④ 복지권을 누구나 청구할 수 있는 보편적 권리로 보아야 한다.

⑤ 권리의 속성을 설명한다.

& 복지권을 누구나 청구할 수 있는 보편적 권리로 보아서는 안 된다는 뜻이다. [플376-377]

정답: ④

다음 내용에 관한 해석으로 타당한 것을 모두 고르시오.

> 권리는 청구하는 것이기보다는 허용되는 것이다. 권리는 소지자가 자유롭게 할 수 있는 것이 무엇인지를 알려주지만, 해야 할 것과 하지 않아야 하는 것은 알려주지 않는다.

① 권리는 향유하는 특성을 갖는다.

② 특권의 특징을 중심으로 한 진술이다.

③ 권리-의무 선후관계를 언급하는 것으로 상대방의 의무이행을 전제로 권리주장을 할 수 없다는 뜻이다.

④ 의무와 관련된 청구권의 특징을 진술하고 있다.

⑤ 면책의 특징을 설명한다.

& 자유권(특권)의 특징을 설명하고 있다. [플376]

정답: ①, ②, ③

다음 내용에 관한 해석으로 타당한 것을 모두 고르시오.

- 권리는 확립된 행동방식이다. - 행사할 수 있다는 것을 도외시하고는 권리에 대해 생각하기 어렵다.

① 고전적 권리 이외에 여타의 권리가 성립되지 않음을 뜻한다.
② 복지권은 실행력을 고려해야 한다는 뜻이다.
③ 권리는 자의적으로 행사해서는 안 된다.
④ 권리지상주의를 경계해야 함을 뜻한다.
⑤ 권리 행사에 있어서 도덕적 정당성과 국가의 의무이행을 고려해야 한다는 뜻이다.

& 고전적 권리 이외에 여타의 권리가 성립되지 않는다는 뜻이 아니라 그러한 권리 행사의 전제를 말한다. [플378]

정답: ②, ③, ④, ⑤

다음 진술이 함의하는 바를 간략하게 서술하시오.

모든 권리는 본질적으로 재산권이다.

& 인간의 권리는 생명, 자유, 재산이 불가분의 관계에서 고려해야 한다는 고전적 권리 또는 기본적 권리의 관점을 나타낸다. 이러한 맥락에서 특히 개인의 재산권을 '공공의 이름으로' 제한하거나 침해하는 경우를 면밀하게 살펴야 한다는 점을 시사한다. [플341-344; 378]

권리의 기능에 따른 권리이론을 말하라.

& 권리가 권리소유자에게 이익을 준다고 보는 이익설(이익이론), 권

리는 권리소유자의 의지를 반영한 것이라는 선택설(선택이론)이 있다. 그리고 자연법의 전통에 뿌리를 두고 권리기반이론과 연계된 자격설(자격이론)이 있다. 자격설은 인격설이라고도 한다. **[플 378-379; 387-388]**

※ 이익이론에 관한 다음 진술 중 타당한 것을 모두 고르시오.

① 공리주의에 의하여 뒷받침되는 이론이다.

② 권리를 의무 이행에 따른 이익으로 본다.

③ 권리-의무의 상관관계를 인정한다.

④ 권리를 이익으로 설명한다는 점에서 권위적 간섭을 인정하여 권리 제한이 따른다.

⑤ 호펠드의 권한의 경우 이익이론으로 설명되지 않는 측면이 있다.

& 모두 옳은 진술이다. **[플379-383]**

정답: ①, ②, ③, ④, ⑤

※ 선택이론에 관한 다음 진술 중 타당한 것을 모두 고르시오.

① 칸트의 의지설에 의하여 뒷받침되는 이론이다.

② 권리를 권리 소유자의 선택의지로 본다.

③ 권리행사 여부에 따라 의무이행 여부가 결정된다.

④ 행위자의 선택의지가 강조되는 만큼 특권이나 권한이 중요하다.

⑤ 선택이론은 주로 민법과 관련된다.

& 모두 옳은 진술이다. **[플384-385]**

정답: ①, ②, ③, ④, ⑤

다음 중 타당하지 않은 진술을 모두 고르시오.

① 선택이론은 형법상 관련된 권리를 설명하지 못한다.

② 이익이론은 벤담, 페인, 버크 등이 지지한다.

③ 선택이론은 칸트와 하트가 지지한다.

④ 선택이론은 기본권을 잘 설명해준다.

⑤ 이익이론은 권리수혜자의 이익을 설명해준다.

& 기본권은 선택사항이 아니기 때문에 선택이론의 한계를 잘 보여준다. 이익이론은 권리소유자의 이익을 설명하여 권리수혜자의 이익을 설명해주지 못한다. [플379-386]

정답: ④, ⑤

다음 진술 중 타당한 진술을 모두 고르시오.

① 이익이론의 한계는 모든 의무 이행이 이익이 되는 권리를 가져다주지 않는다는 데 있다.

② 특권의 경우 권리행사가 곧 이익을 가져다주지 않는다는 데에 이익이론의 한계가 있다.

③ 법체계 면에서 이익이론은 민법에, 선택이론은 형법에 부응한다.

④ 선택이론은 선택능력이 없는 사람의 권리를 제대로 설명하지 못한다.

⑤ 선택이론은 형법상 관련된 권리를 제대로 설명하지 못한다.

& 법체계 면에서 이익이론은 형법에, 선택이론은 민법에 부응한다. [플381-382; 385-387]

정답: ①, ②, ④, ⑤

자격이론을 100자 내외로 서술하시오.

& 자격이론은 권리를 이익 증진이나 선택 능력으로 설명하는 것은 한계가 있다는 점에서 설정된 권리이론이다. 두 가지 범주의 존재가 배제된다. 하나는 미성년자, 아동, 경제적 무능력자, 태아 등이 지니는 권리가 문제가 되고, 다른 하나는 인간 이외 존재들의 권리가 문제가 된다. 전자에서는 '인간의 권리'라는 보편성이, 후자에서는 '동물권', '환경권' 등이 문제가 된다. **[플387-388]**

자격이론에 관한 다음 진술 중 타당한 것을 모두 고르시오.

① 자격이론의 연원은 자연법사상에서 찾을 수 있다.

② 권리의 보편성은 계몽사상의 영향으로 확립되었다.

③ 권리기반이론도 자격이론과 관련된다.

④ 역치의 문제와 관련된다.

⑤ 도덕권, 자연권, 절대적 권리들도 이 이론과 관련된다.

& 모두 타당한 진술이다. **[플389-393]**

정답: ①, ②, ③, ④, ⑤

자격이론에 관한 다음 진술 중 타당하지 않은 것을 고르시오.

① 자격이론은 권리의 성립근거를 인격성에서 찾는다.

② 자격이론에 따르면, 권리가 침해당했다는 것은 해당 법령 위반이 아니라 부당한 대우를 받았다는 것을 말한다.

③ 도덕규범이나 의무, 법령은 그 자체가 인격성을 지니지 않기 때문에 권리의 근거가 될 수 없다.

④ 자격이론은 칸트를 중심으로 한 의무기반이론에 근거한다.

⑤ 권리 소유자는 자격(entitlement)을 지닌 존재로서 불가침의 권리

를 갖는다는 뜻이다.

& 드워킨을 중심으로 한 권리기반이론이다. **[플393-395]**

정답: ④

자격이론에 관한 진술로서 타당한 것을 모두 고르시오.

① 자격이론의 권리는 도덕권의 한 형태를 가리킨다.

② 도덕적으로 지지받는다고 해서 권리가 어떤 의무에 선행할 수 없다는 한계가 있다.

③ 자격이론에서 실행성 문제가 대두된다.

④ 자격이론을 받아들인다고 해도 권리 소유자가 어떤 이익을 수혜하는가를 따질 수 없다.

⑤ 자격이론 자체가 권리의 보장성을 확보해주지 못한다.

& 모두 타당한 진술이다. **[플397-398]**

정답: ①, ②, ③, ④, ⑤

하트가 일반권(general rights)과 특정권(special rights)을 구분하게 된 이유를 100자 내외로 서술하시오.

& 자연권은 도덕적으로 정당화될 수는 있지만, 그 적용에는 한계가 있음을 지적하고, 권리의 보편성이 절대적으로 적용됨을 가리키지 않는다는 것이다. 이에 따라 도덕권을 행사하는 데 따르는 전제와 근거가 무엇인지를 밝혀야 하며, 여기서 특정권이 요구된다는 것을 논증한다. **[플400-401]**

일반권과 특정권 구분은 권리이론에서 매우 중요하다. 이에 관하여 관심이 있거나 학술논문 등 심층적인 공부를 원하는 사람은 다음 문헌을 필독하길 권한다.

Hart, H. L. A., 1955, Are there Any Natural Rights?, *Philosophical*

Review 64. 이 논문은 권리이론을 소개한 여러 정치철학 입문서에 다시 수록되어 있다. 예컨대, Quinton, A. ed., 1967, *Political Philosophy*, Oxford University Press에도 수록되어 있으며, 이 책은 우리나라 웬만한 규모의 도서관에는 비치되어 있다.

하트가 제시한 도덕권을 행사하는 데 요구되는 전제에 관한 진술 중 타당하지 <u>않은</u> 것을 고르시오.

① 도덕권은 도덕적 근거가 법체제가 용인하는 것을 의미하지 않으므로 그것만으로 성립한다고 볼 수 없다.
② 도덕권은 상관개념이 아니므로 상대방이 도덕적 의무를 지닌다고 할 수가 없다.
③ 도덕권이 모두 보편성을 지니는 자연권은 아니다.
④ 하트가 수용하는 도덕권은 오히려 홉스와 로크가 주장하는 고전적 권리에 가깝다.
⑤ 도덕권은 실행성과 무관하게 절대적으로 성립한다.

& 도덕권은 상대방의 행동을 제한할 요건과 같은 실행성을 갖추어야 성립한다. **[플401-405]**

정답: ⑤

다음 중 일반권과 특정권에 관한 설명으로 옳지 <u>않은</u> 것을 <u>모두</u> 고르시오.

① 일반권-특정권은 하트(H. L. A. Hart)가 구분하였다.
② 이 두 가지를 구분해야 하는 가장 큰 이유는 도덕권이 보편성을 지닌다고 하더라도 그것이 자연권처럼 성립하지 않는다는 것을 논증하기 위한 것이다.
③ 일반권은 타인이 지니지 않은 자유를 간섭하거나 제한할 근거를

가지고 요구할 수 있는 권리를 말한다.

④ 특정권은 내가 요구하는 내용에 대하여 타인이 합당한 근거 없이 간섭하거나 제한할 수 없는 권리를 말한다.

⑤ 일반권과 특정권 구분은 일차적으로 대인권리(rights *in personam*)에서 성립한다.

& 타인이 지니지 않은 자유를 간섭하거나 제한할 근거를 가지고 요구할 수 있는 권리는 특정권을 말하고, 내가 요구하는 내용에 대하여 타인이 합당한 근거 없이 간섭하거나 제한할 수 없는 권리는 일반권을 말한다. 일반권과 특정권 구분은 일차적으로 대물권리(rights *in rem*)에서 성립한다. **[증57-59] [플405-406]**

정답: ③, ④, ⑤

특정권이 지닌 속성이 아닌 것을 고르시오.

① 특정권은 대인권리(rights *in personam*)에서도 성립한다.

② 특정권은 계약이나 거래관계에서 성립한다.

③ 특정권은 선택능력을 가진 사람이라면 누구나 소유할 수 있는 권리이다.

④ 특정권은 권위에 대한 동의로도 성립한다.

⑤ 특정권은 사회관계에서도 성립한다.

& 선택능력을 가진 사람이라면 누구나 소유할 수 있는 권리는 일반권이다. **[플410-411]** 특정권은 대물관계만이 아니라 대인관계에서도 성립한다. **[증57] [플460-465]**

정답: ③

하트의 일반권에 관한 다음 진술 중 타당한 진술을 모두 고르시오.

① 일반권은 자격이론에 근거한다.

② 일반권은 특정권이 요구하지 않는 상황에서도 선택능력을 갖춘 사람이라면 누구나 지니는 권리이다.

③ 일반권은 모든 타인이 간섭하지 않을 의무와 상관관계를 이룰 경우 성립하는 권리이다.

④ 일반권은 어떤 특정한 인간관계나 거래관계와 관계없이 성립한다.

⑤ 일반권은 보편적으로 정당화되는 유일한 자연권을 가리킨다.

& 일반권은 도덕권이 보편적으로 적용되는 데 따른 한계를 설정하기 위한 것이다. 따라서 자격이론과 상관이 없다. [플410-411]

정답: ②, ③, ④, ⑤

하트의 특정권에 관한 다음 진술 중 타당한 것을 모두 고르시오.

① 특정권은 계약, 거래, 인간관계, 면허 및 자격에 근거하여 성립한다.

② 특정권은 전문성과 권위에 비추어 성립하기도 한다.

③ 특정권은 상대방으로 하여금 권리를 제한하거나 의무 또는 책무를 부과할 수 있다.

④ 특정권의 사례는 교육상황에서 쉽게 찾을 수 있다.

⑤ 교사의 권한과 책무는 특정권으로 설명된다.

& 모두 타당한 진술이다. [플409-410]

정답: ①, ②, ③, ④, ⑤

다음 중 타당한 진술을 모두 고르시오.

① 특정권은 특정한 대물관계에서 성립하는 권리이다.

② 특정권이 자격이나 면허에 따라 주어지는 경우 타인에게 책무를 부여하기도 한다.

③ 일반권은 모든 타인이 간섭하지 않을 의무와 상관관계를 이룰 경우 성립하는 권리로서 호펠드의 특권에 가깝다.

④ 하트의 일반권 논의는 자연권 논의처럼 권리의 보편성이 과도하게 확대 해석되는 것에 대한 검증장치라고 할 수 있다.

⑤ 특정권은 인간관계에 따라 성립하므로 부모-자식 관계에서도 성립한다.

& 모두 타당한 진술이다. **[플408-411]**

정답: ①, ②, ③, ④, ⑤

특정권이 아동문제 또는 교육상황을 설명하는 데 적용되는 논점을 간략하게 제시하시오.

& 다음 몇 가지 논점이 있다. **[플408; 410; 412; 460-465]**

- 교수-학습 상황에서 교사가 지니는 권한
- 교육상황에서 교사와 학생 간의 인지적 불균형 문제
- 교육상황에서 제기되는 권위적 간섭의 근거
- 부모가 행사하는 아동의 대리권 문제
- 특정권이 적용되는 대물권리 상황과 그럴 수 없는 대인권리 상황의 차이

Ⅳ. 아동권리의 실제

이 절에서는 아동권리가 지니는 특수성을 권리의 보편성에 비추어 점검하도록 한다. 여기서는 주로 한나 아렌트의 주장을 토대로 하였다.

단군신화의 '원화위인(願化爲人)'과 '탐구인세(貪求人世)'의 의미를 아동권리의 관점에서 정리하시오.

& 이 두 가지는 단군신화의 근본적인 우주관을 설명하는 핵심개념이다. 우선 '원화위인(願化爲人)'은 하늘세계가 인간을 그리워한다는 뜻이다. 천상과 지상이 우열을 나누는 그런 우주관이 아님을 알 수 있다. 그리고 추구하는 바도 인간 자체의 모습이다. 인간을 나락에 빠진 존재로 보고 이러한 인간을 구원하거나 지배하려는 사상과 거리가 멀다. 같은 맥락에서 '탐구인세(貪求人世)'도 인간 세상이 구원의 대상이 아니라 가장 살기 좋은 터전임을 전제한다. 인간 세상의 일상성을 존중한다는 뜻이기도 하다.

이 두 가지는 모두 원융이라는 개념으로 설명된다. 외래의 다른 신화나 가치관처럼 원형을 별도로 찾지 않는다는 점도 두 개념이 지시하는 공통적 특징이다. 따라서 '원융'이라는 개념이 비록 불교적 색채가 있기는 하지만 '원형'을 대체하는 개념으로 사용된 것이다. 권리의 관점에서 보면 '원화위인'과 '탐구인세'는 곧 아동을 권리 주체로 정당화하는 데 있어서 하나도 손색이 없는 개념이다. 그리고 다른 한편으로는 아동 존중의 의미를 아동이 처한 현실에서 찾아야 한다는 단초를 제공한다. [증129-156] [플92-94]

아렌트가 언급한 세 가지 인간의 조건에 대한 다음 설명 중 옳지 않은 것을 고르시오.

① 탄생성은 인간의 조건 중 가장 근원적인 것이다.
② 아렌트에 따르면 사멸성은 탄생성에서 비롯된다.
③ 사멸성을 인식하게 되면서 양상은 불멸의 가능성을 탐색하게 한다.
④ 구체적인 인간의 조건은 탄생성에서 불멸성이 나오고, 다시 불멸성은 곧 다원성으로 이어진다.
⑤ 아동 권리의 초점은 일차적으로 다원성에 맞추어져야 한다.

& 아렌트의 인간의 조건은 아동권리인식을 확인하는 단초를 제공한다. **[플128-130]**

정답: ⑤

이하에서 꾸준히 소개되는 한나 아렌트에 대하여 간략하게 소개하기로 한다.

한나 아렌트(Hannah Arendt, 1906~1975): 독일 출신의 유대계 정치철학자. 아렌트의 정치철학적 입장은 고전적 의미의 공화주의에 입각한 적극적 시민의식을 강조하는 데 있다. 그의 생애를 통해서 스스로가 겪은 경험은 곧 자신의 저작에 그대로 반영되어 있으며, 이를 통하여 전체주의의 폐해를 알리고 우리에게 경각심을 높인 것은 그가 인류에 크게 공헌한 바이다. 1951년 최초의 체계적인 저작인 『전체주의의 기원』은 그에게 세계적인 명성을 안겨주었다. 아렌트는 이 책에서 광기를 드러내어 현대사회의 위기를 촉발한 전체주의가 민족국가의 쇠퇴와 계급사회의 붕괴로 인하여 은연중에 태동하는 계기가 되었다고 분석하였다. 아렌트의 생애와 관련한 여러 가지 에피소드만 해도 상당한 분량을 차지하지만, 여기서는 목하 관심 사안에 관련하여 주요 저술에 담긴 몇 가지 논점을 소개하고자 한다.

대표적인 저술인 1958년 출간된 『인간의 조건』은 여러 측면에서 반드시 읽어야 할 고전이다. 이 책에서 아렌트는 진정한 삶의 가치란 노동에 있는 것이 아니라, 정치적 행위에 있다고 주장한다. 여기서 정치란,

정당 활동이나 선거와 같은 정치 행위뿐만 아니라 '타인과 관계를 맺으면서 소통하는 일체의 활동'을 말한다. 이러한 주장을 하게 된 동기는 당시 유럽 사람들의 정치적 무관심이 나치를 막지 못한 주된 원인이었으며 만약 공동체 구성원들의 적극적인 정치참여가 가능하였다면 이를 통해 나치로 대표되는 전체주의를 막을 수 있다는 데서 찾을 수 있다. 본서를 비롯한 아동권리향연 시리즈를 통하여 강조하는 탄생성, 사멸성, 다원성은 적극적인 정치참여를 설명하기 위한 개념적 도구인 셈이다.

인간의 세 가지 조건은 인간이 살면서 하는 세 가지 활동인 '노동', '작업', '행위'에 상응한다. '노동'은 생존과 욕망 충족을 위해 행하는 육체의 동작이고, '작업'은 자신의 재능을 발휘하여 일의 재미와 일정한 명예를 바라며 수행하는 지속적인 시간을 거쳐 이루어지는 제작 활동이다. 이 두 가지는 일차적으로 생존과 관련되어 있고 이를 연장하여 지속적인 삶을 위한 보호와 관련된다. 이에 반하여 '행위'는 개인의 생존 욕망과 필요를 넘어 이루어지는 공적 영역의 활동을 지칭한다.

아렌트는 정치철학적 맥락에서 큰 업적을 남긴 위대한 사상가이지만, 교육과 아동문제에 관해서도 크게 기여한 인물이다. 다만 교육과 아동문제를 다루는 전문가들이 그의 주장에 집중하지 않아서 조명을 받지 못했을 뿐이다. 탄생성은 이를 입증하는 매우 중요한 개념이다. 탄생성은 실제로 그가 자신의 책에서 분석한 것처럼 신학적, 철학적, 정치적인 의미를 지닌다. 하지만 탄생성을 통하여 '새롭게 온 존재'라는 뜻에서 인간 그리고 아동의 의미를 얻어낼 수 있다. 그렇게 탄생한 아동이 사적 영역을 대표하는 가정을 통하여 보호받고 양육되면서 학교라는 가교(架橋)를 통하여 공적 영역에 들어갈 준비를 한다. 그러한 입문 과정을 통하여 아동은 또 다른 탄생을 하게 된다. 이것이 아렌트가 말하는 탄생성의 이중적 의미이다.

다원성에 상응하는 행위는 공적 영역에서 인간 활동을 가리킨다. 다만 아렌트는 우리가 이른바 공적 영역이라고 하면서 공적인 논의보다는 사적 이해관계가 충돌하는 생존문제 등에 함몰되는 것을 경계한 것이다. 즉 오직 획일적인 행동으로서 생(生)의 욕구를 해소하고자 하는 노동에 매이게 되거나 다양한 인간 활동을 노동이라는 한 가지 활동으로 회귀하는 것을 경계하고자 하였다. 이러한 논점은 교육현장 특히 교수-학습 과정에 있어서 사적 이해를 떠난 공적 논의를 추구해야 한다는 점을 시사한다.

아렌트의 주장은 아동의 권리문제를 크게 부각시킨다. 1968년 출간된 『과거와 미래 사이』에서 여러 가지 정치적, 철학적 문제가 다루어진다. 그중 하나가 '교육의 위기'로서 아동의 무방비 상태에서 공적 영역에 진입할 경우의 위험성을 경고하고 있다. 이러한 논조는 곧 아동권리인식 단계에 상응하는 것이기도 하다. 탄생성-사멸성-다원성이라는 인간의 조건은 곧 아동권리가 현실적으로 어떻게 인식되고 어떻게 개선되고 처방되어야 하는지를 알려주는 중요한 논거가 된다. 아울러 이러한 인식 단계는 아동의 삶이 부모와 가정을 거치고 학교라는 공적 기관을 통하여 문명 세계에 입문할 수 있다는 점을 확인시켜준다. 이는 제2장에서 확인한 바 있듯이 우리가 5월을 가정의 달로 정하고 그 안의 여러 기념일들이 일종의 정합적 위계를 갖는 것과 일맥상통한다.

아렌트는 스스로 교육을 표방한 인물은 아니지만, 웬만한 교육학자를 능가하는 교육적 식견과 안목을 지닌 사상가이다. '악의 평범성(banality of evil)'이라는 개념을 통하여 알려진 1963년의 『예루살렘의 아이히만』은 교육을 통한 일상성의 형성이 얼마나 무서운 결과를 초래하는지를 보여준다. 전체주의의 광기가 교육을 매개로 하여 평범한 사람들에게 돌이킬 수 없는 악을 행하게 하였다는 점을 깨닫게 한다. 즉, 자기가 하고 있는 일에 끊임없이 의문을 제기하지 않는 평범한 사람은, 부당한 권위에도 의문을 제기하지 않고 그 권위에 동조되어 언제든지 악을 저지를 수 있는 잠재성을 지니고 있다. 상황이 이럴진대, 그의 주장은 우리의 교육이 이러한 오류를 범하지 않는지 반문하는 중요한 계기를 마련해준다.

『예루살렘의 아이히만』은 다른 측면에서 보면 이른바 민중 참여를 통한 민주주의 왜곡이 얼마나 위험한가를 보여준다. 주지하는 바와 같이, 이 책에서 언급되는 아이히만은 2차 세계대전 당시 유대인 대량학살의 공범으로 아르헨티나에서 익명의 타인 신분으로 지내다가 1960년 5월 이스라엘 정부요원들에 의해 체포되어 1961년 이스라엘 법정에서 재판을 받는 인물이다. 이에 아렌트는 미국 신문사 뉴요커의 기자 신분으로 재판에 대해 취재한 내용을 기사화하였고, 이 과정에서 재판 보고서의 내용을 활용해 이스라엘 법정에 선 아이히만을 바라보는 관점, 이스라엘 법정의 정의의 관점에서 당위성 여부 그리고 이 과정에서 아이히만의 납치, 이스라엘에서의 재판을 상세하게 취재하게 된다. 그 결과 아렌트는 아이히만 재판을 정치적, 이념적 관점이 아닌 아이히만을 둘러싼 재판의 공정성과 정의의 관점에서 보아야 한다고 생각하기에 이른다. 이러한 아렌트의 주장은 이스라엘 또는 유대인의 관점에서 보기에 아이히만의 유대인 학살이라는 범죄에 대한 책임을 축소하는 것 같아 거북해 보이고 이스라엘에서 재판을 받는 것에 대한 부적절성 등을 지적하는 것이어서 매우 민감한 문제였다. 그럼에도 아렌트는 아이히만 재판이 오직 정의에 대한 관심에 따라 이루어져야 했다는 의견을 갖고 있었다. 그러면서 아렌트가 제기한 개념이 '악의 평범성'이다.

이 재판을 통하여 아렌트가 지적한 일련의 잘못은 곧 아동권리향연 시리즈와 본서 제4장에서 소개할 민주주의의 왜곡된 형태와 관련된다. 재판의 절차만이 아니라 민주주의가 '절차적 원리'로 인식되어야 한다는 점에서 아이히만 사건은 민중의 '대중주의'에 함몰되면 안 된다는 점을 깨닫게 하는 계기가 된다. 사실 당시 이스라엘 정부는 정치적으로 아이히만에게 대량학살의 책임을 전부 부과하려면 할 수도 있었으며, 아예 납치 대신 아르헨티나 현장에서 그를 사살하려면 할 수도 있었을 것이다. 여러 측면에서 아렌트의 주요 저술들은 읽고 새겨야만 할 주옥같은 고전임에는 틀림없다. 이상 소개한 저술 이외에 아렌트가 남긴 주요 저술은 다음과 같다.

- 『혁명론』, 1963.
- 『정신의 삶』, 1978.
- 『칸트 정치철학 강의』, 1982.
- 『성 아우구스티누스의 사랑 개념』, 1992.

아렌트의 세 가지 인간활동이 아동권리인식과 상응한다는 뜻을 간략하게 서술하시오.

& 첫째, 노동은 개인적 생존과 종의 존속을 보장한다는 점에서 탄생성에 상응한다. 둘째, 작업과 인간의 가공물은 유한한 삶의 덧없음에 영속성과 지속성을 부여한다는 점에서 사멸성과 관련된다. 셋째, 행위는 정치적 삶의 조건을 제공한다는 점에서 다원성에 상응한다. **[플129]**

아렌트의 세 가지 인간의 조건에 대한 다음 진술 중 옳은 것을 모두 고르시오.

① 아동권리인식은 아렌트의 인간의 조건에 상응하는 측면이 있다.
② 재화 공급은 탄생성에 상응한다.
③ 보호는 사멸성에 상응한다.
④ 참여는 다원성에 상응한다.
⑤ 아렌트의 인간의 조건은 인간 본성 또는 본질에 관한 질문을 담고 있다.

& 아렌트의 인간의 조건은 인간 본성 또는 본질이 아니라 인간이 영위하는 활동(*Vita Activa*)에 관한 질문을 던진다. **[플120-121; 128-129]**

정답: ①, ②, ③, ④

다음 이것에 해당하는 인간 활동의 용어를 올바르게 짝지은 것을 고르시오.

이것(A)은 '인간 신체의 생물학적 과정에 상응하는 활동'이다. 이것은 생물학적 삶을 위한 것이며, 반대로 이것의 근본 조건은 생물학적 삶이다.

이것(B)은 '인간 실존의 비자연적인 것에 상응하는 활동'이다. 이것은 인공적 세계의 사물을 제공한다. 인간이 자연환경에만 살 수 없으므로 모든 개별적 삶은 인공적 세계의 경계 내에 있다. 이것의 인간 조건은 세 속성을 지니며, 노동과 달리 지속성을 지닌다.

이것(C)은 '사물과 물질의 매개 없이 인간 사이에 직접적으로 수행되는 유일한 활동'으로 정의된다. 이것의 인간 조건은 다원성이다. 다원성은 모든 정치적 삶의 '필요조건'일 뿐만 아니라 '가능 조건'이다.

① A-노동; B-작업; C-행위
② A-노동; B-행위; C-작업

③ A-작업; B-행위; C-노동 ④ A-행위; B-작업; C-노동

⑤ A-작업; B-노동; C-행위

& 한나 아렌트의 인간 활동은 아동의 삶과 아동권리의 특수성을 이해하는 관건이다. [플128-133]

정답: ①

다음은 공적 영역이 사회적 영역으로 변하는 데에 작용한 사회적 요인에 대한 설명입니다. 빈칸에 알맞은 말을 쓰시오.

> 첫째, ㉠ ________ 이다. 그 결과 인간 활동 중 노동이 우위를 차지하게 된다. 계몽의 결과인 근대과학기술은 잉여 생산이나 풍요가 이를 가능하게 하였다. 둘째, ㉡ ________ 이다. 그 결과 인간 행동을 법칙에 따라 설명할 수 있다는 환원주의가 대두된다. 셋째, ㉢ ________ 이다. 익명성은 개인이 아닌 실체도 없는 '사회적 실체'의 설정을 가능하게 하였다. 넷째, 개인을 계층 문제로 이해하게 되었다는 점이다.

& 공적(公的) 영역이 개인의 사적(私的) 삶과 결별하여 사회적인 의미로 변질하면서 공적 의미가 사적 의미를 압도하게 되고 그것은 종국에는 개인의 자유와 권리를 침해하고 말살하는 전체주의 사회를 초래하는 결과를 가져온다. [플126-127]

정답: ㉠ **경제학의 등장,** ㉡ **통계학, 실증주의, 행동주의의 발달,** ㉢ **익명성의 대두**

아동 권리 인식의 세 가지 3P는 한나 아렌트가 주장하는 세 가지 인간의 조건과 상응하는 측면이 있습니다. 이에 대해 정리해보시오.

& 재화 공급은 탄생성(natality)에, 보호는 사멸성(mortality)에, 참여는 다원성(plurality)에 상응한다. 첫째, 탄생성은 개인적 생존과 종

의 존속을 보장하는 노동과 관련을 맺고 있으므로, 아동의 경우에는 생존에 필요한 '재화 공급'을 요구한다. 둘째, 사멸성은 인간이 자신의 죽음을 예견하고 유한한 삶과 삶의 덧없음에 영속성과 지속성을 부여하는 수단을 제공하는 작업과 맺고 있으므로, 이러한 작업이 지속되도록 한시적 지속성을 요구한다. 아동의 경우에 이러한 지속성을 보장하는 장치인 '보호'를 요구한다. 셋째, 다원성은 정치적 삶의 조건을 제공하는 행위와 관련을 맺고 있으므로 아동의 경우는 '참여'를 요구한다. 여기서 정치적 삶은 공적 관심을 지닌 활동을 가리킨다. 참여는 이에 요구되는 조건이다. 따라서 '참여'는 공공의 관심을 갖도록 하는 삶의 장을 가능하게 하는 요인이다. 이를 아이들의 정치참여나 선거권 연령 인하 등의 정치적 이슈로만 생각해서는 안 된다. **[플128-130]**

다음을 읽고, 아동 권리 인식을 어떻게 파악해야 하는지에 대해 정리하시오.

> 인간의 권리가 지니는 보편성을 강조하더라도 그것이 인간의 삶의 현장을 떠난다면 형해화(形骸化)된 언어유희에 불과하듯이 아동 권리가 아동의 실존적 삶의 현장을 벗어나서 논리적으로만 주장된다면 그것 역시 공허한 언어유희에 불과하다.

& 권리의 보편성을 존중한다고 하더라도 아동이 처한 특수성을 고려해야 한다는 취지를 반영하고 있다. **[플466-479]**

『아동권리향연 플러스』의 제3장과 제8장에서 언급된 아동권리의 특성을 잘 정리할 필요가 있다.

공(公)의 의미에 관한 다음 설명 중 옳지 <u>않은</u> 것을 고르시오.

① '공동체'를 가리키는 'corpus rei publicae'는 동일함이나 동일성

을 의미하는 'koinon'을 뜻한다.

② 'publicly shared'는 우애, 형제애라는 뜻이다.

③ 공적 존재는 생존의 생활세계에서 영속성을 지닌 세계로 나간다는 뜻을 담고 있다.

④ 공적 영역에서 삶은 대상의 동일성에 대한 다양한 사적인 관심의 확장을 통한 영속적 세계를 보장하고, 우월성을 획득하는 삶이다.

⑤ '공'의 뜻은 계몽의 맥락에서 사적인 것을 부정하는 '사회적인'이라는 의미로 바뀌었다.

& '공동체'를 가리키는 'corpus rei publicae'는 동일함이나 동일성을 의미하는 'koinon'을 뜻하지 않는다. **[플125]** 공(公)의 의미가 변질되는 것을 막아야 개인의 자유와 권리를 온전하게 보호할 수 있다.

정답: ①

공(公)과 사(私)를 구분하는 것이 아동권리인식을 설명하는 차원에서 왜 중요한지를 설명해 보시오.

& 앞서 재화 공급은 탄생성(natality)에, 보호는 사멸성(mortality)에, 참여는 다원성(plurality)에 상응한다고 하였다. 재화공급과 보호는 일차적으로 사적인 영역에서 이루어진다. 물론 그것이 사적 영역에서 원활하지 않을 경우에는 공공부조와 사회서비스를 제공하는 복지정책에서 이루어지지만 일차적으로 사적 영역의 소관이다. 그러나 다원성을 특징으로 하는 참여는 아동이 공적 활동에 입문한다는 것을 뜻한다.

이 점에 착안하면 '공'과 '사'의 구분은 매우 중요하다. **[플122-130; 740-743]**

⌘ 공(公)과 사(私)의 의미를 서술하고, 아동권리의 특수성과 관련시켜 보시오.

& 공(公)의 의미는 두 가지가 있다. 하나는 '누구에게나 드러나는', '숨겨지지 않는'이라는 뜻이다. 다른 하나는 '공공 소유' 즉 '共有(publicly shared)'라는 뜻이다. 이는 상호 소유라는 뜻으로 '사적 소유'와는 대비되지만, 오늘날 사용하는 공유지, 공용재화를 뜻하는 '국가 소유', '주인 없는'이라는 의미와는 차이가 있다.
사(私)의 의미도 두 가지로 나누어 볼 수 있다. 첫째, 사는 현실성의 박탈, 타자성의 박탈을 의미한다. 그래서 결과적으로 고독 관계의 박탈(deprivation)을 자초하는 바보(idiot)가 된다. 둘째, '박탈'의 의미는 점차 사라지고, 소유(ownership)와 재산(property)을 뜻하는 말로 변한다. 이러한 상황에서 전체주의는 공적 영역의 소멸을 통하여 사적 영역의 소멸을 기도한다. **[플125-126]**
두 가지 개념의 첫 번째 의미는 한나 아렌트가 경계하고자 했던 사적 영역의 소멸과 관련된다. 특히 아동의 사적 영역을 박탈하고 공적 영역에 드러내는 일의 심각성 문제는 결과적으로 아동권리의 침해와 말살을 가져온다. **[플133-147]**
두 번째 의미는 경제학적 맥락에서 거론되는 의미이다. 이 경우 사사로움을 배제한다는 공(公)의 의미가 나누어 갖는다는 공(共)의 의미로 변질된다. 또한 당초 사적 재산의 뜻을 지닌 사(私)의 의미가 '빼앗다'라는 뜻으로 전용되어 도덕적으로 나쁘다는 뜻인 사(邪)의 뜻으로 전락한다. 그리하여 이러한 그릇된 해석은 공적 영역의 확대 논리를 제공하게 된다. **[플698-702]**

⌘ '공적 영역'에 대한 다음 설명 중 옳지 않은 것을 고르시오.

① 아렌트에게 있어서 공적 영역은 '공론'이 가능한 삶의 영역이라는 뜻이다.

② 정치적 삶은 정치적 동물을 뜻하는 희랍어 'zoon politikon'의 번역어이다.

③ 아렌트는 희랍어에도 오늘날 우리가 사용하는 '사회적'이라는 말이 있다고 언급하였다.

④ 인간이 정치적 동물이라는 말은 도시국가에 존재하는, 살아가는 동물을 뜻한다.

⑤ 오늘날로 보면 동호인, 무리, 무리 지어 살아가는 사람, 클럽에 속하면서 공적인 일을 수행하는 사람을 말한다.

& 실증주의 영향으로 '사회'라는 다소 추상적이고 집합적인 개념이 대두된다. [플127]

정답: ③

아렌트의 '사적 영역'에 대한 다음 설명 중 옳지 않은 것을 고르시오.

① 사적 영역은 가정에 근거한다.

② 가정을 뜻하는 희랍어 'oikia'는 폴리스 삶 이후의 삶을 뜻한다.

③ 가정은 정치적 집합이 아니므로, 현대사회에서 정의하는 뜻과 다르다.

④ 고대 희랍에서는 사적 영역을 중시하지는 않았다.

⑤ 희랍어 'oikia'는 '공동의 소유'를 뜻하는 'koinon'에 반대된다.

& 희랍어 오이키아는 공동체 생활 참여 이전의 가정의 사적 영역을 뜻하는 개념이다. [플123- 124]

정답: ②

아렌트의 공적 영역과 사적 영역에 대한 다음 설명 중 옳지 않은 것을 고르시오.

① 자연적 결사체인 oikia는 필연적 운명의 결정체이다.

② 가정은 '평등의 장소'이다.

③ 도시국가, 즉 공동체인 폴리스는 자유의 영역이다.

④ 개인의 자유 의지에 따라서 결성되는 자유로운 결사체는 '평등'이 고려되는 장소이다.

⑤ 평등은 동일한 부를 소유하거나 재화의 동등한 분배를 뜻하지 않는다.

& 탄생성의 특징은 우연적이고 운명적이어서 불평등을 포함한다. [플 123]

정답: ②

공적 영역과 사적 영역에 대한 다음 설명 중 옳지 않은 것을 고르시오.

① 아렌트에 따르면, 희랍어 'polis'는 둥근 담을 뜻한다.

② 희랍어 'oikia'는 생물학적 삶이 가능하게 하는 담이다.

③ 법이라는 것은 공론의 영역에서 정치적 삶이 가능하게 하는 담을 뜻한다.

④ 희랍어에서 삶은 생물학적 생존을 뜻하는 'zoē'과 공론의 삶이 가능한 'bios'로 구분된다.

⑤ 공적 영역과 사적 영역은 상호 관련을 가지고 있지 않다.

& 고대 희랍에서는 공적 영역과 사적 영역은 연계되어 있다고 믿었다. 마치 선진유학(先秦儒學)에서 수신(修身)-제가(齊家)-치국(治國)-평천하(平天下)의 관련과 유사하다. 공적 영역에서 삶은 사적 관심의 확장을 통하여 이루어진다. 따라서 양쪽이 대립한다거나 어느 한쪽이 다른 쪽에 치환된다고 할 수 없다. [플125]

정답: ⑤

아렌트에 따른 '소유'의 의미에 대한 다음 설명 중 옳지 않은 것을 고르시오.

① '소유(ownership)'는 원래 '박탈'의 의미를 갖지 않았으나, 계몽 이후 소유를 부(wealth)로 간주하여 절대 선에 반하는 것으로 간주하였다.

② 당초 '소유(所有)'의 뜻은 '장소의 가짐', '있는 바', '자신의 곳'이라고 명명할 수 있는 곳 없이도 존재가 성립할 수 있는 개념이다.

③ '소유'는 '존재'의 조건이다.

④ 소유권, 소유는 사회질서의 근간이자 핵심이다.

⑤ 아렌트에 따르면, '소유는 특정 부분에서 자신의 위치를 가지고 그렇게 함으로써 정치적 조직체에 소속되는 것'이다.

& 소유와 존재의 필연적 관계는 자유민주주의를 뒷받침하는 전제이다. 자유민주주의 이외의 방식으로 개인의 자유와 권리는 증진되거나 도모할 수도 없으며 기본적으로 보호되지도 못한다. **[플125-126] [플604-608]**

정답: ②

아렌트가 설명한 세 가지 '인간 활동'에 대해 서술하시오.

& 아동권리의 특수성을 이해하는 데 아렌트의 인간의 조건과 세 가지 인간 활동은 중요하다. 아렌트는 인간 활동을 '노동(labor)', '작업(work)', '행위(action)' 세 가지로 설명한다. 노동은 '인간 신체의 생물학적 과정에 상응하는 활동'이다. 노동은 생물학적 삶을 위한 것이며, 반대로 노동의 근본 조건은 생물학적 삶이다. 작업은 '인간 실존의 비자연적인 것에 상응하는 활동'이다. 작업은 인공적 세계의 사물을 제공한다. 인간이 자연환경에만 살 수 없으므로 모든 개별적 삶은 인공적 세계의 경계 내에 있다. 작업의 인간 조건은 세

속성을 지니며, 노동과 달리 지속성을 지닌다. 행위는 '사물과 물질의 매개 없이 인간 사이에 직접적으로 수행되는 유일한 활동'으로 정의된다. 행위의 인간 조건은 다원성이다. 다원성은 모든 정치적 삶의 '필요조건'일 뿐만 아니라 '가능 조건'이다. **[플129-130]**

아렌트의 세 가지 '인간의 조건'이 아동권리인식과의 상응 가능성에 관심을 두어야 하는 이유에 대해 서술하시오.

& 첫째, 아동 권리가 실체 없는 구호에 그치지 않으려면 구체적인 삶을 조망할 수 있는 삶의 조건과 관련지어야 한다. 아무리 권리의 보편성을 주장한다고 하더라도 그것이 구체적인 삶이 전개되는 상황을 설명하거나 반영하지 못하면 안 된다. 둘째, 아렌트가 주장하는 '인간의 조건'은 인간 본성이나 인간의 본질에 관한 질문이 아니라 인간이 영위하는 활동에 맞추어져 있다. 인간이 실제로 무엇을 하면서 삶을 영위하는가에 따라 이를 설명하는 인간의 조건이 달라진다. **[플128-129]**

다음을 읽고, 이에 대한 시사점을 쓰시오.

> 아렌트는 "학교는 비록 그것이 아직까지 실제의 세계는 아닐지라도 아이와 관련해서는 어떤 의미에서 세계를 표상한다"라고 말하였다. 그러려면 우리는 탄생성에 초점을 맞추어 논의를 해야 한다. 그래서 그는 "우리 모두가 탄생과정을 통해 세상에 나왔고, 이 세계는 항상 탄생을 통해 새로워진다"라고 하였다. 이상의 논의를 통하여 우리는 아동이 '세계에 입문하는 존재'이며, 이에 따라 사적인 보호를 요구한다는 사실을 알 수 있다.

& 권리 또는 권리주체로서 아동이 지니는 권리의 형식적 보편성이 아동의 사적 영역과 불평등한 관계에 있음을 시사한다. 학교의 기능은 세계가 어떤 곳인가를 가르치는 데 있다. 즉 학교는 사적 영

역인 생활에 대한 관계에서 세계에 대한 관계로 이어가는 가교이다. [플139-140]

아렌트의 주장에 관한 다음 진술 중 타당한 것을 모두 고르시오.

① 아렌트는 아동을 생활영역에서 세계영역으로 나아가는 과도기적 존재로 보았다.

② 생활영역은 가정을 중심으로 한 사적 영역을 말하고, 세계영역은 정치참여를 중심으로 하는 공적 영역을 말한다.

③ 학교는 과도기적 존재인 아동이 세계영역으로 진입하는 가교(架橋)이다.

④ 생활영역과 세계영역에 태어난다는 뜻에서 아동에게 탄생성은 이중성을 지닌다.

⑤ 아동은 학교에서 세계에 대한 관계를 배움으로써 공적 영역에 진입하여 문명인이 된다.

& 모두 옳은 진술이다. [플135-136]

정답: ①, ②, ③, ④, ⑤

아렌트의 주장에 관한 다음 진술 중 타당하지 않은 것을 모두 고르시오.

① 아렌트가 말하는 탄생의 이중성이란 생활영역으로 '처음 태어난 존재'라는 뜻과 세계영역이라는 낯선 영역에 새로 들어온 존재라는 뜻이다.

② 아동의 공적 영역은 사적 영역에 앞서 존중되어야 한다.

③ 아동의 생활영역과 세계영역을 구분하지 못하는 것은 그릇된 평등의식을 조장한다.

④ 아동의 위기는 개인으로서 아동과 집단으로서 아동을 대립시킨 데서 기인한다.

⑤ 현대사회에서 일어나는 아동문제는 그것을 공적 영역에서 다루지 못한 결과이다.

& 아동의 사적 영역이 일차적으로 고려되어야 하며, 현대사회에서 일어나는 아동문제는 그것을 지나치게 공적 영역으로 치환해서 다룬 결과이다. **[플137-138]**

정답: ②, ⑤

아렌트의 주장에 관한 다음 진술 중 타당한 것을 모두 고르시오.

① 아동중심교육, 아동의 자율 등은 아동을 어른들의 권위로부터 해방시켜야 한다는 전제에서 비롯된다.

② 아동을 어른들의 권위로부터 해방시켜야 한다는 주장은 아동을 집합적 개념으로 간주한 결과이다.

③ 아동중심교육은 교수법 등 교육방법에 치우친 결과 교사의 권위 상실을 초래하였다.

④ 학교는 공적 전통과 문화를 가르치는 곳이므로 아동의 사적 영역을 무시할 수 있다.

⑤ 아동중심교육은 학교가 수행할 '공부'를 '놀이'로 대체해 버렸다.

& 학교는 아동의 사적 경험을 바탕으로 공적 전통과 문화를 가르치는 매개기관이므로 아동의 사적 영역을 무시할 수 없다. **[플137- 139]**

정답: ①, ②, ③, ⑤

아렌트의 교육에 관련된 다음 진술 중 타당한 것을 모두 고르시오.

① 아동은 '세계에 입문하는 존재'이다.

② 학교는 아동에게 학교가 실제의 세계 그 자체는 아니지만 세계를

표상해준다.

③ 교사는 세계를 표상하도록 이끌어주는 사람이다.

④ 교사는 세계에 대하여 책임지는 사람이며 세상을 대표하는 사람(representative)이다.

⑤ 아동의 세기를 정의한 측면에서 보면 교사의 권위는 폭력과 공포를 낳는다.

& 아렌트의 관점에서 교사의 권위는 폭력과 공포와 아무런 관련이 없다. **[플138-139]**

정답: ①, ②, ③, ④

아렌트의 교육에 관련된 다음 진술 중 타당하지 않은 것을 모두 고르시오.

① 교사는 세계를 표상하도록 이끌어주는 사람이므로 교사의 자격요건이 곧 교사의 권위로 동일시된다.

② 아렌트는 아동중심교육이 권위주의적 학습법에 대한 반발로 인하여 아동의 위기를 촉발한 것으로 본다.

③ 아렌트의 주장은 학교의 역할이 아동의 사적 영역을 대체하는 데 있다고 보았다.

④ 학교는 아동에게 두 번째 탄생성의 관점에서 중요하다.

⑤ 아동 권리의 보편성은 사적 영역을 능가한다.

& 아렌트는 자격증 제도를 도입한 현대사회에서 교사의 자격요건과 교사의 권위를 동일시되는 것을 경계한다. 학교는 사적 영역을 대체하는 것이 아니라 공적 영역으로 인도하는 가교역할을 한다. 아동 권리의 보편성은 아동의 사적 영역을 일일이 고려하는 데서 찾아야 한다. **[플138-140]**

정답: ①, ③, ⑤

✕ 아렌트의 주장과 관련된 다음 진술 중 타당한 것을 모두 고르시오.

① 아동의 생존적 필요는 탄생성과 관련되는 만큼 운명적인 요소가 담겨 있다.

② 아동은 '생활'과 '세계'의 이중적 성격을 지니는 존재이다.

③ 복지정책은 아동의 생존에 관한 재화가 사적 영역에서 원활하게 공급되지 않았을 경우에 한정되어야 한다.

④ 아동문제에서 복지권을 보편적 측면만을 강조하면 사적 영역에서 고려되어야 할 양육의 책임이 공적 영역으로 치환되는 오류를 범하게 된다.

⑤ 아동과 관련된 복지재 공급은 대물권리 영역에 속한다.

& 모두 옳은 진술이다. **[플140-141]**

정답: ①, ②, ③, ④, ⑤

✕ 아렌트의 아동에 관한 다음 진술 중 타당하지 않은 것을 모두 고르시오.

① 가정은 탄생성과 관련된 기구이므로 일정한 지속성을 요구하지 않는다.

② 권리의 보편성에 비추어 아동은 가정으로부터 해방되어야 할 존재이다.

③ 가정은 탄생성만이 아니라 사멸성과 관련된 자생적 기구이다.

④ 가정을 통하여 아동은 심리적, 사회적 보호를 받으므로 사멸성과 관련된다.

⑤ 가정폭력의 예방과 처단 차원에서 가정은 일차적으로 공적 관심 대상으로 인식되어야 한다.

& 가정은 사멸성과도 관련된 기구이므로 일정한 지속성을 요구하며,

가정폭력의 예방과 처단은 매우 예외적인 차원에서 성립한다. **[플 142-143]**

정답: ①, ②, ⑤

다음을 참고하여 '아동의 참여'에 대해 서술하시오.

> 다원성과 아동 권리의 관계를 보자. 다원성은 정치적 삶의 조건을 제공하는 행위와 관련을 맺고 있으므로 아동의 경우에는 참여를 요구한다고 하였다. 여기서 정치적 삶이란 문명인으로서 삶을 뜻하므로 아이가 사회의 원만한 성원으로 삶을 영위할 수 있음을 뜻한다. 아동의 경우 참여는 공적 영역에서 논의가 가능하다는 것을 뜻한다.

& 아동의 참여는 생물학적 삶이 안정적이고 지속적으로 유지되면서 생활 영역을 넘어서 공적 논의 영역의 '담' 속에서 문명을 학습한다는 뜻이다. 이를 통하여 아이는 인간 활동이 생존 수단인 노동에 종속되지 않으며, 또한 지속적 삶이 가능한 작업의 수준을 넘어서 다양한 활동이 전개된 삶을 맛볼 수 있다. 여기서 아동은 행위와 법, 즉 이론과 실천이 요구되는 논의의 장으로 입문한다. 이것이 다원성의 관점에서 본 아동의 존재 이유이다. 그러나 아동 참여가 다원화된 가치를 자의적으로 선택하는 것을 뜻하지는 않는다. **[플 144]**

아렌트의 아동에 관한 다음 진술 중 타당한 것을 모두 고르시오.

① 아렌트의 다원성은 아동에게 정치참여를 함의한다.

② 여기서 정치참여는 아동이 문명인으로서 사회 속에서 원만한 삶을 영위할 수 있음을 의미한다.

③ 아동에게 참여는 생활영역을 넘어서 공적 논의의 장으로 들어갔

다는 뜻이다.

④ 공적 논의에 입문했다는 뜻은 아동의 삶이 생존에 관련된 노동에 국한되지 않음을 뜻한다.

⑤ 아동 참여는 백지상태에서 주어지는 것이 아니다.

& 모두 타당한 진술이다. **[플144-145]**

정답: ①, ②, ③, ④, ⑤

아렌트의 아동에 관한 다음 진술 중 타당하지 않은 것을 모두 고르시오.

① 아동 참여가 다원성을 포함하므로 아동이 여러 가치 중에서 자의적으로 선택하는 것을 뜻한다.

② 아동 참여는 보편적 가치이므로 아동의 안정성에 우선한다.

③ 아동 참여를 통한 선택은 가치가 배제된 상태에서 이루어져야 한다.

④ 아동 참여는 생성의 과정을 넘어서 이루어질 수 있다.

⑤ 아렌트의 아동 참여는 아동중심 또는 진보주의 교육관에 부합한다.

& 모두 그릇된 진술이다. **[플144-145]**

정답: ①, ②, ③, ④, ⑤

아동 참여에 관한 다음 진술 중 타당한 것을 모두 고르시오.

① 아동권리증진 차원에서 아동 참여는 목적론적 도식으로 이해해야 한다.

② 아렌트가 언급한 정치적 삶의 참여는 공적 영역에 입문하는 것을 뜻한다.

③ 아동권리인식에서 보호는 참여의 전제이므로 아동 참여는 일차

적으로 국가의 보호를 전제로 한다.

④ 아동 참여는 두 번째 탄생성과 관련이 있다.

⑤ 하트의 참여사다리는 아동 참여를 '참여자'가 아닌 '관찰자' 관점에서 설명한 것이다.

& 아동 참여는 목적론적 도식으로 이해하는 것은 형식논리에 입각한 것이며, 또한 일차적으로 가정의 보호를 전제로 한다. **[플140-146]** **[증329-333]** 하트의 참여사다리에 관한 소개는 본서 제6장 참조.

정답: ②, ④, ⑤

자기결정권 존중에도 불구하고 아동의 성명권이 왜 필요한가를 간략하게 서술하시오.

& 모든 사람이 그렇듯이, 아동이 태어나면 자신의 의사와 관계없이 이름과 국적을 취득하게 된다. 이는 자기결정권 측면에서 보면 태어난 아동의 입장에서 본인 의사와는 무관한 것이다. 따라서 성명권과 국적권은 자기결정권에 배치되는 측면이 있다. 실제로 아이가 어느 정도 자라면서 자신의 이름에 불만을 가지기 시작하는 경우를 드물지 않게 볼 수 있다. 이러한 자기결정권을 보장해주고자 개명(改名)을 할 권리가 주어진다.

그럼에도 불구하고 아동권리협약에서 아동의 성명권과 국적권 등의 신분에 관한 권리를 명기하여 당사국이 이를 보장하도록 한 것은 아동이 처한 현실, 즉 아동의 특수성이 자기결정권이라는 권리의 보편성 이전에 고려해야 하기 때문이다. 여기서 자기결정권에 앞서 당면하는 아동의 특수성은 아동이 향유할 권리를 보편적으로 증진할 수 있기 때문에 중요하다. '보편성'이라는 말은 천편일률적이라는 뜻이 아니다.

이러한 논의에는 다음과 같은 요소들을 고려해야 한다.

아동의 정체성과 법적 신분의 확보; 아이들이 인신매매, 성적 착취

등의 위험으로부터 보호; 모성 보호 등을 위한 조치; 권리의 측면에서 생존과 보호의 필요.
관련 조항은 아동권리협약 제7조 1항이며, 자세한 소개는 본서 제7장 참조. [증535]

권리에 관한 다음 진술 중 타당한 것을 모두 고르시오.

① 하트는 자연권의 남용을 막기 위하여 권리주체 특정 여부를 통하여 일반권과 특정권을 구분하였다.
② 의사가 환자에 대하여 지니는 권리, 임차인이 임대인에게 지니는 권리는 특정권이다.
③ 권리는 청구행위에 따른 의무이행 대상 범위에 따라 대물권리와 대인권리로 구분된다.
④ 권리주체를 특정하지 않는 대인권리는 성립하지 않는다.
⑤ 일반권과 특정권의 구분은 대물권리와 대인권리의 구분과 동일한 준거에 따른다.

& 일반권과 특정권의 구분은 대물권리와 대인권리의 구분을 혼동해서는 안 된다. [플459-460] 다만 두 가지는 권리주체와 대상을 특정하는가라는 동일한 준거에 의하여 구분된다. [증57-59]

정답: ①, ②, ③, ④

아동에게 성명권과 국적권이 요구되는 사유가 아닌 것을 고르시오.

① 아동의 정체성과 법적 신분의 확보
② 아이들이 인신매매, 성적 착취 등의 위험으로부터 보호
③ 모성 보호 등을 위한 조치
④ 권리의 측면에서 생존과 보호의 필요

⑤ 아동 참여 증진

& 아동권리협약 제7조 ①항 **[증535]** 아동의 성명권과 국적권은 아동의 인신매매, 성적 착취 등의 보호와 가장 기본적인 생존과 발달에 요구되는 지원을 하기 위한 조치로써 아동 참여와는 일차적으로 거리가 멀다. 참여라는 보편적 가치 이전에 아동의 특수성을 고려해야 한다는 뜻이다.

정답: ⑤

대물권리와 대인권리를 간략하게 설명하시오.

& 대물권리(rights *in rem*)과 대인권리(rights *in personam*)는 권리를 대상에 따라 구분한 것이다. 즉 양자는 청구행위에 따른 의무이행 대상의 범위에 따라 구분된다. 전자는 누구나 이행할 의무이행을 전제한 권리이다. 후자는 특정한 사람에게 부과된 의무이행을 전제한 권리이다. 이는 하트의 일반권-특정권 구분과는 혼동해선 안 된다. 혼동을 피하기 위해서 다음 표와 같이 설명할 수 있다.

	대물권리	대인권리
일반권	Ⅰ	Ⅱ
특정권	Ⅲ	Ⅳ

표에서 일반권이면서 대물권리(Ⅰ)는 권리 주체를 특정하지 않으면서 특정인을 권리의 상대로 특정하지 않는 경우의 권리이다. 특정권이면서 대물권리(Ⅲ)는 권리 주체를 특정하면서 특정인을 권리의 상대로 특정하지 않는 경우의 권리이다. 특정권이면서 대인권리(Ⅳ)인 경우는 권리 주체를 특정하면서 동시에 특정인을 권리 상대로 특정하는 경우이다. 반면에 일반권이면서 대인권리(Ⅱ)는 권리 주체를 특정하지 않으면서 특정인을 권리의 상대로 특정하는 권리이므로 이러한 권리는 현실적으로 성립할 수 없다. **[플459-460]**

다음 표는 권리의 범주를 나타낸 것이다. 여기서 성립하지 않는 범주를 고르시오.

	대물권리	대인권리
일반권	Ⅰ	Ⅱ
특정권	Ⅲ	Ⅳ

① 범주 Ⅰ ② 범주 Ⅱ ③ 범주 Ⅲ ④ 범주 Ⅳ

& 대인권리(rights in *personam*)는 일반권(general rights)에서는 성립하지 않는다. [플460]

정답: ②

다음 표의 범주 Ⅲ에 관한 설명으로 맞는 것을 <u>모두</u> 고르시오.

권리의 범주

	대물권리	대인권리
일반권	Ⅰ	Ⅱ
특정권	Ⅲ	Ⅳ

① 보통선거권

② 결혼 10주년 금반지 선물 약속에 관한 권리

③ 의사와 환자와의 권리

④ 모든 국민이 의무교육을 받을 권리

⑤ 상속인과 피상속인의 일반적인 제 권리

& 특정권은 계약, 인간관계에 의하여 성립하지만, 그것이 사적인 관계는 아니다. [플460-462]

정답: ③, ⑤

다음 표의 범주 Ⅳ에 관한 설명으로 맞는 것을 모두 고르시오.

권리의 범주

	대물권리	대인권리
일반권	Ⅰ	Ⅱ
특정권	Ⅲ	Ⅳ

① 원하는 대학합격에 명품 옷을 사준다는 아빠의 약속에 대한 딸의 권리

② 동창회 구성원 간의 골프 내기에 관한 권리

③ 교사-학부모 간에 성립하는 권리

④ 부당하게 인신 구속을 받지 않을 권리

⑤ 특정인이 규정한 유언에 따른 피상속인의 상속에 관한 권리

& 교사와 학부모 사이에 성립하는 권리는 당사자의 사적인 요인에 의거하지 않으며, 부당한 인신 구속을 받지 않을 권리는 일반권에 속한다. **[플460-462]**

정답: ①, ②, ⑤

다음 표 권리의 범주 Ⅲ과 Ⅳ에 속하는 사례가 올바르게 짝지어진 것을 모두 고르시오.

	대물권리	대인권리
일반권	Ⅰ	Ⅱ
특정권	Ⅲ	Ⅳ

① 동창회 구성원 간의 골프 내기에 관한 권리 — Ⅳ

② 결혼 10주년 금반지 선물 약속에 관한 권리 — Ⅳ

③ 의사와 환자와의 권리 — Ⅲ

④ 교사-학부모 간에 성립하는 권리 — Ⅲ

⑤ 특정인이 규정한 유언에 따른 피상속인의 상속에 관한 권리 — Ⅲ

& 상속에 관한 법률에 따른 권리는 상속에 관련된 사람들에게 다 적용되므로 범주 Ⅲ에 속하지만, 특정인이 규정한 상속에 따른 권리는 해당 당사자만 적용되므로 범주 Ⅳ에 속한다. **[플460-462]**

정답: ①, ②, ③, ④

✠ 아동권리인식 문제와 관련하여 아렌트가 설정한 공적 영역과 사적 영역의 의미를 다음 표를 토대로 논의해 보시오.

	대물권리	대인권리
일반권	Ⅰ	Ⅱ
특정권	Ⅲ	Ⅳ

& 범주 Ⅰ과 범주 Ⅲ에 속하는 권리는 아렌트가 설정한 공적 영역에서 성립하는 권리들이다. 더 정확하게 말하자면, 계몽의 영향으로 '인권'이 공론의 장으로 들어온 이후 성립된 권리들이다. 이 권리들이 근대성의 지표가 될 수 있는 만큼, 여기 속한 권리들은 매우 중요하다. 그러나 이 권리들은 공론의 장, 공적 영역에서 의미를 지닌다. 바꿔 말하자면 사적 영역에서 보호받고 사적인 장에서 생성되어야 할 가치들이 이 범주의 권리로 다루어지면 여러 가지 문제가 발생한다. 예를 들어서 사적 영역에서 존중되어야 할 가치들이 무상의무교육을 받을 권리에 의하여 왜곡되는 것은 바람직하지 못한 결과를 초래할 수 있다. 주지하는 바와 같이, 무상의무교육은 공교육 체제에서 이루어진다. 공교육은 연령 기준의 단일성, 교육내용의 획일성, 학교교육의 경직성, 국가주도의 강제성 등 단점을 가지고 있다. 이는 아이들의 개인차, 가정사, 가정배경 등을 고려한 교육체제가 아니다.

학교는 아렌트가 지적한 바와 같이 사적 영역과 공적 영역의 가교이며, 생활인에서 문명인으로 가는 노정에서 학습을 하는 곳이다. 범주 Ⅰ과 범주 Ⅲ의 권리로 보면, 학교는 전적으로 공적 영역에 속한 기관이 된다. 그리고 이들 범주 속에서 아동의 교육권을 파악하면 그것은 국가 복지정책의 일환일 뿐이다. 학교와 교육의 위상과 기능이 왜곡된다. 그러면 교사의 역할도 함께 왜곡되고, 위축된다. 교사는 생활인 상태의 아이에게 문명과 문명인을 보여주는 표상(representation)과 전범(exemplar)의 역할이 사라진다. 오직 효용성(*utilitas*)만을 추구하는 전문가(자격증소지자)로 자리매김한다. 오늘날 사표(師表)가 없다든지, 인간교육에 실패했다는 비판이 나오는 것은 학교와 교육, 그리고 교사의 이러한 위상이 왜곡되고 폄하된 데 기인한다. 그리고 그것은 아동권리를 일방적으로 범주 Ⅰ과 범주 Ⅲ에 속하는 것으로 간주하고 논의한 결과이다.

다른 한편, 범주 Ⅲ과 범주 Ⅳ에 속하는 권리들은 아동의 인간관계를 통하여 설명된다. 전자는 자격, 계약에 의한 공적 영역 속의 인간관계에 의존하지만, 후자는 출생이나 양육이 일어나는 가정이라는 사적 영역 속의 인간관계에 의존한다. 가족의 가치와 가족 구성원의 관계는 아동의 가치 형성에 매우 중요하다. 그러나 이러한 가치를 범주 Ⅲ의 권리 내용으로 보면, 가족 구성원과 교사 또는 학교 당국 간의 갈등을 피할 수 없다. 많은 초·중등학교 교사들이 이구동성으로 하는 지적 중 하나가 아이들이 학교에 오기 이전에 아이들이 가치관이나 성품이 이미 결정되어 있다는 것이다. 그리고 많은 어린이집, 유치원 교사, 그리고 초등학교 교사들이 겪는 애로는 학부모의 불만이 과도하다는 것과 설사 과도하지 않은 경우에도 학교나 교사가 그것을 온전하게 수용할 수 없다는 데 있다. 이러한 현상이 대두되는 것은 공적 영역과 사적 영역에서 이루어져야 할 인간관계를 구분하지 못하거나 사적 영역에서 다루어져야 할 문제를 공적 영역으로 일률적으로 그리고 부당하게 치환하였기 때문이다. **[플463-464]**

아동 권리의 특성에 관한 다음 진술 중 타당한 것을 모두 고르시오.

① 아동권리협약의 3대 정신은 포괄적이고 추상적이므로 공적 영역의 권리로 이해되어야 한다.

② 권리주체로서 아동의 의미를 공적 영역에서 파악한다면 아동문제를 그릇된 평등의식에 비추어 다룰 가능성이 크다.

③ 아동 참여 권리를 보편적인 것으로 간주하면 생활인에서 문명인으로 가야 하는 아동이 문명을 학습하기도 전에 공적 세계에 무방비로 노출되는 결과를 초래한다.

④ 아동문제와 관련한 학교 구성원 간의 갈등은 대인권리와 대물권리를 구분하지 못하는 데서 비롯된다.

⑤ 아동권리의 보편성은 대인권리 영역을 공적 사안으로 다루어야 한다는 뜻이다.

& 아동권리협약의 3대 정신은 포괄적이고 추상적임에도 불구하고 공적 영역의 권리로 이해되어서는 안 된다. 아동 개개인의 사적 영역을 모두 고려한다는 의미이다. 아동권리의 보편성에도 불구하고 대인권리 영역은 공적 사안이 아니라 사적 사안으로 다루어져야 한다. **[플464-465]**

정답: ②, ③, ④

아동 권리의 보편성에 관한 다음 진술 중 타당한 것을 모두 고르시오.

① 아동 권리의 보편성은 아동의 상황에 관계없이 적용된다.

② 아동 존중의 인식론적 의미는 성인과 아동의 차이를 인정하지 않는 것이다.

③ 아동 존중의 정치철학적 의미는 성인과 아동의 차이를 인정하지 않는 것이다.

④ 아동 권리의 보편성은 후진국의 경우 참여보다는 기본재화 공급

에 일차적인 초점이 맞추어져야 한다.

⑤ 선진국과 후진국 아동에게 적용될 성폭력 문제의 일차적 초점은 각기 다를 수 있다.

& 아동 권리의 특수성은 보편성의 원칙에 어긋나는 것이 아니다. 아동 존중의 인식론적 의미는 성인과 아동의 차이를 인정하는 것을 뜻한다. **[플466-468] [증130-137]**

정답: ③, ④, ⑤

아동 권리의 특성에 관한 다음 진술 중 타당한 것을 모두 고르시오.

① 아동권리의 보편성은 일차적으로 아동권리협약의 아동 최선의 이익 원칙을 준수하는 것으로 해석될 수 있다.

② 아동 권리증진은 개개 아동의 이익 증진에 맞추어져야 한다.

③ 아동 권리증진은 개개 아동의 실질적인 선택을 가능하게 하는 것으로 볼 수 있다.

④ 아동 개개인의 실질적인 선택을 가능하게 하는 것은 곧 아동 참여를 뜻한다.

⑤ 아동의 이익 증진을 집합적 개념으로 이해해서는 안 된다.

& 모두 타당한 진술이다. **[플468-472] [증451-466]**

정답: ①, ②, ③, ④, ⑤

아동의 선택에 관한 다음 진술 중 타당한 것을 모두 고르시오.

① 아동 선택은 아동 참여의 핵심이라고 할 수 있다.

② 아동의 선택이 변덕스러울 경우에 대한 여러 가지 방책이 강구되어도 아동 권리의 본질을 해쳐서는 안 된다.

③ 장기적인 관점에서 아동 이익 도모를 위하여 권위적 간섭이 행해

질 수 있지만, 그것은 제한적이어야 한다.

④ 권위적 간섭주의로 인하여 야기되는 각종 제한은 아동의 합리적 선택 역량과 실질적 참여로 해소될 수 있다.

⑤ 아동 참여는 위계론적 또는 목적론적 사고와 형식논리에 입각해서 고려되는 것은 타당하지 못하다.

& 모두 타당한 진술이다. **[플472-475; 633-645] [증181-190]**

정답: ①, ②, ③, ④, ⑤

아동 참여에 관한 다음 진술 중 타당한 것을 모두 고르시오.

① 아동 참여는 아동의 발달 단계와 같이 정형화된다.

② 아동 참여를 보편적으로 적용하는 것은 아동의 실질적 참여를 제한하고 오히려 아동 권리를 침해하는 결과를 낳을 수 있다.

③ 우리나라 학생인권조례에 드러난 문제 중 하나는 아동 참여의 보편성을 형식적으로 적용한 데 있다.

④ 아동 참여의 강제성과 포괄성은 다각도에서 그 적용 정도를 조절해야 한다.

⑤ 교칙은 아동 스스로 제정한 것이 아니라는 관점에서 아동의 행동을 제약할 수 없다.

& 아동 참여의 정도는 발달 단계에 따라 다르지만, 정형화되지 않는다. 규칙의 제정과 준수는 동일한 잣대로 논의할 수 없다. 루소의 자기 지배 원리는 보편적으로 적용될 수 없기 때문이다. **[플475- 477]**

정답: ②, ③, ④

아동 참여에 관한 다음 진술 중 타당하지 않은 것을 모두 고르시오.

① 아동 참여의 포괄성과 강제성 정도를 결정하는 근본적 기준은 그

것이 아동 최선의 이익에 부합하는가에 있다.

② 학교급이 올라갈수록 아동 참여의 기회가 확대되는 경향이 있다.

③ 아동 참여는 영국 서머힐(Summerhill) 학교를 표본으로 삼아야 한다.

④ 이른바 교칙 불복종 문제는 학부모가 자녀를 대리 참여하여 논의할 수 있다.

⑤ 우리나라 학생인권조례가 담고 있는 포괄성은 자연법사상에 근거한 것이므로 적극적으로 수용되어야 한다.

& 영국 서머힐 학교는 비록 아동의 완전 참여를 구현하고자 하였지만 학교가 문명 차원의 제도라는 측면을 간과한 측면이 있다. 또한 우리나라 학생인권조례가 담고 있는 포괄성은 특정권 차원에서 재고되어야 한다. **[플474-478]**

정답: ③, ⑤

아동 권리의 보편성에 관한 진술 중 타당하지 <u>않은</u> 것을 <u>모두</u> 고르시오.

① 아동 권리의 보편성은 사적 영역에서 고려해야 할 문제를 공적 영역에서 고려해야 한다는 뜻이다.

② 아동의 복지권은 아동이 저마다 처한 상황을 고려하지 않고 일률적으로 모든 아동에게 적용되어야 한다.

③ 무상의무교육을 받을 권리가 보편적 권리이기 때문에 그것은 학생과 학부모의 선택권에 우선한다.

④ 의무교육이 무상으로 이루어져야 하는 논거는 이웃효과에서 찾을 수 있다.

⑤ 아동 권리의 보편성은 아동의 특수성에 앞서 우선적으로 고려될 사항이 아니다.

& 아동 권리의 보편성에도 불구하고 사적 영역에서 고려해야 할 문제와 공적 영역에서 고려해야 할 문제를 일률적으로 다룬다는 뜻이 아니다. 아동의 복지권은 아동이 저마다 처한 상황을 고려하되 그 수혜대상에 있어서 예외 없이 적용되어야 한다는 뜻이다. 무상의무교육을 받을 권리가 보편적 권리이기 때문에 그로 인하여 학생과 학부모의 선택권은 존중받아야 한다. [플466; 476-479] [증211-223]

정답: ①, ②, ③

아동의 교육받을 권리에 관한 진술 중 타당한 것을 모두 고르시오.

① 교육권은 무상의무교육을 통하여 실현되는 보편적 복지권이다.

② 학습권은 보편적 복지권으로서 교육권이 지니는 선택권 제한 문제를 해결할 수 있다.

③ 아동의 무상의무교육에 관한 권리는 강제성과 포괄성을 지닌다.

④ 교육권은 복지권이고, 학습권은 자유권적 저항권이다.

⑤ 학습권은 평생교육의 맥락에서 이해된다.

& 모두 타당한 진술이다. [증217-230; 256-264] [플478-479; 736]

정답: ①, ②, ③, ④, ⑤

아동의 교육받을 권리에 관한 진술 중 타당하지 않은 것을 모두 고르시오.

① 보편적 복지권으로서 교육권은 공교육제도 발달과 관련이 있다.

② 교육권은 교사의 교육시킬 권리를 말하고 학습권은 아동의 교육받을 권리를 말한다.

③ 학습권은 파리선언과 함부르크선언과 밀접하게 관련이 있다.

④ 교육권이 무상의무교육을 정당화하는 논거는 모든 사람이 무지

라는 결핍 상태에서 벗어나야 한다는 당위성에서 찾을 수 있다.

⑤ 교육권은 후진국에서 더 요구되며 학습권은 선진국에서 더 요구되는 경향이 있다.

& 교육권과 학습권은 상관개념이 아니다. 교육권-학습권 구분은 그 나라의 개발 정도와 무관하다. **[증211-230; 236-264] [플478-479; 736]**

정답: ②, ⑤

Ⅴ. 중간 점검

이 절에서는 제1장 이후 소개된 내용 즉 제2장의 아동과 제3장의 권리에 관한 내용을 얼마나 이해했는가를 중간 점검하도록 한다. 이 절의 문항은 모두 진위형이며 아울러 반복되는 내용이 없지 않으나 제1장의 사전 점검과 달리 문항별 보충설명을 간단하게 제시하였다. 하지만 중복이 강하므로 출처는 생략하기로 하고, 보충설명이 생략된 문항도 있다.

이후 제4장과 제5장은 아동권리가 전개되는 제도적 측면과 아동권리의 현실 문제를 보다 심층적으로 다룰 것이다. 이 점에서 본 절은 중간 사다리 역할을 할 것으로 기대된다. 독자들의 아동과 권리의 이해 수준을 확인하는 데에 크게 도움이 될 것이다.

표준적 의미의 '아동'에 대하여 우리말 '어린이'를 공식화한 인물은 소파 방정환이다. (　　)

& 1921년 소파 방정환에 의하여 '어린이'라는 말이 공식화되었다.

정답: ○

☒ 표준어 '아동'은 헌법상 규정된 용어이다. (   )

& 여러 법률에 있어서 '아동'이 표준적 의미를 지니고 있음에도 불구하고, 우리 헌법에 비추어 '아동'은 헌법상 용어가 아니다.

정답: ×

☒ 우리 헌법은 '가족생활'과 '모성보호'를 언급함으로써 아동권리 증진 노력을 명시하고 있다. (   )

& 헌법의 해당 조항의 '기타의 사유로 생활능력이 없는 국민'에는 아동이 분명히 포함되기 때문에 우리 헌법은 아동권리 증진 노력을 담고 있다.

정답: ○

☒ 소파 방정환의 연보에 따르면, 어린이날의 취지를 공포한 것은 1922년 5월 1일이고, 어린이날을 제정하여 행사를 가진 것은 1923년 5월 1일로 기록되어 있다. (   )

& 기점이 언제인지는 당국이 공식적으로 바로 잡아야 할 사항이다.

정답: ○

☒ 당초 어린이날은 5월 1일이었으나, 노동절과 겹치는 등 사유로 인하여 1927년 5월 첫째 일요일로 정하였으나, 날짜가 달라지는 불편을 막기 위해 1946년 이후로는 요일에 관계없이 5월 5일로 지정되었다. (   )

& 이 경우 5월 1일은 어린이날이 '가정의 달'의 출발임을 가리키는 의미이다.

정답: ○

세계 각국의 어린이날은 모두 5월 5일이다. (　　)

& 각 나라마다 사정을 감안하여 지정된 어린이날은 다르다.

정답: ×

현행 법률에 규정된 '아동'의 연령 규정은 모두 '만 18세 미만의 자'로 되어 있다. (　　)

& 형법 제274조에는 '아동'을 '16세 미만인 사람'으로 정의하고 있다.

정답: ×

우리 법률상 같은 용어가 사용되지만, 연령 규정이 다른 경우가 존재한다. (　　)

& '아동'의 연령은 법령에 따라 18세와 16세로 정의되며, '청소년'은 법령에 따라 9세, 18세, 19세, 24세 등의 연령으로 정의된다.

정답: ○

법적 용어로서 '청소년'은 10대 아동을 대표하는 적절한 용어이다. (　　)

& 일상적으로 '청소년'은 13~18세 아동을 지칭하지만, 법적으로는 그렇지 않다.

정답: ×

법적 용어가 아니라면 아동과 청소년은 기능적 연령에 따라 구분될 수도 있다. (　　)

& 기능적 연령은 성장 호르몬이 분비되어 빠르게 성장이 이루어지는 시점인 사춘기를 기준으로 아동과 청소년을 구분해볼 수 있다.

정답: ○

아동을 적극적으로 규정하지 않는 법으로 공직선거법을 들 수 있다. ( )

& 공직선거법은 18세 이상의 국민이 선거권이 있음을 명시함으로써 18세 미만의 아동은 선거권이 없음을 소극적으로 규정하고 있다.

정답: ○

현행법상 아동을 지칭하는 법적 명칭이 아닌 것은 '아기'와 '아이'가 있다. ( )

& '아이'는 아이돌봄지원법 제2조에 규정되어 있는 법적 명칭이지만, 아기는 아직까지 법적 명칭이 아니다.

정답: ×

'영아'와 '신생아'의 차이는 수유를 하는가에 따라 구분된다. ( )

& 신생아는 생후 28일까지의 아동을 말하며, 영아는 만 2세까지의 아동을 말한다. 다만 수유권장 기간이 2년이지만, 이것이 두 용어를 구분하는 기준은 아니다.

정답: ×

우리말 '아이'는 어른과 상반된 뜻을 지니므로 '마음이 없는 존재'라는 뜻이다. ( )

& 이성을 취하는 존재라는 의미에서 '아이'가 어른과 상반되는 뜻을 갖는다. 작은 존재라고 해서 열등한 존재로 볼 수 없다.

정답: ×

우리말 '아이'는 시작을 뜻하는 '아시'와 관련되어 새로 태어남을 뜻하기도 하지만, 작음을 뜻하는 '아지'와 관련되어 작은 존재라는 의미를 가진다. ( )

& 작지만 새로 태어난 존재라는 뜻이지만, 결코 열등한 존재라는 뜻은 아니다.

정답: ○

우리말 '어린이'는 나이가 어리다는 뜻, 갓 태어나다라는 뜻, 어리석다는 뜻과 함께 얼을 지닌 존재라는 뜻을 지닌다. ( )

& 어리석다는 뜻을 지니지만 미성숙의 개념처럼 그 자체가 성장 가능성을 지닌다.

정답: ○

자녀를 재산처럼 소유물로 취급하는 것은 아동을 마음이 없는 존재로 보는 아동관과 관련된다. ( )

& 마음이 없는 존재라는 아동관.

정답: ○

아동을 작은 성인으로 보는 아동관은 아동에게 성인과 똑같은 의무와 멍에를 지게 한다. ( )

& 작은 성인으로 보는 아동관은 소년소녀가장이나 앵벌이 등에서 확인된다.

정답: ○

아동의 연령 제한은 무능 준거에 따른 것이다. (　　)

& 아동의 연령 제한은 일차적으로 아동 보호에 초점이 맞추어져 있다.

정답: ×

아동을 주조되는 존재로 보는 아동관은 아동을 성인의 조작 대상으로 보며, 아동에게 성취압력을 가하는 경향으로 나타난다. (　　)

& 아동을 주조되는 존재로 보는 아동관은 일정한 '틀'에다 아동을 가둔다.

정답: ○

아동중심의 진보교육관은 아렌트가 우려하는 아동의 위기를 담고 있다. (　　)

& 아동과 성인을 동등한 지위로 격상시킨 급진적 아동관은 오히려 아동에게 해가 될 수 있다.

정답: ○

아동을 권리 주체로 보는 아동관은 가장 발달된 아동관으로서 인간존엄성에서 나온 아동존중의 의미를 담고 있다. (　　)

& 아동존중에는 두 가지 의미가 있다.

정답: ○

아동을 권리 주체로 보는 아동관은 재화–보호–참여라는 아동권리인식 단계에 비추어 이해되어야 한다. (　　)

& 선진국과 후진국을 막론하고 재화-보호-참여의 세 가지가 상황에 맞게 고려되어야 한다.

정답: ○

기독교 질서관에서 아동을 열등한 존재로 보는 것은 기독교적 질서를 성인들의 자의적인 목적에서 왜곡한 결과이다. (　　)

& 기독교는 나름대로 위계질서를 갖지만, 복음서에 따르면, 이를 넘어서 아동을 존중한다.

정답: ○

불교는 공(空) 사상을 강조하므로 아동을 마음이 없는 존재로 본다. (　　)

& 불교에서는 세상 만물에 불성이 깃들어있다는 실유불성의 사상에 따라 아동 존중 사상이 이해된다.

정답: ×

단군신화에는 기독교나 중국의 천자 사상처럼 하늘과 땅의 대립이 없다. (　　)

& 단군신화는 지배와 구원의 사상이 담겨 있지 않다.

정답: ○

단군신화에 나타난 '하늘'은 모든 것을 독점적으로 관장하고 세상을 자신의 뜻대로 창조하는 절대자, 즉 천자를 지칭한다. (　　)

정답: ×

단군신화에서는 모든 사람들이 제천행사를 거행하고, 그것을 통하여 공통된 정체성을 갖게 한다. (　　)

정답: ○

단군신화는 애초부터 인본주의 사상이다. (　　)

정답: ○

단군신화는 유불선(儒佛仙)의 요소를 모두 복합적으로 담고 있으며, 단군신화에는 '지배', '구원'과 같은 사상과는 거리가 멀다. (　　)

& 이에 따라 아동은 지배의 대상도 아니고 구원의 대상도 아니다.

정답: ○

자유와 책임이 짝이 되는 개념인 것과 마찬가지로 권리는 의무와 짝이 되는 개념이다. (　　)

& 권리는 의무와 짝이 되는 상관개념이 아니다. 의무와 짝이 되는 경우도 있다. 대표적인 사례는 청구권에서 찾을 수 있다. 의무 이행을 하지 못하는 아동도 권리의 소유자(right-holder)이다. 짝이 되는 개념을 상관개념(correlative concept)이라고 한다.

정답: ×

'천부성(entitlement)'과 '보편성(universality)'을 실정법에 보장하도록 한 것이 헌법상 기본권이라고 할 수 있다. (　　)

& 권리의 기본적 특징을 반영한 것이 기본권이다.

정답: ○

우리나라 어린이선언문은 아동의 문화적 권리를 포함하고 있으며, 아동 존중의 형이상학적 가정을 담고 있다. (　　)

& 매우 앞선 아동관을 반영하였으나, 당시 국권을 침탈당한 우리나라 상황이 이를 뒷받침하지 못하였다.

정답: ○

권리의 의미는 의무와 함께 성립하는 개념이다. (　　)

& 권리와 의무는 상관개념이 아니다.

정답: ×

권리는 '權'과 '利'의 합성어이므로 권력이나 기세, 힘 등에 상응하는 의미를 지닌다. (　　)

& 권력을 지니지 않아도 권리를 소유할 수 있다.

정답: ×

권리에 상응하는 영어 'right'는 오른쪽을 의미하므로 권리는 우파 지향의 정치개념이다. (　　)

& 권리는 정치적 이념 스펙트럼을 떠나서 보편적 개념이다.

정답: ×

▣ 교권은 교사의 권위, 권리, 권한을 <u>모두</u> 뜻하는 중첩어이다. (　　)

& 이에 따라 광의의 교권, 협의의 교권으로 나눌 수 있다.

정답: ○

▣ 아동권리협약에 따르면, 아동의 자유로운 의사표현은 나이와 성숙도에 관계없이 보장받은 권리이다. (　　)

& 이에 관하여 아동권리협약은 아동의 사정을 반영해야 한다고 규정한다.

정답: ×

▣ 아동권리협약에서 입양의 원칙은 아동 최선의 이익에 따르도록 규정하고 있다. (　　)

& 아동권리협약의 규정이다.

정답: ○

▣ 아동권리협약은 아동권리 제네바선언과 국제연합 헌장의 정신을 계승한 권리문서이다. (　　)

& 아동권리협약은 이전의 아동권리문서를 계승한다.

정답: ○

▣ 권위의 내적 요인은 권위 행사자의 도덕성과 전문성을 말한다. (　　)

& 합리적 권위의 특징이기도 하다.

정답: ○

⌘ 카리스마는 개인적 권위를 소지한 권위자와 동의어이다. (   )

& 카리스마는 합리적 특성을 반드시 지니지 않을 수 있다.

정답: ×

⌘ 헌법상 자유권은 국가권력이 행사하지 않음으로써 보장되는 소극적 권리이며, 국가권력의 침해를 배제하는 방어적 권리이다. (   )

& 고전적 권리, 제1세대 권리에 해당한다.

정답: ○

⌘ 헌법상 사회권은 국가에 대하여 인간다운 생활을 요구한다는 점에서 적극적 권리이다. (   )

& 현대적 권리, 제2세대 권리에 해당한다.

정답: ○

⌘ 우리 헌법상 행복추구권은 포괄적 권리이다. (   )

& 우리 헌법상 행복추구권은 국민의 행복 추구에 필요한 모든 자유와 권리를 포함하는 포괄적 권리이다.

정답: ○

⌘ 적극적 권리와 능동적 권리는 동의어이다. (   )

& 전혀 다른 범주의 권리이다.

정답: ×

⌘ 적극적 권리는 국민의 권리를 강화하는 조치이므로 권리를 증진시킬 수 있다. ( )

& 적극적 권리는 국가의 강제적 개입을 불러올 수 있으므로 권리를 침해, 훼손할 수 있다.

정답: ×

⌘ 아동권리인식 단계로 보면, 생존과 보호는 수동적 권리에 상응하고, 발달과 참여는 능동적 권리에 상응한다. ( )

& 권리의 초점이 수혜에서 행사로 향한다.

정답: ○

⌘ 실정권이 도덕권으로 이행되는 것은 권리의 실행성을 강화함을 뜻한다. ( )

& 정반대의 진술이다. 도덕권은 실정권에 비하여 강제성과 구속성이 떨어진다.

정답: ×

⌘ 도덕적 권리는 절대적 권리이다. ( )

& 절대적 권리라는 용어를 사용하는 데에는 세심한 주의와 한계를 인정해야 한다. 특히 복지권을 주장하면서 보편성을 근거로 내세울 때, 그것이 절대적 권리인 양 주장한다.

정답: ×

⌘ 헌법에 명기된 기본권은 형식상으로는 도덕권이지만, 그 포괄성 면에서 실정권이다. ( )

& 헌법에 명기된 기본권은 형식상으로는 실정권이지만, 그 포괄성 면에서 도덕권이다.

정답: ×

⌘ 도덕권은 실정법에 의하여 권리가 명시되지 않은 지역에서 권리의 보호와 신장에 많은 기여를 한다. (　　　)

& 도덕권이 실행력이 없지만, 법적 효력이 닿지 않는 지역에서 권리 침탈 행위를 규탄하고 시정을 요구할 근거가 된다.

정답: ○

⌘ 사회, 경제권이 자연권처럼 성립하지 않는 이유는 그 실행성을 보장할 수 없기 때문이다. (　　　)

& 특정권을 설정하는 근거이기도 하다.

정답: ○

⌘ 근대성의 맥락에서 '인간의 권리(Rights of Man)'라는 개념이 형성되었으나, 그것이 인권(human rights)로 변형되기도 하여 저항권적 의미로 변형되었다. (　　　)

& '인권'이라는 용어 사용에는 여러 가지를 고려해야 한다.

정답: ○

⌘ 고전적 권리에서 생명, 자유, 재산에 관한 권리는 헌법상 기본적권 자유권을 구성하는 핵심이 된다. (　　　)

& 고전적 권리는 생명·자유·재산에 관한 권리를 핵심으로 한다.

정답: ○

현대적 권리 또는 사회경제적 권리는 보편적 의무(universal duty)에 의하여 성립된다. (　　　)

& 자연권으로 성립하지 않으며, 보편적 의무(universal duty)가 성립하지 않는다.

정답: ×

스토아 사상에서 자연법은 실정법에 우선하며, 자연법이 이성법으로서 관습법에 우선한다. (　　　)

& 스토아 사상은 자연을 이치로 본다.

정답: ○

자연 상태를 전쟁 상태로 본 홉스는 자연권이 자연법에 앞선다고 보고, 자연 상태를 평화 상태로 본 로크는 자연법이 자연권에 앞선다고 본다. (　　　)

& 로크는 자연권이 자연법에 근거한다고 보기 때문에 자연법이 자연권에 앞선다고 본다.

정답: ○

자연 상태를 일종의 이상향으로 본 루소는 도덕적 인간을 설정하여 이것이 권리의 주체가 된다고 보았다. (　　　)

& 루소는 자연이 이상향으로 문명에 의하여 파괴된다고 본다.

정답: ○

⊠ 루소는 인간을 착한 존재로 보아서 개인이 향유하는 재산, 소유권 등은 불가양도의 권리라고 한다. (　　　)

& 개인이 향유하는 재산, 소유권 등을 불가양도의 권리라고 한 인물은 로크이다.

정답: ×

⊠ 루소의 일반의지는 연대권의 토대를 제공하지만 그것이 현대사회에 적용되는 데에는 한계가 있다. (　　　)

& 연대권을 표현하는 주체인 '모든 사람(everyone)'은 보편성이 아니라 전칭성을 뜻한다는 점에 주목해야 한다.

정답: ×

⊠ 호펠드는 상관개념과 반대개념을 사용하여 권리의 속성을 분석하였다. (　　　)

& 상관개념은 짝개념이다.

정답: ○

⊠ 호펠드의 권한의 경우, *A*가 *x*의 권리를 지녔다면, 상대방인 *B*는 *x*를 이행할 의무를 지녔다는 말이다. (　　　)

& 청구권의 경우를 말한다.

정답: ×

⊠ 호펠드의 자유권 또는 특권의 경우, *A*가 *x*의 권리를 가졌다면, 상대방인 *B*는 그의 자유로운 행위인 *x*를 할 권리가 없다는 뜻이다. (　　　)

정답: ○

❖ 호펠드의 청구권의 경우, *A*가 *x*의 권리를 가졌다면, 상대방인 *B*는 그 행위인 *x*에 대한 책무를 지녔다는 뜻이다. (　　)

& 권한의 경우를 말한다.

정답: ×

❖ 호펠드의 면책권의 경우, *A*가 *x*의 권리를 가졌다면, 상대방인 *B*는 그 면책 행위인 *x*에 대한 권한이 없다는 뜻이다. (　　)

정답: ○

❖ 호펠드의 권리 형식에서 의무와 책무, 권리(청구권)와 권한을 구분하는 준거는 하트가 제시한 의무(duty)를 부과하는 일차적 규칙(primary rule)이 있으며, 권한(power)을 부여하는 이차적 규칙(secondary rule)에서 찾을 수 있다. (　　)

& 권리(청구권)와 권한을 구분하는 것은 권리를 이해하는 데 매우 중요하다.

정답: ○

❖ 법체계 면에서 이익이론은 민법에, 선택이론은 형법에 부응한다. (　　)

& 법체계 면에서 이익이론은 형법에, 선택이론은 민법에 부응한다.

정답: ×

선택이론은 선택 능력이 없는 사람의 권리와 형법상 관련된 권리를 제대로 설명하지 못한다. (　　　)

& 선택이론은 민법과 관련이 깊기 때문이다. 또한 선택 능력 판단 문제는 공적 사안이기 때문이다.

정답: ○

이익이론은 공리주의에 의하여 뒷받침되는 이론이며, 권리를 의무 이행에 따른 이익으로 본다. (　　　)

정답: ○

선택이론은 칸트의 의지설에 의하여 뒷받침되는 이론이며, 권리를 권리 소유자의 선택의지로 본다. (　　　)

정답: ○

이익이론은 권리수혜자의 이익도 설명해준다. (　　　)

& 이익이론은 권리소유자의 이익을 설명하는 데 초점이 맞추어져 있어서 권리수혜자의 이익을 설명해주지 못한다.

정답: ×

자격이론에 따르면, 권리가 침해당했다는 것은 해당 법령 위반이 아니라 부당한 대우를 받았다는 것을 말한다. (　　　)

& 자격이론은 권리를 이익 증진이나 선택 능력으로 설명하는 것은 한계가 있다는 점에서 설정된 권리이론이다.

정답: ○

⊠ 자격이론은 권리 소유자가 어떤 이익을 실질적으로 수혜하는가에 초점을 맞춘다. (　　　)

& 자격이론을 받아들인다고 해도 권리 소유자가 어떤 이익을 수혜하는가를 따질 수 없다.

정답: ×

⊠ 도덕권은 상관개념이 아니므로 그것으로 인하여 상대방이 도덕적 의무를 지닌다고 할 수가 없다. 따라서 도덕권이 모두 보편성을 지니는 자연권은 아니다. (　　　)

& 특정권을 설정해야 하는 논거이다.

정답: ○

⊠ 하트(H. L. A. Hart)가 수용하는 도덕권은 오히려 홉스와 로크가 주장하는 고전적 권리에 가깝기 때문에 도덕권은 실행성과 무관하게 절대적으로 성립한다. (　　　)

& 바로 그 이유 때문에 도덕권은 실행성과 무관하게 절대적으로 성립할 수 없다.

정답: ×

⊠ 타인이 지니지 않은 자유를 간섭하거나 제한할 근거를 가지고 요구할 수 있는 권리는 특정권을 말하고, 내가 요구하는 내용에 대하여 타인이 합당한 근거 없이 간섭하거나 제한할 수 없는 권리는 일반권을 말한다. (　　　)

& 특정권과 일반권을 타인과 관계에서 설명한 것이다.

정답: ○

⊠ 하트가 일반권–특정권을 구분한 가장 큰 이유는 도덕권이 보편성을 지닌다고 하더라도 그것이 자연권처럼 성립하지 않는다는 것을 논증하기 위한 것이다. ( )

& 권리의 남용을 방지하고 이른바 권리지상주의를 경계해야 하는 논거이기도 하다.

정답: ○

⊠ 특정권은 선택능력을 가진 사람이라면 누구나 소유할 수 있는 권리이다. ( )

& 선택능력을 가진 사람이라면 누구나 소유할 수 있는 권리가 일반권이다.

정답: ×

⊠ 특정권은 계약, 거래, 인간관계, 면허 및 자격에 근거하여 성립한다. ( )

& 특정권은 전문성과 권위에 비추어 성립하기도 한다. 특정권은 권위에 대한 동의로 성립한다. 또한 특정권은 사회관계에서도 성립한다. 특히 교사의 권한이 그러하다.

정답: ○

⊠ 특정권은 대인권리(rights *in personam*)에서도 성립하지만 일반권은 그렇지 않다. ( )

& 일반권은 권리주체를 특정하지 않으므로 대인권리에서는 성립하지 않는다.

정답: ○

※ 의사와 환자와의 권리와 상속인과 피상속인의 일반적인 제 권리는 일반권이면서 대물권리(rights *in rem*)에 해당한다. (　　　)

& 위의 두 가지 권리는 특정권이면서 대물권리에 해당한다.

정답: ×

※ 동창회 구성원 간의 골프 내기에 관한 권리와 특정인이 규정한 상속에 따른 권리는 특정권이면서 대물권리에 해당한다. (　　　)

& 위의 두 가지 권리는 특정권이면서 대인권리에 해당한다.

정답: ×

※ 부당하게 인신 구속을 받지 않을 권리와 교사-학부모 간에 성립하는 권리는 일반권이면서 대물권리에 해당한다. (　　　)

& 전자는 일반권이면서 대물권리에 해당하지만, 후자는 특정권이면서 대물권리에 해당한다.

정답: ×

※ 아동권리의 보편성은 대인권리 영역을 공적 사안으로 다루어야 한다는 뜻이다. (　　　)

& 아동권리의 보편성에도 불구하고 대인권리 영역은 공적 사안이 아니라 사적 사안으로 다루어야 한다.

정답: ×

※ 아동 참여의 강제성과 포괄성은 그 적용 정도를 여러 가지를 고려하여 조절해야 한다. (　　　)

& 아동 참여의 정도는 발달 단계와 그 성격에 따라 다르다.

정답: ○

☒ 아렌트는 아동을 생활영역에서 세계영역으로 나아가는 과도기적 존재로 보았다. (　　　)

& 여기서 생활영역은 가정을 중심으로 한 사적 영역을 말하고, 세계영역은 정치참여를 중심으로 하는 공적 영역을 말한다.

정답: ○

☒ 아렌트에 따르면, 학교는 과도기적 존재인 아동이 세계영역으로 진입하는 가교(架橋)이다. (　　　)

& 아렌트에 따르면, 아동은 학교에서 세계에 대한 관계를 배움으로써 공적 영역에 진입하여 문명인이 된다. 이 주장은 그의 '인간의 조건'에 따른다.

정답: ○

☒ 아렌트에 따르면, 생활영역과 세계영역에 태어난다는 뜻에서 아동에게 탄생성은 이중성을 지닌다. (　　　)

& 전자는 사적 영역에서 탄생을 뜻하고, 후자는 공적 영역의 입문을 뜻한다.

정답: ○

☒ 아렌트의 다원성은 아동에게 정치참여를 함의한다. (　　　)

& 여기서 정치참여는 아동이 문명인으로서 사회 속에서 원만한 삶을 영위할 수 있음을 의미한다.

정답: ○

⌘ 아렌트에 따르면, 가정은 탄생성만이 아니라 사멸성과 관련된 자생적 기구이다. (　　　　)

& 가정을 통하여 아동은 심리적, 사회적 보호를 받으므로 사멸성과 관련된다.

정답: ○

⌘ 아렌트에 따르면, 교사는 세계를 표상하도록 이끌어주는 사람이며 교사의 자격요건이 곧 교사의 권위로 동일시된다. (　　　　)

& 교사의 권위는 여기서 비롯되며, 자격제도에 근거하지 않는다.

정답: ×

⌘ 아렌트에 따르면, 교사는 세계에 대하여 책임지는 사람이며 세상을 대표하는 사람(representative)이다. (　　　　)

& 학교는 생활영역과 세계영역의 가교라는 점과 관련된다.

정답: ○

⌘ 아동의 생존적 필요는 탄생성과 관련되는 만큼 운명적인 요소가 담겨 있다. (　　　)

& 아동복지정책이 아동의 사적 생활영역에 관련되어야 하는 논거가 된다.

정답: ○

⌘ 아렌트에 따르면, 가정은 탄생성만이 아니라 사멸성과 관련된 자생적 기구이기 때문에, 아동은 가정에서 심리적, 사회적 보호를 받아야 한다. (   )

& 가정은 사멸성과도 관련된 기구이므로 일정한 지속성이 요구된다.

정답: ○

⌘ 아동권리의 보편성은 일차적으로 아동권리협약의 아동 최선의 이익 원칙을 준수하는 것으로 해석할 수 있다. (   )

& 이것이 아동권리의 보편성을 해석하는 핵심 논거이다.

정답: ○

⌘ 우리나라 학생인권조례에 드러난 문제 중 하나는 아동 참여의 보편성을 형식적으로 적용한 데 있다. (   )

& 아동 참여의 정도는 발달 단계에 따라 다르다.

정답: ○

⌘ 교칙은 아동 스스로 제정한 것이 아니라는 관점에서 아동의 행동을 제약할 수 없다. (   )

& 규칙의 제정과 준수는 동일한 잣대로 논의할 수 없다.

정답: ×

⌘ 아동 권리의 보편성은 사적 영역에서 고려해야 할 문제를 공적 영역에서 고려해야 한다는 뜻이다. (   )

& 아동 권리의 보편성에도 불구하고 사적 영역에서 고려해야 할 문

제와 공적 영역에서 고려해야 할 문제를 일률적으로 다룬다는 뜻이 아니다.

정답: ×

아동 권리의 보편성은 아동의 특수성을 넘어서 우선적으로 고려될 수 없다. (　　　)

& 아동 권리의 보편성에도 불구하고 사적 영역에서 고려해야 할 문제와 공적 영역에서 고려해야 할 문제를 일률적으로 다룬다는 뜻이 아니다. 아동의 복지권은 아동이 저마다 처한 상황을 고려하되 그 수혜대상에 있어서 예외 없이 적용되어야 한다는 뜻이다.

정답: ○

교육권은 복지권이다. (　　　)

& 교육권은 교육을 받을 권리를 이르는 용어이다. 그리고 무지로부터 탈피 등 결핍으로부터 벗어나야 한다는 보편적 필요를 충족시키는 복지의 개념에서 비롯된다.

정답: ○

무상의무교육을 받을 권리가 보편적 권리이기 때문에 그것은 학생과 학부모의 선택권에 우선한다. (　　　)

& 무상의무교육을 받을 권리가 보편적 권리이기 때문에 그로 인하여 학생과 학부모의 선택권이 존중되어야 한다.

정답: ×

✠ 의무교육이 무상으로 이루어져야 하는 논거는 이웃효과에서 찾을 수 있다. ( )

& 이웃효과 또는 외부효과는 무상의무교육의 보편성 논거 중 하나이다.

정답: ○

✠ 1923년 어린이선언문은 아동의 생존권에 초점이 맞추어져 있다. ( )

& 소파 방정환의 주도로 천명한 우리나라 어린이선언문에는 아동이 향유해야 할 각종 권리가 포함되어 있다. 여기에는 아동의 문화적 권리를 비롯하여 소파의 우주론적 아동관까지 정연하게 천명되어 있다.

정답: ×

✠ 교육권은 교육시킬 권리를 말하고, 학습권은 교육을 받을 권리를 말한다. 즉 교육권과 학습권은 상관개념이다. ( )

& 교육권은 교육을 받을 권리를 말한다. 따라서 교육권과 학습권 모두 '교육받을 권리'를 지칭한다. 교육권은 보편적인 복지권이며 무상의무교육은 이 권리를 국가가 보장하도록 한 제도이다. 학습권은 저항권적 자유권이며 여러 대안학교와 홈스쿨링(home-schooling)은 이 권리에 근거한다.

정답: ×

발달이 빠르거나 연령이 많은 이들의 권리 차원에서 볼 때, 청소년은 아동을 대체할 가장 타당한 개념이다. (　　)

청소년은 '청년'과 '소년'의 합성어로서 여러 가지 문제를 포함한다. 이로 인한 여러 문제점이 노출된다. 그럼에도 불구하고 일상적으로 10대 연령에 걸친 아동을 지칭할 때 사용되므로 우리에게 익숙한 용어이기도 하다. 그러나 청소년 문제라고 하더라도 문제를 정합적으로 다루는 데 있어서는 '아동'을 표준어로 하는 것이 타당하다.

정답: ×

아동의 참여권은 복지권보다 앞선 개념이다. (　　)

아동의 참여권과 복지권은 상호 상충되는 측면이 없지 않으나 아동정책의 중요한 두 축을 구축해 주는 권리이다.

정답: ×

권위적 간섭주의는 아동의 자유를 제한한다. (　　)

권위적 간섭주의 용어는 당초 간섭의 의미를 가지고 탄생한 용어이다.

정답: ○

도덕권은 실정권보다 실행성이 강하다. (　　)

도덕권의 규범성에 실행력과 강제성을 부여하기 위하여 권리를 명문화한다. 명문화된 권리를 실정권이라고 한다.

정답: ×

⌘ 복지와 행복은 권리 차원에서 동의어이다. (　　)

& 복지는 공적 개념이고 행복은 사적 개념이다.

정답: ×

⌘ 고전적 권리는 정치적 시민권에 초점이 맞추어져 있다. (　　)

& 고전적 권리는 근대성의 산물이다. 근대성은 봉건체제를 부정하는 데 일차적인 초점이 맞추어져 있다. 그 결과 시민계급의 형성과 함께 모든 사람들에게 정치적 권리를 부여하는 데 집중되어 있다.

정답: ○

⌘ 대한민국 정부가 국제사회에 보고한 바에 따르면, 우리나라 아동복지 정책은 기본적으로 '보호'와 '육성'에 초점이 맞추어져 있다. (　　)

& 제2차 국가보고서를 참조하라.

정답: ○

⌘ A협약은 국제연합이 천명한 시민적 및 정치적 권리에 관한 국제협약이다. (　　)

& A협약은 경제적·사회적·문화적 권리에 관한 국제협약이며, 시민적 및 정치적 권리에 관한 국제협약은 B협약이라고 한다.

정답: ×

⌘ 홈스쿨링은 학습권을 행사한 결과이다. (　　)

& 학습권은 저항권적 자유권이며, 홈스쿨링, 대안학교, 협약학교 등은 이 권리를 행사한 결과로 나타난 교육현상이다.

정답: ○

아동권리협약은 국제연합이 천명한 최초의 아동권리문헌이다. ( )

국제연합이 천명한 최초의 아동권리문헌은 1959년 채택, 공포한 '아동권리선언'이다. 아동권리협약은 1989년에 천명되었다.

정답: ×

아동권리 제네바선언은 아동권리를 최초로 천명한 권리문서이다. ( )

아동권리 제네바선언이 세상에 나온 때는 1924년이다. 그러나 그 이전에 우리나라 아동권리공약 3장 및 어린이선언문은 1923년에 천명된 바 있다.

정답: ×

학습권의 기원은 1985년 파리선언과 1997년 함부르크선언에서 찾을 수 있다. ( )

학습권은 유네스코가 주관한 1985년 파리선언과 1997년 함부르크선언을 토대로 한 것이다.

정답: ○

학습권은 교육기본법에 천명된 실정권이다. ( )

학습권은 우리나라 교육기본법 제3조에 명시되어 있다. 그만큼 실행력이 있으며 평생교육의 이념의 씨앗이 되며, 이 조항은 평생교육법의 근거가 되기도 한다.

정답: ○

⌘ 2020년 공직선거법의 개정으로 아동에게도 선거권이 부여되었다. (　　)

& 표준적 의미의 아동은 만 18세 미만의 자이며, 공직선거법상 선거권은 '18세 이상의 국민'으로 규정되어 있다. 따라서 우리나라에서 표준적 의미의 아동은 선거권이 없다.

정답: ×

⌘ 아동의 무상의무교육에 관한 권리는 강제성과 포괄성을 지닌다. (　　)

& 보편성 때문이다.

정답: ○

⌘ 학교급이 올라갈수록 아동 참여의 기회가 확대되는 경향이 있다. (　　)

& 아동의 발달과 관련되기 때문이다.

정답: ○

⌘ 아렌트의 재화 공급은 탄생성에 상응하는 측면이 있다. (　　)

& 아렌트의 인간의 조건은 아동권리인식에 상응하는 측면이 있다.

정답: ○

⌘ 아렌트에 따르면, 공적 영역에서 삶은 대상의 동일성에 대한 다양한 사적인 관심의 확장을 통한 영속적 세계를 보장하고, 우월성을 획득하는 삶이다. (　　)

& 공정 영역과 사적 영역은 이분법으로 나누어지지 않는다.

정답: ○

아동 권리의 보편성은 사적 영역에서 고려해야 할 문제를 공적 영역에서 고려해야 한다는 뜻이다. (　　)

& 보편성의 그릇된 해석이다.

정답: ×

소유권, 소유는 사회질서의 근간이자 핵심이다. (　　)

& 사적 재산 또는 생산수단의 소유는 기본적 권리의 핵심이기도 하다.

정답: ○

성폭력 문제의 경우에 선진국과 후진국 아동에게 일차적 관심이 다를 수 있다. (　　)

& 후진국은 선진국과 달리 사회질서 및 안전 조치가 미비한 경우가 많다.

정답: ○

아동 권리의 보편성은 후진국의 경우 참여보다는 기본재화 공급에 일차적인 초점이 맞추어져야 한다. (　　)

& 아렌트의 인간의 조건은 아동권리인식에 상응하는 측면이 있다.

정답: ○

4

제도의 이해

Ⅰ. 자유와 권리의 쟁점

이 절에서는 사회 제도 속에서 권리가 어떻게 이해되어야 하고, 이와 관련되는 아동권리의 쟁점이 무엇인지를 점검해 보도록 한다. 특히 자유의 개념과 권리는 어떻게 관련을 맺는가에 초점을 맞추고자 한다.

자유민주주의에서 자유, 생명, 재산이 불가분의 가치라는 말의 뜻을 설명하시오.

& 고전적 자유주의 그리고 자유민주주의의 토대가 되는 방어적 민주주의(protective democracy)에서 자유, 생명, 재산은 불가분의 일체를 이루는 가치들이다. 이 세 가지 가치가 결합된다는 논점은 사상적으로는 로크(J. Locke)의 사상에 뿌리를 두며, 역사적으로는 미국 독립정신을 나타낸 버지니아 독립선언에서 확인할 수 있다. 한 사람이 자유로운 결정을 통하여 특정한 일에 종사한다는 것은 주

어진 자신의 삶의 일부분을 할애한다는 뜻이다. 또한 자신이 투여한 시간과 노고를 통하여 부를 추구하고 획득할 수 있다. 이 점에서 자유, 재산, 생명은 떼래야 뗄 수 없는 일체의 가치이다. 만약 이 사람에게서 재산을 빼앗는다는 것은 곧 그의 삶의 일부 즉 생명을 앗아가는 것이다. 자유로운 선택과 활동을 제한하는 것도 그의 생을 제한하는 일이다. 따라서 이 세 가지는 불가분의 가치이다. **[플339-344; 505-506; 569-570]**

자유민주주의에서 사유재산의 가치를 존중하는 이유를 설명하시오.

& 일상적으로 사용하는 용어인 사유재산은 경제학으로 보면 생산수단을 말한다. 따라서 쟁점은 생산수단을 누가 갖고 있는가에 있다. 즉 국가가 갖는가 아니면 개인이 갖는가에 달린 문제이다. 사회주의에서는 생산수단을 국가가 소유한다. 여기서 사회주의는 공산주의를 포함한다. 생산요소에 대한 소유권이 국가에만 있으므로 모든 것을 국가가 '독점'한다. 그 결과 생산요소를 비교할 수 없으므로 그 가치를 알 방법이 없다. 그 가치를 알 수 없기 때문에 '우물 안 개구리' 신세가 된다. 반면에 사유재산제를 택하게 되면 사유재산을 가진 개인이 자신의 생산요소를 교환할 수 있다. 교환과정에서 자신이 지닌 생산요소의 가치를 상호 비교를 통하여 알 수 있게 된다. 즉 '자유로운' 교환을 통해서 시장의 가격이 자생적으로 결정된다. 하지만 사회주의 국가독점 체제 안에서는 국가가 가격을 인위적으로 결정해 버린다.

논점은 다음과 같다.

첫째, 개인이 생산수단을 소유하는 사유재산은 자유로운 교환, 즉 교역을 가능하게 한다.

둘째, 자유로운 교역은 곧 경제적 자유를 말한다. 경제적 자유가 모든 자유의 바탕이 된다.

셋째, 경쟁 체제는 자유민주주의 사회의 핵심이다. 그리고 경쟁의 반대는 '협동'이 아니라 '독점'이다.

& 이러한 논점은 교육에서도 그대로 적용된다. 모든 교육적 수단을 국가가 독점하면 우리 교육의 수준과 가치를 온전하게 평가할 수 없다. 그래서 모든 교육수단을 국가가 독점하는 평준화 정책을 '교육 만악의 근원'이라고 하는 것이다. 또한 우리 아이들의 학력 수준이 국제적으로 떨어지는 것도 경쟁 구조가 근원적으로 봉쇄되어 있기 때문이다. 본서 제9장 참조

다음 중 맞는 진술을 모두 고르시오.

① 자유와 권리는 우파의 전유물이다.
② 우파는 자유에, 좌파는 평등에 의하여 구분된다.
③ 자유의 가치는 개인을 전제해야 한다.
④ 자유주의의 반대는 전체주의이다.
⑤ 자유주의와 민주주의는 동의어이다.

& 자유와 권리는 보편적 가치이다. 자유의 가치를 부정하는 전체주의 추종자들에게도 똑같이 적용되어야 하는 가치이다. 민주주의에는 자유를 부정하는 인민민주주의가 있다. **[플493-500; 604-608]**

정답: ③, ④

리버티(liberty)와 프리덤(freedom)의 번역어인 '자유(自由)'라는 한자어가 우리말에 도입된 배경과 의미를 설명하시오.

& 이 용어가 '자유'로 번역되기 이전 동양 사회에서 당초 지녔던 두 가지 의미가 있었다고 한다. 하나는 '멋대로'. '제멋대로'라는 뜻으로 사용되었다는 것이다. 혼란스럽고 불량한 느낌을 주는 나쁜 뜻의 용어였다. 오늘날의 의미로 보면, 방종이나 방탕함 정도의 뜻

이 아닌가 한다. 실제로 영어에서 리버티의 동족어인 리버틴(libertine)은 이러한 뜻을 지닌 용어이다. 다른 하나는 속박에서 벗어난다는 뜻에서 좋은 의미에서 사용되었다. 동양의 불가 선방(禪房)에서 '자유 해탈' 등으로 사용하였다. 근대에 기독교가 전파되면서 천국을 선망하는 기독교적 자유도 주로 선가의 영향을 받은 이들에 의하여 같은 맥락에서 사용되었다. 결과적으로 자유라는 번역어는 '구속받지 않는다', '제멋대로 한다'라는 양면성을 가지고 있다. 그러나 이 두 가지 뜻은 자신만의 '생각대로' 한다는 뜻을 공통적으로 가지고 있다는 점을 들 수 있다.

당시 일본에서 '리버티'의 번역어로 '자주(自主)', '자재(自在)', '불기(不羈)', '관홍(寬弘)'이 있었다고 한다. '자주'는 행위자의 측면을 강조한 것으로 보인다. '자재'는 '자유자재'처럼 막힘이 없는 경지를 뜻하기보다는 '자신'이라는 뜻에 가깝게 사용된 듯하다. '불기'는 '기(羈)'가 굴레, 속박, 매임의 뜻을 가지므로 굴레나 속박에 매이지 않음을 뜻한 듯하다. '관홍'은 'liberal politics'를 '관홍지정학(寬弘之政學; 관홍의 정치)'이라고 번역한 것에서 알 수 있듯이 '허용적(permissive)'이라는 뜻으로 보인다.

이 네 가지 용어는 잠시 사용되었다가 이후 사라졌다고 한다. 그러나 이들의 공통점은 부정적인 의미를 담고 있지 않다는 데 있다. 즉 네 가지 용어에는 방종이나 방탕, '제멋대로'의 뜻을 담고 있지 않다. 그럼에도 불구하고 이 네 가지가 아닌 '자유'라는 용어가 채택되어 줄곧 사용되어 정착된 것은 민중의 일상에서 이 용어를 쉽게 수용했기 때문이다. 한자와 한문에도 능통했던 당시 일본 지식인들의 선택은 '자주', '자재', '불기', '관홍'이라는 긍정적인 의미의 번역어를 선호했을지 모르지만 많은 사람들의 일상어로 이미 '자유'가 정착되었기 때문이다. 일본에서는 외래어를 음독(音讀)하여 쉽게 사용하는 경향이 있다고 하는 바, 일상의 사람들이 '자유'를 선호한 것도 이와 무관해 보이지 않는다.

이와 같은 번역어가 성립한 사정을 통해 우리는 몇 가지 시사점을 얻을 수 있다. 첫째, 공산주의나 사회주의를 표방하는 쪽에서 '자유'는 '제멋대로', '임의적으로'처럼 '자의적'이라는 뜻을 넘어서 '방탕'의 뜻으로 사용된다. 그들은 자유의 부정적 이미지를 그대로 답습하고 있는 셈이다. 둘째, 당시 긍정적인 뜻으로 번역된 '자주', '자재', '불기', '관홍'이라는 용어는 오늘날 '자유'와 '자유주의'가 담고 있는 온전한 의미를 그대로 전달하고 있다. 우선 '자주'와 '자재'가 '행위자(agent)'의 측면을 강조하고, '불기'는 속박에서 벗어난다는 고전적 의미를 전달한다. '관홍'은 보다 너그럽고 포용적인 정치체제로서 자유주의의 의미와 가깝다. 셋째, 번역어가 다양하다는 것은 곧 '자유'의 의미가 다의적으로 해석된다는 뜻이다. 자유의 의미에 세심한 분석이 따라야 하는 이유는 여기서도 찾을 수 있다.

야나부 아키라(柳父章)의 『번역어 성립사정』(1982, 서혜영 역, 2003, 일빛)은 권리, 자유, 사회 등 주요 용어가 근대 일본의 사상가들에 어떻게 한자어로 번역되어 우리에게 전달되었는지를 확인할 수 있는 좋은 서적이다. 아울러 이 책을 통하여 번역어가 표방하는 의미와 번역되기 전에 지니고 있었던 의미를 확인할 수 있는 소득도 얻을 수 있다.

리버티(liberty)와 프리덤(freedom)의 번역어인 '자유'의 이중적 의미를 설명하시오.

& 프리덤은 당초 특정한 사람만이 향유하는 일종의 특권을 지칭하고, 리버티는 출신이나 신분에 관계없이 동등한 취급을 받을 보통법(Common Law) 상의 권리를 말한다. 즉 리버티는 귀족이든 평민이든 상관없이 동등하게 취급받을 권리를 뜻하는 반면, 프리덤은 누군가로부터 부여받은 특권을 누릴 수 있는 권력을 가리킨다. [플485-486]

& 리버티는 보수적인 색깔을 띠고, 프리덤은 진보적인 색깔을 띤다고 볼 수 있다. 그러나 다른 측면에서 보면 반대의 해석이 가능하다.

다음 표를 보자.

	프리덤	리버티
차원 I	특정한 사람만이 향유하는 일종의 특권에 상응; 특권에 참여할 수 있는 권력의 인정을 의미	동등한 취급을 받을 계급의 구성원들 간에 평등한 관계; 동등하게 취급받을 보통법상의 권리를 의미
차원 II	개인의 선호에 따라 행사할 수 있는 것; 즉 관습을 깨고 나올 수 있는 것	관습에 의하여 누적된 결과 우리가 향유할 수 있는 것; 자유가 관습으로 정착한 것

차원 I에서 보면 프리덤이 보수의 측면에 가깝다. 왕권과 특정계층의 이익을 대변하는 것으로 사용되기 때문이다. 하지만 리버티는 만민의 동등한 지위를 자유를 통하여 부여함으로써 당시 계층사회의 관습을 혁파하고자 하는 진보의 의미로 사용된다. 반면에 차원 II에서 보면 프리덤이 진보의 측면에 가깝다. 프리덤은 관습을 깨고 개인이 추구하는 가치를 자신이 원하는 바에 따라 추구하는 것이다. **[플 487-488]**

- 보통법(Common Law): 공통되고 보편적인 법이라는 뜻에서 유래한 개념으로 흔히 제정법(制定法)과 대비된다. 흔히 우리 문명사에서 축적된 관습이 녹아들어 있는 법이라는 뜻에서 관습법을 뜻하기도 한다.
- 리버티(liberty)와 프리덤(freedom)의 어원: 앞서 살펴본 의미상 차이 이외에 리버티와 프리덤의 어원을 다음과 같이 정리할 수 있다.
  영어 'freedom'의 어원은 게르만어 'frei'이다. 영어 'free'와 독일어 'frei'의 유사성에서 알 수 있듯이, 영어 'free'와 'freedom'은 고대 영어에서 유래한 용어이다. 어족(語族)으로 보면 영어는 게르만어에 속하기 때문이다. 물론 이 말은 고대 프랑스어 'fridom'이나 네덜란드어 'vrijdom'으로 변형되었으나, 그 어원이 같은 동족어이다.
  당초 게르만어인 'frei'는 여신 Fria와 동일한 어원이었다고 한다. 'Freia'는 로마 사람들의 Venus에 해당하는 게르만족의 '사랑의 여신'을 지칭한다. 독일어 부인에 해당하는 'Frau'도 '사랑의 여신'이라는 뜻에서 성립한 말이다. 그러니까 오늘날 '자유로운'이라는 뜻이 아니라 '사랑하는' 이라는 뜻이다. 같은 맥락에서 금요일을 뜻하는 독일어 'Freitag'과 영어 'Friday'는 'Fria의 날'이라는 뜻에서 나온 말이다. 우리말의 '친구'를 가리키는 독일어 'Freund'와 영어 'friend', 그리고 '즐거움'을 뜻하는 독일어 'Freude'도 'frei'에서 파생된 동족어들이다.

영어 'liberty'의 어원은 라틴어 'libertas'이다. 당초 리베르타스(Libertas)는 고대 로마 신화에 등장하는 자유의 여신이다. 이는 고대 희랍 신화에서 엘레우테리아(Eleutheria, ἐλευθερία)에 해당하는 여신이다. 리베르타스 여신은 오늘날까지도 자유의 상징으로 유명한 예술 작품이나 스위스와 미국 등 여러 나라의 동전에 등장하며, 미국 뉴욕에 소재한 자유의 여신상도 리베르타스를 모델로 만들어진 것이다. 그러다가 'libertas'는 로마 시민이 되기 위한 신분의 조건을 뜻하는 말로 사용되었다. 고대 로마에서 자유를 상실한 시민은 노예가 되어 물건 취급을 당했던 사례를 보면 그 의미를 짐작할 수 있다.

라틴어 '리베르타스'에서 나온 영어 'liberty'는 매우 중요한 의미를 지닌 파생어를 낳는다. 대표적인 어휘가 'liberal'이다. 정치적인 의미로 자유민주주의(liberal democracy)를 나타내는 핵심어이다. 민주주의에서 '자유(liberal)'를 빼면 자유를 말살하는 엉뚱한 민주주의가 된다는 점을 확인한 바 있다. 교육학에서 잘 알려진 자유교육도 'liberal education'의 번역어이다. 당초 자유교육은 고대 희랍 시대 이래 '자유인을 위한 교육'을 가리켰다. 이와 함께 동사 'liberate'와 그 명사형 'liberation'은 신분 조건의 획득이라는 본래 뜻에 부합하게 정치적 속박이나 제약에서 벗어난다는 의미로 사용된다. 끝으로 동족어인 'libertine'은 '방탕한', '난봉꾼'의 뜻을 지니며, 자유의 의미와는 본질상 아무 관련이 없다. 하지만 자유주의를 반대하는 전체주의 국가에서 '자유'는 이러한 뜻으로 왜곡된다.

끝으로 같은 어원에서 나온 'liberalism'에 관하여 언급하지 않을 수 없다. 사전에 보면 'liberal'이라는 말의 뜻에 '진보적'이라는 뜻이 명기되어 있다. 이 맥락에서 'liberalism'은 '진보주의'라는 뜻으로 번역이 가능하다. 그렇게 되면 원래 소개한 '자유'의 뜻과는 상반되는 말이 되어 버린다. 『아동권리향연 플러스』에서 '진보적 자유주의'라고 한 것은 바로 이러한 의미에서 비롯된다. 그래서 원래 뜻을 살려 'liberalism'을 '고전적 자유주의'라고 번역한다. 20세기 관점에서 진보주의로 이해되는 'liberalism'은 미국의 민주당을 중심으로 하는 진보적 자유주의를 말한다. 영국의 경우에도 '자유민주당(Liberal Democracy Party)'가 추구하는 자유주의도 진보적 자유주의에 해당한다. 이러한 진보적 자유주의는 복지나 평등을 중심으로 한 정부의 개입을 정당화하는 정책 노선을 취하게 되어 고전적 자유주의와는 뚜렷하게 대비된다. 20세기 고전적 자유주의 노선은 미제스(Ludwig von Mises)와 하이에크(Friedrich A. von Hayek)를 중심으로 한 오스트리아학파가 이어받고 있다. 이 노선은 자유기업을 중심으로 한 시장경제와 절차를 존중하는 대의민주주의를 특징으로 한다. 이에 비하여 진보적 자유주의는 정부의 간섭주의와 기획주의를 특징으로 한다. 이를 두고 자유주의 안에서도 흔히 우파 자유주의와 좌파 자유주의라고 하는 것은 이러한 차이에 기인한다. 그 차이는 어느 경우에는 서로 상극으로 치닫기도 한다. '자유주의(liberalism)'라는 용어에 주의를 기울여야 하는 이유는 여기에 있다.

다음 중 맞는 진술을 모두 고르시오.

① 프리덤(freedom)과 리버티(liberty)는 일상적으로 상호 교환하여 사용해도 좋다.

② 리버티는 보수적인 색깔을 띠고, 프리덤이 진보적인 색깔을 띤다는 관점은 항상 성립한다.

③ 리버티와 프리덤은 보수-진보의 이분법에 따라 구분된다.

④ 리버티는 관습의 일부로 획득되는 것이므로 보수의 측면에서 이해되기도 하지만, 만민이 동등한 지위를 누린다는 점에서 계층사회의 관습을 혁파하는 진보의 측면에서 이해될 수 있다.

⑤ 프리덤은 기존 관습을 깬다는 점에서 진보적이지만, 특정한 사람만이 누린다는 점에서 보수적인 견해로 이해될 수도 있다.

& 리버티와 프리덤의 구분은 상대적이다. [플485-488]

정답: ①, ④, ⑤

다음 중 옳지 않은 진술을 고르시오.

① 당초 리버티(liberty)는 관습의 일부로 획득되는 자유를 뜻한다.
② 당초 프리덤(freedom)은 기존 구습을 혁파한다는 뜻을 지닌다.
③ 당초 리버티는 관습에 의하여 누적되어 온 보통법상의 권리를 뜻한다.
④ 당초 프리덤은 특정 개인이 누리는 특권을 뜻한다.
⑤ 리버티와 프리덤은 보수-진보의 잣대로 구분된다.

& 두 개념의 구분은 보수-진보의 기준에 따라 구분된다고 볼 수 없다. [플485-488]

정답: ⑤

다음 중 맞는 진술을 모두 고르시오.

① 소극적 자유와 소극적 권리가, 그리고 적극적 자유와 적극적 권리가 개념적 속성상 상호 관련된다.
② 소극적 자유와 적극적 자유는 상호 배타적이다.
③ 권리와 의무가 짝인 것과 마찬가지로 자유의 의미는 책임과 짝으로 사용해야 한다.
④ 자유와 권리는 동의어로 쓰이기도 한다.
⑤ 소극적 자유는 수동적이고 적극적 자유는 능동적인 특성을 지닌다.

& 소극적 자유와 적극적 자유는 상호 배타적이지 않고 상호 보완적인 성격을 지닌다. 다만 상호 갈등하는 경우가 있다. 자유는 책임의 상관개념이 아닌 경우가 있다. 적극적 자유와 적극적 권리가 관련을 맺는 상황에서 복지수혜는 수동적인 성격을 지닌다. [플483-484]

정답: ①, ④

소극적 자유와 적극적 자유를 설명하시오.

& 주지하는 바와 같이, 소극적 자유는 '~로부터의 자유'를 가리키고, 적극적 자유는 '~로의 자유'를 가리킨다. 전자는 타인으로부터 간섭을 받지 않는 자유를 가리키고, 후자는 하고 싶은 것을 할 자유를 가리킨다. 어찌 보면 매우 상식적인 이 두 가지가 쟁점이 되는 것은 자유의 이해가 개인의 삶은 물론 사회정책이나 국가의 정책에 크게 영향을 미치기 때문이다.

논의는 영국의 벌린(Isaiah Berlin)이 1958년 옥스퍼드 대학의 교수직(Professorship) 취임강의인 '두 가지 자유개념(Two Concepts of Liberty)'을 발표한 것에서 비롯되었다. 벌린은 소극적인 의미에서 '자유'가 '한 개인이 타자로부터 간섭을 받지 않고, 자신이 가능한 것을 하거나 있을 수 있는 상태가 되는 것이 방임되는 범위는 어떠한 것인가'라는 질문을 단초로 하여 '타인에 의한 간섭의 부재'라는 자유의 소극적인 기준을 도출해냈다. 즉 자유의 핵심은 타인의 간섭을 받지 않는 소극적 측면에 있다는 것이다. 이러한 생각은 벌린이 창안해낸 것이라기보다는 그 이전에 로크(John Locke)와 밀(J. S. Mill), 콩스탕(B. Constant de Rebecque), 토크빌(A. C. de Tocqueville) 등이 제창한 자유주의를 토대로 한 것이다. 그러나 그 연원을 '외부 주체에 의하여 어떤 강압이나 방해가 없는 상태'를 정치적으로 완전한 상태로 본 홉스(Thomas Hobbes)의 사상으로 거슬러 올라가 찾을 수 있다.

하지만 이러한 생각은 자유방임의 원리와 통하는 것으로서 국가의 적절한 역할을 도외시한다는 비판에 직면하게 된다. 이러한 소극적 상황에서 국가는 야경국가에 그치게 된다는 것이다. 즉 야경국가에서 국가는 최소한의 치안 활동만을 수행하면서 나머지 모든 활동은 자유방임에 맡기게 되며, 경제에서도 '보이지 않는 손'에 의해 움직이기를 바라는 등, 불간섭주의가 주요 원리로 작동하는 등 국가의 역할이 미약하기 때문에 사회 제반의 문제를 드러낸다고 본다. 이러한 문제를 해결해야 한다고 보는 관점에서 대두된 것이 적극적 자유이다.

당초 적극적 자유는 개인의 자유에 대한 위험 요소와 장애 요소로 제거하기 위하여 국가의 적절한 조치를 취한다는 데 있었다. 그러나 문제를 사회 구조적인 것으로 파악하여 국가의 적극적 간섭을 요구하는데 이르게 된다. 이에 따라 자유의 개념으로 보다 적극적인 자유를 주장하게 된다. 그 결과 적극적 자유를 위하여 개인이 국가에게 사회보장제도의 확대를 요구하거나, 참정권의 확대 등을 요구하는 것으로 발전된다. 이러한 요구는 '적극적인 의미'에서의 자유를 '자기 지배'로 보는 관점으로 이어진다. 이 관점은 루소(J. J. Rousseau), 칸트(I. Kant), 헤겔(F. Hegel) 그리고 마르크스(K. Marx)의 사상에 뿌리를 두고 있다.

자유를 '자기 지배'로 본다는 것은 곧 '자기', '자아'의 개념을 어떻게 보는가로 이어진다. 이 경우 자아를 상위 자아(the upper self)와 하위 자아(the lower self)로 구분하여 후자를 전자의 지배 아래 두는 것을 문제 삼는다. 즉 저차원적 자아가 고차원적 자아에 종속되어서는 안 된다는 뜻이다. 이에 대한 대책이 바로 '자기 지배'라는 개념이다. 소극적 자유의 개념으로는 진정한 자유를 위하여 요구되는 자기 지배를 이룰 수 없다.

또 다른 측면에서 보면, 적극적 자유는 삶의 장면에서 사안을 자기 스스로 결정할 수 있는 상태를 가리키기도 한다. 이러한 해석은 적극적 자유가 국가 개입을 전제로 하지 않고 개인의 차원에서 자신의 의지를 중요시한다는 점에서 앞의 입장과 다르다. 벌린은 이러한 관점에서 적극적 자유의 의미를 파악한다. 이 점에서 벌린은 자유 민주주의 사회에서는 소극적 자유와 적극적 자유가 모두 필요하다고 주장하였다. 즉 벌린의 입장에서 보면, 자유는 타인으로부터 간섭받지 않는다는 뜻과 함께 자기결정을 하는 것을 말한다.

벌린이 보기에 적극적 자유를 통하여 국가의 개입이나 간섭, 그리고 자기 지배라는 명분에서 적극적 자유가 남용될 소지가 있다. 무슨 말인가 하면, 한 개인의 적극적 자유가 타인의 소극적 자유를 침범하여 문제를 야기한다는 것이다. 기존의 소극적 자유가 자유를 '기회' 개념만으로 파악하여 자기결정이나 실행력 측면에서 단점을 지닌다는 주장에 대하여 벌린은 오히려 그러한 적극적 자유의 확대가 자유의 본질인 소극적 자유마저 심하게 훼손된다고 본 것이다.

두 가지 자유의 관계는 어느 관점에 비추어 보아도 순환적이다. 하지만 적극적 자유가 소극적 자유에 기반을 두거나 파생된 것은 분명하다. 그럼에도 불구하고 소극적 자유만으로는 실질적인 자유를 향유할 수 없으므로 적극적 자유가 요구된다는 주장은 여전히 잔존한다. 문제는 그럴 경우 자유의 본질과 핵심을 훼손한다는 것이다. 벌린이 시종일관 염두에 두었던 점은 이 점이었다. 그 점에서 벌린은 진정한 자유의 수호자인 셈이다.

벌린의 논점을 한 마디로 간단하게 말한다면, 다음과 같은 진술이 될 것이다. 벌린의 소극적 자유에 관한 관심은 각 개인이 누리는 자유를 누가 얼마만큼 줄이도록 결정하는가이다. 이는 곧 전체주의에 대한 경계이고 비판이며, 어떤 형태의 강압도 자유라는 이름으로 자유를 억압할 수 없다는 것이다.

벌린의 '두 가지 자유 개념(Two Concepts of Liberty)'은 자유의 핵심을 파악하는 데 매우 중요한 논문이다. 이 논문은 1958년 10월 31일 옥스퍼드 대학의 Chichele Professor 취임 강연이다. 유명하고 중요한 만큼 이 논문이 실린 여러 편의 책이 존재한다. 하지만 그의 대표적인 논문 네 편을 엮어 출간한 책을 소개하지 않을 수 없다.

Berlin, I., 1969, *Four Essays on Liberty*, Oxford: Oxford University Press.

『자유에 관한 네 편의 논문』이라는 제목이 시사하는 바와 같이, 네 편의 논문이 실려 있는 데 그 제목은 다음과 같다.

- 20세기 정치사상(Political Ideas in the Twentieth Century): 1950년

*Foreign Affairs*에 수록되었으며, 1969년 이 책에 다시 수록되었다.

- 역사적 불가피성(Historical Inevitability): 당초 1953년 런던 LSE (London School of Economics and Political Science)에서 제1회 오귀스트 콩트 기념강연 강의논문으로 발표되었으며, 1954년 옥스퍼드 대학 출판부에서 출간되었으며, 1969년 이 책에 다시 수록되었다.
- 자유의 두 가지 개념(Two Concepts of Liberty): 1957년 옥스퍼드 대학 치첼리 교수직(Chichele Professorship) 취임 강연이었으며, 1958년 옥스퍼드대학 출판부에서 출간되었으나, 1969년 이 책에 다시 수록되었다. [치첼리 교수직은 올솔즈 컬리지의 설립자 헨리 치첼리(Henry Chichele, 1364~1443)를 기념하여 만든 전통적인 교수직위]
- 존 스튜어트 밀과 인생의 목적(John Stuart Mill and the Ends of Life): 1959년 로버트 웨일리 코언(Robert Waley Cohen) 기념 강연으로 발표하였고, 1959년 출판되었으나, 1969년 이 책에 다시 수록되었다.

이후 『자유에 관한 네 편의 논문』에 논문 '희망과 공포에서 해방'이 추가되어 『자유에 관한 다섯 편의 논문』이라는 제목으로 출간되었다.
또한 『자유에 관한 다섯 편의 논문』에 벌린의 자유에 관한 다른 논문 3편과 자전적 에세이 3편을 추가하여 벌린의 사후인 2002년 *Liberty*로 하디(Henry Hardy)가 엮어 출간하였다. 벌린의 자유에 관한 종합판이라고 할 이 책은 『이사야 벌린의 자유론』(박동천 역, 2006, 아카넷)으로 우리말로 번역 출간되었다.

🗁 이사야 벌린(Isaiah Berlin, 1909~1997): 영국의 정치철학자. 영국 옥스퍼드 올솔즈 컬리지 펠로우, 영국 학술원장 등을 지낸 바 있다. 그는 라트비아 리가(Riga)에서 태어나 6세 때 러시아로 이주하여 1917년 볼셰비키 혁명을 목격하였다. 이후 가족과 함께 영국으로 이주하여 세인트폴스 스쿨과 옥스퍼드 대학에서 교육을 받은 후 옥스퍼드에서 최고 영예의 지위에 오르면서 그의 학문적 명성을 드높인 인물이다. 앞서 소개한 자유에 관한 저술 이외에도 사후 출간작을 포함하여 그의 주요 저작으로 『러시아 사상가』, 『개념과 범주』, 『추세를 거슬러』, 『인간성이라는 뒤틀린 목재』, 『현실감각』, 『인간에 관한 올바른 연구』, 『개인적 인상』, 『최초와 최후』, 『낭만주의의 뿌리』, 『관념의 힘』, 『계몽주의를 비판한

세 사람: 비코, 하만, 헤르더』, 『자유와 배신』, 『말의 꽃』, 『소련식 생각: 공산주의 치하의 러시아 문화』, 『낭만주의 시대의 정치사상』, 『끝나지 않은 대화』가 있다.

적극적 자유에 관한 다음 진술 중 적절하지 않은 것을 고르시오.

① 적극적 자유는 국가의 개입을 요구하기도 하지만, 개인의 차원에서 보면 자기결정권을 뜻한다.

② 적극적 자유는 자유를 '자기 지배'로 보는 개념이다.

③ 자유의 본질과 핵심은 적극적 자유에 있다.

④ 두 가지 자아의 개념을 통하여 적극적 자유를 이해할 수 있다.

⑤ 적극적 자유의 뿌리는 루소, 칸트, 헤겔, 그리고 마르크스의 사상에서 찾을 수 있다.

& 자유의 본질과 핵심은 소극적 자유에서 찾을 수 있다.

정답: ③

소극적 자유에 관한 다음 진술 중 적절하지 않은 것을 고르시오.

① 소극적 자유는 일차적으로 '기회'에 초점이 맞추어진다.

② 소극적 자유는 자유를 '자기 지배'로 보는 개념이다.

③ 자유의 본질과 핵심은 소극적 자유에 있다.

④ 소극적 자유는 자유방임을 조장한다는 비판을 받는다.

⑤ 소극적 자유의 뿌리는 홉스, 로크, 밀, 토크빌의 사상에서 찾을 수 있다.

& 상위 자아와 하위 자아의 이분법에 기초한 자기 지배를 강조하면 적극적 자유의 개념이 도출된다.

정답: ②

자유에 관한 다음 진술 중 적절하지 않은 것을 모두 고르시오.

① 적극적 자유는 개인의 차원에서 보면 자기결정권을 뜻하기도 한다.

② 소극적 자유는 자유를 '자기 지배'로 보는 개념이다.

③ 소극적 자유와 적극적 자유는 순환적 관계처럼 상호 보완적이라고 할 수 있다.

④ 소극적 자유의 뿌리는 루소, 칸트, 헤겔의 사상에서 찾을 수 있다.

⑤ 소극적 자유는 자유방임을 조장한다는 비판을 받는다.

& 적극적 자유가 자유를 '자기 지배'로 보는 개념이며, 루소, 칸트, 헤겔, 마르크스의 사상에 뿌리는 둔 개념은 적극적 자유이다.

정답: ②, ④

소극적 자유와 적극적 자유의 이분법이 지닌 한계를 극복하고자 고안한 맥칼룸의 자유의 '3자관계(triadic relation)' 개념을 설명하시오.

& 자유는 소극적 자유와 적극적 자유를 모두 포함한다. 즉 자유를 행사하는 데에는 어떠한 방해로부터 벗어나야 하는 것(freedom from)은 물론이거니와 하고자 하는 바가 실질적으로 보장하는 것(freedom to)을 모두 포함한다. 그 결과 이 두 가지를 가지고 '자유'를 파악하다 보면 순환론에 빠지게 된다. 하지만 맥칼룸의 분석을 통하여 소극적 자유의 의미를 적극적 자유에서 찾고 적극적 자유의 의미를 소극적 자유에서 찾는 순환론에서 벗어날 수 있다.
맥칼룸에 따르면, '자유'는 '3자관계'(triadic relation) 개념이다. 여기서 '3자'라고 하는 것은 자유를 행사하는 행위자(x), 자유로운 행위를 저해하거나 방해하는 장애(y), 그리고 자유로운 행위를 통하여 달성하거나 얻고자 하는 목적(z)을 가리킨다(MacCallum, 1967). 즉 다음과 같은 도식이 성립한다.

x is (is not) free from y to do (not to do, become, not become) z

그의 '3자관계'의 분석에서 보면, '자유'에는 벌린이 표현한 것처럼 '두 가지 개념'(two concepts)이 존재하는 것이 아니라 한 개념(liberty as one concept)에 두 가지 다른 관념(two conceptions)을 갖고 있는 것이다. 실제로 광범위하게 사용되는 '자유'의 의미를 정리하면, '3자관계' x-y-z의 각기 상반된 측면이 있음을 발견할 수 있다. 즉, 행위자 x에 대하여 우리가 경험적으로 관찰하고 확인할 수 있는 개인을 의미하는 것인지, 아니면 추상적인 의미에서 '도덕적 자아'(moral self), '합리적 자아'(rational self), '고차원적 자아'(higher self)를 지칭하는 것인지는 자유에 관한 상반된 해석을 낳는 관건이 된다. 경우에 따라서 행위자 x가 자유를 행사하는 주체인 개인의 의미를 넘어서서 집단적 개념으로 해석되기도 한다. 또한 장애 또는 방해 y의 경우에도, 타인의 의도적인 방해를 가리킬 수도 있으며, 행위자의 욕망에 대한 사회의 제재나 능력에 따른 제한을 지칭할 수도 있다. 이를테면 여기서 y는 담배 피우고 싶은 욕망이 법에 의하여 제한되는 것일 수도 있으며, 나의 경제적 능력(가난)이 세계 일주 여행을 방해하는 것일 수도 있다. 이 중 y가 어떤 것을 지칭하는가에 따라서 '자유'의 성격은 달라질 수밖에 없다. 끝으로 자유로운 행위가 달성하고자 하는 바 z의 경우, 이것이 행위자의 하고자 하는 바(what x really wants)와 같은 경험적인(realistic) 것을 가리키는 것일 수도 있으며, x의 고차원적 자아와 관련된 '참된 자아실현'(true self-realization)과 같은 관념적인(idealistic) 것을 가리킬 수도 있다.

이상과 같이 x-y-z의 속성에 따라 '자유'의 성격을 각기 달리 파악할 수 있으므로 자유의 의미를 보다 엄밀하고 의미 있게 분석할 수 있다. **[플514-519]**

🗀 맥칼룸의 분석은 다음 문헌을 참조하라.

MacCallum, G. C., 1967, Negative and Positive Freedom, *Philosophical Review* 76.

자유의 의미가 왜곡되는 경우를 설명하시오.

& 자유의 왜곡은 추상주의, 역사주의, 구성주의, 대중주의 또는 중간주의에 의하여 야기된다.

첫째, 자유의 의미를 개인의 구체적인 선택이나 책임의 문제가 아니라 추상적인 이념의 문제로 부당하게 치환하는 경우이다. 이를 '추상주의'라고 한다. 자유의 문제를 추상화, 이념화하면 여러 가지 부작용이 따른다. 자칭 진보 세력이 자유의 문제를 이념적인 것으로 치환하는 경향이 있는데, 독일의 관념론자들의 논법이 거창한 자유를 설정하고 이를 토대로 사회를 전체주의로 몰아가고 개인을 거기에 함몰시킨다. 한 마디로 '자유'를 현실생활에서 보지 않고 이념적인 것으로 치환하는 데서 비롯된 것이다.

둘째, 인류의 진보에 작동하는 역사의 법칙이 있다는 역사주의에 의하여 자유가 왜곡된다. 이는 계몽의 맥락에서 자행되었는데, 실증주의가 역사주의 형성에 결정적으로 기여한 바 크다. 이러한 역사주의에 대하여 포퍼(K. R. Popper)는 법칙에 의하여 지배를 받을 수밖에 없고, 개인은 이러한 역사적 필연에 종속된다는 역사주의는 지적인 혼란을 야기하는 정신착란의 한 형태라고 간파한 바 있다. 우리가 주의 깊게 새겨볼 대목이다. 주지하는 바와 같이, 포퍼는 역사주의의 전형으로 고대 희랍의 플라톤, 헤겔, 그리고 마르크스의 사상을 지적한 바 있지만, 20세기 인류를 가장 끔찍한 재앙으로 몰고 간 역사주의 전형은 공동체를 강조한 파시즘과 개인의 자유와 사유재산을 부정한 공산주의라는 전체주의에서 찾을 수 있다. 자유를 중시하는 개인주의 사상의 대척점에 전체주의가 있다는 사실을 명심할 필요가 있다. 추상주의와 역사주의는 자유를 향유할 '개인'의 자리에 추상과 역사를 매개로 하여 '전체'로 대체해버린 것이다.

셋째, 자칭 진보사상가들에 의하여 인위적 질서를 구축할 수 있다고 하는 구성주의에 의하여 자유는 왜곡된다. 이들은 '자유주의의 탈'을 쓰고 있기 때문에 자유의 의미가 은연중에 왜곡되는 경향이 있다. 그래서 '새 자유주의(New Liberalism)'가 태동한다. 이들은 자신들의 계획에 의하여 보다 나은 미래와 청사진을 인위적으로 만들 수 있다고 보고 국가주도의 정책과 '공공의 이름으로' 국가의 개입을 합리화하여 개인의 자유와 권리를 왜곡한다. 그리고 인위적 질서에 의하여 국가의 개입, 간섭, 통제가 거침없이 합리화하면서 국가주도의 거대한 사회공학(Grand Social Engineering)을 도모한다. 그러나 이러한 시도는 하이에크(F. A. Hayek)가 강조한 '치명적 자만'을 불러온다. 결국 그들이 설계한 '민주적 이상'에 따라 자유가 왜곡되고 말살된다.

넷째, 자유를 왜곡하는 대중주의 또는 중간주의는 다름 아닌 세속적인 '적당주의'를 말한다. 흔히 정치인들이 말하는 '중도론'이 이에 해당한다. 말이 중도이지, 불교의 '중도'도 아니며, 아리스토텔레스나 유학에서 말하는 '중용'도 아니다. 한 마디로 얼치기다. 이에 적합한 영어가 'mediocre'이며, 명사형이 'mediocrity'이다. 윤리학적 측면에서 보면 악(evil)에 해당한다. 왜 이런 것이 득세하는가 하면, 그것은 대부분의 정치인들이 대중의 표를 의식하여 '중간'을 강조하기 때문이다. 이러한 이유로 인하여 그들의 '적당주의'는 자유를 왜곡하면서 사회를 포퓰리즘에 빠지게 한다. 게다가 보다 심각한 점은 진리나 가치의 준거를 행위자인 개인에게서 찾는 것이 아니라 개인 밖에서 객관적인 기준을 찾으려는 점이다. 이것 역시 전체주의로 가는 지름길이다. 개인의 가치가 폄하되는 순간 자유의 가치는 실종된다.

자유를 존중하고 이에 따른 여러 가지를 고려해야 할 경우 우리는 가장 먼저 개인의 가치를 존중해야 한다는 점을 명심해야 한다. 자

유의 핵심은 자유를 행사하는 개인의 가치에 있다. **[플489-492]**

역사주의는 다음 두 가지가 있다. 하나는 'historism'을 번역한 역사주의이다. 이 역사주의 특징은 다음과 같다. 첫째, 모든 현상은 역사 발전의 산물이라는 전제 아래, 역사 전개 과정에서 그것의 본질과 질적 특성을 결정하는 성질이나 그 시대 나름대로 특정한 결합 방식이 있다는 입장이다. 둘째, 이 역사주의는 상대주의를 뜻한다. 즉 역사 전개 과정에서 환원될 수 없는 상대적인 특징이 있다는 입장이다. 셋째, 절대적 목적을 향해 역사가 전개된다는 절대적 목적론에 반대하여 역사 전개의 상대성을 강조한다.

이 점에서 이 역사주의는 다른 의미의 역사주의와 정반대되는 뜻을 지닌다. 다른 하나는 'historicism'을 번역한 역사주의이다. 이 역사주의의 특징은 다음과 같다. 첫째, 역사 전개의 법칙이 있다는 입장이다. 따라서 'historicism'의 정확한 번역어는 '역사법칙주의'가 타당해 보인다. 하지만 이 용어를 일상적으로 역사주의라고 한다. 둘째, 역사의 법칙을 인정하므로 이 역사주의는 역사 전개의 과정을 과학으로 본다. 역사학은 실증과학인 셈이다. 셋째, 이 역사주의는 결정론적 필연성을 강조한다. 사적 유물론에 기초하여 역사 전개 단계를 거쳐 공산주의로 필연적으로 이행한다는 마르크스주의가 대표적인 예이다.

여기서 소개한 포퍼(K. R. Popper)의 역사주의는 후자를 뜻한다. 그는 필연적 법칙에 따라 역사가 움직인다는 도그마는 폐쇄사회를 몰고 오며, 개방적인 자유주의를 몰살한다고 본다. 포퍼의 저서가 '개방사회와 그 적들'인 것은 이러한 역사법칙주의 논거 때문이다.

Popper, K. R., 1945, *The Open Society and its Enemies*, London: Routledge.

이 책의 1권은 플라톤을, 2권은 헤겔과 마르크스를 다루고 있다.

다음 진술 중 타당하지 <u>않은</u> 것을 <u>모두</u> 고르시오.

① 자유를 역사와 이념의 진보로 보는 것은 추상주의에서 비롯된 오류이다.

② 일정한 법칙에 따라 발전이 이루어진다는 믿음에서 자유를 왜곡

하는 경우가 역사주의에 따른 오류이다.

③ 새로운 질서를 구축할 수 있다는 구성주의는 자유를 신장시킬 수 있다.

④ 이른바 중도론이라고 하는 정치적 슬로건은 개인의 자유와 권리를 침해하는 수단으로 악용될 수 있다.

⑤ 거대 사회공학에 따라 구축되는 인위적 질서는 개인의 자유와 권리를 신장시킨다.

& 거대 사회공학에 따라 새로운 질서를 인위적으로 구축할 수 있다고 보는 구성주의는 자유주의의 적이다. **[플489-492]**

정답: ③, ⑤

다음 중 타당한 진술을 모두 고르시오.

① 포퍼(K. R. Popper)가 자유주의의 적으로 비판한 것은 역사주의이다.

② 하이에크(F. A. Hayek)의 '치명적 자만'은 거대한 사회공학적 기획에 따른 실패를 지적한 것이다.

③ '미술의 역사는 천재들과 걸작들로 이루어진다'는 곰브리치(E. Gombrich)의 주장은 자유와 권리가 개인이 향유하고 행사해야 함을 강조한 것이다.

④ 자유를 이념적인 것이 아니라 구체적인 삶의 현장에서 파악해야 한다는 벌린(I. Berlin)의 주장은 추상주의를 경계한 것이다.

⑤ 헉슬리(A. Huxley)의 '멋진 신세계'는 자유를 존중하는 유토피아를 묘사한다.

& 올더스 헉슬리의 '멋진 신세계'는 자유를 그릇되게 해석한 결과 도달하는 디스토피아(dystopia)를 묘사한다. **[플489-492]**

정답: ①, ②, ③, ④

좌(左)와 우(右)의 정치적 의미를 정리하고 자유와 관련하여 어떻게 이해해야 하는지를 간략하게 서술하시오.

'좌(左)'와 '우(右)'의 의미가 크게 부각되는 것은 정치적인 관점에서이다. 역사적으로 '좌'와 '우'라는 말이 부각된 것은 1789년 프랑스 혁명을 통해서이다. 부르주아라 불리는 프랑스 신흥 자본가들은 당시 프랑스혁명을 통해 왕정을 무너뜨린 뒤 국민공회를 만들었다. 국민공회는 체제 기조를 크게 바꾸지 않으려는 귀족 중심 왕당파와 혁신을 모색하는 부르주아 중심의 공화파로 나뉘었고, 이때 왕당파와 공화파가 국왕 오른쪽과 왼쪽에 각각 앉은 데서 '우파'와 '좌파'가 유래했다. 이 점에서 '우파'는 '보수', '좌파'는 '진보'를 지칭하는 것임에 틀림없다. 그러나 우파가 전혀 변화를 시도하지 않는다는 의미는 아니다. 그들도 모종의 변화를 도모한다. 하지만 '진보'를 자칭하는 '좌파'의 경우 그들이 도모하는 사회 변화가 '퇴보'인 경우가 많다. 이렇게 보면, '우파-보수', '좌파-진보'의 단순연결은 무리인 듯하다. 특히 우리나라의 경우 이 단순 도식으로 올바른 '진보'를 이해하기 매우 어렵다.

현실적으로 보면 좌와 우는 오히려 정치노선을 확인하는 데 장애가 되기도 한다. '보수'와 '진보'의 역사적 기원 때문에 우리는 현실적인 '진보'와 현실적인 '보수'의 실상을 보지 못하기 때문이다. 특히 '진보주의'가 역사적으로 자유주의의 연장선상에서 발생했다는 점에 주목할 필요가 있다. '진보주의' 출연 이전에 '자유주의'가 기존 '보수'에 대한 '진보'로 출연했기 때문에, 이 연장선상에서 이해라면 자유주의가 진보주의로 연결된다. 그러나 오늘날의 자유주의, 특히 좌파가 억지로 규정하는 이른바 신자유주의는 '좌파'적 의미의 진보주의가 아니다. 주지하는 바와 같이, '좌파'적 의미의 진보주의는 사회주의와 공산주의 노선을 지칭하는 것이기 때문이다.

결국 '우파'-'보수', '좌파'-'진보'의 단순 도식은 성립하지 않는다는 것이 다시 입증되는 셈이다. 따라서 '우파'와 '좌파'의 대비는 '자유주의' 대 '사회주의', '개인주의' 대 '집합주의'의 도식으로 이해해야 한다. [플493-500; 503]

다음 진술 중 타당하지 않은 것을 모두 고르시오.

① 오늘날 보수로 이해되는 자유주의는 당초 진보사상이었다.

② 묵가의 겸애사상은 기존의 틀을 깨고자 한 점에서 좌파사상이라고 볼 수도 있다.

③ '우파'는 '보수'로, '좌파'는 '진보'로 이해해야 한다.

④ '우파'는 '자유', '좌파'는 '평등'을 주장하는 사고체계로 이해해야 한다.

⑤ '우파'는 '자유주의'나 '개인주의'로, '좌파'는 '사회주의'나 '집합주의'로 이해해야 한다.

& '우파'는 '보수'로, '좌파'는 '진보'로 이해해서는 안 되는 이유는 진보가 사회의 퇴보를 자행한 경험칙 때문이다. 또한 자유주의는 여러 차원에서 평등을 강조한다. [플497-503]

정답: ③, ④

자본주의 버전(version)에 따라 자유주의를 설명해 보시오.

& 칼레츠키(A. Kaletsky)의 저서 『자본주의4.0』에서 설명한 자본주의 발전(?) 단계에 따라 자유주의를 구분하는 방식이다. [플507-514] 그에 따르면,

자본주의 진화과정을 소프트웨어 버전(version)처럼 단계에 따라 숫자를 붙일 때 네 번째에 해당한다는 뜻. 자유방임의 고전자본주의(1.0), 1930년대 대공황 이후 케인스가 내세운 수정자본주의(2.0),

1970년대 시장의 자율을 강조한 신자유주의(3.0)에 이어 등장했다. 시장의 기능을 존중하되 기업 등 시장 참여자의 사회적 책임과 '다 같이 행복한 성장'을 중시하는 '따뜻한 자본주의'이다.

즉 자본주의 1.0은 미국·프랑스의 정치혁명과 영국의 산업혁명으로 시작되어 대공황과 함께 막을 내린 전통적인 자유방임 자본주의이며, 자본주의 2.0은 루스벨트 대통령의 뉴딜, 존슨 대통령의 '위대한 사회', 영국과 유럽의 복지국가 개념을 포괄하는 정부 주도의 수정자본주의이다. 이어 1960년대 말과 1970년대에 글로벌 인플레이션의 위기가 발생한 후 영국 대처 총리와 미국 레이건 대통령의 자유시장 혁명으로 탄생한 것이 자본주의 3.0이다. 칼레츠키는 자본주의 3.0의 시대엔 언제나 시장이 옳고 정부는 잘못됐다고 여겨지고, 자본주의 2.0 단계에서는 언제나 정부가 옳고 시장은 잘못됐다고 상정한다. 이와 같은 변증법적 과정을 거치면서 그 결과로 나타난 것이 '자본주의 4.0'이라고 본다. 여기서 그는 변증법적 필연성을 전제한다. 이하 관련 내용은 칼레츠키의 책이나 전작 『아동권리향연 플러스』의 해당 내용을 참고하기 바란다.
여기서는 그의 논점이 지닌 의미를 두 가지 관점에서 지적하고자 한다. 첫째, 그의 자본주의 1.0에서 자본주의 3.0에 이르는 전개과정에서 자유주의의 특징을 잘 설명하고 있다는 점이다. 그러나 도래하는 자본주의 4.0의 특징을 마치 자본주의가 퇴색하고 수정되는 2.0 버전처럼 예측하고 있다는 점에서 자유주의를 왜곡하고 있다. 둘째, 자본주의 전개과정을 역사법칙에 원용되는 변증법을 동원한 점을 지적하지 않을 수 없다. 주지하는 바와 같이, 역사주의(historicism)는 자유주의 사회처럼 개방된 사회의 '적'이다. 역사주의가 역사법칙을 전제하고 역사적, 사회적 현상을 설명한다는 점을 놓고 그것이 온전하게 자유주의 미래라고 본 '자본주의 4.0'을 온전하게 설명할 수 있는지 의문을 가지지 않을 수 없다. 자본주의 4.0은 자본주의만이 아니라 자유주의 그리고 우리의 개방된 사회를 왜곡할 뿐이다.

🗀 Kaletsky, A., 2011, *Capitalism 4.0: The Birth of a New Economy in the Aftermath of Crisis*, 위선주 역, 2011, **자본주의 4.0: 신자유주의를 대체할 새로운 경제 패러다임**. 서울: 컬처앤스토리.

다음 중 연결이 타당한 진술을 모두 고르시오.

① 자본주의 1.0 — 방어적 민주주의, 고전적 자유주의

② 자본주의 2.0 — 진보적 민주주의, 새로운 자유주의

③ 자본주의 3.0 — 법치 민주주의, 자유지상주의(libertarianism)

④ 자본주의 4.0 — 따뜻한 자본주의, 참여민주주의

⑤ 자본주의 4.0 — 공생 자본주의, 다원적 민주주의

& 자본주의 4.0은 민주주의 유형을 특정할 수 없다. 또한 '따뜻한' 자본주의에서 수식어는 자본주의 특성을 설명할 수 없는 형용모순(oxymoron)이다. **[플507-514]**

정답: ①, ②, ③

자유민주주의 사회에서 야기되어 결과적으로 자유민주주의를 위협하는 패러독스(paradox) 유형을 정리해 보시오.

& 자유의 패러독스; 관용의 패러독스; 민주주의의 패러독스; 통치의 패러독스; 진보의 패러독스가 있다. 이 다섯 가지는 포퍼가 제시한 것으로 자유사회를 지속시키기 위하여 반드시 숙지할 필요가 있다. 그래야 개인이 자신의 자유와 권리를 향유하면서 살 수 있기 때문이다. **[플519-529]** 이에 관한 내용은 전작 『아동권리향연 플러스』의 해당 부분을 참조하기 바란다. 핵심은 자유와 권리를 존중하는 가운데 반대(타도) 논거가 나오면 이를 형식 논리에 입각하여

자유민주주의 질서가 무너져 버린다는 것이다. 이에 관한 역사적 사례는 적지 않게 지적할 수 있다.

패러독스의 핵심은 서로 같지 않은 차원의 개념이나 명제를 부당하게 연결시켰다는 데 있다. 예를 들어서 '큰 자유를 위하여 작은 자유를 희생'시키는 '자유의 패러독스'를 놓고 보면, 앞의 자유와 뒤의 자유가 시점이 다르다. 같은 시점에 논의할 수 없는 가치를 지닌 자유이기 때문에 성립하지 않는다. 아래 소개하는 제논의 패러독스의 경우에는 부당 연결이 더욱 분명하다. 패러독스의 특징을 설명할 때 이를 '이상한 연결고리(strange loops)라고 한다.

패러독스(paradox): 영어 'paradox'의 어원은 para(反하다)와 doxa(의견, 통설)가 결합한 데서 찾는다. 그리하여 통설 또는 통상적인 의견에 맞지 않는다는 뜻을 지닌다. 결국 이 말은 '상식(common sense)에 맞지 않다'는 뜻이어서 역리(逆理, 이치에 맞지 않고 반하다), 역설(逆說, 납득이 가지 않는 설법)이라고 한다.

패러독스에는 세 가지 유형이 있다.

(1) 참말 같은 거짓말인 경우 : 이 경우는 이것이 거짓임을 증명해야 한다. 예를 들어서 '날아가는 화살은 정지하고 있다'가 있다.

(2) 거짓말 같은 참말인 경우 : 이를 우리는 역설적 진리라고 한다. 예를 들어서 '색즉시공(色卽是空) 공즉시색(空卽是色)'을 들 수 있다.

(3) 참말도 아니고 거짓말도 아닌 경우 : 영구 미제이다. 예를 들어서 뫼비우스 띠와 거짓말쟁이 패러독스를 들 수 있다.

위의 세 가지 모두를 밝혀야 하지만, 특히 (1)의 경우를 밝혀야 오류에 빠지지 않는다.

패러독스가 나온 배경은 유래가 깊다. 그 단초는 '제논의 패러독스'이다. 제논(Zeno of Elea)의 패러독스가 나오게 된 배경은 다음과 같다. 첫째, 제논이 스승 파르메니데스(Parmenides)의 주장인 일자(一者)인 '존재'가 실재(實在)로서 확립함을 입증하기 위하여, 운동은 실재가 아니기 때문에 존재(실재)가 아님을 논증하였다. 둘째, 제논 당시의 사상가들, 운동, 대립이나 갈등으로 실재를 설명하고자 했던 헤라클레이토스, 엠페도클레스 등의 사상을 반박하기 위하여 그는 귀류법을 제시하였다. 즉, "'운동'은 없다"를 논증하기 위하여 귀류법을 내놓은 것이다. 핵심은 제논의 패러독스의 성격이 '참말 같은 거짓말'에 있으므로 이것이 거짓임을 증명해야 한다는 데 있다. 제논의 패러독스를 통하여 참말 같은 거짓을 분별해내는 역량을 기를 수 있을 것이다. 제논의 패러독스는 주로 다음 네 가지가 알려져 있다.

(1) 양분의 패러독스 [Dichotomy]

(2) 아킬레스와 거북이 [Achilles and Tortoise; Achilles]

(3) 날아가는 화살 [Arrow]

(4) 경기장의 패러독스 [Stadium]

이에 관한 자세한 논증은 생략한다. 다음 참고문헌을 참고하면 도움을 받을 수 있을 것이다.

- 송영진. 2005. **직관과 사유**. 파주: 서광사./ Aristotle. *Physica*. Z 9./ Sainsbury, R. M. 1988. *Paradoxes*. Cambridge: Cambridge University Press./ Vamvacas, C. J. 2006. *Die Geburt der Philosophie*. 이재영 (역). 2008. **철학의 탄생**. 파주: 알마.

앞서 언급한 '이상한 연결고리'는 상이한 쌍이 부당하게 연결되어 있는 것을 말한다. 패러독스를 야기하는 다음과 같은 연결이 있다. (1) 대상언어와 메타언어의 연결; (2) 실행규칙과 구성규칙(절차규칙)의 연결; (3) 무한반복; (4) 메타언어 간의 연결(self-reference가 없는 경우); (5) 유형진술과 대상진술의 연결 (집합진술과 원소진술의 연결); (6) 전칭판단과 보편판단의 연결 (경험법칙과 보편법칙의 연결); (7) 개념의 모호성: 결합의 오류; 분해의 오류; (8) 범주의 오류; (9) 상이한 규칙의 무한반복; (10) 상이한 인과율의 연결 등이다.

이상이 패러독스가 인류에게 전개된 상황을 소개한 것이라면, 우리가 여기서 다룬 자유민주주의를 위협하는 패러독스는 포퍼가 자신의 『열린사회와 그 적들』에 제시하는 내용을 정리한 것이다.

- K. R. Popper, 1945(5th 1973), *The Open Society and its Enemies*, Book 1, 2. London: Routledge and Kegan Paul.

물론 전작에 소개한 내용은 저술 취지에 맞추어 선별한 것임을 밝혀둔다. 한편 교육과 관련시킨 패러독스 문제는 다음 논문이 도움이 될 것이다.

- 김정래, 2019, 패러독스와 그 해소의 교육적 의의, **교육문화연구** 제

25권 제5호, 인하대학교 교육연구소, 415-438.

결론적으로 말하자면, 패러독스를 해소하는 방법을 익혀두는 것은 자유민주주의를 수호하는 방법이다.

다음 중 설명이 제대로 된 것을 모두 고르시오.

① 자유의 패러독스 — 큰 자유를 위한 작은 자유의 희생 또는 유보
② 관용의 패러독스 — 무제한 관용은 관용의 체제를 파괴한다.
③ 민주주의의 패러독스 — 다수결에 의한 민주질서 파괴
④ 통치의 패러독스 — 어진 통치가 어진 통치를 파괴한다.
⑤ 진보의 패러독스 — 진보는 구습을 퇴치시킨다.

& 진보의 패러독스 — 진보는 진보를 실현하는 것이 아니라 퇴보를 초래한다. **[플519-529]**

정답: ①, ②, ③, ④

다음 중 옳지 않은 진술을 모두 고르시오.

① 대부분의 패러독스는 부당한 이분법에 의존하기 때문이다.
② 패러독스의 핵심은 '이상한 연결고리'에 있다.
③ 제논의 패러독스는 시간을 공간처럼 분할하여 비롯된 것이다.
④ 패러독스의 문제는 권위적 간섭의 논거가 될 수 없다.
⑤ 패러독스를 막는 방법 중 하나로 입법통치(rule by law)를 지적할 수 있다.

& 자유의 패러독스는 현재와 미래 시점의 자유를 동일선상에 연결한 것으로서 이를 두고 권위적 간섭이 야기된다. 입법통치에 따라 민주주의를 파괴하는 민주주의 패러독스가 야기된다. **[플520; 524]**

정답: ④, ⑤

다음 중 옳지 않은 진술을 모두 고르시오.

① 진보의 패러독스는 플라톤의 이론에 충실하면 야기될 수 없다.

② 통치의 패러독스는 자유주의를 왜곡하는 추상주의가 낳은 것이라 고 볼 수 있다.

③ 독일 바이마르 공화국에서 히틀러 정권으로 이행한 것은 민주정치의 패러독스를 설명해준다.

④ 자유의 패러독스는 이상으로서 자유와 현실적 자유의 연결에서 비롯된 것이다.

⑤ 관용사회라면 관용하지 않는 사람을 응징해서는 안 된다.

& 진보의 패러독스는 플라톤의 이론에 충실했기 때문에 야기된다. 관용사회가 남을 관용하지 않는 사람을 응징하지 않은 결과 관용의 패러독스가 야기된다. [플522; 524; 525]

정답: ①, ⑤

다음 중 설명이 제대로 된 것을 모두 고르시오.

① 자유의 패러독스 — 시점과 성격이 다른 자유의 연결

② 관용의 패러독스 — 관용과 메타 관용의 동일시

③ 민주주의의 패러독스 — 법의 지배(법치, rule of law)와 입법 통치(입법독재, rule by law)의 동일시

④ 통치의 패러독스 — 현실정치와 이상향의 연결

⑤ 진보의 패러독스 — 평형 상태의 극복

& 진보의 패러독스 — 평형상태를 극복하는 것이 아니라 지향하는 것이다. [플519-529]

정답: ①, ②, ③, ④

✠ 진보의 패러독스에 관한 내용 중 타당한 것을 모두 고르시오.

① 진보의 명목상 취지는 퇴색하고 소수 지배층의 사회 전 분야에 걸친 독점이 횡행한다.

② 명목상 내세운 '평형 상태'를 빌미로 지적 활동 검열과 선동이 횡행한다.

③ 조지 오웰의 소설『동물농장』에서 벌어지는 상황은 진보의 패러독스를 잘 설명해준다.

④ 이상향을 내세워 자급자족 경제를 지향하면서 폐쇄사회로 몰락한다.

⑤ 복지국가라는 미명 아래 소확행(小確幸)이나 저급한 쾌락을 좇아가도록 대중을 유도한다.

& '진보의 패러독스'라는 용어가 지닌 뜻은 진보가 곧 퇴보를 뜻한다는 데 있다. **[플526-528]**

정답: ①, ②, ③, ④, ⑤

✠ 자유를 이해하는 방법으로 그레이(T. Gray)의 분석을 설명하시오.

& 그레이의 분석은 자유와 자유주의를 온전하게 파악하고 여러 가지 오류를 극복하는 방법이라고 볼 수 있다. 자유를 이분법에 따라 나누어 구분되는 소극적 자유와 적극적 자유가 지닌 특징을 설명하기도 하며, 자유를 사회적 의미와 심리적 의미로 고려해볼 개념적 장치를 마련해 주기 때문이다.

우선 그레이는 자유의 의미를 두 가지 차원에서 개념군으로 구분하고, 이를 각기 분석하여 총 일곱 가지 개념적 특성을 설명한다. 하나는 사회적 차원의 개념군으로서 '개인 상호 간 개념'이다. 다른 하나는 심리적 차원의 개념군으로서 '개인 내 개념'이다. 전자는 영어 'interpersonal conceptions on sociological background'

의 번역어이고 후자는 'intrapersonal conceptions on psychological background'의 번역어이다.

전자는 다시 다음과 같은 네 가지 개념으로 구분된다. 이 네 가지는 자유를 행사하는 행위자(agent)의 행위와 관련된 상태를 뜻한다.

(1) 제약(장애)이 없는 상태 = 타인으로부터 일체의 간섭이나 제재를 받지 않은 상태를 '자유'로 보는 관점이다. 전형적인 소극적 자유를 말한다.

(2) 선택이 가능한 상태 = 소극적 상태를 벗어나서 행위자의 자발적인 선택을 하는 데 초점이 맞추어져 있다.

(3) 실행능력을 갖춘 상태 = 선택할 수 있는 처지에서 현실적인 실행능력에 초점을 맞춘 관점이다.

(4) 지위를 획득한 상태 = 법적 지위를 갖추거나 신분적 제약이 없는 상태를 자유로 보는 입장이다.

한편 후자도 역시 다음과 같은 세 가지 개념으로 구분된다. 이 세 가지는 자유를 행사하는 행위자의 내면 상태와 관련된다.

(5) 자기결정 여부 = 행위자(agent)의 선택이 외부의 간섭 없이 행위자 스스로의 결정에 따른 것인가에 초점을 맞춘 관점이다.

(6) 소망성취 여부 = 소망성취 여부는 자기결정 의지(will)보다 자신이 진정으로 원하는 것(wish)을 선택하였는가를 묻는 관점이다.

(7) 자기지배능력 = 내면 수행이나 인격수양을 통하여 내면적 역량을 자유로 보는 관점이다. **[플529-534]**

이상의 내용은 다음 책을 참고하라.
Gray, T., 1991, *Freedom*, London: Macmillan.

한편, 이 일곱 가지를 맥칼룸의 도식에 맞추어 분석의 틀을 정형화할 수도 있다.

x is (is not) free from *y* to do (not to do, become, not become) *z*.

먼저 개인 상호 간 개념군을 맥칼룸의 ‘장애’ 요인인 y 관련 개념(Y-regarding conceptions)으로, 그리고 개인 내 개념을 ‘행위자’ 요인인 x 관련 개념(X-regarding conceptions)으로 보는 것이다. 이에 따라 그레이 일곱 가지 자유의 개념군은 다음과 같이 나타낼 수 있다.

(1) 제약(장애)이 없는 상태(as absence of impediments) = Y-Y 또는 Y(Y); Y(Y-focused)
(2) 선택이 가능한 상태(as availability of choices) = Y-Z 또는 Y(Z); Y(Z-focused)
(3) 실행 능력을 갖춘 상태(as effective power) = Y-X 또는 Y(X); Y(X-focused)
(4) 지위를 획득한 상태(as status) = Y-X 또는 Y(X); Y(X-focused)

이상의 네 가지를 ‘y 관련 개념(Y-regarding conceptions)’이라고 한다. 그러면 나머지 세 가지는 ‘x 관련 개념(X-regarding conceptions)’이 된다. 두 가지 개념 군에는 각각 ‘y’와 ‘x’가 약칭의 앞에 붙는다. 즉 다음과 같이 표시된다.

(5) 자기결정 여부(as self-determination) = X-Y 또는 X(Y); X(Y-focused)
(6) 소망성취 여부(as doing what one wants) = X-Z 또는 X(Z); X(Z-focused)
(7) 자기지배능력(as self-mastery) = X-X 또는 X(X); X(X-focused)

이상과 같이 고안된 도식은 자유를 주제로 한 문제를 분석하는 데 활용될 수 있다. 권위적 간섭주의는 근원적으로 자유를 제한하는 문제이다. 따라서 이러한 분석 틀은 권위적 간섭주의를 이해하고 분석하는 데도 활용된다.

심리적 차원의 자유 개념으로 묶은 것을 고르시오.

① 자기결정 여부 — 소망성취 여부 — 지위획득 상태
② 자기결정 여부 — 실행능력 구비 — 소망성취 여부
③ 자기결정 여부 — 실행능력 구비 — 자기지배 능력
④ 자기결정 여부 — 소망성취 여부 — 자기지배 능력
⑤ 자기결정 여부 — 자기지배 능력 — 지위획득 상태

& 개인 내 개념(intra-personal conceptions)은 자기결정 여부, 소망성취 여부, 자기지배 능력 등을 말한다. [플535-536]

정답: ④

사회적 차원의 자유 개념으로 묶은 것을 고르시오.

① 선택가능 상태 — 실행능력 구비 — 지위획득 상태
② 선택가능 상태 — 실행능력 구비 — 소망성취 여부
③ 선택가능 상태 — 실행능력 구비 — 자기지배 능력
④ 선택가능 상태 — 소망성취 여부 — 자기지배 능력
⑤ 선택가능 상태 — 자기결정 여부 — 지위획득 상태

& 개인상호간 개념(inter-personal conceptions)은 선택가능 상태, 실행능력 구비, 지위획득 상태 등을 말한다. [플535-536]

정답: ①

자유에 관한 진술로 타당한 것을 모두 고르시오.

① 선택이 가능한 상태 = 배우자 선택이 가능한 상태

② 제약(장애)이 없는 상태 = 교도소에 구속되지 않음

③ 자기지배능력 = 의무교육 이수

④ 실행 능력을 갖춘 상태 = 경제적 능력이 관건

⑤ 지위를 획득한 상태 = 리버티보다는 프리덤의 개념에 가까움

& 지위를 획득한 상태는 프리덤보다는 리버티의 개념에 가까우며, 자기지배능력은 합리성, 도덕성, 심리적 안정감 등의 자질을 갖춘다는 것을 의미한다. [플537-557]

정답: ①, ②, ④

자유에 관한 진술로 타당하지 않은 것을 모두 고르시오.

① 자기지배 능력을 보유하는 것은 자유로운 선택의 전제이다.

② 자유의 핵심은 제약으로부터 벗어난다는 데 있다.

③ 소망성취 여부와 실행능력 구비는 획득하고자 하는 목표에 초점을 맞춘 자유의 개념이다.

④ 제약이 없는 상태가 사회적 조건이라면 이에 상응하는 심리적 조건은 자기결정 여부라고 할 수 있다.

⑤ 자유를 지위 획득 상태로 보는 것은 자연권과 도덕권에 초점이 맞추어진 관점이다.

& 실행능력은 행위자의 요인이다. 자유를 지위 획득으로 보는 것은 시민권과 관련되어 있다. [플530-534; 537-557]

정답: ③, ⑤

✖ 다음 중 자유의 소극적 특성과 적극적 특성의 핵심이라고 할 수 있는 가장 적절한 쌍을 고르시오.

① 제약 없는 상태 — 소망성취 여부
② 제약 없는 상태 — 실행능력 구비
③ 제약 없는 상태 — 자기결정 여부
④ 제약 없는 상태 — 선택가능 상태
⑤ 제약 없는 상태 — 자기지배 능력

& '자유'라는 말의 용법 등을 분석해 보면, 그 저변에는 '제약으로부터 벗어남'이라는 의미가 담겨 있다. 반면 적극적 자유의 측면에서 보면 그것은 행위자가 어떤 외적 요인에 영향을 받지 않았는가, 즉 자기결정 여부를 고려해야 한다. 이 논점은 벌린이 주장하는 논점이다. 적극적 자유를 경제적 실행능력의 구비로 보면 그것은 오히려 자유의 본질을 훼손한다. 이 점에서 자유와 경제적 능력은 필연적인 관련이 없다. **[플544-546]**

정답: ③

✖ 자유를 지위획득 상태로 서술한 것을 모두 고르시오.

① 도덕권보다는 시민권과 관련된다.
② 실정권보다는 자연권에 관련된다.
③ 전통적으로 공화주의자들이 주장한 개념이다.
④ 자유를 공적 영역보다는 사적 영역에서 본 개념이다.
⑤ 이 개념에서 정치적 참여가 중요하다.

& 시민권과 관련되므로 실정권에 따라 얻는 자유이다. 공적인 정치 참여가 중요하다. **[플546-548]**

정답: ①, ③, ⑤

⌘ 자유를 선택가능 상태로 서술한 것을 <u>모두</u> 고르시오.

① 행위자의 내면적인 의지를 토대로 본 개념이다.

② 제약 없는 상태에서 벗어나기 위하여 구체적이고 실행가능성을 확인할 수 있는 개념이다.

③ 행위자의 소망하는 바의 성취를 토대로 한 개념이다.

④ 이 개념은 자유가 행사되기 위한 조건으로 선택지의 다양성을 전제해야 함을 알 수 있다.

⑤ 그릇된 선택, 변덕스러운 선택, 선택에 따르는 두려움을 수반하는 단점이 있다.

& 선택가능 상태로 보는 개념은 사회적 차원에서 성립하며, 내면적 의지를 통해 설명하는 개념은 자기결정 여부이다. 소망성취 여부도 행위자의 심리적 차원에서 설명하는 개념이다. **[플540-544; 548-553]**

정답: ②, ④, ⑤

⌘ 자유를 자기결정 여부로 서술한 것을 <u>모두</u> 고르시오.

① 행위자의 의지보다는 소망이 관건이다.

② 실존주의 철학에서 받아들이는 자유 개념과 유사하다.

③ 이 개념은 외부 간섭보다는 자기 자신만의 내적 특성(authenticity)과 관련된다.

④ 자유로 설명할 수 없는 결정론적 상황을 도외시한 측면이 있다.

⑤ 참여권은 자유의 자기결정 여부를 반영한 자기결정권이다.

& 자기결정 여부는 행위자의 소망보다는 의지와 관련이 있다. **[플548- 550]**

정답: ②, ③, ④, ⑤

✠ 자유를 자기지배 능력으로 서술한 것을 <u>모두</u> 고르시오.

① 이 개념을 강조하다 보면 현실적으로 자유가 침해당하는 측면을 도외시한다.

② 자유의 개념이라기보다는 수행의 개념에 가깝다는 비판을 받는다.

③ 이 개념은 도덕적 덕목, 합리성, 정서적 안정감 등과 관련되므로 이를 위하여 자기계발을 강조해야 한다.

④ 제약으로부터 벗어난다는 자유의 본질적 측면을 가장 잘 반영하고 있다.

⑤ 자유를 자기도야로 보기 때문에 종교수행적인 측면이 있다.

& 제약으로부터 벗어난다는 측면을 간과해 버림으로써 현실적으로 자유가 침해당하는 측면을 도외시하고, '진리가 너희를 자유케 하리라'와 같은 종교수행적인 측면으로 신비적인 내면적 특성만을 부각시킨다는 비판도 받는다.

정답: ①, ②, ③, ⑤

✠ 자유를 제약이 없는 상태로 서술한 것을 <u>모두</u> 고르시오.

① 자유의 핵심을 드러낸다.

② 현실적으로 자유를 설명하는 데 한계를 지니고 있으므로 자유 실현의 충분조건이 아니라 필요조건이라고 할 수 있다.

③ 제약이 없는 상태란 경제적 궁핍에서 벗어나야 한다는 뜻을 포함한다.

④ 법에 따른 중혼금지, 난혼금지는 이 개념에 위배된다는 단점이 있다.

⑤ 각종 사회적, 문화적, 종교적 제약에서 벗어나게 한다는 점에서 권리증진에 기여한다.

& 제약으로부터 벗어나다는 뜻은 정치적, 사회적, 문화적 구속에서 벗어난다는 뜻이다. 하지만 혼인과 같은 사회적 관습에 기초한 제약이나 교통법규 등의 제약은 자유를 침해하는 것으로 볼 수 없다. [플537-540] 이는 오히려 기본권 보장을 위하여 필요하기도 하다. 다만 권리를 포괄적으로 제한할 수는 없다. 제한하는 경우에도 기본권의 본질을 훼손할 수 없다. 헌법 제37조는 이를 명시하고 있다.

정답: ①, ②, ⑤

영어 'free' 또는 'freedom'이 지닌 의미를 자유의 개념군에 비추어 정리해 보시오.

& 먼저 소극적 자유와 적극적 자유를 뜻하는 'free from ～'과 'free to ～'에 따라 의미를 살펴볼 수 있다.

(1) 'free form'

① 제약이나 장애로부터 벗어남; 편견이 없는; politically free; intellectually free; = 제약이 없는 상태

② 물리적 제약이 없는; leave the rope free = 제약이 없는 상태

③ 능력, 역량; John is free form reproach. = 자기 지배능력

④ 면역; free from disease; free from charge = 제약이 없는 상태

⑤ 없음; free from lice = 제약이 없는 상태

(2) 'free to'

① 자발적인; I was free to confess at the Congress. = 선택이 가능한 상태 = 자기결정 가능한

② 허용된: allowed; I am free to stay here as long as I can.; He is free of his friend's house = 선택이 가능한 상태 = 자기결정 가능 = 소망성취 가능

(3) free of

① 면제된; free of charge = 제약이 없는 상태 = 자격, 지위

② 허용된; I am free of a library = 자격, 지위
③ 아끼지 않은; free of advice = 능력, 역량

(4) free

① not a slave; freeman = 지위
② 무료; 공짜; free lunch; free patient = 제약이 없는 상태
③ 구속이 없는 상태; the free play of mind = 자기 지배능력
④ 규칙에 매이지 않는; freehouse; = 제약이 없는 상태 = 지위, 자격
⑤ 한가한; Are you free this evening? = 제약이 없는 상태
⑥ 자격이나 능력을 갖춘; free competition = 실행능력을 갖춘
⑦ 헤픈; 통이 큰; free with one's money = 자기 결정 가능

이상의 내용을 다시 세분하여 용법을 분류할 수도 있다. 어느 경우에도 '자유'의 의미를 '실행력을 갖춘 상태(effective power)'로 보는 데에는 한계가 있다. 영어 'free'가 서술적 용법이건 한정적 용법이건 간에 정신적인 능력이나 자격 요건을 의미하며 경제적 실행능력을 가리키지 않는다. 설사 경제적인 능력과 관련을 맺는다고 하더라도 그것은 자기 마음대로 결정할 수 있다는 뜻이거나 씀씀이가 헤프다는 뜻으로 한정되어 있음을 알 수 있다.

다음과 같이 정리할 수 있다. 첫째, 대부분의 용법이 '제약이 없는'이라는 뜻을 지닌다. 둘째, 상황에 따라 '제약이 없는'이라는 뜻에서 여러 가지 의미가 파생된다. 셋째, 적극적인 의미를 지닌 뜻으로는 '자기결정 능력'의 뜻을 지닌다. 넷째, '자기결정 능력'이라는 뜻은 '자발적인'이라는 뜻과 함께 '통이 크다' 또는 '헤프다'와 같은 성격 특성을 나타낸다. 어느 경우에도 경제적 실행능력을 지칭하는 경우는 찾기 어렵다.

다음 영어 표현과 자유의 의미와 연결이 잘못된 것을 모두 고르시오.

① I am free to confess. = 자기결정 능력

② It is free for her to tell the truth in the police. = 자기결정 능력

③ Mark is a person free from reproach. = 자기 지배능력

④ My uncle is free of advice for me. = 지위를 획득한 상태

⑤ He is free from with his money. = 실행능력

& ④ = 자기 지배능력, 역량; ⑤ = 자기결정 능력

정답: ④, ⑤

다음 표현 중 여러 가지 제약으로부터 벗어난다는 뜻과 거리가 먼 것을 모두 고르시오.

① I am free of a laboratory.

② There is no such free lunch.

③ This floor is the tax free zone.

④ Political freedom is a basic right.

⑤ He is free of his uncle's house.

& ① = 자격; ② = 공짜; ⑤ = 허용; 이 세 가지도 당초 '제약이 없는 상태'에서 파생되었음을 알 수 있지만, 제약으로부터 벗어난다는 의미보다는 파생된 의미가 강하다.

정답: ①, ②, ⑤

다음 표현 중 사람의 역량이나 성격과 관련되지 않은 것을 모두 고르시오.

① My teacher is free of advice for me.

② His son is free of the Presidential Office.

③ Anne was free to confess at the Church.

④ My sister is free from her money.

⑤ Leave the rope free when you arrive at the top.

& ② = 자격; ⑤ = 물리적 제약에서 벗어남

정답: ②, ⑤

그레이의 일곱 가지 자유 개념군에 해당하는 영어표현을 적어도 1가지 이상 제시해 보시오.

& 다음과 같은 예를 들어 볼 수 있다.

(1) 제약(장애)이 없는 상태 = politically free; intellectually free; free beach(나체가 허용된 해변); free patient; free ride; free lunch

(2) 선택이 가능한 상태 = free trade; free competition

(3) 실행능력을 갖춘 상태 = free with one's money

(4) 지위를 획득한 상태 = freed woman; a free man; I am free to stay here for a while.

(5) 자기결정 여부 = free will; I am free to confess.

(6) 소망성취 여부 = a free agent; I am free to do this as I wish.

(7) 자기지배능력 = free-hearted; freeness; free hand; I gave her a free hand.

보다 심층적인 논의를 위하여 그레이의 일곱 가지 자유 개념군을 그레이의 3원도식에 대입하여 정리하시오.

& 앞서 설명한 내용을 도식으로 나타내면 다음과 같다. **[플537; 634]**

① 제약(장애)이 없는 상태 = Y-focused Y = Y-Y 또는 Y(Y) ② 선택이 가능한 상태 = Z-focused Y = Y-Z 또는 Y(Z) ③ 실행 능력을 갖춘 상태 = X-focused Y = Y-X 또는 Y(X) ④ 지위를 획득한 상태 = X-focused Y = Y-X 또는 Y(X) ⑤ 자기결정 여부 = Y-focused X = X-Y 또는 X(Y) ⑥ 소망성취 여부 = Z-focused X = X-Z 또는 X(Z) ⑦ 자기지배 능력 = X-focused X = X-X 또는 X(X)

다음 명구를 토대로 자유의 의미를 정리해 보시오.

FREEDOM IS NOT FREE.

& 직역하면 '자유는 공짜가 아니다'이다. 그 의미를 들여다보면 '자유는 공짜로 주어지는 것이 아니다'라는 뜻은 물론 '대가 없는 자유는 없다' 또는 '자유에는 희생이 따른다'라는 뜻이 포함되어 있다.

앞서 여러 차례 점검한 바와 같이[플529-556], 영어 'free'라는 말에는 여러 가지 뜻이 담겨 있다. 이 명구 앞의 'freedom'에는 '일체의 제약과 속박이 없는 상태'만이 아니라 '전체주의와 독재로부터 벗어난다'는 뜻을 담고 있다. 이와 함께 '자유민'이라는 뜻도 함께 지니고 있다. 자유인은 아무나 될 수 없다는 뜻을 포함한다.

뒤의 'free'는 공짜라는 뜻이다. 그래서 '자유는 공짜가 아니다'라는 직역이 가능하다. 공짜가 아니므로 대가를 치러야 얻을 수 있다는 뜻이다. 이를 보다 심층적으로 해석해보면 자의적이거나 임의적으로 얻어질 수 없다는 뜻이다.

위 문장은 'FREEDOM IS NOT FREE'는 미국 워싱턴 D. C. 소재 한국전기념조형물에 새겨진 명구이다. 미국 국립공원(U. S. National Park Service)인 한국전쟁기념관(Korean War Veterans Memorial)에 소재한

것으로 링컨기념관(Lincoln Memorial) 동쪽에 위치해 있다. 정확하게는 워싱턴 기념탑(Washington Monument)과 링컨기념관 사이에 위치해 있다. 이 기념시설은 레이건 대통령의 설립 승인으로 시작되어 1995년 7월 27일에 한국전 정전 기념일에 맞추어 김영삼 대통령과 클린턴 대통령에 의하여 헌정되었다. 제9장 참조.

Ⅱ. 자유민주주의 사회

이 절에서는 민주사회에서 권리문제는 어떻게 다루어지는가를 초점을 맞추어 점검하고자 한다. 특히 민주주의가 하나의 이상향이거나 이념적 좌표가 될 경우 개인의 자유와 권리를 심하게 왜곡한다는 점에 초점을 맞추어 민주주의의 개념과 유형을 분석하고 이를 점검해본다. 아울러 권위 문제는 민주사회에서 어떻게 용인되어야 하는가를 검토해 보고, 그 연장선에서 교권 문제를 다루어 보도록 한다.

민주주의와 권리의 관계를 간략하게 서술하시오.

& 여러 가지 유형의 민주주의가 존재한다. 그러나 논의목적 상 민주주의는 생명·자유·재산을 존중하는 자유민주주의 체제와 민주주의를 집합적 관념으로 보는 사회민주주의 체제가 있다. 권리의 주체가 집합이 아닌 개인이라는 점을 염두에 둔다면, 권리의 측면에서 보면 전자의 민주주의가 개인의 권리를 보호하고 증진시키는 데 기여한다. **[증69] [플344-352; 571-572]**

다음 서술 중 틀린 것을 모두 고르시오.

① 민주적 가치는 이상적 가치이다.
② 민주적 가치는 절차적 가치이다.
③ 민주적 가치는 개인의 자유와 권리에 우선한다.
④ 민주적 가치는 대중의 지혜를 발휘할 수 있는 장점을 지니고 있다.
⑤ 다수결의 원칙은 민주사회에서 철칙이다.

& 민주적 가치는 현실세계의 절차적 원리이며, 개인의 자유와 권리를 침해하면 전체주의로 전락한다. 다수결의 원칙을 철칙으로 여기면 소수 의견을 묵살하고, 또 민주주의를 부정하는 패러독스에 빠진다. **[플523; 562-567]**

정답: ①, ③, ⑤

민중의 지배(by the people)를 뜻하는 민주주의가 포퓰리즘(populism)에 빠지지 않으려면 어떻게 해야 하는지 간략하게 서술하시오.

& 민주주의가 대중인기영합에 빠지지 않으면 대중의 지혜(Wisdom of Crowds)를 모아야 한다. 대중의 지혜를 모으는 가장 좋은 방법은 대중이 지닌 장점을 잘 활용하는 것이다. 그 구체적인 방안으로 다양한 구성원의 여러 의견을 수합한다. 그 규모가 커지면 커질수록 좋다. 그 의견의 평균치가 대부분 대중의 지혜를 반영한다는 점을 고려한다. 다만 구성원 개개인은 합리적인 판단에 따라 행동하더라도 군중심리에 휩싸이지 않도록 유념한다. 이러한 생각은 서로위키(Surowiecki)가 제시한 개방성, 독립성, 다양성의 존중을 담고 있다. **[플560-561]**

민주주의가 포퓰리즘에 빠지지 않을 방안은 서로위키의 다음 책을 참조하라.

Surowiecki, J., 2004, *The Wisdom of Crowds*, **대중의 지혜**, 서울: 랜덤하

우스.
이 책을 통하여 현대사회에서 민주주의가 온전하게 작동할 여러 가지 아이디어를 얻을 수 있을 것이다.

서로위키가 제시한 방안에 해당하지 않는 것을 고르시오.

① 대중이 지닌 장점을 잘 활용하는 방안으로 다양한 구성원의 여러 의견을 수합한다.
② 전체 의견은 개인의 의견의 총합이라는 점에 유념한다.
③ 구성원 개개인은 합리적인 판단에 따라 행동하더라도 군중심리에 휩싸이지 않도록 유념한다.
④ 현명한 집단은 개방성, 독립성, 다양성을 존중한다.
⑤ 가장 핵심은 군중심리에 휩싸이지 않는 개개인의 합리적 판단을 존중하는 것이다.

& 집단 전체 의견은 개개인의 의견의 총합이 아니다. 기계론적 결합이나 사고방식은 오히려 포퓰리즘에 빠지게 한다. 다수결로 밀어붙이는 것도 이에 해당한다. **[플561; 563; 574-575]**

정답: ②

개인의 자유와 권리를 존중하는 민주적 질서의 특징이 아닌 것을 고르시오.

① 민주적 질서는 완전한 질서가 아니다,
② 민주적 질서는 자생적 질서이다.
③ 민주적 질서는 일사 분란한 질서구조를 갖는다.
④ 민주적 질서는 시장경제의 특징을 갖는다.
⑤ 민주적 질서는 정보가 분산되어 있다.

& 개인의 자유와 권리를 존중하는 민주적 질서는 기계론적 패턴이

아니라 분점(分占)된 질서구조를 갖는다. 이른바 역할분점론이다. [플564-566]

정답: ③

다음 빈칸에 들어갈 용어를 쓰시오.

> 첫째, 개인의 행동이 전체요소의 한 부분으로 작용하는 [Ⓐ]이(가) 아니라 개인의 행동이 여러 차례의 자기 유사성을 지닌 반복과 되먹임을 통하여 사회 현상을 창출해 낸 [Ⓑ]이다. 이 말은 대중의 지혜를 존중해야 하는 민주주의 가치 체제 아래서 개인의 행동이 야기하는 결과가 매우 크다는 것을 말해준다.
> 둘째, 개인의 행동이 야기하는 문제는 [Ⓒ]이(가) 결여되어 있기 때문이다. 서로위키는 이에 관하여 "대중의 지혜가 언제나 조정문제를 잘 해결하는 것은 아니다. 교통정체는 운전자 각자가 자신의 목적에 충실한 것만으로 전체 집단이 훌륭하게 조화되는 그런 문제가 아니다. 오히려 교통정체 문제의 경우에는 다양한 개인들의 행동을 규제하는 규칙이 필요하다."라고 언급하였다. 이러한 사실은 민주사회에서 민주적 가치는 사회적 권위와 제도의 중요성을 인식하고 이를 존중하는 데 있음을 암시한다.

& 절차적 원리로서 민주주의가 포퓰리즘에 빠지지 않는 전제를 설명한 내용이다. [플575]

정답: Ⓐ 요소환원주의; Ⓑ 프랙털 효과; Ⓒ 자체 조정 능력

다음 중 타당하지 <u>않은</u> 진술을 <u>모두</u> 고르시오.

① 자체 조정 능력이 결여된 개인의 행동을 통제하기 위하여 민주적 가치는 사회적 권위와 제도의 중요성을 인식하고 이를 존중하는 데서 찾아진다.

② 민주적 절차가 실현되기 위하여 개인의 행동이 전체요소의 한 부분으로 작용하는 요소환원주의가 아니라 개인의 행동이 여러 차례의 자기 유사성을 지닌 반복과 되먹임을 통하여 사회 현상을 창출해 낸 프랙털 효과를 염두에 두어야 한다.

③ 대중의 지혜는 집합적 가치이므로 루소의 일반의지는 개개인의 자유와 권리를 존중하는 데 있어서 매우 중요하다.

④ 대중의 지혜를 모은다는 것은 곧 동일성 민주주의라고 불리기도 하는 진보적 공화정과 직접 참여를 강조하는 인민민주주의와 맥을 같이 한다.

⑤ 절차적 원리로서 민주주의의 연원은 고대 희랍과 로마의 정치체제에 근원하기도 하지만, 직접적인 뿌리는 방어적 민주주의에서 찾을 수 있다.

& 절차적 원리로서 민주주의의 계보는 고대 희랍과 로마의 정치체제, 그리고 방어적 민주주의를 토대로 한 자유민주주의에서 찾아진다. **[플576-585]** 또한 루소의 일반의지에 근거한 '동일성 민주주의(identity democracy)'라고도 하는 진보적 공화정은 가장 완벽해 보이지만, 바로 그 이유로 인하여 개인의 자유와 권리를 존중하는 절차적 원리를 훼손하고 심지어 말살하는 전체주의로 몰고 갈 위험성이 있다. **[플585-594]** 절차적 원리로서 민주주의 실행은 사회 구성원인 개개인이 사회의 가치를 자기와 동일시하려는 자기유사성에서 찾을 수 있다. **[플563; 574-575]**

정답: ③, ④

방어적 민주주의의 특징을 서술하시오.

& 방어적 민주주의(protective democracy)는 자유민주주의를 낳는 근대 고전적 자유주의에 토대를 둔 민주주의 유형이다. **[플582-585]**

'방어적'이라는 말은 '보호'에 초점을 맞추고 있다는 뜻이다. 여기서 보호는 두 가지로 살펴볼 수 있다. 하나는 국가권력과 정부의 강력한 행정력 등에 대하여 개인의 기본적인 자유와 권리를 보호한다는 뜻이다. 이와 아울러 개개인의 사생활을 공적 영역으로부터 분리시켜 보호한다는 뜻도 있다. 다른 하나는 민주주의 이름으로 민주주의를 파괴하거나 자유의 이름으로 자유를 파괴하는 일체의 적으로부터 보호를 말한다. 즉 전체주의로 이행되는 것을 막는다는 뜻이다.

자유민주주의에서 이러한 '방어적' 의미가 중요한 까닭은 자유민주사회의 약점이 스스로의 원리에 의하여 스스로를 파괴할 수 있는 모순점을 안고 있기 때문이다. 이를 역설이라 하여 여러 가지 유형의 패러독스가 야기된다. 자유의 패러독스, 관용의 패러독스, 민주주의의 패로독스, 통치의 패러독스 등이 있다. [플519-528] 이러한 패러독스를 막기 위하여 자유와 '자유주의'가 지니는 의미를 면밀하게 분석할 필요가 있다.

자유주의는 크게 네 가지로 왜곡되는 양상을 띤다. 추상주의, 역사주의, 구성주의, 중간주의 또는 대중주의가 그것이다. [플489-492] 여기서 핵심은 개인의 자유와 권리를 집합적 개념으로 치환하지 말아야 한다는 점이다. 특히 민주주의 유형에서 루소의 일반의지에 근거한 진보적 공화정 또는 동일성 민주주의는 자유민주주의의 본질을 훼손하여 전체주의로 유도하므로 이에 유념할 필요가 있다. 이럴 경우 인민민주주의 또는 사회민주주의로 포장되는 경우가 많다.

현실적으로 방어적 민주주의는 미국의 건국이념이 되기도 하였다. 우리나라 헌법에 천명된 기본권은 대부분 방어적 민주주의와 관련을 맺고 있다. 고전적 자유주의는 생명·자유·재산을 불가분의 가치이며 기본권의 핵심으로 보는 만큼 방어적 민주주의는 개인의 생명·자유·재산을 기본적 가치 또는 기본권으로 보호한다는 의미를 지닌다.

민주사회에서 포퓰리즘을 극복하고 대중의 지혜를 살리는 구체적 방법을 고안해 보시오.

& 포퓰리즘(populism)은 대중의 지배라는 민주적 원칙이 파행한 결과 야기되는 사회병리현상이다. 이를 극복하여 민주정신을 온전하게 살리려면 대중의 지혜를 잘 살리는 방안을 고안할 필요가 있다. [플560-562] 하나의 방법으로 집단과 개인의 괴리를 극복하는 자기 유사성을 고려하는 방법을 강구할 필요가 있다. 프랙털 이론을 활용하는 것도 하나의 방법이다. [플653-657] 또한 민주주의를 하나의 이데올로기나 최고의 선이 아니라 절차적 원리로 인식하는 것이 매우 중요하다. [플567-575] 민주적 원리란 곧 삶의 절차적 원리라는 점을 염두에 두고 민주주의와 관련된 모든 사안을 다룰 필요가 있다는 점에 초점을 맞추어 논의한다. 그렇지 못할 경우 민주적 원리를 형식논리에 빠뜨려서 각종 패러독스에 봉착하게 되므로 이를 경계해야 한다. [플519-529] 특히 민주적 가치에 함몰되어 개인의 자유와 권리를 침해하는 집합주의에 빠져서는 안 된다는 점도 포퓰리즘을 극복하는 하나의 중요한 방안이 된다.

포퓰리즘이 성행하는 가장 간단한 근거로 다수결 원리를 서술하시오.

& 다수결 원리는 여러 의견이 상존하고 대립하는 사회에서 의사결정을 하는 민주적 절차이다. 왜냐하면 다원 사회는 전원일치 또는 만장일치의 의결이 불가능하기 때문이다. 그 결과 다수의 의견을 따르는 의결방식을 채택하지 않을 수 없다.
하지만 다수의 의견이 우세하다고 해서 그것이 곧 다수결 원리가 객관적으로 전적으로 옳다는 것을 입증하는 것은 아니다. 다수결 원리에 맹신하는 것은 다수의 독재에 대하여 속수무책인 것과 동일하다. 따라서 다수결 원리가 절차적 원리로서 정당화되려면 몇 가지 전제를 받아들여야 한다. 첫째, 현재 다수로 채택된 의견이 언젠가 소수 의견이 될 수 있다는 가능성을 받아들여야 한다. 즉 다수결에 의하여 절대선이나 절대적 가치란 성립할 수 없다는 뜻이다. 둘째, 다수결에 따른 결정을 할 경우 다양한 견해와 다양한 집단으로 인하여 야기되는 갈등과 경쟁이 타협과 조정이 되도록 해야 한다. 일방적이어서는 안 된다. 셋째, 소수에 대한 신뢰가 있어야 한다. 즉 소수 의견을 다수 의견처럼 동질성이 있다는 전제 아래 존중해야 한다.

이러한 전제가 받아들여져야 민주적 결정 방식인 다수결 원리가 온당한 절차적 원리로서 작동한다. 그렇지 않으면, 다수결 원리는 포퓰리즘을 합리화하는 수단으로 전락한다.

또한 다수결 원리의 전제를 수용해야만 다수의 횡포를 막을 수 있다. 이와 관련하여 밀(J. S. Mill)은 소수의 견해를 묵살하는 다수의 횡포는 다수의 견해를 묵살하고 강행하는 일인 독재와 같다고 설파한 바 있다.

밀은 1859년 자신의 『자유론』을 출간하였다. 이 책은 우리가 존중하는 언론, 사상, 양심, 표현 등의 자유와 권리의 중요성을 부각시킨 고전이다. 우리나라에는 여러 가지 번역이 나와 있다. 그의 영어 문체가 워낙 수려하여 원본을 읽는 것도 좋은 방법이다. 이 책에 담긴 사상을 보면 그는 철저한 자유주의자라고 한다. 그러나 주지하는 바와 같이, 밀은 정통 공리주의자이기도 하다. 그런 만큼 '최대 다수의 최대 행복'을 지향하는 정책들을 지지한다. 그러나 그러한 정책들은 현실적으로 개인의 자유와 권리에 상충하는 경우가 있다. 그래서 고전적 자유주의에 대하여 '새로운 자유주의(New Liberalism)' 또는 '진보적 자유주의'라고 한다. **[플504-514]** 즉 19세기 자유주의가 17~18세기 고전적 자유주의에 대하여 '진보적'이라는 뜻이다. 그러나 자유주의는 그 자체로 기존의 정형화된 틀을 부정하고 이를 벗어나야 한다는 입장에서 늘 진보적이다. 우리가 경계해야 할 문제는 보수-진보의 이분법이다. 이를 흔히 좌-우로 구분하기도 한다. 보수=우, 진보=좌의 도식은 성립하지 않는다. 오히려 좌-우 대립은 자유주의(우)와 사회주의의 대립, 또는 개인주의(우)와 집합주의(좌)의 대립이다. **[플493-503]**

⌘ 민주적 절차로서 다수결 원리가 온전하게 작동하기 위한 조건으로서 법치에 관하여 서술하시오.

& 전통적인 의미에서 법치(法治)는 덕치(德治)에 비하여 현실적인 차선책이라고 할 수 있다. 전통 유학에서도 대동(大同) 사회가 현실적으로 불가능하여 소강(小康) 사회를 지향하였다. 소강사회에서도 덕치는 법치에 앞서 실현해야 할 정치방식이다. 이러한 생각은 당초 법치가 윤리적 차원의 덕목보다는 법에 의한 강제력에 따른 통치를 전제하고 있기 때문이다. 또한 법치가 통치자의 자의적인 이익을 위한 도구라는 생각도 지배적이었다.

하지만 현대사회에서 요구되는 법치는 단순한 통치수단만을 뜻하는 것이 아니다. 법에 의한 강제, 법에 의한 형식적 적용을 뜻하는데 그치는 것이 아니라 법의 적용이나 작동에 있어서 특정 개인의 자의적인 통치인 인치(人治)를 경계하고 있기 때문이다. 그리고 법치에 포함된 법의 내용이나 제정 등의 절차가 공정하고 객관적이어야 하는 민주적인 절차상 원리를 존중하고 있어야 한다. 이럴 경우 법치는 '법의 지배(rule of law)'로 이해된다. 만약 민주적 절차가 이행되지 않을 경우, 그 통치는 자의적인 인치가 아니더라도 '입법만능주의(rule by law)' 즉 입법 독재의 형태를 띠게 된다.

입법만능주의 행태는 21세기 대한민국 국회에서 분명하게 확인할 수 있다. 절차적 원리를 아예 무시한 이른바 '공수처법'과 검수완박 입법은 이러한 입법만능주의의 결정판이다. 이를 혹자는 '입법독재'라고 한다. 법치를 가장하여 다수결 원리를 악용한 사례라고 할 수 있다. 본서 제9장 참조.

🗁 소강사회에서 말하는 덕치는 현대사회가 요구하는 법치 이념에 부합한다. 이에 관하여 다음 도서를 참조하면 도움이 된다. 조무남, 2016, **공**

자 교육사상, 그런대로 편안한 세상 만들기, 서울: 학지사.

다수결 원리가 온전하게 작동하기 위한 조건으로서 법치에 관한 다음 서술 중 옳은 것을 모두 고르시오.

① 법치는 의미상 특정 개인의 자의적 통치인 인치(人治)를 배격한다는 뜻이다.

② 법치는 곧 법의 지배(rule of law)를 말한다.

③ 법치는 모든 의사결정이 다수결에 의하여 정해진다는 것을 뜻한다.

④ 이른바 입법주의(rule by law)는 법치주의를 실현하는 방안이 된다.

⑤ 법치는 덕치만큼 이상적이지 않지만 가장 현실적인 대안이다.

& 법치는 법의 지배를 뜻하지만, 산술적 의미에서 다수결 결정을 뜻하는 것이 아니다. 자의적인 법 집행을 금지해야 하는 것은 교육상황에서 벌을 내릴 경우에도 똑같이 적용된다. [플679-680]

정답: ①, ②, ⑤

다수결 원리가 민주적 절차로서 작동하는 원리에 관한 설명으로 옳은 것을 모두 고르시오.

① 다수결의 원리를 산술적으로 산정해야 한다.

② 타협과 절충의 여지를 남기고 조정할 수 있어야 한다.

③ 소수 의견을 다수 의견처럼 존중하는 열린 마음이 요구된다.

④ 다수의 결정은 도덕적으로 옳은 것으로 추인되어야 한다.

⑤ 다수 의견을 가진 집단의 편파성을 경계해야 한다.

& 다수 결정을 옳은 것으로 보는 것은 민주주의를 절차적 원리로 보는 것이 아니라 절대 선으로 보는 것이다.

정답: ②, ③, ⑤

절차적 원리로서 민주주의를 설명하시오.

논점은 두 가지 민주주의의 흐름을 파악하는 데 있다. **[플567-570]** 하나는 민주주의를 이상적인 가치로 보고 개인의 자유와 권리를 거기에 함몰시키는 것이다. 여기서 집합적 가치를 존중하는 민주주의가 나온다. 루소의 일반의지를 토대로 한 동일성 민주주의와 이른바 진보적 민주주의를 표방하는 사회민주주의, 인민민주주의는 이 노선에 있다. 다른 하나는 개인의 자유와 권리, 보다 구체적으로는 개인의 생명, 자유, 재산을 분리시키지 않고 존중하는 '보호'하는 방어적 민주주의, 즉 자유민주주의 노선을 말한다. 이 노선에서 민주주의는 이상적인 가치가 아니라 절차적 원리로 작동한다. 그러한 절차적 원리에 따라 헌법이 규정하는 기본적인 자유와 권리가 보장된다. 이러한 맥락에서 민주적 가치가 개인의 자유와 권리에 우선하지 않으며, 절차적 원리로서 민주주의는 곧 그러한 기본권을 보장하는 헌법적 가치를 존중하는 법치주의를 뜻한다.

절차적 원리로서 민주주의가 아동권리와 교육문제에 어떻게 적용되어야 하는가의 문제는 다음 글을 참조하라. 김정래, 아동과 민주주의, 에듀인뉴스 칼럼, 2021년 5월 3일 자.
(https://www.eduinnews.co.kr/news/articleView.html?idxno=50041).

다음은 조지 오웰의 『동물농장』에 나오는 내용입니다. 이와 관련하여 타당하게 서술된 내용을 <u>모두</u> 고르시오.

'동물 칠계명' 중 유리하게 남은 계명 = '모든 동물은 평등하다. 그러나 어떤 동물은 다른 동물보다 더 평등하다. (ALL ANIMALS ARE EQUAL. BUT SOME ANIMALS ARE MORE EQUAL THAN OTHERS.)'

① 위의 문장은 나에게 적용될 평등의 원리와 상대방에게 적용될 평

등의 의미가 다르다는 뜻이다.

② 민주주의를 쟁취한 특정인들의 전유 가치로 본 결과이다.

③ 인민민주주의가 주장하는 평등사회가 허구임을 보여준다.

④ 결과적으로 전체주의 국가에서 개인의 자유와 권리의 말살을 보여준다.

⑤ 내로남불의 심리적 기제를 보여준다.

& 모두 타당한 진술이다. 본서 제9장 자율 심화 점검 문항 참조.

정답: ①, ②, ③, ④, ⑤

조지 오웰 『동물농장』 제10장에 나오는 내용.

다음은 조지 오웰의 『동물농장』에 나오는 내용으로 그 함의하는 바가 타당하게 서술되지 않은 진술을 고르시오.

> 마지막 문장 = "그래, 맞아, 돼지들의 얼굴에 무슨 변화가 일어났는지 이제 알 수 있었다. 창밖의 동물들은 돼지에게서 인간으로, 인간에게서 돼지로, 다시 돼지에게서 인간으로 번갈아 시선을 옮겼다. 그러나 누가 돼지고 누가 인간인지, 어느 것이 어느 것인지 이미 분간할 수 없었다."

① 인간사회의 하급계층과 마찬가지로 동물농장의 하류동물이 있음을 암시한다.

② 프롤레타리아 독재가 곧 자본주의 폐해를 극복하기는커녕 그 폐해를 해소하지 못하고, 그 구악을 그대로 답습함을 뜻한다.

③ 돼지와 인간의 동질화를 뜻하는 것으로 평등사회 실현을 말한다.

④ '동물농장'이 이전의 '메이너 농장'으로 회귀했음을 암시한다.

⑤ 프롤레타리아 혁명 당초의 명분이 허위임을 가리킨다.

& 특정한 돼지로 표현된 프롤레타리아 독재자의 위상을 혁명 이전의

타락한 자본보다 못하다는 점에 비유한 말이다. 본서 제9장 자율 심화 점검 문항 참조.

정답: ③

🗁 조지 오웰 『동물농장』 마지막에 나오는 문장.

절차적 원리로서 민주주의에 관한 타당한 진술을 모두 고르시오.

① 참여민주주의에서 '참여'가 지나치게 강조되면 개인의 자유와 권리를 축소키거나 왜곡시킬 수 있다.

② 절차적 원리로서 민주주의는 곧 헌법적 가치를 존중하는 법치주의를 가리킨다.

③ 절차적 원리는 민주적 이상을 실현하는 원리를 가리킨다.

④ 가치다원주의와 관용은 존중된다.

⑤ 절차적 원리를 묵살하거나 무시하면 그것은 곧 권위주의를 뜻한다.

& 참여가 추상적이고 집합적인 의미로 사용되면 그것은 곧 절차적 원리를 훼손하는 것으로 변질된다. **[플567-573; 602-604]**

정답: ①, ②, ④, ⑤

※ 다음 진술의 진위를 가려보시오.

절차적 원리로서 민주주의는 곧 '국민에 의한(by the people)' 정당성 확보에 초점을 두고 있다. (　　)

& 여기서 '절차'란 국민 개개인의 자유와 권리를 존중한다는 전제를 가리키므로 '국민에 의한'이라는 슬로건에 부합한다.

정답: ○

⊠ 방어적 민주주의의 근거는 대한민국 헌법 전문(前文)의 '자유민주적 기본질서를 확고히 한다'는 천명에서 확인할 수 있다. (   )

& 방어적 민주주의는 자유민주주의의 특징을 나타내는 말이다.

정답: ○

⊠ 국민의 자기 지배 원리(self-rule)는 자유민주주의의 핵심을 설명한다. (   )

& '자기 지배'는 루소의 일반의지에 근거한 진보적 공화정의 특징을 설명한다.

정답: ×

⊠ 전통적 가족 제도는 봉건적 질서에서 비롯된 제도이므로 자유민주주의에는 부합하지 않는다. (   )

& 근대 자유민주주의는 개인의 가치를 존중하지만, 전통적인 가족의 가치도 존중한다. [플584]

정답: ×

⊠ 민주주의는 대중의 지혜를 존중하지만, 인기 영합주의를 경계해야 한다. (   )

& 민주주의는 민중의 지배라는 뜻에서 나온 만큼 대중의 지혜를 존중하지만, 그것이 중우정치로 흐르는 것을 경계해야 한다. [플560-562]

정답: ○

민주주의와 자유주의는 동의어이다. (　　)

& 민주주의는 권위주의에 반하고, 자유주의는 전체주의 또는 집합주의에 반한다. [플604-608]

정답: ×

개인의 자유와 권리를 존중하는 민주사회에는 정보가 분산되어 있다. (　　)

& 정보가 집중된 사회는 전체주의 사회로서 절차적 원리가 무시된다. [플566]

정답: ○

개인의 기계론적 결합이 사회를 구성한다는 전제는 민주사회를 포퓰리즘으로 전락시킨다. (　　)

& 기계론적 구성 또는 산술적 총합은 결합 및 분해의 오류를 낳으면서 개인과 사회, 개인과 국가 간의 괴리를 낳는다. 그것이 곧 포퓰리즘으로 이끌어간다. [플562-563] 이러한 생각은 프랙털 이론으로 설명되기도 하지만, 화엄사상의 '일즉다(一卽多) 다즉일(多卽一)로 설명되기도 한다. 교육현장에서 아이들에게 쉽게 설명하고자 한다면, 나의 태도가 곧 국가의 입장을 대표한다는 것에 해당한다. 이는 결코 유치한 비유나 설명이 아니다. 예를 들어서 낯선 외국에서 그들의 눈에 비친 나의 행동은 곧 그들에게 대한민국을 대표하는 것으로 설명한다.

정답: ○

다음 칸에 들어갈 수 없는 용어를 모두 고르시오.

> [　　　　　　　　] 민주주의란 민주주의라는 명분으로 개인의 자유와 민주적 가치를 파괴하는 어떤 공격으로부터 막아낸다는 뜻을 지니고 있다.

① 자유　② 방어적
③ 사회　④ 절차적 원리를 따르는
⑤ 동일성

& 사회민주주의와 동일성 민주주의는 자유민주주의 또는 방어적 민주주의와 맥을 달리한다. 방어적 민주주의는 절차적 원리와 헌법적 가치를 존중한다. [플567-571; 582-584]

정답: ③, ⑤

이하 소개하는 민주주의의 제 유형에 관한 보다 자세한 내용은 다음 책을 참조하라.
Held, D., 1996, 2nd ed., *The Models of Democracy*, 3rd ed. 2001, London Polity.

진보적 공화정(Developmental Republicanism)에 관한 서술로 틀린 것을 모두 고르시오.

① 루소의 일반의지를 토대로 한 정치체제이다.
② 직접민주주의를 표방하여 자유민주주의로 계승된다.
③ 지배자와 피지배자를 동일시한다.
④ 전체주의로 전락할 수 있는 정치체제이다.
⑤ 다양한 개인의 사생활 보장에 초점을 맞추고 있다.

& 진보적 공화정은 인민민주주의로 이어지며, 또한 다양한 개인보다는 인민의 총의(總意)를 우선한다. [플585-587]

정답: ②, ⑤

진보적 민주주의 중 '진보적 공화정(Developmental Republicanism)'의 특징과 한계를 서술하시오.

& 진보적 공화정은 루소의 일반의지(General Will)에 따라 직접민주주의를 표방하면서 민주주의를 국민의 '자기지배(self-rule)'로 이해하는 방식이다. [플585-587] 여기서 자기지배는 지배자(또는 治者)와 피지배자(被治者)를 동일시하는 것을 말한다. 루소에 따르면 인민이 주권자이기 위해서는 반드시 일반의지에 복종해야 하는데, 피지배자가 지배자의 의사에 복종하는 것은 결국 집합적 개념인 '총의'의 형태로 나타나는 자기 스스로의 의지에 복종해야 하는 것을 말한다. 이와 같은 방식으로 진보적 공화정은 지배자와 피지배자의 '의지적 동일성'을 추정하는 데서 민주주의의 의미를 찾는다. 용어 '의지적 동일성'이라는 데에 초점을 맞추어 진보적 공화정을 '동일성 민주주의(identity democracy)'라고도 한다. 어떻게 보면 가장 완벽해 보이는 민주주의이다. 그러나 바로 그 이유로 인하여 개인의 자유와 권리를 훼손하고 심지어 말살하는 전체주의로 몰고 갈 위험성이 있다. 주지하는 바와 같이 루소의 이러한 사회철학은 인민민주주의로 이어진다.

그 단점을 정리하면 다음과 같다. 첫째, 국민의 자기지배는 현실적인 지배관계를 왜곡함으로써 소수지배의 현실을 은폐하고 외면함으로써 부당한 소수의 독재를 가져온다. 즉 전체주의로 전락할 위험을 내포하고 있다. 둘째, 이 유형의 민주주의는 모든 인민 또는 모든 개체가 동일하다는 것을 전제로 한다. 그래서 동일하지 않은 개체 간의 차이를 인정하지 않으므로 차이를 부당한 갈등으로 보고 이를 강제적으로 억압하는 체제이다. 셋째, 국가가 국민의 통일된 정치의사를 집행하는 기구인 점은 수긍할 수 있지만, 이를 역이용하여 국가가 하는 모든 일을 국민의 의사라고 왜곡한다. 이른바 '인민의 이름으로'라는 구호가 합리화되는 단초는 여기에 있다. 즉 국가가 밀어붙이는 일은 국민의 의사와 관계없음에도 그것을 밀어

붙이는 데 있어서 '국민의 뜻'이라는 명분을 내세운다. 넷째, 지배자와 피지배자를 동일시함으로써 국가의 이해관계를 국민의 이해관계로 왜곡시킨다. 이 경우 국가의 이해관계는 소수 지배자의 이해관계를 '포장'한 것에 불과하다. 절차적으로 보면 소수 지배자의 이해관계가 국민의 이해관계라고 왜곡시킨다. 이러한 왜곡과정은 오웰의 풍자소설 『동물농장』에서 돼지 나폴레옹이 동물농장을 접수하는 과정에서 쉽게 이해할 수 있다. 물론, 그의 소설은 스탈린 치하의 소련에서 행해진 인민민주주의의 폐해를 지적하는 데 초점을 맞추고 있다.

다음 중 타당한 진술을 모두 고르시오.

① 18세기 관점으로 보면 방어적 민주주의는 진보적인 사상이다.
② 방어적 민주주의는 진보적 공화정이다.
③ 방어적 민주주의 사상적 기반은 존 로크와 애덤 스미스에서 찾을 수 있다.
④ 방어적 민주주의는 실제로 자유민주주의를 말한다.
⑤ 방어적 민주주의는 이후 보수주의와 동일시되기도 한다.

& 사회민주주의는 여러 가지 갈래가 있으나, 진보적 민주주의는 19세기 이후 사회민주주의를 지칭한다. [플582-585]

정답: ①, ③, ④, ⑤

고대 로마 공화정에 관한 다음 진술 중 타당하지 않은 진술을 고르시오.

① 고대 로마 공화정은 법의 지배를 존중하는 씨앗이 되었다.
② 상하 양원제의 뿌리는 고대 로마 공화정에서 찾을 수 있다.
③ 고대 희랍과 달리 보편적 민주주의를 실시하였다.
④ 고대 로마 공화정은 웅변술의 발달로 고대 희랍에 비하여 토론과

연설을 중시한다.

⑤ 고대 로마 공화정은 고대 희랍과는 달리 민주주의 이념이 모든 구성원의 공적 부담보다는 대표자 선출에 맞추어져 있다.

& 고대 로마 공화정은 시민권을 지닌 남성 위주의 정치체제이다. **[플579-581]**

정답: ③

다음 중 타당하지 않은 진술을 모두 고르시오.

① 고대 희랍의 민주주의는 도시 국가 기반의 민주주의이므로 현대 민주주의의 모델이 된다.

② 고대 희랍의 민주주의에서 공직 진출은 곧 책임이 따르므로 이에 대한 특권이 부여된다.

③ 고대 희랍의 민주주의는 모든 구성원의 정치 참여를 전제하므로 공무 담임 임기가 짧다.

④ 고대 희랍의 민주주의는 모든 구성원의 공적 부담이라는 점에 초점이 맞추어져 있다.

⑤ 고대 희랍의 민주주의는 인류 최초로 주민자치 원리를 확립해주었다.

& 고대 희랍의 도시국가는 오늘날로 보면 조그만 기초 자치단체 규모이다. 공무 담임에 따른 특권이 없다. 공직 진출은 일종의 짐이기도 하지만 시민의 의무였다. **[플576-579]**

정답: ①, ②

다음 중 타당한 진술을 모두 고르시오.

① 진보적 공화정(Developmental Republicanism)은 루소의 일반의지에 근거한다.

② 진보적 공화정은 동일성 민주주의(identity democracy)라고 일컫는다.

③ 진보적 공화정은 경제적 평등을 강조하지만 사유재산을 불가침의 가치로 여긴다.

④ 진보적 공화정에서 '자유'는 집합적이고 추상적인 개념이다.

⑤ 진보적 공화정은 이후 인민민주주의로 이어진다.

& 진보적 공화정은 사유재산을 악의 근원으로 본다. [플585-586]

정답: ①, ②, ④, ⑤

진보적 민주주의에 관한 다음 진술 중 타당하지 않은 진술을 모두 고르시오.

① 미국 민주당 정강 이념과 연결된다.

② 시장경제와 사유재산을 부정한다.

③ 사회민주주의 요소를 포함한다.

④ 밀과 롤스의 사상과 관련된다.

⑤ 최소 정부를 지향한다.

& 진보적 민주주의는 사회주의 정책을 받아들이되 시장경제와 사유재산을 부정하지 않는다. 여러 사회정책을 통해 국가의 개입이 정당화된다. [플587-589]

정답: ②, ⑤

다음 중 타당하지 않은 진술을 모두 고르시오.

① 인민민주주의는 직접 참여를 강조하므로 자유민주주의와 같은 직접 선거를 중시한다.

② 사회주의와 공산주의는 동일한 개념이다.

③ 공산주의는 그 자체가 정의로운 것이어서 '정의'라는 용어가 존재할 필요가 없다.

④ 인민민주주의에서 '민주주의'는 곧 프롤레타리아 독재를 의미한다.

⑤ 인민민주주의는 국가 통제 경제를 지향한다.

& 공산주의는 공상적 사회주의를 극복한 형태라고 한다. 오늘날에도 중국, 베트남과 같은 인민민주주의 형태의 국가에 직접 선거는 없다. [플590- 594]

정답: ①, ②

법치 민주주의(legal democracy)에 관한 다음 진술 중 옳은 진술을 모두 고르시오.

① 신보수주의라고 불리기도 한다.

② 하이에크와 밀턴 프리드먼이 그 대표적인 사상가이다.

③ 시장경제, 작은 정부, 헌법 가치, 법치를 존중한다.

④ 개인의 자율과 책무성이 강조된다.

⑤ 자유지상주의(libertarianism) 가치와도 상통한다.

& 모두 옳은 진술이다. [플600-601]

정답: ①, ②, ③, ④, ⑤

경쟁적 엘리트 민주주의(competitive elite democracy)에 관하여 타당하지 않은 진술을 모두 고르시오.

① 현대사회에서 고전적 민주주의가 지향하는 직접민주주의를 실행하기 어렵기 때문에 제시된 모형이다.

② 엘리트주의를 표방하므로 민주적 가치를 부정한다.

③ 특성상 인민민주주의에 대척점에 있다고 볼 수 있다.

④ 관료주의로 인하여 유권자의 정보접근이 용이하다.

⑤ 이 모형을 주창한 인물은 슘페터(Joseph Schumpeter)이다.

& 관료주의 팽배로 유권자가 정보로부터 소외될 가능성이 높다. 민의를 대변할 수 있는 엘리트를 선발하는 것에 초점을 둔다. [플594-597]

정답: ②, ④

참여민주주의에 관한 서술로 옳은 것을 모두 고르시오.

① 민주적 가치가 개인의 실질 참여에 있다고 보는 체제이다.

② 참여의 관점에서 보면, 경쟁적 엘리트주의와 대척점에 서 있다.

③ 내용 면에서 보면, 인민민주주의와 대척점에 서 있다.

④ 일명 '뉴레프트(New Left)'라고 한다.

⑤ 우리나라 학생인권조례는 이 모형에 닮아 있다.

& 참여의 관점에서 보면 인민민주주의의 연장에 있다. [플602-603]

정답: ①, ②, ④, ⑤

다음 각 칸에 해당하는 사례를 들어보시오.

	민주주의	권위주의
자유주의	Ⅰ	Ⅱ
전체주의	Ⅲ	Ⅳ

& Ⅰ = 자유민주주의 국가로서 미국, 일본, 서유럽 국가들. 다만 서유럽국가들 중에는 사회주의 정책을 채택하지만, 기본적으로 자유민주주의 체제를 유지한다.

Ⅱ = 개인의 자유와 권리를 보장하면서 사회통제 수단으로 권위주의를 수용한 국가로서 1960년대부터 1980년대까지 대한민국, 싱가포르, 홍콩 등 신흥 아시아 국가들이 이에 해당한다.

Ⅲ = 형식적으로나 명목상으로 민주주의를 내세우지만 실질적으로는 절차적 원리를 무시하는 전체주의 국가들로서 실상은 Ⅳ 영역에 속한다.

Ⅳ = 실질적으로 자유의 가치를 부정하여 민주주의의 가치마저 실현하지 못하는 대부분의 국가들로서 제3세계 빈국이 이에 해당한다. 핵심은 개인의 자유와 권리를 헌법적 가치인 기본권으로 보장하는가와 민주주의를 이념이나 절대적 가치로 보지 않고 절차적 원리로 보는가에 달려 있다. **[플604-608]**

다음 중 옳은 진술을 모두 고르시오.

① 민주주의와 자유주의는 동의어가 아니다.

② '자유주의'의 반대개념은 '전체주의' 또는 '집합주의'이다.

③ '민주주의'의 반대개념은 '권위주의'이다.

④ 자유를 부정하고 민주주의를 주장하는 정치체제가 존재한다.

⑤ 민주주의는 절대 선이므로 자유의 가치를 넘어설 수 있다.

& 과잉 민주화는 자유를 부정하고 오히려 전체주의 체제로 몰고 간다. **[플604-608]**

정답: ①, ②, ③, ④

국민주권론과 국가(인민)주권론의 차이를 설명하시오.

& 국민주권론과 국가(인민)주권론의 차이를 설명하는 핵심은 주권의 주체와 행사자를 어떻게 보는가에 있다. 국민주권론은 주권의 주체와 행사자가 분리된다는 로크의 입장에 근거한다. 반면, 국가주권론 또는 인민주권론은 주권의 주체와 행사자가 일치된다는 루소의 입장에 근거한다. 전자는 주권의 주체와 행사자가 분리됨에도 불구하고 주권이 전체 국민에게 귀속되는 불가분의 성격을 지니므로 대의제에 의하여 민주주의가 실현된다고 본다. 그러나 후자는 주권의 주체와 행사자가 일치하므로 직접민주주의를 주창하지만, 현실적으로 일치하기 불가능한 상황에서 일치에 초점이 맞추기 위하여 집합적이고 추상적인 주권 개념을 동원한다. 이 두 가지 주권론은 각기 방어적 민주주의와 진보적 민주주의에 상응한다. 전자는 자유민주주의로, 후자는 인민민주주의로 이어진다. [플582-587] 이 두 가지는 국민교육설과 국가교육설로 연결된다. [증221-223]

국민주권설의 특징이 아닌 것을 고르시오.

① 주권의 주체와 행사자가 분리된다는 입장이다.

② 방어적 민주주의의 주권설이다.

③ 대의민주주의를 지지한다.

④ 국민을 강조하므로 곧 인민민주주의로 이어진다.

⑤ 로크의 입장을 토대로 한다.

& 인민주권설 또는 국가주권설이 인민민주주의로 이어진다.

정답: ④

국가주권설 또는 인민주권설의 특징을 모두 고르시오.

① 루소의 일반의지가 이론적 근거를 제공한다.

② 주권의 주체와 행사자가 분리된다는 입장이다.

③ 대의민주주의를 지지한다.

④ 직접민주주의를 지지한다.

⑤ 국가교육설의 토대가 된다.

& 국민주권설은 주권의 주체와 행사자가 분리되며, 대의민주주의는 국민주권설과 관련이 있다.

정답: ①, ④, ⑤

국민교육설과 국가교육설의 차이를 설명하시오.

& 국가교육설은 국민교육 또는 공교육체제를 통하여 국가가 국가이익의 관점에서 국민의 교육을 책임지고 실시하는 교육체제를 지지한다. 국민교육설은 국가의 역할은 국민 개개인의 의사를 반영하여 제반 교육체제를 수립하고 교육을 실시해야 한다는 주장이다. 권리의 측면에서 보면, 국가교육설은 교육받을 권리를 전적으로 국가에 의하여 보장되는 사회·경제권으로 보지만, 국민교육설은 교육받을 권리를 국민 개개인이 선택할 수 있는 권리로서 존중한다. 공교육 체제를 보는 관점도 다르다. 전자는 공교육의 주체는 국가가 되지만, 후자는 공교육을 실시하는 국가는 국민 개개인의 의사를 대리할 뿐이다. 이 두 가지 교육설은 교육권 논쟁의 씨앗이 되기도 한다. **[증221-222]** 또한 이 두 가지 교육설은 국민주권설과 국가주권설에 토대를 두며, 개인의 가치를 강조하는 자유민주주의와 집합적 가치를 강조하는 사회민주주의의 교육정책을 대변한다. **[플567-575]**

국민교육설의 특징을 설명한 것을 모두 고르시오.

① 국민의 편익을 위하여 국가가 공교육을 주도해야 한다는 생각에 근거한다.

② 국민 개개인의 선택을 존중하므로 학교선택권 보장이 중요하다.

③ 공교육을 실시하는 국가의 역할은 제한되어야 한다.

④ 공교육은 집합적 가치를 존중하는 방향으로 설정되어야 한다.

⑤ 교육은 국가이익의 관점에서 실시되어야 한다.

& 국민주권설은 자유민주주의 체제와 관련이 있으므로 개인의 선택을 존중하고, 이를 존중하기 위하여 국가의 역할은 제한되어야 한다. [증222]

정답: ②, ③

국가교육설의 특징이 아닌 것을 고르시오.

① 사회민주주의가 반영된 교육정책을 지지한다.

② 교육의 책임은 일차적으로 개인에게 있다.

③ 개인의 선택보다 교육의 공적인 가치를 존중한다.

④ 교육받을 권리를 근원적으로 사회경제적 권리로 본다.

⑤ 그 연원을 따지면 루소의 일반의지와 관련된다.

& 국가교육설은 교육의 책임이 일차적으로 국가에 있다는 입장이다. [증221]

정답: ②

민주적 가치로서 권위의 의미를 정리해 보시오.

& 민주주의의 반대개념이 권위주의라는 점에서 권위주의가 권위와 혼동되어서는 안 된다. 그것은 민주사회가 권위를 필요로 한다는

가능성을 시사한다. 또한 민주사회가 권위 없는 사회를 의미하지 않듯이, 민주적 교육이 권위가 실종된 교육을 뜻하지는 않는다. 그러면 민주주의 원리에 합당한 권위의 본질과 권위가 사회와 교육 현장에서 왜 요구되는 것인지를 살펴보아야 한다.

권위는 힘이나 알력이 아니라 사회적 순응, 규칙 준수에 따라 성립한다. 개념적으로 권위는 준수해야 할 규칙과 합당한 절차와 이를 뒷받침하는 합리성이 요구된다. 반면, 현실적으로 권위 행사자와 권위를 드러내는 언행이 따라야 권위가 구현된다. 이를테면 군 지휘관의 명령, 운동경기 심판의 결정, 법관의 판결, 교황의 성좌선언 등은 권위가 구현된 대표적인 예이다.

권위는 합리성과 도덕성에 의존하게 된다. 즉 권위는 현대사회의 과학과 도덕에 의존한다. 이 점에서 권위는 정치적 권력과 무관하지 않지만 면밀하게 구분되어야 한다. 현대사회의 권위는 과학적, 도덕적 근거 위에서 성립된다. 그러나 과학적 근거가 도덕적 근거와 성격이 다른 만큼, 과학적 권위가 확보되었다고 해서 도덕적 권위가 성립하는 것은 아니다. 분명한 점은 과거의 전통적 권위에서 볼 수 있는 절대적 권위는 과학과 도덕 문제를 다루는 데 있어서 성립하기 어렵다. 하지만 사회체제로서 권위가 존속되어야 한다면, 현대적 권위에 의하여 대체될 수 없는 특성을 지니고 있는 만큼, 전통적 권위를 모두 부정해서는 안 된다. **[플612-614]**

권위의 본질과 교육에서 권위가 지니는 중요성은 다음 문헌을 참고하면 도움이 된다. 시간상 오래된 책이기는 하지만, 꼼꼼히 읽어보면 21세기 대한민국에서 일어나는 권위의 상실과 실종 현상을 이해하고 분석하는 데에도 무척 도움이 된다.

Peters, R. S., 1973, *Authority, Responsibility and Education*, 김정래 역, 2021, **권위, 책임, 교육**, 서울: 학지사.

다음 중 타당한 진술을 모두 고르시오.

① 현대적 권위는 전문성과 도덕성을 기반으로 성립한다.
② 전통적 권위는 모두 불합리한 것이어서 폐기되어야 한다.
③ 권위와 권위주의는 동의어이다.
④ 민주사회는 권위 없는 사회를 뜻한다.
⑤ 개인적 권위는 제도적 권위에서 비롯된 경우도 있다.

전통적 권위 중 대체가 불가능한 것도 있어서 폐기하기 어려운 것도 있다. 권위주의는 민주주의의 절차를 무시하는 개념이고, 권위는 민주적 질서에 요구되는 개념이다. 민주적으로 운영되는 사회에도 권위는 요구된다. [플307-309]

정답: ①, ⑤

다음 중 타당하지 않은 진술을 모두 고르시오.

① 권위자와 카리스마는 동의어이다.
② '당국'은 집합적 의미에서 권위를 드러내는 용어이다.
③ 권위와 권력은 동의어이다.
④ 권위는 권력과 마찬가지로 힘을 발휘한다.
⑤ 전통적 권위는 대부분 전근대성을 기반으로 한다.

권위자는 전문성과 도덕성에 근거한 개념이고, 카리스마는 그것을 넘어서 개인의 신비스러운 측면을 부각한 개념이다. 권위는 권력과 마찬가지로 힘을 발휘하지만, 동의어는 아니다. [플307-309]

정답: ①, ③

다음 중 타당한 진술을 모두 고르시오.

① 권위가 성립하는 요인은 내적 요인과 외적 요인으로 나누어 볼 수

있다.

② 권위가 성립하는 내적 요인은 전문성과 도덕성이다.

③ 권위가 성립하는 외적 요인으로 권위자의 법적 지위를 들 수 있다.

④ 권위가 성립하는 외적 요인으로 정책적 배려가 뒷받침되어야 한다.

⑤ 권위가 성립하는 외적 요인으로 사회문화적 요인도 뒷받침되어야 한다.

& 모두 옳은 진술이다. **[플313-314]**

정답: ①, ②, ③, ④, ⑤

권위에 관한 베버의 주장을 정리하시오.

& 베버의 권위는 전통적 권위, 합리적 권위, 그리고 카리스마로 구분된다.

전통적 권위는 대부분 전근대성(pre-modernity)을 토대로 한 권위이다. 권위가 기존의 사회제도와 질서에 근거하여 성립하고, 권위가 실행된다는 것이다. 역사 이래로 인류가 어떤 형태로든 사회를 구성하여 삶을 영위한 것은 그 사회를 지탱하는 지도자가 있고, 그 지도자의 내적, 외적 측면에서 성립하는 권위가 있었기 때문이다. 부족 국가 시대의 족장, 고대국가의 왕, 고대 제국의 황제, 중세 시대의 교황, 근대 민족국가의 지도자가 전통적 권위에 근거를 둔 통치와 영향력을 행사하였다. 경우에 따라서 전통적 권위는 신화나 전설의 형태를 빌어 그 근거를 찾기도 한다. 그리고 적절한 비유를 통하여 권위체가 권위를 획득하기도 한다.

'합리적 권위'는 근대성(modernity)을 전제로 한다. 근대성에 기반한 권위는 제도적으로 전승되는 전통이나 관습, 그리고 개인적으로 세습에 의존하지 않는다는 것을 가리킨다. 그러면 근대성을 전제로 하는 '권위'의 특징이란 무엇인가? 그것은 근대국가의 핵심이라고 할 수 있는 법과 각종 입법 제도에 근거해야 한다는 것이다. 따라서 각종 입법에 따른 규정에 입각하여 권위를 설명해야 한다. 단순히 권위체가 세습이나 전통적 관례에 의하여 성립한다고 할 수 없게 되었다. 따라서 근대사회의 권위체들은 입법적 절차나 민의에 의한 선출에 의존한다. 대통령, 의회, 도지사, 시장 등이 여기에 해당한다.

근대사회의 권위가 성립하는 기준은 입법절차와 함께 전문성이 중시된다. 즉 권위를 행사하려면 전문성을 갖추어야 한다. 그러한 전문성이 객관적이고 타당성을 갖게 하도록 입법적 장치와 결합된 것이 자격, 면허 제도이다. 의사가 권위를 가지려면 면허증이, 교사가 권위를 행사하려면 자격증이 필요한 것은 이에 근거한다. 전통적 권위를 나타내는 교사인 서당의 훈장은 자격제도가 없어서 그 실력이나 수준이 천차만별이었다고 한다. 그러나 근대법 이후 제도교육에서는 교원 자격제도가 도입되었다. 교사의 권위를 제도적으로 보장하는 조치인 것이다. 과거 전통적 권위 체제 아래서 권위체는 신화적, 관습적 차원에서 카리스마가 부여된다면, 근대 합리적 권위 체제 아래서 권위체는 전문성에 의거하여 카리스마가 부여된다.

근대적 권위가 전문성을 요구하지만, 그것만 가지고 권위체가 정당화되는 것은 아니다. 고도의 전문성을 가지고 비도덕적인 일을 벌이거나 도덕적인 사회 요구를 외면하면 권위를 부여받기 어렵기 때문이다. 그래서 근대의 합리적 권위에 요구되는 것이 도덕성이다. 예컨대, 의사의 경우는 고도의 의술을 지녀야 하면서 동시에 생명존중의 도덕성을 요구한다. 교사의 경우를 보자면, 교과지도와 생활지도에 대한 전문성을 요구하고 동시에 인간존중, 아동존중의 정신을 지녀야 그 권위를 인정받을 수 있다. 각종 평가와 인증제도가 전문성에 관련된 것이라면, 도덕성의 요구는 각종 권위를 지닌 주체에 대하여 각종 검증과 감시제도의 필요를 뜻한다. 결론적으로 현대적 의미에서 권위는 전문성과 도덕성을 요구한다.

개인적 권위는 권위자를 가리킨다. 권위자(an authority)는 영국 국왕과 같은 형식적 권위를 지닌 사람도 있지만, 심장수술의 권위자처럼 전문가를 지칭하기도 한다. 따라서 개인적 의미에서 권위자와 제도적 권위는 서로 동떨어진 개념이 아니다. 즉 전문가는 개인으로서 제도적인 권위를 보장받은 것이다. 이처럼 권위자는 제도적 권위의 뒷받침을 받는다고 할 수 있다. 왜냐하면 제도적 권위는 전통이나 법령에 의거하여 권위자에게 직위를 부여하기 때문이다. 대통령, 검찰총장, 장관 등이 이에 해당한다. 이들은 실질적인 권위, 즉 막강한 영향력을 행사하는 직위에 있다. 그러나 제도적으로 보장받은 권위 중에는 종친회장, 성균관장, 조계종 종정처럼 현실적인 힘을 행사하지 못하지만 그 직책 자체에 의미를 부여하는 경우를 찾아볼 수 있다. **[플310-312]**

이 점에서 권위자와 카리스마는 전혀 다르다. 물론 이 두 가지가 엄격하게 구분하기 어려운 측면이 있지만, 카리스마는 신비적인 측면이 강하다. 즉 카리스마는 권위자의 경우처럼 전문적 능력이나 경륜, 역량, 성공의 측면에서 합리적 측면이 약하다. 따라서 개인적 권위와 카리스마는 엄격하게 구분되어야 한다. 그렇지 않으면 베버 스스로가 강조하는 합리적 권위는 개인의 '카리스마'에 의하여 훼손될 가능성이 크다. **[플612-614]**

베버의 주장은 다음 문헌을 참조하라.
Weber, M., 1919, *Politik als Beruf*, 이상률 역, 1994, **직업으로서의 정치**, 서울: 문예출판사.

교육과 관련한 권위에 관한 논의는 앞서 소개한 피터스의 책(1973)이 결정적으로 중요하며, 매우 도움이 된다.

베버의 권위에 관한 진술 중 타당한 것을 모두 고르시오.

① 전통적 권위와 합리적 권위를 구분하였다.

② 합리적 권위는 근대성을 전제로 한다.

③ 전통적 권위는 세습에 의존하기도 한다.

④ 전통적 권위는 신화나 전설의 형태에서 그 근거를 찾기도 한다.

⑤ 개인적 권위를 카리스마로 보았다.

& 모두 옳은 진술이다. [플310-312]

정답: ①, ②, ③, ④, ⑤

베버의 권위에 관한 진술 중 타당하지 않은 것을 모두 고르시오.

① 전통적 권위, 합리적 권위, 권위자로 구분하였다.

② 카리스마의 권위를 비중 있게 보았다.

③ 권위의 구분 기준은 관습상 권위, 합법성에 의한 지배, 천부적 자질로 보았다.

④ 권위의 구분에 따라 직업 정치인의 책무를 설명하고자 하였다.

⑤ 카리스마와 전문성을 갖춘 권위자를 구분하였다.

& 애초 베버는 전통적 권위, 합리적 권위, 카리스마로 구분하였다. 베버가 말한 카리스마는 현대사회 전문성을 갖춘 권위자와는 다르다. [플310-312; 613] 위에 소개한 베버의 책 『직업으로서 정치』 초반부를 면밀하게 읽어볼 필요가 있다.

정답: ①, ⑤

다음 중 타당한 진술을 모두 고르시오.

① 베버는 권위를 지배의 내적 정당성에 비추어 설명하였다.

② 베버가 설명하는 카리스마는 신비적 측면을 부당하게 부각시키는 측면이 있어서 전문성과 도덕성을 요구하는 전문가와 구분해 볼 필요가 있다.

③ 합리적 권위라고 할 수 있는 것은 베버가 법률상 규정과 그 타당성에 의하여 부여된 '권한'의 지배를 말하는 것이다.

④ 베버는 지도자의 카리스마에 헌신하는 것은 소명 의식에 뿌리를 둔 채 지도자를 복종하기 때문이라고 보았다.

⑤ 베버는 권위의 분석을 통하여 전문 관료, 직업정치인의 출현을 설명하고자 하였다.

& 모두 옳은 진술이다.

정답: ①, ②, ③, ④, ⑤

베버의 책 『직업으로서 정치』 초반부와 피터스의 『권위, 책임, 교육』의 제1부를 면밀하게 읽어 볼 필요가 있다.

권위가 민주사회에서 왜 요구되는지 간략하게 설명하시오.

& 민주주의는 절차적 원리를 존중하는 제도라고 한 바 있다. 이 말은 민주사회가 권위를 필요로 한다는 점을 시사한다. 권위는 힘이나 알력이 아니라 사회적 순응, 규칙 준수에 따라 성립한다. 개념적으로 권위는 준수해야 할 규칙과 합당한 절차와 이를 뒷받침하는 합리성이 요구된다. 반면, 현실적으로 권위 행사자와 권위를 드러내는 언행이 따라야 권위가 구현된다. 이를테면 군 지휘관의 명령, 운동경기 심판의 결정, 법관의 판결, 교황의 성좌선언 등은 권위가 구현된 대표적인 예이다. 결과적으로 민주사회가 권위 없는 사회를 의미하지 않는다는 것을 시사한다. 마찬가지로 민주적 교육이 권위가 실종된 교육을 뜻하지는 않는다. **[플567-575; 612-613]**

다음 중 타당하지 <u>않은</u> 진술을 <u>모두</u> 고르시오.

① 엄밀한 의미에서 베버가 강조한 카리스마와 권위자는 구분되어야 한다.

② 권위는 순응을 요구하는 비민주적 힘으로서 권위주의를 낳는다.
③ 권위는 규칙준수에 따른 복종을 요구한 결과이다.
④ 권위가 사회적 순응 또는 사회적 복종을 가져오지만, 그것이 알력, 협박, 선동, 회유 등의 비합리적인 방법을 동원함을 뜻하지 않는다.
⑤ 권위는 민주사회에서 질서유지, 의사결정, 합리적 판단을 찾아내는 가장 합리적 수단을 제공한다.

& 권위는 순응을 요구하지만, 권위주의와는 다르다. 권위는 단순한 복종이나 순응이 아니라, 규칙준수에 따른 사회의 합리적 운용과 관련된다. **[플612-613]**

정답: ②, ③

현대사회에서 이른바 '권위의 실종'을 간략하게 설명하시오.

& 현대사회는 직업의 분화에 따른 전문화가 가속화되는 시대이다. 이와 함께 과거의 전통적 권위가 붕괴되는 것도 또 다른 특징이다. 그 결과 현대사회는 전통적 권위의 비합리적인 폐해로 인하여 새로운 권위를 요구한다. 그러나 과거의 권위를 대체할 새로운 권위를 세우는 일이 그리 쉬운 일이 아니다. 과거 권위를 대체할 새로운 형태의 권위를 베버의 합리적 권위에서 찾아야 하지만, 합리적 권위를 보장하는 도덕적 토대와 과학적 근거를 설정하는 것은 그리 쉬운 일이 아니다. 왜냐하면 현대과학과 도덕성은 합리성을 요구하면서 일체의 권위주의를 용인하지 않기 때문이다. 그 결과 현대사회는 권위 없는 삶, 어른 없는 삶이 합리적인 것인 양 착각하기에 이른다. 여기에 아들을 아버지 자리에 갖다 놓는 그릇된 평등주의 의식이 자리 잡는다. 이것이 권위의 실종을 설명한다. 권위의 실종은 실업, 이혼, 가정파괴, 청소년범죄, 막장 불륜과 같은 여러 형태의 사회악을 효과적으로 대체하지 못하는 악순환을 거듭한다.

이는 현대사회가 요구하는 권위가 합리적이어야 한다는 점에서 합리성을 존중해야 하지만, 그 합리성이 곧 사회가 건전하게 운영되는 데 요구되는 권위의 회복을 보장하지 못한다는 단점이 있다. **[플614-615]**

현대사회에서 야기되는 권위의 문제에 관한 진술 중 타당한 것을 모두 고르시오.

① 전통적 권위를 대체할 합리적 권위는 그 설정 근거를 현대 과학과 도덕성에서 찾는 데 한계가 있다.

② 전통적 권위를 대체할 합리적 권위를 설정하지 못하면 그릇된 평등의식이 싹트게 된다.

③ 현대사회의 병리현상은 권위의 실종과 관련되어 있다.

④ 현대사회의 '권위 없는 삶'은 민주사회 운영에 결정적인 타격을 가한다.

⑤ 민주사회를 유지하는 권위의 실종은 '내로남불'과 같은 사회적 병폐현상도 가져온다.

& 모두 옳은 진술이다. **[플614-615]** 아울러 피터스의 『권위, 책임, 교육』의 제1부를 면밀하게 읽어 볼 필요가 있다.

정답: ①, ②, ③, ④, ⑤

다음 중 타당하지 않은 진술을 모두 고르시오.

① 이른바 '진보'의 미명 아래 권위를 구습이나 악폐로 보아 부정하는 것은 '내로남불'과 같은 새로운 사회병리를 야기한다.

② 자신의 책임을 회피하고 남 탓, 환경 탓, 사회구조 탓으로 돌리는 병리현상은 마르크스의 그릇된 영향을 받은 결과이다.

③ 자신의 책임을 회피하고 과거의 인생 경로를 탓하는 병리현상은 프로이트의 그릇된 영향을 받은 결과이다.

④ 학교에서 교사의 권위는 일체의 간섭을 야기한다.

⑤ 권위는 학교의 민주화를 방해한다.

& 학교에서 교사의 권위는 일체의 간섭을 낳기는 하지만, 그 간섭 중에는 교육의 본질에 해당하는 내용이 있다. 권위와 교육 및 학교의 민주화 요구는 상반된 것이 아니다. **[플616]**

정답: ④, ⑤

책임을 회피하는 현상은 진보의 미명 아래 합리화되어 왔다. 이에 관한 논의는 다음 문헌의 제2부를 참조하라. 특히 프로이트 부분은 제6장을, 마르크스 부분은 제7장을 참조하라.

Peters, R. S., 1973, *Authority, Responsibility and Education*, 김정래 역, 2021, **권위, 책임, 교육**, 서울: 학지사.

교육상황에서 권위의 실종 문제를 간략하게 설명하시오.

& 몇 가지 논점을 지적할 수 있다. 첫째, 권위가 교육민주화에 역행한다는 생각이다. 둘째, 교사의 권위는 일체의 간섭을 불러온다는 생각이다. 셋째, 권위는 인간의 선한 본성을 해친다는 생각이다. 넷째, 권위의 인정은 기득권을 재생산한다는 생각에 있다. **[플616-617]** 특히 피터스의 『권위, 책임, 교육』의 제4장을 면밀하게 읽어 볼 필요가 있다.

교육상황에서 권위에 관한 진술 중 타당한 것을 모두 고르시오.

① 교사의 권위와 학생들의 민주화 요구를 서로 대립하는 상극으로 보는 것은 단순한 생각이다.

② 교사가 권위를 부여받을 수 있는 근거는 법적, 제도적으로 마련되어 있으므로 교사는 합리적 권위로 정당화된다.

③ 교사에 대한 권위 부여와 학생들의 자율적 인간으로서 성장은 상호 모순되는 측면이 있어서 일종의 패러독스를 낳는다.

④ 교육상황은 교사와 학생의 등가적 동등성을 주장할 수 있는 상황이 아니라 양자 간의 비대칭을 전제로 한다.

⑤ 민주화를 명분으로 권위를 무시하는 사회는 동지애적인 평등사회를 지향하여 결국 합리적 권위마저 말살하게 된다.

& 모두 옳은 진술이다. **[플616-617]**

정답: ①, ②, ③, ④, ⑤

교육상황에서 권위에 관한 진술 중 타당하지 않은 것을 모두 고르시오.

① 교사의 권위와 학생의 자율성 사이에서 야기되는 패러독스는 양자의 등가성으로 해결할 수 있다.

② 교사와 학생의 등가성은 교육민주화의 핵심이다.

③ 학생의 권리가 교사의 권위를 부정하는 논거가 되지 못한다.

④ 교과편성권은 민주적 질서에 위배되므로 더 이상 교사의 고유한 권한이 아니다.

⑤ 학생들을 가치 있는 활동에 입문시키는 교사의 책무는 민주적 절차에 위배되는 것이 아니다.

& 교사의 권위와 학생의 자율성 사이에서 야기되는 패러독스는 양자의 등가성으로 해결할 수 없다. 오히려 양자의 비대칭성을 인정해야 한다. **[플 617-618]** 교사의 교과편성권은 민주적 질서에 위배된다고 보는 견해가 우리나라 학생인권조례에 포함되어 있다. 본서 제8장 참조.

정답: ①, ②, ④

학교교육이 민주적으로 운영되는가를 가늠하는 기준을 제시하시오.

첫째, 사회 전반에 있어서 교육제도와 정책의 민주적 절차에 따라 운영되고 있는가. 둘째, 학교에서 가르치는 내용과 방법이 민주적인가. 구체적으로 민주시민교육이 이루어지고 있는가. 셋째, 학교 운영이 민주적 절차를 따르고 있는가.

이 문제에 관한 보다 자세한 논의는 다음을 참조하라.
Chamberlin, R., 1989, *Free Children and Democratic Schools*, 김정래 역, 2015, **아동의 자유와 민주주의**, 서울: 박영사, 제10장.

'교권'이 무엇을 지칭하는지 간략하게 서술하시오.

주로 세 가지 뜻이 중첩적으로 또는 애매하게 사용된다. 하나는 교사의 권위를 뜻한다. 다른 하나는 교사의 권한을 뜻한다. 또 다른 하나는 교사의 권리를 뜻한다. **[플619-628]**

교권의 개념을 좀 더 자세하게 정리해 보시오.

교사의 권리, 교사의 권한, 교사의 권위 등으로 다르게 사용된다. 중복되는 부분이 없지 않다. 이를 구체적으로 보면, 교사의 권위는 협의의 교권으로 볼 수 있다. 교사의 권한은 교사의 가르치는 일에 관련된 힘으로서 광의의 교권에 속한다고 볼 수 있다. 그리고 교사가 사회적, 제도적으로 신분 보장, 사회경제적 배려 등을 포함하는 제 권리를 최광의의 교권이라고 볼 수 있다. 이 각각을 간략하게 살펴보기로 한다.

협의의 교권에는 다음 세 가지가 포함된다. 첫째, '부여받은' 권위에 해당하는 것으로 학생의 학교생활을 통제하고 지도하도록 주어진 '제도적 권위'가 있다. 교사로 하여금 학교생활을 통제하고 지도하도록 하는 제도적 권위는 학생에 의해서는 복종해야 할 권위로 인정되지만 일반인에 의해서는 침범하지 말아야 할 권위로 인식된다. 왜냐하면, 교사가 전문직을 수행하는 권위는 그 자체가 사회적 책임이며, 그 책임은 어디까지나 자신이 인식하는 직업적 윤리와 더불어 자신의 능력에 의해서 자율적 노력으로 수행되어야 할 성질의 것이기 때문이다.

둘째, '인정받은' 권위에 해당하는 것으로 교과의 지식에 관한 이해와 탐구, 그리고 판단의 능력을 소유하였다고 여겨지는 '지적 권위'가 있다. 교사의 지적 권위는 학생에 의해서는 주관적 권위로 인식되지만 일반인에 의해서는 객관적인 권위로 인식된다. 교사가 사회로부터 인정받는 지적 권위는 그것의 최소한의 특징에 있어서 '표준적'이다. 즉 교사는 제도적으로 자격을 인정받는다는 것이 사회적 인식의 근거가 된다.

셋째, 지식이나 기술을 가르치고 생활을 지도하는 방법에 능한 것으로 인정되는 '기술적 권위'가 있다. 교사의 기술적 권위는 학생에 의해서는 제도적 권위의 경우와 마찬가지로 복종해야 할 권위로 인식되고 일반인에 의해서는 표준적 권위로 인식된다. 이 권위는 일반인에게 제도적 권위처럼 침범할 수 없는 권위로 인식되기보다는 그것이 교사의 전문적 자질이기 때문에 일반인으로서는 미치지 못하는 권위로 인식된다.

광의의 교권은 교사의 가르치는 일에서 성립하는 권한을 말한다. 일부 헌법학자들은 교육권을 '학습자의 학습할 권리'인 학습권의 대응되는 개념으로 보아 '교원의 교육할 권리'로 정의 내린다. 그러나 교육법을 전공하는 다수는 교육권을 좀 더 폭넓은 개념으로 정의 내리는 바, "교육에 관한 권리·권한의 총칭"으로 본다. 그러나 이렇게 보면, 교육권과 학습권이 상관관계 또는 상반된 개념으로 인식된다는 점을 지적한 바 있다. 광의의 교권은 협의의 교권에 비하여 실정법에 의하여 보장받는 측면이 강하다. 여기에는 수업권, 생활지도권, 징계권 등이 포함된다.

최광의의 교권은 교사의 신분적 안정과 사회·경제적 지위에 관한 사회제도적 보장이라고 할 수 있다. 특히 최근에는 교사의 신분적 안정과 사회·경제적 지위에 대한 도전과 침해도 '교사의 권위'를 추락시키는 심각한 요인이라고 보고 있어 사회적 관심이 고조되고 있다. 여기에는 교사의 신분보장권과 사회경제적 지위보장권이 포함된다. 이는 교사의 전문성 제고를 위한 실질적인 지원이라고 할 수 있다. 이를 위하여 교사의 처우개선, 근무조건 및 복지후생 조건의 상승을 위해 국가 및 지방자치단체 등과 교섭·협의할 수 있는 교사의 권리를 보장하고 있다. **[플619-628]**

교권에 관한 다음 진술 중 타당한 것을 모두 고르시오.

① 교권은 교사의 권위, 권한, 권리를 지칭하는 중첩적인 용어이다.
② 협의의 교권은 대체로 교사의 제도적인 권위에 상응한다.
③ 광의의 교권은 대체로 교사의 법적 권한에 상응한다.
④ 최광의의 교권은 교사의 신분보장, 사회경제적 권리에 상응한다.
⑤ 교사의 권한은 법령이 정하는 바에 따라 명시되고 실행되어야 한다.

& 모두 타당한 진술이다. **[플619-628]**

정답: ①, ②, ③, ④, ⑤

교사의 가르칠 권한으로서 교권과 관련된 진술을 모두 고르시오.

① 법적으로 규정된 광의의 교권을 가리킨다.
② 이 권한이 헌법상 기본권인지, 교육관련법상 권리인지, 교사의 직위에 관한 권한인지에 관한 견해의 차이가 있는 것은 사실이다.
③ 이 권한은 일명 '수업권'이라고도 한다.
④ 이 권한은 크게 수업권과 징계권을 포함하는 생활지도권으로 구성된다.

⑤ 이 권한은 학습권과 상관개념이다.

& 교육권과 학습권은 상관개념이 아니라 모두 '교육받을 권리'를 말하고, 이에 대하여 교사는 법령 등이 규정하는 권한(힘)을 지닌다. **[증237-244] [플305-306; 621-625]**

정답: ①, ②, ③, ④

최광의의 교권에 관한 진술로 타당하지 <u>않은</u> 것을 <u>모두</u> 고르시오.

① 교사가 근로조건의 개선과 증진을 위하여 단결권을 행사하는 것은 이 범주에 속한다.

② 교사가 학교안전사고로 인하여 발생하는 책임의 한계를 지울 수 있는 것은 이 범주의 권리이다.

③ 교사의 신분상 부당한 불이익을 받지 않을 권리를 말한다.

④ 관행상 부여되는 제도적 권위가 이에 속한다.

⑤ 이 범주의 교권은 일차적으로 교사의 전문성에 초점이 맞추어져 있다.

& 관행상 부여되는 제도적 권위는 협의 교권이다. 일차적으로 교사의 전문성에 초점이 맞추어져 있는 것은 협의 또는 광의의 교권이다. **[플620-621; 625-628]**

정답: ④, ⑤

협의의 교권에 관한 진술로 타당하지 <u>않은</u> 것을 <u>모두</u> 고르시오.

① 제도적으로 부여받은 권위이다.

② 지적 권위를 가리킨다.

③ 교사의 가르치는 일과 관련되는 기술적 권위를 가리킨다.

④ 실정법적 규정이 명시되어야 할 필요가 있다.

⑤ 교권의 규범적 성격보다는 사회경제적 성격이 강하다.

& 실정법적 규정이 명시되어야 할 필요가 있는 교권은 광의의 교권이다. 협의의 교권은 사회경제적 성격보다는 규범적 성격이 강하다. **[플620-621]**

정답: ④, ⑤

교권이 아동권리의 관점에서 수용할 수 있는 전제가 되는 조건을 서술하시오.

& 먼저 다음 두 가지 전제가 받아들여져야 한다. 첫째, 교권의 의미 중 민주적 가치로 인정될 수 있는 것이어야 한다. 둘째, 교육의 민주적 절차를 존중할 수 있어야 한다. 이를 위하여 교육제도와 정책이 민주적인가, 학교교육과정이 민주적 내용을 포함하고 있는가, 그리고 학교 운영이 민주적인가 하는 문제가 검토되어야 한다. **[플628-629]**

아울러 학교에서 민주주의 문제에 관한 보다 자세한 논의는 다음을 참조하라.

Chamberlin, R., 1989, *Free Children and Democratic Schools*, 김정래 역, 2015, **아동의 자유와 민주주의**, 서울: 박영사, 제10장.

아동권리와 교권 사이에서 야기되는 문제에 관한 진술 중 타당한 것을 모두 고르시오.

① 교권과 아동권리가 상충하는 것은 교권의 의미를 그릇되게 해석한 결과이다.

② 노동자로서 교사(teacher as a worker)의 관점에서 교원노조 결성의 근거를 찾을 수 있다.

③ 교권이 전적으로 노동권으로 해석되어 파업으로 연결될 경우 아

동의 교육받을 권리가 침해될 소지가 있다.

④ 교사가 교육에 부정적인 영향을 주는 정치적 발언을 할 수 있다고 주장하는 것은 교사의 '직무상의 권한'을 잘못 해석한 결과이다.

⑤ 교육의 정치적 중립성과 함께 정치의 교육적 중립성은 모두 보장되어야 한다.

& 교권과 아동권리가 상충하는 것은 교권의 의미 중 가르칠 권한을 교사의 사회경제적 권리 또는 신분상의 권리로 보아 야기되는 갈등 때문이다. 교육의 정치적 중립성은 교육을 담당하는 교사가 교육활동에서 정치적인 중립을 견지해야 한다는 것을 말하며, 정치의 교육적 중립성은 정치 주체가 부당하게 자신의 정치적 견해를 교육에 강요하거나 정치적 개입을 하지 말고 중립적 입장을 견지해야 한다는 것을 말한다.

정답: ①, ②, ③, ④, ⑤

문명패러다임에 비추어 민주주의의 의미를 조망하여 보시오.

& 인류 문명은 전통사회 패러다임, 산업사회 패러다임, 그리고 지식사회 또는 정보사회 패러다임으로 나누어 설명할 수 있다. 이에 비추어 민주주의를 간략하게 설명하기로 한다.

전통사회 패러다임에서 고대 아테네의 민주주의가 존재한다는 점은 주지의 사실이다. 물론 오늘날의 관점에서 보편성을 상실한 민주주의이다. 시민권을 지닌 남성만이 의사결정을 할 수 있도록 하는 제도라는 점 때문이다. 인구의 절반인 여성, 그리고 노예가 배제되었다는 것은 소수의 사람만을 위한 제도라는 점에서 그것을 온전한 민주주의라고 규정지을 수 없다고 할 수도 있다. 그러나 아테네의 고전적 민주주의는 세습된 권력 소유자가 의사결정을 하지 못하도록 한 점, 그리고 제한적이나마 토론과 합의를 통하여 민의를 원만하게 도출하는 '절차적 원리'를 확립했다는 점에서 의의가 있다. 근대 민주주의가 17-8세기에 이르러서야 실현되기는 하였지만 이 민의를 존중하는 절차적 원리가 '부활'했다는 점에서 의미를 찾을 수 있다. 민주주의는 전통사회 패러다임 속에서도 그 원리가 잉태되어 있었던 것이다.

산업사회 패러다임에서 근대민주주의가 꽃피웠다. 근대민주주의를 몇 마디로 개괄한다는 것은 불가능하지만, 목하 논의에 비추어 몇 가지를 지적할 수 있다. 먼저 모든 사람의 정치 참여를 가능하게 했다는 점에서 보편성을 확보했다는 점이다. 모든 사람이 정치 참여를 하는 데에는 모든 개인이 존엄성을 지니고 있다는 생각과 함께 합당한 판단을 내릴 수 있는 합리성을 지니고 있다는 전제를 깔고 있다. 그것은 민주주의가 삶의 형태로서 인식된다는 점이다. 합리적인 개인은 곧 자율성(autonomy)을 지닌다거나 자기 지배(self-governing)를 할 수 있는 존재이다. 여기에 선거, 삼권분립, 지방자치 등 현실 정치에 요구되는 각종 절차를 마련하게 된다. 이로 인하여 '지도자'와 '대중'의 이원적 구도가 형성된다. 산업사회 패러다임은 이러한 근대 민주주의 제도와 절차에 비추어 생각할 수 있다.

지식사회 패러다임에서 보면 민주주의는 더 이상 고정된 제도나 원리가 아니다. 새로운 패러다임에서는 지도자와 대중의 이분법적 구도가 더 이상 역행하지 않는다. 새로운 패러다임에서 민주주의는 지도자를 선출하는 절차나 분절된 개인의 의사를 총화(總和)하는 데 있는 것이 아니다. 물론 지도자 선출, 민의를 대변하고 반영하는 제도가 '지속'되는 것은 사실이지만, 그것보다는 '지식집단'으로 구성되는 분자적 민주주의가 주된 특징이다. 이를테면 '대중의 지혜'를 존중한다. 이 점에서 의사소통 민주주의라고도 하고 분자적 민주주의라고도 한다.

문명 패러다임의 관점에서 자유, 민주주의, 개인의 권리 등의 문제를 개괄하고자 한다면 다음 문헌을 참조하라.

김정래, 2022, **세상을 바꾸는 나**, 서울: 교육과학사. 특히 제2장의 내용을 참조하라.

패러다임 속의 민주주의에 관한 진술 중 타당한 것을 모두 고르시오.

① 절차적 원리를 존중하는 민주주의는 전통사회 패러다임에서 잉태되었다.

② 고대 아테네 민주주의는 참여 대상의 보편성을 결여한 제한적 민주주의이다.

③ 계몽사상으로 발아된 근대 민주주의는 산업혁명의 결과로 보편화되어 갔다.

④ 지식사회 패러다임에서 보면 민주주의는 더 이상 고정된 제도나 원리가 아니다.

⑤ 새로운 패러다임에서 민주주의는 지도자를 선출하는 절차나 분절된 개인의 의사를 총화(總和)하는 일을 무시하지 않지만, 이보다는 '지식집단'으로 구성되는 분자적 민주주의를 주된 특징으로 하면서 '대중의 지혜'를 존중한다.

& 모두 옳은 진술이다. 바로 위에 소개한 문헌을 참고하라.

정답: ①, ②, ③, ④, ⑤

Ⅲ. 교육과 아동권리

이 절에서는 앞서 살펴본 자유와 민주주의 제도 아래 아동과 교육 문제를 다루어 보도록 한다. 교육적 관점에서 행해지는 벌이 권리의 관점에서도 허용되는지를 살펴보기 위하여 벌의 개념과 근거를 점검하고, 교육에서 발견되는 권위적 간섭 문제를 살펴보기로 한다. 아울러 학교선택은 자유민주주의 사회에서 기본권임에도 불구하고 교육제도 속에서 그것이 어떻게 다루어지는가를 점검해보고자 한다.

체벌에 관한 설명 중 맞는 것을 모두 고르시오.

① 체벌은 '사랑의 매'로서 어느 정도 허용될 수 있다.
② 체벌은 행동수정이나 교육적 효과를 지니고 있다.
③ 체벌은 근대법의 취지에서 용납되지 않는다.
④ 체벌은 폭력을 재생산하는 결과를 초래한다.
⑤ 체벌도 벌이므로 엄격한 기준을 마련하면 교육적으로 용납된다.

& 체벌은 벌이 아니라 폭력이다. 행동의 교정 효과도 없을 뿐만 아니라 폭력을 재생산하기도 한다. 따라서 체벌을 가하는 것은 심각한 아동권리 침해이다. [플678-679] [증91; 94-100]

정답: ③, ④

벌과 강화의 차이를 간략하게 설명하시오.

& 벌(punishment)은 그릇된 행위에 대하여 가해지는 사회적으로 합의된 제재이며, 강화(reinforcement)는 행동을 수정하기 위한 심리적 보상행위이다. 흔히 부적 강화와 벌을 혼동하는 경향이 있지만,

벌은 고통을 가하거나 쾌락을 제거한다는 점에서 상의 반대개념이다. 반면에 강화는 바람직한 행동을 증진시키는 보상행위를 하는 경우이며, 부적 강화는 바람직하지 못한 행동을 감소 또는 제거시키는 보상행위를 말한다. **[플677-678]**

다음 도표의 빈칸을 채우시오.

	바람직한 행동	바람직하지 못한 행동
증진	①	
감소		②

& 강화의 구분 **[플678]**

정답: ① 정적 강화; ② 부적 강화

벌과 강화의 관계를 고려하여 다음 도표의 빈칸을 적당한 용어로 채우고, 네 가지 관계를 서술하시오.

	바람직한 행동	바람직하지 못한 행동
증진	①	②
감소	③	④

& 벌과 강화의 관계 **[플678]**

정답: ① 정적 강화; ② 적극적 벌; ③ 소극적 벌; ④ 부적 강화; ②와 ③은 벌이 주어지는 상황

벌이 지녀야 하는 개념적 속성을 설명하시오.

& 첫째, 벌은 고통 또는 불유쾌한 것이어야 한다. 어느 경우에는 쾌 또는 쾌락을 박탈하는 것이어야 한다. 이는 방금 벌과 강화의 차이를 설명하는 내용이다.

둘째, 벌은 사회 또는 집단조직에 의하여 정해진 규칙을 위반할 때 부과한 것이다. 즉 벌은 임의적인 규칙을 토대로 하거나 개인의 자의적이고 변덕스러운 판단에 의존하면 안 된다. 이 기준을 만족시키지 못하면 그것은 '벌'이 아니라 '심술(spite)'이 된다. 여기서 주의할 사항은 일관되지 않게 특정인 또는 특정 상황에서 자의적인 고통을 주기 위하여 규칙을 함부로 변경시켜서는 안 된다는 점이다.

셋째, 벌은 해당 행위자에게 가해져야 한다. 타인이 벌을 대신 받아서는 안 된다. 이와 함께 벌을 주는 시점이 벌의 원인 행위와 너무 떨어져서는 안 된다.

넷째, 벌은 자신의 행위에 대하여 책임질 수 있는 사람 또는 자신의 행위를 인식할 수 있는 사람에게만 부과되어야 한다. 즉 벌은 자신의 행위에 대하여 책임을 질 수 있는 사람에게 부과되거나 집행되어서는 안 된다. 법을 받을 수 있는 현실적 조건인 실행 능력이 있어야 한다. 교육적으로는 벌을 받는 학생이 왜 벌을 받아야 하는지를 인식할 수 있어야 한다.

다섯째, 벌은 그 사회조직의 규칙에 따라 정해진 구성원에 의하여 집행되어야 한다. 여기서 말하는 구성원이란 사법기관이나 그 구성원을 말한다. 구체적으로 경찰, 검찰, 법관, 기타 법이 정한 공무원 등을 말한다. 교육상황에서 교사는 입법자와 집행자 역할을 모두 수행해야 하므로 이를 구분하여 적절하게 대처할 수 있어야 한다. [플679-680; 691-694]

벌의 특징으로 타당한 진술을 모두 고르시오.

① 벌은 해당 행위자에게만 가해져야 한다.
② 벌은 그 사회조직의 규칙에 따라 정해진 구성원에 의하여 집행되어야 한다.

③ 벌은 자신의 행위에 대하여 책임질 수 있는 사람 또는 자신의 행위를 인식할 수 있는 사람에게만 부과되어야 한다.

④ 벌은 그 행위 이전에 만들어진 규칙에 의거하여 부과되어야 한다.

⑤ 벌은 인간의 존엄성을 고려해서 고통을 주어서는 안 된다.

& 벌은 본질상 고통 또는 불유쾌한 것이어야 한다. [플679-681]

정답: ①, ②, ③, ④

벌에 관한 진술로 타당하지 않은 것을 고르시오.

① 벌은 고통을 부과한다는 특징을 지닌다.

② 고통을 가한다는 측면에서 벌과 부적 강화는 동일하다.

③ 바람직하지 못한 행동의 감소에 초점을 맞춘다는 점에서 벌과 부적 강화는 동일하다.

④ 벌은 바람직하지 못한 행동이 증진하는 상황에서 가해진다.

⑤ 벌은 바람직한 행동이 감소하는 상황에서 가해진다.

& 부적 강화는 고통을 가하는 것이 아니다. [플677-678]

정답: ②

학교 수업 현장에서 벌을 주는 근거를 기술하시오.

& 첫째, 수업운영에 지장을 줄 경우이다. 한 아이의 수업 태도가 엉망인 경우, 다른 아이의 수업에 지장을 준다면 벌을 가할 근거가 된다. 둘째, 일반적 도덕률을 깼을 경우이다. 아이가 교육상황에서 훔치기, 거짓말, 폭력행사. 약속을 어겼을 경우에 해당한다. 셋째, 학칙위반 및 학교운영에 해를 끼친 경우이다. 교복 미착용, 화단파괴, 수업 무단이탈 등이 여기에 해당한다. [플690]

학교 수업 현장에서 가해지는 벌에 관한 진술 중 타당하지 않은 것을 모두 고르시오.

① 벌을 받는 학생이 자신이 저지른 행동을 인지하지 못한 경우
② 수업운영에 지장을 줄 경우
③ 일반적 도덕률을 깼을 경우
④ 학칙위반 및 학교운영에 해를 끼친 경우
⑤ 일벌백계 차원에서 단체기합을 주는 경우

& 벌을 받는 학생이 자신이 저지른 행동을 인지해야 하며, 단체기합은 처벌 행위 당사자가 아닌 다른 사람이 벌을 받는 불합리한 사례가 된다. [플680; 690]

정답: ①, ⑤

다음 중 벌에 관한 설명으로 옳은 것을 모두 고르시오.

① 응보이론은 의무론적 윤리학에 근거한다.
② '감옥'이라는 말 대신에 '교도소'라는 용어를 사용하는 것은 응보이론의 영향이다.
③ 교도이론은 권리이론 중 자격설에 가장 가깝다.
④ 실정법에서 촉법소년의 경우를 둔 것은 교도이론에 어긋난다.
⑤ 우리 법령에 따르면 체벌은 '신체적 고통을 가하는 방법'으로 규정되어 금지되어 있다.

& 촉법소년은 교도이론에 따른 결과이다. '교도소'는 응징의 의미를 제거한 용어이다.

정답: ①, ③, ⑤

체벌을 금지해야 한다는 논거를 제시하시오.

& 첫째, 체벌은 근대 법에서 채택되지 않는다. 근대 형법 어디에도 체벌을 수용하는 국가는 없다. 다만 근본주의 전체주의 국가에서 체벌이 행해지고 있다. 그리고 예외적으로 싱가포르가 제한적으로 체벌을 허용한다. 둘째, 체벌은 대증요법 이외에 벌의 어떤 효과를 가져오지 못하는 것이 실증적 연구에 의하여 밝혀졌다. 셋째, 체벌은 폭력을 재생산한다. 이론적 논쟁이 분분하지만, 교사와 교사의 일거수일투족은 학생들의 모방대상이 된다. 아이들의 뇌리에는 모범이 되는 교사도 폭력을 사용할 수 있다는 생각이 들게 마련이다. 넷째, 체벌은 자의적으로 행해진다. 즉 체벌이 체벌을 가하는 사람의 감정적인 분풀이로 사용된다. 따라서 이 절에서 논의하는 벌은 체벌을 뜻하는 것이 아님을 밝혀둔다. 독약이 약이 아니듯이, 체벌은 벌이 아니다. 독약을 '약'으로 표현하는 것처럼 체벌도 명칭에 있어서 '벌'의 명칭을 사용할 뿐이다. 다섯째, 낙인효과로서 체벌을 통하여 아이들은 부정적인 정서반응만이 아니라 '부정적인 자아개념' 즉 '불량아'와 같은 자아개념을 습득한다. [플678-679] [증97-99]

체벌 금지에 관한 진술 중 타당한 것을 모두 고르시오.

① 체벌은 실증적 연구에 의하여 그 효과를 입증할 수 없다.

② 근대 법 체제에서 신체형이 수용되지 않는다.

③ 특히 교육상황에서 체벌은 폭력을 재생산한다.

④ 체벌은 자의적으로 행해지기 때문에 일종의 가학행위이다.

⑤ 부정 행동이 통제 불능 상황에서 법이 허용하는 범위에서 제한적으로 가능하다.

& 우리나라 법은 체벌을 허용하지 않는다. [증100] [플678-679]

정답: ①, ②, ③, ④

체벌을 금지해야 한다는 실정법적 근거를 제시하시오.

헌법 제10조에 따라 체벌이 인간의 존엄성을 해칠 수 있다는 점과 제12조에 따라 신체의 자유를 침해할 수 있다는 점을 들 수 있다. 초·중등교육법 제18조 1항은 징계 규정을 두고 있으나 체벌에 대한 직접적인 언급이 없다. 하지만 초·중등교육법 시행령 제31조 1항에는 학생 징계를 할 수 있는 사항들을 규정하고 있다. 여기에 체벌이 포함되지 않음을 알 수 있다. 이전의 동 시행령 제31조 7항에서 체벌은 직접 명시되어 있지 않고 '신체적 고통을 가하지 아니하는 방법'으로 훈육, 훈계가 행해져야 한다고 규정되어 있다. 하지만 이 조항은 체벌을 가하는 예외 규정으로 해석될 소지가 있어서 삭제되고 동 시행령 제31조 8항에 '신체에 고통을 가하는 방법을 사용해서는 아니 된다'고 개정되어 체벌이 금지되었다.

정답: 헌법 제10조 및 제12조; 초 · 중등교육법 제18조 1항; 초 · 중등교육법 시행령 제37조 7항.

체벌 금지 관련 법조문

헌법 제10조 모든 국민은 인간으로서의 존엄과 가치를 가지며, 행복을 추구할 권리를 가진다. 국가는 개인이 가지는 불가침의 기본적 인권을 확인하고 이를 보장할 의무를 진다.

제12조 ① 모든 국민은 신체의 자유를 가진다. 누구든지 법률에 의하지 아니하고는 체포, 구속, 압수, 수색 또는 심문을 받지 아니하며, 법률과 적법한 절차에 의하지 아니하고는 처벌 · 보안처분 또는 강제노역을 받지 아니한다.

초 · 중등교육법 제18조 ① 학교의 장은 교육을 위하여 필요한 경우에는 법령과 학칙으로 정하는 바에 따라 학생을 징계하거나 그 밖의 방법으로 지도할 수 있다. 다만, 의무교육을 받고 있는 학생은 퇴학시킬 수 없다.

초 · 중등교육법 시행령 제31조 ① 법 제18조 제1항 본문의 규정에 의하여 학교의 장은 교육상 필요하다고 인정할 때에는 학생에 대하여 다음 각 호의 어느 하나에 해당하는 징계를 할 수 있다.

1. 학교 내의 봉사

2. 사회봉사
3. 특별교육 이수
4. 1회 10일 이내, 연간 30일 이내의 출석정지
5. 퇴학처분

제31조 ⑧ 학교의 장은 법 제18조 제1항 본문에 따라 지도를 할 때에는 학칙으로 정하는 바에 따라 훈육·훈계 등의 방법으로 하되, 도구, 신체 등을 이용하여 학생의 신체에 고통을 가하는 방법을 사용해서는 아니 된다.

우리나라 교육에서 허용된 벌의 범주로 묶은 것을 고르시오.

① 자유형 — 재산형
② 자유형 — 신체형
③ 자격형 — 신체형
④ 자격형 — 자유형
⑤ 재산형 — 신체형

초·중등교육법 시행령 제31조 ①항에서 1. 학교 내의 봉사; 2. 사회봉사; 3. 특별교육 이수; 4. 1회 10일 이내, 연간 30일 이내의 출석정지; 5. 퇴학처분으로 되어 있다. 이 중에서 1호에서 3호는 자유형에 해당하고, 4호와 5호는 명예형(자격형)이다.

정답: ④

우리나라 형법이 규정하는 형벌을 설명하시오.

형법 제41조는 다음의 아홉 가지 형벌을 규정한다. 1. 사형; 2. 징역; 3. 금고; 4. 자격상실; 5. 자격정지; 6. 벌금; 7. 구류; 8. 과료; 9. 몰수.

이를 분류하면 사형은 생명형에, 징역, 금고, 구류는 자유형에, 벌금, 과료, 몰수는 재산형에, 자격상실과 자격정지는 명예형에 해당한다. 구류는 1일 이상 30일 미만 신체를 구금한다는 점에서 징역과 금고와 다르다. 징역과 금고는 30일 이상의 신체 구금을 한다는 점에서 동일하지만, 징역은 노역을 부과한다는 점에서 금고와 다르다. 재산형인 벌금과 과료는 재산형 액수에 따라 구분되며, 몰수는 범죄로 얻은 재산상 이익을 박탈하여 국고로 환수하는 것을 말한다. 자격상실과 자격정지는 명예형이라고 하는데, 자격상실은 공무원이 되는 자격이나 공법상 선거권과 피선거권을 박탈하는 경우를 말하며 자격정지는 일정 기간 그 자격이 정지되는 것을 말한다.

이상에서 알 수 있는 바와 같이, 우리나라 형법상 신체형은 없다. 근대법 체제를 가지고 있는 국가에서 신체형은 인정되지 않는다. 다만 싱가포르는 예외적으로 체형을 규정하여 신체형을 인정하는 국가이다. 신체형인 체벌은 형법상 인정되지 않기 때문에 교육상황에서도 체벌이 금지된다.

& 전작 『아동권리향연 플러스』에서 벌의 형태를 소개하면서 명예형을 제외하였다. **[플681-682]** 자격상실과 자격정지의 명예형은 자유형에 병과(竝課)하는 형벌이기 때문이다. 우리 형법에서 그러한 규정은 형법 제42조와 제43조에서 확인할 수 있다. 그러나 교육상황에서 명예형은 매우 중요하다.

형법 제43조 ① 사형, 무기징역 또는 무기금고의 판결을 받은 자는 다음에 기재한 자격을 상실한다.

1. 공무원이 되는 자격
2. 공법상의 선거권과 피선거권
3. 법률로 요건을 정한 공법상의 업무에 관한 자격
4. 법인의 이사, 감사 또는 지배인 기타 법인의 업무에 관한 검사역이나 재산관리인이 되는 자격

② 유기징역 또는 유기금고의 판결을 받은 자는 그 형의 집행이 종료하거나 면제될 때까지 전항 제1호 내지 제3호에 기재된 자격이 정지된다.

제44조 ① 전조에 기재한 자격의 전부 또는 일부에 대한 정지는 1년 이상 15년 이하로 한다.

② 유기징역 또는 유기금고에 자격정지를 병과한 때에는 징역 또는 금고의 집행을 종료하거나 면제된 날로부터 정지 기간을 기산한다.

형법상의 형벌과 교육상 내려지는 벌을 비교해 보시오.

& 형법상의 벌로 보면 교육상황에서 벌은 자유형과 명예형(자격형)으로 이루어진다. 이는 초·중등교육법 제18조 ①항과 초·중등교육법 시행령 제31조 1항에서 확인할 수 있다. 동 시행령에 규정된 내용을 보면, 1. 학교 내의 봉사; 2. 사회봉사; 3. 특별교육 이수; 4. 1회 10일 이내, 연간 30일 이내의 출석정지; 5. 퇴학처분으로 되어 있다.

이 중에서 1호에서 3호는 자유형에 해당하고, 4호와 5호는 명예형(자격형)에 해당한다. 다만 의무교육에서는 퇴학처분을 내릴 수 없도록 하였다.

또한 형법과 마찬가지로 신체형을 금지하고 있다. 형법에는 신체형 규정이 아예 없으나, 우리 교육법령은 체벌 금지를 명문화하였다. 이는 초·중등교육법 시행령 제31조 7항 규정에서 확인할 수 있다. 일반형법과 달리 교육상황에서 내려지는 벌 중에서 정학과 퇴학과 같은 명예형(자격형)은 자유형에 병과하지 않는다는 점이 특징이다.

다음 중 타당한 진술을 모두 고르시오.

① '감옥'이라는 말 대신에 '교도소'라는 말을 사용하는 것은 벌의 교도 효과를 강조한 것이다.
② 공리주의는 응보이론이 벌을 받는 사람의 고통만을 증진시킨다고 비판한다.
③ 의무론은 일벌백계 주장이 인간존엄성 원칙에 어긋난다고 본다.
④ 응보이론은 벌과 교도, 예방 사이에 아무런 관련이 없다고 본다.
⑤ 응보이론은 교육상황에서 적용함에 있어서 분명한 한계를 지니고 있다.

& 모두 옳은 진술이다. [플684-687]

정답: ①, ②, ③, ④, ⑤

교사가 학생들에게 단체기합을 주었을 경우 그 부당성을 정리하시오.

& 단체기합은 벌의 제재효과와 예방효과가 있어 보이지만, 벌의 원칙에 어긋난다. 그릇된 행동을 한 행위자에게 벌이 가해져야 한다는 원칙에 위배되기 때문이다. 아울러 야기되는 또 다른 교육적 해악은 학생 개개인의 특성을 무시하고, 벌을 주는 상황에서 개인의 처지를 일일이 고려하지 못한다는 점에서 찾을 수 있다. [플689]

다음 중 맞는 진술을 고르시오.

① 칸트 윤리학은 인간존엄성을 최고의 도덕률로 여기므로 이를 토대로 한 벌 이론은 고통을 주는 응징을 반대한다.

② 공리주의 윤리학은 쾌락증진과 고통회피를 목적으로 하는 이론이므로 고통을 가하는 일체의 벌을 반대한다.

③ 아동은 자신의 행위에 대한 판단능력이 부족하므로 벌을 가해서는 안 된다.

④ 흉악범을 사형시켜서는 안 된다는 주장은 공리주의 윤리학에 기반을 둔 것으로 볼 수 있다.

⑤ 벌은 사회구성원의 합의를 전제하므로 인민재판에 의한 처벌은 도입될 수 있다.

& 칸트 윤리학은 응보이론의 토대이고, 공리주의는 예방이나 일벌백계의 효과를 위하여 벌을 사용할 수 있다는 입장이다. 아동에 대한 벌은 인지능력이나 발달을 고려하여 가해질 수 있다. 벌은 사회구성원의 합의보다는 사회적 규칙에 따라 실행되어야 한다.

정답: ④

교사가 벌을 가하는 상황에서 역할을 서술하시오.

& 교사는 교육상황에서 벌을 가할 때 세 가지 역할을 수행할 수 있다. 하나는 재판관으로서 역할이다. 학생들의 행동이 그릇되었는지의 여부를 판단하는 것이다. 다른 하나는 집행자로서 역할이다. 이 경우 벌의 집행이 윤리적 근거와 인간존엄성 등을 침해하지 않도록 유념하는 일과 함께 벌의 내용을 면밀하게 살펴보아야 한다. 또 다른 하나는 입법자로서 역할이다. 이는 교육적 벌과 관련된 학칙 제정 등에 있어서 교사가 입법자로서 참여하는 경우를 말한다. 이 때 교사의 역할은 다른 교육 주체의 입장을 고려하여 수행되어야 한다. 이를 골자로 하여 상세한 교사의 역할을 서술한다. **[플 691-694]**

민주주의가 포퓰리즘에 빠지지 않고 절차적 원리를 존중하면서 작동한다는 점을 다음 그림을 통하여 설명해 보시오.

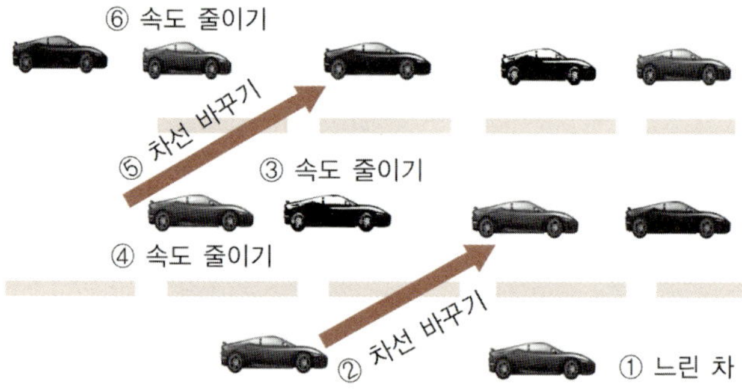

& 차선 바꾸기 현상을 보여주는 그림이다. **[플574]** 자신의 합리적이지 못한 행동(차선 바꾸기)이 결과적으로 사회 전체에 해악을 끼친다는 점을 보여준다. 교사라면 어린아이에게 이러한 예를 들어서 민주적 가치가 절차적 원리임을 예증할 수 있다. 핵심은 개인과 사

회가 자기 유사성, 즉 프랙털 효과를 낸다는 점이다. **[플574-575]**

위의 그림을 사례로 하여 절차적 원리로서 민주적 가치의 중요성을 가르치는 사례를 만들어보시오.

& 일상에서 자기 유사성의 사례를 쉽게 찾아볼 수 있다. 과거 국민교육헌장에 담긴 '나의 발전이 나라의 발전'이라는 점을 단초로 가르칠 수 있다. 우리나라를 잘 모르는 낯선 국가에 가서 우매하게 저지른 행동이 곧 대한민국의 모습임을 그곳 사람들에게 보여준다는 사례를 찾아서 가르칠 수 있다. 반대로 '나라의 발전이 나의 발전의 초석'이라는 점도 가르칠 수 있다. 국가의 경제적 성장이 내 삶의 여러 여건을 개선시키므로 이에 대한 인식을 제고할 수도 있다.

아이들을 가르치는 교사의 입장에서 근대의 기계론적 사고방식 또는 요소환원주의로 민주주의 실현을 온당하게 설명할 수 없다는 사례를 들어보시오.

& 결합의 오류와 분해의 오류를 통하여 설명할 수 있다. 예를 들어서 FIFA는 축구선수의 포지션별로 랭킹을 발표한다. 각 포지션별 1위의 선수들로 구성된 축구팀이 매번 세계축구경기에서 우승할 수 없다는 점을 설명한다. 즉 다양한 구성원의 여러 의견이 상호작용하고 그것이 '대중의 지혜'로 모아질 때 민주주의가 포퓰리즘에 빠지지 않고 작동한다는 점을 설명한다. 다음 제시하는 내용을 활용하여 사례를 만들 수도 있다.

결합의 오류 (fallacy of composition): 두 가지 요소를 결합하면 결합체가 결합하기 전 요소의 특징을 전체의 특징으로 드러낸다고 상정할 때 드러나는 오류이다.

(1) 극장 화재의 예/ 농사의 비유

극장 화재의 예가 대표적인 예이다. 생존을 위한 것이 합리적 행동이라고 믿는다. 그러나 합리적이지 못한 결과를 가져온다. 극장에 화재가 나서 개인은 생존을 위하여 극장을 빨리 빠져나가야 한다. 그러나 무질서로 모두 죽는다.

아울러 농사의 비유도 결합의 오류를 범한 경우이다. 근면하면 잘 산다고 생각한다. 근면하게 농사를 잘 지어서 풍작이 되었다. 그러나 풍작이 되어서 가격이 폭락한다. 근면한 결과 부를 상실한다.

(2) 수학의 예

3과 5는 홀수이다. 그러나 3과 5(즉 8)는 짝수가 된다.

(3) 논리학의 예

원자는 육안으로 볼 수 없다. 모든 물체는 원자로 이루어졌다. 모든 물체는 육안으로 볼 수 없다.

(4) 개인과 사회의 관계

도덕적인 개인들이 모이면 도덕적인 사회가 된다. 사회는 개인의 합이 아니다. 그렇다고 사회가 실재한다고 볼 수 없다. 사회유기체설도 성립하지 않는다.

(5) 공공선택의 경우

합리적 개인이 올바른 공공선택을 하지 않는다. 공공선택론에서 자주 언급하는 선거의 경우를 들 수 있다. 그래서 공공선택론은 방법론적 개인주의(methodological individualism)를 채택한다.

(6) 경영과 인간 관리의 경우

똑똑한 사람을 모아놓았더니 성과가 없다. 이에 대한 이유는 두 가지가 있다. 하나는 무모한 생각으로 간다는 것이다. 다른 하나는 각자의 아이디어가 사장되는 풍토가 조성되어서, 똑똑한 개인은 스스로가 '찬밥신세'가 된다. 그래서 개인, 특히 인재를 존중해야 한다.

- 분해의 오류 (fallacy of division): 결합의 오류와는 반대로 전체를 분해, 분할하면 쪼개진 요소가 전체의 특징을 갖는다고 가정할 때 나타나는 오류이다. 결합의 오류, 분해의 오류 모두 요소환원주의와 관련된다.

(1) 황금 오리의 예

대표적인 예가 '오리를 잡으면 황금알을 한꺼번에 얻을 수 있다'는 발상이다. 경제현상에 이 예가 그대로 드러난다. '대기업을 규제하면, 그 이익을 중소기업이 나누어 가질 수 있다'는 사회주의 발상이 이에 해당한다.

(2) 수학의 예
8은 짝수이다. 8은 3과 5로 이루어진다. 따라서 3과 5는 짝수이다.
(3) 논리학의 경우
사과는 맛있다. 사과는 원소로 구성되어 있다. 사과의 원소는 맛있다. 흑인의 피부는 까맣다. 그의 피부는 세포로 구성되어 있다. 흑인의 세포는 까맣다.
(4) 사회와 개인의 관계
일본사람은 키가 작다. 다나카는 일본사람이다. 다나카는 키가 작다.
(5) 행위의 분석
'전략을 분석하면 동작(관찰 가능한 행동)이 나온다' 또는 '훌륭한 전략은 훌륭한 동작에서 나온다'고 생각하는 경우이다. 이는 실증주의가 드러내는 환원주의 오류이다. 가역이 일어나지 않는 것을 가역이 된다고 생각하는 오류이다. 폴라니(Polanyi)의 분석이 대표적인 예가 된다. 그는 이를 한계통제의 원리라고 하였다.

- 이에 관하여 다음 책을 참조하라. Polanyi, M., 1966, *Tacit Dimension,* 김정래 역, **암묵적 영역**, 서울: 박영사. 특히 이 책의 66-75쪽을 참조하라.

(6) 경영과 인간 관리의 경우
훌륭한 오케스트라는 훌륭한 지휘자의 덕이다. 이 예는 '오늘날 지상낙원은 수령님의 은총이다'라고 하는 북한의 인민 세뇌에서 쉽게 찾아볼 수 있다.

여러 가지 민주주의 유형 중 적어도 3개 이상을 선정하여 그 유형이 교육적으로 담고 있는 의미를 정리해 보시오.

& 논의의 편의를 위하여 희랍의 고전적 민주주의, 로마 공화정, 방어적 민주주의, 진보적 민주주의, 법치 민주주의, 참여 민주주의를 통하여 살펴보기로 한다. 이 중 셋을 뽑아 자신의 생각을 보태면 된다.
고대 희랍의 고전적 민주주의가 교육에 주는 의미는 공직 선출에 있어서 선출을 통한 순환직을 강조하는 내용을 학교운영이나 학급 운영에 적용해 볼 수 있다. 학급반장 정하기, 당번 정하기 등을 통하여 공적 임무수행 경험을 공유하도록 하는 것을 들 수 있다. 권력 획득에 앞서 공적 임무의 자율적인 분담이 민주절차의 핵심임을 가르칠 수 있다는 장점이 있다. 공적 참여의 시발점이 된다. 아울러 민주선거가 권력 획득 투쟁의 이전투구가 아니라는 점을 알게 한다는 장점도 있다. **[플576-579]**

로마 공화정을 통하여 얻을 수 있는 교육적 의미는 두 가지이다. 하나는 대화와 설득이 민주가치의 핵심이라는 점이며, 다른 하나는 법치주의다. 고대 로마는 법률이 획기적으로 발달하고 웅변과 수사학이 매우 발달한 시기이다. 이와 관련하여 로마 공화정은 상호존중의 원칙에 따라 토론과 연설의 중요성을 부각시킨다. 당시 대화 상대를 적이 아니라 라이벌로 보는 관점도 교육에서 존중해야 한다. 로마 공화정은 토론문화 증진에 매우 기여하였다. 다른 하나는 법의 지배(rule of law), 즉 법치주의를 존중하는 전통이다. 실생활에 적용되는 실정법이 잘 발달된 고대 로마 공화정은 오늘날 만연한 입법 통치(rule by law), 즉 입법만능주의를 경계할 수 있는 좋은 교육 자료를 제공해준다. 또한 고대 로마는 양원제 기원을 마련하였으며, 이를 통하여 권력분립의 의미를 새기게 해주는 점도 교육적 의의라고 할 수 있다. **[플579-581]**

방어적 민주주의는 자유민주주의의 틀을 제공하는 민주주의 모형이다. **[플582-585]** 개인의 자유와 권리를 가장 극대화시킬 수 있는 정치체제이다. 그런 만큼 그 교육적 의의는 자유와 권리를 행사하는 개인의 중요성에서 찾을 수 있다. 막연하게 개인의 중요성을 강조하는 것이 아니라 생명·자유·재산이 불가분의 하나라는 점을 인식한다는 점에서 사유재산과 개인의 선택이 개인의 생존과 존엄성의 토대가 된 점을 강조한다. 같은 맥락에서 사생활의 보호 등이 중요한 가치로 여겨진다. 우리나라 헌법이 보장하는 국민의 주요 기본권은 모두 자유민주주의가 추구하는 가치들이다. 무엇보다도 국가의 개입과 간섭을 최소화하는 것이 중요한 가치이다. 교육에 있어서는 학부모의 학교선택권 및 사립학교의 학생선발권이 매우 중요하다. [플653-663] 이는 평준화 정책의 찬반 논의로 연결된다. [플664-672] 우리가 흔히 간과하는 점은 '민주'라는 가치에 함몰되어 '자유'의 가치를 소홀히 하는 경우로서 이는 전체주의 국가로 가는 지름길임을 명심할 필요가 있다. 이 점에서 '민주'에 초점이 지나치게 맞추어진 우리나라 민주시민교육의 방향을 점검할 필요가 있다. [플604-608] 그렇지 않으면 경계심 없는 자유민주주의는 곧 전체주의로 몰락한다는 점을 역사적 사실에 비추어 명심할 필요가 있다.

진보적 민주주의는 동일성 민주주의라고 부르는 진보적 공화정을 포함하여 미국 민주당 강령의 초석을 이루는 민주주의를 가리킨다. [플585-590] 하지만 전자는 인민민주주의로 이어지고, 후자는 시장경제중심 자유사회에서 '공동체' 가치를 강조한다는 점에서 차이가 있다. 서유럽국가의 이른바 사회민주주의가 인민민주주의와 다른 것은 바로 이 차이 때문이다. 인민민주주의는 곧 전체주의로 이어지므로 권리의 측면에서 경계할 필요가 있다. [플590-594] 서유럽 국가의 사회민주주의는 자유민주주의의 '보완'으로 평등과 공동체 가치를 실현하기 위하여 국가의 개입과 간섭이 필요하다고 보고 이를 정책에 적극 반영한다. 분배를 중심으로 하는 사회정의 이론은 이 이론적 기조에 있다. [플436-440; 713-717] 교육적으로는 1960년대 미국의 '차별철폐조치(Affirmative Action)'이 대표적인 예가 된다. 우리나라 상당수의 민주시민교육과 권리교육 프로그램은 여기에 맞추어져 있는 것이 현실이다. 이 노선에 비추어 대부분 교정적 정책이 시행된다. [플717-731] 그러나 그것을 교육에 적용하는 데에는 한계가 있다. 국가의 개입을 초래한다는 것은 개인이 지니고 있는 재능과 창의성을 제한한다는 뜻이다. 이는 곧 획일화된 교육으로 전락할 위험을 지닌다.

법치 민주주의(legal democracy)는 신보수주의 또는 '뉴 라이트(New Right)'라고 하는 정치를 지지하는 민주주의 유형이다. [플600-601] 이 민주주의는 진보적 민주주의에 의하여 손상된 개인의 가치와 자유주의 원칙을 회복하고자 하는 시도라고 볼 수 있다. 명칭에서 알 수 있듯이, 자유민주주의 헌법 가치를 존중하면서 개인의 자유와 권리를 보호하는 데 초점이 맞추어져 있다. 구체적으로는 국가간섭의 최소화, 시장경제 존중, 이에 따른 작은 정부를 지향한다. 하이에크와 밀턴 프리드먼이 사상적 기반을 제공하고 있으며, 현실정치에서는 미국 레이건 대통령과 영국 대처 총리의 정책으로 반영되었다. 교육적으로 개인의 책무성과 자율성을 강조한다. 여기서 개인의 의미는 학생의 재능과 개성을 존중한다는 것이며, 이를 대리하는 학부모의 대리권을 가리킨다. 방어적 민주주의의 맥을 이어 그 가치를 회복하고자 하는 정책이 이를 대표한다. 공교육의 비대화에 반대하면서 다양한 학교 형태를 지지한다. [플672-676] 단위 학교의 자율성과 책무성, 학부모의 교육적 책임도 중시한다. 또한 학생의 선택권과 사학의 학생선발권을 근원적으로 봉쇄하는 평준화 정책을 반대하고 폐지를 주장하는 논거는 이 노선에 달려 있다. [플667-672] 민주적 가치보다는 법치의 중요성을 강조한다는 점에서 또 다른 교육적 의의를 찾을 수 있다.

참여민주주의(participatory democracy)는 '참여'를 핵심가치로 하는 직접민주주의를 지지한다. [플602-604] 이 민주주의와 대척점에 있는 민주주의 유형은 '경쟁적 엘리트 민주주의'이다. 하지만 참여민주주의는 '뉴레프트(New Left)' 또는 '신좌파'가 지향하는 민주주의 형태이다. 이 점에서 참여민주주의는 진보적 민주주의와 맥을 같이 한다고 볼 수 있다. 대표적인 사상가는 맥퍼슨과 페이트먼을 들 수 있다. 영국의 토니 블레어 총리가 이끄는 '새로운 노동당'은 이 노선에 닿아 있다. 우리나라의 경우 2003년부터 2008년까지 참여정부의 노선이 여기에 해당한다. '참여'가 핵심가치인 만큼

'참여정치'에 상응하도록 교육에서는 '학생참여'가 강조된다. 여기서 학생참여는 학교운영과 교육정책에도 학생들의 참여를 허용해야 한다는 주장으로 이어진다. 이는 우리나라 지방의회가 주도하여 제정한 '학생인권조례'에 포함된 상당한 내용들은 이 민주주의 유형에 근거한다. 이 문제는 본서 제8장에서 자세하게 다루도록 한다.

여기 소개한 민주주의의 제 유형에 관한 보다 자세한 내용은 다음 책을 참조하라.

Held, D., 1996, 2nd ed., *The Models of Democracy*, 2001, 3rd ed., London: Polity.

다음 설명에 가장 가까운 민주주의 유형을 고르시오.

> 교육에서도 개인의 자율성, 책무성을 강조한다. 그 결과 오늘날 공고하게 확립된 공교육 체제 속에서도 학생과 학부모의 학교선택권, 학부모의 책무성이 중시된다. 또한 단위학교의 자율성, 책무성 역시 중시되며, 학생선발권을 강조한다. 개인의 다양한 교육적 욕구와 수요의 충족을 위하여 교육 선택의 폭 확대를 지지한다. 그 결과로 평준화 정책과 국가주도의 각종 교부금 지급을 반대한다.

① 방어적 민주주의 ② 사회민주주의
③ 법치민주주의 ④ 다원적 민주주의
⑤ 인민민주주의

& 법치민주주의와 상통하는 자유지상주의 아래 교육정책이다. **[플 600-601]**

정답: ③

다원적 민주주의와 관련된 내용으로 볼 수 <u>없는</u> 것을 고르시오.

① 경쟁적 정당 정치를 중시하는 만큼 경쟁체제를 중시한다.

② 자유민주주의의 고전적 전통보다는 상호협력을 강조한다.
③ 민주시민교육의 프로그램이 이 모형의 민주주의에 맞추어져 있다.
④ 다양한 가치를 존중하는 만큼 개인의 다양성도 존중한다.
⑤ 자유민주주의와 같은 방식으로 개인적 가치를 존중한다.

& 사회문화적 다양성에 비추어 개인의 가치를 존중한다. [플597-599]

정답: ⑤

다음 교육적 시사점에서 강조하는 민주주의 유형을 고르시오.

> **교육의 시사점**
> 교육관료주의가 팽배해진다는 점이 단점이 있지만, 리더십 훈련, 경쟁의 존중, 개인의 전문성 신장을 중요시 여긴다.

① 방어적 민주주의　② 사회민주주의
③ 인민민주주의　④ 경쟁적 엘리트 민주주의
⑤ 진보적 공화정

& 관료주의에 빠질 가능성이 크다는 점에서 법치 민주주의와 다르다. [플584-597]

정답: ④

다음 교육적 시사점에서 강조하는 민주주의 유형을 고르시오.

> **교육의 시사점**
> 많은 민주시민교육은 주로 이 모형을 근간으로 한다.
> 대표적으로 개인의 자유 신장에 초점을 맞추고 있지만, 양성평등의 강조, 다문화(다원주의)의 존중, 소수 민족 보호, 약자 보호를 위한 교육 프로그램은 이 모형에 근거한다.

① 진보적 민주주의　② 방어적 민주주의

③ 인민민주주의　　　　　　　　④ 진보적 공화정

⑤ 고대 희랍 민주주의

& 미국의 민주당 정책을 뒷받침하는 진보적 민주주의 모형이다. [플585-590]

정답: ①

다음 교육적 시사점에서 강조하는 민주주의 유형을 고르시오.

> **교육의 시사점**
> 개인의 자유, 생명, 재산의 존중, 인신보호가 중요하다는 것이 교육내용이 된다.
> 개인 간 상호존중(mutual respect), 법과 질서의 존중, 법치의 강조, 교육에서 전통 존중, 고전적 권리에 따른 시민교육 등을 강조한다.

① 진보적 민주주의　　　　　　② 방어적 민주주의

③ 인민민주주의　　　　　　　④ 진보적 공화정

⑤ 고대 희랍 민주주의

& 방어적 민주주의 체제 속 교육의 특징이다. 여기에 가족의 가치를 강조한다. 보수주의라고 부르기도 하지만, 비하적 의미를 담는다면 적절한 표현은 아니다. [플582-585]

정답: ②

다음 교육적 시사점을 강조하는 민주주의 유형을 고르시오.

> **교육의 시사점**
> 루소의 일반의지에 따라 설정된 민주주의 모형으로서 '진보' 교육의 뿌리를 제공한다. 특히 우리나라 '학생인권조례'의 사상적 연원이 되기도 한다. 다만 참여가 집합적이고 추상적인 의미를 지닌다.

① 고대 희랍 민주주의 ② 방어적 민주주의
③ 인민민주주의 ④ 다원민주주의
⑤ 진보적 공화정

& 학생인권조례는 참여민주주의를 모형으로 한 것이지만, 사상적 연원은 동일성 민주주의이다.

정답: ⑤

다음 교육적 시사점에서 강조하는 민주주의 유형을 고르시오.

> **교육의 시사점**
> 고전적 권리의 측면에서 상호존중보다는 다양한 가치의 존중이라는 측면에서 개인 존중이 의미를 가진다. 교육 형태로는 다문화가정교육, 국제이해교육이 강조된다.
> 특히 이 모형은 다원성의 바탕 위에 계층 간의 이해를 존중한다. 그러나 바로 그 이유 때문에 기존의 사회질서를 부정하는 교육내용을 발견할 수 있다. 경우에 따라서는 자본주의 제도 비판, 기존의 전통적 질서의 폐해 등이 강조되기도 한다.

① 고대 희랍 민주주의 ② 방어적 민주주의
③ 인민민주주의 ④ 다원민주주의
⑤ 진보적 공화정

& 다양성 존중이 핵심이다. 그런 만큼 기존의 전통을 경시하는 경우가 발견되기도 한다. **[플597-599]**

정답: ④

다음 교육적 시사점을 강조하는 민주주의 유형을 고르시오.

> **교육의 시사점**
> 준법정신을 강조하고, 수사학과 설득력을 기르기 위한 교육적 필요성의 논거는 여기서 찾을 수 있다. 아울러 상대를 설득하기 위한 표현력 교육도 중요하다. 설득력, 웅변술, 표현력 기르기 등은 이 모형에서 얻을 수 있는 장점이다.

① 고대 희랍 고전적 민주주의
② 고대 로마 공화정
③ 방어적 민주주의
④ 진보적 공화정
⑤ 인민민주주의

& 로마 공화정이 낳은 유산은 알력이 아닌 설득을 중심으로 한 토론 문화이다. [플579-581]

정답: ②

다음 교육적 시사점에서 강조하는 민주주의 유형을 고르시오.

> **교육의 시사점**
> 공동체강조, 개인 간의 차이를 존중하면서도 사유재산을 부정하는 모순된 형태의 교육프로그램은 이 모형에서 나온다. 전통교육을 보는 시각은 '착취'를 합리화하는 것으로 본다.
> 교육 감시체제를 중시하기도 하며, 기존의 교육권위 부정이 특징이다.

① 고대 희랍 고전적 민주주의
② 고대 로마 공화정
③ 방어적 민주주의
④ 진보적 공화정
⑤ 인민민주주의

& 인민민주주의 전형적인 특징들이다. [플590-594]

정답: ⑤

다음 교육적 시사점에서 강조하는 민주주의 유형을 고르시오.

> **교육의 시사점**
> 참여방식학습으로서 로또, 로테이션 방식은 이 모형에 근거하여 성립한다. 예컨대, 학교에서 반장, 당번 정하기, 역할분담을 모든 구성원이 분담한다. 이와 같은 공직은 특권이 아니라 공적 의무인 셈이다.

① 고대 희랍 고전적 민주주의
② 고대 로마 공화정
③ 방어적 민주주의
④ 진보적 공화정
⑤ 인민민주주의

& 고대 희랍의 민주주의는 선출을 공직 분담 차원에서 실행하였다. [플576-579]

정답: ①

권위적 간섭주의의 용어를 설명하시오.

& '권위적 간섭주의'는 영어의 'paternalism'의 번역어이다. 이 말을 영한사전을 찾아보면, '가부장적 간섭주의'라고 소개되어 있다. 'paternalism'의 어간인 'pater-'가 '아버지'를 가리키는 말이므로 '가부장적'이라는 수식어가 붙는 것은 말의 축어적(逐語的) 의미에 충실한 일인지 모르지만, 윤리학적 논의나 정치이론에서 사용되는 'paternalism'의 의미는 단지 아버지의 간섭만을 내포하는 것이 아니다. 군주, 교사, 성직자, 권력자 등을 비롯하여 일체의 제도적 권위체가 행사하는 간섭을 모두 가리킨다. 즉 'paternalism'은 한 개인의 자유를 제한· 침해하는 타인의 간섭을 모두 지칭하는 말이다. 여기서 타인은 간섭당하는 사람보다 권위를 많이 지닌 사람이다. 따라서 이 말의 번역어로서 '간섭주의'가 채택되는 것은 당연하므로, 보다 정확한 번역어는 '권위를 가진 사람에 의하여 행해지는 간섭주의'가 될 것이다. 그러나 이렇게 장황한 번역어는 현실

성이 없기 때문에, 피번역어가 지닌 논리적 속성(logical components)인 '권위'와 '간섭'을 가지고 축약하면 번역어는 '권위적 간섭주의'가 된다.

여기서 '권위'라는 의미는 형식적으로 부여되는 단순한 의미의 권위가 아니라 '힘'이 있는 사람이 그렇지 못한 사람에게 힘을 행사할 때 아울러 생겨나는 권위를 지칭한다. 이 용어는 주로 가족관계에서 부모가 자녀에게 힘을 행사할 때, 또는 전제적 군주와 같이 정치적인 힘을 가진 사람이 지배를 받는 사람에게 힘을 행사할 때 사용된다. 따라서 '권위적 간섭주의'는 결국 힘을 가진 자가 힘을 가지지 못한 자에 대한 힘의 행사와 관련하여 야기되는 간섭, 그리고 자유의 제한 등을 총칭한다. 영어의 'paternalism'을 '권위적 간섭주의'로 번역하는 데에 난점은 바로 이 번역어가 '힘'을 의미하는 '권력' 또는 '권한'이라는 용어를 사용하지 않고 '권위'를 채용하였다는 데에 있다. 그러나 권위를 가진 사람은 그렇지 못한 사람에 비하여 여전히 '힘', '권력', '권한'을 보다 많이 가진 사람이라는 점에서 보면 그릇된 번역어는 아니다. '권위'가 '힘', '권력', '권한'을 비유적으로 포괄하는 셈이다. 한마디로 말하자면, 권위적 간섭주의는 '힘의 우열'에서 나타나는 자유의 제한·침해·간섭 등의 문제라고 볼 수 있다. **[증164-166]**

권위적 간섭주의의 의미에 관한 설명으로 타당한 것을 모두 고르시오.

① 영어 'paternalism'의 번역어로서 권위적 간섭주의는 '가부장적 간섭주의'라고 소개되어 있다.

② 어원상 '아버지'와 관련되므로 가정 내의 권위 문제를 가리키는 말이다.

③ '힘', '권력', '권한'을 보다 많이 가진 사람이 타인의 자유를 제한한다는 뜻을 가지고 있다.

④ 영어 'paternalism'에 담긴 핵심 개념은 '힘'과 '간섭'이다.

⑤ 한 개인의 자유를 제한· 침해하는 타인의 간섭을 모두 지칭하는 말로서 일체의 제도적 권위체가 행사하는 간섭을 모두 가리킨다.

& 어원은 아버지와 관련되지만, 군주, 교사, 성직자, 권력자 등을 비롯하여 일체의 제도적 권위체가 행사하는 간섭을 지칭한다. **[증164-165]**

정답: ①, ③, ④, ⑤

자유를 제한하는 권위적 간섭주의를 다룰 때 고려해야 할 문제점을 제시하시오.

& 권위적 간섭주의의 핵심적인 논점은 자유의 제한과 그 정당화에 있다. 따라서 자유와 그 제한이라는 관점에서 다음과 같은 질문에 답을 해야 한다.

첫째, 권위적 간섭주의는 자유의 어떤 측면을 제한하는가?

둘째, 권위적 간섭주의에 따른 자유 제한은 무엇을 위한 것인가?

셋째, 권위적 간섭주의에 따른 자유 제한의 근거, 즉 그 타당성과 정당성은 어디서 찾을 수 있는가?

넷째, 권위적 간섭주의를 수용해야 하는 경우는 어떤 경우인가? **[플633-634]**

보다 심층적인 분석과 논의를 위하여 권위적 간섭주의를 자유의 속성에 비추어 설명하시오.

& 권위적 간섭주의는 개인의 자유를 제한한다는 것이 핵심이다. 따라서 자유의 어떤 측면이 어떤 이유로 제한받는지, 그리고 그것이 자유의 훼손은 아닌지를 검증해야 한다. 이를 위하여 그레이의 일곱 가지 구분을 맥칼룸의 삼원분석에 대입한 도식을 활용할 필요

가 있다. **[플535-537; 634]** 그것을 여기 다시 소개하면 다음과 같다. 이하 '분석 틀'이라고 한다.

① 제약(장애)이 없는 상태 = Y-focused Y = Y-Y 또는 Y(Y) ② 선택이 가능한 상태 = Z-focused Y = Y-Z 또는 Y(Z) ③ 실행 능력을 갖춘 상태 = X-focused Y = Y-X 또는 Y(X) ④ 지위를 획득한 상태 = X-focused Y = Y-X 또는 Y(X) ⑤ 자기결정 여부 = Y-focused X = X-Y 또는 X(Y) ⑥ 소망성취 여부 = Z-focused X = X-Z 또는 X(Z) ⑦ 자기지배 능력 = X-focused X = X-X 또는 X(X)

위의 도식을 활용하여 권위적 간섭주의 유형을 정리하시오.

& 권위적 간섭주의의 가장 일반론은 '미래 예측의 가치 판단이 현재의 자유(또는 선택)를 제한한다'는 데 있다. 이는 작은 자아와 큰 자아를 구분하는 것으로 설명하기도 하고, 큰 자유를 위하여 작은 자유를 제한한다는 '자유의 패러독스'와도 관련된다. **[플519-522]** 이를 분석 틀에 적용해 보면, X(Z)를 위해 Y(Z)를 제한한다는 뜻이 된다.

권위적 간섭의 유형은 다음을 참고하라.
Chamberlin, R., 1989, *Free Children and Democratic Schools*, 김정래 역, 2015, **아동의 자유와 민주주의**, 서울: 박영사, 제6장 및 제7장.

미래 예측의 가치 판단이 현재의 자유(또는 선택)를 제한한다는 일반론에 관한 진술 중 타당한 것을 모두 고르시오.

① 이러한 형태의 권위적 간섭은 당위와 사실을 혼동하는 데서 비롯된다.

② 사전 판단과 사후 판단은 논리적 연결 또는 사실적 인과관계를 밝

히기 쉽지 않다. 분석의 틀로 보면, X(Z)를 위해 Y(Z)를 제한한다는 뜻이다.

③ 간섭은 그 자체로 간섭을 당하는 사람의 존엄성을 침해한다는 전제로 인하여 부당하다고 여겨진다.

④ 현재의 권위적 간섭이 미래의 행복 증진을 보장한다는 확실한 근거를 제시하는 데 한계가 있다.

⑤ 비록 간섭에 따른 결정이지만 어떤 방식으로든 아이들의 미래 행복 증진이 보장된다는 점에서 정당화된다.

& 간섭에 따른 미래 행복이 증진된다고 하더라도 그것이 당사자가 당초 추구하고자 했던 행복과 비교할 수 없다는 문제가 있다. **[플 635-637]**

정답: ①, ②, ③, ④

권위적 간섭을 통해서 미래 예측의 가치 판단이 현재의 자유(또는 선택)를 제한한다는 일반론에 관하여 정리해 보시오.

& 미래 예측의 가치 판단이 현재의 자유(또는 선택)를 제한한다는 일반론을 분석 틀에 적용해 보면, X(Z)를 위해 Y(Z)를 제한한다는 뜻이 된다. 즉 미래의 자신이 실현할 가치를 위해 현재의 선택을 제한한다는 뜻이다. 이 관점은 근원적으로 다음과 같은 문제점을 드러낸다. 왜냐하면 여러 가지 윤리학에 비추어 한계를 드러내기 때문이다.

첫째, 권위적 간섭 여부는 당위의 문제이고, 성공 기회 여부는 경험적 사실 여부이다. 즉 전자는 가치 판단의 문제이고, 후자는 사실 판단의 문제이다. 결과적으로 권위적 간섭은 사실에 근거하여 가치 판단의 근거를 마련하는 셈이다. 이는 전형적으로 '자연주의적 오류(naturalistic fallacy)'에 해당한다. 이를테면, '자연 상태'라는 사실에 입각하여 '자연이 좋다'는 가치 판단을 내릴 경우, 이를 자연주의적 오류라고 한다. 자연 상태의 모든 것이 좋다는 가치 판단을 내릴 수는 없다. 자연 상태의 것 중에는 독사, 독초와 같은 가치 있다고 할 수 없는 것이 있다. 자연 상태의 생선, 즉 자연산 회는 우리에게 좋을 수 있지만, 독초가 자연산이라는 이유로 우리에게 자연산 회처럼 좋다고 할 수 없기 때문이다.

둘째, 사전판단과 사후판단의 연계 내지는 인과관계를 따져볼 수 있다. 현재 시점에서 이루어지는 권위적 간섭은 사전판단이고, 미래의 획득할 이익은 사후판단의 문제이다. 아동의 자유를 제한하는 현재의 간섭이 미래 시점에서 그 아동에게 이익을 가져다준다는 연계를 어떻게 보장할 수 있는가. 만약 그림을 그리고 싶어하는 아이가 부모의 권위적 간섭에 의하여 미술대학 대신에 의과대학에 진학하여 의사가 되어 삶의 만족감을 얻었다고 하자. 그 경우에도 미래 시점에서 아이가 획득한 이익이나 행복이 그러한 간섭에 따른 것이라고 할 수 있는가. 오히려 부모가 권위적 간섭 이유로 제시한 의사라는 직업의 사회경제적 조건이 아니라 기초 의학 연구에 몸담게 되었기 때문에 삶의 행복감을 느꼈다면, 현재의 간섭과 미래 행복이 상호 연계되어 있다고 단정할 수 없다. 또한 부모의 권위적 간섭과 아이의 미래 행복 사이의 인과관계를 밝혀낼 수도 없다.

셋째, 권위적 간섭이 인간 존중(respect for person)이라는 윤리학 원리를 심각하게 해치고 있다. 다시 말하자면 권위적 간섭주의는 윤리학적으로 정당화되기 어렵다. 아동의 미래 삶을 재단하고 이를 근거로 현재의 자유를 제한하는 것은 의무론적 윤리학의 관점에서 권위적 간섭의 대상이 아동의 존엄성(human dignity)을 해칠 수 있다.

넷째, 권위적 간섭은 공리주의 윤리학의 관점에서도 정당화되기 어렵다. 일견 권위적 간섭이 공리주의 윤리학에 의하여 정당화된다고 단정할 수도 있다. 이를테면 현재의 권위적 간섭으로 인하여 대상 아동의 삶 전체에 있어서 효용성(즉 가치 총량)이 증대되었다고 주장할 수도 있다. 그러나 이러한 추론은 공리주의 윤리학의 원리에 부합하지 않는다. 공리주의 윤리학의 경우, 타인의 복리 증진을 위하여 권위적 간섭을 허용할 경우에 황금률이 적용되어야 한다. 이 말은 곧 한 개인이 타인의 자유를 제한하는 간섭이나 개입을 할 경우, 반대로 타인이 자신에게 자유를 제한하거나 개입을 할 수 있어야 성립한다는 뜻이다. 그러나 대부분 아동에게 가해지는 권위적 간섭의 경우, 해당 아동이 간섭을 한 성인(成人)에게 같은 맥락에서 제한이나 간섭을 할 수 없는 처지에 있다. 따라서 권위적 간섭이 간섭받는 사람의 삶에 있어서 전체 효용성의 총량이 증가했다는 이유로 정당화될 수 없다. **[플635-637]**

미래 예측의 가치 판단이 현재의 자유(또는 선택)를 제한한다는 일반론에 관한 진술 중 타당하지 <u>않은</u> 것을 <u>모두</u> 고르시오.

① 이 입장은 공리주의에 비추어 정당화되지만 의무론에 비추어 정당화되기 어렵다.

② 이 입장은 의무론에 비추어 정당화되지만 공리주의에 비추어 정당화되기 어렵다.

③ 현재의 간섭과 미래의 행복의 연결 고리를 찾기 어렵다.

④ 권위적 간섭의 가부(可否)는 입장을 바꾸었을 경우, 즉 황금률에 비추어 검증되어야 한다.

⑤ 권위적 간섭은 '성장하는 존재'로 보는 아동관에 비추어 정당화될 수 있다.

& 이 입장은 의무론과 공리주의 어느 경우에 비추어도 정당화되기 어렵다. 권위적 간섭은 주로 '작은 성인' 또는 '주조되는 존재'로 보는 아동관에 근거한다. **[플99-103; 635-636]**

정답: ①, ②, ⑤

미래 예측의 가치 판단이 현재의 자유(또는 선택)를 제한한다는 일반론에 근거하여 권위적 간섭이 일어나는 여러 상황을 '분석 틀'에 비추어 정리하시오.

& 챔벌린은 이를 일곱 가지 유형으로 구분하여 논의한다. 이에 관한 내용은 아래 소개한 문헌을 참고하라.

첫째, 권위적 간섭이 유일한 대안인 경우이다. 분석의 틀로 보면, 임의적인 제한을 가하는 Y(Y) 상태의 제한 또는 지위의 박탈을 뜻하는 Y(X)에 해당한다.

둘째, 간섭을 받을 사람의 동의를 받은 경우이다. 분석의 틀로 보면, 강압을 통하여 Y(Y)를 위배하거나, 자기결정인 X(Y)를 무시한 것에 해당한다. 또한 다른 가능성을 묵살한 경우 Y(Z)와 X(Z)를 경시한 것으로 볼 수 있다.

셋째, 간섭자가 자신의 가치를 강요하는 경우이다. 분석의 틀로 보면, Y(Z)의 침해이다. 그러나 그보다 Y(Z)의 침해가 자기지배 능력 자체의 결함을 뜻하는 X(X)의 무력화가 더욱 심각하다.

넷째, 방해받지 않은 결정과 합리적 결정을 동일시하는 경우이다. 분석의 틀로 보면, X(X)의 결함으로 Y(Z)의 침해이다. 참고로, 여기서 '방해받지 않는 결정'은 X(Y)의 문제이지만, '합리적 결정'은 X(X)의 문제이다.

다섯째, 권위적 간섭이 심각한 해악을 회피하기 위하여 행해지는 경우이다. 분석의 틀로 보면, X(Y)의 침해이다. 즉 자기결정은 해악의 정도로 판단되거나 제한될 수 없다.

여섯째, 권위적 간섭이 미래 자유를 증진시키는 경우이다. 분석의 틀로 보면, X(Y) 문제이다. 하지만 이 문제는 자기 자신의 선택을 유예한 것이기 때문에 상위자아와 하위자아의 문제로 귀결된다.

즉 자신이 설정한 상위자아가 하위자아를 통제하는 상황을 말하는 것으로 결국 이 경우 권위적 간섭은 자기 지배능력 문제인 X(X)로 귀결된다.

일곱째, 권위적 간섭이 간섭당한 사람의 주관적 가치를 포기하게 한다. 분석의 틀로 보면, 자기결정의 문제인 X(Y)이지만, 현실적으로는 가치에 대한 자기 판단을 침해하고 객관적 가치를 잣대로 Y(Z)를 침해하고 강요한다는 데 있다. **[플637-644]**

이러한 분석 틀을 활용하여 권위적 간섭의 타당성과 정당화 여부를 세밀하게 검토할 수 있다.

이하 소개하는 내용은 다음 문헌의 제6장을 따른 것임을 밝혀둔다. Chamberlin, R., 1989, *Free Children and Democratic Schools*, 김정래 역, 2015, **아동의 자유와 민주주의**, 서울: 박영사, 제6장.

권위적 간섭이 유일한 대안인 경우에 관한 진술 중 타당한 것을 모두 고르시오.

① 적정 연령에 필요한 영양이나 지적 성장이 이 시기에 제대로 이루어지지 않는다면, 이러한 간섭은 정당화될 수 있다.

② 아동의 안전과 생존의 문제와 관련된 경우에 이러한 간섭이 허용된다.

③ 간섭의 명분으로 유일한 대안이라는 확증을 하기 쉽지 않다.

④ 자의적인 간섭에 남용될 소지가 크다.

⑤ 교육상황에서 '발달과업'은 이러한 간섭을 용인한다.

& 모두 타당한 진술이다. **[플637-638]**

정답: ①, ②, ③, ④, ⑤

간섭을 받을 사람의 동의를 받은 권위적 간섭의 문제에 관한 진술 중 타당한 것을 모두 고르시오.

① 제도적으로 이러한 간섭은 정당화된다.

② 사전 동의가 자발적이지 못한 경우에 문제가 야기된다.

③ 사후 동의도 심각한 문제를 야기할 수 있다.

④ 당사자의 사전 동의는 합리적 판단능력이 어려운 아동의 경우에 적용하는 데 한계가 있으므로 이를 인정해야 한다.

⑤ 자발적 동의 없는 간섭이 좋은 결과를 가져올 경우에는 정당화된다.

& 자발적 동의 없는 간섭이 좋은 결과를 가져올 경우에도 간섭이 없는 상태에서 선택이 가져올 결과와 비교할 수 없어서 정당화되기 어렵다. [플638-640]

정답: ①, ②, ③, ④

간섭자가 자신의 가치를 강요하는 경우에 관한 진술 중 타당한 것을 모두 고르시오.

① 판단력이 미숙한 아동에게 일어날 수 있다.

② 분석의 틀로 보면, Y(Z)의 침해이다.

③ 분석의 틀을 심층 분석해 보면, Y(Z)의 침해가 자기지배 능력 자체의 결함을 뜻하는 X(X)의 무력화에 심각한 문제가 담겨 있다.

④ 교화와 세뇌를 통한 권위적 간섭이 이에 해당한다.

⑤ 모든 형태의 교화는 이에 비추어 모두 문제가 있다.

& 간섭자가 자신의 가치를 강요하는 경우, 모든 형태의 교화가 관련되는 것은 아니다. [플640] 이에 해당하는 교화의 문제는 권위적 간섭과 함께 교육문제와 아동문제를 다루는 데 있어서 매우 중요하다. 스누크(Snook)는 교화의 네 가지 조건을 설정하여 교화의 의

미를 분석한다. 이 중에서 의도조건은 도덕적으로, 교육적으로 수용하기 어렵다. 여타의 교화는 교육상황에 따라 어느 정도 허용될 수 있다. 교화도 권위적 간섭과 마찬가지로 세밀한 검토가 요구된다.

정답: ①, ②, ③, ④

교화(indoctrination) 문제는 권위적 간섭과 함께 상호관련이 되어 있으면서 교육이나 아동 문제를 다루는 데 있어서 매우 중요한 문제이다. 제2장에서 이미 소개한 바와 같이, 스누크(Snook, I.)가 아래 문헌에서 제시하는 교화의 네 가지 조건은 내용조건, 결과조건, 방법조건, 의도조건이다. 이 중에서 가장 심각한 문제를 드러내는 것이 의도조건이다. 요즈음 회자되는 말로 하면 '가스등 효과'와 유사하다. 학습자의 판단력 자체를 무력화할 의도를 지닌 교화 방식이다. 전체주의 국가의 인민통제 방식은 이에 맞추어져 있다.

Snook, I. A., 1972, *Indoctrination and Education*, London: Routledge and Kegan Paul.

이와 함께 그가 교화에 관한 글을 모은 책으로 다음 문헌이 있다.

Snook, I. A. ed., 1972, *Concepts of Indoctrination*, London: Routledge and Kegan Paul.

방해받지 않은 결정과 합리적 결정의 관점에서 권위적 간섭을 구분해야 한다는 문제에 관한 진술 중 타당한 것을 모두 고르시오.

① 방해받지 않은 결정은 개인의 취향, 자신의 성향 등 다양한 요인이 작용하지만, 합리적 결정에는 확실한 근거가 있어야 한다.

② 문제의 핵심은 합리적 결정이 아니라는 이유로 방해받지 않은 결정을 간섭해서는 안 된다는 데 있다.

③ 분석의 틀로 보면, X(X)의 결합으로 Y(Z)의 침해이지만, '방해받지 않는 결정'은 X(Y)의 문제로, '합리적 결정'은 X(X)의 문제로 볼 수 있다.

④ 대부분의 실존적 선택이 합리적 근거가 미약하지만 간섭해서는 안 되는 이치와 마찬가지로 이 경우 권위적 간섭은 삼가야 한다.

⑤ 이 권위적 간섭 논의는 무지하고 합리성이 결여된 사람의 판단을 제약하는 논거로 활용할 수 있다.

& 이 권위적 간섭 논의는 무지하고 합리성이 결여된 사람의 판단이라도 함부로 제약해서는 안 된다는 논거를 제공한다. **[플640-641]**

정답: ①, ②, ③, ④

권위적 간섭이 심각한 해악을 회피하기 위하여 행해지는 경우에 관한 진술 중 타당한 것을 모두 고르시오.

① 분석의 틀로 보면, X(Y)의 침해이다. 즉 자기결정의 문제로 귀결된다.

② 해악의 정도를 가늠하는 사람이 간섭을 하는 사람이라는 점에서 경계해야 한다.

③ 윤리적 판단이 결과의 득실 정도에 따라 판단되는 것이 아닌 것처럼 간섭의 허용 여부를 해악의 경중으로 판단하는 것은 타당하지 않다.

④ 권위적 간섭 문제는 해악의 정도가 아니라 간섭에 대한 대안이 있는가를 따져보아야 한다.

⑤ 해악의 정도를 판단하는 것은 간섭자의 관점에서 이루어지므로, 실제로 해악을 사량(思量)할 수도 없다.

& 모두 옳은 진술이다. **[플641-642]**

정답: ①, ②, ③, ④, ⑤

권위적 간섭이 미래 자유를 증진시키는 경우에 관한 진술 중 타당한 것을 모두 고르시오.

① 자기 자신의 선택을 유예한 것이기 때문에 상위자아와 하위자아의 문제로 귀결되는 문제이다.

② 교육에서 현재성을 존중하는 것은 이 권위적 간섭을 경계하는 데 초점이 맞추어져 있다.

③ 노령보험, 연금 가입, 적금 불입 등은 미래의 자유와 행복을 증진하기 위한 것이므로 이 권위적 간섭은 권장되어야 한다.

④ 자유의 패러독스와 관련을 맺는다.

⑤ 결정적인 난점은 미래는 불확실한 개연성의 세계, 현재는 더 확실한 세계이며, 불확실한 개연성을 위해 확실한 현재를 제한하는 것은 불합리하다는 데 있다.

& 미래를 위한 노령보험, 연금 가입, 적금 불입은 미래의 확실성을 증진하기 위한 것으로서 미래의 불확실한 자유를 위하여 현재의 자유를 제한하는 것과 성격이 다르다. [플642-643]

정답: ①, ②, ④, ⑤

권위적 간섭이 간섭당한 사람의 주관적 가치를 포기하게 한다는 경우에 관한 진술 중 타당한 것을 모두 고르시오.

① 공교육 체제의 무상급식에서 이러한 간섭 사례를 발견할 수 있다.

② 무상의무교육의 대안으로 홈스쿨링 등이 제기되는 것은 이러한 권위적 간섭을 피하기 위한 것이다.

③ 권위적 간섭으로 얻은 결과적 이익이 간섭당한 사람의 주관적 가치를 넘어서는 가치가 있는가 하는 비판이 따른다.

④ 스스로의 삶을 결정하는 데 제약을 가하는 경우를 말한다.

⑤ 분석의 틀로 보면, 자기결정의 문제인 X(Y)이지만, 현실적으로는

가치에 대한 자기 판단을 침해하고 객관적 가치를 잣대로 Y(Z)를 침해하고 강요한다는 데 있다.

& 모두 옳은 진술이다. [플643]

정답: ①, ②, ③, ④, ⑤

권위적 간섭이 정당화되려면 반드시 따라야 할 최소한의 윤리적 원칙 두 가지를 정리하시오.

& 첫째, 칸트의 의무론에 비추어 인간 존중의 원리이다. 하지만 이 원리를 놓고 인간의 자유를 관념적으로 해석해서는 안 된다. 현실에서 파악되는 구체적인 선택에 대하여 제한이 가해지는가를 인간 존중의 원리에 비추어 면밀하게 살펴보아야 한다. 둘째, 타인의 복리 증진이라는 공리주의 원리도 황금률을 적용할 수 있을 때만 한정됨에 유의해야 한다. 보다 구체적으로 간섭자가 간섭을 당하는 사람의 처지를 가역적으로 추론할 수 있어야 한다. [플643-644]

권위적 간섭주의에 관한 진술 중 타당한 것을 모두 고르시오.

① 권위적 간섭주의는 이른바 경륜론(經綸論)에 비추어 일부 허용될 수 있다.

② 권위적 간섭주의는 일차적으로 권리주체로서 아동에 대한 부정에서 출발한다.

③ 성인의 기준에 따른 아동에 대한 간섭은 성인의 다른 성인에 대한 간섭이 부당한 것만큼 부당하다.

④ 매사에 간섭을 할 역량을 지닌 권위적 간섭주의자(paternalist)는 이 세상에 존재하지 않는다.

⑤ 권위적 간섭주의는 정치적으로 전체주의를 몰고 올 수 있으며, 우

상승배를 낳는 도구가 될 가능성이 크다.

& 모두 옳은 진술이다. [플644-645]

정답: ①, ②, ③, ④, ⑤

‘의무교육’의 뜻을 정리해 보시오.

& 영어로 의무교육은 ‘compulsory education’이다. 여기서 ‘compulsory’는 명사 ‘compulsion’의 형용사이다. 이 용어의 의미는 마땅히 수행해야 한다는 뜻의 ‘의무’를 포함하지만, 강압이라는 뜻은 포함하지 않는다. 마땅히 수행해야 할 당위성을 제외한 채 강압만을 뜻하는 용어는 ‘cohesion’이 있다. 이 말은 본인의 의사나 선의 그리고 마땅히 수행해야 할 당위성을 배제한 채 강요의 뜻을 포함한다. 따라서 우리는 ‘compulsion’과 ‘cohesion’의 차이를 유념할 필요가 있다.

물론 ‘compulsion’에도 자유를 제한한다는 뜻은 포함하고 있다. 그런 의미에서 의무교육은 자유의 제한이다. 그러면 어떤 자유를 제한하는 것인가가 쟁점이 된다. 앞서 살펴본 분석의 틀을 통해 보면, 일차적으로 의무교육은 정해진 교육을 수행해야 한다는 측면에서 제약을 가하는 것이므로, 제약이 없다는 Y(Y)에 어긋난다. 의무교육이 정한 의무교육과정(compulsory curriculum) 이외에 다른 활동을 선택할 수 없으므로, 선택을 제한하여 Y(Z)에 어긋난다. 이 점에서 의무교육은 아동의 자유를 제한하는 것임에는 틀림없다. 하지만 자유를 제한하는 의무교육을 많은 나라에서 수용하는 이유는 무엇인가. 많은 선진국가들이 무상의무교육을 확대 시행하는 이유는 보편적 필요의 충족에 있다. [증211-220] [플646-647]

의무교육에 관한 진술 중 타당한 것을 모두 고르시오.

① 교육권은 일차적으로 무상의무교육을 받을 권리를 가리킨다.

② 의무교육을 받을 권리는 보편적인 복지권이다.

③ 무상의무교육은 세계인권선언, 아동권리협약, 우리 헌법 등에 명기되어 있다.

④ 학습권은 공교육 체제에서 시행되는 무상의무교육에 대한 일종의 자유권적 저항권이다.

⑤ 무상의무교육은 모든 사람이 무지라는 결핍에서 벗어나야 한다는 보편적인 필요를 충족시킨다.

& 모두 옳은 진술이다. **[증211-220] [플647-648]**

정답: ①, ②, ③, ④, ⑤

의무교육과 자유의 제한에 관한 진술 중 타당한 것을 모두 고르시오.

① 의무교육은 '무지'라는 장애로부터 벗어나게 한다는 점에서 분석틀로 보면 Y(Y)에 해당한다.

② 의무교육은 현재와 미래 이익을 위하여 장애를 벗어나게 한다는 점에서 X(Z)와 관련을 맺는다.

③ 의무교육은 필수교육과정(compulsory curriculum)을 포함하므로 선택을 제한하는 측면이 있다.

④ 탈학교론(deschooling)은 자기결정을 존중하는 분석 틀 X(Y)와 관련이 있다.

⑤ 의무교육은 자유의 제한에도 불구하고 정책적으로는 이웃효과(neighborhood effect)를 발휘한다.

& 모두 옳은 진술이다. **[증211-220] [플648-650]**

정답: ①, ②, ③, ④, ⑤

의무교육과 자유주의와 관련된 진술 중 타당한 것을 모두 고르시오.

① 진보적 자유주의 또는 진보적 민주주의의 입장은 사회구성원이 공유하는 공동선을 추구하기 위하여 의무교육으로 인한 자유의 제약에 대체로 찬성한다.

② 고전적 자유주의 또는 방어적 민주주의(protective democracy)의 입장은 개인의 의무교육을 통한 자유의 제한을 지지한다.

③ 자유지상주의(libertarianism)에서 보면 개인의 선택을 존중하고 국가와 공공기관의 개입이 축소되어야 한다는 점에서 의무교육을 반대한다.

④ 의무교육이 제한하는 자유가 자유민주주의 헌법에서 위헌 소지를 불러일으켜서는 안 된다.

⑤ 의무교육이 필요한 사람(자녀)에게만 실시하는 보호주의(protectionism) 교육정책으로 이해되어서는 안 된다.

모두 옳은 진술이다. **[플651-653]**

정답: ①, ②, ③, ④, ⑤

의무교육과 학교선택 간의 관계를 간략하게 정리하시오.

학교선택권은 헌법에 명시된 기본권이다. 따라서 학교선택권을 제한하는 것은 곧 기본권을 제한하는 것이다. 이에 대하여 여러 가지 이질적인 교육적 효과를 내세우면서 찬반 논의가 이어진다.

'자유'는 '선택'을 전제로 성립한다. '선택에 제약이 없어야만', 그런 조건 아래서 '자유롭다'고 할 수 있다. '선택에 제한이 따르지 않아야 할' 상황이 자유의 논리적 조건이라면, 그 선택이 실질적으로 일어날 수 있는 실제적 조건이 요구된다. 그것은 개인이 실질적으로 선택을 할 수 있도록 하는 '다양한 선택지'가 전제되어야 한다. 한 가지 품종을 놓고서 선택하라고 한다든지, 구내식당의 단일

메뉴를 놓고서 선택하라고 한다면 그것은 말장난에 불과하다. '선택'이 '자유'의 제1조건이면 '다양성'은 제2조건이다.

구체적인 상황에서 제약 없는 '선택'과 '다양한 선택지'가 없으면 그것은 자유라고 할 수 없다. 따라서 천부적인 권리인 '자유'를 향유한다는 것은 자발적인 선택과 다양한 선택지가 전제되어야 한다. 이것이 되어 있는가 아닌가의 차이가 바로 '자유민주주의'와 '사회민주주의'의 차이이다.

자유민주주의의 핵심인 '자유'의 개념은 학교선택을 정당화하는 논거이다. 이를 구체적으로 말하자면, 학생과 학부모가 스스로 학교를 선택한다는 것은 자신의 천부적 권리를 실질적으로 행사하는가의 여부를 가늠하는 기준이다. 그리고 학교선택이 가능하려면, 다양한 형태의 학교가 존재해야 한다. 여기서 '다양한 형태의 학교'라고 하는 것은 학교설립 주체별 차이(국립, 공립, 사립), '학교의 형태'를 나타내는 학교의 종류(인문계, 실업계, 예술계, 체육계 학교 등)도 포함하지만, 같은 형태의 학교에서도 단위학교 나름대로 독특한 교육목적과 프로그램을 설치 운영하는 학교가 존재하는 것을 의미한다. 개인의 입장에서 보면, 같은 인문계 고등학교에서도 자신의 소질과 능력, 그리고 장래 희망 등을 고려하여 그에 적합한 학교가 존재해야 한다. 이렇게 다양한 학교가 존재하면 다양한 학교에 속해 있는 교사의 자질이나 공과도 다양하게 공급될 수밖에 없다. 그러면 학생과 학부모의 선택지는 더 많아진다. 즉 '선택'과 '다양성'은 상호 시너지 효과를 내는 셈이다.

이상의 논의만으로 학교선택의 중요성은 충분히 확인할 수 있다. 그러나 평준화 정책은 이렇게 중요한 학교선택을 원천적으로 봉쇄하고 있다. 구체적으로 학생과 학부모에게 학교선택권을, 학교의 측면에서는 학생선발권을 원천적으로 박탈 또는 제한하고 있다. 평준화 정책이 선택을 할 수 없는 상황을 만들어 놓으니 교육이 다양화되지 못하는 것은 당연하다. 한 마디로 획일화된 교육의 근원은 선택권을 박탈한 평준화 정책에 있다. **[플653-657]** 본서 제9장 참조.

이 문제에 관련하여 다음 문헌을 소개한다. 이하 논의와 관련하여 참고하기 바란다.

- 이석연, 2002, 현 고교평준화제도의 위헌성, 자유기업포럼(미간행물).
- 김정래, 2002, 고교평준화정책 논쟁과 자립형 사립고 도입, 한국교육개발원 편, 2001 **한국교육평론**, 한국교육개발원.
- 김정래, 2009, **고혹 평준화 해부**, 서울: 한국경제연구원.

학교선택에 관한 진술 중 타당한 것을 모두 고르시오.

① 학교선택권은 구체적으로 학생을 대리하는 학부모에게 실질적인 학교선택을 할 권리를 말한다.

② 학교선택은 학부모의 참여기회 확대, 학교교육의 특성화, 교육의 질 제고, 교육기회의 확대 등의 효과가 있다.

③ 학교선택권의 강화는 학부모의 책임을, 단위학교에는 자율과 함께 교육성과를 나타내는 책무성을 묻기 위한 것이다.

④ 학교선택권이 중요한 만큼 각 단위학교의 학생선발권도 보장되어야 한다.

⑤ '평준화'는 '학교선택'의 반대이고, 그 역도 성립한다.

모두 타당한 진술이다. **[플657-658]**

정답: ①, ②, ③, ④, ⑤

학교선택이 지니는 장점을 정리하시오.

대략 다음과 같은 점을 들 수 있다.

첫째, 학교선택은 개인의 다양한 교육 욕구를 충족시킬 수 있다.

둘째, 개인의 교육 욕구를 충족시킨다는 것은 결과적으로 교육성과를 높일 수 있다.

셋째, 학교선택은 교육의 독과점을 방지하여 책무성을 제고할 수 있다.

넷째, 학교선택은 학교 간의 경쟁을 유도한다.

다섯째, 학교선택은 교육기회가 적은 빈곤계층의 선택기회를 확충함으로써 기회균등에 공헌한다. [플658]

학교선택 및 평준화 문제의 관계를 정리하시오.

& 학교선택제가 지니는 특징을 뒤집으면 그것이 바로 평준화 정책을 지지하는 논거가 된다. 이미 식상하리만치 많은 논의가 이루어져 있으므로 여기서 다시 상론하지 않는다. 논점만 간략하게 소개한다.

- 선택권의 침해 = 기본권 침해로 인한 위헌 소지
- 사학의 건학이념과 자율성 침해
- 국가보조금 지급으로 인한 사학의 기생심리 조장
- 재정결함보조금 지급으로 인한 국가재정 손실과 교육재정 악화
- 고등학교 학생들의 능력별 수업지도 실패
- 당초 내세운 정책 목표의 실패
  - 중학교 교육 정상화 실패 = 거의 모든 대부분의 중학생은 여전히 과외교습이나 사설 학원에서 수업을 받는다.
  - 지역 간 학력 격차 해소 = 지역 간 학력 간 심화 및 위화감 조성
  - 학생의 평준화 = 이 말 자체가 개개 학생의 개성을 말살한다는 기본권 침해
  - 교원의 평준화 = 교육의 수월성 추구의 핵심인 교사의 역량 증진 원천 봉쇄
  - 시설의 평준화 = 재정 부담의 증대; 과밀한 도시지역은 시설 확장이 어려움.

앞서 소개한 평준화 관련 문헌 참조. [플658-672] 본서 제9장 참조.

교육이 민주적인가와 관련하여 다음의 세 가지 경우를 생각해볼 수 있다. 이 경우에 해당되는 사례가 제대로 짝지어진 것을 모두 고르시오.

> A = 사회 전반에 있어서 교육제도와 정책의 민주적 절차에 따라 운영되고 있는가.
> B = 학교에서 가르치는 내용과 방법이 민주적인가.
> C = 학교 운영이 민주적 절차를 따르고 있는가.

① 학급 대표의 선출 및 학교 청소 등 질서유지 분담 — C

② 학교장의 담임배정에 관한 권한 — C

③ 중등학생의 모의재판을 통한 학습 — B

④ 교사의 법적 권한에 관한 규정과 운영 — A

⑤ 교육감, 교육 관료의 선발과정 — A

& 학급 대표의 선출 및 학교 청소 등 질서유지 분담에 관한 사항은 교육내용과 방법이 민주적인가의 문제이다. 특히 B는 학교 전반의 운영보다 교사의 권한에 의존하는 영역이다. **[플618]**

정답: ②, ③, ④, ⑤

교육과 민주적 운영의 관계는 다음 문헌을 참조하라.
Chamberlin, R., 1989, *Free Children and Democratic Schools,* 김정래 역, 2015, **아동의 자유와 민주주의**, 서울: 박영사, 제10장.

5

아동 현실의 이해

Ⅰ. 사고실험

이 절에서는 인간의 기본권을 중심으로 한 권리문제를 가상적인 위급상황과 딜레마 상황에 어떻게 해결하고 권리에 관한 일반원리를 적용할 것인지를 검토해 보기로 한다.

※ 영화 타이타닉을 보면 침몰하는 배에서 누구를 구출해야 하는가 하는 문제가 쟁점입니다. 이와 비슷한 상황을 설정한 다른 영화에서도 누구를 구출해야 하는가는 매우 중요한 문제입니다. 그것은 바로 공정을 핵심으로 하는 사회정의와 인간의 존엄성을 우선적으로 고려하는 권리문제가 전제되어 있기 때문입니다. 이를 편의상 '난파선'의 경우라고 설정하고 생각해 보기로 하겠습니다. 그리고 누구를 구출할 것인가를 결정하는 데 요구되는 논거가 있습니다. 그러한 논거를 따져보는 것을 '사고실험'이라고 하겠습니다.

향후 논의를 위하여 설정한 가장 기본적인 틀은 다음과 같습니다.

> 난파선에 10명의 사람이 있는데, 구명정은 9명만 태울 수 있다. 10명 중 성인 남자 3명, 성인 여자 3명, 노인 1명, 환자 1명, 남녀 어린이 2명이 타고 있다. 이 경우 누구를 태우고 누구를 제외시켜야 하는가. 구명정에 태우지 못할 사람은 누가 되어야 하며, 그 결정 방법은 무엇인가.

사고실험에 앞서 우리는 사회적 문제를 결정하는 기준을 기존 윤리학에서 찾을 수 있습니다. 여러 가지 윤리학적 논거가 있지만, 논의의 편의상 다음 다섯 가지로 대별하기로 합니다. 다섯 가지 논거를 간략하게 설명해 보시오.

> (1) 공리주의
> (2) 의무론(칸트 윤리학)
> (3) 롤스의 정의론
> (4) 생명중심주의(생명윤리; 생태윤리)
> (5) 권리기반이론

& 첫째, 공리주의는 행위의 결과가 행위의 옳고 그름(正邪)을 결정하는 결과주의이다. 결과주의와 함께 공리주의의 또 다른 특징은 행복과 쾌락의 증진을 목적으로 한다는 점에서 쾌락주의이다. 즉 공리주의는 쾌락의 극대화를 목적으로 한다. 또한 공리주의는 사회원리로서 '최대다수의 최대행복'을 지향한다. 즉 전체적으로 사회차원의 쾌락 총량 증가에 관심을 가진다. 그렇다고 해서 공리주의가 전체주의를 지향하고 개인의 가치를 묵살한다는 뜻이 아니다. 최대다수의 최대행복은 사회구성원 개개인의 효용 증가의 관심을 가진다. 한 마디로 공리주의는 효용성(utility) 증가에 관심을 둔 학설이다.

둘째, 칸트의 의무론은 행위의 결과보다는 동기 또는 추구되는 목적(의지)을 중시하는 동기주의이다. 의무론이라는 명칭은 보편적인 도덕률 존중을 인간의 의무로 한다는 뜻에서 비롯된 것이다. 의무론에서 최고의 가치는 인간존엄성에 있고, 이를 실현하기 위하여 황금률(Golden Rule)과 보편화 가능성(universalizability)을 적용한다.

셋째, 롤스(Rawls)의 정의 이론은 앞의 두 가지 윤리학인 결과주의와 의무론이 결합한 형태이다. 롤스는 자신의 정의 원리를 두 가지로 설정하였다. 하나는 자유 우선의 원리로 흔히 제1원칙이라고 한다. 이 원리는 사회 전체 이익 명분으로 개인의 자유와 권리를 침해하거나 훼손할 수 없다는 것이다. 칸트의 의무론에 토대를 둔 것이다. 다른 하나는 차별의 원리로서 흔히 제2원칙이라고 한다. 이 원리는 공정한 분배 달성을 위하여 차별(또는 불평등)을 허용해야 한다는 것이다. 기본적으로 결과주의를 강조하는 공리주의에 토대를 둔 것이다. 최소자의 최대 수혜의 원칙(maximin 원칙)은 여기서 나온다. 무엇보다도 롤스의 정의 이론은 사회계약론의 전통을 이어받고 있다. '무지의 베일(veil of ignorance)'이나 '원초적 지위(original position)'는 여기서 비롯된 것이다.

넷째, 생명윤리, 생태윤리를 바탕으로 한 생명중심주의가 있다. 생태주의라고도 하지만, 엄밀히 각각 약간의 차이가 있는 개념들이다. 이 이론은 생태, 생명존중을 우선으로 한다. 생명의 존중은 칸트의 의무론에서 영향을 받았지만, 생명존중의 원리가 칸트의 윤리학처럼 인간에게 집중되지 않고 모든 생명체 그리고 나아가서 모든 생태계로 확대 적용된다. 동물학대 방지, 동물실험 반대는 이 주장에 근거한다.

다섯째, 권리기반이론은 의무기반[의무론], 결과기반[공리주의]보다는 인간의 권리를 우선시하는 학설이다. 앞서 권리 이론에서 소개한 자격설의 토대가 된다. 모든 인간의 '도덕적 평등'을 중요시

한다. 드워킨(Ronald Dworkin)이 이 이론을 대표하는 인물이다. **[플425-427]**

다음 진술 중 타당하지 않은 것을 모두 고르시오.

① 권리기반이론은 권리주체로서 아동의 의미를 설명하는 결정적인 논거가 된다.

② 공리주의는 동기주의, 의무론은 결과주의이다.

③ 인간의 존엄성을 중시한다는 점에서 의무론과 권리기반이론은 공통적이다.

④ 롤스의 정의 이론은 공리주의를 전적으로 부정한다.

⑤ 생태윤리, 생명윤리는 동물권 성립의 기반을 제공한다.

& 공리주의는 결과주의, 의무론은 동기주의이다. 롤스의 정의 이론은 공리주의를 발전적으로 수용한다. **[플426-427]**

정답: ②, ④

다음 진술 중 맞는 것을 모두 고르시오.

① 공리주의는 인간 존엄성을 경시한다.

② 공리주의는 행위자적 관점을 전적으로 무시한다.

③ 롤스의 정의 이론은 결과주의와 의무론의 결합한 형태이다.

④ 보편화가능성은 의무론의 특징을 잘 설명해준다.

⑤ 권리이론 중 자격설은 의무론에 근거한다.

& 인간존엄성은 모든 윤리학이 존중한다. 공리주의적 판단이 관찰자적 관점을 중시하지만, 행위자의 입장을 무시하는 것은 아니다. 권리이론 중 자격설은 권리기반이론에 근거한다. **[플426]**

정답: ③, ④

권리기반이론이 기존 전통 윤리이론에 비하여 어떻게 다른지 간략하게 설명하시오.

& 전통적 윤리이론인 공리주의와 칸트 윤리학(의무론적 윤리학)은 궁극적으로 모두 윤리적 행위를 수행해야 한다는 의무에 초점이 맞추어져 있다. 공리주의는 쾌락의 최대 증진을 위한 행동이 무엇인가를 따지고 이를 의무로 삼는다는 뜻이다. 반면에 칸트 윤리학은 행위의 근거 자체를 의무에서 찾는다. 즉 의무를 수행해야 하는 이유는 다름 아닌 인간존엄성(human dignity)에 있다.

같은 맥락에서 롤스의 정의 이론도 원초적 지위나 무지의 베일을 통해서 이루어지는 사회적 합의를 준수하도록 하는 의무를 규정하는 것으로 볼 수 있다. 생명윤리이론도 생명 존중의 대전제 아래 동물학대 방지, 동물실험 반대 등의 행동윤리를 일종의 의무로 규정하고 있다.

반면에 권리기반이론은 기존 윤리학이 의무에 초점을 맞춘 경우 윤리적으로 고려할 수 없는 내용이나 상황이 있다는 것이다. 이를 고려해야 한다는 주장이다. 물론 이 이론이 기존의 윤리적 의무를 모두 부정한다는 뜻으로 해석해서는 안 된다. 하지만 윤리적 고려의 초점이 권리에 맞추어져야 한다는 점에서 기존 윤리학과 판이하다. 이를테면 드워킨이 권리를 중시하는 이유는 칸트와 마찬가지로 인간의 존엄성 때문이다. 그러나 오히려 인간존엄성으로 인하여 현실에서 어떤 사람의 삶은 참으로 비참하게 전개되기도 한다. 예컨대, 안락사의 경우를 보자. 인간의 생명은 존엄하므로 생명이 붙어있는 중환자의 안락사를 허용할 근거가 마땅하지 않다. 그러나 환자의 존엄성 측면에서 보면 안락사를 찬성할 근거가 마련된다. 해당 환자가 어떤 삶을 자신의 가장 가치 있는 삶으로 판단할 것인가를 살펴볼 필요가 있다. 이는 그의 양도할 수 없는 권리이다. 이 권리를 놓고 그에게 생명존중이나 인간존엄의 의무를 언급하는 것은 어떤 면에서 보면 무의미하다. 결국 안락사를 하는가 여부는 해당 환자가 결정할 수밖에 없다. 인간 존엄의 문제는 개인의 삶의 진실성(integrity)과 관계할 수밖에 없는데, 각 개인이 어떤 삶을 좋은 삶으로 보는지는 스스로에게 달려 있으며, 이는 양도할 수 없는 개인의 권리이기 때문이다. 이것이 권리기반이론의 입장이다.

이 이론은 아동권리 이론에도 상당한 근거를 제공한다. 권리주체로서 아동이라는 관점을 성립시켜준다. **[증121-158] [플105-115]** 우리가 아동을 권리주체로 본다는 것은 아동에게 사회적 제약이나 의무 이행을 전제하는 일체의 이론에 대하여 권리를 향유하고 행사하는 주체로서 입지를 공고하게 해준다는 뜻이다.

로널드 드워킨(Ronald Dworkin, 1931~2013): 미국의 법리학자, 철학자. 그의 권리이론은 모든 사람이 동등한 관심과 존중을 받아야 한다는 평등관에서 비롯된다. 그의 권리이론은 다양한 측면에서 많은 논쟁을 불러일으켰다. 하지만 대부분의 논의가 정치학과 철학의 심층적이고 정밀한 내용을 바탕으로 하고 있어 세심한 주의와 집중력을 요한다. 핵심 논점은 이제까지 권리이론이 기존의 윤리학을 전제로 한 데 대하여 드워킨은 반기를 들었다는 데 있다. 의무론과 공리주의는 각기 다른 방향에서 주장을 하는 것 같아도 결국 지향하는 바가 도덕적 의무를 정당화하는 데 있다면, 드워킨은 궁극적인 관심이 개인의 권리에 있다고 주장한다. 이 점에서 개인의 권리는 개인이 보유한 비장의 카드이다. 그의 주장을 드러내는 유명한 'rights as trump'는 이러한 점을 잘 설명한다. 권리기반이론(rights-based theory)이라는 용어도 이에 근거한다.

그의 주요 저서는 다음과 같다.

- *Taking Rights Seriously*. Cambridge, Massachusetts: Harvard University Press, 1977.
- *A Matter of Principle*. Cambridge, Massachusetts: Harvard University Press, 1985.
- *Law's Empire*. Cambridge, Massachusetts: Harvard University Press, 1986.
- *Freedom's Law: The Moral Reading of the American Constitution*. Cambridge, Massachusetts: Harvard University Press, 1996.

- *Sovereign Virtue: The Theory and Practice of Equality.* Cambridge, Massachusetts: Harvard University Press, 2000.

权 권리 주체로서 아동을 잘 뒷받침하는 이론적 기반을 고르시오.

① 공리주의　　② 의무론
③ 롤스의 정의 이론　　④ 생태윤리
⑤ 권리기반이론

& 행위자 관점에서 권리를 우선시해야만 아동의 권리주체로서 대접받을 수 있다. [플427]

정답: ⑤

낙태 문제를 공리주의와 의무론의 두 가지 윤리적 관점에서 찬반논의를 정리해 보시오.

& 이 문제는 워낙 방대한 양의 논의를 가져온다. 낙태(abortion)라는 의술행위를 중심으로 하지만, 쟁점 사안이 다양하기 때문이다. 그래서 논점은 두 가지에 초점을 맞출 필요가 있다. 하나는 태아를 생명으로 보고 이를 중심으로 낙태 문제를 다루는 것이다. 다른 하나는 산모 또는 임신한 사람의 권리를 중심으로 낙태 문제를 다루는 것이다.

얼핏 보면 두 가지 논점은 모두 칸트 윤리학에 따라 설명할 수도 있다. 칸트의 의무론적 윤리학에 따라 전자는 태아를 생명으로 보고 생명의 존엄성을 내세울 것이고, 반면에 후자는 산모의 존엄성을 내세울 것이다. 여기서 산모의 존엄성은 생명 자체의 존엄성이라기보다는 자신의 삶의 존엄성을 가리킨다.

공리주의 입장에서는 낙태라는 행위의 결과가 행복을 증진시키는가에 따라 판단을 내릴 것이다. 일견 낙태에 찬성할 것으로 보인다. 적어도 해당 여성의 임신이 원하지 않은 상황에서 이루어진 것이라면 낙태에 찬성할 것으로 보인다. 하지만 낙태라는 '잔인한 행위'가 궁극적으로 인류 전체의 행복을 증진시키는가 하는 데에는 이견이 따른다. 실제로 공리주의는 여러 분파가 있는 만큼 이에 대한 판단이 다를 수 있다. 이를테면 규칙공리주의는 생명존중이라는 규칙의 준수가 인류 행복을 증진시킨다고 볼 수 있으므로 낙태에 대하여 반대 입장을 표명할 수도 있다.

윤리학적 논의를 전개하려면 공리주의와 의무론의 개요와 논점을 파악할 필요가 있다. 우리나라에 여러 가지 개론서와 교재용 소개서가 나와 있으므로 독자 나름의 관점에 따라 선택할 수 있을 것이다. 다만, 공리주의와 의무론을 비롯한 제 윤리학적 입장을 이해하는 데에는 다음 서적이 도움을 줄 것으로 믿는다.

- Rachels, J., 1986, *The Elements of Moral Philosophy*, 김기순 역, 1989, **도덕철학**, 서울: 서광사.
- Mackie, J., 1977, *Ethics: Inventing Right and Wrong*, 진교훈 역, 1990, **윤리학**, 서울: 서광사.
- Frankena, W. K., 1989, *Ethics*, 황경식 역, 2003, **윤리학**, 서울: 철학과 현실사.

무엇보다도 우리나라 저술로는 석학 김태길 교수의 저서가 빠질 수 없다. 우리나라에 소개된 윤리학 이론이 우리의 시각에 맞게 잘 설명되고 정합적으로 조직되어 있는 역작이다.

- 김태길, 2006, **윤리학**, 박영사. (초판은 1963년에 세상에 나왔다. 이후 증보판이 1980년에, 개정판은 1987년에 출간되었다.)

이 책 제1부에서 공리주의는 자연주의 윤리학의 일부로, 칸트 의무론은 직관주의(직각론적) 윤리학의 일부로 소개되어 있다. 참고로 자연주의 윤리학에 공리주의 선구인 흄(David Hume)의 윤리학을 담았고, 직관주의 윤리학에는 프라이스(Richard Price)의 이론을 함께 소개한다. 제2부에서는 20세기 윤리학을 현대윤리학이라는 제하에 소개하고 있다. 제1부와 마찬가지로 20세기 윤리학도 자연주의 윤리학(페리와 듀이)과 직관주의 윤리학(무어와 로스)으로 분류하고 이에 분석철학에 입각한 윤리학으로 이모티비즘과 일상언어학파의 윤리학을 소개하고 있다. 다만 이 책의 출간 시점에 비추어보면, 권리기반이론, 생태윤리학, 생명윤리학 등이 제외되었던 것을 저자의 단점이라고 할 수 없다.

특정한 동물에게 고통을 수반하는 동물실험의 경우 어느 학설이 반대하는지를 모두 고르시오.

① 공리주의 ② 의무론

③ 롤스(Rawls) 정의론 ④ 생명중심윤리

⑤ 권리기반이론

& 위의 학설 중 의무론을 제외한 학설이 동물실험을 반대할 것으로 보인다. 왜냐하면 공리주의는 쾌락이 아니라 고통이 수반된다는 점에서 반대할 것이지만, 의무론은 인간의 존엄성을 위하여 동물의 희생을 찬성할 것이다. 그러나 의무론의 경우에도 잔인하게 동물을 다루는 등 인간의 존엄성을 해치는 경우에는 반대할 것이다. 그리고 공리주의의 경우에도 동물이 겪는 고통보다 그로 인하여 얻는 인간의 쾌락이 획기적으로 증가시키는 경우에는 별도의 답을 고려할 수 있다. 그러나 원칙적으로 본다면 의무론은 동물실험을 찬성하는 입장이다. **[플425-427]**

정답: ①, ③, ④, ⑤

사회정의 문제를 다룰 때 흔히 난파선의 경우를 예시로 듭니다. 여기서도 난파선의 경우를 살펴보기로 합니다.

난파선에 10명의 사람이 있는데, 구명정은 9명만 태울 수 있습니다. 10명 중 성인 남자 3명, 성인 여자 3명, 노인 1명, 환자 1명, 남녀 어린이 2명이 타고 있습니다.

& 우선 앞서 소개한 다섯 가지 윤리적 입장에서 여러 가지 경우를 생각해볼 수 있으나, 이제 독자들은 각자의 의견을 먼저 개진해 볼 필요가 있다. [플427-433] 자신의 견해와 이를 뒷받침하는 이유를 아래에 일단 적어보고 다음 논의를 진전시켜 보기로 한다. 그에 앞서 우리가 흔히 받아들이는 사회 통념상 순서를 생각해 본다.

사회 통념상 대개 다음과 같은 순위를 정해 생각해 봅시다.

[어린이 또는 환자 → 노인 → 성인 여자 → 성인 남자]

& 사회통념상 순서의 정당성을 살펴볼 필요가 있다. 많은 사람들이 사회통념상 순서를 따르면 누구도 불만이 없을 것이다. 그러나 과연 그럴까. 하지만 여러분이 생각한 것과 다르다면 그것이 무엇인지를 생각해 보아야 한다. 아울러 위의 통상적인 우선순위를 매기는 이유가 무엇인지도 생각해 보아야 한다. 결론처럼 보이는 말이지만, 이 사회통념상 순서는 어느 학설에 비추어도 그 정당화 근거를 찾기가 쉽지 않다. [플428-430]

다음 진술 중 제비뽑기에 관하여 타당하지 않은 것을 고르시오.

① 사회적 통념상 수용되는 원리이다.

② 위급한 상황에서 불가피한 대안으로 받아들일 수 있다.

③ 엄밀한 의미에서 윤리적 판단이나 사회적 결정을 할 경우 수용하기 어렵다.

④ 결정이 미치는 대상자들의 권리가 심하게 침해되고 훼손된다.

⑤ 모든 조건이 같다는 전제 아래 부득이하게 수용할 수 있는 방법이다.

& 사회적 통념상 수용한 것이 아니라 부득이한 경우에 수용된다. [플

427-428]

정답: ①

이른바 '사회통념상 순서'에 관한 진술 중 타당한 것을 모두 고르시오.

① 어느 윤리학 관점에서도 정당화되기 어렵다.

② 사회적 관습에 따라 굳어진 순서이다.

③ 위급한 상황에서 불가피한 대안으로 받아들일 수 있다.

④ 인간존엄성 측면에서 정당화될 수 없다.

⑤ 공리주의 관점에서 정당화된다.

& 공리주의 관점에서도 정당화될 수 없다. [플428-430]

정답: ①, ②, ③, ④

이와 같이 사회통념상 순서로 결정한다고 했을 경우 이것이 과연 인간존엄성 측면에서 문제가 없는지를 공리주의와 칸트 윤리학의 측면에서 살펴보시오.

& 칸트의 의무설에 따르면, 인간 존엄성에 대한 비교 우위적인 가치를 부여할 수 없다. 다만 어느 누군가를 선정했을 경우 그것이 사회적 합의를 도출해낼 수 있는지를 가늠할 수는 있다. 이를테면 어린이와 환자 같은 약자를 구조하지 않을 경우에는 일종의 선택의 잔인성이 문제될 수 있다. 그러나 칸트 윤리학은 문제 해결이 잔인성과 같은 도덕 감정보다는 냉철한 이성에 근거해야 한다고 본다. 그러니까 결국 칸트 윤리학의 입장에서 보면 사회 통념상 인정된 순서가 인간 존엄성을 훼손하지 않았는가에 달려 있다. 이 관점에서도 이의를 제기할 수 있다. 사회통념이나 사회적 관습에 따른 결정이 이성적이지 못한 경우가 많기 때문이다. 이러한 여러 가지를 고려할 때 칸트 윤리학이 명쾌한 해답을 준다고 볼 수 없다.

다음으로 공리주의의 관점에서 보자. 우선 연령을 기준으로 보면, 성인 남자가 환자나 노인, 그리고 어린이에 비하여 사회적 효용성이 떨어진다고 판단할 근거가 없다. 그러니까 공리주의에 비추어 보면, 위의 '사회 통념상 순서'는 정당화되기 어렵다. 오히려 성인 남자가 가장 먼저 구제되어야 한다. 이를 세부적으로 살펴보기로 한다.

만약 어린이가 성인 남자보다 살아갈 날이 많이 남았으니, 어린이를 구명정에 먼저 구해야 한다고 하는 경우를 보자. 이 경우는 성인 남자가 노인보다 살아갈 날이 많으니 노인을 구하지 말아야 한다는 반론에 부딪히게 되어 성립할 수 없다. 그 다음으로 경로사상 내지는 노인 우대를 원칙으로 세운다면, 그것은 공리주의 원리에 별로 부합하지 않는다. 만약 환자 또는 노인을 구명정에 태우지 않는 경우라면 공리주의 원리에 부합하므로 환자 또는 노인을 구하지 말자는 주장을 할지도 모른다. 그러나 약자를 보호하지 않는 것이 과연 공리주의 원리에 부합한다는 주장에 공리주의자들은 결코 동의하지 않을 것이다.

또한 성인 남자 대신에 성인 여자를 구명정에 태우지 말아야 한다는 주장에 대하여 살펴보자. 왜 여자 대신에 남자가 희생되어야 하는가. 이에 대한 답은 여러 가지가 있을 수 있다. 우선 과거 여성이 성적으로 차별받은 데 대한 보상이다. 이 점에서 성인 남자의 희생이 정당화될 수 있을지도 모른다. 그러나 그것은 한 세기 이전 또는 난파선에 탑승한 남녀 당사자의 부모 이전 세대에서 벌어진 일이기 때문에 당사자인 성인 남녀가 그 책임을 짊어져야 할 필요는 없다는 반론에 부딪힌다. 사회적 효율의 측면에서 성인 남자를 구해야 한다고 주장할 수도 있다. 그러나 사회적 효율성 측면에서 남성이 앞선다는 주장도 설득력을 얻기 어렵다. 사회의 여러 분야에서 여성이 성과와 효율성 면에서 두각을 나타내는 사례는 흔히 찾아볼 수 있기 때문이다. 구명정 승선 결정의 경우 성인 남자냐

성인 여자냐를 정하는 문제는 오히려 성차별 논란만을 야기한다. 이상의 검토를 통해서 우리는 '어린이 또는 환자 → 노인 → 성인 여자 → 성인 남자'라는 사회 통념상의 순서를 정당화할 근거를 찾기가 매우 어렵다. [플428-430]

그럼에도 불구하고 사회통념상 순서에 따라 구조하고 결국 성인 남자 1명이 난파선에 남도록 결정되었습니다. 이제 성인 남자 1명을 선정해야 합니다. 누구를 선정해야 하는지, 그리고 그 이유를 생각해 보아야 합니다. 어떻게 결정해야 할까요. 논의를 위하여 성인 남자 3명은 백만장자, 재주 많고 건장한 남자, 스님으로 구성되어 있습니다.

& 사회통념상 순서가 정당화될 수 있는지 여러 가지 입장에서 고려해 볼 수 있다. [플430-433]

가장 생각하기 쉬운 방법은 제비뽑기에 따라 결정하는 방법이다. 제비뽑기 방식이 나름대로 성립근거가 약하지만, 상황의 시급성에 비추어 그렇게 결정했다는 전제 아래 각 경우를 살펴보아야 한다. 첫째, 백만장자가 선정된 경우를 살펴보자. 백만장자가 희생되어야 하는 이유를 생각해 보자. 백만장자는 이미 세상의 경제적 풍요를 이미 많이 누린 사람이므로 다른 사람에게 그 생명을 양보해도 좋다고 주장할 수 있는가. 아니면 백만장자는 다른 사람들이 사회적 약자이므로 그들에게 양보해야 한다고 주장할 수 있는가. 어느 경우에도 백만장자가 희생해야 할 타당한 이유를 찾기 매우 어렵다. 반대로 백만장자가 자신이 살아야만 한다고 주장한다면, 그가 내세울 수 있는 이유를 생각해 보자. 우선 공리주의 입장에서 그는 자신의 재산을 통하여 사회적 기여를 누구보다도 많이 할 수 있다고 주장할 수 있다. 만약 자신이 살아남는다면 자신의 재산을 가지고 살아남은 다른 사람들에게 여러 가지 사회경제적인 혜택을 주겠다고 한다면 그의 주장은 정당화될 수 있는가. 많은 사람들이 이에 동의하기는 어려울 것이다. 여기서 우리 사회에 불합리하게 퍼져 있는 재벌 혐오감을 언급하는 것이 아니다. 다만 재산을 통한 사회적 기여도가 여러 가지 측면에서 매우 존중되어야 한다고 본다. 그리고 부자들의 기여도에 따라 사회적 존경과 칭송도 마땅히 받아야 한다고 생각한다. 하지만 수긍하기 어려운 점은 재산을 통한 사회적 기여도가 인간 존엄성을 대체할 만한 가치를 지녔다고 할 수 없다는 점이다.

결론적으로 백만장자를 구명정에 태우거나 태우지 못하는 어느 경우도 정당화될 근거를 찾기 어렵다.

둘째, 재주 많고 건장한 남자가 선정된 경우를 살펴보자. 마찬가지로 재주 많고 건장한 남자가 희생되어야 하는 이유를 먼저 생각해 보자. 재주 많고 건강하다는 것이 과연 희생의 이유가 될 수 있는지는 모를 일이다. 재주와 건강이 사회적 약자 보호를 위해 희생해야 할 근거가 될 수 없기 때문이다.

반대로 재주 많고 건장한 남자가 자신이 살아야 한다고 주장한다면, 그 이유를 생각해 보자. 앞의 백만장자의 경우처럼 재산으로 사회적으로 기여할 수는 없지만, 자신의 재능과 건강을 기반으로 장차 사회적으로 크게 기여할 것을 내세우면서 자신이 구명정에 타야 한다고 주장할 수 있다. 더욱이 장차 사회적으로 기여할 수 있는 정도는 백만장자의 경우가 더욱 클지도 모른다. 같은 논리로 목하 비교대상은 아니지만, 구명정에 탈 아이가 잠재적 기여도가 그보다 더 클 것은 뻔하다. 무엇보다도 다른 사람에 비하여 재주 많고 건장한 남자가 난파선에서 생존할 확률이 매우 미미하지만 그나마 견뎌낼 수 있는 최적의 조건을 갖춘 인물인 점에서 볼 때, 그가 구명정에 타야 할 이유는 더욱 없다.

결론적으로 재주 많고 건장한 남자를 구명정에 태우거나 태우지 못하는 어느 경우도 정당화될 근거를 찾기 어렵다.

셋째, 남은 성인 남자 한 명인 스님이 선정된 경우를 생각해 보자.

먼저 스님이 희생되어야 할 이유를 살펴보자. 사람들이 스님은 이미 세속적 욕망을 멀리한 분이니 희생해야 한다고 주장할 수 있을 것이다. 이 경우 해당 스님이 동의한다면 구명정에 타지 않고 난파선에 남을 사람은 스님이 될 것이다. 그러나 이 스님은 난파선에 승선한 다른 어느 누구보다도 인격 수양과 덕목을 구비한 인물이다. 이러한 인품을 지닌 사람을 희생시키는 것이 과연 사회적으로 온당한 결정이라고 할 수 있는가.

반대로 스님이 자신이 살아야 한다거나 누군가 스님이 구명정에 타야 한다고 주장하는 경우 그 이유를 살펴보자. 앞서 말했듯이 스님이 살아남아서 사회적인 지도와 모범을 보일 경우 그 공헌도는 정당화될 수 있을 것이다. 그러나 스님은 종교적 지도자이므로, 전쟁에서 군을 통솔할 군지도자나 사회를 지배하는 정치지도자와는 달리 세속적인 삶을 초월한 존재이다. 이 경우 스님이 희생된다는 것은 스님의 존재 이유에도 부합한다고 볼 수 있다. 따라서 스님이 구명정을 타야 한다는 주장은 강제성은 없지만 설득력을 잃는다. 결론적으로 스님을 구명정에 태우거나 태우지 못하는 어느 경우도 정당화될 근거를 찾기 어렵다.

이상에 살펴본 바와 같이, 사회통념상 성인 남자를 희생시킨다는 데 합의하고 실행한다고 하더라도 성인 남자를 희생시켜야 한다는 데, 그리고 그중 누구를 희생시켜야 하는지를 결정할 합당한 근거를 찾는 데 실패하였음을 알 수 있다. 적어도 권리의 차원에서 성인 남자를 희생해야 할 근거, 그리고 어느 성인 남자를 희생해야 할지를 결정할 수 없다.

사회통념상 순서가 사회철학적 입장이 아니라 권리 차원에서 정당화될 수 있는지를 생각해 보시오.

& 권리의 특징으로 보편성(universality)과 천부성(entitlement)을 지적한 바 있다. [증49-51] 우리가 사회통념상 순서를 암암리에 수긍한다고 하더라도 그 순서가 인간의 천부적으로 부여받은 생명의 권리와 누구에게도 양도하거나 침해당할 수 없다는 불가양도성과 불가침성 등의 원리에 비추어 정당화되기 어렵다. 또한 보편성이란 어떤 윤리적 준칙이 예외 없이 적용되어야 한다는 뜻을 지니므로 이에 사회통념상 순서가 보편적 준칙이 되는가 여부를 따져보아야 한다.

다만 상황의 시급성에 비추어 사회통념상 순서를 따라야 한다는 논거가 성립한다. 그러나 그러한 사회통념상 순서는 위급한 상황에서 정해진 것이 아니라 그러한 상황에 대비하여 평상시에 정해진다는 점을 고려하면, 사회통념상 순서를 심각하게 재고할 필요가 있다. 이러한 사회적 합의 문제를 숙고함으로써 정의감(sense of justice)과 권리인식을 제고시킬 수 있기 때문이다. [플433-436]

사회통념상 순서에 따라 성인 남자를 희생시키기로 합의했다고 합시다. 이제 어느 남자를 선정할 것인가를 공리주의 입장에서 검토해 보기로 합니다. 여전히 성인 남자 3명은 백만장자, 재주가 많고 건강한 남자, 스님입니다.

& 백만장자의 경우, 공리주의적 입장은 찬반 두 가지 적용된다고 볼 수 있다. 그가 살아날 경우에는 그의 재산을 통한 사회적 기여도가 결정적인 역할을 한다. 그 역할 기여가 확실한 경우 공리주의는 백만장자의 구조를 지지할 것이다. 그러나 백만장자를 희생시켜야 할 경우에도 공리주의는 지지할 수 있다. 이를테면 백만장자 대신에 재주 많고 건강한 남자를 구조할 경우, 당장의 사회적 기여는

떨어지지만 미래의 기여도가 백만장자에 비하여 클 수 있다. 이 경우에는 두 가지 전제가 따라야 한다, 하나는 백만장자 대신에 반드시 재주 많고 건장한 남자가 구조되어야 한다는 점이고, 다른 하나는 재주 많고 건장한 남자의 미래 기여도가 확실하게 보장되어 있어야 한다는 점이다.

& 재주 많고 건장한 남자의 경우, 공리주의적 입장에서 그를 구조하거나 희생시켜야 하는 이유는 그가 사회적 기여를 통하여 사회적 효용을 증진시켰는가에 달려 있다. 즉 그가 사회적 공헌을 할 수 있는 큰 인물이 되는가에 달린 셈이다. 이를 입증하여야만 그가 구조되는가 아니면 희생되는가가 결정된다. 공리주의가 결과주의인 만큼 그 판단은 결국 미래의 가치에 달려있다. 이 점을 고려하여 현재적 가치를 보면 백만장자보다 이 청년을 구조해야 할 당위성을 확보하기 어려운 처지이다.

& 스님의 경우, 공리주의 입장에서 구조 여부는 사회적 효용을 증진시키는 스님의 사회적 기여도를 어떻게 보는가에 달려 있다. 즉 스님이 다른 사람의 영적인 문제를 해결함으로써 얻어지는 효용이 백만장자가 기여하는 효용성이나 재주 많고 건장한 청년이 기여하는 것과 비교했을 때 우위를 점해야 한다. 이럴 경우 우리는 심각한 문제에 봉착하게 된다. 스님이 기여하는 사회적 공헌도와 백만장자가 기여하는 공헌도, 또는 스님의 그것과 유능한 청년의 그것을 비교할 수 있는가 하는 문제이다. 이를 흔히 통약불가능성(incommensurability)이라고 한다. 즉 효용성 증대 여부를 가늠하려면 객관적인 상호 측정 등이 가능해야 하는데, 이것이 불가능해 보인다는 뜻이다. 통약불가능성은 공리주의 준거를 사용할 때 자주 볼 수 있는 문제이다.

& 이상의 고찰은 행위공리주의 입장에 초점을 맞추어 논의한 것이다. 규칙공리주의나 간접공리주의 등의 관점에서 보면, 다른 결론이 도출될 가능성이 높다.

& 또한 이상의 고찰은 어느 경우에도 당사자의 입장이 반영되어 있지 않다. 행위당사자가 아닌 제3자적 관점 또는 관찰자적 관점에서 사회적 기여도를 측정한 것이다. 따라서 당사자의 관점이 반영되지 않았다는 점을 들 수 있다. 또한 당사자가 사회적 기여를 얼마나 하는가에 초점을 맞추어서 자신의 권리를 고려하지 않은 측면이 있다. 즉 권리기반이론의 관점이 거의 고려되지 않은 셈이다. **[플430-433]**

통약불가능성(incommensurability) : 윤리학적 고려에서 흔히 논의가 되는 개념이지만 당초 과학철학에서 사용된 개념이다. 양적 측정이나 관찰을 주된 방법으로 하는 실증과학에서도 이론들을 구성하는 요소인 원리와 개념들이 이질적인 경우가 있다. 이런 경우 두 가지 이론이 상호 통약 불가능하므로 어느 이론이 우위를 가지고 있는지 판단할 수 없다. 이러한 논거에서 나온 것이 파이어아벤트(Paul Feyerabend)의 주관주의, 쿤(Thomas Kuhn)의 패러다임, 포퍼(Karl R. Popper)의 반증주의이다. 그러나 윤리학의 영역으로 오면 공리주의 준거에 따라 효용성을 측정할 때 상호 통약이 불가능할 경우를 접하게 된다. 즉 쾌락계산법에서 야기되는 문제를 표현하는 개념이 통약불가능성이다. 예컨대 전쟁 영웅의 사회적 공헌도와 기업인의 사회적 공헌도를 비교하는 것은 불가능하다. 이것이 가능하다면 어느 한쪽이 공리주의적 입장에서 지지를 받을 수 있으며 이에 따른 사회적 보상도 많이 받을 수 있다. 하지만 이를 비교할 수 없는 까닭은 전쟁 영웅과 기업가의 활동을 상호 통약할 수 없다는 데 있다.

쾌락계산법(hedonic calculus, 또는 felicific calculus): 쾌락계산법은 공리주의, 공익주의를 제창한 벤담(Jeremy Bentham)에 의해 고안된 행위에 의해 산출된 쾌락과 고통의 양이 확실한지 아니면 불확실한지 평가하는 계산법이다. 이 계산법은 다음의 일곱 가지를 통하여 가능하다.

- 강도(Intensity): 쾌락의 강도
- 계속성(Duration): 쾌락의 지속성
- 확실성(Certainty) 또는 불확실성(uncertainty): 쾌락 발생의 확실성 여부
- 원근성(propinquity or remoteness): 쾌락의 접근성
- 생산성(Fecundity): 동일한 성향에 따른 쾌락의 생산 정도

• 순수성(Purity): 반대성향, 즉 고통의 요인에 영향받지 않을 확률.
• 규모(Extent): 쾌락에 영향을 받을 사람들의 정도

위의 경우를 고려한다고 해도 질적으로 상이한 쾌락을 비교하여 그 우위를 정한다는 것은 가능해 보이지 않는다. 여전히 통약불가능성 문제가 남는다. 이 점에서 통약불가능성은 공리주의의 타당성에 한계를 지적해주는 개념이라고 할 수 있다.

통약불가능성에 관한 설명으로 타당하지 않은 것을 고르시오.

① 양적 측정이나 실증적 자료를 토대로 하는 연구에서 부딪치는 문제를 가리키는 개념이다.
② 공리주의 계산법을 통하여 윤리학적 고려를 할 경우에 나타나는 문제를 가리키는 개념이다.
③ 행위자의 관점에서 설정되는 개념이다.
④ 권리기반이론에 비추어보면 이러한 개념은 성립하기 어렵다.
⑤ 당초 실증주의적 과학철학자들이 가지고 있는 과학이론에 대한 견해로서, 관측과 이론 자체 사이에 구분을 유지하는 것을 말한다.

& 관찰자의 관점에서 행위의 결과가 얼마나 효용성을 증진하는가를 측정하는 데서 비롯된 개념이다. 당초 과학철학에서 사용된 개념이다.

정답: ③

공리주의적 사고에 관한 설명 중 타당한 것을 모두 고르시오.

① 미래의 효용성을 측정하기 어렵다는 단점이 있다.
② 질적으로 다른 효용성을 측정하는 한계를 지니고 있다.
③ 행위자적 관점에 따른 판단이 우선한다.

④ 벤담에 의하여 고안된 쾌락계산법으로 통약불가능성 문제가 해결될 수 있다.

⑤ 벤담이 주장한 바와 같이, 행위자의 권리 측면이 도외시된다.

& 벤담은 권리를 애당초 헛소리라고 한 바 있고, 권리가 존재한다면 그것은 의무 이행에 따른 이익이라고 보았다. [플379] 최대다수의 최대행복은 관찰자적 관점에 일차적인 초점이 맞추어져 있다. 쾌락계산법에도 불구하고 통약불가능성 문제는 해결되기 어렵다.

정답: ①, ②

권리와 관련된 실천적 상황을 이해하기 위한 칸트의 의무론의 특징을 간략하게 설명하시오.

& 칸트의 의무론을 간단하게 설명하는 것은 불가능하지만, 논의의 맥락에 비추어 몇 가지 점을 소개한다.

첫째, 칸트의 의무론은 실천이성의 선의지(good will)를 토대로 한다. 선의지는 인간이 수행해야 하는 실천이성에 부여되는 의무를 설명하는 핵심이다.

둘째, 정언명령(定言命令; Categorical Imperatives)을 들 수 있다. 정언명령은 가언명령(hypothetical imperative)에 반대되는 말로서 도덕적, 윤리적 판단에 어떤 조건이 요구되지 않는다는 뜻을 포함하는 말이다. 그러면 정언명령이 정당화되는 근거는 무엇인가를 따져보아야 한다. 칸트의 체계로 보면 그것은 인간존엄성(human dignity)이다. 이 기반에서 정언명령에 의한 것만이 도덕적인 것이다. 또 정언명령이 아니면, '당위(Sollen, ought)'라는 말도 사용해선 안 된다. 따라서 도덕적 명령은 무조건적이다. 이러한 주장은 공리주의에 대한 비판 또는 경계라고 할 수 있다. 정언명령은 보편법칙(universal law)라고 해도 문제가 없다.

셋째, 보편성(universality)을 들 수 있다. 보편성은 일반성(generality)

에 구분되는 개념이다. 전자는 적용에 있어서 예외나 정도의 차이를 인정하지 않는다는 점이고, 후자는 예외나 정도의 차이를 인정하는 경우를 이르는 말이다. 다시 말하자면 윤리학적 법칙은 보편성을 지녀야 하며, 그 적용에 있어서 예외나 정도의 차이를 두어서는 안 된다는 뜻이다. 권리의 속성인 천부성과 함께 지적한 보편성은 바로 이 개념과 관련된다. **[증50] [플119]** 하지만 권리의 보편성은 대상의 특수성과 함께 고려되어야 한다. 그것은 권리가 추상적인 이론이나 형식 논리에 따른 것이 아니라 권리주체인 인간의 삶의 조건과 관련되기 때문이다. **[플122-133]** 특히 아동의 경우에는 여러 가지 실존적 상황을 고려해야 한다. 이를 아동의 특수성이라고 한 바 있다. **[플133-140]** 무엇보다도 권리의 보편성을 확대 적용하는 문제는 매우 세심하게 다루어야 한다.

넷째, 모든 인간은 도덕적 입법자(moral law-giver)이다. 즉 도덕적 법칙이 예외나 정도의 차이를 두지 않고 적용되도록 행위자가 도덕적 입법자가 된다는 뜻이다. 내게 적용되는 방식대로 남에게도 적용되어야 하며, 그 역도 마찬가지이다. 이를 보편화가능성(universalizability)이라고도 한다. 이 개념은 보편성과 관련되지만, 천부적 권리의 보편성을 적용하는 데 있어서 불편부당성(impartiality)을 지녀야 함을 뜻한다. 이를 어기면 우리 사회에서 회자되는 '내로남불'이 된다. 그래서 이와 관련된 성현의 말씀들이 존중된다. 공자의 '기소불욕 물시어인(己所不欲 勿施於人, 論語: 顔淵2)'이나 성경의 '남에게 대접을 받고자 하는 대로 너희도 남을 대접하라(누가복음 6장 31절)' 등을 들 수 있다. 종교적 관점에서 이를 황금률(Golden Rule)이라고 여겨 존중되어 왔다.

다섯째, 보편화가능성의 적용에도 세심한 주의가 따라야 한다. 즉 보편화가능성 적용에 한계를 인정해야 한다는 뜻이다. 이때 적용되는 기준이 인간존엄성이다. 예컨대, '나치 치하에서 덴마크 어부들이 유대인들을 구출하기 위하여 나치 선장에게 거짓말을 한 경우’처럼 거짓말을 하여 사람의 목숨을 건질 수 있을 때, 거짓말이 허용된다. 하지만 이와 같은 예외적인 경우는 전시나 위급한 상황처럼 매우 제한되어야 한다. 왜냐하면 일반적인 경우 거짓말을 허용한다면, 그 경우 자신이 다른 사람들의 말을 믿을 수 없게 되고, 반대로 다른 사람이 자신들을 신뢰하게 하는 것도 불가능하다. 이른바 어느 말이 참말인지 거짓말인지 판단할 수 없게 되는 거짓말의 패러독스에 빠진다. 따라서 ‘거짓말은 허용된다’는 주장은 보편법칙으로 받아들여질 수 없다. 이 말은 곧 보편화가능성은 인간존엄성을 전제로 한다는 뜻이다. 거짓말을 허용하는 것은 화자나 상대방의 인간으로서의 존엄성을 훼손한다는 뜻이다.

여섯째, 인간존엄성은 인간을 수단으로 대하지 말라는 도덕법칙을 제공한다. 이 도덕법칙은 인간이 초월적 가치를 지닌다는 관점을 반영한다. 즉 인간은 다른 동물에 비하여 초월적인 가치를 지니며 이 점에서 우월적이라는 기독교적 가치관에 입각한다. [플77-80] 여기서도 칸트 윤리학이 기독교적인 전제를 하고 있다는 점을 확인할 수 있다. 철학적 관점에서 인간의 초월적 가치를 존중하는 칸트 철학에서 ‘이성적 가치’와 ‘도덕적 가치’가 등가(equivalence)로 본다. 즉 인간존엄성과 이성소유(Reason Holder)가 같은 의미이다. 도덕적 가치는 이성적으로만 파악된다는 논점에서 비롯된다. 또한 이는 ‘자유’를 자기지배능력으로 보는 관점으로 연결된다. [플533; 553-556] 하지만 권리의 측면에서 보면 이 도덕법칙은 적어도 두 가지 점에서 한계를 지닌다. 하나는 존엄성(dignity)의 대상을 인간에게 한정시킨 점을 들 수 있다. 이에 대한 반론으로 대두된 이론이 생명윤리, 넓게는 생태윤리학이다. 다른 하나는 이성의 소유자만이 존엄성을 갖는다는 생각은 의무이행을 전제한 것이며, 의무이행이 불가능하거나 불능인 경우 권리를 향유하거나 행사할 수 없다는 한계이다. 이에 대한 반론이 앞서 소개한 권리기반이론이다.

칸트(Immanuel Kant, 1724~1804)의 의무론: 비판철학의 창시자로 알려진 칸트는 합리론과 경험론을 비판하고 종합한 철학자라 일컫는다. 하지만 그의 윤리학은 기독교적 가치를 세속화한 측면도 있다. 앞서 소개한 내용은 칸트 철학의 매우 제한한 내용에 불과하다. 하지만 칸트 철학 전반이 아니라 소개한 내용과 관련하여 비교적 쉽게 접근할 수 있는 저술이 바로 *Groundwork of the Metaphysics of Morals*(1785, Paton H. J. trans.)이다. 이 책은 우리나라에도 번역본이 출간되어 있으나, 분량이 적고 접근하기가 그리 어렵지 않으므로 이 영역본을 읽기를 추천한다.

이 책에 담긴 핵심은 다음과 같이 정리할 수 있다.

G. Act only on that maxim whereby you can at the same time will that it should become a universal law. = 정언명령 또는 보편법칙(Universal Law, Moral Law)

S1. Act as if the maxim of your action were to become by your will a universal law of nature. = 보편화가능성(universalizability) 또는 황금률(Golden Rule)

S2. So act as to treat humanity, whether in your own person or in that of any other, never solely as a means but always also as an end. = 인간존중(respect for person) 또는 인간존엄성(human dignity)

S3. So act as if you were by your maxims in every case a legislating member in the universal kingdom of ends. = 도덕입법자(moral law-giver)

여기서 S3의 '목적의 왕국(ends of Kingdom)'은 인간은 그 자체로 목적일 뿐만 아니라 논의 과정, 즉 도덕법칙의 입법과정에서도 수단으로 여겨서는 안 된다는 점을 강조한 것이다.

칸트 의무론과 관련된 내용 중 타당하지 않은 것을 모두 고르시오.

① 정언명령은 실천이성에 따른 도덕법칙이다.

② 행복은 인간존엄의 핵심이다.

③ 기독교적 가치관을 세속화한 측면이 있다.

④ 보편화가능성은 도덕법칙의 적용의 보편성이 아니라 상황의 보편성에 초점이 맞추어져 있다.

⑤ 인간을 목적으로 대하라는 준칙은 입법절차에 있어서는 적용되지 않는다.

& 행복은 도덕적 고려의 대상이 아니다. 보편화가능성은 인간존엄성이 준수된다는 전제 아래 상황에 맞게 해석되어야 한다. 인간을 목적으로 대하라는 준칙은 입법절차에 있어서도 적용되어야 한다. **[플390-391]**

정답: ②, ④, ⑤

칸트 의무론과 관련된 진술 중 타당한 것을 모두 고르시오.

① 보편화가능성을 어기면 내로남불의 뜻이 된다.

② 보편화가능성은 곧 불편부당성을 가리킨다.

③ 보편화가능성은 종교적으로 보면 황금률이라고 한다.

④ 이성의 소유와 도덕적 가치는 등가이다.

⑤ 보편적 도덕률인 정언명령의 기초는 선의지이다.

& 모두 옳은 진술이다.

정답: ①, ②, ③, ④, ⑤

칸트 의무론과 관련된 진술 중 타당한 것을 모두 고르시오.

① 칸트의 목적의 왕국 개념은 롤스의 정의법칙(제1원칙)의 토대를 제공한다.

② 실천이성의 선의지는 옳은 행동보다는 좋은 결과를 도출해내기 위한 것이다.

③ 권리의 보편성의 토대를 제공한다.

④ 도덕적 행위는 선의지 실현을 위한 목적론적 위계를 지닌다.

⑤ 도덕적 명령은 무조건적이다.

& 옳은 행동보다는 좋은 결과를 도출해내기 위한 도덕률을 강조하는 것은 규칙공리주의이다. 목적론적 위계는 아리스토텔레스의 윤리학 체계에서 볼 수 있는 특징이다.

정답: ①, ③, ⑤

앞서 난파선의 사례에서 사회통념상에 따라 성인 남자 중 누구를 희생시킬 것인지, 그리고 자신이 살아남아야 하는지에 대한 변명이 성립할 근거가 그리 확고하지 않다는 것을 알 수 있습니다. 그러면 우리는 사회통념상 순서를 따르지 말고 성인 남자를 제외한 어느 한 사람을 선정하여 희생시킬 경우를 따져볼 필요가 있습니다. 이제 그러한 경우와 이를 뒷받침할 수 있는 이유를 생각해 보시오.

& 환자의 경우를 생각해 볼 수 있다. 이 경우의 환자는 어차피 중병을 앓고 있으므로 회생하더라도 다른 사람보다 오래 살지도 못한다고 볼 때, 그를 희생시켜야 한다.

하지만 반론으로 환자나 장애인의 경우라면 사회는 그들을 보호하고 그들이 인간의 존엄성을 지니면서 살아가도록 할 사회적 의무를 지닌다. 또한 그 사회 구성원들도 그러한 사회적 의무를 통하여 정의감을 공유할 수 있다. 만약 그 환자나 장애인이 군과 경찰 복무 수행 중 질환을 얻었다고 할 경우라면, 그들을 살려내야 할 사회적 의무가 전제되어야 그 사회는 정의로운 사회이면서 권리를 존중하는 사회가 될 것이다. [플434]

또한 그들 자신이 살아야 한다고 주장한다면, 앞서 사유 말고 또 다른 이유가 있다면 그것도 함께 생각해 볼 의무도 우리에게 있다.

& 노인의 경우를 생각해 볼 수 있다. 이 경우 노인은 어차피 살 만큼 사신 분이므로, 희생해도 좋다는 논거를 세울 수 있다. 해당 노인

의 자애로운 마음과 결단에 따라 후 세대에게 삶의 기회를 주어야 한다고 본인이 판단할 수 있다.

하지만 반론으로 노인이 살아남아서 그가 생애에 걸쳐 쌓아온 경륜을 가지고 사회를 이롭게 할 수 있다고 주장할 수도 있다. 그럴 경우 노인이 구명정에 탈 근거를 확보하게 된다. **[플435]**

이제 다른 상황을 설정해볼 필요가 있습니다. 다음과 같은 가상 상황을 보겠습니다. 다른 사람은 다 멸종하여 이 배에 탄 사람이 인류 전체 중 유일하게 남은 인구입니다. 단 10명만이 남았고, 그나마 육지로 안전하게 가려면 다섯 명만이 구명정을 탈 수 있습니다. 구명정에 태워야 할 다섯 명은 어떻게 구성해야 하는가? 물론 난파선에 남은 10명 중 성인 남자 3명, 성인 여자 3명, 노인 1명, 환자 1명, 남녀 어린이 2명으로 구성되어 있습니다.

심각한 상황은 남은 인류가 무인도에서 삶을 영위하려면 생존한 10명 중 어떻게 5명을 구조해야 하는지를 심사숙고해야 합니다. 당연히 5명을 선정해야 할 확고한 이유를 제시할 수 있어야 합니다.

& 통상 "어린이 또는 환자 → 노인 → 성인 여자 → 성인 남자"의 도식으로 보면, 어린이 2명, 환자 1명, 노인 1명, 성인 여자 1명이 구명정을 타야 한다. 기존 사회통념을 따르는 가장 쉬운 해결책이다.

만약 난파선에서 무인도까지 가는 데 상당한 시일(이를테면 7일 정도)이 걸린다면 구명정을 누가 운전하여야 하는가라는 가장 현실적인 문제에 봉착한다. 이 상황에서 어린이 2명, 환자 1명, 노인 1명, 성인 여자 1명이 구명정을 타야 하는가에 의문이 남는다. **[플445-446]** 왜냐하면 안전한 섬까지 무사하게 도착하는 것이 일차적 문제인데, 성인 남자보다 약자인 사람들로는 이것이 불가능하기 때문이다.

& 그렇다면 이 상황에서 사회통념상 선정된 5명(어린이 2명, 환자 1명, 노인 1명, 성인 여자 1명) 중 1명 내지 2명을 성인 남자로 대체해야 한다고 주장할 수도 있다. 그렇다면 누구를 제외시켜야 하는가? 이 문제부터 해결해야 한다. **[플446]**

설사 무인도에 도착하였다고 하더라도, 막막한 무인도에서 생활하는데 많은 어려움이 따를 것입니다. 당장 노동을 하여 먹여 살릴 건강한 남자가 부족합니다. 그래서 앞서 제기한 문제로 성인 남자 1명 이상을 구명정에 태울 인원으로 대체하자는 것입니다. 그러나 더욱 심각한 문제는 인류의 미래를 생각할 때, 차후 자손을 낳아 종족이 유지되려면 다른 구조 순위가 필요할지도 모른다는 것입니다. 이런 상황에서는 사회통념상 순서를 준수하기 어렵습니다. 그렇다면 건강한 남녀 5명을 선정해야 최선이 됩니다.

& 무인도에 장기적으로 체류하여 인류를 존속시키려면 '성인 남녀 5명'의 구조가 최선의 방법이다. 그러나 이 경우에도 성인 남녀 6명 중 어느 1명을 제외시켜야 하는가의 문제가 남는다. 어떤 기준에 따라 성인 1명을 제외시켜야 하는가. 그 기준은 건강상태, 재산, 재주(능력) 중 어느 것이 우선되어야 하는가. **[플446]**

& 이 경우에도 어떤 사람들로 5명을 구성해야 하는가를 따져야 한다. 남자 3명과 여자 2명, 아니면 남자 2명과 여자 3명 중 어떻게 해야 하는가를 결정해야 한다. 아울러 그 이유도 타당해야 한다. **[플446]**

무인도에서 인류를 존속시키려면 '성인 남녀 5명' 구조가 최선의 방법이라고 하더라도 난파선에 남은 성인 6명의 관계가 전혀 모르는 남남이 아닐 확률이 큽니다. 여러 가지 경우가 존재합니다.

& 성인 남녀 6명이 모두 3쌍의 부부라면, 이 중에서 누구를 배제해야 하는가의 문제가 남는다. 1쌍은 생이별을 해야 하기 때문에 그 이유를 찾아야 한다. 이 경우 부부의 금슬로 결정할 수는 없을 것 같다. 왜냐하면 부부금슬이란 주관적 척도여서 이런 상황에서 그 정도를 측정할 수 없기 때문이다. [플446-447]

3쌍의 부부 중, 아이가 한 쌍의 자녀이며, 노인은 다른 한 쌍의 부모라면, 선정할 5명의 구성은 어떻게 해야 하는가를 따져보아야 합니다. 이러한 가족 구성원을 살릴 경우와 그렇지 않은 경우를 살펴볼 수 있습니다.

& 이러한 가족 구성원을 살릴 경우, 나머지 성인 1명은 어떻게 선정해야 하는지를 고려해야 한다. 이 1명의 선정은 앞서 살펴본 경우를 모두 거쳐야 할 정도로 복잡한 절차를 거쳐야 한다.

& 이러한 가족 구성원을 살리지 않을 경우, 4명의 가족 구성원은 이른바 '이산가족'이 되어야 한다. 어떻게 가족 구성원을 해체할 것인가가 쟁점이다. 이때 아이와 부모가 헤어져야 할 경우 아이 양육 문제를 아울러 고민해야 한다. 그리고 난 다음에도 나머지 인원을 어떻게 해야 하는지를 결정할 문제가 남는다. [플446-447]

조금 더 극적인 경우도 상정할 수 있습니다. 3쌍의 부부 중 아이 2명과 노인을 가족으로 하는 한 쌍이 있는 경우, 이들 5명을 구조해야 하는지를 따져볼 수 있습니다.

& 이 경우 가족 해체, 즉 '이산가족' 문제는 발생하지 않지만, 근친상간을 하지 않는 한, 이 5명이 인류의 존속을 위하여 자손을 남겨야 하는 책무를 수행할 수 없다. [플446-447]

☒ 인류의 종족 보존 문제가 대두됩니다. 어느 경우에도 인류는 존속해야 하기 때문입니다. 이를 위하여 난파선에 남은 10명 중 어린이와 환자, 그리고 노인을 각각 1명씩 선정하고, 이들을 돌볼 성인 남녀 1명씩 총 5명을 구조하는 경우를 생각해 볼 수 있습니다. 어떤 문제점이 있는지를 서술해 보시오.

& 먼저 남녀 어린이 2명 중 어느 어린이를 선정해야 하는가의 문제가 남습니다. 특히 남녀 성을 골라야 한다.

& 성인 남녀가 어린이, 환자, 노인을 돌보아야 한다는 전제에서 결정된 내용이므로 성인 남녀와 나머지 3명(어린이, 환자, 노인)과 관계가 있는지 여부를 살펴야 한다. 앞서 살펴본 경우처럼 가족구성원인지를 가장 우선 따져야 한다. 그러나 인류 종족 보존을 위하여 다른 가족 구성으로 해야 한다.

& 다른 가족 구성원이라고 하더라도 성인 남녀가 부부인지 여부도 따져야 한다. 다른 혈통의 자손을 낳아야 하는 경우를 늘리기 위해서 고려할 사안이다. **[플446-447]**

☒ 이상에서 살펴본 경우의 수가 많고, 그 각각을 정당화할 근거를 찾기 복잡하므로 10명 중 5명을 제비뽑기로 결정하자고 제안할 수 있습니다. 왜 그런지 서술해 보시오.

& 제비뽑기 방식의 타당성은 상황의 시급성인 경우에 찾을 수 있다.

& 그러나 그 외의 상황에서 제비뽑기는 정당화되기 어렵다. 제비뽑기의 부당성을 여러 측면에서 검토해야 한다. **[플447]**

☒ 사고실험 등에 적용할 롤스의 정의 이론을 간략하게 개괄해 보시오.

& 롤스(John Rawls)의 정의 이론은 여러 가지 측면에서 높이 평가받는다.

첫째, 정의의 원칙이 분배의 원칙에 치우치지 않도록 개념적 자치를 마련하였다는 점이다. 많은 사람들이 정의 문제를 '나누어 갖는' 분배 문제에 초점을 맞춘 것으로 본 것에 비하면, 롤스의 원칙은 자유와 평등, 사회구성원의 자존감 등을 모두 고려한 고안이라는 점에서 높게 평가받아 마땅하다.

둘째, 서양 윤리학 이론을 두루 망라하고 이들의 장점을 정의 이론에 적용시켰다는 점이다. 특히 그의 정의 원칙은 서양 윤리학의 양대 주류인 공리주의와 의무론을 결합한 것으로 보아야 한다. 정의 원칙을 보면, 제1원칙인 자유 우선 원칙에는 칸트의 의무론적 입장이 반영되어 있으며, 제2원칙인 차별의 원칙에는 공리주의 입장이 반영되어 있다. 최소최대화 원칙은 이에 포함된다.

① 제1원칙인 자유우선의 원칙은 사회 전체 이익 명분으로 개인의 인권(자유)을 훼손할 수 없다는 것이다. 그래서 제1원칙은 평등한 자유 극대화의 원리(Principle of Greatest Equal Liberty) 또는 자유 우선의 원리(Priority Principle of Liberty)라고 한다. 이는 칸트의 의무론을 반영한 것이다. 여기에는 인간존엄성과 정언명령이 반영되어 있다. '각자는 모든 사람에게 유사한 자유의 체계와 양립할 수 있는, 평등한 기본적 자유로 이루어진 가장 광범한 전체 체계에 대한 평등한 권리를 가져야 한다.'(*A Theory of Justice*, 302, TJ) 여기서 우리는 칸트의 보편화가능성이 적용되어 있다는 것을 알 수 있다. 롤스는 자유를 일의적 선(primary goods)으로 보았다. 일의적 선이란 사회의 기본구조를 정립하는 일의적 주제(primary subjects)를 만족시키는 내용이라고 할 수 있다. 여기에는 자유를 비롯하여 기회, 소득과 부, 자기존중(self-esteem)이 포함된다. 일차적인 선을 바탕으로 하여 롤스는 정의 원리를 설정한다.

> 모든 사회적 가치들은 — 자유, 기회, 소득과 부, 그리고 자기존중의 기초 — 이들 가치 중에서 어느 것이나 모든 것의 불평등한 배분이

모든 이의 이익이 되지 않으면 평등하게 배분되어야 한다. (TJ, 62)

제1원칙에서 가장 중요한 논점은 사회의 정의를 논함에 있어서 개인의 개성이나 개개인이 나름대로 지닌 목적을 자신이 합당하다고 생각하는 방식으로 추구하도록 한다는 점이다. 이는 여타의 사회 정의이론이 '사회적' 측면에 방점을 둔 것과 뚜렷하게 대비된다. 롤스에게 사회는 집합적 실체가 아니기 때문에 사회를 위하여 개인을 희생시켜야 할 하등의 이유가 없다. 롤스가 자유주의로 분류되는 근거는 여기에 있다.

② 제2원칙인 차별의 원칙은 공정한 분배 달성을 위하여 차별 또는 불평등을 허용해야 한다는 것이다. 이는 공리주의의 결과주의를 반영한 것이다. 이 원칙은 다음과 같다.

> 사회적 그리고 경제적 불평등은 불평등이
> (a) 정의로운 저축의 원칙과 일치하면서, 최소 수혜자에게 최대의 혜택이 되도록,
> (b) 공정한 기회 평등이라는 조건 아래 모든 사람에게 개방된 직책과 직위에 결부되도록 배열되어야 한다. (TJ, 302)

이 원칙에는 기회(b)와 소득과 부의 배분(a)이 담겨 있다. 그리고 두 가지 원리에 대한 명칭이 있다. 제2원칙의 (a)는 차별의 원리(Difference Principle)라고 하며 (b)는 공정한 기회의 원리(Principle of Fair Equality of Opportunity)라고 한다. 여기서 차별의 원칙이 기회의 원칙 앞에 놓였다는 점에 주목할 필요가 있다. 일반적으로 우리는 기회의 원리를 대전제로 하고, 기회의 원리가 작동하지 않는 부분에 대하여 예외적으로 수정적, 보완적 조치를 취하는 입장을 견지한다. 그러나 롤스의 생각은 사회·경제적 불평

등이 모든 사람에게 개방된 공직과 지위에 결부되도록 마련되어야 한다는 전제를 충족시킨 다음에 공정한 기회 균등이라는 조건을 받아들여야 한다고 본다. 이러한 기회 균등을 '민주적 평등의 원칙(Principle of Democratic Equality)'이라고 한다.

이 원칙의 논점을 좀 더 구체적으로 살펴보자. 회복하기 어려운 처지에 놓인 사람의 경우, 이들에게 기회를 균등하게 제공하는 것은 자신이 처한 회복하기 어려운 처지를 개선하는 데 아무런 도움이 되지 않는다. 상황이 이들에게 동등한 출발선에 설 수 없도록 가로막기 때문이다. 그렇기 때문에 이들에게 다른 사람과 똑같이 주어지는 기회의 균등이 아니라 다른 사람과 차별화된 기회, 즉 더 많고 좋은 기회가 제공되어야 한다. 이러한 차별화는 기존 우리가 용인하지 않는 차별화, 이를테면 성차별, 인종차별, 계층 차별, 문화적 차별이 정당화되지 않는 것과는 달리 정의 원리를 구성하는 틀, 즉 일차적 선으로 구성되는 사회의 기본구조 안에서 정당화될 수 있다. 이러한 롤스의 주장을 대표적으로 표현하는 말이 최소 수혜자의 최대 수혜 원칙이다. 이를 줄여서 '최소 최대원칙(maximin)'이라고 한다. 이것이 최소자에게 사회·경제적 차별을 인정하는 차별의 원칙이다.

롤스의 두 가지 정의 원리는 그 성격이 다르다. 제1원칙은 법적·정치적 원리이며, 제2원칙은 사회적·경제적 원리이다. 그리고 제1원칙은 기본적인 가치 중에서 자유와 자기 존중(self-esteem)과 관련이 되어 있는 반면, 제2원칙은 민주적 평등의 원리와 최소자의 최대 수혜 원리를 담고 있다.

롤스는 정의의 원리의 우선순위를 매기고 있다. 이른바 원리의 우선성은 ① 제1원칙 → ② 제2원칙ⓑ → ③ 제2원칙ⓐ으로 표현된다. 이를 구체적으로 진술하면, ① 자기존중의 원칙[제1원칙] → ② 민주적 평등의 원칙[제2원칙ⓑ] → ③ 최소 최대원칙[제2원칙ⓐ]이라고 표현할 수 있다. 이를 다시 풀어 표현하면, 최대한의 평등한 자유를 최우선으로 충족시키며, 민주적 평등을 차 순위로 충족시키며, 그다음으로 차등의 원칙, 즉 최소 수혜자에게 최대 수혜를 마련하도록 하는 것이다.

셋째, 롤스의 정의 이론에는 사회계약론적 전통이 반영되어 있다. 그의 독특한 개념인 무지의 베일(veil of ignorance)과 원초적 지위(original position)는 이 맥락에서 고안된 것이다. 이 두 가지는 헌법과 같은 사회의 기본구조를 정하고자 할 때, 사회적 합의에 참여하는 사람들이 지닌 지위, 출신, 장점, 이해관계 등을 배제해야 한다는 점을 염두에 둔 개념 장치이다. 이를 통하여 '장점 위협(advantage threat)' 방지 조치를 마련하고자 한 것이다.

롤스(1921~2002)의 정의 이론을 담은 책: John Rawls, 1971, *A Theory of Justice*, Cambridge, Mass.: Harvard University Press. 이 책은 황경식 교수에 의해 번역되어 있다. 그 외에 그의 주저로 *Political Liberalism*(1993), *The Law of Peoples*(1999), *Justice as Fairness* (2001)가 있다. 그의 정의 이론은 주로 샌댈(Michael Sandel)이나 왈저(Michael Walzer), 테일러(Charles Taylor) 등의 공동체주의자들에 의하여 공격을 받아왔다. 이에 대한 해설서가 *Liberals and Communitarians* (Mulhall, S. and Swift, A., 1992, Blackwell)이며, 이 책도 우리나라에 번역되어 있다. 그에 관한 입문서, 비판서는 그의 학문적 위상과 공헌에 맞게 여기에 소개할 수 없을 정도로 많기 때문에 소개를 생략하고 각종 인터넷 사이트를 검색하면 원하는 정보를 얻을 수 있다. 그러나 가장 분량이 작은 안내서로 이종은의 『존 롤스』(2016, 서울: 커뮤니케이션북스)를 소개한다. 롤스에 생소한 독자는 이 책을 토대로 입문한 다음 자신의 관심과 기호에 따라 다른 서적이나 논문을 검색하여 참고하면 좋을 듯하다.

롤스의 정의 이론의 핵심 개념인 '원초적 입장(Original Position)'과 '무지의 장막(Veil of Ignorance)' 개념을 예를 들어서 설명하시오.

& 피자 한 판을 만들어 8조각으로 나누어 먹는 사례를 통하여 위의 개념을 설명할 수 있다. [플441-442] 장점 위협(threat advantage) 방지를 염두에 두고 설명하면 도움이 된다.

여덟 사람이 모여서 피자 한 판을 나누어 먹기로 했다고 가정하자. 이 중 한 사람이 피자를 만드는 사람인데, 그는 마지막 토핑 단계에서 자기가 좋아하는 값비싼 토핑 재료를 한쪽으로 몰아서 배치한 다음 피자를 오븐에 구웠다. 그가 좋아하는 토핑을 한 쪽으로 몰아놓은 것은 나중에 자신이 그 부분을 잘라서 먹기 위한 것이다. 완성된 피자를 똑같은 크기로 8등분을 한다고 하자. 이때 피자를 8등분 할 사람은 피자를 만든 사람을 제외한 다른 7명 중 한 명이어야 한다. 왜냐하면 피자를 만든 사람이 피자를 자르게 되면, 자기가 좋아하는 토핑이 몰린 부분을 자를 것이 예측되기 때문이다. 가장 좋은 방법은 피자를 만들 때 토핑이 몰리지 않게 하는 것이다. 만약 그것이 여의치 않다면 그다음으로 토핑의 종류가 고르게 나누어지도록 자르는 것이다. 이 경우에 피자 만든 사람은 피자를 자르는 일에서 배제하는 것이 좋다. 하지만 현실적으로 피자를 만든 사람이 자르게 될 경우가 있다면 또 다른 조치가 있어야 한다. 만약 그가 자르더라도, 피자 조각을 고르는 데 있어서 그는 가장 나중에 고르게 해야 한다.

이 예에서 피자를 만든 사람은 피자의 속성을 가장 잘 알고 있으며, 어떻게 배분하는 것이 자신에게 가장 유리한 결과를 가져올 것인지를 잘 알고 있다. 그가 피자를 자르거나 아니면 자르더라도 가장 먼저 자신의 몫으로 피자 조각을 고르는 것은 롤스가 지적한 '장점 위협'에 해당한다.

이러한 장점 위협을 제거하기 위하여 고안한 개념장치가 무지의 베일이다. 위의 예에서 무지의 베일은 피자를 자르는 사람이 피자의 속성을 잘 알지 못하는 사람이 되도록 하는 것을 말한다. 만약 현실적으로 피자를 자르는 일을 피자를 만든 사람이 했을 경우에는 그 사람은 다른 사람이 피자 조각을 다 고르고 난 다음 마지막 순서로 남은 한 조각을 가져가게 하는 것이다.

무지의 베일에서 사회계약의 기본 규칙을 제정하거나 절차적 규칙에 합의할 사람이 임하게 되는 상황이 원초적 입장이다. 원초적 입장에 관한 엄밀한 이해가 요구된다. 왜냐하면 원초적 입장을 상호간 협상(mutual bargain)이나 상호이익(mutual advantage)의 수단으로 이해해서는 안 되기 때문이다. 원초적 입장은 계약에 참여한 사람이 상호이익을 증진하기 위하여 합의하는 상황이 아니다. 상황에 따라 결과적으로 참여자의 혜택과 이익이 감소하는 경우도 발생한다. 그래서 참여자에게 '무지의 장막'이 요구되는 것이다. '누이 좋고 매부 좋은 상황'이 아니다. 경우에 따라서는 누이가 나쁠 수도 있고, 매부가 나쁠 수도 있으며, 누이와 매부가 모두 나빠질 수도 있지만, 어느 경우라도 다 감수해야 한다. 누구에게나 예외 없이 불편부당성(impartiality)의 원리가 규칙으로 적용되는 상황이 계약 당사자가 처한 원초적 입장이다.

원초적 입장은 칸트 윤리학의 정언명령(categorical imperatives)이 적용되는 상황을 전제로 한다. 즉 보편화 가능성이 적용되는 상황에서 자유롭고 합리적인 개인이 합의점을 도출할 수 있는 장치를 말한다. 칸트 윤리학에서 목적의 왕국이라는 개념은 원초적 입장에서 사회 기본 구조를 결정하는 참여자들이 준수해야 할 준칙을 말해준다.

앞서 언급한 사회계약론의 관점에서 설정한 원초적 입장과 무지의 장막은 우리 현실에서 찾아볼 수 없는 가상적인 개념도구이다. 그럼에도 이러한 개념 도구가 필요한 까닭은 국가의 여러 정책이나 의사결정을 할 경우 그것이 정의의 원리에 입각하여 설정되고 결정되었는가를 검증할 수 있는 준거를 제공하는 개념 장치이기 때문이다. 현실정치에서나 국가정책에서 실제로 이를 활용할 수도 있다. 하지만, 권리 인식이나 정의감(sense of justice)을 제고하는 데 요구되는 우리의 논리 실험에도 원초적 입장과 무지의 장막은 활용될 수 있다.

롤스의 정의 이론은 여러 가지 측면에서 유용하면서 타당한 이론이다. 그럼에도 불구하고 롤스의 이론을 교육에 적용하여 설명하는 데 한계가 있다. 그 한계점을 서술하시오.

& 한계를 가장 단순하게 지적하고자 한다면, 그것은 교육적 성취를 물질적 재화로 치환하여 보상할 수 있다는 데서 찾을 수 있다. 즉 롤스는 능력과 노력에 의하여 드러나는 차이에 대한 물질적 재화를 통한 보상 문제에 집중한 나머지 교육상황에서 요구되는 다른 처방이 필요하다는 점을 간과하고 있다.

롤스는 생득적 재능과 환경이 보상 차원의 분배에 영향을 미쳐서는 안 된다고 못 박아 도덕적 적합성에 의문을 제기하면서도 이러한 차이가 존재한다는 것을 인정한 바 있다. 여타의 사람들도 롤스만큼은 아니지만 이 문제를 이론적 차원에서 같은 방식으로 숙고하고 있다. 그러나 롤스는 능력과 노력에 의하여 드러나는 차이에 대한 물리적 재화를 통한 보상 문제와 교육상황에서 다른 처방이 필요하다는 교육적 적합성을 혼동하고 있다. 교육평등과 경제적 평등이 자유사회에서 왜 이 같은 방식의 논의를 요구하는 이유는 의심할 여지가 없이 개인의 장점을 인정하고 교육성취에 대한 물질적 보상이 주어져야 한다는 자유사회의 원리에 기인하기 때문이다. 그럼에도 최근에 이러한 논점을 다소 환상이라고 치부하고 또한 각기 다른 성취가 교육에 따른 차이가 아니라 삶의 결정론적 기회에 의존한다고 논의되어 왔다. 그러나 경쟁의 비인간적인 측면이 제거되어야 한다고 하면서도 경쟁에 따른 상이한 성취를 정당화하려 하지만, 여전히 경쟁의 출발이 획일적으로 동등화되어야 한다는 것을 공정의 조건으로 여기는 것은 롤스를 비롯한 사람들이 폭넓게 공유하는 생각이다(Cohen, 1981: 77-78). **[플448-449]**

🗀 이 문제에 관해서는 코헨의 『교육과 개인』(Brenda Cohen, *Education and the Individual*, 김정래 역, 교육과학사)을 참조하라. 이 책의 제2장은 이 문제와 관련된 내용을 담고 있다. 코헨은 롤스의 대안으로 노직(Robert Nozick)의 최소정부론을 들어 개인의 권리를 보호해야 한다고 주장한다.

& 다음으로 최소최대원칙(maximin)을 작동하는 것은 일종의 합법적이고 정당화된 차이를 인정하는 것이다. 즉 이른바 '기울어진 운동장'이 최소자에게 최대 이익을 줄 수 있다는 전제 아래 정당화된다. 그러나 '기울어진 운동장'을 만드는 것 자체가 교육 상황에서 가능한지, 그리고 부작용이 없는지를 숙고해야 한다. **[플447-453]**

롤스의 정의 이론에 관한 다음 진술 중 타당한 내용을 모두 고르시오.

① 롤스의 정의 이론에는 사회계약론적 전통이 반영되어 있다.

② 서양 윤리학 이론을 두루 망라하고 이들의 장점을 정의 이론에 적용시켰다.

③ 원초적 입장과 무지의 장막은 권리 인식이나 정의감(sense of justice)을 제고하는 데 요구된다.

④ 최소최대원칙(maximin)을 작동하는 것은 일종의 합법적이고 정당화된 차이를 인정하는 것이다.

⑤ 롤스의 정의 이론은 상호 협상(mutual bargain)이나 상호이익(mutual advantage)을 추구하는 것이다.

& 롤스의 정의 이론은 상호 협상이나 상호이익이 아니라 불편부당성(impartiality)을 지향한다. **[플426; 436-453]**

정답: ①, ②, ③, ④

롤스의 정의 이론에 관한 다음 진술 중 타당하지 않은 내용을 모두 고르시오.

① 롤스의 제2원칙은 자유주의 노선이어서 좌파 노선에 의하여 공격을 받는다.

② 원초적 입장(original position)은 칸트의 정언명령(categorical imperatives)이 적용되는 상황을 전제로 한다.

③ 롤스가 제안하는 자유롭고 합리적인 개인이 합의점을 도출할 수 있는 장치는 칸트의 목적의 왕국에 근거한 이론적 장치이다.

④ 칸트의 목적의 왕국을 토대로 롤스가 꾀하고자 한 것은 장점 위협의 방지이다.

⑤ 제2원칙에 포함된 기회의 원칙은 자유주의의 기회 원칙과 동일하다.

& 롤스의 제2원칙은 강제적 분배를 다루고 있어서 우파 노선에서도 맹렬하게 비판한다. 제2원칙에 포함된 기회의 원칙은 민주적 평등의 원칙을 뜻하므로 자유주의의 기회 원칙과 다르다. [플436-453]

정답: ①, ⑤

롤스의 정의 이론에 관한 다음 진술 중 타당한 내용을 모두 고르시오.

① 롤스의 최소최대화에 담긴 생각은 '기울어진 운동장'을 만들어내는 결과이다.

② 롤스의 최소최대화에 담긴 생각은 곧 사회를 집합적 실체로 보기 때문에 사회를 위하여 개인을 희생시켜야 한다는 생각으로 이어진다.

③ 롤스의 정의 이론이 지니는 가장 큰 장점은 이른바 좌-우, 결과주의와 동기주의, 고전적 권리와 현대적 권리 등의 대립을 지양하고, 이들을 정합적으로 설계했다는 점이다.

④ 롤스는 정의 문제가 사회적으로 배분하고자 하는 일차적인 선(primary goods)에 집중되어야 한다고 본다.

⑤ 롤스의 정의 이론은 좌와 우 양쪽의 식자들로부터 공격을 받는다.

& 롤스의 최소최대화에 담긴 생각은 '기울어진 운동장'을 바로 잡아야 한다는 것이며, 사회를 집합적 실체로 보지 않기 때문에 사회를 위하여 개인을 희생시켜서는 안 된다는 생각으로 이어진다. **[플 436-453]**

정답: ③, ④, ⑤

롤스의 정의 이론은 좌와 우 양쪽의 식자들로부터 공격을 받는 이유를 간단하게 서술하시오.

& 제1원칙은 기본적인 가치 중에서 자유와 자기 존중(self-esteem)과 관련이 되어 있어서 좌파의 공격을 받고, 제2원칙은 사회·경제적 불평등이 공정한 기회 균등이라는 조건 아래서 모든 사람에게 개방된 공직과 지위에 결부되도록 마련되어야 한다는 점 때문에 우파의 공격을 받는다. 전자의 논거는 자유 우선과 자기존중감이 분배를 중심으로 해야 하는 사회정의와 무관하다는 것이며, 후자의 논거는 최소최대화 원리는 사회적 강압성을 지니며 곧 개인의 기본적 자유와 권리를 침해한다고 보기 때문이다.

롤스의 정의 이론에 관한 다음 연결 중 타당하지 않은 것을 모두 고르시오.

① 제1원칙 = 칸트의 의무론

② 제2원칙(b) = 자유주의 원리

③ 무지의 장막과 원초적 지위(original position) = 사회계약론 전통

④ 상호이익(mutual advantage) = 칸트의 목적의 왕국

⑤ 정의감(sense of justice) = 칸트의 정언명령(categorical imperatives)

& 제2원칙에 포함된 기회의 원리는 자유주의 원칙과 다르며 민주적 평등의 원리라고 한다. 칸트의 목적의 왕국은 보편화 가능성과 불편 부당성과 관련되며, 상호이익은 공리주의와 관련된다.

정답: ②, ④

교육상황과 관련하여 본 롤스의 정의 이론에 관한 진술 중 타당한 내용을 모두 고르시오.

① 개인적 요인에 의하여 결정되는 교육적 성취를 물질적 보상으로 간주할 위험이 있다.

② 제2원칙(b)는 교육상황에서 실질적 기회를 제고하는 개념적 장치가 될 수 있다.

③ 사회계약론 전통에 따라 무지의 장막과 원초적 지위를 활용하여 교육 사안은 학생들과의 계약을 통하여 결정해야 한다.

④ 칸트의 목적의 왕국은 학생을 권리 주체로 볼 근거를 마련해준다.

⑤ 장점 위협은 우리 사회에서 벌어지는 이른바 '아빠찬스'를 막는데 활용할 수 있는 개념적 장치이다.

& 개인적 요인에 의하여 결정되는 교육적 성취를 물질적 보상으로 해결할 수는 없다. **[플448]** 학생은 교육제도인 학교에 공부를 하러 온 결과 얻게 되는 신분이므로 롤스가 설정한 계약자와 입장이 다르다. 본서 제8장 참조.

정답: ①, ②, ④, ⑤

앞서의 난파선 구조의 예로 다시 돌아가서 롤스의 이론을 적용하도록 합니다. 즉 롤스의 정의 이론에 담긴 원초적 입장과 무지의 장막을 보다 구체적이고 현실적인 상황에 적용하기 위하여 앞서의 상황을 다음과 같이 다르게 설정하여 사고 실험을 해 보도록 합니다.

> 어찌하여 인류가 재앙을 맞아 난파선에 남은 10명의 사람이 인류 전체 중 남은 유일한 사람들이다. 10명 중 성인 남자 3명, 성인 여자 3명, 노인 1명, 환자 1명, 남녀 어린이 2명이 타고 있다. 육지로 안전하게 갈 수 있는 다섯 명만이 구명정을 탈 수 있다. 이제 누구를 태우고 누구를 제외시켜야 하는가. 구명정에 태워야 할 다섯 명은 어떻게 구성해야 하는가.

& 누구를 태울 것인가를 정하는 규칙을 정하는 절차적 규칙 제정에 누가 참여해야 하는가를 정해야 한다. 롤스에 따르면, 계약 당사자는 '자유롭고 합리적인 사람'이어야 한다. 그렇다면, 계약 당사자는 위의 10명 중 누가 되어야 하는가. 이에 대하여 일견 미성년자인 남녀 어린이 2명을 제외한 8명이라는 답이 가능하다. 이 답을 제시할 경우, 환자가 성인이어야 하고, 정신질환을 앓지 않아야 한다는 전제 아래서 가능하다. 각종 법령이나 사회적 관행에 따라 이 견해는 수용할 수 있다. 하지만 우리는 이에 대한 반론을 제시할 수 있다. 과연 성인이 어린이보다 합리적인 존재인가. 이에 관하여 우리는 이미 아동의 무능과 미성숙이 합리적 판단의 충분한 근거가 되지 않는다는 점을 확인하였다. 따라서 원초적 입장에 설 계약 당사자를 성인으로 국한하는 준거는 분명 한계가 있어 보인다. 게다가 계약 당사자인 성인이 구명정에 오를 기회를 얻게 되더라도 무지의 장막 원칙을 적용하여 스스로 후순위에 두어야 한다.

그 다음으로 어떤 방식으로든지 계약 당사자가 정해졌다고 가정할 경우, 구명정에 탑승할 5명을 어떻게 선정해야 하는지를 살펴보자.

가장 쉬운 해결책은 앞서 소개한 기존의 관행을 그대로 적용하는 것이다. 많은 사람들이 선정에 골머리를 앓을 경우, 이 해결책을 채택할 가능성이 매우 크다. 따라서 통상 "어린이 또는 환자 → 노인 → 성인 여자 → 성인 남자"의 도식으로 보면, 어린이 2명, 환자 1명, 노인 1명, 성인 여자 1명이 구명정을 타야 한다. 이 경우에도 성인 여자 3명 중 어느 여자를 선정할 것인가는 여전히 쟁점으로 남는다. 그러나 연소자 순이므로 3명 중 가장 나이 어린 여자가 구명정에 탑승할 것으로 예측된다.

이 상황에서 이 구조 순위가 타당한가? 만약 구명정이 많은 사람이 살고 있는 대륙이나 큰 섬에 도달할 수 있다면, 이 해결책은 매우 타당할 것이다. 하지만 구명정이 현실적으로 도착할 수 있는 지점이 인근의 무인도라면, 사정은 달라진다. 게다가 이들이 인류의 유일한 생존자인 상황이다. 즉 구명정에서 탑승하여 생존하는 데 그치지 않고 무인도에 도착해서도 연명해야 하는 상황이다.

그러면 무인도에서 삶을 영위하려면 어떻게 5명을 구조해야 하는지를 생각해 보아야 한다. 만약 통상의 경우를 따라 어린이 2명, 환자 1명, 노인 1명, 성인 여자 1명이 구조된다면, 막막한 무인도에서 생활하는 데 많은 어려움이 있다. 당장 노동을 하여 먹여 살릴 건장한 노동력이 부족하다. 이 경우에는 성인 남자가 노동력에서 앞서갈 가능성이 크다. 이 경우에는 어떤 선정 기준을 마련해야 하는가.

또한 무인도에 상당 기간 인류를 존속시켜야 할 상황이라면 차후 자손을 낳아 종족을 유지하려면 다른 구조 순위가 필요할지도 모른다. 이러한 상황이라면 아예 거꾸로 "성인 남녀 5명"을 구조하는 방안이 모색될 가능성도 크다.

그렇다고 하더라도, 성인 6명 중 어떤 사람들로 5명을 구성해야 하는가. 남자 3명과 여자 2명, 아니면 남자 2명과 여자 3명 중 어떻게 해야 하는가. 즉 남자와 여자 중 어떤 경우에도 1명을 제외시켜야 하는데, 누구를 제외시켜야 하는가. 그 기준은 건강, 재산, 재주 등의 기준으로 해야 하는가.

이어서 성인 남녀 6명이 모두 세 쌍의 부부라면, 이 중에서 누구를 배제해야 하는가. 그리고 3쌍의 부부 중, 아이가 한 쌍의 자녀이며, 노인은 다른 한 쌍의 부모라면, 어떻게 5명을 선정해야 하는가.

아니면 어린이와 환자, 그리고 노인을 선정하고, 이들을 돌볼 성인 남녀 1명씩 총 5명을 구조하는 경우도 생각해 볼 수 있다.

아주 드문 경우라고 보지만, 3쌍의 부부 중 아이 2명과 노인을 가족으로 하는 한 쌍이 있는 경우, 이들 5명을 모두 구조해야 하는가.

이런 식으로 상황에 따라 문제는 복잡하게 전개되고 그 해결책은 다양한 각도에서 마련될 수 있다. 어쨌거나 어느 경우라고 하더라도 롤스가 제시하는 절차적 원리는 존중되어야 한다. 장점위협이 없어야 하는 무지의 장막을 전제하는 원초적 지위에서 논의되어야 마땅하다. [플444-447]

오래 전 어느 유명인이 임종을 앞두고 장성한 자녀들에게 다음과 같은 유언을 남겼다고 한다. "세상은 예행연습 없는 마라톤이야." 위의 가상 상황처럼 우리 삶은 하루하루 그리고 매 순간이 예행연습을 할 기회조차 주어지지 않는 초긴장을 요구하는 실전 상황이다. 어느 경우에도 냉정한 판단 아래 절차적 원리는 존중되어야 하며 모든 사람을 권리주체로 보는 권리인식이 요구된다. 이것이 바로 롤스가 강조하는 자유롭고 합리적인 사람이 지니는 '정의감'이다.

Ⅱ. 현실 속의 아동

이제까지 권리이론과 윤리학 원리를 이해하고 적용하기 위하여 가상적인 상황을 중심으로 검토하였다. 이 절에서는 현실 속의 아동이 어떻게 대접받고 있는지 각종 법령과 권리문서를 통해서 알아보기로 한다. 또한 이를 토대로 우리가 검토한 아동관이나 영화 속 소재가 현실에서 어떻게 나타나는지도 살펴볼 것이다. 다른 측면에서 보면, 이 절에 담긴 점검문항은 제2의 중간점검을 위한 것이다.

다음 중 아동에 관련하여 법률적 진술이 올바르게 짝지어진 것을 고르시오.

① 청소년보호법 - 청소년 - 만 24세 이하
② 아동복지법 - 아동 - 만 19세 미만
③ 소년법 - 소년 - 만 19세 미만
④ 도로교통법 - 아동 - 만 18세 미만
⑤ 환경보건법 - 청소년 - 13세 미만

& 여기서 소년은 형법상 개념이다. **[플50-51]**

정답: ③

다음은 우리나라 헌법 제31조이다. 빈칸을 채우고 각 조항을 간략하게 설명하시오.

제31조 ① 모든 국민은 (　　) 에 따라 (　　)하게 교육을 받을 권리를 가진다.

② 모든 국민은 그 보호하는 자녀에게 적어도 (　　)과 법률이 정하

는 교육을 받게 할 의무를 진다.

③ (   )은 무상으로 한다.

④ 교육의 (   )·(   )·(   ) 및 대학의 자율성은 법률이 정하는 바에 의하여 보장된다.

⑤ 국가는 (   )을 진흥하여야 한다.

⑥ 학교교육 및 평생교육을 포함한 교육제도와 그 운영, 교육재정 및 (   )의 지위에 관한 기본적인 사항은 법률로 정한다.

정답: ① 모든 국민은 (능력)에 따라 (균등)하게 교육을 받을 권리를 가진다.

② 모든 국민은 그 보호하는 자녀에게 적어도 (초등교육)과 법률이 정하는 교육을 받게 할 의무를 진다.

③ (의무교육)은 무상으로 한다.

④ 교육의 (자주성)·(전문성)·(정치적 중립성) 및 대학의 자율성은 법률이 정하는 바에 의하여 보장된다.

⑤ 국가는 (평생교육)을 진흥하여야 한다.

⑥ 학교교육 및 평생교육을 포함한 교육제도와 그 운영, 교육재정 및 (교원)의 지위에 관한 기본적인 사항은 법률로 정한다.

& 헌법 제31조는 위에서 알 수 있는 바와 같이, 총 6개 항으로 구성되어 있다. 제1항은 기회균등의 문제를 규정하고 있다. 여기서 쟁점은 기회균등의 문제를 다룸에 있어서 개인의 능력에 중점을 둘 것인가 아니면 그에 앞서 교육받을 기회의 평등에 중점을 둘 것인가에 있다. **[플711-713]** 제2항은 의무교육을 규정하고 있다. 보편적 복지권으로서 '교육권'의 의미가 이 조항에 담겨 있다. **[증221-226]** 제3항은 의무교육의 무상을 규정한다. **[증217-229]** 제4항은 교육의 전문성, 자주성, 정치적 중립성과 함께 학문의 자유를 구현하는 대학의 자율성을 규정하고 있다. 교육의 정치적 중립성과 함께 정치의 교육적 중립성도 존중되어야 한다. 이는 민주적 가치가 절차적 원리에 있다는 점과 함께 교육에서 권위가 민주적 가치를 담고 있다는 점을 시사한다. **[플 567-575; 612-618]** 제5항은 국가의 평생교

육 진흥 의무를 규정하고 있다. 이 권리는 학습권과 개념적으로 연계된다. **[증244-264]** 제6항은 교육기본법, 학교교육법, 고등교육법, 평생교육법 등 교육 관련 사항을 법률로 규정해야 함을 천명하고 있다. 권리의 측면에서 보면 교육받을 권리를 실정권으로 천명하고 있는 셈이다. **[증59-62]** **[플32-324]**

다음은 우리나라 교육기본법 제3조입니다. 무엇을 규정한 조항인지 고르시오.

> 모든 국민은 평생에 걸쳐 학습하고, 능력과 적성에 따라 교육받을 권리를 가진다.

① 학습권　② 평생교육
③ 교육권　④ 국민교육권
⑤ 학교선택권

학습권은 평생교육의 측면에서 정당화된다. 의무교육의 근거인 교육권이 보편적 복지권인 반면, 학습권은 이를 보완하는 저항권적 자유권이다. **[증244-264]**

정답: ①

'세계인권선언'에서 교육 관련 조항을 간략하게 설명하시오.

'세계인권선언' 제26조에 총 3개 항으로 규정되어 있다. 그 내용을 보면, 제1항은 교육받을 권리의 보편성과 최소한 무상의무교육을 천명하고 있다. 직업교육과 기술교육은 각 개인의 생존을 위하여 요구되기 때문에 교육받을 권리로 보장되어야 한다고 규정되어 있다. 고등교육은 그 능력을 가진 사람에게 모두 개방되어야 함을 천명한다. 제2항은 교육이 인격적 발달을 도모해야 하며, 이를 위한 유엔의 노력을 각국이 존중해야 한다고 규정한다. 제3항은 자녀의 교육 관하여 부모의 우선권을 규정하고 있다. **[증388-389; 488-489]**

권리 문서인 헌장(charter), 선언(declaration), 협약(convention)의 차이를 설명하시오. '어린이헌장', '세계인권선언', '아동권리협약'의 사례를 들어 그 특징을 비교 서술하시오.

& 헌장(charter), 선언(declaration), 협약(convention) 등이 있다. 이 세 가지는 권리문서의 규범성과 구속성의 차이를 드러낸다. 또한 이 세 가지는 권리 이행의 강제성 또는 구속력의 차이를 보인다. 따라서 이들은 추상성과 구체성 측면에서도 차이를 보인다. 헌장은 가장 추상적이고 선언적이며, 그런 만큼 가장 규범적인 선언이다. 그다음으로 선언이 그러하다. 협약은 실정법적 효력을 지니는 구속력과 강제성을 가지고 있다. 국내법과 상충할 경우 국제법 우선의 원칙에 따라 협약이 우선한다. 아동권리협약은 다른 아동권리 문서와는 달리 법적 효력을 지닌다.

주지하는 바와 같이, 1975년 어린이헌장은 아동권리의 대강과 규범성을 천명한 '헌장'이다. 이 문서는 1923년 어린이선언문과 아동권리공약 3장의 정신을 계승하고 있다.

1959년의 아동권리선언은 세계인권선언과 달리 아동의 특수성을 강조하고 1924년 제네바선언의 내용을 확대, 보완한 선언문이다. 그러나 여전히 법적 구속력이 약하고 아동권리증진에 실행력을 보장하지 못하므로 1989년의 아동권리협약으로 이어진다.

아동권리협약은 1989년 11월 20일 국제연합에 의하여 채택된 문서이다. 전문과 총 54개 조로 구성되어 있다. 아동권리협약의 3대 원칙으로 '무차별원칙'(제2조), '아동 최선의 이익 원칙'(제3조), '참여의 원칙'(제12조)이 있다. 1990년 9월 2일 국제법으로서 효력을 발휘하게 된다. 우리나라는 1990년 9월 25일 서명하였으며,

1991년 12월 20일 실행 당사국이 되었다. 실행 당사국이라 함은 아동권리협약의 준수 의무를 이행해야 한다는 뜻이다. 이로써 우리나라는 다른 실행 당사국과 마찬가지로 아동권리증진 노력의 이행 여부를 주기적으로 국제연합에 보고할 의무를 진다. **[증378-391; 414-415; 415-421]**

다음 문장을 읽고, ○/× 표시하시오.

(1) 권리주체로서 아동의 의미는 인간이 삶을 영위하는 데 요구되는 여러 조건들을 고려하는 데서 찾아야 한다. ( )

(2) 아동이 권리주체로 인식되려면 '재화-보호-참여'의 세 가지 조건을 모두 만족시켜야 한다. ( )

(3) 권리주체로서 아동관을 형식적인 틀로만 이해하는 데에는 한계가 있다. ( )

(4) 정치 철학적 관점에서 본 아동 존중은 발달이나 성장 등을 고려할 때, 아이들을 성인과 달리 대해야 한다는 것이다. ( )

& 비록 재화-보호-참여 중 어느 한 가지를 충족시키지 못하여도 아동이 권리주체로서 지위를 박탈하는 것은 아니다. 또한 권리주체로서 아동은 아동의 현실 삶에 기반을 두고 고려되어야 한다. 정치철학적 관점은 일체의 차이를 인정하지 않는다. **[증129-130] [플 105-108]**

정답: (1) ○, (2) ×, (3) ○, (4) ×

다음을 읽고, 밑줄 친 '3P'를 통하여 아동권리를 증진할 수 있는 정책적 제안들을 서술해 보시오.

권리주체로서 아동이 당면하는 상황을 보자. 첫째, 아동은 단순한 생물학적 의미의 생존을 할 수 있어야 한다. 둘째, 생물학적 실존이 가능하려면 생존의 지속이 보장되어야 한다. 그것은 물리적인 재화의 지속적 공급, 즉 안정적 삶을 가능하게 하는 주택의 공급도 중요하지만, 심리적, 사회적 안정을 확보할 수 있는 보호가 요구된다. 셋째, 생물학적 생존과 생존의 지속을 담보하는 여건이 갖추어진 것은 아동이 자신의 삶을 특정 지을 수 있는 나름의 활동을 영위하도록 하는 것이다. 그것은 아동이 단지 수동적 존재이거나 조작의 대상이 되지 않는 필요조건이기도 하다. 이러한 세 가지 조건은 이른바 3P로 이어진다.

& 우리 모두가 주지하는 재화(provision), 보호(protection), 참여(participation)를 뜻하는 이른바 3P이다. 다시 말하자면, 아동이 권리 주체로 인식되려면 이 세 가지 조건을 만족시켜야 한다는 뜻이다. [플106-108]

복지정책은 세 가지와 모두 관련된다. 우선 재화의 결핍은 의식주 및 의약품 사의(四依)의 충족을 통하여 해결된다. 보호는 위해한 상황과 취약한 환경에서 보호를 뜻한다. 다만 공적 영역보다는 사적 영역인 가정의 중요성을 강조한 한나 아렌트의 논의를 염두에 두어야 한다. 참여는 보편적으로 요구는 가치이다. 하지만 아동이 처한 상황, 즉 특수성을 고려하지 않으면 안 된다. 사적 영역의 보호가 역시 고려되어야 한다.

다음 빈칸에 들어갈 적절한 단어를 고르시오.

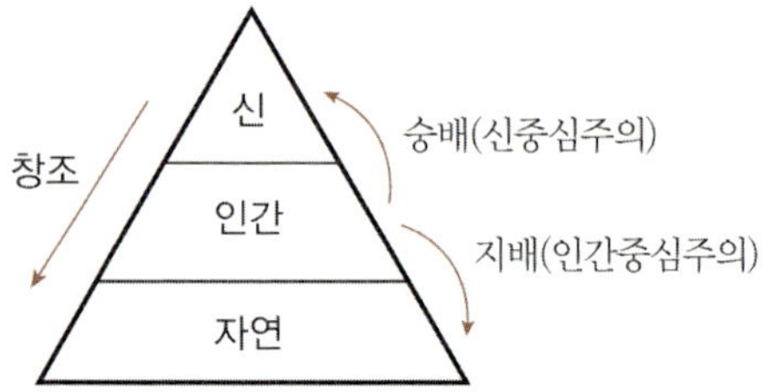

이 위계질서 속에서 인간은 기독교 교리에 의거하여 [ ] 을 뜻한다.

① 아동　　② 성인 여성
③ 성인　　④ 고령자
⑤ 성인 남성

& 이러한 관점은 성인 남성 위주의 인간관을 형성시키는 계기를 제공하여 권리의 측면에서 여성과 아동의 지위를 폄훼하는 결과를 낳는다. **[플79]** 영화 '히든 피겨스'는 흑인 여성이 흑인으로서 여성으로서 권리를 침해당하는 사례를 보여주며, 영화 '미쓰백', '가버나움', '룸' 등은 아동을 성인의 소유물로 여기는 아동관을 잘 보여준다.

정답: ⑤

단군신화에 담긴 홍익인간의 의미를 설명하시오.

& 홍익인간(弘益人間)의 의미를 직역하여 '인간을 이롭게 한다'는 뜻으로 이해한다고 해서 크게 그릇된 것은 아니다. 그러나 이러한 해석은 우리 고유의 단군사상을 외래사상과 혼동하는 우(愚)를 범할 수 있다. 하늘의 존귀한 존재가 어리석은 인간을 구원한다는 뜻

으로 그릇되게 해석할 수 있다. 이러한 오류를 범하지 않고 단군신화에 담긴 '홍익인간'의 의미를 온전하게 이해할 수 있는 단초는 '원화위인(願化爲人)'과 '탐구인세(貪求人世)'라는 뜻에서 찾을 수 있다.

'원화위인'은 곧 인간이 하늘과 땅의 차별적 지위를 지니지 않고 '하나로' 합일하는 원융사상을 그대로 드러낸다. 하늘의 존재가 땅의 '인간'의 모습이 되고 했다는 것은 곧 인간이 하늘과 땅과 차별적으로 존재하지 않는다는 뜻이다. '탐구인세'는 '원화위인'에서 한발 더 나아가 '인간세(人間世)'를 그리워하고 인간의 일상성을 존중한다는 뜻으로 이어진다. 인간세상을 그리워하고 인간이 되기를 간절하게 바란다는 뜻은 '홍익인간'의 사상이 '인간중심'의 의미를 서양의 인본주의(humanism)와 판이하다는 것을 의미한다. [플87-96]

이 문제는 '생성'과 '출현'의 관점에서 살펴볼 수도 있다. 이와 관련된 단군신화 논의는 김정래(2017)의 논문(단군신화에 담긴 '생성'과 '출현', 교육철학 제64집)을 참고하시오.

다음은 아동을 주조되는 존재로 보게 하는 원인 중 하나인 '교화 및 세뇌'와 관련된 설명이다. 빈칸에 들어갈 단어를 쓰시오.

> 교화의 가장 큰 해악은 교화를 당한 사람이 스스로 생각할 수 없다는 점이다. 스누크는 이를 교화의 의도조건이라고 하였다. 최악의 상태는 스스로 자신이 지닌 신념이나 지식을 검증할 수 있는 최소한 능력을 상실한 상태이다. 이를 우리는 흔히 세뇌당한 상태라고 한다. 이를 [　　　　　　]이라고 한다. 교화와 세뇌는 아동을 악의적으로 틀에 짜 맞추어서 아동 스스로 자율적인 판단과 사고를 할 수 없는 상태로 만든다.

& 조작(manipulation)은 정치적인 술어이다. [플103] 자신이 지닌 신념의 근거를 모르는 교화의 극단적 경우에 해당한다. 조작된 사람

의 경우 스스로가 자신의 신념에 대한 근거를 댈 수 없기 때문에 이에 대한 의심조차 할 수 없는 상태에 이르게 된다. 이는 아동권리의 가장 심각한 침해에 해당한다. 전쟁이나 난민 등의 이유로 인하여 아이들이 기본적인 생존에 필요한 재화를 공급받지 못하는 경우도 아동권리를 침해하는 위급한 상황임에 틀림없다. 그러나 아이들이 스스로 자율적 판단을 할 수 없도록 조작한다는 것은 아동권리 측면에서 매우 심각하다. 그 논거는 아동권리협약에서 찾을 수 있다.

& 아동권리협약의 3대정신은 '무차별의 원칙'(제2조), '아동최선의 이익'(제3조), '자발적 참여의 원칙'(제12조)이다. **[증534-537]** 조작의 경우는 자발적 참여와 의사표현을 원천적으로 봉쇄할 뿐만 아니라 궁극적으로는 아동최선의 이익을 저해한다. **[증352; 415-421; 447-468]** 아동에게 생존적 필요에 앞서 인격적 말살을 도모하는 것이다. 소개한 영화 '태양 아래'는 조작과 세뇌가 인간을 얼마나 처절하게 만드는가를 적나라하게 보여준다. **[플162-163; 205-209]** 심지어 아동 참여를 도모한다고 해놓고 아이들을 교묘하게 조작하는 경우도 있다. 하트의 '참여사다리'의 제1단계가 조작인 것인 이를 입증한다. **[증329-330]** 본서 제6장과 제7장 참조.

정답: 조작(manipulation)

다음은 아동관에 대한 설명이다. 빈칸에 들어갈 단어를 쓰고 권리주체로서 아동이 갖추어야 할 여러 조건들을 제시하시오.

> 단순하고 조잡한 아동관에서 권리주체로서 아동을 대하는 아동관에 이르는 노정은 계몽사상에서 발아한 이른바 [   ] 라고 한다. 왜냐하면 그것은 계몽의 연장에서 야기된 '여성해방', '노동해방'과 맥을 같이 하기 때문이다. 그리고 그것은 권리 보편성의 연장에서 지속적으로

개진되어 왔다. 그러나 이러한 관점은 아동의 인간으로서의 보편성에 초점을 맞추기는 하였지만, 우리 사회 공동체 일원으로서 실존하는 아동의 특수성을 전혀 고려하지 못한 점이 있다. 그래서 우리는 권리주체로서 아동이 현실 속에서 당면하는 상황에 주목하지 않을 수 없다.

& 권리주체로서 아동관[증121-156]은 진보의 연장에서 형성된 것을 부정하기 어렵다. 그리고 그것은 사상적으로 계몽의 맥락에서 도출된 것이다. 계몽의 맥락에서 고전적 권리가 인간의 존엄성과 권리의 보편성을 바탕으로 설정된 것과 같은 이치이다. [플105-108] 그러나 아동의 현실은 성인(成人)과 다르다. 그것은 아동을 성인보다 열등한 존재로 본다는 뜻이 아니라, 그들이 처한 특수성을 필연적으로 고려해야 한다는 뜻이다. 이에 관한 논거는 아렌트의 주장에서 찾을 수 있다. 이를 배제하면 향유되어야 할 아동 권리가 왜곡되고 오히려 침탈될 수 있다. 아렌트의 주장을 꼼꼼히 살펴볼 필요가 있다. [플122-147]

아동이 권리주체로서 지위를 확보한다고 하더라도 우리는 현실적으로 다음 세 가지 조건을 늘 염두에 두어야 한다. 하나는 생물학적 생존을 위한 고려, 다른 하나는 생존이 지속되도록 하는 노력, 또 다른 하나는 아동이 자신의 삶을 특징지을 수 있는 나름의 활동을 영위하도록 하는 것이다. [플106] 이 세 가지는 아렌트의 '인간의 조건', 즉 탄생성(natality), 사멸성(mortality), 다원성(plurality)에 상응한다. [플128-133] 그리고 그것은 아동권리인식의 세 가지 단계인 '재화공급(provision)', '보호(protection)', '참여(participation)'에도 상응한다. [플107; 132] 무엇보다도 아동권리의 특성은 이러한 측면에서 숙고되어야 한다. [플446-479] 끝으로 아동의 특수성 문제를 다룸에 있어서 우리가 존중해야 할 제도는 '가정'이다. 아이들을 해방의 도구로 전락시키지 않으려면 가정의 역할이 중요하고, 사적 세계에서 공적 세계로 인도하는 교두보로서 학교와 교육의 역할은 매우 중요하다. [플122-128; 136-140]

아동권리 측면에서 '놀이'의 의미를 정리해 보시오.

& 인간은 사고하는 존재(homo sapiens)이면서, 창조하는 존재(homo faber)이며, 동시에 유희를 추구하는 존재(homo ludens)이다. 이 말은 사고를 요구하는 이성적 활동도 감성이나 지각을 일차적으로 요구하는 창작이나 놀이와 상호 떨어져서 생각할 수 없는 활동이라는 뜻으로 해석할 수 있다.

앞서 논의를 통하여 놀이가 실제적 지혜를 요구하며, 학습 활동과 불가분의 관계를 갖는다는 점을 정당화하였다. 이러한 사실은 아동의 교육권과 놀이권이 상보적 관계에 있다는 것을 보여준다. 따라서 이를 통해서 우리는 '아동권리협약'에 명시된 아동의 교육받을 권리(제28조, 제29조)와 아동의 놀이권(제31조)이 상관관계에 있음을 증명한 셈이다.

이 중에서 아동의 특수성을 고려할 때, 우리가 가장 주목해야 할 것은 놀이 활동이다. 아동의 놀이는 이성을 사용하는 학습 활동의 전제이며, 나아가서 창조 활동과 밀접하게 관련을 맺는다. 이렇게 보면, 적어도 아동에게 호모 루덴스는 호모 사피엔스나 호모 파베르보다 근본적인 속성이다. 따라서 아동 놀이는 아동의 삶에 결정적인 영향을 미치는 활동이다. 이러한 맥락에서 놀이의 위상을 인간 활동과 아동인식 발달의 측면에서 살펴보았다.

아동의 교육권과 놀이권이 온전하게 맞물려 가기 위한 또 하나의 전제는 아동이 일상경험에서 놀이에 참여할 현실적 여건을 제공해 주는 일이다. 제31조에 명시된 문화적 활동에 참여할 기회는 마땅히 아동의 일상생활 속에서 놀이에 자발적으로 참여할 실질적인 기회를 말한다. 여기에 아동이 놀이를 자기 주도적으로 이끌어갈 수 있는 여건의 조성도 요구된다. 본서 제7장 참조.

아울러 우리는 놀이가 잡동사니를 하면서 시간을 때우는 일이 아니라, 교육적 가치를 담기 위하여 심각성을 고려해야 한다는 점을 살펴보았다. 그리고 이러한 사실은 듀이의 경험의 계속적 성장을 통하여 확인할 수 있었다. 같은 맥락에서, 놀이는 무료한 시간을 때우기 위한 것도 아니고 무의미한 활동이 되지 않기 위하여 교사는 놀이를 대하는 아동의 흥미와 관심만이 아니라 놀이를 구성하는 규칙에 보다 세심한 배려를 해야 한다. 희랍어의 '프로네시스'가 시사하는 바와 같이, 놀이를 하는 데에는 아동 스스로가 목적과 수단 및 방법을 택하고 조직할 수 있어야 한다. 이렇게 보면, 아동의 놀이권은 아동의 교육권뿐만 아니라 아동의 참여권과도 밀접한 관련을 맺고 있음을 확인할 수 있다. **[증269-298]**
권리 문서의 측면에서 보면, 1923년 우리나라 아동권리공약3장과 어린이선언문에서 확인할 수 있다. 세계인권선언에서는 문화권(제22조, 제27조)과 여가권(제24조)의 일부로서 천명되어 있다. 우리나라 어린이헌장 5항에 천명되어 있다. 무엇보다도 아동의 놀이권은 아동권리협약 제31조에 천명되어 있다. **[증471-473; 487-489; 547]** 가장 최근의 문서로는 2020년 부산광역시의 '부산광역시 아동의 놀 권리 증진에 관한 조례'가 있다. **[증300-301; 659-662]**

다음 진술 중 타당한 것을 모두 고르시오.

① 놀이는 게으름을 뜻하는 활동이다.
② 당초 인간은 유희를 추구하는 존재(homo ludens)로 놀이와 떨어져서 생각할 수 없는 존재이다.
③ 놀이는 아동의 세계를 가장 잘 설명해준다.
④ 아동의 놀이는 학습과 불가분의 관계이다.
⑤ 아동의 학습권과 놀이권은 상호 배타적이다.

& 놀이는 일을 하기 싫어서 추구하는 활동이 아니다. 아동의 학습권

과 놀이권은 상호 밀접하게 관련된다. [증270-277; 289]

정답: ②, ③, ④

다음 진술 중 타당한 것을 모두 고르시오.

① 고대 희랍어로 보면 아동과 놀이는 밀접하게 관련되어 있다.

② 일과 놀이가 대비된다는 점에 가장 비판적이었던 인물은 듀이(John Dewey)이다.

③ 우리말의 놀이와 앎도 어원상 매우 상호 관련이 있다.

④ 한자어 아해(兒孩)와 아희(兒戲)에서도 아이와 놀이가 밀접하게 관련되는 단서를 찾을 수 있다.

⑤ 아동권리협약에 놀이권은 문화권(文化權)으로 진술되어 있다.

& 모두 옳은 진술이다. [증270-275]

정답: ①, ②, ③, ④, ⑤

다음 진술 중 타당하지 않은 것을 고르시오.

① 아동 놀이는 아동의 삶에 결정적인 영향을 미치는 활동이다.

② '아동권리협약'에 명시된 아동의 교육받을 권리(제28조, 제29조)와 아동의 놀이권(제31조)이 상관관계가 있다.

③ 놀이의 위상을 인간 활동과 아동인식 발달의 측면에서 고찰할 필요가 있다.

④ 하트의 참여사다리에서 놀이는 매우 중요한 역할을 한다.

⑤ 놀이는 경험의 성장과 무관하여 잡동사니를 하면서 시간을 때우는 일이다.

& 놀이는 경험의 성장과 밀접하게 관련되어 무료한 시간을 때우는 일이 아니다. [증270-277]

정답: ⑤

다음 진술 중 타당한 것을 모두 고르시오.

① 분석을 해보면, 만드는 존재인 호모 파베르와 유희를 추구하는 존재인 호모 루덴스는 상호 관련이 있다.

② 우리말 '짓다'는 창작과 유희를 연결해주는 단서가 된다.

③ 생산활동과 창작활동은 어원만이 아니라 인식경계의 측면에서도 연결된다.

④ 영어 'sense'라는 말을 통해서 여섯 가지 인식경계가 서로 연관되어 있음을 알 수 있다.

⑤ 희랍어 '테크네'와 라틴어 '아르스'는 생산과 창작이 연결됨을 알려주는 단초가 된다.

& 모두 옳은 진술이다. **[증280-283]**

정답: ①, ②, ③, ④, ⑤

다음 진술 중 타당하지 않은 것을 모두 고르시오.

① 아리스토텔레스의 목적론은 놀이의 중요성을 부각시킨다.

② 플라톤과 아리스토텔레스의 이론 체계에서 놀이와 관련을 맺는 '테크네'는 하위활동으로 경시되었다.

③ 플라톤의 이론에서 놀이는 보편성을 지니지 않는다.

④ 플라톤과 아리스토텔레스의 이론 체계는 놀이와 일을 구분하는 이원론적 사고를 전제한다.

⑤ 아리스토텔레스의 '유대모니아(eudaimonia)'에는 놀이가 상정되어 있다.

& 아리스토텔레스의 목적론과 '유대모니아(eudaimonia)'는 놀이를 경시한다. **[증278-281]**

정답: ①, ⑤

다음 진술 중 타당한 것을 모두 고르시오.

① 놀이권은 세계인권선언에서는 문화권(제22조, 제27조)과 여가권(제24조)의 일부로서 천명되어 있다.

② 놀이권은 우리나라 어린이헌장 5항에 천명되어 있다.

③ 아동의 놀이권은 아동권리협약 제31조에 천명되어 있다.

④ 인문학 중심의 언어주의, 형식주의, 현학주의는 놀이의 중요성을 부각시킨다.

⑤ 놀이는 교육적으로 중요한 의미를 지니므로 그 자체로 존중된다.

& 인문학 중심의 언어주의, 형식주의, 현학주의는 놀이를 경시하며, 놀이는 성격상 심각성(seriousness)을 결여하므로 그 자체로 교육적 가치를 지닌다고 하기 어렵다. **[증290-298; 471-472; 478-479; 547]**

정답: ①, ②, ③

다음 진술 중 타당하지 않은 것을 모두 고르시오.

① 2020년 부산광역시의 '부산광역시 아동의 놀 권리 증진에 관한 조례'는 기존의 학생인권조례와는 다른 차원의 문서이다.

② 2020년 부산광역시의 '부산광역시 아동의 놀 권리 증진에 관한 조례'는 놀이와 공부를 대립각으로 볼 소지를 담고 있다.

③ 2020년 부산광역시의 '부산광역시 아동의 놀 권리 증진에 관한 조례'는 아동권리협약에 위배된다.

④ 하트의 '참여사다리'는 아동 참여가 놀이를 통하여 제고될 수 있다는 관점에 입각해 있다.

⑤ 아동에게 호모 루덴스는 호모 파베르보다 근본적인 속성을 지닌다는 주장은 권리의 보편성 차원에서 논의되어야 한다.

& 2020년 부산광역시의 '부산광역시 아동의 놀 권리 증진에 관한 조례'는 아동권리협약의 종신을 존중하며, 교육상황을 넘어서는 아

동의 생활장면을 담고 있어서 학생인권조례와 그 성격이 다르다. 아동에게 호모 루덴스는 호모 파베르보다 근본적인 속성을 지닌다는 주장은 아동의 특수성 차원에서 논의되어야 한다. **[증298-301; 659-662]**

정답: ③, ⑤

'재화–보호–참여'의 권리 인식은 여러 가지 의미로 해석된다. 이를 권리주체로서 아동의 입장에서 서술하시오.

& 아동권리인식은 아동의 발달 단계에 따라 재화-보호-참여를 근간으로 하는 하나의 위계로 본다. 이는 연령이나 발달 상태에 따른 세 가지 단계에서 요구되는 권리로 보는 것도 가능하다. 즉 몇 세 이하에서는 재화 공급에, 몇 세 이상에서는 참여에 초점을 맞추어 아동 권리를 신장하고자 하는 노력을 들 수 있다.

하지만 이런 권리인식 단계를 권리의 위계로 보는 데에는 한계가 있다. 왜냐하면 재화공급이 이루어진 다음에 아동을 보호해야 하는 것이 아니며, 보호가 이루어진 다음에 아동 참여를 증진할 수 있는 것이 아니기 때문이다. 권리주체의 측면에서 아동은 세 가지 모두 고려되어야 한다. 그런 관점에서 재화-보호-참여를 권리 인식의 단계로 간주할 수 있다. 아동 권리 인식의 발달 단계로 볼 때, 아동 권리는 초기 단계에서 재화의 공급에 맞추던 것이 아동의 안전을 도모하는 보호의 관점으로 발전하고, 이어서 아이들의 욕망을 충족시킬 수 있는 참여를 실질적으로 증진하고자 하는 노력으로 이해된다. 결국 '재화-보호-참여'는 아동의 발달 상황이나 처한 현실적 여건에 따라 권리인식의 초점을 어디에 맞추어야 하는가의 문제로 귀결될 수 있다. **[증121-123; 305-310] [플119-121]**

'전통 교육'과 '진보 교육'의 이분법의 부당성을 보여주는 예를 세 가지 이상 서술하시오.

& 첫째, 전통교육은 강압과 압력을, 진보교육은 자율과 행복을 가져온다. 둘째, 전통교육은 훈육과 도야에, 진보 교육은 자율과 흥미에 초점을 맞춘다. 셋째, 전통교육은 교사 위주 수업을, 진보 교육은 발견학습 위주 수업을 한다. 넷째, 전통교육은 지식 위주, 진보교육은 정서 위주로 한다. 이러한 이분법은 그릇된 것이다. 전통교육에서도 아이들의 자율성과 정서가 존중되며 흥미에 초점을 맞춘다. 특히 발견학습은 교과의 논리적 특성을 존중하는 전통교육 틀 안에서 가능하다. 이러한 이분법은 권리주체로서 아동을 존중하는데 한계를 지닌다. 영화 '죽은 시인의 사회'는 이 점을 잘 보여준다. **[플155-157; 281-288]**

다음 '공적 영역'에 대한 설명 중 옳지 <u>않은</u> 것을 <u>모두</u> 고르시오.

① 아렌트에게 있어서 공적 영역은 '공론'이 가능한 삶의 영역이라는 뜻이다.

② 정치적 삶은 정치적 동물을 뜻하는 희랍어 'zoon politikon'의 번역어이다.

③ 아렌트는 희랍어에도 오늘날 우리가 사용하는 '사회적'이라는 말이 있다고 언급하였다.

④ 인간이 정치적 동물이라는 말은 도시국가에 존재하는, 살아가는 동물을 뜻한다.

⑤ 오늘날로 보면 동호인, 무리, 무리 지어 살아가는 사람, 클럽에 속하면서 사적인 일을 수행하는 사람을 말한다.

정답: ③, ⑤

이하 몇 문항은 제3장에서도 살펴본 바 있는 한나 아렌트의 주장을 토대로 한 아동권리증진을 위한 공적 영역과 사적 영역의 구분에 관한 유사 문항이다. 권리의 보편성을 주장하는 가운데 현실 속의 아동의 삶이 망가진다는 주장을 이해하기 위하여 필요한 구분이다. 추가 설명은 생략한다. **[플122-128]**

아렌트의 '사적 영역'에 대한 다음 설명 중 옳지 <u>않은</u> 것을 <u>모두</u> 고르시오.

① 사적 영역은 가정에 근거한다.

② 가정을 뜻하는 희랍어 'oikia'는 폴리스 삶 이후의 삶을 뜻한다.

③ 가정은 정치적 집합이 아니므로, 현대사회에서 정의하는 뜻과는 상이하다.

④ 고대 희랍에서는 사적 영역을 중시하지는 않았다.

⑤ 희랍어 'oikia'는 '공동의 소유'를 뜻하는 'koinon'과 깊이 관련된다.

정답: ②, ⑤

아렌트의 공적 영역과 사적 영역에 대한 다음 설명 중 옳지 <u>않은</u> 것을 <u>모두 고르시오.</u>

① 자연적 결사체인 oikia는 필연적 운명의 결정체이다.

② 가정은 '평등의 장소'이다.

③ 도시국가, 즉 공동체인 폴리스는 자유의 영역이다.

④ 개인의 자유 의지에 따라서 결성되는 자유로운 결사체는 '평등'이 고려되는 장소이다.

⑤ 고대 희랍시대부터 평등은 동일한 부를 소유하거나 재화의 동등한 분배를 뜻한다.

정답: ②, ⑤

아렌트의 공적 영역과 사적 영역에 대한 다음 설명 중 옳지 않은 것을 모두 고르시오.

① 아렌트에 따르면, 희랍어 'polis'는 사적 영역을 뜻하는 둥근 담을 가리킨다.

② 희랍어 'oikia'는 생물학적 삶이 가능하게 하는 담이다.

③ 법이라는 것은 공론의 영역에서 정치적 삶이 가능하게 하는 담을 뜻한다.

④ 희랍어에서 삶은 생물학적 생존을 뜻하는 'bios'와 공론의 삶이 가능한 'zoe'로 구분된다.

⑤ 공적 영역과 사적 영역은 상호 배타적이다.

정답: ①, ④, ⑤

위와 같은 사적 영역과 공적 영역의 구분이 왜 필요한지를 간략히 서술하시오.

& 당초 인간의 삶은 가정이라는 울타리의 사적 영역에서 시작된다. 가정은 생물학적 삶이 가능하게 하는 울타리(wall)이다. 이 영역을 간과한 채 아동을 공적인 삶의 장으로 내보내는 것은 아동의 삶을 황폐화시킨다. 이를 아렌트는 자신의 인간의 조건인 탄생성(natality), 사멸성(mortality), 다양성(plurality)으로 설명한다. 공적 영역의 대표적인 활동인 정치적 참여는 이러한 인간의 조건을 충족시켜야 한다는 것을 뜻한다. 예를 들어서 탄생성은 사적 영역과 공적 영역에 모두 관련되는 이중성을 지닌다. 전자는 아동의 구체적인 삶의 터전인 가정과 관련을 맺지만, 후자는 문명인으로서 태어난다는 뜻이다. 이 경우 아동의 권리를 존중한다는 명분으로 전자를 무시하고 후자를 주장하거나 아동을 아무런 준비 없이 공적인 세계에 입문시키는 것은 아동의 삶을 황폐화시키는 결과를 초

래한다. [플128-140]

🗀 아렌트(Hannah Arendt)의 『인간의 조건』(*The Human Condition*, 1958, 이진우 역, 한길사)과 『과거와 미래 사이』(*Between Past and Future*, 1954, 서유경 역, 푸른 숲) 참조

공(公)과 사(私)의 의미에 비추어 사회정의 및 사회복지정책의 문제점을 논의해 보시오.

& 복지정책은 사회정의 실현의 핵심이 되는 정책이다. 그리고 복지정책은 공적 영역에서 다루어진다. 따라서 사적 계약이나 친목은 복지정책의 대상이 아니다. 문제는 공적 영역의 복지정책을 우선시하려는 시도에서 공(公)과 사(私)의 개념이 심하게 왜곡된다는 데 있다. 공과 사는 엄격히 구분되어야 마땅하지만, 그 구분을 공을 우선시하고 사를 사멸시키는 도구로 사용해서는 안 된다. [플698-700] (이하 진술 중 일부는 제3장에서 다룬 것임.)

공(公)의 의미는 두 가지가 있다. 하나는 '누구에게나 드러나는', '숨겨지지 않는'이라는 뜻이다. 다른 하나는 '공공 소유' 즉 '共有(publicly shared)'라는 뜻이다. 이는 상호 소유라는 뜻으로 '사적 소유'와는 대비되지만, 오늘날 사용하는 공유지, 공용재화를 뜻하는 '국가 소유', '주인 없는'이라는 의미와는 차이가 있다.

사(私)의 의미도 두 가지로 나누어 볼 수 있다. 첫째, 사는 현실성의 박탈, 타자성의 박탈을 의미한다. 그래서 결과적으로 고독 관계의 박탈(deprivation)을 자초하는 바보(idiot)가 된다. 둘째, '박탈'의 의미는 점차 사라지고, 소유(ownership)와 재산(property)을 뜻하는 말로 변한다. 이러한 상황에서 전체주의는 공적 영역의 소멸을 통하여 사적 영역의 소멸을 기도한다. [플125-126]

두 가지 개념의 첫 번째 의미는 한나 아렌트가 경계하고자 했던 사적 영역의 소멸과 관련된다. 특히 아동의 사적 영역을 박탈하고 공적 영역에 드러내는 일의 심각성 문제는 결과적으로 아동권리의

침해와 말살을 가져온다. [플133-147]

두 번째 의미는 경제학적 맥락에서 거론되는 의미이다. 이 경우 사사로움을 배제한다는 공(公)의 의미가 나누어 갖는다는 공(共)의 의미로 변질된다. 또한 당초 사적 재산의 뜻을 지닌 사(私)의 의미가 '빼앗다'라는 뜻으로 전용되어 도덕적으로 나쁘다는 뜻인 사(邪)의 뜻으로 전락한다. 그리하여 이러한 그릇된 해석은 공적 영역의 확대 논리를 제공하게 된다. [플698-702]

아렌트에 따르면, 공적(公的)이라는 뜻이 사적인 것을 부정하는 경향이 계몽의 맥락에서 자행되었다. [플125] 사적인 영역을 도외시하면서 공적인 영역이 사회적 영역으로 변질하게 된 것이다. 당시 이러한 변질에 작용하는 사회적 요인은 네 가지로 볼 수 있다. 첫째, 경제학의 등장이다. 그 결과 인간 활동 중 노동이 우위를 차지하게 된다. 계몽의 결과인 근대과학기술은 잉여 생산이나 풍요가 이를 가능하게 하였다. 둘째, 통계학, 실증주의, 행동주의의 발달이다. 그 결과 인간 행동을 법칙에 따라 설명할 수 있다는 환원주의가 대두된다. 셋째, 익명성의 대두이다. 익명성은 개인이 아닌 실체도 없는 '사회적 실체'의 설정을 가능하게 하였다. 넷째, 개인을 계층 문제로 이해하게 되었다는 점이다. [플126-127]

이러한 사회적, 역사적 조류에 따라 정의 문제는 '사회정의' 문제로 탈바꿈하게 된다. [플701-702] 그 결과 공익(公益)은 사익(私益)에 우선하게 된다. 사익은 이제 사사로운 이익에서 '사악(邪惡)한 탐욕'이 되어 버린다. 이제 '공익(public interest)'은 개인의 관심사와 무관한 것이 되면서 개인의 구체적인 삶을 떠나 추상적이고 집합적인 성질을 지닌 것으로 변질되기에 이른다. [플702-708] 결과적으로 공익은 개인의 사적 가치인 자유와 권리를 넘어서는 것이 되어 버린다.

이러한 상황에서 공익은 '평형'을 매개개념으로 하여 분배 중심의 사회정의 정책으로 귀결된다. 이제 사회정의는 공익과 평형 상태만을 존중하는 '분배'의 원리로 규정되어야 한다고 인식하기에 이른다. 하지만 공적 영역의 비대화는 개인의 선택할 자유와 권리의 축소와 말살로 이어진다. 그러한 과정은 다음과 같은 악순환을 낳는다.

"공적 영역의 이념화 → 평형의 유지 → 국가권력의 개입 → 국가권력의 비대화 → 큰 정부 초래 → 개인의 사적 영역의 축소 → 공적 영역의 비대화 → (악순환 과정) → 절대주의 국가의 초래 → 개인의 자유와 권리 축소와 말살 → … "

개인의 자유와 권리를 보호하는 울타리인 사적 영역의 축소가 몰고 올 전체주의 사회의 도래를 경계하기 위하여 공과 사의 문제는 세심하게 검토되고, 복지정책에 반영되어야 한다.

(가)와 (나)를 참고하여 각각의 '교육'은 어떤 지점을 의미하는지 서술하시오.

> (가) 생활인으로서 아동은 생성의 상태에 있다. '생성과정 속에 있고 한 사람의 새로운 인간이며 인간이 되어가는 존재', 즉 '생활에 대한 관계'를 맺는다.
>
> (나) 다른 한편 아동은 세계에 대한 관계를 배움으로써 문명인이 되어야 한다. 아동은 '낯선 세계에 들어선 새로운 존재'로서 '세계에 대한 관계'를 맺는다.

& 학교와 교육은 아동권리의 특수성을 고려하는 필수적인 사회제도이다. **[플136-147]**

정답: (가)에서 '교육'은 우리가 아이들을 우리의 세계로부터 내쫓아 그들이 제멋대로 살도록 내버려 두지 않고, 그들이 뭔가 새로운 일, 뭔가 예측할 수 없는 일을 할 수 있는 기회를 빼앗지 않으며, 또한 그들이 공통의 세계를 새롭게 하는 임무를 담당할 수 있도록 미리 준비시킬 정도로 그들을 사랑할지를 결정하는 지점에 있다. (나)에서 '교육'은 우리가 세계에 대한 책임을 질 만

큼 세계를 사랑할지, 같은 이유로 새로움 없이, 즉 새롭고 젊은 사람들의 도래 없이는 파멸이 불가피한 세계를 구할지를 결정하는 지점에 있다.

Ⅲ. 영화 속의 아동

이 절에서는 『아동권리향연 플러스』에서 소개한 아동 관련 영화를 중심으로 생각을 정리하는 계기를 마련하고자 한다. 무엇보다도 독자들은 관련 영화를 관람해야 한다.

다음 글을 읽고, 영화 '죽은 시인의 사회'에서 드러난 전통교육의 문제를 서술하시오.

> 영화 '죽은 시인의 사회'가 함의하는 아동을 보는 관점은 아동을 주조의 대상으로 보는 것이다. 구체적으로 이 영화에서 웰턴 스쿨의 전통은 아이비리그 대학에 많은 합격자를 내는 것이다. 그리고 부모의 자식에 대한 영달을 바라는 욕망이 바로 이에 전통적 가치관인 것처럼 결합한다. 주인공 닐은 아버지의 소망인 하버드 의대 진학이라는 성취 압박을 받는다. 하지만 자신의 개성과 욕망, 이 영화에서 보면 연극을 하고 싶은 욕망이 좌절된다. 그 결과 영화는 닐이 자살을 하면서 비극으로 끝을 맺는다.

& 영화 '죽은 시인의 사회'는 이른바 '전통 교육의 폐해'를 지적하고자 제작한 영화이다. 아동을 주조의 대상으로 보는 아동관을 낳는 주된 요인인 전통은 분명 그 폐해가 크다. 전통을 지나치게 존중하다 보면 전통의 기준에 아동을 맞추려는 시도가 정도를 넘는다. 이럴 경우 아동에 대한 여러 가지 압력과 통제가 지나치게 가해진다.

전통의 폐해로 인하여 아동을 주조의 대상으로 보는 아동관이 성립한다. 즉, 여기에 해당하는 아동을 주조의 대상으로 보게 하는 원인은 '전통의 존중'이다. 그러나 영화 '죽은 시인의 사회'를 통하여 우리는 전통이 폐해만을 지니고 있는가에 의문을 던져볼 수 있다. 특히 전통-진보의 이분법에 함정이 있음을 유념할 필요가 있다. 또한 아동의 개성을 존중한다고 하더라도 교사의 권위는 여전히 중요한 것임을 이 영화를 통해서 확인할 수 있다. **[플155-157; 186; 276-288]** 교육에서 권위를 존중한다고 해서 아동권리가 훼손되는 것은 아니다. 권위와 권위주의를 구분하지 못하는 데서 여러 가지 오해와 그릇된 판단이 비롯된다. **[플604-608]** 권위와 권리를 상반된 것으로 보는 견해 역시 그릇된 이분법에서 비롯된 것이다. 특히 교육상황에서 학교라는 제도와 교사가 지니는 권위는 존중되어야 한다. **[플612-618]** 이런 차원에서 우리는 교권의 의미를 온전하게 인식해야 한다. **[플619-628]** 아동권리의 실질적인 증진을 도모하기 위해서 더욱 그러하다. **[플628-631]** 아울러 권위적 간섭이라는 잣대로 교사의 권위가 훼손되는 상황도 경계해야 함을 이 영화를 통하여 확인할 수 있다. 본서 제9장의 관련 문항 참조.

(가)는 영화 '가버나움'의 줄거리 일부이고, (나)는 아동을 마음이 없는 존재로 보는 아동관에 대한 설명입니다. 영화 '가버나움'에 (나)의 아동관이 반영된 부분을 찾아 쓰시오.

> (가) 영화 '가버나움'은 레바논에서 생활하고 있는 12살 소년 자인의 모습을 중심으로 빈민층의 현실과 어린아이들의 생활들을 단면적으로 보여주고 있다. ……
> 자인 가족의 자녀들은 출생증명서 같이 신분을 증명할 서류가 없다. 그리하여 교육, 의료와 같은 기본적인 삶의 영역에도 제한된 채로 살아간다. 자인을 포함한 자녀들은 어릴 적부터 거리로 내

몰려 세상을 몸소 체득한다. 그러던 중 자인은 부모가 한 살 아래인 여동생 사하르와 식료품점 주인을 결혼시키려는 움직임을 눈치채고, 사하르의 짐을 챙겨 몰래 사하르를 탈출시키려 하지만 좌절되고 만다. 결국, 여동생 사하르는 11살의 나이에 팔려가듯 결혼을 하게 되었고, 이 일을 계기로 자인은 가출한다.

(나) 아동은 인간보다는 동물에 가까운 존재이다. 이 말은 아동이 사물을 전혀 인지하거나 지각할 수 있는 존재가 아니라, 아동에게 기대될 수 있는 것이 아무것도 없는 존재라는 뜻이다. 따라서 아이들에게 할 수 있는 것은 기본적이고 생리적인 필요를 충족시켜주고, 신체적인 안전을 보장해주는 것과 함께 질병, 기아, 추위와 같은 위해로부터 아이들을 보호해 주는 일이다. 이 아동관은 아이들을 생존적 차원에서 보호한다는 의미가 있지만, 다른 한편으로는 아이들을 어른들의 소유물로 본다는 뜻도 담고 있다.

& 영화 가버나움에서 주인공 자인의 출생신고가 되지 않은 상태는 곧 아이들을 상품처럼 취급한다는 부모의 생각이 반영되어 있다. 더욱이 여동생 사하르를 11살의 나이에 인신매매하는 부모의 형태는 아동을 마음이 없는 존재, 즉 소유물로 본다는 아동관을 반영한다. 과거 봉건시대와 일제강점기 그리고 해방 이후 경제적으로 궁핍했던 시절 우리 사회에도 적지 않게 횡행했던 일들이다. **[증17-18] [플97-98; 152; 196]** 인신매매에 가까운 강제결혼, 출생신고를 하지 않는 상황은 모두 아동 자신의 생명권을 위협하는 조치들이다.

& 아동이 상품처럼 취급되거나 소유물로 여겨지는 사태를 방지하기 위한 노력의 일환으로 고안된 것이 성명권과 국적 취득권이다. 이와 아울러 출생신고의 의무를 규정하고 있다. 이는 아동권리협약 제7조 ①항에 천명되어 있다. **[증535]**

& 이에 앞서 보다 근본적으로 모든 아동이 생명권을 지니고 있음을 아동권리협약은 제7조 ①항에 천명하고 있다. **[증535]**

(가)는 영화 '룸'의 줄거리 일부이고, (나)는 영화 '룸'의 등장인물인 '잭'에 대한 설명입니다. 이 영화에 반영된 아동관에 대해 서술하시오.

(가) 열일곱 살 소녀 조이는 7년 전, 한 남자에게 납치돼 창고를 개조한 가로, 세로 약 3.5m의 작은 방에 갇히게 된다. 세상과 단절된 채 지옥 같은 나날을 보내던 중, 납치범 닉에게 성폭행을 당하다 아들 잭을 낳아 엄마가 되었다. 조이에게는 아들 잭이 지옥 같은 현실에서 유일한 삶의 희망이자 구원이다. 일주일에 한 번 닉이 제공하는 식량에 의존해 살아가던 중, 조이와 닉이 함께 있을 때 잭이 옷장 밖으로 나와 버리는 사건이 발생한다. 이 사건 때문에 조이가 납치범 닉과 싸우다 제압당하고, 분노한 닉은 다음날 창고의 전기를 끊어버리는 보복을 감행한다. 한겨울 날씨라 입김이 샐 정도로 추운 환경에 방치된 조이는 더는 버틸 수 없다고 판단해 탈출을 결심한다. 그리고 어렵지만, 아이에게 그들이 처한 현실을 설명하고, 자신의 끔찍한 삶에 관해 들려준다.

(나) 조이의 아들 잭은 태어날 때부터 룸에서 살았다. 그렇기에 자신이 생각하는 넓은 세상은 오직 룸이고, 그 외의 자신이 경험하지 못한 바깥세상은 그가 직접 경험할 수 없는 그저 우주였다. 탈출하기 전 잭이 보았던 세상은 오직 TV 속의 세상이었기에 잭은 탈출한 이후, 처음에는 적응을 쉽게 하지 못했지만 5살밖에 되지 않은 천진난만한 잭은 그 속에서 꽤 적응을 잘하는 모습을 보인다.

& 영화 '룸'에서 볼 수 있는 아동을 납치, 감금하는 일은 아동을 마음이 없는 존재, 즉 인격체로 보지 않는다는 관점에서만 설명이 가능하다. **[증17-18] [플97-98; 152]** 영화 '룸'은 아동을 인격체로 보지 않는 관점을 적나라하게 보여주며, 그러한 사례가 우리 주변에서 빈번하게 일어나고 있음을 말해준다. 실제로 이 영화는 실화를 바탕으로 한 동명소설을 토대로 각본을 구성했다고 한다. **[플187-192]**

(가)는 영화 '가버나움'의 주인공 '자인'에 대한 설명이고, (나)는 아동을 작은 성인으로 보는 아동관에 대한 설명입니다. 영화 '가버나움'에 (나)의 아동관이 반영된 부분을 찾아 쓰시오.

> (가) 출생기록조차 없는 열두 살인 소년인 자인은 아마도 자기 앞에 주어진 삶을 경멸한다. 자신을 낳고 형제들을 낳은 부모를 원망하며 고소하기에 이른다. 자인은 학교도 가지 못한 채 마른 몸을 휘청이며 가족의 생계를 돕는 도구처럼 쓰인다. 그런데도 자인은 살아내려 발버둥을 친다. 날 선 눈에 불을 담고, 삶이 주는 고통에서 달아나기 위해 애처로운 몸짓을 계속한다. 자인은 누구를 상대로도 가릴 것 없이 욕하고 달려드는 성격을 가져, 소소한 좀도둑질 정도는 태연히 해냈고, 결국엔 사람을 찔러 감옥에 잡혀 들어간다.

> (나) 아동은 성인에 비하여 '덩치'만 작은 존재이지 여타의 면에서 성인과 똑같은 특징을 갖는 존재이다. 아동을 인격적으로 대우한다는 점에서 고무할 만하다. 이 관점이 가정하고 있는 가장 큰 문제는 아동의 사고 과정이 성인의 사고 과정과 근본적으로 동일하다고 보는 데에 있다. 그 결과 성인이 할 수 있는 과업은 당연히 아동이 수행할 수 있는 과업이라는 결론이 도출된다. 따라서 아동에게도 짊어져야 할 의무와 과업이 주어진다.

& 영화 '가버나움'은 아동을 마음이 없는 존재로 볼 뿐만 아니라 작은 성인으로 보는 아동관이 반영되어 있다. 아이들을 인신매매하는 행위는 전자에 해당하고, 이 영화의 주인공 12살 소년 자인은 스스로의 생계만이 아니라 어린 동생들의 생계를 위하여 온갖 잡다한 일을 하는 경우는 후자에 해당한다. 왜냐하면 아동이 성인과 똑같은 경제적 부담을 감당해야 한다는 점을 뜻하기 때문이다. 실제로 영화 속 자인의 행동은 성인이 저지르는 행동이다. [플99-100; 152-153; 196-200]

영화 '아무도 모른다'를 관람하거나 그 줄거리를 읽고 이 영화에 담긴 아동관과 그 아동관이 반영된 부분을 서술하시오.

& '아무도 모른다'는 아동이 '작은 성인'으로서 역할을 짊어져야 하는 내용을 담고 있다. 아이들을 방기하고 집을 나간 엄마를 대신해서 동생들을 돌보아야 하는 아키라는 동생들에게 엄마를 대신하는 역할을 수행하지만, 동시에 자신의 삶을 추구하고자 하는 몸부림을 친다. 생활고와 자신의 삶이 평행선으로 전개되는 아키라의 삶은 작은 성인으로 보는 아동관을 잘 드러내준다. [플100; 224-228] 우리 사회의 적지 않은 소년소녀가장의 경우도 아동이 작은 성인의 역할을 하는 경우이다. 이럴 경우 아동의 여러 가지 권리가 침해당하며, 특히 발달과정에 있는 아동에게 생존과 발달에 결정적인 기회가 박탈됨으로써 치명적인 결과를 낳는다. 이는 정언적 필요를 충족시키지 못하는 경우가 된다. [증207-217] 교육학과 심리학에서 자주 언급되는 발달과업을 학습할 기회가 원천적으로 박탈되는 것이다. 이는 아동권리협약 제6조 ②항에 비추어 매우 심각한 문제이다. [증535]

영화 '취한 말들을 위한 시간'을 관람하거나 그 줄거리를 읽고 이를 아동을 작은 성인으로 보는 아동관과 관련하여 설명하시오.

& 쿠르드족의 소년 가장 아윱이 학업을 포기하고 생계 전선에 뛰어든 스토리를 다룬 '취한 말들을 위한 시간'은 아동이 성인과 똑같은 점을 짊어져야 하는 내용을 담고 있다. 게다가 전쟁이 잦은 중동지역의 정치 형세는 아이들을 정상적인 발달과 양육으로부터 배제시키고 있어 아동이 인간으로서 향유해야 할 최소한의 권리가 무엇인지를 생각하게 해준다. 즉, 아윱이 학업을 포기하고 생계 전선에 뛰어든 점에서 성인이 할 수 있는 과업을 당연히 아동이 수행할 수 있는 과업이라고 보는, 아동을 '작은 성인'으로 보는 아동

관이 반영되었다고 볼 수 있다. **[플235-239]**

& 중동 지방을 비롯한 중앙아시아의 아동권리 침해 사례로 소개한 영화는 '취한 말들을 위한 시간' 이외에 '가버나움'과 '연을 쫓는 아이'가 있다. **[플196-200; 210-215]** 이 영화들은 모두 아이들이 생존을 위한 사투는 물론 어른들이 짊어져야 할 생계의 짐을 지고 있다는 공통점이 있다. 그리고 이런 비극적인 상황이 중앙아시아와 중동지방을 비롯한 제3세계에서만 일어나는 것은 아니다. 우리나라를 비롯한 선진국에서도 적지 않게 찾아볼 수 있는 참상이다. 소개한 영화 '아무도 모른다'는 일본에서의 상황을 말해주고 있다. **[플224-228]** 우리나라의 경우에도 소년소녀가장이 존재하는 것도 이러한 상황을 말해준다.

다음을 읽고, 아동을 주조의 대상으로 볼 때 직면하는 문제점을 지적하시오.

> 영화 '태양 아래'는 북한 아동의 실상을 파악하고자 한 일종의 다큐멘터리 영화이다. 그러나 제작 과정에서 이러한 의도가 발각되었다고 한다. 하지만 영화는 세뇌의 내용과 정도가 어느 수준까지 이르는지를 이 영화는 보여준다. 당장의 의사판단능력의 상실만이 아니라 장차 아이가 성장하였을 경우에도 자기결정능력의 상실로 이어진다는 점이 아동권리 차원에서 큰 문제가 된다.

& 영화 '태양 아래'는 아이들이 어떻게 세뇌되는지를 극명하게 보여주는 영화이다. 즉, 이에 해당하는 아동을 주조의 대상으로 보게 하는 원인으로는 '교화 및 세뇌'라고 할 수 있다. 교화의 가장 큰 해악은 교화를 당한 사람이 스스로 생각할 수 없다는 점이다. 자율적인 판단과 사고를 스스로 할 수 없다면, 자신의 삶을 영위하면서 자신의 기본적인 권리를 향유하고 행사할 수도 없다. 그보다 더 최악인 것은 그에 앞서 교화와 세뇌당한 사람 스스로가 자신의 권리

를 인지조차 할 수 없다는 점이다. **[플162-163; 205-209]**

전쟁 속에서 성폭행과 여러 어려운 상황에 처한 아동을 묘사한 영화 '연을 쫓는 아이'를 관람하거나 그 줄거리를 읽고, 이 영화에 반영된 아동관과 그 이유를 서술하시오.

& 전쟁이 시작되기 전 평화롭고 활기찬 마을에 살던 아프가니스탄의 아동은 파키스탄과 미국으로 피난을 가야 했고, 탈레반이 정권을 잡은 혼란스러운 시기에 아이들은 갈가리 분열되고 찢긴 세상에서 살아남기 위해 참담한 비극을 겪을 수밖에 없었다. 특히 영화 속의 소랍은 탈레반의 성 노리개로 잡혀있으면서도 생존을 위해서 몸부림쳐야 했다. 이처럼 어른들에 의해 발생한 전쟁으로 인해 아이들은 그 누구에게도 의지하거나 도움을 받을 수 없는 전쟁 상황에서, 스스로 생존해야 한다는 커다란 짐을 지고 있었다. 이 점에서 영화는 아동을 '작은 성인'으로 보는 입장을 잘 드러내고 있다.

동시에 당시 아프가니스탄 내의 다양한 종족 구성과 이들 사이의 대립으로 인해, 파슈툰족과 하자라족으로 신분이 구분되었고, 영화 속에서 핫산은 하인인 하자라족 아버지를 따라 파슈툰족인 아미르의 시중 역할을 해야 했던 상황도 아이들의 처지를 더욱 악화시켜 버렸다. 아미르의 떨어진 연을 찾기 위해서 핫산이 온 마을을 뛰어다니는 데서 '연'이 그저 아이들의 놀잇감이 아닌 경쟁과 생존을 상징한다는 것을 알 수 있다. 핫산과 같이 자신의 성장과 발달을 돌보아야 할 아동이 성인이 할 수 있는 과업을 당연히 해낼 수 있다는 시각에 의해, 핫산에게 아미르의 뒷바라지를 하도록 과업이 가해졌다는 점에서도 아동을 '작은 성인'으로 보는 입장을 발견할 수 있다. **[플210-215]**

다음은 영화 '4등'의 줄거리 일부입니다. 이 영화에 반영된 아동관과 그 이유를 서술하시오.

> 수영을 한 지 2년 된 수영선수 준호는 천재적인 재능을 가졌지만 승부욕이 없어 경기만 하면 4등을 한다. 준호를 1등으로 만들기 위해서라면 물불 가리지 않는 엄마는 급기야 '메달 따게 해주는' 코치인 광수를 소개받는다. 심드렁한 표정으로 대회 1등은 물론, 대학까지 골라 가게 해주었다고 호언장담하는 광수는 연습 기간 수영장 출입 금지 명령을 내리는 등 준호 엄마에게 훈련에 절대 개입하지 않겠다는 약속까지 받아낸다. 그리고 광수는 준호가 집중하지 못한다는 이유로 훈련이 제대로 되지 않는다며 준호에게 체벌까지 가한다. 준호가 미워서 때리는 게 아니라, 과거 광수 본인이 코치에게 맞지 않아 더 크게 성장하지 못했다는 것이 체벌에 대한 변명이다. 매달에 목매는 준호 엄마는 이 사실을 뒤늦게 알게 되지만 묵인한다.

& 더 좋은 성과를 낼 수 있다며 교육에서 체벌을 합리화하는 광수는 처음 폭력을 행사하였을 때 준호가 자신이 원하는 대로 변화하지 않자 계속해서 더 심한 폭력을 행사한다. 결국, 이러한 체벌의 수위는 걷잡을 수 없게 되어 준호의 몸과 마음을 모두 다치게 하고 만다. 무엇보다 영화는 폭력에 의한 학습에 대해 경고하고 있다. 코치로부터 체벌을 당하는 것이 싫어 선수 생활을 그만 두기까지 한 광수는 세월이 지난 후 어느새 코치로서 준호에게 행하는 폭력을 합리화하고 있다. 체벌의 '재생산'이라는 악순환을 확인할 수 있다. **[증91] [플678-679]** 나아가서 준호까지도 자신의 물건을 허락 없이 사용한 동생 기호에게 폭력을 행사하는 모습을 보여준다. 이처럼 체벌을 '벌'과 혼동하여 폭력을 가했을 때, 단기적으로는 상대가 변화한 것처럼 보이지만 결국 폭력을 학습하며 악순환의 굴레에 빠지게 된다. 그뿐만 아니라 영화는 자식을 위한다는 이유를 방패로 삼아 준호를 수영장으로, 기호를 학원으로 밀어 넣는 부모

의 뒤틀린 욕망을 계속해서 보여주고 있다. 준호 엄마가 경쟁 사회의 공포에 지배당해 아이에게 자신을 투사하며 아이를 경주마로 단련시키는 모습을 통해, 아이 개인의 행복보다는 경쟁 우위를 중시하는 부모들의 실상을 적나라하게 보여준다. 따라서 영화 '4등'은 성취압력에 근거한 체벌의 실상을 보여주는 영화라고 할 수 있다. 이러한 성취압력을 통해 아동을 '주조되는 존재'로 보는 아동관이 반영되어 있다. **[플161-162; 192-196]**

다음은 북한 체제 유지를 위해 희생된 어린 진미의 인권침해 현장을 고발하는 영화 '태양 아래'에 대한 내용입니다. 이를 참고하여, 영화에 반영된 아동관과 그 이유를 서술하시오.

> 영화 제목 속 '태양'은 김일성 주석을 뜻한다. 즉, '태양 아래'는 '김일성 체제 아래 살고 있는 북한 주민들의 삶'을 상징하는 제목이다. 만스키 감독과 제작진은 1년에 걸쳐, '진미'라는 여덟 살 여자아이와 그의 가족과 함께 지내며 봐온, 진미 가족과 북한 사회의 모습을 다큐멘터리 형식으로 담아낸다. 만스키 감독은, 촬영 전 오디션을 통해 선발된 주인공 진미의 일상이 모두 북한 당국에 의해 조작된 내용이었다는 것을 깨닫자, 촬영 NG컷을 포함해 쉬는 시간 동안의 모습, 그리고 거리 군상들을 찍은 영상을 여과 없이 영화에 공개했다. 그로 인해 꾸며낸 현실로 체제를 선전하려는 북한 당국의 터무니없는 통제 실상이 영화에 그대로 드러났다. 영화는 크게 진미의 조선소년단 입단과 태양절(김일성 생일) 준비 두 가지 사건을 다루며 '북한 수도 평양에 있는 아파트에 살고, 최고의 학교에 다니는' 북한 최고의 삶으로 알려진 진미 가족의 태양 아래 일상을 따라간다.
>
> 북한 측 진행요원들은 영화에 등장하는 사람들의 사소한 행동부터 표정, 대사와 반응 그 모든 것을 일일이 지시한다. 이와 같은 요청들은 진미와 친구들이 태양절을 준비하는 과정에서도 여지없이 쇄도한다.

진미와의 마지막 인터뷰에서 감독이 우는 진미를 달래면서 좋았던 일에 대해 생각해보라 할 때 어린 시절부터 세뇌를 받은 진미는 좋았던 일을 생각조차 하지 못하는 모습을 보인다. 좋아하는 시를 읊어보라는 질문에는 진미는 위대한 수령님을 위해 죽겠다고 외운 결사문을 막힘없이 암송한다. 이처럼 진미는 북한 체제 유지를 위한 꼭두각시가 되어 인권이 살아가고 있다.

& 김일성 수령이 태어난 날인 태양절을 맞이해 조선소년단에 입단하여 축하 공연을 준비하는 과정까지 주인공 진미의 자발적인 참여와 결정권은 어느 곳에서도 찾아 볼 수 없다. 특히 축하 공연을 위해 무용을 배우는 과정에서조차도 조금만 쉬고 연습하겠다는 간단한 의사 표현도 하지 못해 흐르는 눈물을 감추며 애써 참아내려하는 모습을 보인다. 그뿐만 아니라 진미가 학교에서 배우는 수업도 김일성을 찬양하는 내용 위주로 진행되는 수업이고, 진미에게 제일 좋아하는 시를 물었을 때 1초도 망설이지 않고 김일성 찬양시를 외우는 모습을 통해 북한의 아동 학대의 심각성을 생생하게 전달해주고 있다. 북한 체제에서 김일성 일가의 우상 숭배를 위하여 아동에게 세뇌 수준의 교화만이 아니라 정신적인 폭력이 가해지고 있다. 이 영화는 물리적 폭력이 아니라 한 가지의 사상을 주입하고 자유로운 의사 결정권을 침해하는 것도 폭력임을 시사하며 북한의 아동 실태를 고발한다. 아동은 독재 체제를 위한 도구에 불과할 뿐 아니라 이를 위하여 마음대로 조작될 수 있는 존재로 전락한다. 따라서 영화 '태양 아래'는 세뇌 및 교화를 통해 아동을 '주조되는 존재'로 보는 아동관이 반영되어 있다. 뿐만 아니라 교화의 의도기준에 비추어 주민들의 자발적인 사고 자체를 차단시켜버리는 정신적 폭력을 확인할 수 있다. **[플162-163; 205-209]**

다음은 영화 '미쓰백'의 줄거리 일부입니다. 이를 참고하여, 영화에 반영된 아동관과 그 이유를 서술하시오.

> 과거 백상아의 엄마는 남편과 사별한 후 우울증을 겪었고, 술에 취한 상태에서 백상아에게 큰 상처를 남겼다. 당시의 기억에 괴로워하는 백상아는 길에서 지은이라는 한 아이를 만나게 된다. 나이에 비해 작고 깡마른 몸에, 한겨울 날씨에도 홑겹 옷을 입고 있는 지은에게서 아동학대의 흔적을 발견하였고, 그런 지은을 바라보는 백상아의 마음은 편치 않다. 지은의 아빠 김일곤은 심각한 게임 중독으로 아이를 돌보지 않았으며, 동거녀 주미경과 함께 지은을 감금하고 학대했다. 과거 끔찍한 학대를 견디다 못한 지은이 도움을 요청하기 위해 경찰서에 찾아갔지만, 정도가 지나친 부모의 훈육 정도로 여긴 경찰은 다시 지은을 집으로 돌려보냈다. 지옥과도 같은 집에서 탈출할 수 없다는 무력감과 집으로 돌아갔을 때 더 심해질 학대가 두려워 백상아와 함께 출두한 경찰서에서도 넘어져서 다쳤다는 거짓말을 하고 만다.

& 이 영화 역시 표층에는 아동학대를 확인할 수 있지만, 아동이 아예 인격이 없는 존재로 보는 아동관을 확인할 수 있는 영화이다. 영화 속에서 지은을 학대한 가해자 친부 김일곤과 동거녀 주미경은 지은을 인간으로서 보지 않고, 동물보다도 못한 존재로 여기는 모습을 보인다. 아이를 때린 뒤에 돈을 던져주면서 음식을 사 먹도록 하고, 계절에 맞지 않더라도 그저 옷을 입히기만 하면 전혀 상관하지 않는 가해자들은 아동을 그들의 소유물로 여기는 태도를 보인다. 특히 동거녀인 주미경이 교회나 그 외의 장소에서는 사람들과 잘 어울리며 붙임성이 있지만, 집에만 들어오면 돌변하여 지은을 학대하며 보이는 이중적인 태도를 확인할 수 있다. 그리고 자신의 애완견은 살뜰히 챙기면서도 지은을 가혹하게 학대하는 태도는 아동을 반려동물보다 못한 존재로 보는 것이다. 여기에 아동을 마음이 없는 존재로 여기는, 즉 인격체로 보지 않는 입장이 잘 드러나

있다. 또한, 지은에게서 기대할 수 있는 것이 아무것도 없다고 여기며, 아이에게 교육을 받게 하는 것은 전혀 의미가 없는 일로 여겨 학교도 보내지 않았다. 따라서 아동을 부모의 소유물이나 재산처럼 취급한다는 점에서 아동을 '마음이 없는 존재'라고 보는 아동관이 반영되어 있다고 할 수 있으며, 비인격체로서 아동을 바라보았다. [플201-204]

다음은 전쟁 속의 아동의 참상을 볼 수 있는 영화 '거북이도 난다'의 줄거리 일부입니다. 이를 참고하여, 영화에 반영된 아동관과 그 이유를 서술하시오.

> 2003년 미국의 이라크침공이 임박했다는 소문에 사담 후세인의 핍박을 피해 많은 쿠르드족 사람들이 이라크 국경 지역의 쿠르디스탄에 몰려든다. 그들 중 할랍자에서 피난 온 소녀 아그린은 과거, 이라크군에게 모든 것을 잃었다. 부모를 잃었고, 미래를 예지하는 능력을 지닌 오빠 헹고는 두 팔을 잃었고, 자신은 군인들에게 겁탈을 당해 아이까지 낳았다. 한편 주민들에게 위성안테나를 설치해주는 일을 한다고 해서 위성이라는 이름이 붙여진 소년은 참혹한 현실 속에서도 자신보다 어린아이들을 보살핀다. 위성은 지뢰를 팔아서 돈을 벌기도 하고, 그 돈으로 무기를 사서 전쟁을 준비하기도 하는 등 지역 아이들의 지도자 역할을 하고 있다. 아그린을 보고 첫눈에 반한 위성은 끊임없이 그녀의 환심을 사기 위해 방독면도 구해주고, 물도 길어다 주고, 급기야 그녀의 사생아를 구하려다 지뢰가 터져 다리까지 다치게 된다.
>
> 드디어 미국의 이라크침공이 시작되어 그들이 후세인으로부터 해방되던 날, 아그린은 끝내 그 상처를 이기지 못하고 아이를 돌에 묶어 강물에 빠뜨려 죽이고, 자신은 절벽에서 떨어져 죽고 만다.

& 참혹한 전쟁 상태에서는 아동의 존재감 자체를 확인할 수 없다. 이는 아동을 마음이 없는 존재, 즉 인격체로 보지 않는다는 관점에서

설명이 가능하다. 우리가 흔히 '생존-보호-발달'의 단계를 거론하면서 아동 권리의 인식 수준과 권리 현실을 논하지만, 이 영화를 보면 기본적 생존과 최소한의 안전조차 거론할 수 없는 지경의 아동을 만나볼 수 있다. 전쟁에 의해 부모를 잃은 뒤 땅에 묻힌 지뢰를 찾아 팔면서 돈을 벌어야 하는 아이들에게는 생존 그 자체가 고통이다. 또한, 두 팔을 잃고, 겁탈을 당해 아이까지 낳은 아이들은 어떠한 보호도 받지 못하고 있다. 특히 전쟁 중 겁탈당한 기억에 늘 악몽에 시달리는 아그린은 아동으로서 건강한 성장과 발달은커녕, 아그린에게 현실은 더는 버틸 수 없는 벼랑 끝과도 같았고, 결국 아이를 강물에 빠뜨려 죽인 뒤 절벽에 몸을 던지며 스스로 생을 마감하고 만다. 영화 속의 아이들에게는 생물학적 생존에 필요한 재화는 물론이거니와, 심리적, 사회적 안정을 확보할 수 있는 보호가 전혀 주어지지 않았기 때문이다. 이렇게 아동을 '마음이 없는 존재'로 보는 아동관은 궁극적으로 보면 아동 존재의 소멸로 이어진다. 달리 말하자면, 아동관이라는 인식 자체가 없다는 생각으로 이어진다. **[플228-231]**

영화 '히든 피겨스'를 상영하거나 그 줄거리를 참고하여, '차별 철폐'가 정치이념의 문제가 아니라 '인류가 보편적으로 추구해야 할 가치'인 이유를 영화를 통해 찾아 쓰시오.

& 첫째, 차별은 인간의 존엄성을 말살한다. 인간은 누구나 자기 자존감을 가지고 있다. 차별은 피부색, 인종, 성별에 따라 부당하게 그 자존감을 훼손하거나 말살시킨다. 생활 장면 곳곳마다 차별이 편재한다면, 인간의 자기 정체성은 무너질 것이며, 자기 자존감은 상실되고 말 것이다. 영화는 많은 장면을 통해서 이를 보여주고 있다. 둘째, 인간의 상호 존중을 훼손시킨다. 영화에서 존슨 대령은 구애 과정에서 여성이 논리적인 일을 한다고 실언을 함으로써 상

대방의 자존감을 훼손시켰을 뿐만 아니라 상호 신뢰와 존중감을 무너뜨렸다. 잭슨 부부도 남편이 아내에게 여자가 무슨 공학을 전공하는가 하면서 상호 존중의 원칙을 훼손시켜 버렸다. 셋째, 차별은 인간이 타고 태어난 천부적 자질을 사장시키는 원죄를 짓는 일이다. 이 영화의 제목은 '숨겨진 숫자'이기도 하지만 동시에 '숨겨진 인물' 즉 '숨겨진 재능'을 뜻한다. 영화의 전개가 숫자를 이용한 우주전쟁에서 승리를 담고 있지만, 주인공들의 숨겨진 재능이 빛을 발휘하기까지의 과정을 담고 있다. 주인공 세 사람의 천부적인 재능이 인종차별과 성차별로 인하여 사장될 수 있는 사회적 상황을 영화는 묘사하고 있다. 차별이 존속되었다면, 우수한 천부적 재능은 영원히 사장되었을 것이다. 그렇다면 그것은 인류 스스로 자신이 부여받은 천부적 재능을 부정하는 원죄를 짓는 것과 다름없다. [플170-172]

Ⅳ. 복지사회와 아동

이 절에서는 현대사회의 복지정책과 관련한 문제를 점검하고 아울러 이를 아동권리 문제에 접목시켜 보고자 한다.

복지의 개념을 간략하게 정리해 보시오.

& 복지의 개념에는 다음의 개념적 조건이 만족되어야 한다. 결핍, 필요, 생존적 필요, 보편적 필요, 공적 영역 등이다. 이에 관한 내용은 다시 상술하지 않도록 한다. 다만 복지는 공적 영역의 사안임을 '공'과 '사'의 개념을 분석함으로써 개인의 자유와 권리 그리고 재산권 침해가 되지 않도록 유념해야 함을 추가적으로 지적하지 않

을 수 없다. [증207-220] [플698-708]

복지정책과 사회 정의의 관계를 정리해 보시오.

& 당초 정의 문제는 동·서양을 막론하고 공적 영역이 아니라 사적 영역의 문제였다. 이것이 근대사회에 들어와서 공적 영역의 문제로 치환되었으며, 결과적으로 공공의 관심사 또는 공적 관심사가 되었다. 나아가서 복지정책을 시행함에 있어서 '평형'의 준거를 공정성의 절대적 잣대로 삼음으로써 개인의 권리 침해 소지를 안게 되었다. 특히 복지정책과 사회정의 문제가 '분배'에 초점을 맞추게 될 때 이러한 우려가 심화된다. [플700-710; 735-740]

사회 정의와 개인의 권리 관계를 간략하게 정리해 보시오.

& 형평을 위한다는 정의 문제는 인위적 개입을 요구한다. 문제는 형평을 공정성으로 치환하면서 분배 문제만을 유독 강조하는 상황에서 끊기 쉽지 않은 악순환 고리가 발생한다는 점이다. 분배의 문제를 강조하다 보면, 자유의 개념적 특성인 '선택'이 제약을 받게 된다. 개인의 능력과 공과보다는 '필요'에 천착하는 상황이 발생한다. 이러한 상황에서 분배를 주관하는 권력 기관은 필요 이상으로 비대해진다.

공적 영역이 커지면 커질수록 '형평'의 어의에서 알 수 있듯이 사적인 영역에 대한 간섭을 불러오고 이는 다시 공적 영역의 확장을 불러온다. 그리고 공적 영역의 비대한 확장은 선택의 제약을 불러온다. 그 과정을 간단하게 나타내면 다음과 같다.

① 개인의 선택 제약 → 국가 권력에 의한 개인의 자유 침해
② 국가 권력의 비대 → 큰 정부 초래 → 개인의 사적 영역 축소
③ 사적 영역 축소 → 개인의 선택할 자유 제한

그 결과 ① → ② → ③ → ①의 악순환이 이어진다. 본서 제9장에서 검토한 바와 같이, 선택은 자유의 핵심이다. 선택의 제약이라는 것은 곧 개인의 자유와 권리의 왜곡, 축소, 말살로 이어질 가능성을 말한다. **[플709-710]**

정의 또는 사회 정의에 관한 진술 중 타당한 것을 모두 고르시오.

① ‘정의’ 또는 ‘사회정의’는 원래 사적인 영역의 문제였다가 공적 영역으로 치환되었다.

② ‘정의(justice)’를 의미하는 희랍어 ‘*dikaiosyne*’는 ‘길(path)’을 의미하는 희랍어 *dike*에서 비롯되어 나온 말 *dikaios*의 명사형으로서, 개인 차원에서 논의되는 덕(virtue)의 문제였다.

③ 원래 사적 영역의 문제를 공적인 것으로 부당하게 치환해 버린 결과 실체 없는 허상이 되어버렸다는 점에서 사회정의를 앞세운 ‘公’ 개념은 늘 실체 없는 신기루이거나 치명적 사기(fatal pretence)일 뿐이다.

④ 사회정의가 공적 개념이 된 것은 근대성의 발현과 함께, 합리주의와 실증주의의 결합에 따른 ‘구성주의적 합리주의’, 효용 극대화 문제를 공적인 영역으로 치환해버린 19세기 공리주의, 근대국가 형성에 따른 관료주의 등의 영향이다.

⑤ 공 개념을 앞세워서 ‘정의’ 또는 ‘복지’에만 초점을 맞추게 되면 그것이 결과적으로 개인의 자유와 권리를 침해하는 부당한 논거를 제공해 준다.

& 모두 타당한 진술이다. **[플701-702]**

정답: ①, ②, ③, ④, ⑤

공(公)과 사(私)의 의미에 관한 진술 중 타당한 것을 모두 고르시오.

① '공(公)'과 '사(私)'는 엄격히 구분해야 하지만, 그 구분이 선-악 또는 옳음[正]-그름[邪]의 이분법으로 잘못 전이시키는 데 문제의 심각성이 있다.

② 일상적으로 흔히 '公私' 또는 '公'과 '私'라고 하지만, 글자의 발생 순서는 '私'가 앞선다. '禾'와 '厶'로 구성된 '私'는 '厶'에서 발전한 글자이고, '公'은 '八' 자와 '厶' 자의 결합이기 때문이다.

③ '厶'는 '私'의 고자(古字)로서 입 구(口) 자의 변형으로서 '사사롭다'는 의미를 가지며, 결과적으로 사적인 재산을 상징하는 말이다.

④ '公' 자는 '厶'를 '가르고 나누는 일'을 의미하는 글자로서 사유재산을 나누는 일을 뜻한다.

⑤ '公'의 의미는 더 나아가서 '배사(背厶)'라는 뜻으로 이어져 사적인 것을 배척하고, '공평하게 갈라먹는다'는 뜻, 즉 사적 재산을 철저히 배척한다는 뜻을 지닌다.

& 모두 타당한 진술이다. **[플698-701]**

정답: ①, ②, ③, ④, ⑤

다음 중 공익 추구에 관한 타당한 진술을 모두 고르시오.

① 현대 사회에서 '공익(public interest)'을 내세우면 그 삶은 한순간에 이타적 삶으로 둔갑하지만, '공익'의 이면에 '사익(private interest)'이 숨어 있다.

② '공익'의 이면에 '사익'이 숨어 있다는 점은 공공선택론에 의하여 입증된다.

③ 공공선택론에 따르면, '공익 이면에 사익이 숨어있다'는 말은 일

상적으로 알려진 것과 반대로 '사익 추구가 궁극적으로 공익에 기여한다'는 뜻이 된다.

④ '공익'은 사익이 배제된 공공 관심사라는 의미를 지닌 영어 'disinterested'의 뜻으로 새겨져야 한다.

⑤ 공익이 특정부류의 이익이 아니라 전체 이익을 추구한다는 입장을 가지고 항변하는 데에는 결정적인 허점이 있다.

& 모두 타당한 진술이다. **[플703-704]**

정답: ①, ②, ③, ④, ⑤

다음 중 공익 추구에 관한 타당한 진술을 모두 고르시오.

① 공익이 '한 개인 또는 특정 부류의 이익을 넘어서 모든 이의 이익'을 지칭한다는 점을 인정한다 해도 그것이 무엇을 의미하는지 불분명하여 왜곡되기도 한다.

② 공익이 '한 개인 또는 특정 부류의 이익을 넘어서 모든 이의 이익'으로 보는 것은 루소의 일반의지(General Will)를 토대로 한 관점이다.

③ 상해, 살인, 절도 등에 대한 형벌은 공익을 위한 것처럼 보이지만, 궁극적으로는 해당 개인의 생명, 자유, 재산을 보호하기 위한 것이다.

④ 다수 의지를 일반 의지로 보는 것은 공익을 왜곡시키는 논점이 된다.

⑤ 공익은 '사익의 외부효과'에 불과하다.

& 모두 타당한 진술이다. **[플705-706]**

정답: ①, ②, ③, ④, ⑤

다음 중 공익 추구와 권리에 관한 타당한 진술을 모두 고르시오.

① '한 개인 또는 특정 부류의 이익을 넘어서 모든 이의 이익'을 지칭하는 공익의 의미가 성립하기 어렵고 개인의 자유와 권리를 침해하기 때문에 '공익'을 신기루(mirage)라고 한다.
② 공익이 개인의 생명, 자유, 재산을 보호할 수 있을 때, 명분을 가지고 정당화된다.
③ 시장의 기능으로 해결할 수 없는 시급한 사안이 발생할 경우 공익이 정당화된다.
④ 공익을 신기루라고 하는 이유는 사익을 초월하고 규율하는 '무엇'이 있다고 착각할 뿐만 아니라 사익을 침범하기 때문이기도 하다.
⑤ '이익'은 늘 개인의 입장, 즉 '각자의 입장'에서 고려되고 추구되는 것이어서 개인의 입장을 초월한 공익은 개인의 자유와 권리를 침해할 소지가 매우 크다.

& 모두 타당한 진술이다. [플707-708]

정답: ①, ②, ③, ④, ⑤

평등에 관한 진술로 타당한 것으로 모두 고르시오.

① 평등의 순기능은 인간존엄성 차원에서 찾을 수 있다.
② 평등은 동일성(sameness)과 공정성(fairness)의 원리에 비추어 고려할 수 있다.
③ 차이와 차별은 공정성 원리를 적용하는 데서 나오는 문제이다.
④ 평등은 일차적으로 기회 균등의 의미에서 고려되어야 한다.
⑤ 교정적 평등은 기본권을 보장하는 장치이다.

& 교정적 평등은 강압적 수단을 동원하기 때문에 개인의 자유와 권리를 침해할 가능성을 증진시킨다. [플711-712]

정답: ①, ②, ③, ④

기회균등에 관한 서술로 타당한 것을 모두 고르시오.

① 1960년 미국의 민주당 정부가 채택한 '차별철폐정책(Affirmative Action)'은 급진적 기회 균등 정책이라고 볼 수 있다.

② 최소 기회균등은 법률이나 권리문헌에서 선언적 의미의 기회균등이다.

③ 전형적 기회균등은 개인의 장점과 공과에 따라 성과가 나오도록 기회를 부여하는 것으로서 고전적 권리에 속하는 평등을 말한다.

④ 급진적 기회균등은 동등한 결과가 나오도록 해야 한다는 원리라는 점에서 기본권을 증진시킨다.

⑤ 평등은 다른 점이 없다면 동등하게 대하고, 다른 점이 있다면 차이에 비추어 차별해야 한다는 실천적 원리를 존중해야 한다.

& 급진적 기회균등은 동등한 결과가 나오도록 해야 한다는 원리라는 점에서 기본권을 침해하는 측면이 있다. [플711-712]

정답: ①, ②, ③, ⑤

분배 정의 원리에 관한 진술로 타당하지 않은 것을 모두 고르시오.

① 분배 정의는 최초의 야경국가의 책무였다.

② 현대의 최소정부는 최대한의 자유를 증진하고자 하며 안전망 확보에 초점을 맞춘다.

③ 분배의 원리는 교정적 평등과 관련을 맺는다.

④ 방어적 민주주의의 핵심은 분배 정의 실현에 있다.

⑤ 분배는 현대 복지정책의 핵심이다.

& 방어적 민주주의와 고전적 자유주의는 분배 정의보다는 개인의 재산권 보호에 일차적 관심을 가진다. [플713-714]

정답: ①, ④

노직(Robert Nozick)에 관한 진술 중 타당하지 않은 것을 모두 고르시오.

① 분배는 일차적으로 기본권 중 하나로 본다.
② 분배가 정당화되는 것은 보상의 차원에서 가능하다.
③ 재산은 취득, 교환, 보상의 세 가지 차원에서 정당화된다.
④ 보상은 과거의 악의와 악행, 과실에 따른 공정하지 못한 교환에 비추어 이루어진다.
⑤ 분배는 보상 차원에서 이루어져야 한다.

& 분배는 기본권 중 재산권 침해로 보며, 보상이 분배로 치환되어서는 안 된다고 본다. **[플714-715]**

정답: ①, ⑤

노직이 주장하는 보상의 원리를 간략하게 설명하시오.

& 세 가지가 있다. 첫째, 필요(needs)에 의한 보상이다. 마르크스가 강조한 '필요에 따른 분배'가 일종의 보상 원리로서 작용하지만, 그의 입장은 마르크스의 강령과는 다르다. 즉 기본적인 필요가 개인의 능력을 넘어서 충족시킬 수 없는 경우에 보상이 이루어져야 한다. 예컨대, 취약계층의 독거노인, 장애아, 보호받지 못하는 미혼모 등에 대한 보상과 처방적 조치는 필요에 의한 보상에 해당한다. 둘째, 공과(desert)에 의한 보상이다. 쉽게 말하자면, 개인의 노력 여하에 따라 '상을 받을 만한 가치'가 있는가에 따라 보상을 하는 것이다. 여기에는 부적(否的)인 경우보다는 정적(正的)인 경우가 많다. 훈장, 명예 수여, 상찬(賞讚), 사사(謝辭) 등이 이에 속한다. 셋째, 능력(merit)에 의한 보상이다. 공과에 따른 보상과 상당히 밀접하게 관련을 맺고 있지만, 후천적인 노력에 의존하는 공과에 비하여 능력에 따른 보상은 선천적인 요인이 작용할 가능성이 높다.

[플715-716]

교정적 평등정책에 관한 진술 중 타당한 것을 모두 고르시오.

① 교정적 평등의 문제는 곧 동등한 기회를 제공하는 데 맞추어져 있다고 본다.

② 도입 의도는 기회균등 정책이 평등을 실현하는 데 한계가 있다는 데서 찾을 수 있다.

③ 교정적 평등정책은 무한 기회 제공과 배상 정책을 들 수 있다.

④ 교정적 평등의 목표는 결과의 평등을 실현하는 것이다.

⑤ 교정적 평등은 한계적 평등의 교정을 통해서 이루어진다.

& 교정적 평등에서 평등의 문제는 동등한 기회 제공을 벗어나 모종의 교정 조치를 하는 데 있다. [플717-718; 724]

정답: ②, ③, ④, ⑤

'무한 기회 제공을 통한 평등'에 관한 진술 중 타당한 것을 모두 고르시오.

① 모든 사람에게 실질적인 기회가 주어질 때까지 끊임없는 후원을 하는 것을 말한다.

② 경제적으로나 사회적으로 뒤처진 사람들에게 끊임없는 사회적 후원을 통하여 앞선 사람들과 실질적으로 동일 선상의 기회를 제공하자는 것이다.

③ 종착점은 일체의 '조건의 불평등'을 해소하는 데 있다.

④ 뒤처진 자들에게 실질적인 기회를 제공할 재화를 마련하는 데 초점을 맞춘 나머지 앞선 자들이 더 나아가지 못하도록 강제하는 부작용을 낳는다.

⑤ 매우 이상적인 측면이 있어서 현실적인 문제가 드러난다.

& 모두 타당한 진술이다. **[플718-719]**

정답: ①, ②, ③, ④, ⑤

'무한 기회 제공을 통한 평등'에 관한 진술 중 타당하지 <u>않은</u> 것을 <u>모두</u> 고르시오.

① 큰 정부가 지향하는 평등정책이다.

② 앞선 자들이 더 나아가지 못하도록 강제하는 발목잡기 전략으로서 코헨(Cohen)의 'A전략'에 속한다.

③ 워녹(Warnock)의 구분에 따르면, '기회'의 의미가 'chance'보다는 'opportunity'에 맞추어져 있다.

④ 무한 기회 제공을 통한 평등정책은 '필요의 불평등' 해소에 맞추어져 있다.

⑤ 매우 이상적인 사회관에 근거한다.

& 앞선 자들이 더 나아가지 못하도록 강제하는 발목잡기 전략으로서 코헨의 'B전략'에 속한다. 워녹의 구분에 따르면, '기회'의 의미가 'opportunity'보다는 'chance'에 맞추어져 있다. **[플719-721]**

정답: ②, ③

배상에 따른 평등에 관한 진술로 타당한 것을 <u>모두</u> 고르시오.

① 배상적 평등은 무한 기회 제공에 의한 평등이 현실적으로 불가능하다는 데서 나오는 일종의 대안이다.

② 결과적 평등에 기여하지 못하는 기회 균등은 환상에 불과하다는 생각을 토대로 한다.

③ 롤스의 최소최대화(Maximin) 원리는 배상에 따른 평등정책과 관

련된다.

④ 이 생각은 이른바 '기울어진 운동장'을 개선한다는 취지로 연결된다.

⑤ 국가의 사회기획적 통제를 불러올 가능성이 크다. **[플721-722]**

& 모두 타당한 진술이다.

정답: ①, ②, ③, ④, ⑤

배상에 따른 평등에 관한 진술로 타당하지 않은 것을 모두 고르시오.

① 사회의 잘못과 무관한 불평등을 사회가 합리적으로 교정할 수 있다고 보는 견해이다.

② 하이에크의 '자생적 질서'에 부합하는 개념이다.

③ 롤스의 정의 제1원칙에 부합한다.

④ 당초 '기울어진 운동장'을 개선한다는 취지가 오히려 왜곡, 악화될 가능성이 있다.

⑤ 인간 이성에 대한 철저한 믿음에 기초한 인위적 질서가 사회를 구성해야 한다는 구성주의에 근거한다.

& 배상에 따른 평등은 하이에크의 '자생적 질서'에 부합하는 것이 아니라 그것에 의하여 극복될 수 있다. 롤스의 정의 제1원칙에 상충된다. **[플721-723]**

정답: ②, ③

복지정책을 수립하고 시행할 경우 유의해야 할 사항을 정리해 보시오.

& 다음과 같은 다섯 가지를 고려해야만 한다. 첫째, 복지'는 정언적 필요인 생존적 필요와 보편적 필요에 맞추어 이해되어야 한다. 둘째, 권리 측면에서도 복지정책은 '선호기반 복지'와 '필요기반 복

지'의 장점을 살려야 한다. 셋째, 정언적 필요에 초점을 맞춘다고 하더라도 복지정책은 모든 사람에게 일률적으로 적용하는 것보다는 꼭 필요한 이들(the needy)만을 보호하는 '약자보호'에 맞추어져야 한다. 이른바 '보편적 복지'는 경계해야 한다. 넷째, 약자보호에 맞추어진 복지정책은 그들에게 자조 정신을 함양하도록 해야 한다. 다섯째, 복지정책이 약자 보호에 맞추어진다 해도, 그것이 무상복지 시리즈의 확대로 이어지는 것을 경계해야 한다. **[플 735-740]**

다음 진술 중 타당한 것을 모두 고르시오.

① 바람직한 복지정책은 사회 안전망 구축에 초점이 맞추어져야 한다.

② 사회 안전망 구축은 곧 사회적 약자 보호를 가리킨다.

③ '하늘은 스스로 돕는 자를 돕는다'는 자조정신에 부합하도록 해야 한다.

④ 복지정책이 결핍에 시달리는 사람들에게 필요한 것을 공급하는 것이기는 하지만, 재화공급에 있어서도 개인의 선호를 기반으로 한 고려가 있어야 한다.

⑤ 무상복지정책 전면실시 또는 보편적 복지는 오히려 약자를 보호하는 기능을 약화시킨다.

& 모두 타당한 진술이다. **[플735-740]**

정답: ①, ②, ③, ④, ⑤

복지정책의 유형을 설명하시오.

& 복지정책은 크게 세 가지 유형으로 나누어볼 수 있다. 하나는 빈곤층을 선별하여 대상으로 하는 공공부조(public aid)이다. 다른 하

나는 가입여부에 따라 그 대상이 결정되는 사회보험(social insurance)이다. 또 다른 하나는 전 국민을 대상으로 하는 사회서비스(social service)이다. 현행 우리의 의료보호는 공공부조에 해당하고, 의료보험제도는 사회보험에 속한다. 사회서비스는 영국이 오래전부터 실시해 온 국민의료서비스(NHS: National Health Service)가 대표적인 예이다. 사회서비스는 전 국민이 그 혜택을 받을 필요성이 정당화되어야 성립할 수 있다. **[플740-741]**

복지정책의 문제에 관한 진술 중 타당한 것을 모두 고르시오.

① 복지정책의 방향이 사회서비스로 전환되어야 한다는 '유혹'을 받고 있다는 점은 고려해야 할 문제점이다.

② 복지정책이 보편적 가치라는 이름으로 사회서비스를 확대시켜 가려는 것은 복지정책의 재분배효과를 고려하지 않은 결과이다.

③ 세금을 높이면 높일수록, 복지는 크면 클수록 정의는 구현된다는 논거는 정당화되기 어렵다.

④ 복지정책은 재정 부담 등을 고려하여 그 유형을 고려해야 한다.

⑤ 소득재분배 정책과 빈곤완화 정책은 복지정책이라는 같은 맥락에서 다루어져야 한다.

& 소득재분배 정책과 빈곤완화 정책은 일견 동일해 보이지만 결코 같은 맥락에서 다루어질 수 없다. 복지정책은 일차적으로 빈곤 구제에 맞추어져야 한다. **[플741-742]**

정답: ①, ②, ③, ④

복지정책과 재정부담에 관한 용어를 다음 빈칸에 채우시오.

복지정책의 특성과 재정부담원칙

복지정책	재원조달 원칙	재분배 효과
공공부조		큼
사회보험		미미함
사회서비스		부분적임

& 표의 빈칸을 매우면 다음과 같다. **[플741]**

복지정책의 특성과 재정부담원칙

복지정책	재원조달 원칙	재분배 효과
공공부조	응능원칙	큼
사회보험	응익원칙	미미함
사회서비스	응능 및 응익원칙	부분적임

표에서 응익 원칙은 'benefit principle'의 번역어로서 우리에게 익숙한 '수익자 부담원칙'이라는 뜻이다. 응능 원칙은 'ability principle'의 번역어로서 복지 수혜자의 능력에 기준을 맞추어야 한다는 의미를 담고 있다. 특히 사회서비스는 재분배 효과가 매우 부분적임을 유념해야 한다. **[플742]**

복지정책의 특성을 재정적 측면에 관한 진술 중 타당한 것을 모두 고르시오.

① 복지정책은 일차적으로 빈곤 구제에 맞추어져야 하고, 이후 분배 효과를 고려해야 한다.

② 공공부조는 재분배 효과가 매우 크다.

③ 사회보험은 수익자부담 원칙에 따라 운영된다.

④ 사회서비스는 소득수준이나 생존적 필요의 시급성에 관계없이 시행되는 데에 문제가 있다.

⑤ 무상보육은 모든 이에게 적용되는 이른바 보편적 복지 대상이다.

& 무상보육은 일차적으로 워킹 맘(working mom)과 저소득층 가정을 중심으로 시행되어야 한다. **[플741-742]**

정답: ①, ②, ③, ④

무상복지정책 전면실시에 대하여 제기되는 여러 가지 우려를 정리해 보시오.

& 크게 세 가지로 정리할 수 있다. 첫째, 복지정책 주요 3요소 중에서 사회서비스 부분의 비정상적인 증가 우려이다. 사회복지정책 중에서 사회서비스(social service)의 무상화는 예외 없이 과도한 재정 부담을 요구한다. 둘째, 무상 사회복지서비스의 비효율성이다. 국가재정 부담이 과도하기 때문이다. 셋째, 전면무상화가 실시되었을 경우 비가역성에 대한 우려이다. 일단 무상복지가 전면 실시되면 그 타당성 여부를 떠나 국가재정 악화나 국가 경제 상황에 따라 본래대로 환원하기 쉽지 않다는 데 문제가 있다. **[플743-744]**

무상복지정책 전면실시에 관한 진술 중 타당한 것을 모두 고르시오.

① 무상복지의 전면실시는 이른바 '보편적 복지'라는 미명 아래 시행된다.

② 무상복지의 전면실시는 비가역성이 강하므로 국가재정이 악화되었을 경우에도 되돌리기 어렵다.

③ 무상복지의 전면실시를 지지하는 측은 공적 부조 내지 잔여적 복지가 낙인효과를 지닌다고 주장한다.

④ 무상복지 정책의 전면실시는 복지정책을 사회서비스로 제공해야 한다는 입장과 상통한다.

⑤ 영국의 NHS(National Health Service)는 대표적인 전면적인 무상복지정책이다.

& 모두 타당한 진술이다. [플743-744]

정답: ①, ②, ③, ④, ⑤

보편적 복지의 특징과 쟁점을 간략하게 정리하시오.

& '보편적 복지'라는 말은 무상복지 수혜를 모든 국민에게 적용시키는 것을 이른다. 이는 권리의 보편성을 그릇되게 해석한 결과이다. 권리의 보편성은 인간존엄성과 기본권의 측면에서 보편성을 지닌다는 뜻이다. 복지정책을 그 대상의 경제적 형편이나 상황을 고려하지 않고 일률적으로 시행하는 것을 의미하지 않는다. 모든 사람이 인간답게 살기 위한 생존권을 지닌다는 것이 곧 모든 사람이 똑같은 무상급식을 지원받아야 한다는 것을 뜻하지 않는다. 따라서 '보편적'이라는 말은 자립적으로 생존하기 어려운 사람과 생존에 위협을 받는 예외적인 사람 모두에게 '예외 없이' 시행되어야 한다는 뜻으로 보아야 한다.

이 점에서 '보편적 복지'에 상반되는 말로서 '선별적 복지'라는 말은 성립하기 어렵다. '복지'가 결핍에 처한 사람에게만 (선별적으로) 필요한 재화 등을 공급하는 공적 행위이며, 이것은 이러한 처지에 처한 사람에게는 '예외 없이' 적용되어야 하기 때문이다. 따라서 '보편적 복지와 '선별적 복지'의 이분법은 타당한 것이 아니다. 자연권이 어느 경우에나 성립하지 않는다는 것을 논증하기 위하여 하트(H. Hart)가 일반권과 특정권을 구분한 것과 같은 맥락에서 복지권은 결핍에 의하여 생존에 위협이 되는 사람이 구체적으로 청원할 수 있는 상황을 전제해야 한다. 그렇지 않으면 도덕권, 절대권, 자연권의 미명 아래 모든 청원이 성립하는 '권리지상주의'가 판치게 된다. '절대적 권리'는 권리소유자가 그것을 아무 제한 없는 무한 상황에서 자의적으로 모든 재화와 서비스를 청구하고 획득할 수 있음을 가리키지 않는다. 결론적으로 무상복지정책 전면실시 주장은 '절대적 권리'로 성립하지 않는다. **[플744-747]** 제9장 참조.

보편적 복지논쟁에 관한 진술 중 타당한 것을 모두 고르시오.

① 보편적 복지를 잘못 적용한 대표적인 경우는 무상학교급식 전면실시에서 찾을 수 있다.

② 미국 수정 헌법 제1조의 의미를 온전하게 해석하면, 무상복지정책 전면실시에 따른 국민 개개인의 재산권과 선택의 자유가 자의적으로 제한되어선 안 된다고 보아야 한다.

③ '절대적 권리'는 권리소유자가 그것을 아무 제한 없는 무한 상황에서 자의적으로 모든 재화와 서비스를 청구하고 획득할 수 있음을 가리키지 않는다.

④ 무상복지정책 전면실시 주장은 권리의 보편성(universality)을 모든 대상에 획일적으로 적용하는 것으로 해석한 데 따른 것이다.

⑤ 보편적 복지를 주장하는 입장은 권리의 핵심을 사회·경제적 권리로 보는 데 있다.

& 모두 타당한 진술이다. **[플744-747]**

정답: ①, ②, ③, ④, ⑤

무상 학교급식 전면실시를 주장하는 논거를 정리해 보시오.

& 무상 학교급식 전면실시를 주장하는 논거는 일단 보편적 복지의

논거와 상통한다는 점을 지적하지 않을 수 없다. 첫째, 평등의 의미를 재화의 균일한 분배로 본다. 이는 '모든 이들이 똑같은 재화를 분배받을 권리가 있다'는 마르크스의 주장에 근거한다. 둘째, 무차별 논거이다. 급식 대상인 학생들의 경제적 사정에 관계없이 일률적으로 무상급식을 공급해야 한다는 것이다. 셋째, 무상의무교육의 논거를 연장하여 학교급식에 적용하고 있다. 즉 급식을 공급하는 것이 국가의 의무라는 주장이다. 그러나 의무교육과 의무급식은 같은 논거로 설명되지 않는다. 무상의무교육은 이른바 외부효과(또는 이웃효과)가 있지만, 무상급식은 외부효과도 없을 뿐만 아니라 재정상 효율적이지도 않다. 넷째, 급식과 같은 기본적인 생존의 책임은 국가나 공공기관이 짊어져야 할 공적 영역으로 본다. 그러나 식생활은 기본적으로 사적 영역의 문제이다. **[플747-750]**

무상 학교급식 전면실시에 관한 진술로 타당한 것을 모두 고르시오.

① '모든 이들이 똑같은 재화를 분배받을 권리가 있다'는 마르크스의 주장에 근거한다.

② 학교급식 무상화는 국민생활 수단인 급식제도 선택을 원천적으로 봉쇄한다.

③ 평등의 의미를 재화의 균일한 분배로 본 결과 이어지는 주장이다.

④ 권리의 보편성을 대상의 일률적인 적용으로 해석한 결과이다.

⑤ 식생활이라는 사적 영역에서 권리를 침해할 소지가 있다.

& 모두 타당한 진술이다. **[플747-750]**

정답: ①, ②, ③, ④, ⑤

무상학교급식 정책이 지니는 위헌성을 정리해 보시오.

& 논점은 세 가지로 정리할 수 있다. 첫째, 학교급식 무상 전면실시

는 헌법 전문(前文)에 규정한 '자유민주적 질서'의 부정이다. 자유민주적 기본질서는 민주주의 유형 중 자유민주주의에 뿌리를 둔 것으로 이를 부정하는 여타의 민주주의 형태, 이를테면 인민민주주의나 사회민주주의와는 양립할 수 없다. 둘째, 학교급식 무상 전면 실시는 헌법의 기본권인 선택권과 행복추구권(제10조)을 침해한다. 즉 국민 개개인의 일체의 식생활을 국가가 관장하는 결과를 초래하므로 국민의 선택권을 박탈함은 물론 행복추구권을 침해하는 요인이 된다. 셋째, 학교급식 무상화는 국민생활 수단인 급식제도 선택을 원천적으로 봉쇄한다. 애초 식생활은 사적 영역의 문제이므로 거기에는 사적 취향이나 이유로 인한 선택이 따라야 하지만, 무상학교급식 정책은 이를 묵살해 버린다. [플747-748]

무상학교급식 전면 실시정책과 관련하여 타당한 진술을 <u>모두</u> 고르시오.

① 무상학교급식 전면 실시정책의 논거로 무차별 논거는 마르크스의 주장에 근거한다.
② 사회적 재분배 효과가 별로 없다.
③ 보편적 복지의 일환이라고 주장한다.
④ 국민 개개인의 일체의 식생활을 국가가 관장하는 불행한 결과를 초래한다.
⑤ '각자의 처지에 따라' 마련되어야 할 고려사항이 증발해 버린다.

& 모두 타당한 진술이다. [플741-752]

정답: ①, ②, ③, ④, ⑤

제2부

아동 참여 마당

6

참여사다리의 이해와 문제

Ⅰ. 참여사다리 논의 배경

로저 하트(Roger Hart)의 참여 사다리(Participation Ladder)는 주로 NGO를 중심으로 하여 소개되었다. 그리고 모본『아동권리향연』과『증보 아동권리향연』에서 각각 소개한 바 있다. **[증328-333]** 이때 소개된 참여사다리는 다음 문헌에 근거하며, 저자인 하트의 인적 사항은 다음과 같다.

- Hart, R. A. 1992. *Children's Participation : From Tokenism to Citizenship*, New York: UNICEF. 이 장에서 소개하는 책으로, 하트의 참여사다리를 설명한 원본이다.
- Roger A. Hart(1950∼): 아동권리학자. 그의 원래 전공분야는 심리학과 지리학이다. 지리학의 최근 경향은 환경문제와 밀접하게 결부된다는 점을 감안하면 그가 아동의 심리와 환경문제에 관심을 가지고 있다는 사실은 결코 우연이 아니다. 참고로, 여기 소개하는 하트는 일반권과 특정권을 구분한 영국의 법리학자 하트(Herbert Lionel Adolphus Hart, 1907∼1992)와는 다른 인물이다.
  그의 연구는 주로 아동의 일상생활을 이해하는 데 초점을 맞추어 참여

방법론을 개발하였다. 또한 그는 아동권리를 실행하는 데 아동 참여가 필수적이라는 점을 강조하면서 국제적으로 NGO 활동에 전념하고 있다. 그의 주요 저작은 다음과 같다.

* *Cities for Children: Children's Rights, Poverty and Urban Management* (with Bartlett, S., de la Barra, X., Missair, A., and Satterthwaite, D.). New York: UNICEF, and London: Earthscan, 1999.
* *Children's Participation: The Theory And Practice Of Involving Young Citizens In Community Development and Environmental Care*. New York: UNICEF, and London: Earthscan, 1997.
* *Environments for Children: Understanding and Acting on the Environmental Hazards That Threaten Infants, Children and Their Parents*. (with Satterthwaite, D., Levy C., Ross D., and Stevens, C.). New York: UNICEF, and London: Earthscan, 1997.
* *Children's Participation: from Tokenism to Citizenship. for UNICEF Innocenti Essays*, No. 4, UNICEF/International Child Development Centre, Florence, Italy, 1992. Published by the Latin American office of UNICEF as La Participacion de los Niños: de la participacion simbolica a la Participacion Autentica. (Also published by NGOs in French, Turkish, Japanese and Thai).
* *Getting in Touch with Play: Creating Play Environments for Children with Visual Impairments*. (with Kim Blakely and Maryanne Lang). New York: Lighthouse National Center for Vision and Child Development, 1991.
* *Land and Life: A World Geography*. (with Harm de Blij and Gerald Danzer). Chicago, IL: Scott-Foresman Publishing Company, 1988.
* *Children's Experience of Place: A Developmental Study*. New York.: Irvington Publishers (distributed by Halstead/Wiley Press), 1978. (reviews in Science, Geographical Review, and Contemporary Psychology).

대학의 교수(Professor of Psychology and Geography at the City University of New York)로 재직한 바 있지만, 하트는 활동가로서 업적

이 많아서인지 그의 저술도 활동가들과 함께 한 공저가 주를 이룬다.

하트의 참여사다리는 아동 현실 속에서 아동 참여의 중요성을 알리고 이를 통하여 아동권리와 아동참여 증진을 도모하는 데 초점이 맞추어져 있다. 그러나 당시 아동권리향연 시리즈에서 '참여사다리'는 아동권리교육 프로그램의 일환으로 소개하였다. 당시 저자는 참여사다리의 여덟 단계(Eight Rungs)를 다음과 같이 번역하여 소개하였다.

[증329]

(단계1) 참여조작

(단계2) 장식적 참여

(단계3) 명목 참여, 대리 참여

(단계4) 기획된 행사의 아동인지 참여

(단계5) 기획된 행사의 아동의 역할 결정 참여

(단계6) 기획된 행사의 아동 공동 결정

(단계7) 아동 주도 행사의 참여와 성인의 감독(평가)

(단계8) 아동 주도 행사 참여와 성인의 협력

이 여덟 개 용어는 다음 원어에 대한 번역어이다.

(Lung 1) Manipulation

(Lung 2) Decoration

(Lung 3) Tokenism

(Lung 4) Assigned but Informed

(Lung 5) Consulted and Informed

(Lung 6) Adult-initiated, Shared Decisions with Children

(Lung 7) Child-initiated and Directed

(Lung 8) Child-initiated, Shared Decisions with Adults

이렇게 번역하게 된 나름대로 배경은 다음과 같은 내용으로서 아동권리향연 시리즈에 소개한 바 있다.

① 단계1: '참여조작'이라고 할 수 있다. 아이들에게 참여에 대한 이해나 피드백이 전혀 없다는 점이 특징이다. 이를테면, 아이들의 여론을 조사한 것처럼 발표하지만, 조사에 '동원'된 아이들은 그 의미가 무엇인지 전혀 알 길이 없는 경우가 이에 해당한다. 또한 아이들의 그림을 활용하지만, 정작 그림을 그린 아이들은 자신의 그림이 어떻게 활용되는지 알 길이 없다. '참여조작'의 악용 예는 어른들이 자신의 이익을 추구하기 위해 아이들이 실제로 바라는 것을 조사한 것처럼 날조하는 경우를 들 수 있다.

② 단계2: '장식적 참여'라고 번역한 것은 아동의 참여 의사가 피동적이고 피상적이라는 데에 있기 때문이다. 아이들에게 똑같은 티셔츠를 입히고 춤추고 노래하게 하는 행사의 경우를 들 수 있다. 이 경우, 춤추고 노래하는 것은 아이들의 참여이지만, 정작 아이들은 왜 춤추고 노래하는지를 알 수가 없다. 행사의 기획은 물론이고 행사의 주체도 아이들이 아닌 성인이다. 〈단계1〉과 다른 점은 성인들이 아이들이 행사의 주체라고 위장하지 않는다는 점에 있다.

③ 단계3: '명목 참여', '대용 참여', '대리 참여'라고도 부를 수 있다. 이 단계에서 아이들의 의견은 청취되지만, 목하 관심 주제에 대한 아이들의 의사소통이 전혀 이루어지지 않으며, 아이들도 자신의 의견을 스스로 형성하려고 하지 않는다. 행사의 기획 과정상으로 보면, 성인이 참여 대상을 누구로 할 것인가를 결정하고, 아이들은 참여 주제나 이슈에 대하여 아는 바가 없다. 참여 선정기준이나 아이들의 의견과 관점이 설명되지 않는다. 뿐만 아니라, '아이들이 회의에 참석하여 의견개진을 ~~라고 하였다'라고 함으로써 아이들의 적극적인 참여처럼 위장할 수 있다.

* 이상의 세 가지 단계는 참여라고 볼 수 없다. 아이들의 참여에 대한 자발성이 없기 때문이다. 실질적 참여는 이하 〈단계4〉부터이다. 단지 〈단계4〉에서부터 〈단계8〉까지 참여의 정도에 차이가 있지만, 그 질적 차이는 현저하다.

④ 단계4: '기획된 행사의 자발적 역할 참여'라고 번역할 수 있다. 더 정확히 표현하자면, 아이들이 기획된 행사에 보조적으로 참여하는 것이라고 할 수 있다. 기획은 어른이 하였지만, 참여한 아이들이 참여의 의미를 인지하고 있다는 점에서 실질적 참여의 출발점이 된다. 체육대회와 같은 행사에 보이스카우트 대원이 동원되어 행사의 보조적 역할(이를테면, 질서유지나 쓰레기 치우기)을 수행하는 경우가 이 단계의 예이다. 이때 스카우트 대원들은 행사의 보조적 역할을 수행하였지만, 행사의 의미(체육대회가 무엇을 하는 행사이며 왜 하는지)와 자신이 맡은 역할의 의미(쓰레기 치우는 일의 의미)를 알고 있다. 중요한 점은 아이들이 행사에 자발적으로 참가한 것이 아니라 스카우트의 명

령이나 규칙에 따라 참가가 이루어졌지만, 아이들이 행사의 의미를 알고 있다는 점이다. 〈단계3〉과 다른 점은 기획된 행사에 참가했다는 점이지만, 행사 참가의 의미를 인지하고 있으며, 또 그렇기 때문에 주어진 역할 행동을 정확하게 수행하였다는 점이다. 그러나 행사참가가 원만히 수행되었지만, 행사의 주체가 아니라는 점에서 온전한 참여라고 볼 수 없다. 따라서 〈단계4〉는 여전히 '명목 참여'의 요소를 담고 있다.

⑤ 단계5: 이 단계는 성인들이 정보를 제공하고 자신들이 제시한 정보에 관하여 아이들과 협의하는 단계이다. 이 단계에서 중요한 것은 참여 행사의 기획이 아이들의 의견을 반영하였다는 점이다. 'consultation'이라는 요소가 실질적인 참여(genuine participation)의 핵임을 보여주는 단계이다.

⑥ 단계6: 기획은 성인이 주도하지만, 기획에서 의사결정의 단계를 아이들이 직접 담당하게 된다는 점이 이 단계의 특징이다. 주어진 신문 제작의 틀(성인 기획)에서 아이들이 편집 방향을 스스로 정하고, 취재와 제작도 아이들이 직접 하는 경우가 이 단계의 예이다.

⑦ 단계7: 이 단계는 기획조차도 아이들이 하는 단계이다. 즉, 아이들이 주도하고 감독하는 단계로서, 이 단계에 와서 비로소 아이들은 성인의 참여 없이 자신들의 프로젝트를 시작하고 운영할 수 있게 된다.

⑧ 단계8: 이 단계는 명실공히 아이들과 어른이 실질적인 참여의 정도를 대등하게 공유하는 단계라고 할 수 있다. 현실적으로 가능한가에 대한 의문이 생기기도 하지만, 의사결정을 어른들과

공유한다는 점에서 보면, 불가능한 경우는 아닌 듯하다. 영국의 서머힐 학교(Summerhill School)의 경우가 이에 해당한다고 볼 수 있다. 이른바 '아동'과 '성인'간의 '동등한 영향력의 행사'가 동등하게 실현되는 이상적 단계라고 표현할 수 있다. [증330-333]

번거롭지만 이렇게 일일이 소개하는 이유는 아동권리향연 시리즈에서 소개된 내용에 대한 반응 때문이다. 이상의 내용에 대하여 내 강의를 수강한 학부 학생과 대학원생 그리고 관련 종사자들의 반응은 용어에 대한 이해가 쉽지 않다는 것이었다. 구체적인 설명으로 들어가면 수긍이 가다가도 그것을 머릿속에 넣어 이해하는 것이 쉽지 않다는 것이다. 그 원인을 스스로 생각해 보니 각 단계에 붙여진 나의 번역어가 사람들의 이해를 가로막는 장애라는 판단에 이르게 되었다. 사다리의 각 단계별 특징이 직감적으로 수긍되지 않는다는 것이 독자들의 반응이었다. 특히 '참여'의 의미가 중요해지는 4단계 이상의 번역어가 명료하게 의미 전달을 하지 못한다는 생각에 이르렀다. 그리하여 하트의 원본에 충실하면서 이해와 암기가 용이한 번역어를 만들어내어야겠다는 결심을 하게 되었다.

그 결과 원본에 충실한 번역어를 다음과 같이 고안해내었다.

(단계1) Manipulation = 조작(참여조작)
(단계2) Decoration = 장식(장식참여)
(단계3) Tokenism = 명목(명목참여)
(단계4) Assigned but Informed = 지시와 정보제공
(단계5) Consulted and Informed = 협의와 정보제공

(단계6) Adult-initiated, Shared Decisions with Children = 성인 주도 아동 공유

(단계7) Child-initiated and Directed = 아동 주도와 집행

(단계8) Child-initiated, Shared Decisions with Adults = 아동 주도 성인 공유

여덟 개 번역어를 이렇게 바꾸면서도 앞의 세 개는 이전의 용어를 그대로 사용해도 좋을 듯하다고 판단하였다. 그러나 이를 줄이자면 각기 1단계 '참여조작'이 '조작'으로, 2단계 '장식참여'가 '장식'으로, 3단계 '명목참여'가 '명목'으로 그 특징만을 나타낸 용어로 대치될 수 있다. 그리고 6단계와 8단계의 번역어 '성인 주도 아동 공유'와 '아동 주도 성인 공유'는 각기 '성인 주도의 의사결정에 대한 아동의 공유'와 '아동 주도의 의사결정에 대한 성인의 공유'가 된다. 6단계와 8단계의 아동과 성인의 입장이 전도된 양상이다. 이하 논의에서는 이 용어를 사용하도록 한다.

이러한 각 특징을 담은 원본 '참여사다리' 그림은 **[그림 6-1]**과 같다.

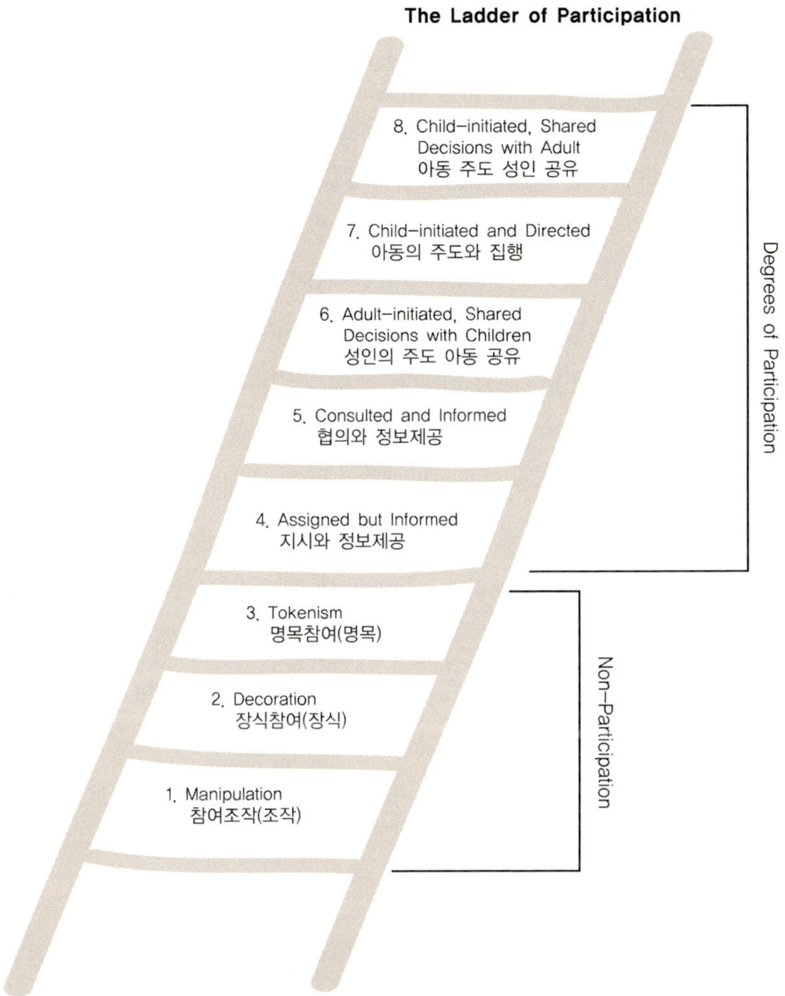

[그림 6-1] 참여사다리

출처: Hart, R. A. 1992. *Children's Participation*, 9.

무엇보다도 참여사다리는 아동의 참여를 이해하고 증진하는 개념적 도구로 중요한 역할을 담당한다. 첫째, 참여사다리는 아동의 참여를 세밀하게 구분하여 이해를 증진시켜준다. 이는 하트가 활동가로서 아동의 일상 현실을 관찰하고 그 실상을 목격하면서 축적한 경험의 소산이라고 평가할 수 있다. 둘째, 현실적으로 아동 참여를 가로막고 있는 '위장된' 참여를 설명하고 있다는 점이다. 참여사다리의 아래 세 단계가 여기에 해당한다. 이는 아동권리를 증진하는 것이 아니라 은밀하게 침해하는 원인을 제공한다. 셋째, 각 단계의 특징을 면밀하게 분석하면 아이러니하게도 아동 참여에 있어서 성인의 역할이 중요하다는 것을 알 수 있다. 즉 아동 참여는 실제 상황에서 성인과의 관계에서 실현된다는 점을 함의한다. 넷째, 참여를 의사결정의 주도권으로 본 점이다. 즉 의사결정을 하는 데 있어서 주도권을 아동이 얼마나 갖는가에 따라 아동 참여의 정도를 가늠할 수 있다는 점이다. 이는 아동 참여 증진을 위한 여러 가지 사안을 고려할 때 주도권의 정도가 '참여'에 결정적이라는 점을 뜻한다.

'참여사다리'의 이러한 장점은 하트가 아동권리증진, 특히 아동의 참여권 증진에 크게 기여한 것으로 평가되어 마땅하다. 하지만 각 가정의 부모, 유치원과 어린이집 그리고 여러 관련 기관에 몸담은 분들의 의견은 그렇게 호의적이지 않은 듯하다. 먼저 참여사다리의 단계가 매우 형식적인 계단 형식으로 이루어져 있다는 점을 지적한다. 무슨 말인가 하면 참여의 단계가 일종의 형식논리에 따라 전개되고 발전되어 간다는 뜻이다. 즉 (단계7)과 (단계8)은 아동권리가 궁극적으로 지향해야 할 목표라는 것이다. [증333] 이 최고 단계가 현실에서 이루어질 수 있는가 하는 의구심이 아동문제 관련 현장 인사들의 견해이다. 또한 '아동주도(child-initiated)'라는 특징이 아동의 어느 연령 단계에서나 가능하지 않다는 점에서 '참여사다리'가 매우 형식논리에 가깝다는 비판은 설득력을 얻는다. 실제로 아동 참여를 벗어나 일반 성인들의 참여나 의사결정이 형식논리에 의하여 결정되지는 않는다.

참여사다리가 지니는 형식성은 곧 아동권리의 보편성 주장으로 연결된다. 하지만 아동권리의 보편성은 상황의 특수성을 고려하지 않고 실현될 수 없다. 그리고 권리의 보편성을 명분으로 하여 아동이 처한 삶의 특정 상황을 무시해서는 안 된다는 점을 우리는 이미 확인한 바 있다. **[플119-147; 457-479]** 아무리 아동권리의 보편성을 강조한다고 해도 해당 아동이 처한 특수성을 고려해야 한다. 사실 많은 사람들이 아동권리가 보편적으로 적용되어야 한다고 주장하는 것은 그만큼 그들이 직면한 아동의 현실이 열악하다는 것을 입증한다. 그렇다고 해서 '보편성'을 천편일률적인 실행지침으로 여기는 것은 아동의 권리를 보호하지 못하고 오히려 침해하는 결과를 초래한다.

영국의 격언 중에 'Hard cases make bad law'라는 말이 있다. 우리말로 하면 열악한 최악의 상황은 악법을 양산한다는 뜻이다. 법은 그 적용 대상이 포괄적이고 일반적인 상황을 전제하고 이에 대비한다. 우리 현실은 이러한 법의 테두리를 벗어나 열악하고 흉악무도한 사건과 범죄를 접하게 된다. 우리나라의 경우에도 예외는 아니어서 해당되는 사례가 몇 가지 있다.

혜진이와 예슬이를 희생시켰던 정성현 사건 이후 들끓는 여론에 따라 미국의 메간법을 본떠서 아동 성범죄에 대한 처벌수위를 강화하는 소위 '혜진이 예슬이 법'을 만들었다. 또 인기배우 최 모 씨가 자살하였을 때, 그리고 연이어 인기 연예인들이 자살함으로 인하여 이를 방지하겠다면서 인터넷 모욕죄인 소위 '최진실법'을 만든 바 있다. 그러나 이 법으로 인하여 사회적인 마찰이 일어났다. 또한 조두순, 강호순과 같은 강력범죄자가 나올 때마다 사형제 폐지에 대한 호의적 여론이 사라지기도 하고, 성범죄 용의자의 인권에 대한 최소한의 배려조차 하지 않는 사회적 분위기와 강력한 처벌을 가하는 입법이 추진된다. 이와 같이 여론에 떠밀려 특수한 경우들에 대한 예외처리를 모두 법을 통해서 진행한다면, 법 조항은 지나치게 많아지고 변경에 취약한 구조가 되어 경직될 것이다. 이 영국 격언이 주는 교훈에 관한 사항은 제9장에서 다시 살펴보도록 한다.

같은 맥락에서 아동 참여 문제를 생각할 수 있다. 처절하고 열악한 환경에 처한 아동의 권리를 보장하고 궁극적으로 참여를 증진하기 위한 조치로 아동참여의 보편성을 강조하는 것은 충분히 납득할 수 있는 일이다. 하지만 그로 인하여 아동참여가 모든 상황에서 모든 아동에게 일률적으로 적용될 수 있는 보편적 법칙이나 이와 유사한 형식논리가 존재하는 것처럼 인식해서는 안 될 것이다. 물론 하트의 '참여사다리'가 이러한 오류를 범한다고 단정할 수는 없지만, 그렇게 해석할 소지는 충분히 있다.

이제까지 참여사다리가 소개된 배경과 함께 '참여사다리'가 지니고 있는 장점과 단점을 간략하게 개술하였다. 다음 절에서는 하트의 참여사다리가 아동권리, 특히 아동참여 증진에 기여할 수 있는지 그리고 현실적인 장애는 없는지를 판단하기 위하여 하트의 주장을 그의 저술을 토대로 개괄하도록 한다.

Ⅱ. 하트의 참여사다리 이해

이 절에서는 하트의 저술에 담긴 내용을 소개함으로써 그의 '참여사다리'를 이해하고 동시에 오해의 소지를 제거하는 근거를 찾아보도록 한다.

1. 참여의 뜻

참여사다리에서 언급되는 '참여'라는 용어는 자신의 삶과 자신이 몸담은 공동체에 영향을 미치는 의사결정 과정을 공유한다는 뜻으로 사용된다. 이를 통하여 민주주의 의미가 설정될 수 있고 얼마나 민주적인가를 가늠할 수 있다. 앞서 살펴본 바와 같이, 하트에게 '참여'는 '의사결정에 있어서 주도권'이 핵심 요건이다.

2. 사다리의 비유

아동은 의심할 여지없이 사회에서 가장 많은 주목을 받지만, 자신의 의사가 반영되지 않는 존재이다. 성인은 아동의 능력을 과소평가하는 경향이 강하지만, 동시에 자신의 뜻에 부응하도록 아동을 기획된 행사에 이용하는 경향도 갖고 있다. 또한 양쪽 모두에게 매우 긍정적인 경험이기는 하지만, 아동이 미리 정해진 역할을 연기하거나 전적으로 어른들에 의해 설계되고 운영되는 많은 프로젝트들이 있다. 어린이 댄스, 노래, 또는 연극 공연은 사람들이 그것을 단지 공연으로써 즐기기는 하지만, 성인 기획의 대표적인 예가 된다. 문제는 아동의 참여가 모호하거나 심지어 조작의 대상일 때 발생한다.

이 점에 착안하여 참여사다리 도식은 아동 참여를 고려한 단계별 유형을 나누는 단초로 설계되었다. 즉 생각하는 유형 분류 체계 역할을 하도록 설계되었다. 사다리 비유는 성인 참여에 관한 논문에서 차용된 것이지만, 이를 토대로 사다리의 새로운 범주를 설정하게 되었다.

제1단계 참여조작(조작)

조작은 참여 사다리의 가장 낮은 단계이다. 때때로 어른들은 목적이 수단을 정당화한다고 착각한다. 취학 전 아동에게 사회 정책이 아동에게 미치는 영향에 관한 정치적 플랜카드를 들고 다니게 하는 것이 대표적인 예다. 이 경우 해당 아동이 만약 그 사안이나 자신의 행동을 전혀 이해하지 못한다면, 그것은 조작(manipulation)이다. 참여라는 미명 아래 자행되는 이러한 조작은 아동을 민주적인 결정 과정에 동행하도록 하는 적절한 방법일 수 없다. 때때로 그러한 행동은 아동에 대한 성인의 인식 부족에서 비롯된다. 즉 아동을 그릇되게 인식한 결과이기 때문에, 이유를 불문하고 어른들의 인식 개선은 분명히 필요하다.

조작의 또 다른 예는 아동의 의견을 들은 것 같지만 이에 대한 일체의 피드백이 주어지지 않는 상황이다. 가장 흔한 예로 아이들에게 원하는 놀이터를 그려보라고 하고 그 그림들을 수집한 다음, 성인들끼리 은밀하게 아이디어를 종합하여 '어린이의 디자인'이라고 하는 경우이다. 절차상 과정은 아동들과 일체 공유된 바 없으며 심지어 여타의 성인들에게도 뚜렷하게 공개되지 않는다.

반면에 성인들이 기획한 내용의 판단 기준과 진행 과정을 미리 아이들에게 고지할 수 있다면, 그것을 조작이라고 비판할 수는 없다. 단지 아동의 실질적 참여를 시키지 않은 것을 정직하게 인정한 것이기 때문이다.

아이들도 목소리를 낼 수 있다는 생각이 자리 잡으면서 여러 기관들이 아동을 대상으로 여론 조사를 하고 그것을 참고하기 시작했다. 이 방식은 고무적이기는 하지만 성인들에 의하여 조작될 가능성은 여전히 남아 있다. 나름대로 의미 있는 해석을 하기 취약한 사춘기 이전의 아동들에게 조작 가능성은 매우 높다.

제2단계 장식참여(장식)

사다리 두 번째 칸에 해당하는 장식(decoration)의 예로는 어떤 문제와 관련된 티셔츠를 아동에게 입도록 하고 아동은 행사에서 노래 부르고 춤추게 하면서 정작 해당 아동은 그것이 무엇 때문에 행사가 진행되는지 이유를 모르는 경우이다. 이 경우에 해당 아동이 그곳에 있는 이유는 모르지만, 제공되는 다과와 같은 보상에 끌리거나 행사 자체에 끌려서 흥미를 느끼게 된다. 이 단계가 '조작'보다 한 단계 위인 것은 아이들의 자발적인 의도라고 교묘하게 꾸미지 않기 때문이며, 간접적이지만 행사에 관여하게 되었기 때문이다.

제3단계 명목참여(명목)

토큰주의(tokenism)라는 말이 뜻하는 것처럼 명목참여는 아동에게 발언권이 주어지지만, 실제로는 주제 선정이나 방식에 관한 선택권이 거의 주어지지 않는 경우이다. 그래서 아동이 자신의 의견을 형성할 기회가 거의 없거나 전혀 없는 경우를 뜻한다. 모순으로 보이는 이러한 현상은 이른바 진보사상의 영향을 많은 받은 서구사회에서 특히 흔히 볼 수 있는 현상이다. 자녀양육에 있어 아동을 인정한다고 하지만 실질적으로는 아동의 입장을 이해조차 하지 않는 사고방식이다. 실제로 아동이 원하는 활동에 실질 참여 사례보다 토큰주의의 사례가 더 많다. 명목상으로는 아동의 이익을 증진시킨다고 하지만, 실제 이익은 성인 자신들에게 돌아가도록 한다는 점에서 조작적인 측면이 있다.

아동이 회의 패널로 참석하는 경우에서 명목참여의 의미를 확인할 수 있다. 언변 좋고 영리한 아이들이 실제로는 회의 주제에 대한 준비나 심지어 일말의 고지도 받지 못한 채 토론석상에 참석하게 된다. 심지어 이들이 어떻게 선정되었는지도 모르고, 아동 자신의 관점을 개진할 수 없는 처지라고 한다면 회의석상에 앉아 있다고 한들 그것은 참여라고 할 수가 없다. 하지만 회의석상에 아동 참여 기회를 증진하는 것은 일단 유익하다. 그것은 아동이 소통 매체에 익숙해지는 소중한 경험이 될 수 있기 때문이다. 그 결과 그러한 회의 참여 경험은 참여 사다리의 가장 높은 층 경험으로 이어질 것이다. 그럼에도 불구하고 참여 아동은 참여의 진정한 의미도 모른 채 많은 박수를 받고 사진 찍히고 다음 날 신문 기사를 장식하는 것으로 포장될 수 있다.

제4단계 지시와 정보제공

참여 사다리의 4번째 단계는 '지시와 정보제공(assigned but informed)'라는 수식을 붙일 수 있다. 이 단계에서는 다음의 중요한 전제가 있어야 한다.

(1) 아동은 참여활동의 의도를 이해한다.
(2) 아동은 자신의 참여 결정을 누가 그리고 왜 내렸는지 안다.
(3) 아동은 '장식적'이 아니라 의미 있는 역할을 수행한다.
(4) 아동은 활동의 의미가 명확해지면 자발적으로 참여하게 된다.

이 단계의 예는 유엔이 미국 뉴욕에서 주최하는 '어린이 정상회의'가 될 듯하다. 이 회의는 매우 복잡하고 큰 행사이기 때문에 그 기획 단계에 아동이 참여하기는 매우 어렵다. 하지만 기능적으로나 상징적으로나 참여 아동의 중요한 역할이 있다. 이를테면 71명의 세계 지도자들 각각에 아이가 한 명씩 할당되고, 참여 아동은 유엔 건물과 행사에 대한 전문가가 되어, 대통령과 수상들을 적절한 시기에 적절한 장소로 안내하는 중요한 역할을 할 수 있다.

하지만 참여 아동은 외교관의 자녀들이었고 어떤 특정 집단의 대표자가 되기보다는 편의를 위해 선택되었으며 비록 성인들이 기획하여 알려준(assigned) 행사에 참여한 것이지만, 참여 아동은 안내자로서의 역할을 중요시했고 의미 있는 행사에서 봉사하는 것을 자랑스럽게 여겼다. 하지만 만약 자신들의 견해를 대변하기 위해 순서대로 말하도록 요청받았다면, 이 행사는 사다리의 최하위에 해당할 것이다. 또한 기획된 안내자나 대변인의 역할에 그쳤다면 토큰주의의 또 다른 예가 되었을 것이다.

뉴질랜드 웰링턴에서 열린 유니세프 청소년 정상회담과 같은 회의는 잘 설계되었을 때 아동에게 긍정적인 민주주의 경험이 될 수 있다. 그러나 보통 아이들은 또래들로부터 선출되지 않고, 다른 아이들에게 보고하지 않으며, 다른 아이들과의 토론을 통해 자신의 역할에 대해 준비하지 않았다. 결과적으로, 이것들은 보통 언론에서 찍은 사진은 많지만 아이들의 발언 내용에는 거의 관심이 없는 토큰 행사이다.

출처: Hart, R. A. 1992. *Children's Participation*

최근 열린 어린이 세계정상회의에서 71개국 정상들은 자국으로부터 어린이 안내자들의 도움을 받았다. 회의는 일반적으로 아동의 참여에서 토큰주의를 의미하지만, 이 회의에서 아이들은 지도자들을 적절한 시기에 적절한 장소로 안내하는 중요한 역할들을 도울 수 있었기 때문에, 그들의 역할은 상징적일 뿐만 아니라 실용적이었다. 따라서 진정한 참여의 예로 간주되어야 한다.

출처: Hart, R. A. 1992. *Children's Participation*

제5단계 협의와 정보제공

협의와 정보제공(consulted and informed)이 단계는 아동과 성인이 협의를 거치는 단계이다. 이 단계는 아동과 성인이 대등하게 협의하지만, 참여 프로젝트는 여전히 어른들이 직접 설계하고 운영한다. 이 과정에서 아동은 그 협의내용을 이해하고 아동의 의견은 진지하게 여겨진다. 예로 아동이 성인을 위한 자문위원으로 일하는 경우를 들 수 있다. 또한 아동이 기업에 직접 참여하여 이 활동이 모든 아동에게 중요하다는 것을 상기시켜 주는 흥미로운 예를 찾아볼 수 있다. 뉴욕에

본사를 둔 텔레비전 회사인 니켈로디언에서는 텔레비전 프로그램에 대한 새로운 아이디어들이 때때로 아동과의 '자문'을 통해 고안된다. 그 프로그램의 저비용 버전은 아동이 만들고 비판한다. 그리고 프로그램들은 다시 디자인되어 같은 어린이 전문가 패널에 보여진다. 이는 아동에게 제품에 대해 논의할 수 있는 시간을 주지만 결과를 통보받지 못하고 어떤 식으로든 과정에 관여하지 않는 기업세계의 통상적인 시장조사에 아동을 이용하는 것과는 매우 다르다.

이 단계의 참여에 설문조사가 동원되기도 한다. 최근 캐나다 토론토시가 토론토에 대한 아동의 견해를 얻기 위해 한 설문조사를 실시했다. 미국 워싱턴주 시애틀의 'Kids Place'가 실시한 유사한 설문조사에 따르면 모든 아동을 끌어들이는 데 충분하지는 않지만 아마도 '협의'라는 관점에서 아동 참여의 성공 사례라고 여겨진다. 설문 등에 의하여 '협의'된 내용은 다시 아동들과 공유된다.

캐나다 토론토시가 도시에 대한 청소년들의 견해를 얻기 위해 최근 완료한 설문조사가 협의의 한 예이다. 대부분의 설문조사와 마찬가지로, 그것은 청소년을 그 결과에 대한 분석과 토론의 과정에 참여시킴으로써 수준이 크게 향상될 수 있을 것이다. 컨설턴트들은 최소한 그 결과에 대해 알려야 한다.

출처: Hart, R. A. 1992. *Children's Participation*

제6단계 성인의 주도 아동 공유

앞서 지적한 바와 같이, '성인 주도 아동 공유(Adult-initiated, Shared Decisions with Children)'는 성인이 의사결정을 주도한 상황

에서 이를 아동이 공유하는 것을 말한다. 이 사다리 6단계가 진정한 참여라고 할 수 있는데, 이 단계의 참여 프로젝트는 어른들에 의해 주도되지만, 의사결정은 아동과 공유되기 때문이다. 많은 공동체 프로젝트는 특정 연령대가 사용할 수 있는 것이 아니라 모두가 공유해야 한다. 물론, 모두가 참여하더라도 과정을 지배하는 것은 정치적으로 가장 강력한 연령층(많은 선진국에서는 25세부터 60세까지)이다. 이러한 경우에 우리의 목표는 아동 한 명 한 명 모두를 참여시키는 것이어야 하지만, 아동, 노인, 그리고 특정한 필요나 장애로 인해 제외될 수 있는 사람들에게 특별한 관심을 주는 것이어야 한다.

기관 네트워크에 대한 텔렉스 연결

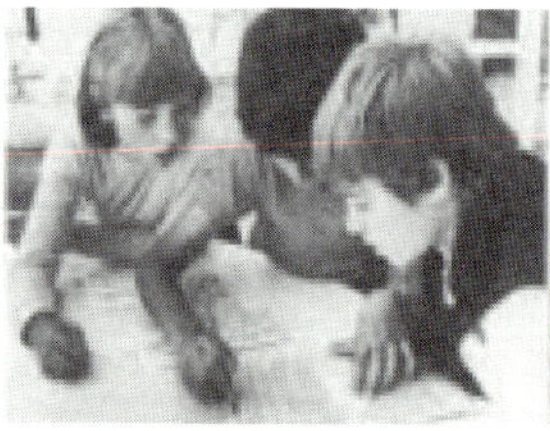

복사 편집

기자

어린이 뉴스 출판은 종종 높은 수준의 책임을 수반하며 사다리 6단계로 분류할 수 있다. 성인이 시작하고, 아동과 의사결정을 공유한다. 세계 어린이의 해(1979년) 전시회 동안, 그룹 루딕(Ludic)은 파리에 천막을 만들었고 아이들은 텔렉스를 사용하여 다른 지역으로부터 소식을 수집하는 것을 배웠다. 아이들은 일간 신문을 제작했고 손으로 그린 투명 화폐를 사용하여 저비용의 보이는 오디오 쇼를 디자인했다. 그 과정에서 전문 기자들의 많은 조언과 기술적 지원을 받게 되었다.

출처: Hart, R. A. 1992. *Children's Participation*

뉴욕에 있는 동부 할렘 자원 센터의 아이들이 공원 조성을 위해 제안된 모델 중 하나를 마무리하고 있다. 공원 밖 인도에 '누에스트로 파크' 모형을 전시해 지역주민 모두가 의견을 제시하고 원할 경우 대안 설계를 할 수 있도록 했다.

출처: Hart, R. A. 1992. *Children's Participation*

제7단계 아동의 주도와 집행

제7단계인 '아동의 주도와 집행(Child-initiated and Directed)'은 활동의 시작부터 아동이 참여하는 단계이다. 이와 관련하여 우리는 모두 아동이 놀이 속에서 복잡한 프로젝트를 구상하고 수행하는 수십 가지 사례를 떠올릴 수 있다. 여건이 마련되기만 하면, 나이 어린 아동들조차도 큰 무리를 지어 협력적으로 일할 수 있다. 미국 버몬트주의 한 학교 뒤 모래톱에 아동이 수개월에 걸쳐 건설한 대형 댐을 지원한 것은 일체의 성인의 주도나 간섭 없이 아동의 주도로 이루어진 것이다. 그러나 아동이 시작한 이러한 참여 활동 사례를 찾는 것은 그리 쉽지 않다. 주된 이유는 성인들이 보통 아동 스스로 주도하는 계획에 잘 반응하지 못하기 때문이다.

제8단계 아동 주도 성인 공유

최종 단계인 '아동 주도 성인 공유(Child-intiated, Shared Decisions with Adult)'는 아동의 참여의 가장 상위 범주에 해당한다. 아동과 성인의 주도가 제6단계에서 전도된 형태를 띤다. 그러한 예 중 하나는 미국의 공립학교에서 나왔다. 열 살짜리 두 소년은 내가 다른 반의 어린아이들을 숲으로 데리고 가서 특별히 지어진 은신처 뒤에서 동물의 행동을 관찰하는 것을 부러워하며 지켜보았다. 그들은 내가 동물 행동을 연구하기 위해 디자인한 양식 중 하나를 사용하여 교실 탁자 아래에 은신처를 만들고 다른 아이들의 행동을 관찰하기 시작했다. 그들의 선생님은 이것을 관찰했고 은신처의 형태를 개선할 수 있는 방법을 제시함으로써 아이들을 지원했다. 이 활동은 학급 아이들이 자신의 행동을 관찰함으로써 자신에 대해 배울 수 있는 귀중한 수단이 되었고, 학교 수업이 끝날 무렵 갈등 해결을 돕고 교실 구성 및 관리를 위한 새로운 전략을 제시하는 데 매우 유용했다. 이 예는 분명히 돌봄 선생님의 인상적인 통찰력과 창의성에 크게 의존했다.

보통 성인들은 자신이 디자인하고 관리하는 프로젝트에 10대 이상의 아이들만 포함시키는 경향이 있다. 1974년 국립 청소년 자원 위원회는 뉴욕시의 성교육을 위한 학생 연합의 노력을 보고한 바 있다. 뉴욕시 고등학생들은 교육위원회에 성교육 관련 프로그램을 청원하기 위해 연합을 결성했다. 그들은 제안서를 작성하기 위해 부모 단체와 함께 했지만, 불행하게도 교육위원회는 기각하였다. 그들은 끈질기게 버텼고, 이후 탄원서를 제출한 뒤 학교장의 호의적인 답변으로 이어졌다. 이러한 노력의 결과로 또래 상담사들은 학교에 고용되어 취업 알선 서비스와 임신 및 성병 문제에 대한 정보를 제공하였다.

이러한 프로젝트들은 참여의 사다리의 가장 높은 층에 해당하며 유감스럽게도 모두 실현 가능성이 드물다. 그 이유는 아동에게 도움이 되고자 하는 열망이 없어서가 아니라 오히려 아동의 실제 관심에 맞춰 보려고 하는 성인들이 없기 때문이다. 우리는 아동의 열정에 세심하게 배려해주고 이에 상응하는 조치를 취해줄 사람들이 필요하다.

Ⅲ. 참여사다리의 적용과 현실

이제까지 하트 자신의 목소리를 통하여 참여사다리를 이해하도록 정리하였다. 이하에서는 하트의 참여사다리가 현실적으로 실행되기 위하여 어떤 전제가 요구되며 어떻게 이를 수용해야 하는지를 검토해 보도록 한다.

1. 참여의 이점

하트가 참여사다리를 고안하여 아동참여를 강조한 까닭은 두말할 필요 없이 '참여'가 가져다주는 이점이 많기 때문이다. 많은 사람들이 아동참여가 개발도상국의 아동에게 그리 급한 것이 아니라는 회의론을 제기하기도 하지만, 아동참여를 증진하는 것은 단기적으로나 장기적으로 여러 가지 장점이 있다. 다만 아동참여의 이점을 명시적으로 측정할 수 없다는 데 한계가 있다. 무엇보다도 아동 참여는 두 가지 차원에서 장점이 있다. 하나는 개인적 차원으로서 개인이 사회의 더 유능하고 자신감 있는 구성원으로 발전할 수 있게 하는 것이다. 여기에는 자기결정 능력 개발과 사회적 역량의 증진을 꼽을 수 있다. 다른 하나는 공동체 차원으로서 아동참여가 공동체의 조직과 기능을 향상시킨다는 것이다.

먼저 아동의 참여가 결여되면 아동 자신의 신념을 확립하도록 하는 비판적 토론보다는 정치적 세뇌에 더 관심을 가질 가능성이 높다. 불행하게도 학교 교육과정에서는 이 원칙에 대한 인식이 희박하다. 아동 참여를 언급하면서도 은연중에 '순응'을 강조한다. 그 결과 애국 시민 육성을 통한 안정적이고 민주적인 사회와 이를 뒷받침할 정부 운영을 염두에 둔다. 하지만 참여는 아동을 소외시키고 조작할 소지가 다분히 있는 전통적인 교육 관행에 대한 중요한 해독제이다. 실제 문제에 대한 해결책을 수반하는 프로젝트에 참여함으로써 아동은 정치적 신념의 자기 결정에 필수적인 비판적 성찰과 관점을 비교하는 기술을 개발한다. 이를 통해서 아동은 자아실현을 기대할 수 있고 사회는 민주화에 기여하게 된다.

아동 참여를 통한 사회적 역량과 책임을 증진시킬 수 있다는 점은 상호 소통 능력 증진이라는 점에서 중요하다. 참여는 아이들에게 목소리를 가질 권리를 허용할 뿐만 아니라, 아이들이 다른 사람들이 매우 다양한 목소리를 가질 권리를 발견할 수 있도록 하는 데 있어서도 똑같은 가치가 있다. 이는 아동 상호 간에 이루어질 뿐만 아니라 아동과 성인과의 관계에서도 중요하다.

따라서 아동의 자율성 발달은 단순히 부모에 대한 의존에서 점차 벗어나려는 문제에 그치는 것이 아니다. 스위스의 발달심리학자인 피아제는 구슬 게임을 통해 자율성 발달을 위해 평등한 사람들 간의 협력과 상호 합의가 필요하다는 것을 입증했다. 그는 아이들이 구슬치기를 배우는 것은 규칙과 관련된 권위를 받아들임으로써가 아니라 협력적인 방법으로 규칙을 개발함으로써 배운다는 것을 발견했다. 토론에서 아이들은 서로 다른 아이들의 관점을 발견하고 자신만의 합의에 도달한다. 피아제는 이들이 항상 권위의 주체이고 상호존중 관계를 통해 규칙을 세울 기회가 없다면 주체적 자아로서 발전할 수 없다고 주장했다. 앞서 살펴본 참여사다리의 윗 단계가 바로 아동-성인과의 관계를 전제하고 있음을 볼 때 아동참여 증진은 곧 성인과 관계에서 사회적 역량과 책임을 증진시키는가에 달려있다. 결론적으로 참여는 아동을 사회적으로 책임감 있고 협동적인 존재로 만들 수 있는 핵심이다.

아동 참여가 공동체 발전에 기여하는 것은 잘 알려져 있지 않은 숨은 장점이다. 아동 참여는 곧 공동체를 기반으로 할 수밖에 없다는 뜻이기도 하다. 공동체가 마련하는 각종 행사나 프로그램에 아동이 참여함으로써 그 지역사회 발전에도 기여하고 참여한 아동에게도 긍정적인 경험을 하게 한다. 하트는 그 지역사회가 제공하는 거리예술 프로젝트를 그 대표적인 사례로 들고 있다.

거리 예술 프로젝트는 '참여의 사다리'의 전체 연속선을 따라 어디에나 위치할 수 있다. 통상 낮은 단계에 속한다. 예술가들은 벽화를 디자인하고 아이들은 그림을 그린다. 그러나 때때로 십 대들은 직접 큰 벽화를 제작하기도 한다. 만약 십 대들이 그 프로젝트를 주인이나 주민들에게 고지하였지만, 벽화를 그들 스스로 시작하고 관리한다면, 이것은 사다리의 꼭대기 층에 속할 것이다.

출처: Hart, R. A. 1992. *Children's Participation*

그리고 아동의 연령에 맞는 활동을 제공하고 거기에 참여하게 함으로써 성과를 거둘 수 있다는 것이다. 예를 들어서, 소굴이나 나무집을 짓는 것은 아이들이 서로에게 공통의 관심사를 표현할 수 있는 귀중한 방법이 될 수 있다.

2. 아동 참여 프로그램 운영시 고려사항

이와 같은 장점에도 불구하고 참여사다리 등 참여증진 프로그램을 운영할 경우 고려해야 할 사항을 정리해 보도록 한다.

첫째, 아동 참여를 단선형적인 아동발달로 이해해서는 안 된다. 물론 발달을 고려할 경우, 해당 아동의 연령을 배제할 수는 없다. 흔히 아동 발달은 보통 개별 아동이 점차적으로 더 높은 단계의 사다리를 오르는 단선형 개념으로 파악된다. 이러한 방식으로는 발달에 따른 아동 참여를 실질적으로 고려할 수 없다. 따라서 아동의 발달하는 참여 능력을 개인 능력의 단순한 단계적 전개로 생각해서는 안 된다. 아동의 발달 단계에 따라 성인의 태도와 입장을 적극적으로 고려할 필요가 있다. 아울러 지원하는 성인과 협력하여 아이가 무엇을 성취할 수 있을지 생각해 보아야 한다.

둘째, 아동 참여 증진은 아동 자신의 관점을 갖게 하는 것과 타인의 관점을 고려하는 것에서 비롯된다. 아동이 다른 사람의 관점을 취할 수 있는 능력 발달의 가장 중요한 순서 중 일부를 숙지하는 것은 유용하지만, 단순한 발달 단계 혹은 나이와 관련된 규범을 사용하여 아동이 무엇을 할 수 있는지를 결정하는 것은 잘못되었다. 이러한 현상이 발생하는 나이는 문화나 아이의 개별적 특성에 따라 크게 다를 수 있다는 점을 기억해야 한다. 아이의 사고력과 말하기 능력의 전개만큼이나 중요한 것은 아이의 행동에 숨겨진 동기이다. 고민이 많거나 자존감이 낮은 아이는 자신의 역량을 발휘하거나, 생각을 하거나, 단체로 활동할 가능성이 적다. 이러한 이유로, 보기에 덜 유능해 보이는 아이들의 참여를 촉진하기 위해서는 아이의 능력을 발휘할 수 있는 기회를 극대화할 수 있는 상황을 파악해야 한다. 마찬가지로 다른 아이들의 목소리가 들릴 수 있도록 대안적인 기술도 사용해야 한다.

셋째, 참여에 요구되는 연령별 핵심 능력에 초점을 맞출 필요가 있다. 자존감은 매우 중요한 능력이다. 어릴 때부터 자존감은 아마도 어린이가 프로젝트에 다른 사람들과 성공적으로 참여하는 것에 영향을 미치는 가장 중요한 변수이다. 자존감은 아이들이 어떤 일을 하는 역량과 타인의 인정을 바탕으로 스스로에 대해 내리는 가치 판단이다. 따라서 자존감이 낮은 아이들에게 참여 역량을 함양할 수 있는 조건을 만들어주어야 한다.

다음은 하트가 아동 참여에 관련된 연령별 능력에 관한 내용을 정리한 것이다. 5세에서 9세까지는 상대방의 의도적인 행동과 의도하지 않은 행동은 구별되지 않기 때문에, 점차적으로 '조망수용능력'은 향상된다. 그럼으로써 아동은 이제 각자가 자신만의 독특하고 주관적인 세계관을 가지고 있다는 것을 깨닫는다.

7세에서 12세에 이르는 동안, 아동은 다른 사람의 입장이 되어볼 수 있는 능력이 생긴다. 아동은 자신을 성찰하고 다른 사람들도 똑같이 할 수 있다는 것을 깨닫기 위해 자신만의 관점에서 벗어나 다른 사람의 관점에서 볼 수 있게 된다. 이른바 '순차적 조망수용'의 단계에 이른다. 이 단계에서는 두 아이가 이제 '서로 입장을 바꾸어' 볼 수 있게 된다.

그다음 단계에 이르면, '상호적 조망수용' 능력이 가능해진다. 이 능력은 아동 스스로가 민주적 집단을 형성하는 데 필수적인 요소가 된다. 이는 주로 10세에서 15세 사이에 발생한다. 아동은 이 수준에서 자발적으로 자신의 관점을 다른 사람들의 관점과 일치시킬 수 있다.

또한 이러한 상호적 조망수용 능력 외에도 셀만은 더 높은 수준의 '사회상징적 조망수용'을 가정할 수 있다. 이는 모든 개인이 비로소 공유할 수 있는 일반적인 사회적, 법적, 도덕적 관점을 형성하는 여러 상호 관점을 상상할 수 있다는 것을 뜻한다.

한편, 발달과는 다른 차원에서 사회적 요인을 고려해야 한다. 여기서는 두 가지만을 지적하고자 한다. 하나는 아동 참여의 사회 경제적 요인을 고려해야 한다는 점이다. 다른 하나는 아동의 성별에 따른 참여의 차이를 고려해야 한다는 점이다.

사회경제적 요인으로 인하여 아동 참여가 달라지므로 이에 유념해야 한다. 많은 나라의 경우를 비교해 보면 경제적 자원이 충분한 가정은 독립성과 자율성을 중시하는 경향이 있는 반면 저소득 가정은 자녀로부터의 복종을 더 중시하는 경향이 있다. 저소득층 부모들은 순종과 효율성을 요구하는 정형화된 일터에 종사하는 경우가 많고, 게다가 자녀들에게 참여를 촉진할 기회가 많지 않다. 이러한 사회경제적인 요인들을 고려하면서 아동참여 증진 노력을 경주해야 한다.

성별로 보면 여아들의 참여 기회는 남아에 비하여 상대적으로 제한적이다. 특히 저소득층 여아의 경우 가사노동을 분담하거나 전담하는 경우가 많고, 저개발국가에서는 여아들이 길거리에서 온갖 일에 종사하는 경우가 많다. 이러한 여아들을 위하여 더 특별한 참여 프로그램을 만들 필요가 있다.

특히 여아들을 위한 프로그램을 설계할 때, 우리는 여아들이 다양한 문화에서도 대우받을 수 있는 방법들을 고안해야 하고 가족, 학교, 그리고 지역사회에서 그들의 효과적인 참여를 위한 장벽을 어떻게 해결해야 하는지를 발견할 필요가 있다. 남아 위주의 프로그램을 지양하고 남녀가 동등한 참여를 할 수 있는 프로그램을 만들어야 한다.

아동 참여 증진 프로그램을 고안하고 시행할 경우 유의해야 할 점이 있다. 즉 참여 프로그램을 고안할 경우, 연령이나 개인차를 고려하지 않는 프로그램은 없어져야 한다. 따라서 지역사회 참여 프로그램을 각각의 연령대나 모든 종류의 성격이나 행동 문제를 고려하도록 설계할 것을 제안하지 않는다. 아무리 잘 고안한 프로그램이라고 하더라도 거기에 최고의 전략이나 기법이 있는 것이 아니라 다양성이 핵심이라는 것을 상기할 필요가 있다. 즉 아동 참여 프로젝트들은 서로 다양한 단계에 있는 다양한 사람들에 의해 다양한 유형의 참여가 가능하도록 설계되어야 한다.

Ⅳ. 아동 참여와 놀이

하트는 아동 참여의 측면에서 '놀이'의 기능과 중요성을 매우 강조한다. 아동 참여에 있어서 놀이가 매우 중요하다는 취지이다. 아동 놀이의 특징과 의미는 교육적 차원과 아동권리의 차원에서 살펴볼 수 있다. 하지만 여기서는 상세한 논의를 별도로 하지 않겠다.

교육적 차원에서 아동의 놀이가 지니는 의미는 다음의 문헌을 참조하라.

Dearden, R. F., 1967, The Concept of Play, Peters, R. S. (ed.), *The Concept of Education*, London: Routledge and Kegan Paul, 73-91.
김정래, 2002, 아동의 놀 권리: 그 교육적 필요성의 철학적 정당화 논의, **아동권리연구** 제6권 제1호, 한국아동권리학회, 31-46.

다른 한편, 권리 차원에서 아동의 놀이가 지니는 의미는 이미 『증보 아동권리향연』 제8장에서 논의한 바 있다. [증269-302] 여기서 놀이와 일이 불가분의 관계를 맺고 있음을 상세하게 살펴본 바 있다. 무엇보다도 아동 권리의 근거로서 놀이와 아동이 밀접한 관련을 맺고 있음을 밝힌 바 있다. [플35-38]

또한 본서 제8장에서 다룰 여타의 학생인권조례와 달리 부산광역시 의회는 아동의 놀이권(the right to play)에 관한 조례를 제정한 바 있다. 2020년 부산광역시는 '부산광역시 아동의 놀 권리 증진에 관한 조례'를 제정하였다. [증659-662] 하지만 이 조례는 놀이와 공부를 대립적 시각으로 조망하여 교육받을 권리와 놀 권리가 상충할 가능성을 열어놓았다. [증300-301] 그렇지만 아동의 놀이권을 공식적으로 상정한 것 자체는 권리인식에 있어서 진일보한 것으로 평가할 수 있다.

V. 이해와 점검

이 절에 담은 점검 문항은 이 장에서 이제까지 살펴본 내용을 토대로 한 것이다. 따라서 문항 설명에 있어서 출처를 따로 밝히지 않는다. 여기 제시된 문항들은 참여사다리와 이에 담긴 아이디어를 현장에 적용할 경우 참여사다리의 취지와 장점을 적극 활용하도록 하는 데 그 목적이 있다.

로저 하트의 참여사다리의 명칭을 채워 보시오.

단계	영어 명칭	우리말 명칭
1		
2		
3		
4		
5		
6		
7		
8		

& 빈칸을 채우면 다음과 같다.

단계	영어 명칭	우리말 명칭
1	Manipulation	조작 (참여조작)
2	Decoration	장식 (장식참여)
3	Tokenism	명목 (명목참여)
4	Assigned but Informed	지시와 정보제공
5	Consulted and Informed	협의와 정보제공
6	Adult-initiated, Shared Decision with Children	성인 주도 아동 공유
7	Child-initiated and Directed	아동 주도와 집행
8	Child-initiated, Shared Decision with Adults	아동 주도 성인 공유

로저 하트의 참여사다리 여덟 단계(eight rungs)가 지니는 특징을 쓰시오.

& 본서 제6장에 소개된 하트의 글을 토대로 작성해 본다.

1.

2.

3.

4.

5.

6.

7.

8.

다음 빈칸을 채워 보시오.

단계	우리말 명칭
1	
2	
3	
4	
5	협의와 정보제공
6	성인 주도 아동 공유
7	아동 주도와 집행
8	아동 주도 성인 공유

& 빈칸을 채우면 다음과 같다.

단계	우리말 명칭
1	**조작 (참여조작)**
2	**장식 (장식참여)**
3	**명목 (명목참여)**

4	**지시와 정보제공**
5	협의와 정보제공
6	성인 주도 아동 공유
7	아동 주도와 집행
8	아동 주도 성인 공유

다음 빈칸을 채워 보시오.

단계	영어 명칭
1	Manipulation
2	
3	
4	
5	
6	Adult-initiated, Shared Decisions with Children
7	
8	Child-initiated, Shared Decisions with Adults

& 빈칸을 채우면 다음과 같다.

단계	영어 명칭
1	Manipulation
2	**Decoration**
3	**Tokenism**
4	**Assigned but Informed**
5	**Consulted and Informed**
6	Adult-initiated, Shared Decisions with Children
7	**Child-initiated and Directed**
8	Child-initiated, Shared Decisions with Adults

하트의 참여사다리가 지니는 특징에 관한 서술 중 맞는 것을 모두 고르시오.

① 참여사다리는 아동의 참여를 세밀하게 구분하여 이해를 증진시켜준다.

② 현실적으로 아동 참여를 가로막고 있는 '위장된' 참여와 실질 참여를 구분해준다.

③ 아동의 참여증진에 성인의 역할이 결정적인 변수로 작용한다.

④ 아동 참여의 핵심을 아동이 주도권(initiative)을 갖고 있는가로 본다.

⑤ 아동 참여는 다양한 형태의 놀이를 활용하여 증진할 수 있다.

모두 옳은 진술이다.

정답: ①, ②, ③, ④, ⑤

하트의 참여사다리에 관한 서술 중 맞지 않는 것을 모두 고르시오.

① 참여사다리는 아동참여의 보편성을 기본원리로 한다.

② 참여의 보편성을 강조하는 참여사다리는 아동의 특수성을 간과해도 좋다.

③ 어느 발달 단계에서나 '아동주도(child-initiated)'라는 특징이 강조되어야 한다.

④ 어느 연령에서나 '아동주도(child-initiated)'라는 특징이 강조되어야 한다.

⑤ 참여사다리는 단계별 형식논리에 빠질 가능성을 담고 있다.

참여의 보편성을 강조해도 '아동주도(child-initiated)'라는 특징이 어느 발달 단계, 연령 단계에서나 가능한 것이 아니므로 아동이 처한 특수성을 적극 고려해야 한다. 이는 하트 스스로가 강조한 고려사항이다.

정답: ②, ③, ④

하트의 참여사다리에 관한 서술 중 맞지 않는 것을 모두 고르시오.

① 참여사다리의 단계는 형식적인 계단 형식으로 이해된다.

② 참여사다리에서 참여를 단계와 연령 그리고 상황을 고려하지 않으면 악법을 양산하는 지경에 이르게 한다.

③ 참여사다리에서 '보편성'을 천편일률적인 실행지침으로 여기는 것은 아동의 권리를 보호하지 못하고 오히려 침해하는 결과를 초래한다.

④ 참여사다리에서 '참여'는 '의사결정에 있어서 주도권'을 의미한다.

⑤ 참여사다리에서 '주도권'은 아동과 성인의 대립을 전제로 한다.

& 참여사다리의 여덟 단계를 형식적인 계단 형식으로 이해해서는 안 되며, 참여의 핵심인 '주도권'은 아동과 성인의 대립을 가리키지 않는다.

정답: ①, ⑤

하트의 참여사다리에 관한 서술 중 맞는 것을 모두 고르시오.

① 참여사다리에서 참여의 보편성을 주장하게 되면 형식논리에 빠지게 된다.

② 참여사다리에서 '사다리'로 비유한 것은 아동과 성인이 지니는 주도권 정도를 비례적으로 나타내고자 한 것이다.

③ 첫 단계인 '참여조작' 또는 조작 단계는 아동을 '마음이 없는 존재'로 보는 아동관과 관련이 있다.

④ 아래의 세 단계는 실질 참여가 아니다.

⑤ 참여조작은 아동의 자발적 의도가 있다고 교묘하게 숨긴 결과로 붙여진 명칭이다.

& 모두 옳은 진술이다.

정답: ①, ②, ③, ④, ⑤

※ 참여사다리의 특징에 관한 서술 중 맞는 것을 모두 고르시오.

① 참여조작은 아동이 참여하는 활동을 성인이 교묘하게 조작했다는 의미이다.

② 장식참여는 아동 스스로가 진행되는 행사를 인식할 수 없다는 점에서 참여조작과 같다.

③ 명목참여는 아동에게 발언권이 주어지지만, 실제의 선택권이 없다.

④ 명목참여는 참여 행사가 실제로 성인 자신들의 이익에 맞추어져 있어서 일종의 '립 서비스'라고 할 수 있다.

⑤ 명목참여는 자녀양육에 있어 아동을 인정한다고 하지만 실질적으로는 아동의 입장을 이해조차 하지 않는 사고방식이다.

& 장식참여는 아동 스스로가 진행되는 행사를 인식할 수 있다는 점에서 참여조작과 차이가 있다.

정답: ①, ③, ④, ⑤

※ 참여사다리에 관한 서술 중 맞는 것을 모두 고르시오.

① 뉴질랜드 웰링턴에서 열린 유니세프 청소년 정상회담은 참여사다리의 네 번째 단계에 해당한다.

② 유엔이 미국 뉴욕에서 주최하는 '어린이 정상회의'는 참여사다리의 네 번째 단계에 해당한다.

③ '지시와 정보 제공' 단계는 아동 참여가 여전히 장식적이다.

④ '지시와 정보 제공' 단계는 성인이 기획한 것을 아동에게 알려준다.

⑤ '지시와 정보 제공' 단계에서 아동은 자신이 몸담은 활동의 의미를 여전히 모른다.

& '지시와 정보 제공' 단계는 아동 참여가 더 이상 장식적이지 않으

면서, 의미 있는 역할을 아동이 수행한다. 또한 이 단계에서 아동은 활동의 의미가 명확해지면 자발적으로 참여한다.

정답: ①, ②, ④

참여사다리의 특징에 관한 서술 중 맞는 것을 모두 고르시오.

① '협의와 정보 제공' 단계는 아동과 성인이 협의를 거치는 단계이다.

② '협의와 정보 제공' 단계에서 드디어 아동이 활동을 설계하고 기획한다.

③ 의사결정 등 아동 주도는 일곱 번째 단계에서 시작된다.

④ 참여사다리의 높은 단계로 갈수록 아동의 인지능력과 그들이 처한 상황을 모두 고려해야 한다.

⑤ 참여사다리는 목적론적 위계로 이해할 수 있다.

& '협의와 정보 제공' 단계에서 성인이 활동을 설계하고 기획한다. 참여사다리는 목적론적 위계로 이해해서는 안 된다.

정답: ①, ③, ④

참여사다리를 운영하는 현실적 문제에 관한 서술 중 맞지 않는 것을 모두 고르시오.

① 아동참여의 이점을 명시적으로 측정할 수 없다는 데 한계가 있다.

② 아동참여의 이점으로 자기결정 능력 개발과 사회적 역량의 증진을 꼽을 수 있다.

③ 아동참여는 순응 위주의 교육관행에 해독제 역할을 한다.

④ 아동참여는 아동의 특수성을 고려해야 하므로 아동 상호 간의 관계에서만 이루어질 수 있도록 해야 한다.

⑤ 참여사다리는 아동 자신의 신념을 확립하도록 하는 비판적 토론보다는 정치적 세뇌에 더 관심을 가질 가능성이 높다.

& 아동의 참여가 결여되면 아동 자신의 신념을 확립하도록 하는 비판적 토론보다는 정치적 세뇌에 더 관심을 가질 가능성이 높다. 아동참여는 아동 상호 간에 이루어질 뿐만 아니라 아동과 성인과의 관계에서도 중요하다.

정답: ④, ⑤

참여사다리를 운영하는 현실적 문제에 관한 서술 중 맞는 것을 모두 고르시오.

① 아동참여를 증진시키면 아동은 자아실현을 기대할 수 있고 사회는 민주화에 기여한다.

② 아동 참여는 사회적 역량과 책임을 증진시킬 수 있을 뿐만 아니라 상호 소통 능력 증진이라는 점에서 중요하다.

③ 참여를 통하여 길러지는 아동의 상호 소통 능력은 아이들에게 목소리를 가질 권리를 허용할 뿐만 아니라, 아이들이 다른 사람들이 매우 다양한 목소리를 가질 권리를 발견할 수 있다는 점에서 중요하다.

④ 가정에서 부모 역할이 중요하므로 부모에 대한 의존이 아이의 자율성 발달에 중요하다.

⑤ 아동참여는 공동체 발전에도 기여한다.

& 아이의 자율성 발달은 단순히 부모에 대한 의존에서 점차 벗어나려는 데서 시작된다.

정답: ①, ②, ③, ⑤

참여사다리를 운영하는 현실적 문제에 관한 서술 중 맞지 않는 것을 모두 고르시오.

① 참여사다리 적용에서 지원하는 성인과 협력하여 아이가 무엇을 성취할 수 있을지 생각해 보아야 한다.

② 참여사다리는 아동 참여를 단선형적인 아동발달로 이해하는 데서 비롯된다.

③ 아동 참여 증진은 아동 자신의 관점을 갖게 하는 것과 타인의 관점을 고려하는 것에서 비롯된다.

④ 참여에 요구되는 연령별 핵심 능력에 초점을 맞출 필요가 있다.

⑤ 자존감은 아이들이 어떤 일을 하는 역량과 타인의 인정을 바탕으로 스스로에 대해 내리는 가치 판단이므로, 자존감이 발달되지 않은 아동에게 참여사다리를 적용하는 것은 불가능하다.

& 아동 참여를 단선형적인 아동발달로 이해해서는 안 된다. 자존감이 낮은 아이들에게 참여 역량을 함양할 수 있는 조건을 만들어주어야 한다.

정답: ②, ⑤

아동참여 프로그램 운영 시 고려사항에 관한 서술 중 맞는 것을 모두 고르시오.

① 아동 참여를 단선형적인 아동발달로 이해해서는 안 되며, 해당 아동의 연령을 고려해야 한다.

② 아동 참여 증진은 아동 자신의 관점을 갖게 하는 것과 타인의 관점을 고려하는 것에서 비롯된다.

③ 참여에 요구되는 연령별 핵심 능력에 초점을 맞출 필요가 있다.

④ 연령이 낮을수록 점차적으로 '조망수용능력'을 향상시키도록 한다.

⑤ '조망수용능력'은 '상호적 조망수용' 능력과 '사회상징적 조망수

용' 능력으로 이어져서 발달되어야 한다.

& 모두 옳은 진술이다.

정답: ①, ②, ③, ④, ⑤

아동참여 프로그램 운영 시 고려사항에 해당되는 것을 모두 고르시오.

① 사회적, 법적, 도덕적 관점을 형성하는 여러 상호 관점을 상상할 수 있는 조망 능력

② 아동 참여에 대한 성인의 입장과 태도

③ 아동의 성별에 따라 요구되는 사항

④ 아동의 사회경제적 요인

⑤ 아동의 연령과 개인차

& 모두 고려해야 할 사항들이다.

정답: ①, ②, ③, ④, ⑤

로저 하트의 참여사다리에서 영어 명칭을 채워 보시오.

단계	영어 명칭	우리말 명칭
1		조작 (참여조작)
2		장식 (장식참여)
3		명목 (명목참여)
4		지시와 정보제공
5		협의와 정보제공
6		성인 주도 아동 공유
7		아동 주도와 집행
8		아동 주도 성인 공유

& 영어 명칭 칸을 채우면 다음과 같다.

단계	영어 명칭	우리말 명칭
1	**Manipulation**	조작 (참여조작)
2	**Decoration**	장식 (장식참여)
3	**Tokenism**	명목 (명목참여)
4	**Assigned but Informed**	지시와 정보제공
5	**Consulted and Informed**	협의와 정보제공
6	**Adult-initiated, Shared Decisions with Children**	성인 주도 아동 공유
7	**Child-initiated and Directed**	아동 주도와 집행
8	**Child-initiated, Shared Decisions with Adults**	아동 주도 성인 공유

로저 하트의 참여사다리의 명칭에서 우리말 명칭을 채워 보시오.

단계	영어 명칭	우리말 명칭
1	Manipulation	
2	Decoration	
3	Tokenism	
4	Assigned but Informed	
5	Consulted and Informed	
6	Adult-initiated, Shared Decisions with Children	
7	Child-initiated and Directed	
8	Child-initiated, Shared Decisions with Adults	

& 우리말 명칭 칸을 채우면 다음과 같다.

단계	영어 명칭	우리말 명칭
1	Manipulation	조작 (참여조작)
2	Decoration	장식 (장식참여)
3	Tokenism	명목 (명목참여)
4	Assigned but Informed	지시와 정보제공
5	Consulted and Informed	협의와 정보제공
6	Adult-initiated, Shared Decisions with Children	성인 주도 아동 공유
7	Child-initiated and Directed	아동 주도와 집행
8	Child-initiated, Shared Decisions with Adults	아동 주도 성인 공유

7

아동권리협약과 실천

아동권리협약의 의미는 다각도에서 조망할 수 있다. 각종 권리문서의 시기별 순서로 보면 아동권리협약 이전에 1923년 우리나라 '아동권리공약 3장' 및 '어린이선언문'에서 그 의미를 찾을 수 있다. [증 411-412; 471-472] 그러나 국제기구 차원에서 보면 아동권리협약은 명확한 계보를 확인할 수 있다. 이 장에서는 아동권리협약이 형성된 계보를 확인하고, 이어 아동권리협약의 내용을 분석해 보기로 한다. 이미 전작에서 다룬 바 있기도 하지만 [증369-467], 여기서는 전작과는 달리 아동권리협약이 담고 있는 내용의 정합성에 초점을 맞추어 분석하도록 한다. 이어서 아동권리협약이 담고 있는 정신과 내용을 실행에 옮기기 위한 노력으로 아동권리협약의 가입과 비준, 국가보고의 의무 이행 등을 살펴보기로 한다.

Ⅰ. 아동권리협약의 형성

주지하는 바와 같이, 아동권리협약은 나름의 계보(genealogy)가 있다. 그 계보는 두 갈래로 나누어 볼 수 있다. 하나는 아동권리협약이 국제연합헌장의 정신을 모태로 하여 1948년 세계인권선언, 1966년 경제적·사회적·문화적 권리에 관한 국제협약(A협약)과 1966년 시민적 및 정치적 권리에 관한 국제협약(B협약)을 매개로 하여 형성된다고 보는 것이다. [증491-504; 505-529] 다른 하나는 아동권리에 집중하여 아동권리협약이 1924년 아동권리 제네바선언과 1959년 아동권리선언의 맥을 이어 형성되었다고 보는 것이다.

이 절에서는 두 가지 계보를 살펴보도록 한다. 먼저 아동권리협약은 국제연합의 정신을 토대로 천명된 권리문서임은 아동권리협약 전문(前文, preamble)에서 확인할 수 있다. 아동권리협약 전문은 다음과 같이 천명하고 있다.

> 국제연합헌장에 선언된 원칙에 따라, 인류 모든 구성원의 고유한 존엄성 및 평등하고 양도할 수 없는 권리를 인정하는 것이 세계의 자유· 정의 및 평화의 기초가 됨을 고려하고, …
>
> 국제연합이 세계인권선언과 국제인권협약에서 인종, 피부색, 성별, 언어, 종교, 정치적 또는 기타의 의견, 민족적 또는 사회적 출신, 재산, 출생 또는 기타의 신분 등과 관련하여 어떠한 종류의 차별도 받지 않고, 모든 사람이 권리와 자유를 누릴 권한이 있음을 선언하고 동의하였음을 인정하고, …
>
> 아동에게 특별한 보호를 제공하여야 할 필요성은, 1924년 아동권리에 관한 제네바선언과 1959년 11월 20일 총회에 의하여 채택된 아동권리선언에서 처음으로 명시되었고, 세계인권선언과 시민적·정치

적 권리에 관한 국제 협약(특히 제23조 및 제24조), 경제적·사회적·문화적 권리에 관한 국제협약(특히 제10조) 및 아동의 복지와 관련된 전문기구와 국제기구의 규정 및 관련 문서에 언급되었음을 유념하고, … [증531-532]

위의 천명은 아동권리협약이 탄생하기까지의 조상을 나타내는 족보를 나타낸 것이라고 할 수 있다. 즉 아동권리협약의 선언 주체로 보면, 국제연합헌장 정신에 입각한 권리문서임에 틀림없다.

국제연합헌장의 정신을 담은 전문 소개에 앞서 국제연합헌장(Charter of the United Nations)을 간략하게 소개할 필요가 있다. 국제연합헌장은 1945년 6월 26일 샌프란시스코에서 채택되어 동년 10월 24일에 발효한 총 19장, 111조로 이루어진 조약으로 국제연합의 법적 기초를 이루는 설립조약이다. 제2차 세계대전 중 영국·미국·소련 3국은 1945년 2월의 얄타회담 등에서 전후의 세계기구 설립구상을 구체화하고, 1945년 4월부터 6월까지 연합국 50개국이 참가하여 열린 샌프란시스코 회의에서 국제연합을 창설하기 위한 조약인 국제연합헌장을 채택하였다. 이 국제연합헌장은 동년 10월에 발효하여 50개국에 폴란드를 추가한 51개국이 서명국으로서 국제연합을 정식으로 발족시켰다.

국제연합헌장은 우선 국제연합이라는 보편적 국제기구의 설립조약 또는 기본문서로서 국제연합의 각 기관의 구조·권한 등에 대해서 규정한 것이다. 한편, 국제연합헌장은 다른 국제협정에 우선하는 법적 효력을 일반적으로 가지고 있으며(103조), 그중에는 국제사회 일반에 타당한 기본법으로서의 성격을 갖는 부분도 있다.

이와 같은 국제연합헌장에는 인간의 존엄성과 기본적 인권, 차별 없는 평등을 전문에 천명하고, 제1조에는 이러한 정신을 구현할 국제연합 설립의 목적을, 제2조에는 운영 원칙을 명시하고 있다. 전작인 『증보 아동권리향연』에서 국제연합헌장을 소개하지 않아서 국제연합헌장 전문과 제1조의 목적과 제2조의 원칙을 여기에 소개하기로 한다.

국제연합헌장 전문

우리 연합국 국민들은 우리 일생 중에 두 번이나 말할 수 없는 슬픔을 인류에 가져온 전쟁의 불행에서 다음 세대를 구하고, 기본적 인권, 인간의 존엄 및 가치, 남녀 및 대소 각국의 평등권에 대한 신념을 재확인하며, 정의와 조약 및 기타 국제법의 연원으로부터 발생하는 의무에 대한 존중이 계속 유지될 수 있는 조건을 확립하며, 더 많은 자유 속에서 사회적 진보와 생활수준의 향상을 촉진할 것을 결의하였다.

그리고 이러한 목적을 위하여 관용을 실천하고 선량한 이웃으로서 상호간 평화롭게 같이 생활하며, 국제평화와 안전을 유지하기 위하여 우리들의 힘을 합하며, 공동이익을 위한 경우 이외에는 무력을 사용하지 아니한다는 것을, 원칙의 수락과 방법의 설정에 의하여, 보장하고, 모든 국민의 경제적 및 사회적 발전을 촉진하기 위하여 국제기관을 이용한다는 것을 결의하면서, 이러한 목적을 달성하기 위하여 우리의 노력을 결집할 것을 결정하였다.

따라서 우리 각자의 정부는, 샌프란시스코에 모인, 유효하고 타당한 것으로 인정된 전권위임장을 제시한 대표를 통하여, 이 국제연합헌장에 동의하고, 국제연합이라는 국제기구를 이에 설립한다.

국제연합헌장 목적(제1조)과 원칙(제2조)

제1조 국제연합의 목적은 다음과 같다.

1. 국제평화와 안전을 유지하고, 이를 위하여 평화에 대한 위협의 방지, 제거 그리고 침략행위 또는 기타 평화의 파괴를 진압하기 위한 유효한 집단적 조치를 취하고 평화의 파괴로 이를 우려가 있는 국제적 분쟁이나 사태의 조정·해결을 평화적 수단에 의하여 또한 정의와

국제법의 원칙에 따라 실현한다.

2. 사람들의 평등권 및 자결의 원칙의 존중에 기초하여 국가 간의 우호관계를 발전시키며, 세계평화를 강화하기 위한 기타 적절한 조치를 취한다.
3. 경제적·사회적·문화적 또는 인도적 성격의 국제문제를 해결하고 또한 인종·성별·언어 또는 종교에 따른 차별 없이 모든 사람의 인권 및 기본적 자유에 대한 존중을 촉진하고 장려함에 있어 국제적 협력을 달성한다.
4. 이러한 공동의 목적을 달성함에 있어서 각국의 활동을 조화시키는 중심이 된다.

제2조 이 기구 및 그 회원국은 제1조에 명시한 목적을 추구함에 있어서 다음의 원칙에 따라 행동한다.

1. 기구는 모든 회원국의 주권평등 원칙에 기초한다.
2. 모든 회원국은 회원국의 지위에서 발생하는 권리와 이익을 그들 모두에 보장하기 위하여, 이 헌장에 따라 부과되는 의무를 성실히 이행한다.
3. 모든 회원국은 그들의 국제분쟁을 국제평화와 안전 그리고 정의를 위태롭게 하지 아니하는 방식으로 평화적 수단에 의하여 해결한다.
4. 모든 회원국은 그 국제관계에 있어서 다른 국가의 영토보전이나 정치적 독립에 대하여 또는 국제연합의 목적과 양립하지 아니하는 어떠한 기타 방식으로도 무력의 위협이나 무력행사를 삼간다.
5. 모든 회원국은 국제연합이 이 헌장에 따라 취하는 어떠한 조치에 있어서도 모든 원조를 다하며, 국제연합이 방지조치 또는 강제조치를 취하는 대상이 되는 어떠한 국가에 대하여도 원조를 삼간다.
6. 기구는 국제연합의 회원국이 아닌 국가가, 국제평화와 안전을 유지하는 데 필요한 경우에 한하여, 이러한 원칙에 따라 행동하도록 확보한다.
7. 이 헌장의 어떠한 규정도 본질상 어떤 국가의 국내 관할권 안에 있는 사항에 간섭할 권한을 국제연합에 부여하지 아니하며, 또는 그러한 사항을 이 헌장에 의한 해결에 맡기도록 회원국에 요구하지 아니한다. 다만, 이 원칙은 제7장에 의한 강제조치의 적용을 해하지 아니한다.

국제연합헌장 정신에 따라 '세계인권선언(The Universal Declaration of Human Rights)'이 1948년 천명된다. 이 선언에서는 모든 인간의 권리를 포괄적이면서 구체적으로 명시함으로써 명실공이 권리문서로서 지위를 지닌다. 그 '모든 인간'에 당연히 '아동'이 포함되므로 이 선언은 아동권리의 포괄적이고 구체적인 토대를 마련하는 셈이다.

다른 한편 이 계보는 국제연합이 세계인권선언의 실행력을 고양하기 위하여 두 가지 국제협약을 발효시킨 데서 확인할 수 있다. 앞서 소개한 경제적·사회적·문화적 권리에 관한 국제협약(A협약)과 시민적 및 정치적 권리에 관한 국제협약(B협약)이 그것이다.

우선 아동권리협약의 전문에서 명시한 바와 같이, A협약에서 아동권리협약의 맥(脈)은 제10조에서 찾을 수 있다. [증495-496] A협약 제10조는 가정이 인간존엄을 추구할 가장 기본단위가 되며(제1항), 인간 탄생을 위한 산모의 권리를 존중하고(제2항), 아동의 생존과 발달을 위한 기본적 권리를 천명하고 있다. 이는 아동권리협약의 생존, 보호, 발달의 권리를 뒷받침하는 토대가 된다.

한편 B협약의 제23조와 제24조의 내용도 역시 아동권리협약의 전문에 명시된 토대가 된다. [증517] 제23조는 A협약과 같이 가정의 중요성을 천명하지만, 그 초점은 가정을 이루고 가정생활을 영위할 참여권에 맞추어져 있다. 즉 국가와 사회의 가정보호를 비롯하여 개인의 자유로운 결혼과 가정을 이룰 권리를 천명하고 있다. 이렇게 형성된 가정을 통하여 아동은 정상적이고 원만한 인격을 형성할 수 있다고 본다. 제24조는 이러한 연장에서 아동의 기본적 권리를 천명하고 있다. 제24조에는 세 가지가 담겨 있다. 하나는 차별금지와 각종 보호의 권리이고(제1항), 다른 하나는 성명을 가질 권리이며(제2항), 또 다른 하나는 국적을 가질 권리이다. 제1항은 아동권리협약의 3대정신인 차별금지를 천명한 제2조로 이어지며, 제2항과 제3항은 아동권리협약의 제7조로 이어진다.

이상과 같이, 1945년 국제연합헌장의 정신을 토대로 하여 1948년 세계인권선언, 그리고 경제적·사회적·문화적 권리에 관한 국제협약(A협약) 및 시민적·정치적 권리에 관한 국제협약(B협약)의 정신을 계승한다는 관점에서 아동권리협약의 계보를 확인할 수 있다. 이 계보는 국제연합이라는 기구를 중심으로 한 정합성에 초점을 맞춘 것이다. 즉 아동권리의 신장을 위한 협력의 중요성을 강조하고 있다. [증421] 하지만 이 계보는 국제연합헌장에 따라 아동권리협약은 그 토대를 마련하고 있지만, 실제로는 아동권리를 명시하지 않는다.

반면에 우리는 아동권리에 초점을 맞추어 또 다른 계보를 추적할 수 있다. 아동권리협약과 같은 중요한 아동권리문서의 계보를 국제연합 설립 이전의 권리문서에서 찾아볼 필요가 있다. 그 직접적인 단초는 1924년 아동권리 제네바선언이다. 그리고 1924년 아동권리 제네바선언은 1959년 아동권리선언으로 이어진다.

아동권리협약이 국제연합의 정신을 담은 산물이라면, 우리가 여기서 집중해야 할 아동권리 제네바선언은 제1차 세계대전으로 설립된 국제연맹에 의하여 채택된 문서이다.

국제연맹(League of Nations)

여기서 국제연맹을 잠시 살펴보자. 1920년 제1차 세계대전 후에 전승국이 주축이 되어 설립된 국제평화기구로서 국제연합의 전신이라고 할 수 있다. 설립목적은 국제평화와 안전 유지, 경제적 · 사회적 국제협력 증진에 있다. 설립구상은 미국 대통령 토머스 윌슨(Thomas Woodrow

Wilson)이 1918년 1월 〈평화를 위한 14개 조항〉에서 제창하면서 표면화되었다. 1919년 1월 개최된 파리평화회의에서 집단안보와 국제분쟁의 중재, 무기감축, 개방외교를 원칙으로 하는 연맹의 규약을 정하고 본부는 스위스의 제네바에 두었다.
설립 후 10년간 국제평화와 안전을 위하여 순조롭고 효과적으로 운영되어 국제협력 분야에서는 상당한 성과를 올렸다. 그러나 1930년대 들어 독일·이탈리아·일본·소련 등의 침략행위에 대하여 미국, 영국, 프랑스 등 전승국의 이견으로 합당한 조치를 취할 수 없을 정도로 약화되었고, 이에 대하여 집단적인 제재능력을 갖지 못하였다. 그 결과 국제연맹은 제2차 세계대전의 발발과 함께 스스로 붕괴되었다. 1946년 4월 18일 개최된 연맹총회에서 해체되었다.

국제연맹이 채택한 '아동권리 제네바선언'은 총 5개 조항으로 구성되어 있다. 물론 그 발단은 세이브더칠드런(Save the Children)을 창설한 젭(Eglantyne Jebb) 여사의 제정에서 찾을 수 있다. 이를 국제연맹이 공식화하여 채택한 것이 '아동권리 제네바선언'이다. 그 내용은 아동의 정상적인 발달에 요구되는 모든 수단의 제공(제1조), 기아, 질병, 발달지체 등으로 고통 받는 아동과 비행아동, 고아 등에게 주거를 비롯한 제 지원(제2조), 위험에 처한 아동의 우선적 구제(제3조), 아동의 생계유지와 모든 착취로부터 보호(제4조), 아동 양육의 인류발전에 공헌도(제5조)를 천명하고 있다. **[증477]** 이를 간략하게 정리하면 아동의 발달보장(제1조), 요보호 아동의 보호(제2조), 아동구제의 우선성(제3조), 일체 착취로부터 보호(제4조), 아동발달의 필요성(제5조)이다.

1948년에는 아동권리 제네바선언의 5개 조항에 2개 조항을 첨가하였다. 즉 제6조에는 인종, 국적, 종교 등 일체의 차별로부터 보호, 제7조에는 아동이 가족으로부터 보호받을 수 있도록 가족의 유지를 존중해야 함을 천명한다.

국제연맹을 계승한 국제연합은 1959년 아동권리선언을 채택한다. [증479-481] 이 선언은 앞서의 아동권리선언에 비하여 비교적 체계를 갖춘 최초의 권리문서로서 총 10개 조항으로 이루어져 있다. 주요내용은 다음과 같다.

제1조. 인종, 종교, 태생 또는 성별로 인한 차별을 받지 않을 권리.
제2조. 신체적, 심리적, 도덕적, 정신적 및 사회적으로 발달하기 위한 기회를 가질 권리.
제3조. 성명과 국적을 가질 권리.
제4조. 적절한 영양, 주거, 의료 등의 복지혜택을 누릴 권리.
제5조. 심신장애 아동의 특별한 치료와 교육 및 보살핌을 받을 권리.
제6조. 원만한 인격 발달을 위한 적절한 환경 아래서 양육될 권리.
제7조. 의무교육을 받을 권리, 놀이와 여가 시간을 가질 권리. 아동 최선의 이익이 교육목적이어야 한다는 점을 명시
제8조. 전쟁이나 일체의 재난으로부터 최우선적으로 구조받을 권리.
제9조. 학대, 방임, 착취로부터 보호받을 권리. 아동의 고용금지 조건 제시
제10조. 일체의 차별로부터 보호받으며, 상호 간 우정, 평화 및 형제애 정신으로 양육될 권리.

이 선언이 담고 있는 정신은 1924년 아동권리제네바선언과 진전된 1948년 아동권리선언을 계승한 것이지만, 아동권리협약의 정신을 그대로 담고 있다. 즉 아동권리협약의 3대 정신은 이 선언에서 최초로

발아된 것이다. 차별철폐의 원칙은 이 선언의 제1조와 제10조에 천명되어 있다. 이를 보다 구체화한 것이 아동권리협약의 제2조에서 찾아볼 수 있다. 또한 이 선언의 제7조에 천명된 '아동 최선의 이익'은 그 의미가 확장되어 아동권리협약의 제3조에 구체화되어 있다. [증 533-534]

다만 3대 정신 중 핵심인 아동의 참여 원칙은 1959년 아동권리선언에 명시되지 않았다. 이는 '생존(재화)-보호-(발달)-참여'라는 아동권리인식이 참여에 이르지 못함을 의미한다. 즉 제1조에서 제5조에 이르는 내용은 아동의 생존에 관한 권리에 집중되어 있으며, 제6조에서 제10조에 이르는 내용은 위해로부터의 아동보호와 원만한 아동발달에만 맞추어져 있다. 오늘날의 관점에서 보면 1959년 아동권리선언은 미완의 아동권리문서인 셈이다. 그러나 당시 사정에 비추어 아동참여보다 이전의 생존, 보호, 발달이 더욱 절실했다는 점에서 보면 그 가치는 높게 평가되어야 마땅하다.

결과적으로, 아동권리협약은 1959년 아동권리선언의 내용을 토대로 하여 생존, 보호, 발달의 제 권리를 보다 구체화하고 그 실행력을 높이기 위하여 명료화, 세분화했다. 여기에 아동 참여를 실질적으로 증진시키기 위하여 아동권리협약 제12조에서 제15조에 이르는 참여권과 각종 문화 활동과 정보를 향유하고 행사할 권리(제17조와 제31조)를 추가했다.

이상 살펴본 두 가지 계보를 종합하면 다음과 같다. 하나는 국제연합의 정신을 토대로 한 아동권리협약의 계보이다. 1945년 국제연합헌장의 정신을 밑거름으로 하여 1948년 세계인권선언과 1966년 경제적·사회적·문화적 권리에 관한 국제협약(A협약) 및 시민적·정치적 권리에 관한 국제협약(B협약)의 정신을 계승하여 아동권리협약이 형성되었다는 것이다. 이 계보는 인간존엄성과 기본권을 중시하는 맥을 따르고 있으므로 아동권리의 보편성을 확인할 수 있다. 하지만 인간의 보편적 가치에 초점이 맞추어져 있어서 아동이라는 특수한 존재의 측면이 간과된 점이 적지 않으나, 이는 다른 계보에 의하여 보완된다.

다른 하나는 1924년 아동권리 제네바선언과 진전된 1948년 아동권리선언을 모체로 하여 계승된 1959년 아동권리선언의 정신을 토대로 한 계보이다. 이 계보는 아동의 관점을 중시하면서 아동권리협약의 3대 정신의 성립근거를 확인할 수 있는 장점이 있다. 특히 아동권리협약이 내용 면에서도 정합적인 형태를 갖춘 권리문서로 확립할 수 있는 근거를 확인시켜준다.

Ⅱ. 아동권리협약의 구성과 쟁점

이상에서 아동권리협약이 어떻게 형성되었는가를 두 가지 계보를 통하여 확인하였다. 하나는 아동권리협약이 국제연합헌장의 정신을 계승한다는 것이고, 다른 하나는 아동권리협약의 3대 정신이 형성되는 논거와 그 정합성을 마련해준다는 것이다. 이를 토대로 하여 아동권리협약의 내용은 구성된다. 그리고 그 조항별 설명은 전작에서 시도한 바 있다. [증421-428] 하지만 그 소개가 정합적이지 못하였다. 여기서는 아동권리협약을 구성하는 내용의 정합성에 초점을 맞추어 조항별 내용을 살펴보기로 한다.

앞서 살펴본 계보에 따라 아동권리협약의 전문은 주로 다음 다섯 가지를 근간으로 구성되어 있다.

- 국제연합 헌장의 정신의 계승
- 일체의 차별 금지
- 아동의 특별한 보호와 지원
- 아동권리의 필요성
- 아동인격의 발달

가장 먼저 아동권리협약은 전문에서 지향점을 명시한다. 아동권리협약은 국제연합헌장(UN Charter)의 정신에 따라 아동권리가 국제연합헌장에 천명한 평화, 관용, 존엄, 자유, 평등, 연대의 가치를 실현하는 데 기여하도록 한다고 천명하고 있다.

이러한 대원칙은 아동권리협약 제정에 맞추어 설정된 것이 아니라 국제연합헌장이 지향하는 인간의 권리의 보편성에 초점을 맞추고 있다. 이에 맞추어 인류 모든 구성원의 존엄성과 평등하고 양도할 수 없는 권리를 인정하고, 각종 차별의 철폐와 모든 사람이 누릴 자유와 권리를 선언하면서 '아동'이 수혜해야 할 특별한 보호와 지위를 받을 권리를 세계인권선언과 각종 국제인권협약에서 천명하였음을 상기하면서, 아동이 한 인격체로서 삶을 영위할 수 있도록 하는 국제연합헌장의 정신이 평화, 관용, 존엄, 자유, 평등, 연대의 정신 속에서 고려되어야 함을 천명하고 있다.

전문은 또한 아동이 일체의 차별을 받지 않음을 천명하여 이어지는 제2조 차별철폐 조항의 토대를 마련하고 있다. 인종, 피부색, 성별, 언어, 종교, 정치적 견해, 민족(ethnic) 또는 사회적 출신, 재산, 장애, 출생, 사회적 지위 등 어느 경우에도 아동은 이에 따른 차별을 받지 아니함을 천명하고 있다. 이는 아동권리협약의 제3대 정신 중 하나인 차별금지 원칙이 된다.

이어 아동권리협약의 전문은 아동기의 특수성을 고려하여 아동이 특별한 보호와 지원을 받을 권리를 가지고 있음을 천명한다. 이는 권리의 보편성과 함께 아동이 처한 특수성을 고려해야 한다는 의미이다. 물론 권리의 보편성과 아동의 특수성이 상충하여 실질적으로 아동의 권리가 위축, 훼손, 침해되는 경우가 있다. [플119-147] 이 경우에도 아동이 처한 특수성을 우선적으로 고려해야 한다는 점은 전문의 이 부분에서 확인할 수 있다. 이러한 특수성을 고려해야 아동의 완전하고 조화로운 인격 발달을 도모할 수 있음은 물론 이것이 국제연합 헌장의 정신을 구현함을 천명하고 있다.

우리가 증진시켜야 할 아동권리는 임의적인 것이 아니라 1924년의 제네바선언[증477], 1959년 아동권리선언[증479-481]에 의하여 명시된 바에 입각한 것이며, 이는 다시 A협약의 제23조 및 제24조와 B협약의 제10조에 근거한 것임을 명시하고 있다. 즉 아동권리협약이 천명하는 아동권리가 필요한 논거를 제시한 것이다.

이와 같은 아동권리 증진 노력에 따라 아동의 원만한 인격발달을 기할 수 있음을 확인하면서 이를 위한 각 국가의 노력과 국제협력의 중요성을 천명하고 있다.

전문에 이어 명기된 조항들은 3개의 부로 구성된다. 제1부는 제1조에서 제41조까지로 구성되어 있으며, 아동권리협약의 3대원칙을 중심으로 한 아동권리 증진 조항으로 구성되어 있다. 제42조에서 제45조에 걸쳐 있는 제2부는 아동권리 증진을 위한 협약 당사국의 의무와 이를 심사할 기구인 아동권리위원회의 설립과 역할 등을 규정하고 있다. 제3부는 아동권리협약의 발효와 당사국의 가입을 비롯한 제 절차, 그리고 이러한 제반 사항을 이행하기 위한 국제연합 사무총장의 역할 등을 규정하고 있다.

이제 아동권리협약의 조항별 내용을 리뷰하고 각 조항이 담고 있는 의미와 문제점을 간략하게 점검해 보기로 한다. 아래의 내용을 다루는 데 있어서 『증보 아동권리향연』 부록IX에 수록된 '아동권리협약'을 참고할 필요가 있다. **[증531-558]**

- 아동권리협약의 조항별 내용은 『증보 아동권리향연』 제12장에서 다룬 바 있다. **[증415-428]** 그러나 해당 장은 당시 제2차 국가보고서에 초점이 맞추어져 있어서 조항별 내용의 쟁점을 제대로 부각시키지 못한 점이 있다. 따라서 각 조항이 담고 있는 내용의 의미와 아동권리협약의 정신과 각 조항 사이의 정합성, 그리고 각 조항 사이의 정합성 문제를 다루지 못하였다. 본서 이하 내용은 이러한 단점을 보완하였다.
- 아울러 각 조항을 설명하면서 해당 사안이나 문제를 이미 전작 『아동권리향연 플러스』에서 다룬 영화를 관련시켜 논의하도록 한다. **[플149-181; 183-291]** 관련 부분을 함께 참고하면 이해를 증진시킬 것으로 기대된다.

이제 아동권리협약의 54개 조항을 하나하나 살펴보기로 한다.

제1조는 아동권리협약이 증진하고자 하는 권리의 향유·행사를 하는 주체인 아동의 '아동'을 정의한다. 아동은 '18세 미만의 모든 이'로 규정되고 있다. 상식적으로 '다 큰 아이'에 해당하는 '18세 미만'으로 아동의 연령 준거를 설정한 것은 이 연령대 아이들이 신체적 속박은 물론 경제적 착취, 문화적 차별 등을 받는 현실을 반영한 데 따른 것이

다. 아동의 연령 준거에 대한 논의가 다분한 것은 사회문화적 요인이 작용하기도 하지만, 각국의 실정법이 지향하는 입법목적이 다르기 때문이기도 하다. [플48-56] [증28-37] 또한 명칭 면에서도 일상적으로 여러 가지 용어가 사용되지만, '아동'이 표준 용어인 것은 이 조항 때문이다. [플38-48]

제2조는 아동권리협약의 3대 원칙 중의 하나인 차별철폐 조항이다. 차별철폐조항은 권리의 보편성을 실현하는 가장 핵심적 관건이다. 크고 작건 간에 어느 경우의 차별이 존재하는 한 권리의 보편성을 개진할 수 없다. 아동의 정의에 이어 다음 조항으로 명시된 것도 바로 권리의 보편성 때문이다. 이 조항에서는 차별의 금지가 아동 자신은 물론 아동의 부모 또는 법적 후견인의 인종, 피부색, 성별, 언어, 종교, 정치적 견해, 국적, 민족, 출신, 재산, 장애의 정도, 출생 등의 포괄적 의미에서의 차별을 금지해야 함을 천명하고 있다. 아동권리 침해의 가장 큰 원인(遠因)이 차별이라는 점을 명시할 필요가 있다. 우리는 여러 가지 차별로 인하여 고통받는 아동의 사례를 쉽게 찾아볼 수 있다. 이를 알리기 위한 영화도 다수 제작된 상태이다. [플185-248]

다만 차별 중에서 가장 해악의 범위와 정도가 심각한 것은 유색인종 차별과 성차별이다. 이 양쪽 차별을 적나라하게 보여주는 영화가 '히든 피겨스'이다. [플170-172; 243-248] 또한 백인의 흑인에 대한 전통적인 편견과 흑인의 백인에 대한 시각을 차별의 관점에서 조망할 수 있는 영화로 '그린 북'을 들 수 있다. [플172-175; 239-243] 차별이 만 가지 권리 침해의 원인이 된다는 점은 우리 주변의 사건이나 여러 영화에서 확인할 수 있다.

제3조는 아동권리협약의 제3대 원칙 중 하나인 아동 최선의 이익을

천명하고 있다. 이 조항은 아동과 관련한 모든 일을 수행함에 있어서 아동의 이익을 일차적으로 고려하여야 함을 뜻한다. 일종의 우선순위를 규정한 조항이다. 이 조항에서 언급하는 '아동 최선의 이익'이 무엇인가는 많은 논의를 요구한다. [증447-468] 아울러 제3조는 아동 최선의 이익을 도모하기 위한 실질적인 조치를 규정하고 있다. 여기에는 해당 아동의 부모와 법적 후견인 및 기타 법적 책임이 있는 사람의 권리와 의무를 규정하고 있다. 아울러 협약 당사국의 아동 최선 이익 증진을 위한 조치를 명시하고 있다.

여기서 우리는 아동 최선의 이익을 위한 조치가 아동의 부모와 후견인 그리고 관련 기관에 의하여 수행될 수 있음을 알 수 있다. 이에 대하여 아동 최선의 이익을 아동 스스로의 결정과 행위에 의하여 도모할 수 있다고 보는 경우가 있을 수 있다. 이러한 견해는 아동권리협약 제12조의 의사표현 존중에 근거한 듯하다. 아동의 자발적인 의사표현과 참여는 3대 원칙 중 하나로 존중되어야 한다. 그러나 이렇게 보는 것은 아동 최선의 이익과 참여의 원칙이 상충하는 것으로 보는 결과를 낳는다. 상충을 피하는 방법은 이미 전문(前文)에 명시된 아동의 특수성에 비추어 해소해야 한다. 아동이 처한 현실적 환경, 성장과 발달, 당면한 상황 등을 고려할 때 부모, 후견인 그리고 관련 기관의 조치를 받아들여야 한다. 물론 이러한 조치를 받아들일 경우 발생하는 문제가 없는 것은 아니다. 대표적인 것이 권위적 간섭(paternalistic intervention) 문제이다. 아동 참여와 갈등을 겪는 경우[증176-192]도 있고, 권위적 간섭이 아동의 자유와 권리를 침해하는 경우[플633-645]가 있다. 어느 경우이건 간에 우리는 아동권리 증진 즉 아동 최선의 이익을 도모하기 위한 여러 노력에서 관련 주체(부모, 학교, 교사, 후견인 등)의 권위를 존중할 필요가 있다. [플307-314] 또한 절차적 원리로서 존중되는 민주사회에서 권위를 민주적 절차에 반하는 권위주의와 구분할 필요가 있다. [플567-575; 612-618] 어느 경우이건 간에 아동 최선의 이익을 천편일률적으로 또는 '보편성'이라는 잣대로 형식논리에 따라 해석하는 일은 경계해야 한다.

제4조는 아동권리협약이 천명하는 아동 최선의 이익을 도모하기 위한 협약 당사국의 실천적 이행 노력을 명시하고 있다. 아동권리협약은 국내법과 같은 효력을 지니는 권리문서이므로 여기에 천명된 제 권리들은 실정권의 성격을 지닌다. 즉 권리의 실행성(racticability)을 규정해야 한다. 그렇지 않으면 아동권리는 공허한 수사(修辭)에 그치기 때문이다. 물론 이 조항도 과도하게 해석해서는 안 된다. 모든 아동에게 똑같은 복지수혜를 해야 할 당사국의 의무 등으로 해석해서는 안 된다. 특히 이를 통해 복지권을 과도하게 해석해서도 안 된다. [플735-747] 권리의 보편성이 지니는 한계도 고려해야 한다. [플400-413] 당사국의 실천 노력은 제4조에 명시된 바와 같이 '모든 적절한 입법적, 행정적 및 기타 조치'가 취해져야 한다. 과도한 조치가 아니라 당사국의 사정에 비추어 '적절한' 조치가 요구된다. 그래야 아동권리가 실질적으로 증진된다. [플466-479] 아동권리의 특성을 잘 고려해야만 아동권리의 실행을 도모할 수 있다.

제5조는 아동권리협약이 천명하는 권리의 실질적 이행을 촉구하는 관련 당사자들의 책임, 권한, 의무를 존중해야 한다고 명시하고 있다. 즉 아동권리를 실현하기 위한 부모, 가족, 지역사회 및 법적 후견인의 책임, 권한, 의무를 존중하도록 하고 있다. 이 조항을 통하여 우리는 아동권리를 대리할 경우 해당 아동의 부모가 우선권을 지님을 확인할

수 있다. 그리고 그러한 우선권은 당사국이 존중해야 할 의무이기도 하다. 아동이 가정과 부모의 일차적 보호를 받아야 한다는 점과 국가는 이를 보호해야 한다는 점을 알 수 있다. [플143] 아동권리를 포괄적으로 보아서는 안 되는 근거도 여기서 찾을 수 있다. 아동의 실질적 참여는 부모와 가정을 떠나 보편성의 미명 아래 포괄적이어서는 안 된다. [플475-479] 이어 살펴볼 우리나라 학생인권조례는 보편성을 포괄적으로 해석하여 여러 문제를 낳고 있다.

아동권리협약 제6조 이하는 아동권리의 각 조목에 해당한다. 권리인식단계의 가장 첫 단계인 '생존'부터 다루고 있다.

제6조는 아동의 생명에 대한 권리를 지니고 있음을 천명하고 있다. 이 권리를 위하여 당사국은 아동의 생명, 생존 및 발달을 보장할 것을 명기하고 있다. 여기서 몇 가지 사안을 주목할 필요가 있다. 생명의 권리는 생존권으로 해석하기도 한다. 그러나 생명의 권리는 자유, 재산과 함께 어느 법이나 가치로도 부인할 수 없는 '기본권'이라는 점에서 복지권에서 말하는 생존권과는 차원이 다른 권리이다. [플341-344] 기본권이라는 점에서 자유, 생명, 재산에 관한 권리는 하나의 불가침 권리이다. 아동의 경우 재산권을 행사하거나 향유할 경우가 드물다. 왜냐하면 아동이 성인에 비하여 열등하다고 볼 수 있는 경우는 경제적 능력뿐이기 때문이다. [증138-144] 물론 아동권리협약의 제12조에서 제15조에는 기본권에 해당하는 아동의 자유권을 천명하고 있는 것은 사실이다. 그러나 이 조항도 사실은 아동의 생명권에 우선한다고 보기는 어렵다. 따라서 제6조에 천명한 아동의 생명권은 아동권리협약에 천명한 제 권리의 토대를 제공한다고 볼 수 있다.

기본권을 천명하고 있는 제6조가 아동권리협약의 제 권리의 토대가 된다는 논거는 본 조항에 명시되는 '보장'이라는 용어에서 확인할 수 있다. 권리의 개념적 용법상 '보장'이라는 표현은 경계해야 하고, 이 대신에 '증진', '도모'라는 용어가 타당함을 밝힌 바 있다. [플298] 그럼에도 불구하고 본 조항에서 '보장'이라는 용어를 채용한 것은 아동의 생명권이 아동권리협약에 천명된 제 권리를 뒷받침하는 가장 기본이 되는 권리이기 때문이다. 그래서 아동이 향유하고 행사해야 할 제 권리의 가장 앞에 명시된 것이다.

같은 맥락에서 이 조항이 아동권리인식(3P)의 근간을 이룬다고 볼 수 있다. 재화공급(provision)은 생존에, 보호(protection)는 위협이나 위험 및 차별로부터 보호받는 것이며, 참여(participation)는 자신의 삶을 자율적으로 영위할 토대를 마련해 주는 권리이다. 이 세 가지의 기본 뿌리가 되며 동시에 아동권리협약 3대 기본원칙을 뒷받침하는 단초를 제공하는 권리조항이 바로 제6조에 명시된 생명권이다.

제7조는 아동의 성명권, 국적권 등 사회적 존재로서 요구되는 자격요건을 가질 자격을 명시한 조항이다. 아동이 시민권을 누릴 수 있는 토대가 되는 중요한 권리이다. 이 권리는 아동이 출생하여 어떤 불이익을 받지 않도록 하기 위한 조치이다. 주지하는 바와 같이, 적지 않은 아동이 인신매매, 성 착취, 인신노예의 굴레에서 고생하며 권리를 심각하게 침해받고 있다. 그 단적인 사례는 영화 '가버나움'의 주인공 자인과 그의 여동생 사하르의 경우에서 확인할 수 있다. [플196-200] 이들에게 출생신고가 되어 있지 않으므로 사회적 존재 즉 시민권을 획득할 수 없는 처지에 있다. 그래서 아동에게 성명을 가질 권리와 국적을 가질 권리가 있다고 아동권리협약은 천명하고 있다.

성명권의 경우 국적이나 시민권을 가지는 기본 요건이 되는 권리이다. 상식적으로 우리가 태어난 아이의 출생신고를 할 경우 이름을 먼저 지어주어야 하기 때문이다. 불행하게도 적지 않은 아이들이 이름조차 없이 지내고 있다는 현실을 개선하기 위한 노력을 이 조항에서 찾아볼 수 있다. 이름이 없다면 그 아이를 대하는 우리의 태도는 어떠할까. 모름지기 아이를 '물건'으로 취급할 것이다. '마음이 없는 존재'로 아동을 보는 관점에서 아이들을 다름 아닌 물건 취급을 한다. [플 97-98] 가장 조잡한 아동관이라고 하는 이유는 아동을 '물건'으로 보기 때문이다. 따라서 아동은 태어나서부터 성명을 가질 권리를 지닌다.

문제는 다음 단계에서 발생한다. 아이가 태어나면서 이름을 갖는다는 것은 부모를 비롯한 누군가 이름을 지어준다는 뜻이다. 그러니까 해당 아동은 자신의 의사와 관계없이 정해진 '이름'을 갖게 된다. 그것은 곧 아동이 자신의 견해를 가지고 그것을 표현을 할 수 있는 권리, 즉 아동의 자기결정권과 배치된다. 그러나 이렇게 대립적인 권리관계로 보는 것도 형식논리상의 단견일 뿐이다. 제7조가 명시하는 성명권은 인신매매, 성매매 등으로부터 아이들을 보호한다는 차원에서 마련된 것이며, 참여 차원에서 마련된 제12조의 권리와 대립되는 것이 아니다. 갓 태어난 아이의 참여란 현실적으로 무엇을 뜻하는가. 따라서 이 두 가지가 상충한다든지, 아동의 성명권이 성립근거가 미약하다든지 하는 주장은 설득력이 없다. 그래서 제12조에는 아동 참여가 '나이와 성숙도에 따라 정당한 비중'을 가지고 행사되어야 한다고 규정하고 있다. 이 내용 역시 아동의 특수성을 고려해야 한다는 뜻이다.

제8조는 제7조의 권리를 바탕으로 하는 시민권을 다룬다. 즉 조항에서 아동이 적절한 신분을 가질 권리로서 시민권을 지닌다는 뜻이다. 전쟁이나 재해 등으로 인하여 생겨나는 난민 또는 고아는 이러한

권리를 지니는 데 매우 취약하다. 그래서 제8조 2항은 아동의 신분을 회복하도록 하는 실질적 규정을 명시하고 있다.

제9조는 가정 내 아동 문제로서 부모로부터의 분리된 아동의 신분과 그에 따른 권리를 도모하도록 규정한 조항이다. 또한 가정 내 문제가 아닌 사회적, 정치적인 사안으로 인하여 부모가 투옥, 망명, 강제퇴거되었을 경우에 필요한 적절한 조치를 당사국이 취해야 할 것을 규정하고 있다. 그리고 국가의 행위가 분리 원인이 되었을 경우에 아동에게 불리한 결과를 초래하지 말아야 한다는 것을 규정하고 있다.

제10조는 제9조에서 언급한 분리된 아동의 결합에 관한 규정과 이와 관련한 아동의 권리를 명시하고 있다. 그 구체적인 내용으로, 가족재결합을 위한 출입국 보장에 관한 규정을 두고 있다. 재결합이 용이하지 않을 경우라 하더라도, 즉 부모가 타국에 거주하는 아동의 경우, 아동이 부모와 정기적으로 그리고 직접적으로 접촉할 수 있는 권리를 가지고 있음을 명시하고 있다.

제11조는 아동의 국외 불법 이송 퇴치 및 미귀환을 방지하기 위한 당사국의 조치에 관한 규정이다. 이 조항은 아동의 인신매매를 비롯한 불법행위 근절만이 아니라 아동의 신체를 자의적으로 처분하거나 신분을 자의적으로 변경할 수 없도록 하기 위한 내용이다.

제12조는 흔히 참여권 조항이라고 한다. 왜냐하면 '아동권리협약'의 제3대 정신 중의 하나인 참여권을 실질적으로 보장하는 의사표현권과 아동 자신에게 실질적인 영향을 줄 수 있는 절차 등에 관한 참여를 담고 있기 때문이다. 이 조항은 아동의 인격을 완성시키는 규정이다.

이에 관하여 두 가지 사안을 지적할 필요가 있다. 하나는 아동 참여의 실제가 형식논리에 따라 성인의 그것과 동일하게 적용되지 않고 아동의 특수성을 고려해야 한다는 것이다. 그래서 이 조항은 '나이와 성숙도에 따라 정당한 비중'을 가지고 행사되어야 한다고 명시하고 있다. 이 내용은 앞서 언급한 제3조 '아동 최선의 이익'의 구현에 요구되는 고려사항과 같은 맥락에서 고려되어야 한다. 다른 하나는 아동 참여를 보장하기 위한 사법적, 행정적 절차를 마련해야 한다는 내용이다. 이러한 조치는 아동의 참여를 실질적으로 증진시킬 목적으로 마련된 것이다. 이 내용 역시 일률적으로 적용해서는 안 된다. 예를 들어서 아동의 법정 증언 능력의 경우를 보자. 아동의 법정 참여를 보장하는 것은 아동의 법적 지위와 함께 아동을 권리 주체로 보는 것이기도 하다. 그러나 법정에서 아동의 증언이 법적 효력을 갖고 인정되는가 하는 문제는 원리상 문제가 아니라 실질적인 절차의 문제이다. 따라서 아동권리협약 제12조는 비록 3대 원칙을 담고 있다고 하더라도 그 실행에 있어서 세심한 주의를 요구한다.

맥락은 다소 다르지만, 아동의 인지능력을 다룬 영화로 '아이 엠 샘'을 들 수 있다. [플215-219] 이 영화는 장애 아버지를 둔 어린아이의 양육 문제를 다루고 있지만, 장애인이 가족구성원으로 있는 현실을 전반적으로 조망할 수 있는 계기를 마련해준다.

제13조는 아동의 의사표현 자유를 명시한 조항이다. 이는 아동이 특정한 이념이나 사상에 매이지 않고 자율적인 판단에 따라 자신의 의사를 표현하고, 여러 가지 사상 및 정보를 접할 수 있으며 동시에 교류할 수 있음을 천명한 것이다. 이 조항 역시 그 실행에 있어서 매우 조심스럽게 접근할 필요가 있다. 무슨 말인가 하면, 아동의 의사표현이 무한으로 보장한다는 뜻이 아니다. 그 권리 행사에는 제한이 따른

다는 것이다. 제2항에서 '타인의 권리와 명성을 존중하기 위하여' 그리고 '국가안보, 공공질서, 공중보건 또는 도덕의 보호를 위하여' 제한을 받을 수 있다고 명시하고 있다. 물론 그 제한도 법률의 규정 등에 따라야 한다.

문제는 아동의 의사표현의 자유를 무제한적인 것으로 해석하는 경우이다. 제13조 2항의 예외 규정에도 불구하고 이 권리가 마치 아동의 '해방'을 위한 전가의 보도(寶刀)처럼 해석된다는 점이다. 아동의 의사표현은 예외 규정과 함께 아동이 처한 상황, 즉 해당 아동의 특수성을 고려해야 한다. 이와 관련하여 우리나라 '학생인권조례'는 심각한 문제를 안고 있다. 이와 관련한 자세한 내용은 이어지는 제8장에서 자세히 다루기로 한다.

제14조는 제13조의 연장에 있는 조항이다. 즉 아동의 사상·양심·종교의 자유와 권리를 명시한 조항이다. 이 권리에 대하여 의문을 제기할 사람은 없다. 그러나 제13조의 예외조항을 염두에 두어야 하는 것처럼 그 실행에 세심한 유의가 필요하다. 제14조에서 명시된 이 권리의 제한은 '아동의 발달하는 능력에 부합하는 방식으로'라는 단서로 명기되어 있다. 그리고 이와 관련하여 부모, 후견인의 권리와 책임을 규정하고 있다. 종교와 신념의 경우에도 제13조의 제한 규정처럼 '공공안전, 질서, 보건이나 도덕 혹은 타인의 기본권과 자유를 보호'할 경우를 제한 규정으로 두고 있다. 이 조항의 경우에도 우리나라 '학생인권조례'는 여러 가지 문제를 안고 있는 바, 이러한 예외 규정을 세심하게 다루지 못한 점이 있다. 이와 관련한 자세한 내용도 역시 제8장에서 다루기로 한다.

제15조는 아동의 집회·결사의 자유를 명시하고 있다. 이 조항도 제

13조, 제14조와 마찬가지로 제한 규정을 두고 있다. 즉 공공안전, 질서, 보건이나 도덕 혹은 타인의 기본권과 자유를 보호'할 경우를 제한 규정으로 두고 있다. 그러나 정작 문제는 아동의 대부분이 학교라는 제도에 몸담고 있는 존재라는 점에서 교육목적과 절차적 원리에 비추어 이 권리가 아무런 제한 없이 실행될 수 있는가에 의문이 남는다는 데 있다. 이 조항의 경우에도 우리나라 '학생인권조례'는 여러 가지 문제를 안고 있으며, 이와 관련한 자세한 내용도 역시 제8장에서 다루기로 한다.

제16조는 아동의 사생활이 보호받을 권리를 명시하고 있다. 구체적으로 가정사, 가족문제, 통신 등에서 불법적인 간섭을 받지 않으며, 아동의 명예도 부당하게 공격받지 않음을 명시하고 있다. 그리고 이에 대한 법의 보호를 받을 권리가 있음을 명시한다. 우리나라 '학생인권조례'의 경우 이 조항을 토대로 하여 일기검사와 같은 교육활동을 금지시키고 있다. 이에 관한 논란이 있다. 이와 관련한 자세한 내용은 이어지는 제8장에서 다루기로 한다.

제17조는 아동의 정보 접근권을 다루고 있다. 이는 현대사회의 대중매체의 중요성을 인식하여 아동이 정보와 자료에 대한 접근권을 가능하게 하고 아동의 사회적, 정신적, 도덕적 안녕과 신체적 발달을 위한 권리를 명시한 것이다. 그러나 모든 정보 접근을 가능하게 한 것은 아니다. 아동에게 유해한 정보와 자료로부터 보호하는 조치를 담고 있다. 제16조와 함께 아동 보호에 초점을 맞춘 권리를 천명하고 있다.

제18조는 아동 보호를 위하여 아동의 양육과 발달에 대한 부모의 공동 책임에 관한 내용을 담은 조항이다. 제5조와 같은 맥락에서 부모와 법적 후견인의 양육에 관한 공동 책임은 아동 최선의 이익에 맞추

어져야 함은 물론 우선권을 지니고 있음을 명시하고 있다. 아울러 당사국의 관련 조치를 담고 있다.

제19조는 제18조의 규정에 따른 부모 또는 후견인의 양육에 대한 우선적 권리와 의무에 반하여 그들로부터 신체적·정신적 폭력, 상해, 학대, 방임 등 일체의 폭력으로부터 보호받을 아동의 권리를 명시하고 있다. 구체적으로 당사국은 아동이 부모, 후견인 또는 기타 양육자로부터 보호받는 동안 적절한 입법적, 행정적, 사회적, 교육적 조치를 취해야 함을 규정하고 있다. 아울러 이에 따른 당사국의 적절한 조치와 필요한 경우 사법적 개입이 가능함을 명시하고 있다.

제20조는 이른바 결손 아동의 특별 보호에 관한 조항이다. 이 조항의 근거는 가족이 없는 아동의 경우 자신의 최선의 이익을 추구할 수 없기 때문에 국가가 특별한 보호와 도움을 제공해야 한다고 명시하고 있다. 그리고 그러한 조치에는 민족, 종교, 언어, 문화적 배경에 대한 배려가 있어야 한다고 명시하고 있다. 사실 이 권리와 보호에 관하여 국가나 관련 기관의 사각지대에 놓인 아동이 많은 것이 사실이다. 그런 정황은 영화 '미쓰백'의 주인공 백상아와 지은이의 경우에서 확인할 수 있다. [플201-205]

제21조는 입양아동의 권리를 다룬다. 이 조항은 입양제도에 관한 구체적인 조항을 제시하여 입양 아동의 최선의 이익이 도모되도록 당사국의 적절한 조치를 명시하고 있다.

제22조는 난민 아동의 권리를 다룬다. 난민 아동의 보호를 위하여 요구되는 당사국의 난민 아동 보호를 위한 조치와 국제연합과의 협조 등을 규정하고 있다. 난민 아동 문제는 여러 가지 사안이 복잡하게 얽힌 경우가 많아서 간단하게 잘라서 진단할 수 없는 문제이다. 영화 '연

을 쫓는 아이'와 '거북이도 난다'는 전쟁 난민 아동 문제의 단면을 볼 수 있는 경우에 해당한다. [플210-215; 228-231] 또한 북한으로부터 탈출한 탈북난민 아동의 경우도 세심하게 배려할 문제이다. 영화 '크로싱'은 탈북 난민 아동의 문제만이 아니라 탈북민 자체의 문제를 생각하는 단초를 제공해준다. [플232-235]

제23조는 장애 아동의 권리와 보호를 다룬 조항이다. 신체적·정신적 장애 아동은 인간존엄성의 차원에서 특별히 보호되어야 하고, 당사국은 그들의 자립과 참여가 증진되어야 함을 명시하고 있다. 장애 아동에게 요구되는 모든 조치가 강구되어야 하며, 여기에는 교육, 훈련, 건강보호서비스, 재활서비스, 취업준비 및 오락의 기회를 제공하고, 이러한 서비스에 편리하게 접근할 수 있도록 하고 있다.

장애 아동의 문제와 권리에 관한 내용도 워낙 방대하여 몇 가지 사안으로 재단할 수 없다. 이미 전작에서 소개한 영화들, '말아톤', '맨발의 기봉이', '그것만이 내 세상'[플175-181]과 장애 아버지를 둔 아동의 문제를 다룬 '아이 엠 샘'[플215-219] 등은 장애 아동 문제를 이해하는 여러 가지 단초를 제공해 준다.

제24조는 아동의 건강권을 다룬다. 이 조항은 아동의 건강과 의료지원에 관하여 폭넓게 규정되어 있다. 아동의 최상의 건강유지와 치료는 물론 영양 공급, 예방적 보건서비스, 건강교육 등이 포괄적으로 규정되어 있으며, 영아사망률을 비롯하여 산모의 출산 전·후의 적절한 건강보호도 명시되어 있다.

제25조는 제24조의 연장에서 특별한 경우에 처한 아동의 권리를 다룬 조항이다. 이른바 보호시설, 의료시설 등에 수용되어 있는 아동의 양육, 보호 또는 신체적·정신적 건강을 위한 권리를 규정한 조항이다.

제26조는 모든 아동이 사회보험을 포함하여 일체의 사회보장을 받을 권리가 있음을 천명한 조항이다. 이 조항을 모든 아동이 일체의 사회보장을 받을 권리로 이해하는 데에는 현실적인 한계가 따른다. 복지의 수혜 대상에 따라 복지정책은 그 유형을 달리해야 하기 때문이다. [플740-743] 또한 이 조항은 보편적 복지 논쟁의 단초를 제공하기 때문에 당사국의 경제사정과 수혜대상의 결핍 심각성 등을 심층적으로 고려해야 한다. [플743-747]

제27조는 아동이 적정한 수준의 생활을 향유할 권리가 있음을 명시한 조항이다. 이 조항은 제26조와 같은 맥락에서 면밀한 검토를 요구한다.

적어도 두 가지를 살펴볼 필요가 있다. 하나는 '적절한 수준의 생활'의 기준이다. 이를 각 당사국이 자신들의 사정에 따라 정하는 최저생계비 또는 복지수혜 기준으로 보면 정책적으로 문제가 해소될 듯하다. 그러나 사람마다 갖고 있는 '최소 생계'의 기준이나 '적절한 생활'의 기준이 다르고, 한 국가 안에서도 지역마다 다를 수 있어서 논란의 씨앗이 되기도 한다. 다른 하나는 이 권리가 모든 사람에게 일률적으로 적용할 수 있는 보편성을 지니는가 하는 문제이다. 특히 아동 문제의 경우 그들의 생활수준은 대개 부모의 사회경제적 지위에 의존하므로 보편적 기준을 제시하는 데에는 분명한 한계가 있다. 따라서 부모 또는 후견인의 책임과 당사국이 취해야 할 조치를 규정한 이 조항의 내용에 집중할 필요가 있다.

어느 경우이건 간에 아동이 지니는 '적정한 수준의 생활을 향유할 권리'는, 이 조항의 제1항에 명시된 바와 같이, 해당 아동의 신체적, 지적, 정서적, 도덕적, 사회적 발달에 지장을 주지 않는 범위 내에서 구현되어야 한다.

제28조는 교육받을 권리를 다룬다. 교육받을 권리에 관한 정당화 논의는 이미 전작에서 소개한 바 있다. [증235-267] 여기서는 제28조와 제29조에 포함된 내용을 간략하게 분석해 보기로 한다. 제28조 1항에는 초등교육은 무상의무교육으로 한다는 점과 중등교육은 당사국의 사정을 반영하여 무상으로 확대를 권장하고 있다. 아울러 아동의 향후 생존에 필요한 직업교육을 권장하고 있다. 고등교육은 능력에 비추어 접근할 수 있도록 해야 한다는 점을 명시하고 있다. 또한 생계유지로 학업을 포기하는 저소득층 아동의 학교 출석을 권장하고 학교탈락을 위한 조치를 강구하도록 규정하고 있다. 제2항은 당사국은 학교운영이 인간존엄성과 아동권리협약의 정신에 부합하도록 해야 한다는 점을 명시하고, 제3항은 당사국의 문맹퇴치 노력과 최신 교육방법에 접근할 수 있도록 한다는 점을 명시하고 있다.

제29조는 교육목적을 각기 다룬 조항이다. 이 조항에 담긴 교육목적은 원만한 인격형성을 위한 전인교육, 인간존엄성과 국제연합헌장의 정신을 존중할 것, 아동이 포함된 문화적 요소를 존중해야 한다는 점도 명시하고 있다.

이와는 별도로 제28조와 제29조에 관한 내용은 『증보 아동권리향연』에서 상세 분석을 한 바 있다. [증425-426]

제30조는 인종, 종교, 언어에 있어서 소수자 및 원주민 아동의 보호에 관한 조항이다. 특히 소수민과 원주민의 언어, 문화, 종교를 부인당하지 않을 권리가 있음을 천명하고 있다. 이 조항은 일명 '파리선언'인 1985년 파리 국제성인교육선언[증589-592]과 일명 '함부르크선언'

인 1997년 함부르크 성인교육선언[증593-601]이 천명하는 '학습권'의 이념과 같은 맥락에 있다. [증244-256] 무엇보다도 학습권의 의미를 제28조에 명시된 교육권의 상관개념으로 파악해서는 안 된다.

제31조는 아동의 휴식·여가 및 문화 활동 참여에 관한 권리를 담고 있다. 그리고 이러한 활동에 참여할 수 있는 실질적이고 평등한 기회가 제공되어야 함을 천명하고 있다. 즉 경제적 형편이 어려운 아동의 문화접근을 도모하는 내용을 담고 있다. 무엇보다도 이 조항은 일명 놀이권(the right to play)을 천명한다. 놀이는 아동만이 특정성을 보여주는 활동이라는 점에서 정당화되고 교육적으로도 필요한 활동이다. [증278-298] 전통적인 고정관념상 놀이가 낭비라는 생각은 여러 가지 측면에서 정당화되지 않는다. 하지만 우리나라 '학생인권조례'에서 놀이와 문화적 권리는 왜곡된 측면이 있다. 놀이가 낭비는 아니지만, 그것이 바로 학교에서의 교수-학습활동에 상반되거나 장애가 되어서는 안 된다. 학교는 문명의 산물인 제도적 장치이며, 이에 따라 정해진 교수-학습활동이 이루어지는 곳이다. 그 결과 학교는 의무적인 활동을 포함하고 있다. 아이들의 놀이권이 이를 넘어서는 보편적 권리로 인식하는 것은 과장된 해석이다. 같은 맥락에서 휴식권도 면밀하게 검토되어야 마땅하다. 이 점은 제8장에서 다시 언급하도록 하겠다.

놀이와 문화에 접근하도록 한 우리나라의 노력은 남다르다. 1924년 국제연맹에 의하여 채택된 아동권리 제네바선언에 앞서 천명된 우리나라 '아동권리공약 3장' 및 '어린이선언문'은 아동이 놀이와 문화적 활동에 참여할 권리를 천명하고 있기 때문이다. [증471-472] 다른 한편 이로부터 100년 가까이 흐른 2020년 부산광역시 의회는 '부산광역시 아동의 놀 권리 증진에 관한 조례'를 제정·공포한 바 있다. [증

659-662] 이 조례는 아동권리협약 제31조를 존중하고 이를 토대로 하고 있음을 명시하고 있지만, 여타 시·도의 '학생인권조례'와 마찬가지로 학교교육 상황에서 놀이와 공부가 상충하는 것으로 해석될 가능성을 배제하기 어렵다. 다만 이 조례는 다른 학생인권조례와는 달리 각 의무이행 사항의 주체를 교육감이 아니라 시장으로 규정함으로써 교육적 맥락을 벗어나 적용된다는 점과 권리 주체가 '학생'이 아니라 '아동'이라는 점에서 차이가 있다.

제32조는 아동의 노동 착취 방지 조항이다. 아동의 노동력이 부당하고 잔인하게 착취되는 것을 방지하고 아동의 노동이 보호되어야 함을 규정한다. 이어 이 조항은 아동의 노동 보호를 위한 노동 조건 등의 모든 조치를 당사국이 취해야 함을 규정하고 있다. 아동의 노동착취는 결코 새로운 현안문제가 아니다. 경제적 형편이 어려운 아동의 경우는 물론이고 장애아동과 불법체류신분의 아동의 경우 노동착취는 정도가 심한 것으로 알려졌다. 이에 따라 각 당사국은 자국의 실정법에 따라 일정 연령 이하 아동의 노동금지와 임금 및 처우 등을 규정하고 있다. 아울러 이 조항은 위험하고 유해한 작업 환경으로부터 아동을 보호할 것을 명시하고 있다. 영화 '가버나움'의 여러 장면은 아동이 유해하고 위험한 환경 속에 노출되어 있음을 확인할 수 있다. [플 196-200]

부당한 노동만이 아니라 아동이 노동의 굴레에서 벗어나야 정상적이고 원만한 성장과 발달을 기할 수 있다는 점에서 이 조항은 아동보호의 맥락에서 그 의미를 찾을 수 있다.

제33조는 아동이 마약 및 향정신성 물질로부터 보호받을 권리와 이를 위한 당사국이 취해야 할 적절한 조치를 담고 있다. 아동만이 아니

라 모든 인간은 마약이나 향정신성 물질에 중독되면 그 삶은 황폐화된다. 우리는 영화나 언론을 통하여 유통되는 마약이 무분별하게 아동에게도 투여되고 있다는 사실에 주목하지 않을 수 없다. 마약 등의 중독은 신체적, 정신적 피폐에 그치지 않고 여러 가지 이유로 인하여 아동이 심각한 범죄에 연루된다는 사실도 심각하게 인식해야 할 사안이다.

제34조는 아동이 일체의 성적 착취와 학대로부터 보호받을 권리를 명시하고 있다. 아울러 당사국이 이에 따른 적절한 조치를 취할 것을 규정한 조항이다. 여기에는 성폭행과 같은 성폭력도 포함되지만, 성매매와 다양한 형태의 성적 착취로부터 아동을 보호할 것을 명시한다. 성적 착취 등은 신체적 구속이나 폭행 등 여러 가지 아동권리 침해와 연결되어 자행된다. 전작에 소개한 영화 '룸', '미쓰백', '취한 말들을 위한 시간' 등은 이를 입증해준다. [플187-192; 201-205; 235-239] 아동이 쉽게 성적 착취와 폭행의 희생이 되는 이유는 신체적 특징보다는 성인에 비하여 경제력이 약하다는 점 때문이다. 특히 아동이 경제력을 갖출 때까지 아동 보호는 지속적으로 이루어져야 한다.

제35조는 제34조와 같은 맥락에서 아동 착취 보호를 담고 있다. 다만 착취가 성적 문제에 국한하지 않고 어떤 목적과 형태이든 아동에 대한 약취, 유괴, 유인, 매매, 거래 등을 금지하도록 한다는 점이 다르다. 아울러 이에 대한 당사국의 조치를 규정하고 있다. 앞서 소개한 영화들이 아동을 납치, 감금, 유인, 폭행하는 내용들을 담고 있다. 아동에 대한 성적 착취를 비롯한 일체의 착취 등은 모두 아동을 인격으로 대하지 않는 아동관에 근거한다. 이는 아동권리협약이 천명하는 인간 존엄성과 국제연합정신에 근원적으로 위배하는 것이다.

제36조는 아동문제를 다루는 데 있어서 매우 중요한 조항이다. 어떠한 형태의 아동 착취도 금지되어 있음을 천명한 제35조의 내용이 아동을 보호하는 복지시설이나 기관에서 자행되는 것을 경계하고 있기 때문이다. 이에 관한 당사국의 의무를 규정한다. 우리나라에서 유명한 영화인 '도가니'는 이 권리를 무참히 짓밟아버린 상황을 담고 있다.

제37조는 일반 절차상 인신보호의 권리를 아동에 적용하는 문제를 담고 있다. 이 조항에는 아동에 대한 고문, 사형 등 일체의 가혹 행위 금지를 규정한 내용이 포함되어 있다. 특히 아동권리협약의 정신에 따라 '아동'으로 정의한 18세 미만의 자에게 사형과 종신형을 선고할 수 없으며, 이들에게 일체의 가혹 행위 및 아동의 자유를 임의적으로 박탈할 수 없음을 명시하고 있다. 또한 자유를 박탈당한 아동에게도 형사절차상 아동 최선의 이익이 되도록 조치가 이루어져야 함을 규정하고 있다. 또한 이를 보장하기 위하여 당사국이 적절한 조치를 취해야 함을 규정하고 있다.

제38조는 무력 분쟁 상황에서 아동이 보호받아야 할 권리를 담고 있다. 이 경우 인도주의에 입각하여 아동이 보호받아야 하며, 이에 따른 당사국의 이행조치를 구체적으로 명시하고 있다. 즉 15세가 되지 않은 자가 징병은 물론 무력 분쟁에 참여하지 않도록 조치를 취해야 하고, 15세가 넘었지만 18세 미만인 자를 징집할 경우에도, 이들 중 최연장자에게 우선순위가 주어지도록 조치할 것을 규정하고 있다.

제39조는 피해 아동의 회복을 위한 조치를 담고 있다. 즉 앞의 조항들에서 명시한 상황에서 어떠한 형태의 유기, 착취, 학대, 고문 등의 일체의 잔혹하거나 비인간적인 피해를 받는 피해 아동이 회복할 권리

를 지니고 있음을 명시한다. 그리고 이에 대한 당사국의 지원을 규정하여 피해아동의 신체적, 물리적 회복은 물론 인간존엄성을 다시 유지할 수 있는 여건을 조성하도록 하고 있다.

제40조는 아동이 형상피의자이거나 형사피고인 또는 유죄로 확정된 경우의 보호를 위한 일체의 사법적 절차에 관한 당사국의 조치와 준수사항을 포괄적이며 구체적으로 규정하고 있다. 제37조와 마찬가지로 형사절차상 아동의 보호를 규정하지만, 당사국의 구체적인 형사소송절차상 아동권리 보장 의무를 명시하고 있다.

제41조는 아동권리협약의 법적 효력을 규정한다. 즉 앞서 천명한 아동권리 조항들이 아동권리협약 당사국의 국내법으로서, 그리고 효력을 지니는 국제법으로 존중되어야 한다는 내용을 담고 있다.

이어지는 제2부와 제3부는 아동권리 증진을 위한 당사국과 국제기구 등의 노력을 담고 있다. 제2부는 당사국의 의무를 규정하고 있으며, 제3부는 아동권리협의 비준 및 가입 등의 제 절차를 담고 있다.

제2부의 첫 조항인 제42조는 당사국의 아동권리협약 홍보 의무를 규정하고 있다.

제43조는 아동권리협약의 권리 이행을 위하여 '아동권리위원회' 설치를 규정하고 위원회 구성과 운영 등의 제 절차를 명시하고 있다.

제44조는 아동권리위원회의 국제연합에 대한 보고 의무를 규정하고 있다. 본 협약을 비준한 당사국은 2년 후에 첫 보고서를 제출하고, 이후 매 5년마다 보고서를 정기적으로 제출할 것을 규정하고 있다. 아동권리협약 당사국으로서 우리나라도 이 조항의 규정에 따라 1994년 제1차 국가보고서를 제출한 바 있고, 1999년 제2차 국가보고서를 제출하였다. [증431-432]

제45조는 아동권리협약의 효과적인 이행을 위한 국제협력을 강구하고 이에 따른 제반 사항을 규정하고 있다.

제3부의 첫 조항인 제46조는 아동권리협약의 개방 원칙을, 제47조는 비준을, 제48조는 가입에 관한 국제연합 사무총장의 업무를 규정하고 있다. 제49조는 아동권리협약 비준의 효력을, 제50조는 아동권리협약의 개정절차를 규정하고 있다.

제51조는 아동권리협약의 유보 조항으로서 대단히 중요한 의미를 지닌다. 당사국이 아동권리협약을 비준할 경우 자국 내의 사정과 법률에 따라 몇 조항을 유보하도록 요청할 수 있는 바, 제51조는 이에 관한 규정을 담고 있다. 우리나라도 제1차 국가보고서를 제출할 당시 세 가지 사안에 대한 유보, 즉 유예 조항을 보고한 바 있다. [증428-431] 당시 유보한 내용은 다음 세 가지이다. 첫째, 아동권리협약 제9조 제3항과 관련된 아동의 부모 면접 교섭권으로서 아동의 면접권이 우리의 민법과 상충했기 때문이다. 우리나라 민법은 부모의 자녀 면접권만을 인정하고 반대로 아동의 부모 면접권은 인정하지 않았기 때문이다. 둘째, 아동권리협약 제21조 입양과 관련하여 유보하였다. 우리나라 민법이 관계 당국의 허가에 따라 입양을 허가하는 것과 상충하기 때문이다. 셋째, 아동권리협약 제40조 제2항의 3심제 문제로서 우리나라의 경우 비상계엄과 군사재판에서는 3심과 상소권을 제한하고 있어 아동권리협약과 상충하기 때문이다.

제52조는 아동권리협약의 폐기에 관한 규정이다. 제53조는 국제연합 사무총장이 아동권리협약의 수탁자로 지정됨을 규정하고 있으며, 제54조는 아동권리협약 문서 관리에 관한 규정이다. 협약의 원본은 아랍어, 중국어, 영어, 불어, 러시아어, 서반아어로 되어 있음을 규정

하고 있다.

이상의 내용을 표로 정리하면 다음과 같다.

〈표 7-1〉 아동권리협약의 조항별 내용

준거	아동권리협약의 구체 조항	
전문 및 기본 정신	전 문	국제연합헌장의 정신을 계승한 아동권리협약의 계보와 기본 원칙
	제1조	아동의 정의(18세 미만의 자)
	제2조	일체의 차별철폐; 3대 원칙
	제3조	'아동 최선의 이익'과 이를 위한 부모, 후견인, 당사국의 조치; 3대 원칙
	제4조	아동권리증진 실행을 위한 당사국의 적절한 조치를 이행할 의무
	제5조	아동권리증진의 방향 설정 및 당사국의 부모와 후견인 존중 의무
제 권리	제6조	생명의 권리; 기본권으로서 생존권; 제 권리의 토대
	제7조	성명권, 국적권; 시민권 소유의 토대
	제8조	신분을 보유할 권리, 즉 시민권
	제9조	부모와 분리된 아동의 신분과 제 권리
	제10조	분리된 아동의 재결합을 위한 권리와 조치
	제11조	아동의 불법이송 등의 금지
	제12조	자유로운 의사결정권, 참여권; 3대 원칙
	제13조	아동의 의사표현 자유
	제14조	아동의 사상 · 양심 · 종교의 자유와 권리
	제15조	아동의 집회 · 결사의 자유와 권리
	제16조	아동의 사생활 보호
	제17조	대중매체, 문화 자료, 도서 등에 관한 정보 접근권
	제18조	부모 및 후견인의 1차적 양육책임과 국가의 후원
	제19조	부모 및 후견인의 양육에 반하는 학대 등으로부터 보호받을 권리
	제20조	가족이 없는 아동의 보호

준거	아동권리협약의 구체 조항	
	제21조	입양 아동의 권리 및 보호
	제22조	난민 아동의 보호 및 당사국과 국제연합의 협력
	제23조	장애아동의 보호 및 권리
	제24조	건강 및 의료에 관한 권리
	제25조	보호시설 아동의 건강권
	제26조	사회보험을 포함한 사회보장을 받을 권리
	제27조	적당한 수준의 생활을 향유할 권리
	제28조	교육받을 권리; 초등무상의무교육; 최소한 직업교육
	제29조	교육목적; 전인발달; 국제연합헌장정신 존중; 아동의 문화적 요소 고려
	제30조	소수민족 및 원주민 아동의 문화에 대한 권리
	제31조	휴식을 취할 권리, 놀이권, 문화활동 참여의 권리
	제32조	부당한 노동 등 착취와 위험하고 유해한 노동환경으로부터 보호
	제33조	마약 등으로부터의 보호
	제34조	성폭력 및 성적 학대로부터의 보호
	제35조	모든 형태의 착취로부터의 보호
	제36조	아동보호기관 등에서 일어나는 일체의 착취행위로부터 보호
	제37조	아동권리협약 정신에 입각한 인신보호의 권리
	제38조	무력 분쟁 상황에서 아동의 보호받을 권리
	제39조	피해 아동의 심신회복 및 사회복귀
	제40조	형사피의자, 유죄 확정된 아동의 사법절차상 권리
	제41조	아동권리협약의 권리조항의 법적 효력
당사국 의무	제42조	아동권리협약의 홍보 의무
	제43조	당사국의 아동권리위원회 설립
	제44조	주기적인 국가보고서 제출 의무
	제45조	국가간, 기구간 국제협력의무
비준 및 가입 등 제 절차	제46조 ~ 제54조	서명을 위한 아동권리협약의 개방; 아동권리협약의 비준; 가입을 위한 개방; 아동권리협약의 효력, 개정절차, 유보와 절차, 폐기; 아동권리협약의 수탁자; 아동권리협약 문서 관리

이상에서 살펴본 바와 같이, 아동권리협약은 당사국의 의무를 규정한 제2부와 제 규정 절차를 다룬 제3부의 조항을 제외하고 모든 조항에서 아동권리에 관한 중요한 의미를 도출해낼 수 있다. 그리고 아동권리협약 자체 내에서도 각 조항이 명시하는 권리들 간에 나름의 정합성을 확인할 수 있다.

Ⅲ. 아동권리협약의 이행

1. 아동권리협약의 비준과 발효

대한민국은 아동권리협약이 천명된 직후인 1990년 9월 25일 서명국이 되었다. 아동권리협약의 '당사국'으로 가입한 것이다. 이에 대하여 대한민국 정부는 자국 내 실정법을 고려하여 3개의 조항을 유보하는 조건으로 1991년 11월 20일 국무회의를 통하여 비준하였다. 이어 1991년 12월 20일 조약 제1072호로 공포하여 아동권리협약이 발효하게 되었다.

이는 대한민국이 아동권리 증진을 위한 노력을 경주하겠다는 것을 천하에 천명하는 계기가 된다. 아동권리협약의 가입과 발효로 인하여 대한민국은 협약 제44조의 규정에 의하여 정기적인 국가보고서를 국제연합에 제출할 의무를 이해하는 아동권리 증진 노력 국가가 된 셈이다. 대한민국 국가보고서는 1994년 11월 1차 보고서를 시초로 하여 2000년 2차 국가보고서를 제출한 바 있다. 2차 이후는 3차와 4차 보고를 묶어서 2009년에 3·4차 국가보고서를, 2017년에 5·6차 국가보고서를 제출한 바 있다. 7차 국가보고서는 2024년 12월에 제출할 것으로 알려져 있다.

아동권리의 실질적 증진을 도모하기 위하여 당사국 정부의 공식 국가보고서 이외에도 아동권리 관련 단체를 중심으로 제출하는 민간보고서 제출을 통하여 아동권리협약 이행을 확인할 수 있다. 또한 권리주체인 아동 스스로가 보고서를 제출할 수도 있다. 실제로 우리나라는 2020년 12월 최초로 아동보고서를 제출한 바 있다.

2. 국가보고서와 이행노력

앞서 언급한 바와 같이, 대한민국 정부는 국제연합에 총 6차에 걸쳐, 실제로는 네 차례에 걸쳐 국가보고서를 제출한 바 있다.

국가보고서는 보고 실무를 담당하는 부서(이를테면 보건복지부 담당부서, 외교부 인권부서, 국제기구 부서 등)의 입장에서 보면 업무가 늘어난 것처럼 보이지만, 우리나라 아동권리 실상을 외부에 알림으로써 국가의 위상 제고에 일조하는 것은 물론 여러 가지 면에서 아동권리 증진에 기여하는 효과가 있다.

실제로 우리나라는 아동권리협약 가입 당시 3개의 조항을 유보하는 것을 조건으로 하였다. 그 유보사항은 아동의 부모에 대한 면접교섭권(협약 제9조 3항), 입양허가제(협약 제21조 1항), 상소권 보장(제40조 2항)이다. 그러나 제2차 국가보고서 제출 이후인 2008년 10월 부모에 대한 면접교섭권 유보를 철회하였고, 제3·4차 국가보고서 제출(2009년) 이후인 2017년 11월 입양허가제 유보를 철회하였다.

또한 당사국은 국제연합에 제출된 국가보고서에 대한 견해를 토대로 하여 일종의 피드백에 해당하는 국가의 최종 견해를 공포하게 되어 있다.

아래 〈표 7-2〉는 우리나라가 아동권리 협약에 가입하여 이를 이행하는 일련의 과정을 정리한 것이다.

〈표 7-2〉 아동권리협약 가입 및 국가보고서 현황

<table>
<tr><th>구분</th><th>날짜</th><th>내용</th><th>비고</th></tr>
<tr><td rowspan="3">아동권리협약
가입</td><td>1990. 9. 25</td><td>서명</td><td></td></tr>
<tr><td>1991.11.20.</td><td>비준</td><td>유보조항
•부모와의 면접교섭권 (제9조 제3항)
•입양허가제 (제21조 제1호)
•상소권 보장 (제40조 제2항)</td></tr>
<tr><td>1991.12.20.</td><td>발효</td><td>조약 제1072호</td></tr>
<tr><td rowspan="2">제1차
국가보고서</td><td>1994.11.17.</td><td>국가보고서 제출</td><td></td></tr>
<tr><td>1996.2.13.</td><td>국가보고서 최종견해 공표</td><td></td></tr>
<tr><td rowspan="2">제2차
국가보고서</td><td>2000.5.1.</td><td>국가보고서 제출</td><td></td></tr>
<tr><td>2003.3.18.</td><td>국가보고서 최종견해 공표</td><td></td></tr>
<tr><td>유보철회</td><td>2008.10.16.</td><td>협약 제9조 제3항</td><td>조약 제1913호</td></tr>
<tr><td rowspan="2">제3·4차
국가보고서</td><td>2009.5.22.</td><td>국가보고서 제출</td><td></td></tr>
<tr><td>2012.2.2.</td><td>국가보고서 최종견해 공표</td><td></td></tr>
<tr><td>유보철회</td><td>2017.8.11.</td><td>협약 제21조 제1호</td><td>조약 제2361호</td></tr>
<tr><td rowspan="2">제5·6차
국가보고서</td><td>2017.12.27.</td><td>국가보고서 제출</td><td></td></tr>
<tr><td>2019.10.24.</td><td>국가보고서 최종견해 공표</td><td></td></tr>
<tr><td>제7차
국가보고서</td><td>2024.12.(예정)</td><td>국가보고서 제출 예정</td><td>제출기한: 2024.12.19.</td></tr>
</table>

이제 실질적으로 4차례 이루어진 대한민국 정부의 국가보고서가 담고 있는 개요를 살펴보기로 한다.

제1차 국가보고서는 아동권리에 관한 대한민국 정부 최초 보고서이다. 그런 만큼 상당히 포괄적이지만 아동정책의 방향을 제시하는 취지를 담고 있다. 첫째, 국제연합의 정신과 아동권리협약을 존중한다는 의지를 밝히고 있다. 둘째, 아동권리협약 서명 이전 우리나라의 노력으로 대한민국 어린이헌장 [증473-474] 및 청소년헌장 [증475-476]을 소개하고, 사회정책 측면의 노력을 진술하고 있다. 여기에는 당시 영아사망률과 교육지표 등을 통하여 우리나라 아동정책을 통한 권리증진 의지를 설명하고 있다. 셋째, 아동권리협약 이행을 위한 제 조치를 설명하고, 동시에 부득이 3개 조항을 유예하지 않을 수 없었던 사정을 설명하여 이해를 구하고 있다. 넷째, 정책적 노력과 함께 법적 조치, 즉 관련법의 개정 등을 통한 이해의지를 명시하고 있다. 다섯째, 우리나라 정부기구의 역할을 소개하면 이들이 어떻게 아동권리증진에 기여하는지를 소개한다. 이와 함께 아동권리의 보호와 증진을 위한 법원의 노력 또한 담고 있다. 여섯째, 아동정책과 아동권리연구를 수행하는 연구기관으로써 보건사회연구원을 소개하고 동시에 관련 단체와 학회 등을 소개한다. 오늘날의 관점에서 보면 미흡한 점이 적지 않지만, 아동권리증진 노력의 초석을 마련하였다는 점에서 큰 의의가 있다.

제2차 국가보고서는 2000년 5월 제출되었다. 그 내용은 제1차 보고서가 담은 포괄적인 추진방향을 토대로 하지만, 보다 상세한 자료를 제시한다는 점에서 제1차보고서에 비하여 진일보한 측면이 있다. 다만 유보조항 중 상소권 보장 유예에 관한 국제사회의 이해를 구하는 내용도 담고 있다. 또한 대한민국 정부 내에서 추진하는 각종 아동 관련 정책 추진이 아동권리증진에 기여하는 측면이 있다. 이와 함께 소개된 다른 내용은『증보 아동권리협약』에서 다룬 바 있으므로 여기서는 다시 소개하지 않기로 한다. [증428-442]

제3·4차 국가보고서는 제3부 총 10장으로 구성되어 다음과 같은 내용이 포함되어 있다. 첫째, 2002년 '어린이보호·육성 종합계획'을 수립하였음을 보고하였다. 둘째, 2003년 '아동안전 종합대책'을, 2004년 빈곤아동의 권리를 위하여 '빈곤아동종합대책'을 마련하였음을 보고하였다. 셋째, 청소년정책과 관련하여 '제3차 청소년육성기본계획(2003-2007)'을 수립하여 청소년 권리신장, 정책참여기회 확대, 복지지원 강화를 보고하였다. 넷째, 이와 관련한 집행 예산을 2003년 약 18조 원에서 2007년 약 28조 원으로 증진하였음을 보고하였다. 다섯째, 아동관련 업무를 관장하는 중앙정부의 관할 업무와 함께 관련 법률 정비를 보고하였다. 여섯째, 민법 개정을 통하여 유보되었던 아동의 부모 면접교섭권 유예를 철회한 점을 보고하였다. 일곱째, 2004년 아동정책조정위원회 설치를 통하여 아동복지 및 권리 증진을 위한 민간 참여를 확대하였다. 여덟째, 대한민국 정부의 국제연합 아동권리위원회 권고사항 이행 등을 보고하였다. 기타 관련 사항은 해당 사이트를 인터넷 접속을 통하여 확인할 수 있다.

2017년 제출된 제5·6차 국가보고서는 현재 시점에서 가장 최근의 국가보고서이다. 다음 국가보고서는 2024년 12월에 보고할 예정이기 때문이다. 그런 만큼 이 보고서는 대한민국 정부의 아동권리 증진을 위한 매우 진전된 노력을 담고 있다. 첫째, 두 가지 유보조항을 철폐하고 법 개정을 통하여 이를 이행한 것을 보고한다. 다만 상소권 유예에 관하여는 법 개정의 현실적 어려움을 호소하면서도 이로 인하여 아동권리가 불이익을 받지 않도록 노력하고 있음을 명시하고 있다. 무엇보다도 아동권리증진을 위한 여러 가지 입법조치가 이루어지고 있음을 천명하여 실질적으로 대한민국이 아동권리를 존중하는 국가의 면모를 보여주려고 한다. 특히 주목할 점은 이전 보고서에 비하여 아동참여에 집중하여 아동영향평가 및 아동보고서 제출 등을 명시하고 있다. 또한 국제연합의 이전 권고사항을 매우 충실하게 이행했음을 밝히고 있다.

국가보고서 제출에 이어 민간보고서가 제출되어 아동권리증진 국가로서의 면모를 갖추게 되었다. 이에 관한 내용을 정리하면 〈표 7-3〉과 같다.

〈표 7-3〉 국가보고서와 민간보고서 제출

구분	날짜	내용	비고
아동권리협약 가입	1990.9.25.	서명	
	1991.11.20.	비준	3개 유보조항
	1991.12.20.	발효	
제1차 CRC 심의	1994.11.17.	제1차 국가보고서 제출	
	1995.7.	민간보고서 제출	
	1996.1.	대한민국 심의	
	1996.2.13.	국가보고서 최종견해 공표	
제2차 CRC 심의	2000.5.1.	제2차 국가보고서 제출	
	2002.6.	민간보고서 제출	
	2007.10.	대한민국 심의	
	2008.3.18.	국가보고서 최종견해 공표	
제3·4차 CRC 심의	2009.5.22.	제3·4차 국가보고서 제출	
	2010.12.	민간보고서 제출	

구분	날짜	내용	비고
	2010.10.	아동보고서 제출	최초 아동보고서
	2011.9.	대한민국 심의	
	2012.2.2.	국가보고서 최종견해 공표	
제5·6차 CRC 심의	2017.12.27.	제5·6차 국가보고서 제출	
	2018.11.	민간보고서 제출	
	2018.11.	아동보고서 제출	
	2019.8.	NGO 추가의견서 제출	
	2019.9.	대한민국 심의	
	2019.10.24.	국가보고서 최종견해 공표	
제7차 CRC 심의	2024.12.(예정)	제7차 국가보고서 제출 예정	

여기서 민간보고서는 당사국 정부 중심의 국가보고서가 지니는 단점을 보완하여 아동권리의 실질적 증진을 도모하는 데 목적이 있다. 이를테면 정부가 자체적으로 밝히기 어려운 미묘한 문제를 민간보고서는 보다 중립적인 입장에서 명시할 수 있다. 예를 들어서 대한민국 정부의 아동권리 홍보 노력이 미흡한 점을 지적하는 경우가 그것이다. 또한 당사국 정부의 노력을 촉진하는 측면도 있다. 이를테면 유예조항을 폐지하려는 정부의 노력을 촉구하는 일이 이에 해당한다. 이와 아울러 민간보고서는 각종 권고조치를 정부에 촉구하는 기능도 수행한다. 위의 표에서 알 수 있는 바와 같이, 민간보고서는 정부가 작성한 보고서에 따라 작성된다. 민간보고서의 주체는 대부분 아동권리증진을 위하여 노력하는 당사국 주재 국제연합기구 또는 관련 NGO를 중심으로 한 관련 전문가를 포함하는 민간인들로 이루어진다.

아동보고서는 대한민국 아동이 자신의 권리에 관하여 직접 언급한 내용을 담고 있다. 이는 아동권리협약 제12조에 명시한 참여의 원칙을 실현하고자 하는 노력이면서 아동이 명실상부한 권리주체임을 밝히는 계기를 마련해준다는 점에서 그 의의가 있다. 2010년 우리나라 최초의 아동보고서 참여 아동은 671명으로 연령으로는 4세 이하(2명)를 비롯하여 만 18세 미만의 아동을 망라하고 있다.

이들의 의견은 주로 설문과 인터뷰를 통하여 취합된다. 참여 아동 중에서 아동권리증진을 위한 제 노력에 부합하도록 하기 위하여 경제적 어려움에 처한 아동, 시설에 거주하는 아동, 농촌거주 아동, 탈북가정 아동, 부모의 국적이 서로 다른 아동, 장애 아동, 이주노동자를 부모로 둔 아동, 난민 아동, 청소년 미혼모를 선정하여 심층 면접을 진행한 것으로 보고되어 있다. 아울러 아동보고서 작성 과정에서 아동의 의견만을 청취하는 것이 아니라 아동권리교육 프로그램을 운영하여 아동권리인식 제고 기능을 수행하기도 한다.

2018년 제5·6차 아동권리협약 이행 대한민국 아동보고서는 2015-2017년 '아동권리 스스로 지킴이'에 참여했던 아동 중 아동보고서 작성을 희망하는 아동 23명이 모여 지난 10개월간 '교육으로 인해 고통받는 아동'을 주제로 아동 주도의 아동보고서를 작성하였고, 이를 11월 1일 아동권리위원회에 제출한 내용이다. 2019년 2월 아동권리위원회와의 만남에서 확인된 본 보고서와 아동의 의견은 2019년 9월 예정된 유엔아동권리위원회 대한민국 정부 본심의의 주요 참고자료로 사용되었다. 그리고 이 보고서는 모든 결정을 아동 스스로 주도하여 작성한 대한민국 최초의 유엔아동권리협약 이행 아동보고서라는 데 의의가 있다. 또한 아동이 경험하는 과도한 학습시간, 성적으로 인한 차별, 학업 스트레스, 교육 격차 등의 아동권리 침해 문제, 그리고 그에 따라 아동이 제안하는 권고사항을 담고 있다. 또한 이를 '교육으로 인해 고통받는 아동'이라는 주제로 설정하여 폭력이나 차별 등으로 고통받는 아동의 경험을 보고하고 있다. 그러나 실상을 살펴보면 우리가 일상에서 아이들에게 무심코 하는 말이 곧 아동 당사자에게는 커다란 고통이 된다는 점을 알 수 있다. 예를 들어서 '애들은 가서 공부나 해'와 같은 말이 이에 해당한다. 공교육 체제 아래서 일종의 압력과 압박을 받는 아동의 상황도 보고되어 있다. '성적으로 줄 세우는 학교'나 '점수에 맞추어'라는 교육현실을 보고하고 있다. 이에 관한 집필은 모두 참여 아동이 담당하는 것으로 보고되었다. 이러한 내용을 토대로 하여 아동권리협약에 명시된 각종 아동권리에 비추어 문제점을 파악하고 그 개선방향을 모색하고 있다.

끝으로 여기에 포함된 '아동권리 스스로 지킴이' 사업은 참여 아동이 자신의 삶에 영향을 미치는 문제에 대해 능동적으로 의견을 제시하여 아동권리를 스스로 지킬 수 있도록 하기 위해 마련된 참여의 장이 되었으며, 국제아동인권센터, 초록우산 어린이재단, 유니세프 한국위원회가 공동으로 진행했던 사업이다.

3. 아동권리협약 선택 의정서

아동권리협약의 규정에 따른 국가보고서와 이에 병행하여 제출되는 민간보고서 이외에 국가는 각종 의정서를 통하여 아동권리증진을 도모한다. 주요 의정서는 '아동의 무력분쟁 참여에 관한 아동권리협약 선택의정서'와 '아동매매, 아동성매매 및 아동 포르노그래피에 관한 아동권리협약 선택의정서'이다.

먼저 '아동의 무력분쟁 참여에 관한 아동권리협약 선택의정서'는 영문 'Optional Protocol to the Convention on the Rights of the Child on Involvement of Children in Armed Conflict'의 번역어이며, 아동권리협약의 약자(CRC)를 뺀 약자로 구성하여 약칭 'OPAC'이라고 한다. 이 의정서는 전쟁과 같은 무력충돌 상황에서 아동을 보호하는 제반조치를 담은 조약이다.

또한 '아동매매, 아동성매매 및 아동 포르노그래피에 관한 아동권리협약 선택의정서'는 영문 'Optional Protocol to the Convention on the Rights of the Child on the Sale of Children, Child Prostitution and Child Pornography'의 번역어이며, 역시 아동권리협약의 약자(CRC)를 빼고 뒤의 첫 두 약자로 구성하여 약칭 'OPSC'라고 한다. 이 의정서는 각 사회에 은연중에 만연한 아동인신매매 및 성매매 등으로부터 아동을 보호하고자 하는 노력을 담고 있다. 두 조약 모두 2004년 각기 조약 1687호와 조약 제1688호로 대한민국 정부에 의하여 발효되었다.

이 선택 의정서의 경우에도 각기 국가보고서를 제출하고, 이에 따른 민간보고서 및 아동보고서를 제출하도록 되어 있다. 그리고 이 의정서 가입 직후 이루어진 별도의 민간보고서를 제출한 이후 제3·4차 아동권리협약 국가보고서 및 제5·6차 아동권리협약 국가보고서의 제출과 함께 민간보고서 및 아동보고서가 제출된 바 있다.

이 선택의정서 비준과 이행, 그리고 이에 따른 국가보고서와 민간보고서의 진행은 〈표 7-4〉와 같다.

〈표 7-4〉 아동권리협약 선택의정서 상황

구분	날짜	내용	비고
유엔아동권리협약	1990.9.25.	서명	
	1991.11.20.	비준	
	1991.12.20.	발효	조약 제1072호

구분	날짜	내용	비고
제1차 심의(CRC)	1994.11.17.	국가보고서 제출	
제2차 심의(CRC)	2000.5.1.	국가보고서 제출	
아동의 무력 분쟁 참여에 관한 선택 의정서(OPAC) 아동매매, 아동성매매 및 아동 포르노그라피에 관한 선택의정서(OPSC)	2004.10.	비준	•조약 제1687호 (OPAC) •조약 제1688호 (OPSC)
	2007.4.	국가보고서 제출	
	2007.10.	민간보고서 제출	
	2008.5.	대한민국 심의	
	2008.6.	국가보고서 최종견해 공표	
제3·4차 심의 (CRC, OPAC, OPSC)	2009.5.22.	국가보고서 제출	
	2010.12.	민간보고서 및 아동보고서 제출	최초의 아동보고서
	2011.9.21.	대한민국 심의	
	2012.2.2.	국가보고서 최종견해 공표	
제5·6차 심의 (CRC, OPAC, OPSC)	2017.12.27.	국가보고서 제출	
	2018.11.1.	민간보고서 및 아동보고서 제출	
	2019.2.19.	아동권리위원회 쟁점목록 (List of Issues) 채택	
	2019.8.9.	쟁점목록에 대한 대한민국 답변서 (Written Replies) 제출	
	2019.8.15.	NGO 추가의견서 (Additional Information) 제출	
	2019.9.18.-9.19.	대한민국 심의	
	2019.10.24.	국가보고서 최종견해 공표	
제7차 심의 (CRC, OPAC, OPSC)	2024.12. (예정)	국가보고서 제출 예정	제출기한: 2024. 12. 19.

위의 표에서 나온 '국가보고서 최종견해 공표'는 당사국이 제출한 국가보고서와 이에 따른 민간보고서 등에 대한 국제연합의 권고안을 포함하여 이에 대한 당사국의 조치사항을 담은 종합적인 보고의 성격을 지닌 문서를 말한다.

이어 2024년 대한민국 정부는 제7차 정부보고서를 제출할 예정으로 되어 있다. 이 보고에서 그간 진전된 대한민국의 아동권리 실태와 증진 노력을 확인할 수 있을 것이다.

Ⅳ. 이해와 점검

이 절에서는 아동권리협약과 관련한 내용을 얼마나 이해하고 있는지를 제1부에서 시행했던 방식으로 점검해보기로 한다. 다만 매 점검 문항마다 간단한 설명을 붙이지만, 출처는 명기하지 않도록 한다. 이하 점검 문항의 내용을 확인하기 위한 출처는 『증보아동권리향연』의 제5부에 해당하는 제11장에서 제13장의 내용과 〈부록IX〉의 내용이 된다. 아울러 이 부분에 속하지 않는 내용은 본서의 제7장을 토대로 한 것임을 밝혀둔다.

⌘ 아동권리협약이 성립하기까지의 계보를 간략히 설명하시오.

& 아동권리협약의 계보(genealogy)는 두 갈래로 나누어 볼 수 있다. 하나는 아동권리협약이 국제연합헌장의 정신을 모태로 하여 1948년 세계인권선언, 1966년 경제적·사회적·문화적 권리에 관한 국제

협약(A협약)과 1966년 시민적 및 정치적 권리에 관한 국제협약(B협약)을 매개로 하여 형성된다고 보는 것이다. [증491-504; 505-529] 다른 하나는 아동권리에 집중하여 아동권리협약이 1924년 아동권리 제네바선언과 1959년 아동권리선언의 맥을 이어 형성되었다고 보는 것이다.

아동권리협약의 형성을 토대로 본 특징을 진술한 것을 모두 고르시오.

① 국제연합의 정신을 토대로 천명된 권리문서임은 아동권리협약 전문(前文, preamble)에서 확인할 수 있다.

② 1948년 세계인권선언, 1966년 A협약과 1966년 B협약의 연장선에 있다.

③ 1924년 아동권리 제네바선언과 1959년 아동권리선언의 맥을 이어 형성되었다.

④ 인간의 존엄성과 기본적 인권, 차별 없는 평등을 전문에 천명한 국제연합헌장의 정신을 존중한다.

⑤ 아동권리협약 전문(前文)은 아동권리협약의 3대 정신의 토대가 된다.

& 모두 옳은 진술이다.

정답: ①, ②, ③, ④, ⑤

아동권리협약의 형성에 관한 진술 중 타당한 것을 모두 고르시오.

① 아동권리협약에서 가정이 인간존엄 추구의 가장 기본단위임을 천명한 것은 국제연합의 경제적·사회적·문화적 권리에 관한 국제협약(A협약)에서 이어받았다.

② 아동권리협약에서 산모의 권리와 아동의 생존과 발달의 기본적 권리를 천명한 것은 국제연합의 경제적·사회적·문화적 권리에 관

한 국제협약(A협약)에서 이어받았다.

③ 아동권리협약에서 차별금지와 같은 아동의 기본권을 천명한 것은 시민적 및 정치적 권리에 관한 국제협약(B협약)에서 이어받았다.

④ 아동권리협약에서 아동의 성명권과 기본권을 천명한 것은 시민적 및 정치적 권리에 관한 국제협약(B협약)에서 이어받았다.

⑤ 1924년 아동권리 제네바선언은 국제연맹에서 채택한 권리문서이므로 국제연합의 아동권리협약과 맥이 다르다.

& 아동권리협약은 국제연맹이 채택한 1924년 아동권리 제네바선언의 정신을 이어받고 있다.

정답: ①, ②, ③, ④

아동권리협약의 형성에 대한 진술 중 타당하지 않은 것을 모두 고르시오.

① 국제연맹이 채택한 '아동권리 제네바선언'이 담고 있는 총5개 조항은 아동권리협약의 토대가 된다.

② 1924년 국제연맹의 '아동권리 제네바선언'은 국제연합에 의하여 2개 조항이 추가되고, 이는 국제연합은 1959년 아동권리선언으로 이어진다.

③ 국제연합이 채택한 1959년 아동권리선언은 최초의 체계적인 아동권리문서로서 총 10개 조항으로 구성되어 있다.

④ 아동권리협약의 3대 정신은 이미 1924년 국제연맹의 '아동권리 제네바선언'에 담겨 있다.

⑤ 아동권리협약의 아동참여 정신은 1948년 아동권리선언을 모체로 하여 계승된 1959년 아동권리선언의 정신을 토대로 한 것이다.

& 아동권리협약의 3대정신은 1948년 이후 진전된 아동권리인식이다.

정답: ④, ⑤

아동권리협약의 형성에 대한 진술 중 타당한 것을 모두 고르시오.

① 국제연맹을 계승한 국제연합은 1959년 아동권리선언을 채택한다.

② 국제연맹이 채택한 '아동권리 제네바선언'은 당초 세이브더칠드런(Save the Children)의 젭(Eglantyne Jebb) 여사에 의하여 제정된 것이다.

③ 국제연합이 채택한 1959년 아동권리선언은 아동권리협약의 3대 정신을 담고 있다.

④ 아동권리협약은 세계인권선언과 A협약 및 B협약의 정신을 계승하여 아동권리의 보편성을 확보하였다.

⑤ 아동권리협약은 이전의 아동권리문서에 비하여 아동의 참여권과 각종 문화 활동과 정보를 향유하고 행사할 권리를 추가하여 가장 정합적인 아동권리문서의 면모를 갖추고 있다.

& 모두 옳은 진술이다.

정답: ①, ②, ③, ④, ⑤

아동권리협약에 대한 설명 중 알맞지 않은 것을 고르시오.

① 아동권리협약은 아동참여에 집중되어 있다.

② 당사국은 권리 내용에 대한 이행 의무가 있으며 법적인 강제성이 있다.

③ 유엔은 당사국의 협약이행에 대한 모니터링을 위해 유엔아동권리위원회를 구성하여 운영해야 한다.

④ 당사국은 이행보고서를 작성하여 정기적으로 제출해야 한다.

⑤ 아동권리협약은 전문과 총 54개 조항으로 구성되어 있다.

& 아동권리협약은 아동의 삶 전반을 포괄하고 있다.

정답: ①

다음은 아동권리협약의 기본 권리 중에서 무엇에 해당되는지 선택하시오.

> 아동은 충분한 영양을 섭취하고 기본적인 보건서비스를 받을 권리가 있다.

① 생존의 권리
② 보호의 권리
③ 발달의 권리
④ 참여의 권리
⑤ 문화적 권리

& 생존권은 기본적인 삶을 누리는데 필요한 권리를 말하며, 여기에는 적절한 생활수준을 누릴 권리, 안전한 주거지에서 살 권리, 영양섭취와 기본적인 보건서비스를 받을 권리 등이 해당한다.

정답: ①

아동권리협약이 전문에서 천명한 주요내용을 진술하시오.

& 아동권리협약의 전문은 다음 다섯 가지를 담고 있다.

- 국제연합 헌장의 정신의 계승
- 일체의 차별 금지
- 아동의 특별한 보호와 지원
- 아동권리의 필요성
- 아동인격의 발달

아동권리협약이 전문에서 천명한 내용에 관한 다음 진술 중 타당한 것을 모두 고르시오.

① 아동권리가 국제연합헌장에 천명한 평화, 관용, 존엄, 자유, 평등, 연대의 가치를 실현하는 데 기여하도록 한다고 천명하고 있다.

② 국제연합헌장이 지향하는 인간의 권리의 보편성에 초점을 맞추고 있다.

③ 각종 차별의 철폐와 모든 사람이 누릴 자유와 권리를 선언하면서 이에 비추어 '아동'이 수혜해야 할 특별한 보호와 지위를 받을 권리를 천명하고 있다.

④ 아동기의 특수성을 고려하여 아동이 특별한 보호와 지원을 받을 권리를 가지고 있음을 천명한다.

⑤ 아동권리협약은 인간의 보편적 가치에 초점이 맞추어져 있어서 아동이라는 특수한 존재의 측면이 간과된 점이 적지 않다.

& 아동권리협약은 권리의 보편성에 비추어 아동권리를 강조하면서 아동기의 특수성을 고려하여 아동이 특별한 보호와 지원을 받을 권리를 가지고 있음을 천명한다.

정답: ①, ②, ③, ④

아동권리협약의 구성에 관한 다음 진술 중 타당한 것을 모두 고르시오.

① 아동권리협약은 전문과 제3부 총 54개 조항으로 구성되어 있다.

② 아동권리협약 전문(前文)은 국제연합헌장에 천명한 평화, 관용, 존엄, 자유, 평등, 연대의 가치를 담고 있다.

③ 3대원칙은 제2조, 제3조와 제12조에 명기되어 있다.

④ 제1조는 아동을 연령에 의하여 정의한다.

⑤ 제1부는 아동의 제 권리, 제2부는 협약 당사국의 의무를, 제3부는 협약의 비준 및 가입 등의 제 절차를 명기하고 있다.

& 모두 옳은 진술이다.

정답: ①, ②, ③, ④, ⑤

※ 아동권리의 기본이 되는 가치를 일반원칙이라고 한다. 다음 중에서 네 가지의 일반원칙에 포함되지 않는 것을 고르시오.

① 차별금지(제2조)

② 아동 최선의 이익(제3조)

③ 아동의 생존과 발달의 권리(제6조)

④ 이름과 국적을 가질 권리(제7조)

⑤ 아동 의견 존중(제12조)

& 아동권리협약의 일반원칙은 차별금지(제2조), 아동 최선의 이익(제3조), 아동의 생존과 발달의 권리(제6조), 아동 의견 존중(제12조)이 네 가지이다. 이 중에서 제6조를 제외하고 3대원칙이라고 한다.

정답: ④

※ 아동권리협약의 기본정신을 나타낸 조항에 관한 다음 진술 중 타당한 것을 모두 고르시오.

① 제1조는 아동을 '18세 미만의 모든 이'로 규정하고 있다.

② 제2조는 아동권리협약의 3대 원칙 중의 하나인 차별금지 원칙을 천명한다.

③ 제3조는 아동권리협약의 제3대 원칙 중 하나인 아동 최선의 이익을 천명하고 있다.

④ 제4조는 아동권리협약이 천명하는 아동 최선의 이익을 도모하기 위한 협약 당사국의 실천적 이행 노력을 명시하고 있다.

⑤ 제5조는 아동권리협약이 천명하는 권리의 실질적 이행을 촉구하는 관련 당사자들의 책임, 권한, 의무를 존중해야 한다고 명시하고 있다.

& 모두 옳은 진술이다.

정답: ①, ②, ③, ④, ⑤

아동권리협약의 제2조 차별 금지에 관한 진술 중 타당하지 않은 것을 모두 고르시오.

① 차별철폐조항은 아동권리 보편성을 확보하는 근간이며 관건이다.

② 차별 중에서 가장 해악의 범위와 정도가 심각한 것은 인종 차별과 성차별이다.

③ 제2조는 아동권리 침해의 가장 큰 원인(遠因)으로 차별임을 명시하고 있다.

④ 이 조항은 1924년 아동권리 제네바 선언의 정신을 이어받은 조항이다.

⑤ 차별이 아동 자신의 인종, 피부색, 성별, 언어, 종교, 정치적 견해, 국적, 민족, 출신, 재산, 장애의 정도, 출생 등에 한하여 금지되어 있다.

& 제2조는 1959년 아동권리 제네바 선언의 정신을 이어받은 조항이며, 차별이 아동 자신만이 아니라 아동의 부모 또는 법적 후견인의 인종, 피부색, 성별, 언어, 종교, 정치적 견해, 국적, 민족, 출신, 재산, 장애의 정도, 출생 등의 포괄적인 의미에서 금지되어 있다.

정답: ④, ⑤

아동권리협약의 제3조 아동 최선의 이익에 관한 진술 중 타당하지 않은 것을 모두 고르시오.

① 아동 최선의 이익을 도모하기 위한 실질적인 조치를 규정하고 있다.

② 제3조는 해당 아동의 부모와 법적 후견인 및 기타 법적 책임이 있는 사람의 권리와 의무를 규정하고 있다.

③ 제3조는 아동 최선의 이익을 아동 스스로의 결정과 행위에 의하여

도모할 수 있다는 원칙을 견지한다.

④ 제3조는 아동 최선의 이익과 참여의 원칙이 상충하는 것으로 보고, 참여의 원칙에 우선한다.

⑤ 제3조는 아동 최선의 이익을 위한 당사국의 의무를 규정함으로서 간섭을 전제로 한다.

& 아동 최선의 이익을 규정한 제3조와 아동 참여를 규정한 제12조는 상호 연계해서 보아야 하며, 당사국의 의무를 규정한 제3조는 아동 최선의 이익을 보장하기 위한 조항으로서 국가의 간섭을 정당화하지 않는다.

정답: ④, ⑤

아동권리협약의 기본정신과 관련된 다음 진술 중 타당하지 <u>않은</u> 것을 <u>모두</u> 고르시오.

① 아동권리를 대리할 경우 당사국이 우선권을 지니고 있음을 명시하고 있다.

② 제4조는 아동권리증진 노력이 공허한 수사(修辭)에 그치지 않게 하려는 노력이다.

③ 제4조에 명시된 바와 같이 '모든 적절한 입법적, 행정적 및 기타 조치'는 모든 대상에게 똑같이 적용하는 보편적 복지권으로 이해되어야 한다.

④ 제5조는 아동권리의 실질적 이행을 촉구하는 관련 당사자들의 책임, 권한, 의무를 존중해야 한다고 명시하고 있다.

⑤ 제4조는 아동권리협약이 천명하는 아동 최선의 이익을 도모하기 위한 협약 당사국의 실천적 이행 노력을 명시하고 있다.

& 제4조에 명시된 바와 같이 '모든 적절한 입법적, 행정적 및 기타 조치'는 과도한 조치가 아니라 '적절한' 조치로 이해되어야 한다.

제5조는 아동권리를 대리할 경우 해당 아동의 부모가 우선권을 지님을 명기하고 있다.

정답: ①, ③

✖ 아동권리협약의 기본정신과 관련한 제 권리 조항에 관한 다음 진술 중 타당한 것을 모두 고르시오.

① 제6조는 권리인식단계의 가장 첫 단계인 '생존'부터 다루고 있다.

② 제6조는 아동의 생명권을 천명하고, 이어 생존과 발달을 보장하는 당사국의 책무를 규정하고 있다.

③ 제6조에 천명한 아동의 생명권은 아동권리협약에 천명한 제 권리의 토대를 제공한다고 볼 수 있다.

④ 제6조에서 '보장'이라는 표현을 담은 것은 생존권의 불가역성과 절박성에 기인한다.

⑤ 아동권리협약 3대 기본원칙을 뒷받침하는 단초를 제공하는 권리 조항이 바로 제6조에 명시된 생명권이다.

& 모두 옳은 진술이다.

정답: ①, ②, ③, ④, ⑤

✖ 아동권리협약의 제 권리 조항에 관한 다음 진술 중 타당하지 않은 것을 모두 고르시오.

① 제7조는 아동의 성명권, 국적권 등 사회적 존재로서 요구되는 자격요건을 가질 자격을 명시한 조항이다.

② 성명과 국적은 아동 스스로가 결정할 수 없는 권리이므로 아동참여 정신에 위배된다.

③ 제7조의 권리는 아동이 시민권을 누릴 수 있는 토대가 되는 중요

한 권리이다.

④ 제7조의 권리가 중요한 것은 영화 '가버나움'의 주인공 자인과 사하르의 사례에서 확인할 수 있다.

⑤ 제7조는 갓 태어난 아이의 참여까지를 가리키므로 현실성 없는 내용을 담고 있다.

& 제7조가 명시하는 성명권은 아이들의 보호 차원에서 마련된 것이며, 아동참여와는 무관하다.

정답: ②, ⑤

다음 중 아동권리협약 제7조 이름과 국적을 가질 권리의 내용과 관련 없는 것을 고르시오.

① 아동은 출생 후 즉시 등록되어야 하며, 이름과 국적을 가져야 한다.

② 아동은 가능한 한 부모가 누구인지 알고 부모에 의해 양육 받아야 한다.

③ 당사국은 이름과 국적, 가족관계 등 법률에 의해 인정된 신분을 보존해야 한다.

④ 우리나라는 1997년 국적법을 개정하여 양계혈통주의로 변경했다.

⑤ 국적

& 제7조와 달리 제8조는 신분을 유지할 권리, 즉 시민권을 말한다.

정답: ③

아동권리협약의 제 권리 조항에 관한 다음 진술 중 타당한 것을 모두 고르시오.

① 제8조는 제7조의 권리를 바탕으로 하는 시민권을 가리킨다.
② 제9조는 가정 내 아동 문제로서 부모로부터의 분리된 아동의 신분과 그에 따른 권리를 도모하도록 규정한 조항이다.
③ 제10조는 제9조에서 언급한 분리된 아동의 결합에 관한 규정과 이와 관련한 아동의 권리를 명시하고 있다.
④ 제11조는 아동의 국외 불법 이송 퇴치 및 미귀환을 방지하기 위한 당사국의 조치에 관한 규정이다.
⑤ 제11조는 아동의 인신매매를 근절하고, 아동의 신체를 자의적으로 처분하거나 신분을 자의적으로 변경할 수 없도록 하기 위한 조치로서 제7조와 제8조의 정신과 연계되어 있다.

& 모두 옳은 진술이다.

정답: ①, ②, ③, ④, ⑤

아동권리협약의 기본정신과 관련한 제 권리 조항에 관한 다음 진술 중 타당한 것을 모두 고르시오.

① 제12조는 흔히 참여권 조항이라고 한다.
② 제12조는 아동의 인격을 완성시키는 조항으로 볼 수 있다.
③ 제12조는 참여권을 실질적으로 보장하는 의사표현권과 아동 자신에게 실질적인 영향을 줄 수 있는 절차 등에 관한 참여를 담고 있다.
④ 제12조는 아동참여가 '나이와 성숙도에 따라 정당한 비중'을 가지고 행사되어야 한다고 명시하고 있다.
⑤ 제12조는 제3조 '아동 최선의 이익'의 구현에 요구되는 고려사항과 같은 맥락에서 고려되어야 한다.

& 모두 옳은 진술이다.

정답: ①, ②, ③, ④, ⑤

아동권리협약의 제 권리 조항에 관한 다음 진술 중 타당하지 않은 것을 모두 고르시오.

① 제13조는 아동의 의사표현 자유를 명시한 조항이다.

② 제13조의 아동의 의사표현 자유는 무제한적인 절대 권리이다.

③ 우리나라 학생인권조례는 제13조의 내용을 과대 해석한 경향이 있다.

④ 제13조는 아동을 억압 상태에서 '해방'시키기 위한 단초를 제공한다.

⑤ 제13조의 여러 가지 사상 및 정보를 접할 수 있으며 동시에 교류할 수 있는 아동의 권리는 제17조에 규정된 권리와 연계되어 있다.

& 제13조 제2항에서 '타인의 권리와 명성을 존중하기 위하여' 그리고 '국가안보, 공공질서, 공중보건 또는 도덕의 보호를 위하여' 제한을 받을 수 있다고 명시하고 있다. 제13조의 의사표현권은 '아동해방'에 초점을 맞춘 것이 아니라 아동이 자율적인 판단에 따라 자신의 의사를 표현하도록 한 조항이다.

정답: ②, ④

아동권리협약에서 정하고 있는 아동의 표현의 자유를 제한할 수 있는 사유로 보기 어려운 것을 고르시오.

① 국가안보

② 공공질서

③ 사생활의 보호

④ 도덕의 보호

⑤ 다른 사람의 권리 또는 명예 존중이 없는 아동의 경우 보다 특별한 보장

& 아동의 표현 자유는 오직 법률을 통해서만 그 제한을 규정해야 하

며, 그것도 다음 두 가지 사항을 위해 필요한 경우로 한정된다. 하나는 다른 사람의 권리 또는 명예를 존중하기 위해서이며, 다른 하나는 국가안보, 공공질서, 공중보건, 도덕의 보호를 위해서이다. 제13조의 내용이다.

정답: ③

✕ 아동권리협약의 제 권리 조항에 관한 다음 진술 중 타당하지 않은 것을 모두 고르시오.

① 제14조는 아동의 사상 · 양심 · 종교의 자유와 권리를 명시한 조항이다.

② 제14조의 권리는 '아동의 발달하는 능력에 부합하는 방식으로' 행사해야 한다고 명기되어 있다.

③ 제14조는 제13조의 연장에 있는 조항이다.

④ 제14조는 제13조와 마찬가지로 무제한적인 절대 권리이다.

⑤ 제14조에 명시된 권리는 '공공안전, 질서, 보건이나 도덕 혹은 타인의 기본권과 자유를 보호'할 경우에 제한된다고 규정되어 있다.

& '공공안전, 질서, 보건이나 도덕 혹은 타인의 기본권과 자유를 보호'할 경우에 제한된다고 규정된 권리는 종교와 신념을 표현하는 자유에만 해당한다. 사상과 양심의 자유는 해당되지 않는다. '아동의 발달하는 능력에 부합하는 방식으로'와 같은 제한 조항이 있으므로 무제한적인 권리가 아니다.

정답: ④, ⑤

아동권리협약의 제 권리 조항에 관한 다음 진술 중 타당한 것을 모두 고르시오.

① 제15조는 아동의 집회 · 결사의 자유를 명시하고 있다.
② 제15조에는 집회의 경우 '평화적'이라는 단서가 붙어 있다.
③ 제15조는 공공안전, 질서, 보건이나 도덕 혹은 타인의 기본권과 자유를 '보호'할 경우를 제한 규정으로 두고 있다.
④ 제15조는 학교 상황에서 무제한적으로 집회와 결사를 할 수 없음을 명시한 것으로 보아야 한다.
⑤ 우리나라 학생인권조례의 내용과 상충하는 면이 있다.

& 모두 타당한 진술이다.

정답: ①, ②, ③, ④, ⑤

아동권리협약의 제 권리 조항에 관한 다음 진술 중 타당한 것을 모두 고르시오.

① 제16조는 아동의 사생활이 보호받을 권리를 명시하고 있다.
② 제16조는 구체적으로 가정사, 가족문제, 통신 등에서 불법적인 간섭을 받지 않으며, 아동의 명예도 부당하게 공격받지 않음을 명시하고 있다.
③ 우리나라 '학생인권조례'의 경우 제16조를 토대로 하여 일기검사와 같은 교육활동을 금지시키고 있다.
④ 우리나라 국가인권위원회의 2005년 '학생두발 제한 관련 제도개선 권고'는 제16조와 관련된다.
⑤ 제16조의 권리는 보호권에 속한다.

& 모두 타당한 진술이다.

정답: ①, ②, ③, ④, ⑤

국가인권위원회는 2005년 '학생두발 제한 관련 제도개선 권고'를 하였다. 이는 아동권리협약의 어떤 권리에 해당되는 것인지 고르시오.

① 아동의 사생활 보호권
② 아동의 정보 접근권
③ 표현의 자유
④ 사상·양심·종교의 자유
⑤ 신분 유지권

& 국가인권위원회는 두발 자유가 학생의 기본적 권리이기 때문에 각급 학교에서 두발 제한과 단속이 교육 목적상 필요최소한의 범위 내에서 이루어지도록 정부에 권고한 바 있다. 이는 아동권리협약 제16조 아동의 사생활 보호와 관련된다.

정답: ①

아동권리협약의 제 권리 조항에 관한 다음 진술 중 타당하지 않은 것을 모두 고르시오.

① 제17조는 아동의 정보 접근권을 다루고 있다.
② 제17조는 정보 획득을 통한 참여권의 성격이 강하다.
③ 제17조는 아동의 정보 접근이 아동의 사회적, 정신적, 도덕적 안녕과 신체적 발달을 위한 권리임을 명시하고 있다.
④ 제17조는 의사표현의 자유와 관련이 없다.
⑤ 제17조는 아동에게 제공되는 정보의 문화적 혜택이 제29조의 교육목적에 부합해야 함을 명기하고 있다.

& 제17조는 제16조와 함께 아동 보호에 초점을 맞춘 권리이다. 제17조는 제13조의 의사표현의 권리와 연계되어 있다.

정답: ②, ④

아동권리협약 제17조는 아동의 정보 접근권에 대한 규정이다. 다음 중 이에 해당하지 않은 것을 고르시오.

① 아동은 아동에게 도움이 되는 정보를 얻을 수 있어야 한다.

② 정부는 아동을 유해한 정보로부터 보호해야 한다.

③ 아동도서의 제작과 보급을 장려해야 한다.

④ 문화적, 국내적, 국제적으로 다양한 정보와 자료를 제작·교류·보급할 때 국제협력을 장려해야 한다.

⑤ 아동은 사생활과 가족, 가정, 통신에 대해 자의적이거나 불법적인 간섭을 받지 않는다.

& ⑤는 제16조 사생활의 보호에 관한 규정이다.

정답: ⑤

아동권리협약의 제 권리 조항에 관한 다음 진술 중 타당한 것을 모두 고르시오.

① 제18조는 아동 보호를 위하여 아동의 양육과 발달에 대한 부모의 공동 책임에 관한 내용을 담은 조항이다.

② 제18조의 아동의 양육과 발달에 대한 부모의 공동 책임은 아동 최선의 이익에 맞추어져야 한다.

③ 제18조는 부모와 법적 후견인의 양육에 관한 책임의 우선권을 명기하고 있다.

④ 제19조는 제18조의 규정에 따른 부모 또는 후견인의 양육에 대한 우선적 권리와 의무에 반할 경우 이들로부터 보호받을 권리를 명시하고 있다.

⑤ 제20조는 가정환경 등 이른바 결손 아동의 특별 보호에 관한 조항이다.

& 모두 옳은 진술이다.

정답: ①, ②, ③, ④, ⑤

☒ 아동권리협약 제18조는 부모의 양육책임에 관한 규정이다. 다음 중 이와 관련 없는 것을 고르시오.

① 당사국은 아동의 양육과 발달에 있어 양쪽 부모가 공동책임을 진다는 원칙이 공인받을 수 있도록 최선의 노력을 기울여야 한다.

② 부모 또는 경우에 따라 법정후견인은 아동의 양육과 발달에 일차적 책임을 진다.

③ 당사국은 아동에 대한 양육 책임을 잘 이행할 수 있도록 부모와 법정후견인에게 적절한 지원을 제공해야 한다.

④ 당사국은 아동 보호를 위한 기관과 시설, 서비스가 발전할 수 있도록 보장해야 한다.

⑤ 당사국은 취업부모의 자녀들이 아동보호시설과 서비스의 혜택을 받을 권리를 보장하기 위해 부분적인 조치를 취할 수 있다.

& 당사국은 이를 위한 모든 적절한 조치를 취해야 한다.

정답: ⑤

☒ 아동권리협약의 제 권리 조항에 관한 다음 진술 중 타당한 것을 모두 고르시오.

① 제21조는 입양아동의 권리에 관한 조항이다.

② 제21조는 아동 입양도 아동의 최선의 이익 원칙에 따라 시행되어야 함을 명시하고 있다.

③ 제21조는 아동 입양은 그 권한을 가진 책임 당국만이 해당 법률과 절차에 따라 적절하고 신뢰할 수 있는 정보에 기초하여 집행해야

함을 명시한다.

④ 제21조에서 국제 입양은 아동의 위탁가족이나 입양가족을 아동의 본국에서 둘 수 없는 경우와 아동의 본국이 적절한 방식으로 아동을 보호할 수 없을 경우 고려된다.

⑤ 제21조는 양육 지정이 입양 관련 당사자들에게 부당한 재정적 이익을 주는 결과를 낳지 않도록 당사국은 적절한 조치를 취해야 한다고 규정한다.

& 모두 옳은 진술이다.

정답: ①, ②, ③, ④, ⑤

아동권리협약 제21조는 입양에 관한 규정이다. 다음 중 아동의 입양을 위해서 허가를 받을 수 있는 기관을 고르시오.

① UN ② 보건복지부

③ 법원 ④ 시군구청

⑤ 주민복지센터

& 2012년 민법개정으로 아동(미성년자)의 입양(入養)과 파양(罷養)은 법원의 허가에 의해서만 가능하다.

정답: ③

파양(罷養): 민법에 따라 입양에 의하여 성립한 양친자관계(養親子關係)를 소멸시키는 행위. 파양으로 양자와 양친 및 그 혈족과의 법정혈족관계가 소멸하고, 양자의 배우자·직계비속과 양친 및 그 혈족과의 친족관계도 종료된다.

아동권리협약의 제 권리 조항에 관한 다음 진술 중 타당한 것을 모두 고르시오.

① 제22조는 난민 아동의 권리에 관한 조항이다.

② 제22조는 난민 아동의 보호를 위하여 요구되는 당사국의 난민 아동 보호를 위한 조치와 국제연합과의 협조 등을 규정하고 있다.

③ 제22조는 난민 아동의 보호 원조와 함께 가족과 재결합하도록 하기 위한 당사국의 제 노력을 명시하고 있다.

④ 영화 '연을 쫓는 아이'와 '거북이도 난다'에서 알 수 있듯이, 난민 아동 문제는 여러 가지 사안이 복잡하게 얽힌 경우가 많아서 짧게 진단할 수 있는 문제가 아니다.

⑤ 난민 아동 문제는 제8조의 아동의 신분권과 마찬가지 맥락에서 그 의미를 새겨 볼 수 있다.

& 모두 옳은 진술이다.

정답: ①, ②, ③, ④, ⑤

아동권리협약의 제 권리 조항에 관한 다음 진술 중 타당한 것을 모두 고르시오.

① 제23조는 장애 아동의 권리와 보호를 다룬 조항이다.

② 제23조는 신체적 · 정신적 장애 아동은 인간존엄성의 차원에서 특별히 보호되어야 하고, 당사국은 그들의 자립과 참여가 증진되어야 함을 명시하고 있다.

③ 제23조는 장애아동에게 필요한 지원은 그 부모나 다른 보호자의 재정 상태와 관계없이 무상으로 제공되어야 한다.

④ 제23조는 신체적 · 정신적 장애 아동의 생존과 안전에 관한 권리 증진에 초점을 맞추고 있다.

⑤ 제23조는 장애아동의 권리 증진을 위하여 개발도상국의 사정을 특별히 배려해야 함을 명시하고 있다.

& 제23조 3항은 장애아동에게 필요한 지원은 가능하다면 그 부모나 다른 보호자의 재정 상태를 고려하여 무상으로 제공되어야 한다고

규정하고 있다. 제23조 1항은 생존과 안전에 관한 권리에 그치는 것이 아니라 장애아동의 자립이 촉진되고 지역사회 참여가 가능한 조건에서 완전하고 품위 있는 삶을 누릴 수 있도록 천명하고 있다. 한 마디로 제23조는 장애아동의 생존-보호-발달-참여에 관한 모든 영역에서 권리증진을 천명하고 있다.

정답: ①, ②, ⑤

✕ 아동권리협약의 제 권리 조항에 관한 다음 진술 중 타당한 것을 모두 고르시오.

① 제24조는 아동의 건강권을 다룬 조항이다.

② 제24조는 영유아 사망률 감소, 기초적인 건강보호 및 의학적 지원과 건강 보호를 위한 당사국의 조치를 명기하고 있다.

③ 제24조는 아동의 최상의 건강유지와 치료는 물론 영양 공급, 예방적 보건서비스, 건강교육 등을 포괄적으로 규정하고 있다.

④ 제24조는 아동의 건강 증진을 위한 당사국의 국제협력 노력을 명시하고 있다.

⑤ 제24조는 환경오염 문제를 다루지 않는다.

& 제24조 2항에서 깨끗한 식수 제공을 위한 환경오염 위험성을 경고하고 있다.

정답: ①, ②, ③, ④

✕ 아동권리협약 제24조는 건강할 권리에 관한 규정이다. 아동의 건강한 권리 보장을 위해 국가가 반드시 해야 할 조치사항으로 규정한 내용 중 적절하지 않은 것을 고르시오.

① 유아와 아동의 사망률을 낮추기 위한 조처

② 주요 건강관리를 발전시키면서 아동에게 필요한 의료지원과 건강관리를 보장하기 위한 조치

③ 쉽게 이용 가능한 기술과 영양식, 깨끗한 식수를 제공하여 질병 및 영양실조를 퇴치하기 위한 조치

④ 출산 전후 산모의 건강관리를 보장하는 조치

⑤ 아동의 건강을 해치는 전통적 인습의 경우 전통은 존중받아야 함으로 예외적으로 인정

& 예를 들어 아직도 일부 제3세계 국가들에서 행해지는 여성할례(음핵절제의식)는 여성에 대한 차별이고, 그들의 건강권을 위협하기 때문에 근절해야 한다는 것이 유엔 등 국제사회의 입장이다. 제24조 3항의 규정이다.

정답: ⑤

아동권리협약의 제 권리 조항에 관한 다음 진술 중 타당한 것을 모두 고르시오.

① 제24조는 건강교육에 관한 내용을 담고 있다.

② 제24조는 산모의 출산 전후 건강을 보호해야 할 당사국의 의무를 규정하고 있다.

③ 제24조는 예방 보건서비스와 가족계획에 관한 내용도 담고 있다.

④ 제25조는 보호시설, 의료시설 등에 수용되어 있는 아동의 양육, 보호 또는 신체적·정신적 건강을 위한 권리를 규정한 조항이다.

⑤ 제25조는 제24조의 연장에서 아동의 건강권을 다룬 조항이다.

& 모두 옳은 진술이다. 이어지는 제5절의 2를 참조.

정답: ①, ②, ③, ④, ⑤

아동권리협약의 제 권리 조항에 관한 다음 진술 중 타당한 것을 모두 고르시오.

① 제26조는 모든 아동이 사회보험을 포함하여 일체의 사회보장을 받을 권리를 다룬 조항이다.

② 제26조는 모든 아동에게 무상 사회서비스를 제공받을 수 있도록 규정하고 있다.

③ 제26조는 모든 아동이 일체의 사회보장을 받을 권리로 이해하는 데에는 한계와 함께 현실적인 문제를 고려해야 한다고 규정한다.

④ 제26조는 아동 및 아동부양 책임을 가진 사람들의 여건에 관계없이 사회보장을 받아야 한다고 규정한다.

⑤ 제26조는 사회보장을 받을 권리에 관하여 당사국의 국내법에 따른 조치를 취하도록 규정한다.

& 제26조 2항은 아동의 사회보장을 받을 권리가 아동 및 아동부양 책임을 가진 사람들의 여건을 고려하여야 한다고 규정하여 전면 무상 사회서비스를 언급하고 있지 않다.

정답: ①, ③, ⑤

다음 빈칸 (　　) 안에 들어갈 알맞은 말을 채우시오.

유엔아동권리협약 제26조는 부모 등이 아동을 부양할 능력이 부족할 때 국가가 (　　) 제도를 통해 지원해야 할 의무를 규정한다.

& 사회보장제도는 국가가 생활능력이 부족한 국민의 복지를 지원하는 것이다.

정답: 사회보장

아동권리협약의 제 권리 조항에 관한 다음 진술 중 타당한 것을 모두 고르시오.

① 제27조는 아동이 적정한 수준의 생활을 향유할 권리가 있음을 명시한 조항이다.

② 제27조는 아동 양육에 관한 부모의 일차적 책임을 규정하고 있다.

③ 제27조는 사람마다 갖고 있는 '최소 생계'의 기준이나 '적절한 생활'의 기준이 다르고, 한 국가 안에서도 지역마다 다를 수 있다는 점을 고려한다.

④ 제27조는 아동의 완전한 발달을 위한 교정적 평등 원리를 담고 있다.

⑤ 제27조의 적절한 수준의 생활을 향유할 권리도 제26조와 같은 맥락에서 사회보장 차원에서 고려되어야 한다고 규정한다.

& 제27조의 아동 양육 문제는 배상과 같은 교정적 평등 차원에서 다룰 문제도 아니고 사회보장 차원에서 다룰 문제도 아니다.

정답: ①, ②, ③

아동권리협약 제27조는 적절한 생활수준을 누릴 권리에 관한 규정이다. 다음 중 적절하지 않은 것을 고르시오.

① 모든 아동은 신체적, 지적, 정신적, 도덕적 그리고 사회적 발달에 적합한 생활수준을 누릴 권리를 갖고 있다.

② 아동이 적절한 생활수준을 누리기 위해 필요한 생활여건을 확보할 일차적 책임은 부모에게 있다.

③ 필요한 경우 국가는 부모가 책임을 다할 수 있도록 지원하기 위한 적절한 조처를 해야 하지만 물질적 조력 제공과는 상관없다.

④ 우리 정부는 한부모가정이 양육비를 원활히 지급받을 수 있도록

국가가 법률상담, 소송 대리 등의 지원을 할 수 있도록 하는 법률을 제정했다.

⑤ 국민기초생활보장제도와 무상급식도 적절한 생활수준을 누릴 권리에 기여하는 제도이다.

& 아동권리협약 제27조는 부모가 "능력과 재산의 범위" 안에서 아동의 생활수준을 보장할 일차적인 책임이 있다고 했다. 이러한 단서는 부모에게 필요한 기술과 자원이 부족할 경우 국가가 부모에게 물질적 조력을 포함하는 보조를 해야 한다는 것을 뜻한다.

정답: ③

아동권리협약의 제 권리 조항에 관한 다음 진술 중 타당한 것을 모두 고르시오.

① 제28조만이 교육받을 권리에 관한 규정이다.

② 제28조는 초등교육은 무상의무교육으로 한다는 점과 중등교육은 당사국의 사정을 반영하여 무상으로 확대를 권장하고 있다.

③ 제28조는 아동의 향후 생존에 필요한 직업교육을 권장하고 있다.

④ 제28조는 고등교육은 능력에 비추어 접근할 수 있도록 해야 한다는 점을 명시하고 있다.

⑤ 제28조는 생계유지로 학업을 포기하는 저소득층 아동의 학교 출석을 권장하고 학교 탈락 방지를 위한 조치를 강구하도록 규정하고 있다.

& 교육받을 권리에 관한 규정은 제28조와 제29조이다.

정답: ②, ③, ④, ⑤

아동권리협약 제28조는 국가가 아동에게 교육에 대한 권리를 보장할 의무를 규정한다. 다음 빈칸 (   ) 안에 알맞은 말을 채우시오.

> 아동권리협약은 교육권의 보장을 위해 국가가 실현해야 할 구체적인 조처로 (   )의 의무화, 다양한 형태의 중등교육 지원, 학교 출석률 및 이탈률 감소 등을 제시했다.

& 초등교육은 아동의 발달에 필수적인 교육단계로 누구나 초등교육을 받을 수 있도록 하기 위해서는 무상 초등교육을 의무화할 필요가 있다.

정답: 초등무상교육

아동권리협약의 제 권리 조항에 관한 다음 진술 중 타당하지 않은 것을 고르시오.

① 제28조 2항은 당사국은 학교운영이 인간존엄성과 아동권리협약의 정신에 부합하도록 해야 한다는 점을 명시하고 있다.

② 제28조 3항은 제3항은 당사국의 문맹퇴치 노력과 최신 교육방법에 접근할 수 있도록 한다는 점을 명시하고 있다.

③ 제29조는 교육목적을 세부적으로 각기 다룬 조항이다.

④ 제29조에 담긴 교육목적은 원만한 인격형성을 위한 전인교육, 인간존엄성과 국제연합헌장의 정신을 존중할 것, 아동이 포함된 문화적 요소를 존중해야 한다는 점을 명시하고 있다.

⑤ 제29조는 개인과 단체의 교육기관 설립의 제한 규정을 두고 있다.

& 제29조 2항은 개인과 단체의 교육기관의 자유로운 설립을 보장하고, 당사국은 이를 방해할 수 없음을 명시하고 있다.

정답: ⑤

❖ 아동권리협약의 제 권리 조항에 관한 다음 진술 중 타당한 것을 모두 고르시오.

① 제28조는 세계인권선언 제26조의 교육받을 권리를 이어받은 것이다.

② 제28조는 아동의 교육받을 권리를 보장할 수 있는 당사국의 실행조치를 규정한다.

③ 제28조는 전 세계인의 무지와 문맹 퇴치 노력, 과학교육의 증진과 현대적인 교육방법에 접근이 용이하도록 하는 조치를 담고 있다.

④ 제29조는 아동이 인종, 민족, 종교 등의 문제에 있어서 이해, 관용, 양성평등, 우애의 정신에 입각하여 자유사회에서 책임 있는 삶을 영위할 준비를 하도록 하는 내용을 담고 있다.

⑤ 제29조의 교육목적은 국제연합헌장의 정신을 존중하도록 한다.

& 모두 옳은 진술이다. [증424-426]

정답: ①, ②, ③, ④, ⑤

❖ 아동권리협약의 제 권리 조항에 관한 다음 진술 중 타당하지 않은 것을 고르시오.

① 제30조는 인종, 종교, 언어에 있어서 소수자 및 원주민 아동의 보호에 관한 조항이다.

② 제30조의 정신은 '파리선언'인 1985년 파리 국제성인교육선언과 '함부르크선언'인 1997년 함부르크 성인교육선언이 천명하는 '학습권'의 이념과 같은 맥락에 있다.

③ 제31조에 담긴 휴식을 취할 권리, 문화에 관한 권리는 무상의무교육을 받을 권리와 상충한다.

④ 제31조는 일명 놀이권(the right to play)을 천명한다고 볼 수 있다.

⑤ 제31조는 아동의 휴식 · 여가 및 문화 활동 참여에 관한 권리를 담고 있다.

& 학습권은 소수자의 교육과 평생교육의 맥락에서 설정된다. [증589-592] [증593-601] 아동의 문화적 권리는 교육권과 상충하지 않는다. [증290-298]

정답: ③

아동권리협약의 제 권리 조항에 관한 다음 진술 중 타당한 것을 모두 고르시오.

① 제32조는 아동의 노동 착취 방지 조항이다.

② 제32조는 아동이 노동의 굴레에서 벗어나야 정상적이고 원만한 성장과 발달을 기할 수 있다는 점에서 아동보호의 맥락에서 그 의미를 찾을 수 있다.

③ 제32조는 아동의 건강 및 전인적 발달에 유해한 노동으로부터 보호받아야 함을 천명하고 있다.

④ 제32조는 아동의 유해노동으로부터 보호하기 위한 당사국의 입법적, 행정적, 사회적, 교육적 조치를 강구해야 한다고 규정한다.

⑤ 제32조는 당사국이 아동의 고용 연령 및 조건을 규정해야 한다는 내용을 담고 있다.

& 모두 옳은 진술이다.

정답: ①, ②, ③, ④, ⑤

아동권리협약의 제 권리 조항에 관한 다음 진술 중 타당한 것을 모두 고르시오.

① 제33조는 아동이 마약 및 향정신성 물질로부터 보호받을 권리를

담고 있다.

② 제34조는 아동이 일체의 성적 착취와 학대로부터 보호받을 권리를 명시하고 있다.

③ 제34조는 성폭행과 같은 성폭력도 포함되지만, 성매매와 다양한 형태의 성적 착취로부터 아동을 보호할 것을 명시한다.

④ 제35조는 아동의 유괴, 인신매매, 유인 등을 방지하도록 한다는 내용을 담고 있다.

⑤ 제36조는 아동을 보호하는 복지시설이나 기관에서 자행되는 일체의 아동 착취로부터 보호해야 한다는 당사국의 의무를 규정한다.

& 모두 옳은 진술이다.

정답: ①, ②, ③, ④, ⑤

아동권리협약의 제 권리 조항에 관한 다음 진술 중 타당한 것을 모두 고르시오.

① 제37조는 일반 절차상 인신보호에 있어서 아동의 권리를 다룬다.

② 제37조는 성인과 마찬가지로 아동도 고문 등 가혹행위와 비인간적이거나 굴욕적인 대우를 받지 않음을 명시하고 있다.

③ 제37조는 사형과 종신형은 18세 미만의 아동에게 과할 수 없다는 내용을 담고 있다.

④ 제37조는 자유를 박탈당한 아동에 관한 사법적 절차에서도 아동 최선의 이익 원칙이 존중되어야 함을 밝히고 있다.

⑤ 제37조는 자유를 박탈당한 아동이 사법적으로 이의를 제기하거나 적절한 구조를 받을 권리를 담고 있다.

& 모두 옳은 진술이다.

정답: ①, ②, ③, ④, ⑤

아동권리협약 제38조는 무력분쟁으로부터의 아동보호에 관한 규정이다. 다음 중 이와 관련 없는 것을 고르시오.

① 15세 미만의 아동이 적대행위에 직접적으로 참여해서는 안 되도록 모든 조치를 해야 한다는 것을 가장 중요하게 강조한다.

② 15세 미만 아동을 징병해서는 안 된다.

③ 15세 이상 18세 미만 아동을 군인으로 모집할 때에는 연령이 낮은 자부터 선발한다.

④ 2014년 유엔 안전보장이사회는 학교 및 병원에 대한 공격 금지 결의안을 승인했다.

⑤ 우리나라는 2004년 병역법을 개정하여 현역병 모집 연령을 기존 17세에서 18세로 상향 조정했다.

& 부득이하게 선발할 경우에는 연령이 높은 자를 선발해야 한다.

정답: ③

아동권리협약의 제 권리 조항에 관한 다음 진술 중 타당한 것을 모두 고르시오.

① 제38조는 무력 분쟁 상황에서 아동이 보호받아야 할 권리를 담고 있다.

② 제38조는 아동이 분쟁지역에서 인도주의에 입각하여 아동이 보호받아야 하며, 이에 따른 당사국의 이행조치를 구체적으로 명시하고 있다.

③ 제38조는 당사국이 15세가 되지 않은 자가 징병은 물론 무력 분쟁에 참여하지 않도록 조치를 취해야 한다고 밝히고 있다.

④ 제38조는 징집대상 아동이 15세가 넘었지만 18세 미만일 경우 나이 많은 자가 우선적으로 징집되어야 함을 밝히고 있다.

⑤ 제39조는 피해 아동의 회복에 관한 조항으로서 유기, 착취, 학대, 고문 등의 일체의 잔혹하거나 비인간적인 피해를 받는 피해 아동이 회복할 권리를 지니고 있음을 명시한다.

& 모두 옳은 진술이다.

정답: ①, ②, ③, ④, ⑤

다음 내용이 설명하는 것은 무엇인지 적어 보시오.

보호를 필요로 하는 아동이 가정과 같은 주거환경에서 성장하고 보호받을 수 있는 곳으로 기존의 시설보호에서 벗어난 지역사회 중심의 가정위탁보호 서비스이다.

& 협약 당사국 정부는 아동의 건전한 성장과 발달을 위하여 가정의 보호를 받지 못하는 아동의 가정위탁, 복지시설, 전문치료 및 요양소 등의 입소 등 다양한 보호조처를 아동복지법에 규정하고 있다. 이러한 아동을 위한 보호방안으로 가정과 비슷한 환경의 가정위탁보호, 그룹홈 등이 중요시되고 있다.

정답: 그룹홈(group home system)

다음 내용이 설명하고 있는 법은 무엇인지 적어 보시오.

정부는 2012년 난민의 지위와 처우 등을 담은 이 법을 제정했다. 이 법에서는 국가와 지방자치단체에서 난민의 처우에 관한 정책을 수립하고 시행해야 한다고 규정하고 있다(제30조).

& 우리나라는 2011년 11월 29일 난민법안이 국회 본회에서 통과되었고, 난민법을 제정하여 2015년 12월 20일부터 시행하였다. 난민법이 통과됨으로써 난민심사과정의 투명성, 난민의 사회권 보장,

난민에 대한 처우가 개선되었다.

정답: 난민법

다음 내용이 설명하고 있는 것은 무엇인지 적어보시오.

> 2007년 장애아동에 대한 차별문화를 개선하기 위해 이 법을 제정했다. 이 법에서는 장애인에 대한 직접적인 차별, 간접적인 차별, 정당한 편의제공 거부, 광고를 통한 차별 및 장애를 이유로 한 폭력을 차별행위로 규정했다.

& 2007년 4월 10일에 제정되어 2008년 4월 11일부터 시행되었다. 이 법을 통해서 장애를 이유로 차별받은 장애인이나 이러한 사실을 아는 이는 국가인권위원회 시정과 관리구제를 진정할 수 있고, 조사를 통해 차별로 인정하는 경우 구제 조치를 권고하고, 무시할 경우 법무부장관의 시정명령을 받게 된다.

정답: 장애인차별금지 및 권리구제 등에 관한 법률 또는 장애인차별금지법

아동권리협약의 제 권리 조항에 관한 다음 진술 중 타당한 것을 <u>모두</u> 고르시오.

① 제40조는 아동이 형상피의자이거나 형사피고인 또는 유죄로 확정된 경우 사법적 절차에 관한 내용을 담고 있다.

② 제40조는 아동이 법적 규정 이외의 자의적인 이유로 처벌받지 않음을 규정하고 있다.

③ 제40조는 성인과 마찬가지로 무죄추정의 원칙이 아동에게도 적용됨을 밝히고 있다.

④ 제40조는 아동이 형법위반능력이 없다고 추정되는 최저 연령을 설정할 당사국의 의무를 규정하고 있다.

⑤ 제41조는 아동권리협약의 법적 효력 문제로 아동권리협약 조항들이 당사국의 국내법으로서, 그리고 효력을 지니는 국제법으로 존중되어야 한다는 내용을 담고 있다.

& 모두 옳은 진술이다.

정답: ①, ②, ③, ④, ⑤

V. 아동권리협약에 비추어 본 아동 실태

이제까지 아동권리협약의 성립과정과 그에 따른 아동권리협약의 성격을 확인하고, 그 구성과 내용을 살펴보았다. 이어 아동권리협약의 각 조항을 중심으로 한 점검 문항을 통하여 아동권리협약의 내용을 이해하는 데 도움이 되도록 하였다.

그 과정에서 아동권리협약이 아동의 삶 전 영역에 걸쳐서 비교적 상세한 규정을 두고 있음을 확인할 수 있다. 〈표 7-1〉에서 확인할 수 있는 바와 같이, 최소한 인간적 삶을 보장하는 기준이라든가 무력분쟁 지역에서 아동보호, 마약, 성매매, 성착취, 노동착취 등으로부터 보호를 위한 매우 구체적인 조치들을 포괄적으로 담고 있다. 권리 문서가 지니는 선언적이고 규범적인 성격을 넘어서 매우 세부적인 내용을 담고 있다. 이는 상당한 수준의 아동권리 증진 노력을 실행하라고 당사국에 주문하는 것이라고 볼 수 있다.

이 절에서는 아동권리협약이 아동권리문서임에도 불구하고 아동권리증진을 위한 구체적인 사항을 포괄적으로 제시하면서도 왜 실정법처럼 실행력을 촉구하게 되었는가를 뒷받침하는 몇몇 자료를 살펴보기로 한다. 전 세계 아동의 삶의 실태, 즉 아동권리가 심각하게 침해당하는 실태를 소개하자면 그 양은 방대할 것이다. 그러므로 여기서는 아동권리협약에서 아동권리증진이라는 추상적인 원칙에 앞서 현실 삶에서 아동이 어떠한 위해에 빠져 있으며 어떠한 권리침해를 당하는지를 보여주는 주요 자료만을 선별하여 제시하기로 한다. 이러한 자료가 아동권리협약이 왜 구체적인 조항을 설정한 이유와 그러한 상황의 절박성을 말해줄 것이다.

다만 이 절에서 다룬 자료가 가장 최신의 것은 아니며, 모든 아동통계를 망라한 것이 아닌 것임을 밝혀둔다. 하지만 여기서 소개하는 자료는 아동권리협약이 천명하는 아동권리증진을 위한 노력을 결정적으로 뒷받침한다는 데 이견은 없을 것이다.

1. 아동의 생명권의 기초: 기아 및 영양실조로부터 보호

아동권리협약 제6조는 아동의 생명에 대한 권리가 있음을 천명하고 있다. 그리고 이에 따라 당사국은 아동의 생존과 발달을 위한 모든 조치를 취해야 한다고 규정하고 있다. 앞서 살펴본 바와 같이, 제6조는 아동권리협약의 정신과 원칙을 천명한 다음 아동의 제 권리를 다루는 가장 첫 조항이기도 하다. 아동권리인식의 첫 단계인 '생존'에 관한 기본적 권리를 천명한 것이다.

하지만 현실 세계의 실상은 참혹하다고 할 만하다. 아동의 가장 기본적인 권리인 최소한의 식생활이 보장되지 않아 기아와 영양실조에 허덕이는 아동이 많다는 사실에 주목하지 않을 수 없다. 이에 관한 자료를 살펴본다.

굶은 아동의 실태를 나타내는 기아지수는 점차 근소하게 감소하는 추세에 있지만, 전 세계적으로 5명 중 1명이 기아에 시달리고 있다.

〈표 7-5〉 2000–2019년 세계와 지역별 세계기아지수

	2000	2005	2010	2019
세계	29.0	26.9	23.0	20.0
남아시아	38.4	37.6	32.1	29.3
사하라이남 아프리카	43.5	37.8	32.4	28.4
동북아프리카	16.3	14.7	13.2	13.3
동남아시아	20.3	17.8	15.0	11.5
라틴아메리카 및 카리브해	13.6	11.1	9.4	8.2
동유럽 및 독립국가연합	13.9	9.9	8.1	6.6

출처: 컨선 월드와이드(Concern Worldwide) 「2019 GLOBAL HUNGER INDEX」

〈표 7-5〉에서 보면, 전 세계적으로 기아지수가 20.0이고, 남아시아와 사하라 이남의 남아프리카는 30에 가까운 기아지수를 보여준다. 물론 이 수치는 아동만이 아니라 모든 사람의 기아상태를 지칭한다. 그러나 이를 아동인구만으로 따로 계산하면 아동기아지수는 더욱 높아질 것으로 보인다.

참고로, 여기서 인용한 세계기아지수(Global Hunger Index, GHI)는 기아의 정도를 세계적, 지역적, 국가별로 종합적으로 측정하고 변화 추이를 추적하기 위해 설계된 지수를 말한다. 구체적으로, 세계기아지수는 기본적으로 한 국가의 기아 상태를 '0'에서 '100'까지의 수치로 나타내는데 '0'은 기아를 겪는 사람이 없다는 것으로 가장 이상적인 상태이고 반대로 '100'은 인구 전체가 기아를 겪는다는 의미이

므로 가장 나쁜 상황이다. 하지만 현재까지 아무리 선진국이라고 해도 굶어 죽는 사람은 있고 아무리 기아가 심각한 상황이라고 해도 인구 전체가 굶어 죽는 나라도 없으므로 양극단의 두 수는 현실적으로는 나타나지 않는다. 사실상 대부분의 국가들은 GHI 50점 이하 수준을 유지하고 있다. 여기서 지수 산출 방법 소개는 생략하기로 한다.

각 나라별로 산출된 기아지수들은 그 심각 정도에 따라 5가지 단계로 구분된다. 비록 기아 정도가 5단계로 나뉘어 있기는 하지만 1990년대 이후 현재까지 기아를 극복하기 위한 국제사회와 각국 정부의 많은 노력으로 기아의 상황이 많이 나아져서 현재는 가장 심각한 기아 단계인 '극히 위험' 단계에 속하는 국가는 거의 존재하지 않는다.

그럼에도 불구하고 여전히 '위험' 단계에 속하는 국가가 7개국, '심각' 이상 단계에 속하는 국가는 49개국이나 되기 때문에 지속적인 관심과 개선노력이 필요하다. 예를 들어, 같은 자료에 따르면, 2021년까지 소말리아는 '극히 위험'에 있으며, 그 이전에는 중앙아프리카공화국, 부룬디, 콩고민주공화국이 '극히 위험 단계'에 있다는 것을 알 수 있다.

영양실조 상태는 기아 못지않게 중요한 아동의 생명권을 나타내는 지표가 된다. 현재까지도 지구상의 1억 명 이상의 아동이 영양실조로 고생하고 있는 것으로 알려져 있다. 이를 뒷받침하는 아동발육부진 실태는 〈표 7-6〉과 같다.

〈표 7-6〉 2000–2019 세계 5세 미만 발육부진, 저체중, 과체중 아동

(단위: 100만 명)

	2000	2005	2010	2015	2019
발육부진 아동	199.5 (32.4%)	183.4 (–)	169.8 (–)	155.0 (–)	144.0 (21.3%)
저체중 아동	–	–	–	–	47.0 (6.9%)
과체중 아동	30.3 (4.9%)	31.5 (–)	34.1 (–)	36.8 (–)	38.3 (5.6%)

출처: UNICEF, WHO, World Bank, 2020, 「Levels and Trends in Child Malnutrition」

아동의 영양실조로 인한 발육부진은 몇몇 선진국을 제외한 아시아 및 오세아니아 지역과 아프리카 지역에서 심한 것으로 나타났다. 〈표 7-7〉은 이를 보여준다.

〈표 7-7〉 지역별 5세 미만 발육부진, 저체중 아동

(단위: 100만 명, 괄호 %)

	발육부진 아동		저체중 아동		과체중 아동	
	2000	2019	2000	2019	2000	2019
세계	199.5 (32.4)	144.0 (21.3)	-	47.0 (6.9)	- (4.9)	38.3 (5.6)
아프리카	49.7 (37.9)	57.5 (29.1)	-	12.7 (6.4)	6.5 (5.0)	9.3 (4.7)
아시아 (일본 제외)	78.2 (37.5)	78.2 (21.8)	-	32.6 (9.1)	14.4 (4.0)	17.2 (4.8)
라틴아메리카 및 카리브해	9.5 (16.8)	4.7 (9.0)	-	0.7 (1.3)	3.8 (6.6)	3.9 (7.5)
오세아니아 (호주, 뉴질랜드 제외)	0.5 (37.0)	0.6 (38.4)	-	0.1 (9.5)	0.06 (4.7)	0.14 (9.4)

출처: Concern Worldwide, 2019 Global Hunger Index

하지만 선진국 대열에 진입한 우리나라도 아동의 발육부진에 있어서 전적으로 자유로운 것은 아니다. 2.5%의 아동이 발육부진에 시달리고 있는 것으로 나타났다. 우리나라 실태를 아시아 국가를 중심으로 하여 살펴보면 〈표 7-8〉과 같다.

〈표 7-8〉 **2020년 국가별 저체중, 발육부진, 과체중 아동의 비율** (단위: %)

국가	저체중	발육부진	과체중
대한민국	1.2	2.5	7.3
일본	2.3	7.1	1.5
중국	1.9	8.1	9.1
북한	2.5	19.1	2.3
아프가니스탄	18.2	53.2	6.5
방글라데시	8.4	30.8	2.2
캄보디아	9.7	32.4	2.2
인도	17.3	34.7	1.6
이라크	3.0	12.6	6.1
몽골	0.9	9.0	10.5
미얀마	6.6	29.4	1.5
네팔	9.6	36.0	1.2
파키스탄	7.1	37.6	2.5
필리핀	5.6	30.3	4.0
싱가포르	3.6	4.4	2.6
태국	5.4	10.5	8.2
터키	1.7	6.0	8.1
베트남	5.8	23.8	5.9
예맨	16.4	46.4	2.5

출처: 유니세프/WHO/세계은행그룹 공동 아동 영양실조 추정치

아시아 국가 중에서 우리나라가 발육부진에 시달리는 아동이 적은 것은 사실이지만, 서유럽 국가에 비하면 나은 상태에 있다고 단정할 수도 없다.

2. 아동사망률 및 모성건강

이 소절에서 말하는 아동사망률은 영아사망률과 5세 미만 아동의 사망률을 말한다. 이와 관련하여 아동권리협약은 제24조 2항에 당사국은 영아 및 아동사망률을 감소시켜야 한다고 규정하고 있다.

영아사망률은 그 나라의 모자보건 상태를 나타내는 결정적인 지수이다. 이 수치는 아동과 산모의 건강과 이들에 대한 의료지원 등이 얼마나 잘 되어 있는가를 보여준다.

영아사망률(Infant Mortality Rate)은 출생 후 1년 이내(365일 미만)에 사망한 영아 수를 해당 연도의 1년 동안의 총 출생아 수로 나눈 비율을 가리키며, 대개 영아 1,000명당 숫자로 나타낸다. 참고로 영아사망률과 신생아사망률은 혼동하면 안 된다. 신생아사망률(neonatal mortality rate)은 생후 28일 미만의 유아사망률을 말하기 때문이다. 특히 생후 1주일 미만 사망률을 '조기 신생아 사망률'이라고 한다. 이 수치 역시 출생 1,000명에 대한 신생아 사망수의 비율로 표시한다.

세계보건기구(WHO) GHO(Global Health Observatory) 데이터에 따르면, 1990년 전 세계 영아사망률은 65명에서 2017년 29명으로 줄어들어 개선되어 가고 있다. 영아사망률 감소 추이는 〈표 7-9〉에서도 확인할 수 있다.

〈표 7-9〉 지역별 영아사망률 추계

지역	1950-1955	1985-1990	2015-2020
아프리카	183	104	47
아시아	155	87	25
유럽	72	16	4
라틴 아메리카 및 카리브해	126	48	15
북아메리카	31	10	6
오세아니아	64	29	18
전 세계	140	67	29

출처: 유엔 세계인구전망 2019, "전 세계 인구, 출산율, 사망률, 기대수명 등 인구학적 동향"

〈표 7-9〉에 따르면, 2015-2020년 연평균 영아 사망률을 기준으로, 지역별로는 아프리카가 47명으로 가장 높았으며, 유럽이 4명으로 가장 낮았다. 즉 영아사망률이 꾸준히 감소하고 있는 추세이지만, 개발도상국과 저개발국에서는 여전히 심각한 문제이다. 일례로 〈표 7-9〉에서 2015-2020년의 아프리카 영아사망률이 1950-1955년의 북아메리카 영아사망률보다 높다는 것은 사안의 심각성을 말해준다. 아동권리협약이 영아사망률에 집중하는 근거는 여기서 찾을 수 있다.

그렇다면 우리나라의 경우는 어떠한가. 국가통계포털(KOSIS)에 따르면 2018년 2.8명으로 일본의 1.9명에 비하면 높지만, 중국 7.4명, 이스라엘 3.0명, 인도네시아 21.1명에 비하여 낮은 것으로 나타났다. 그리고 그 추세는 〈표 7-10〉에서 볼 수 있듯이 꾸준히 감소하고 있는 것으로 나타났다.

〈표 7-10〉 연도별 영아 사망률

(단위: 명, 출생아 1,000명당)

1993년	1996년	1999년	2002년	2005년	2006년	2007년	2008년	2009년
19.9	7.7	6.2	5.3	4.7	4.1	3.6	3.5	3.2
2010년	2011년	2012년	2013년	2014년	2015년	2016년	2017년	2018년
3.2	3.0	2.9	3.0	3.0	2.7	2.8	2.8	2.8

출처: KOSIS 국가통계포털 「사망원인통계」

〈표 7-10〉에서 보면 우리나라의 영아사망률은 아시아에서는 일본 다음으로 낮은 수준이다. 하지만 유럽의 선진국에 비하면 아직도 높은 편이므로 영아사망률을 줄일 노력을 배가할 필요가 있다. 그 근거는 〈표 7-11〉에서 확인할 수 있다.

〈표 7-11〉 2019년 영아사망률이 가장 낮은 10개국

국가	지역	영아사망률	순위
산마리노	유럽	1.5	1
아이슬란드	유럽	1.6	2
슬로베니아	유럽	1.7	3
일본	아시아	1.8	4
키프로스	중동	1.8	5
에스토니아	유럽	1.9	6
핀란드	유럽	1.9	7
몬테니그로	유럽	2	8
노르웨이	유럽	2	9
싱가포르	아시아	2.1	10

출처: 유엔 세계인구전망 2019, "전 세계 인구, 출산율, 사망률, 기대수명 등 인구학적 동향"

〈표 7-11〉에서 보면 일본과 싱가포르가 세계 10위국에 진입해 있으

며, 이에 비하여 우리나라 영아사망률은 아직도 높은 것으로 나타났다.

한편 영아사망률과 달리 아동사망률은 그 원인이 모자보건에 그치지 않는 지수이다. 그러니까 아동사망률은 모자보건과 함께 아동복지 전반에 걸친 요인이 작용한다. 아동을 둘러싼 사회경제적 요인도 작용할 것이며, 특히 의료보건 및 영양뿐만 아니라 시설 및 교통안전 등과 같은 요인이 작용한다.

2019년 기준으로 보면, 2019년 전 세계 평균 5세 미만 유아 1000명당 사망률은 37.7명이었으며, 가장 높은 국가는 나이지리아로 117.2명이었으며, 가장 낮은 국가는 유럽에 위치한 산마리노로 1.7명이었다. 추세로 보면, 전 세계적으로 2013년에 1개월에서 4세 사이의 어린이가 760만 명 사망했던 1990년에 비해 감소하여 370만 명이 사망했다. 영아사망률에서처럼 어린이 사망의 약 절반은 사하라 사막 이남의 아프리카에서 발생한다.

아동사망률의 세계적 동향을 보아도 줄어드는 추세이다.

〈표 7-12〉 지역별 아동사망률 추계

지역	1950-1955	1985-1990	2015-2020
아프리카	311	170	71
아시아	234	93	31
유럽	93	19	5
라틴아메리카 및 카리브해	187	61	19
북아메리카	36	12	7
오세아니아	94	38	23
전 세계	213	96	40

출처: 유엔 세계인구전망 2019.

〈표 7-12〉에 따르면, 2015-2020년 연평균 아동사망률을 기준으로, 지역별로는 아프리카가 71명으로 가장 높았으며, 유럽이 5명으로 가장 낮았다. 즉 아동사망률이 꾸준히 감소하고 있는 추세이지만, 개발도상국과 저개발국에서는 여전히 심각한 문제임을 알 수 있다. 일례로 영아사망률과 마찬가지로 〈표 7-11〉에서 2015-2020년의 아프리카 아동사망률이 1950-1955년의 북아메리카 아동사망률보다 높다는 것은 사안의 심각성을 말해준다. 아동사망률에 집중해야 하는 이유는 이 연령에 속한 아동이 안전한 여건이 마련되어야만 온전한 발달을 이룰 수 있기 때문이다.

유니세프(2016 Child Mortality Estimates)에 따르면 우리나라의 경우, 1950년 아동사망률이 348.6이었던 것이 1960년 113.6, 1970년 57.3, 1980년 39.5, 1990년 7.1로 줄어들다가 2014년 3.6으로 획기적으로 줄어든 것으로 나타났다. 또 다른 자료에 따르면, 2018년 우리나라 아동사망률은 3.2로 나타나 꾸준히 개선되고 있다. 하지만 같은 연도인 2018년 기준 일본은 2.5, 싱가포르는 2.8을 나타내어 우리나라가 선진국 수준에 있다고 하려면 노력을 더욱 경주해야 할 것이다.

그 근거는 유럽의 선진국에 비교한 자료에 방증되어 있다. 〈표 7-13〉은 아동사망률이 가장 낮은 10개국의 실태를 보여준다.

〈표 7-13〉 2019년 아동사망률이 가장 낮은 10개국

국가	지역	아동사망률	순위
산마리노	유럽	1.7	1
아이슬란드	유럽	2	2
슬로베니아	유럽	2.1	3
몬테네그로	유럽	2.3	4
키프로스	중동	2.3	5
에스토니아	유럽	2.4	6
핀란드	유럽	2.4	7
노르웨이	유럽	2.4	8
일본	아시아	2.5	9
싱가포르	아시아	2.5	10

출처: 유엔 세계인구전망 2019.

〈표 7-13〉에서 볼 수 있듯이 일본과 싱가포르도 꾸준히 아동사망률이 감소한다. 그리고 아직도 아시아 선진국들이 유럽에 비하여 아동사망률이 약간 높다는 점을 고려하여 아동복지정책을 수립해야 할 것이다.

아동사망률과 함께 고려해야 할 권리지표가 바로 모성사망률이다. 여기서 용어의 의미를 정확하게 전달할 필요가 있다. 엄밀하게 모성사망(maternal mortality)은 모성사망비(maternal mortality ratio)와 모성사망률(maternal mortality rate)이 있다. 이 중 모성사망비란 특정 연도의 전체 정상출생아 10만 명에 대해, 임신 또는 출산 때문에 사망한 여성의 수를 말한다. 여기서 임신 또는 출산 때문에 사망한 여성이란 임신 또는 분만 도중에 사망하거나 분만 후 산욕열 등으로 사망한 여성을 뜻한다. 한편 모성사망률이란 특정 연도의 가임여성 10만 명에 대해 해당연도에 출산 때문에 발생하는 여성사망자수를 의미한다.

이해를 돕기 위하여 다시 설명하면 다음과 같다. 모성사망비는 분모가 해당 산모에 의하여 태어나는 아동 10만 명인 데 반하여, 모성사망률은 분모가 특정 연도에 임신 또는 분만한 여성 10만 명이다. 전자는 태어나는 아이에 대하여 사망하는 산모에 초점을 맞춘 것이며, 후자는 동일 연령의 가임 여성 중 사망하는 산모의 비중에 초점을 맞춘 것이다. 경우에 따라서 모성사망률을 출산한 여성 10만 명에 대한 사망한 산모의 비율로 사용하기도 한다.

전 세계의 모성사망비는 점차 줄어드는 것으로 나타났다. 2000년에 342명이던 것이 2020년에는 211명이다. **〈표 7-14〉**는 그 추이를 나타낸다.

〈표 7-14〉 전 세계 모성사망비 추이 (단위: 명)

2000년	2001년	2002년	2003년	2004년	2005년	2006년	2007년	2008년
342	335	328	319	309	296	284	274	265
2009년	2010년	2011년	2012년	2013년	2014년	2015년	2016년	2017년
257	248	241	234	229	224	219	214	211

출처: 세계은행그룹(World Bank Group) 「Maternal mortality ratio Data 2000-2017」

위의 통계는 전 세계 평균 수치를 나타낸다. 우리나라의 모성사망 통계는 **〈표 7-15〉**와 같다.

〈표 7-15〉 연간 국내 모성사망률 추이 (단위: 명)

2008	2009	2010	2011	2012	2013	2014	2015	2016
12	13.5	15.7	17.2	9.9	11.5	11	8.7	8.4

출처: 국가통계포털 KOSIS

〈표 7-15〉에서 보는 바와 같이 우리나라 모성사망률은 전 세계 모성사망 수치에 비추어 매우 낮다. 그리고 그 숫자가 점차 줄어드는 것을 확인할 수 있다. 우리나라의 모성사망 실태를 아시아 국가들과 비교하면 우리의 사정을 확인할 수 있다. 〈표 7-16〉은 아시아의 출산 여성 10만 명 당 모성사망률을 나타낸 통계이다.

〈표 7-16〉 2017 아시아 출산여성 10만 명당 모성사망률 (단위: 명)

국가	출산여성 10만 명당 사망률
한국	11
중국	29
일본	5
인도	145
인도네시아	177
말레이시아	29
필리핀	121
싱가포르	8
태국	37
베트남	43
사우디아라비아	17
터키	17

출처: 국가통계포털 KOSIS; World Bank

〈표 7-16〉은 동남아국가들의 사정이 열악함을 보여준다. 그리고 경제적 여건이 좋은 국가일수록 모성사망률이 낮다. 〈표 7-13〉을 통하여 우리나라 모성사망 실태는 아시아의 다른 나라에 비하여 비교적 양호한 편으로 보이지만, 영아사망률과 아동사망률에서처럼 일본과 싱가포르에 뒤지고 있다. 이와 관련하여 자유민주주의와 시장경제를 채택

하는 나라들이 아동복지와 모성복지에 만전을 기한다는 점을 여기서도 확인할 수 있다.

3. 아동 노동 착취

아동권리협약 제32조는 아동의 노동을 착취하는 것을 금지하고 있다. 이러한 조항은 전 세계적으로 아동의 노동 착취가 심하게 행해지고 있기 때문에 마련되었다. 아동권리협약 이후에도 전 세계적으로 1억 5천만 명 정도의 아동이 노동 착취를 당하고 있으며, 이 중 절반가량은 위험한 노동에 몸담고 있는 것으로 나타났다. **〈표 7-17〉**은 이러한 사실을 보여준다.

〈표 7-17〉 전 세계 아동의 노동착취 실태

		아동 노동 (단위: 천)		위험한(hazardous) 아동노동 (단위: 천)	
		2012	2016	2012	2016
전체 (5-17세)		167,956 (10.6%)	151,622 (9.6%)	85,344 (5.4%)	72,525 (4.6%)
연령	5-14세	120,453 (9.9%)	114,472 (9.3%)	37,841 (3.1%)	35,376 (2.9%)
	15-17세	47,503 (13%)	37,149 (10%)	47,503 (13%)	37,149 (10.5%)
성별 (5-17세)	남성	99,766 (12.2%)	87,521 (10.7%)	55,048 (6.7%)	44,774 (5.5%)
	여성	68,190 (8.9)	64,100 (8.4%)	30,294 (4.0%)	27,751 (3.6%)

출처: 국제노동기구(ILO) 「Global Estimates of Child Labour: Results and trends, 2012-2016」

〈표 7-17〉에서 우리는 지구상의 아동 10명 중 1명꼴로 노동착취를 당하고 있다는 사실을 알 수 있다. 또한 이 중 절반인 20명 중 1명의 아동이 위험한 작업에 종사하고 있음을 알 수 있다. 보다 중요한 사실은 연령이 낮을수록 노동착취에 있어서 아동은 열악한 환경에 처한다는 점이다. 아동 보호의 관점에서 경각심을 갖지 않을 수 없다.

이 소절에서 자세한 통계를 제시하지 않지만, 명기해야 할 사항은 저개발국과 개발도상국일수록 아동의 노동을 착취하는 경우가 많다는 데 있다. 게다가 임금을 지급하는 형식을 취하는 실질적인 내용을 보면 아동착취에 해당하는 경우가 많음을 각종 통계자료를 통하여 확인할 수 있다.

아동권리협약에서 아동노동착취 문제를 비중 있게 다루고 각 당사국의 실질적인 조치를 촉구하는 것은 이와 같은 아동현실 때문이다.

4. 아동 성폭력 및 성매매

아동권리협약 제34조는 모든 형태의 아동 성폭력과 착취 및 성매매를 금지하고 이로부터 당사국은 아동을 보호할 의무를 천명하고 있다. 실제로 전 세계에서 아동을 상대로 한 성범죄와 성매매 행위가 자행되고 있다.

먼저 우리나라를 포함한 주요국가의 성폭력범죄 현황을 살펴보자. 〈표 7-18〉은 우리나라를 포함한 주요국가의 성폭력 발생비를 나타낸 것이다.

〈표 7-18〉 아동 대상 성폭력범죄 발생비 (2005-2008)

		2005	2006	2007	2008
한국 (12세 이하)	발생 건수	785	961	1,081	1,194
	전체인구 10만 명당 발생건수	1.6	2.0	2.2	2.5
	아동인구 10만 명당 발생건수	10.0	12.6	14.7	16.9
미국 (14세 이하)	발생 건수	35,009	36,939	36,731	36,278
	전체인구 10만 명당 발생건수	11.8	12.4	12.1	11.9
	아동인구 10만 명당 발생건수	57.7	60.1	59.8	59.4
영국 (12세 이하)	발생 건수	9,743	9,400	8,835	8,360
	전체인구 10만 명당 발생건수	18.2	17.5	16.3	15.4
	아동인구 10만 명당 발생건수	119.1	115.2	108.0	101.5
독일 (13세 이하)	발생 건수	13,962	12,765	12,772	12,052
	전체인구 10만 명당 발생건수	16.9	15.5	15.5	14.7
	아동인구 10만 명당 발생건수	127.4	118.5	120.5	115.2
일본 (12세 이하)	발생 건수	1,456	1,082	988	1,007
	전체인구 10만 명당 발생건수	1.1	0.9	0.8	0.8
	아동인구 10만 명당 발생건수	9.6	7.2	6.6	6.8

출처: 여성가족부 「국내 · 외 아동 성범죄 특성 분석 및 아동 보호체계 연구」

〈표 7-18〉은 표집 연령이 다르기 때문에 단순 비교가 불가능하지만, 그 경향은 분석할 수 있다. 우리나라의 성폭력 발생 건수는 미국과 서유럽국가에 비하여 많은 편은 아니지만, 일본에 비하여 많은 것으로 보인다. 특히 인구 10만 명 당 발생건수로 보면 우리 사정은 일본에 비하여 매우 나쁜 편이다.

이러한 수치는 아동의 연령이 올라갈수록 더욱 심각한 수준에 이르는 것으로 나타났다. 같은 자료를 연령대를 높여 분석한 자료는 〈표 7-19〉이다.

〈표 7-19〉 10대 중후반 대상 성폭력범죄 발생비 (2005-2008)

		2005	2006	2007	2008
한국 (13-20세)	발생 건수	3,842	4,125	4,385	4,192
	전체인구 10만 명당 발생건수	8.0	8.5	9.1	8.6
	아동인구 10만 명당 발생건수	74.6	79.6	84.0	79.4
미국 (15-19세)	발생 건수	17,258	18,855	18,836	18,942
	전체인구 10만 명당 발생건수	5.8	6.3	6.3	6.2
	아동인구 10만 명당 발생건수	82.2	88.8	87.8	88.0
영국 (13-15세)	발생 건수	3,583	3,181	2,683	2,794
	전체인구 10만 명당 발생건수	6.7	5.9	5.0	5.1
	아동인구 10만 명당 발생건수	172.9	153.6	132.1	140.7
독일 (14-17세)	발생 건수	1,056	915	917	836
	전체인구 10만 명당 발생건수	1.3	1.1	1.1	1.0
	아동인구 10만 명당 발생건수	27.3	24.2	25.2	23.8
일본 (13-19세)	발생 건수	4,389	4,560	3,803	3,379
	전체인구 10만 명당 발생건수	3.4	3.3	3.0	2.7
	아동인구 10만 명당 발생건수	48.8	48.3	43.8	39.4

출처: 여성가족부「국내 · 외 아동 성범죄 특성 분석 및 아동 보호체계 연구」

이른바 '청소년'으로 불리는 연령의 아동과 초기 청년을 대상으로 한 성범죄는 어느 수치로 보아도 우리나라 사정이 매우 심각하다.

성범죄 발생빈도 면에서만 심각성을 드러낸 것이 아니다. 성범죄의 죄질이 나쁜 것도 지적하지 않을 수 없다. 강간이나 강제추행 등의 강력범죄가 줄지 않고 이어지고 있음을 알 수 있다. 〈표 7-20〉은 우리나라 강력 성범죄의 실태와 추이를 보여준다.

〈표 7-20〉 아동 대상 성폭력범죄의 연도별 추세 (단위: 명)

구분	아동 대상 강간	아동 대상 유사강간	아동 대상 강제추행	계
2011	190	-	541	731
2012	111	-	492	603
2013	144	-	631	775
2014	141	-	671	812
2015	115	-	805	920
2016	87	-	646	733
2017	121	28	584	733

출처: 여성가족부 「아동 · 청소년대상 성범죄의 발생추세와 동향분석 2011~2017」

〈표 7-20〉을 통하여 우리는 강간과 같은 강력 성범죄가 줄지 않고 있으며, 오히려 유사강간과 같은 교묘한 범죄가 생겨나고 있음을 알 수 있다. 이러한 수치는 아동의 연령이 올라갈수록 증가한다는 것을 〈표 7-21〉을 통하여 확인할 수 있다.

〈표 7-21〉 10대 중후반 대상 성폭력범죄의 연도별 추세 (단위: 명, 괄호 %)

구분	연도	죄명			계
		강간	유사강간	강제추행	
청소년	2011	591(45.4)	-	710(54.6)	1,301(100.0)
	2012	582(45.8)	-	688(54.2)	1,270(100.0)
	2013	712(38.9)	-	1,118(61.1)	1,830(100.0)
	2014	771(31.2)	-	1,700(68.8)	2,471(100.0)
	2015	673(25.0)	-	2,021(75.0)	2,694(100.0)
	2016	621(26.2)	-	1,748(73.8)	2,369(100.0)
	2017	578(25.0)	72(3.1)	1,660(71.9)	2,310(100.0)
	계	4,528(31.8)	72(0.5)	9,645(67.7)	14,245(100.0)

출처: 여성가족부 「아동 · 청소년대상 성범죄의 발생추세와 동향분석 2011~2017」

한편 아동성매매는 전 세계적으로 크나큰 사회문제로 부각된 지 오래이다. 아동성매매는 경제적 사정에 관계없이 이루어진다는 점에서 그 심각성을 찾을 수 있다. 즉 경제적으로 여유 있는 선진국에서도 아동성매매가 성행하고, 경제적 사정이 열악한 저개발국가와 개발도상국가에서도 성행한다.

선진국과 후진국의 성매매 상황이 다르다고 하는 것은 사안을 기술하는 데 불과하고, 아동을 상대로 한 성매매라는 점에서는 차이가 없다. 불행하게도 2012년 미 국무부 보고서에 따르면 한국은 세계 6위 아동 성매매 관광객 송출 국가다. 한국 남성들이 성매매를 하러 외국에 나가는 데 있어서 세계 6위를 한다는 뜻으로 차마 입에 올리기 민망한 부끄러운 현실이다.

우리나라 아동성매매는 매우 은밀하게 진행되고 있으며, 일반 상거래와는 달리 은폐를 목적으로 하여 여러 가지 변형된 형태의 매매행위가 이루어지는 것으로 알려져 있다. 관계기관과 언론 및 각종 유관 사이트에 아동성매매에 관한 자료를 구할 수 있으므로 여기서는 소개하지 않기로 한다.

5. 아동학대 및 방임

아동학대와 방임은 매우 고질적인 아동권리침해에 해당한다. 은밀하기도 하면서 노골적으로 자행되기도 한다. 또한 일시적이기도 하다가 간헐적으로 발생하기도 하지만, 지속적이고 반복적으로 일어나기도 한다. 아동권리협약은 제19조, 제23조, 제24조, 제27조에 걸쳐 이 문제를 다루고 있다.

문제의 심각성은 아동학대의 건수가 매해마다 증가하고 있다는 데 있다. 〈표 7-22〉는 이를 입증하고 있다.

〈표 7-22〉 연도별 아동학대사례 건수 (단위: 건, %)

구분	2014년	2015년	2016년	2017년	2018년
건수	10,027	11,715	18,700	22,367	24,604
증가율	47.5	16.8	59.6	19.6	10.0

출처: 보건복지부 「2018 아동학대 주요통계」

아동학대는 성별이나 연령에 있어서 그다지 큰 차이를 보이지 않고 4세에서 17세에 이르는 전반에 걸쳐 자행된다. 그리고 학대유형도 신체학대, 정서학대, 성학대 등 다양하다. 중요한 점은 학대를 가하는 가해자가 피해 아동과 친밀할수록 많다는 점이다. 즉 아동에 대한 학대 행위자로 부모가 가장 많고 그다음이 대리양육자, 친인척 순으로 나타났다. 이는 아동학대가 근절이 어려운 사안임을 방증하는 증거이기도 하다.

방임의 경우도 마찬가지이다. 발생건수가 증가하거나 답보하고 있으며, 여러 형태의 방임이 자행된다. 〈표 7-23〉은 이와 관련한 자료이다.

〈표 7-23〉 연도별 방임 아동학대 (중복학대 별도 분류)

연도	피해사례 (단위: 건)	비율
2014	1,870	18.6%
2015	2,010	17.2%
2016	2,924	15.6%
2017	2,787	12.5%
2018	2,604	10.6%

출처: 보건복지부 「2018 아동학대 주요통계」

방임도 역시 방임을 가하는 가해자가 피해 아동과 친밀할수록 많다는 점을 지적하지 않을 수 없다. 즉 아동에 대한 방임행위자로 부모가 가장 많고 그다음이 대리양육자, 친인척 순으로 나타났다. 또한 방임은 성격상 학대와 함께 가해지는 특성을 가지고 있다. 이를 정리하여 나타내면 〈표 7-24〉와 같다.

〈표 7-24〉 아동학대사례 방임 유형 및 중복학대 별도 분류 (단위: 건, 괄호 %)

방임		2,604 (10.6%)
중복학대	신체학대·방임	63 (0.3%)
	신체학대·정서학대·방임	683 (2.8%)
	신체학대·성학대·방임	1 (0.0%)
	신체학대·정서학대·성학대·방임	11 (0.0%)
	정서학대·방임	779 (3.2%)
	정서학대·성학대·방임	3 (0.0%)
	성학대·방임	1 (0.0%)

출처: 보건복지부 「2018 아동학대 주요통계」

방임을 예방하고 대처하는 수단이 간단하지 않음은 〈표 7-24〉에 제시된 바와 같은 여러 형태의 가해행위가 중복된다는 데서 확인할 수 있다.

6. 전쟁 피해아동

아동권리협약 제38조는 분쟁지역에서 아동의 피해를 막고 이 지역 아동의 기본적인 권리를 보장해야 함을 천명하고 있다. 아동권리협약이 이러한 조항을 둔 까닭은 전쟁의 참화 속에서 전쟁의 원인과 무관한 아동이 가장 큰 피해를 보기 때문이다.

가장 먼저 관심을 가져야 할 기본사항은 분쟁지역에서 전쟁의 나쁜 영향을 받고 있는 아동의 숫자가 4억 명이 넘는다는 사실이다. 또한 전쟁을 직접 접하는 고강도 분쟁지역의 아동이 1억 5천만 명이라는 사실이다. 아동권리협약이 이 문제에 집중하는 이유를 짐작할 수 있다. 분쟁지역에 접하고 있다는 사실이 곧 아동권리 침해의 직접적인 원인이 된다는 사실이다.

지금도 지구상 곳곳은 전쟁과 지역분쟁에 시달리고 있다. 이 과정에서 영문도 모르는 아동이 피해를 보고 있다. 아동권리 침해가 가장 심각한 사안이 되는 것이 아동이 전쟁으로 인하여 사망하거나 크게 다치고 불구의 몸이 되는 경우가 많다는 데 있다. 또한 전쟁에 아동을 동원하는 아동징집도 매우 심각한 아동권리침해에 해당한다. 이외에 납치, 구금 등이 아무런 제약 없이 자행되며, 전쟁에 참전한 군인에 의하여 성폭행을 당하는 경우도 허다하다. 이에 관한 자료는 유관기관의 자료나 각종 뉴스 매체를 통하여 확인할 수 있다.

여기서는 이와 관련한 자료를 2018년 중동과 아프리카 분쟁지역을 중심으로 소개하기로 한다. 〈표 7-25〉가 그것이다.

〈표 7-25〉 2018년 분쟁지역의 중대한 아동권리 침해행위

살해 및 중대한 상해	아프가니스탄	3,062 (분쟁 지역 아동 사상자 수)
	시리아	1,854 (공습, 배럴 폭탄, 군집 탄약 등으로 인한 아동 사망자 수)
	예멘	1,689 (지상전 및 기타 공습에 의한 아동 사망자 수)
소년병 징집 및 사용	소말리아	2,300
	나이지리아	1,947
학교와 병원에 대한 공격	시리아	225
	아프가니스탄	254
성폭력	소말리아	331
	콩고	277
납치	소말리아	1,609
	콩고	367
	나이지리아	180
	남수단	109
	시리아	69
	중앙아프리카공화국	62
	수단	22
	필리핀	13

출처: 유엔(UN) 「Annual Report of the Secretary-General on Children and Armed Conflict 2018」

2022년 시점에서 보면 러시아의 우크라이나 침공으로 인하여 수백만 명의 아동이 피난길에 오르거나 난민이 되거나 아니면 사상당하는 희생을 겪은 것으로 알려져 있다. 지구상에 분쟁이 끊이지 않는 한, 이 지역의 아동보호에 일차적인 관심을 가지지 않을 수 없는 사안이 전쟁피해아동의 보호이다.

이상 살펴본 자료는 아동권리협약에서 강조하는 아동권리의 각 조항이 매우 중요하다는 것을 입증한다. 앞서 언급한 바와 같이, 아동의 심각한 현실을 알려주는 이러한 몇몇 자료들은 아동권리협약이 왜 일반 법전처럼 두툼하게 제정되었는가를 확인하는 단초를 제공해 줄 뿐이며, 지구상의 아동이 처한 처절한 현실을 정확하게 보여주는 것은 아니다.

8

'학생인권조례' 분석

Ⅰ. 문제인식

지금으로부터 12년 전 나는 2010년 신년 시론에서 다음과 같이 언급한 바 있다.

> 아동인권에 관하여 깊은 관심을 가져온 필자는 제법 두툼한 관련 저서도 출간한 바 있고, 또 연구보고서와 적지 않은 발표문도 가지고 있다. 유학 당시 지도교수님의 주된 관심이 아동의 권리(Children's Rights)였으며 같은 제목의 저서도 갖고 계신 인연의 덕을 많이 받은 결과이다. 그러나 한동안 이 분야의 논문이나 연구결과를 내지 않은 사연은 무슨 주장이든지 '권리' 또는 '인권'을 붙여서 주장하는 그릇된 세태에 일조하는 것이 아닌가 하는 우려와 자책감 때문이었다. 이러한 우려가 이번에 작지 않은 파장을 일으키며 교육현실로 나타났다.
>
> 지난 2009년 봄부터 경기도 교육청은 교육감의 주도 아래 '경기도 학생인권조례' 제정 계획을 세우고, 조례안을 마련하여 지난 12월에는 그 초안을 발표한 바 있다. 이를 토대로 하여 오는 2월 초 조례안을 확정한다고 한다. 학생들의 인권 개선을 마다할 사람은 없다. 학생인

> 권 증진을 통하여 아이들이 보다 더 좋은 여건에서 공부하게 되고, 인권 개선 자체가 사회의 선진화를 가리키기 때문이다. 예컨대, 초안 제6조의 차별받지 않을 권리와 제7조에 나와 있는 체벌과 집단괴롭힘(왕따) 금지 조항에 이의를 달 사람은 없을 것이다. 하지만 이번에 경기교육청이 발표한 초안을 보면, 선뜻 수긍이 가질 않는 부분이 상당히 있다. 이미 정치적으로 논란을 불러일으켰지만, 필자는 정치적 보-혁(保-革) 대결을 재현하고자 하는 것이 아니다. 권리 자체의 측면에서 문제가 많다는 것이다. (그들은 진정 학생 인권을 위하는가, **한국교육신문 신년 논단**, 2010년 1월 1일, 9면)

위에서 말하는 저서가 바로 본서의 모본인 『아동권리향연』(2002)이며, 지도교수의 저술이 *Children's Rights*(1981, London: Routledge and Kegan Paul)이다. 위에서 밝히는 바와 같이, 『아동권리향연』발간 이후 민감한 사회 현안이나 과도한 자기주장에 대하여 '권리'라는 꼬리표를 붙이면 그 주장이 정당화된다고 여기는 경우를 너무 많이 보아온 터라 아동의 권리나 교육받을 권리에 대한 학회발표나 저술활동을 접어왔던 것이 사실이다. 특히 참여정부 이후 적지 않게 주어진 기회마저도 고사했던 것으로 기억하고 있다. 그러한 결정을 내리게 된 데에는 나의 학술발표와 저술내용이 그릇되게 나가고 있는 세태에 공조하거나 방조한다는 자책감이 강하게 작용했기 때문이다. 여기에 나의 책이 그릇된 사회적 흐름을 조장하거나 방조했다면, 그러한 행위를 자제해야 한다는 생각이 앞섰기 때문이다. 그러나 잘못 나가고 있는 문제에 대하여 보다 적극적인 자세로 대응하여 지식인의 책무를 다하는 방법도 있지만, 한동안 나는 이에 소극적인 태도를 택했다.

그러던 중 2009년 말 나의 우려는 심각한 현실로 나타났다. 이른바 '경기도 학생인권조례'가 그것이다. 무슨 주장에다가 '권리'를 붙이면 성립한다고 하는 것은 '권리'의 본질과 속성 자체를 왜곡시키는 것은 물론이거니와 학생의 권리가 성립되는 교육상황을 사회계약설의 '자연 상태'나 아니면 학생의 신분을 발달과정의 존재가 아닌 이상적인 인격체로 규정하는 이상론에 집착하는 오류를 범해서는 안 된다는 내가 평상시에 가졌던 우려가 현실로 나타난 것이다.

2010년 이후 학생인권조례는 경기도를 비롯하여, 광주광역시, 서울특별시, 전라북도, 충청남도 의회에서 제정되었다. 학생인권조례가 제정·공포된 명목상 이유는 학생의 참여를 증진한다는 것이다. 그러나 학생인권조례가 제정 이유로 의도했었던 학생참여가 온전하게 이루어졌는지를 냉정하게 점검해 볼 필요가 있다. 이 작업을 위하여 현재 5개의 학생인권조례가 의도하는 목적, 구성내용, 문제점 등을 먼저 살펴보아야 할 것이다.

이와 같은 취지에 입각하여 이어지는 내용은 다음과 같이 구성된다. 먼저 우리나라 학생인권조례의 효시인 경기도 학생인권조례를 토대로 학생인권조례가 지니는 성격과 문제점을 분석한다. 분석의 대상을 일차적으로 경기도 학생인권조례로 하고 있지만, 그 내용은 다섯 개 학생인권조례가 지니는 문제점 전반을 총괄하도록 한다. 둘째, 5개 시·도의 학생인권조례가 담고 있는 내용을 비교 분석하도록 한다. 셋째, 5개 시도의 학생인권조례에 포함된 '참여' 문제와 관련하여 제반 문제점을 비교 분석해 본다. 끝으로 이를 개선하기 위한 대안을 탐색해 보기로 한다.

Ⅱ. 학생인권조례 성립과 구성

1. 학생인권조례의 성립

우리나라 최초로 제정된 '경기도 학생인권조례'가 제정된 경위는 다음과 같다.

- 2009년 5월 '경기도학생인권조례안' 제정 계획 수립
- 2009년 7월 조례제정자문위원회 구성
- 2009년 10월~11월 경기도 6개 권역에서 설명회 개최, 초안 마련
- 2010년 2월 경기도 교육위원회와 경기도의회 심의·의결

경기도 학생인권조례(이하 경기 조례)의 구성은 다섯 개의 장으로 구분하여 총 47개조 및 부칙 2개조로 되어 있다. 이후 4개 시·도에서 학생인권조례가 제정된 바 있다.

광주광역시 학생인권조례의 정확한 명칭은 '광주광역시 학생인권 보장 및 증진에 관한 조례'(이하 광주 조례)이다. 2011년 10월 28일 제정되었으며, 총 44개조 및 부칙 2개조로 구성되어 있다.

서울특별시 학생인권조례(이하 서울 조례)는 2012년 1월 26일 제정되었으며, 총 51개조와 부칙으로 구성되어 있다.

전라북도 학생인권조례(이하 전북 조례)는 2013년 7월 12일 제정되었으며, 총 51개조와 부칙 2개조로 구성되어 있다.

이 중 가장 늦게 세상에 나온 충청남도 학생인권조례(이하 충남 조례)는 2020년 7월 10일 제정되었으며, 총50개조 및 부칙 2개조로 구

성되어 있다.

다섯 개의 학생인권선언을 보면 그 효시인 경기도 학생인권조례를 근간으로 구성되어 있음을 알 수 있다. 다만 광주광역시 학생인권조례의 경우가 그 구성 면에서 다소 차이를 보이고 있지만, 권리의 측면에서 조례를 구성하고 있는 내용 면에서 보면 별다른 차이가 없다. 특히 광주 조례는 학생인권증진 및 이를 위한 계획 수립과 실행방안에 집중하고 있다. 즉 광주 조례는 다른 시·도 학생인권조례에 비하여 학생인권 증진을 위한 절차적 방법을 강조하고 있다.

2. 5개 학생인권조례 주요 내용 비교

여기서는 각 시·도 학생인권조례를 주요 내용별로 비교해 보기로 한다.

먼저 5개 조례는 약간의 표현의 차이는 있지만 모두 '학생인권 보장'을 원칙으로 천명하고 있다. 경기와 전북에서는 '학생의 인권 보장 원칙'이라는 표현을, 광주, 서울, 충남에서는 '학생인권 보장의 원칙'이라는 표현을 사용하고 있다. 다음 절에서 '인권', '보장'이라는 용어의 문제점을 분석하기로 하겠지만, 이것이 우리나라 학생인권조례의 대원칙임에는 분명하다. 이것이 대원칙이라는 것은 5개 조례 모두 '이 조례에 열거되지 아니한 이유로 경시되어서는 안 된다'는 표현을 사용하고 있는 데서 확인할 수 있다.

이 대원칙 아래 5개 조례 모두 '인간으로서의 존엄성'과 '행복을 추구할 권리'를 제시하고 있다. 하지만 그 실현의 적극성 여부에 있어서는 차이가 있다. 즉 경기 조례에서는 '최소한의 권리'로, 광주 조례에서는 '최대한 보장하여야 한다'로, 서울 조례에서는 '최우선적으로, 최대한 보장되어야 한다'로, 전북 조례에서는 '최소한으로만 제한될 수 있으며'와 '최대한 존중되어야 한다'로, 충남 조례에서는 '최우선적으로, 최대한 보장되어야 한다'로 표현되어 있다. 다만, 경기와 전북 그리고 충남에서는 학생인권에 대한 제한 규정을 두고 있다.

나중에 살펴보겠지만, 이러한 '학생인권'의 천명이 조례의 범위를 벗어나지 않았는가 하는 의문이 있다. 그 맥락에서 광주 조례는 「대한민국 헌법」과 「유엔 아동의 권리에 관한 협약」에 따라 학생의 인권이 최대한 보장하여야 한다고 명시되어 있다.

이상의 내용을 표로 나타내면 〈표 8-1〉과 같다.

〈표 8-1〉 학생인권조례 지역별 인권보장원칙

지역	내용
경기	제3조(학생의 인권 보장원칙) ① 이 조례에서 규정하는 학생의 인권은 학생이 인간으로서의 존엄성을 유지하고 행복을 추구하기 위하여 반드시 보장되어야 하는 최소한의 권리이며, 학생의 인권은 이 조례에 열거되지 아니한 이유로 경시되어서는 아니 된다. ② 학생의 인권에 대한 제한은 인권의 본질적 내용을 침해하지 않는 최소한의 범위에서 교육의 목적상 필요한 경우에 한정하여 학생이 그 제·개정에 참여한 학칙 등 학교 규정으로써 할 수 있다.
광주	제9조(학생 인권 보장의 원칙) ① 학생은 인간으로서 존엄과 가치를 가지며 행복을 추구할 권리를 가진다. <개정 2020. 4. 1.> ② 이 조례에서 규정하는 학생의 인권은 「대한민국 헌법」과 「유엔 아동의 권리에 관한 협약」에 따라 최대한 보장하여야 하며, 이 조례에 열거되지 아니한 이유로 경시해서는 안 된다. <개정 2020. 4. 1.> ③ 학교는 학칙 등 학교 규정으로 학생 인권의 본질적인 내용을 침해할 수 없다. <신설 2020. 4. 1.>

지역	내용
서울	제3조(학생 인권의 보장 원칙) ① 이 조례에서 규정하는 학생 인권은 인간으로서의 존엄성을 유지하고 행복을 추구하기 위하여 반드시 보장되어야 하는 기본적인 권리이며, 교육과 학예를 비롯한 모든 학교생활에서 최우선적으로 그리고 최대한 보장되어야 한다. ② 학생의 인권은 이 조례에 열거되지 않았다는 이유로 경시되어서는 아니 된다. ③ 학칙 등 학교 규정은 학생 인권의 본질적인 내용을 제한할 수 없다.
전북	제3조(학생의 인권 보장원칙) ① 학생은 인간으로서 존엄과 가치를 가지며 행복을 추구할 권리를 가진다. ② 학생의 인권은 법령의 범위 안에서 필요한 경우에 한하여 최소한으로만 제한될 수 있으며, 이 조례에 열거되지 아니한 이유로 경시되지 아니한다. ③ 학생의 개성과 자율성은 학교생활에서 최대한 존중되어야 한다.
충남	제3조(학생 인권의 보장 원칙) ① 이 조례에서 규정하는 학생 인권은 인간으로서의 존엄성을 유지하고 행복을 추구하기 위해 반드시 보장되어야 하는 기본적인 권리이며 학교생활에서 최우선적으로 그리고 최대한 보장되어야 한다. ② 학생 인권은 이 조례에 열거되지 않았다는 이유로 경시되어서는 안 된다. ③ 학생 인권은 교육 목적상 필요한 경우에 한정하여 학교규칙(이하 "학칙"이라 한다) 등 학교 규정으로 최소화하여 제한할 수 있다. 다만, 학칙과 학교규정은 학생 인권의 본질적 내용을 침해할 수 없다.

5개 학생인권조례는 모두 학생 참여에 주된 초점을 맞추고 있다. 학생 참여가 실질적으로 가능하도록 한 제도적 장치를 만들어놓았다. 이러한 학생 참여의 권리를 보장할 수 있는 장치로서 주로 규정 제정에 참여할 권리와 정책결정에 참여할 권리 그리고 학생의회 또는 학생위원회의 구성을 규정하고 있다.

규정 제정에 참여할 권리는 학칙을 비롯한 학교의 제 규정의 제정과정에 참여한다는 것을 뜻한다. 이 내용을 5개 조례별로 비교해 보면 다음과 같다.

첫째, 광주를 제외한 경기, 서울, 전북, 충남에서는 학생이 '학칙 등 학교 규정의 제·개정에 참여할 권리를 가진다'고 명시하고 있다.

둘째, 경기와 전북 조례에서는 학생의 인권을 존중하여 학칙 등 학교 규정을 제·개정하는 경우 이를 학교 홈페이지에 게시하도록 하고 있는데, 경기에서는 '학교'가, 전북에서는 '학교의 장'이 주체로 규정되어 있다.

셋째, 경기와 전북 조례는 '학교의 장'이, 그리고 서울과 충남 조례는 '학교의 장, 그리고 학교운영위원회'가 학생들의 의견을 수렴해야 하고 '의견 제출권'을 보장하도록 규정하고 있다.

넷째, 광주 조례에서는 특히 '규정개정심의위원회'라는 것이 있는데, 교직원·보호자·학생대표로 구성되고, 교육감은 이 위원회의 구성과 운영 등에 관한 지침을 제시할 수 있도록 규정하고 있다.

다섯째, 서울과 충남 조례에서는 학생 또는 학생자치조직이 학칙 등의 제·개정안에 대해 의견을 제시하였을 때, 학교운영위원회가 '학교규칙소위원회'를 구성하여 전체 학생을 비롯한 학교 구성원의 의견을 수렴하는 절차를 진행하도록 규정하고 있다. 또 만약 학생자치조직의 요구가 있거나 학생의 권리를 제한하는 내용이 포함된 경우 반드시 전체 학생의 의견을 수렴하는 '학내 공청회'를 거치도록 규정하고 있다.

여섯째, 서울과 충남 조례에서는 학교 규정을 제·개정할 때, 학생의 인권을 존중·보호·실현하는 방향으로 이뤄지도록 규정하고 있다.

규정 제정에 참여할 권리는 학교의 규칙에 그치지 않고 교육청 등의 교육정책 결정 과정에도 참여할 수 있도록 명시하고 있다. 그 내용을 5개 조례를 통해 보면 다음과 같다.

첫째, 경기, 서울, 전북 조례에서는 '학생은 학교 운영 및 교육청의 교육정책결정과정에 참여할 권리를 가진다'고 명시하고 있다.

둘째, 경기, 서울, 전북, 충남 조례에서는 '학생회 등 학생자치기구 및 학생들의 자발적 결사는 학생의 권리와 관련된 사항에 대한 의견을 밝힐 수 있는 권리를 가진다'고 명시하고 있다. 특히 충남 조례는 의견을 밝힐 수 있는 대상으로 '교육감'과 '학교의 장'을 명시하고 있다.

셋째, 경기, 충남, 서울, 전북 조례에서는 '학생대표와의 면담 등을 통하여 정기적으로 의견을 청취하도록 노력하여야 한다'고 되어 있으며, 이 역할을 경기와 충남에서는 '교장'이, 그리고 서울과 전북 조례에서는 '교장'과 '교직원'이 맡도록 규정하고 있다.

넷째, 경기, 전북, 서울 조례에서는 학생대표가 학교운영위원회에 참석하여 발언할 수 있다고 명시되어 있는데, 특히 경기와 전북 조례는 '학생에 영향을 미치는 사안에 관하여'라고 구체적으로 제시하고 있다.

다섯째, 충남 조례에서는 '교육감'이, 경기와 전북 조례에서는 '교육감'과 '교장'이, 그리고 서울 조례에서는 '교육감', '학교의 설립자', '경영자', '교장', '교직원'이 학생에게 영향을 미치는 사항을 결정할 때에는 학생의 참여를 보장하여야 한다고 명시하고 있다.

여섯째, 광주 조례에서는 제15조 3항에 학생의 정책결정과정 참여에 관한 규정을 명시하고 있다.

또한 학생인권조례는 학생참여를 위한 자체 기구를 설치하도록 명시하고 있다. 그러나 그 명칭은 각 시·도의 조례마다 다르다. 경기 조례의 경우 '학생참여위원회'이며, 광주광역시 조례의 경우 '학생의회'이며, 서울 조례의 경우 '학생참여단'이다. 다만 전북 조례의 경우 '전라북도 학생참여위원회'라고 하여 지역 명칭을 붙이고 있다. 끝으로 충남 조례의 경우에는 '학생인권의회'로 명시되어 있다.

그 특징을 간략하게 정리하면 다음과 같다.

첫째, 5개 지역 모두 교육감이 학생과 관련된 정책에 대해 학생의 의견을 구하기 위해 설치한다고 명시되어 있다. 광주 조례는 이에 덧붙여서 '학생의 참여를 유도하기 위하여', 서울과 충남 조례는 '학생인권 증진 및 인권친화적 교육 문화 조성을 위하여', 이를 구성 운영해야 한다고 명시하고 있다.

둘째, 구성 인원은 경기와 서울 조례의 경우 100명 이내, 전북과 충남 조례는 50명 이내로 하고 있다.

셋째, 경기, 서울, 전북, 충남 조례의 경우 공개모집을 통한 추첨 선발(충남의 경우 특정 성별이 10분의 6을 넘어서는 안 된다)이 이루어지는데, 다만, 위원회의 구성을 다양하게 하고, 소수자의 의견을 반영하기 위해 20명(전북, 충남은 10명) 이내의 범위에서 별도의 절차를 밟아 교육감이 위촉할 수 있도록 하고 있다.

넷째, 의견은 지역에 따라 '교육감'(5개 지역 모두), '학생인권옹호관'(경기, 전북), '교육장'(광주)에게 제출하도록 되어 있다. 의견 제출 사항에 대해서는 지역별로 조금씩 다르지만, 그 지역의 '학생인권조례 개정에 관한 사항'과 '학생인권 실현 및 학생참여 활성화를 위해 필요한 사항'에 대해서는 5개 지역 모두 학생회의 의견을 제시하도록 명시하고 있다.

다섯째, 경기, 서울, 전북 조례의 경우 교육지원청별로 다시 학생위원회를 두도록 명시하고 있다.

여섯째, 광주 조례의 '학생의회'의 경우에는 보다 세밀한 규정을 명시하고 있다. 즉 조례 제30조 '학생의회의 구성 및 운영', 제31조 '학생의원의 임무', 제32조 '학생의원의 임기 및 자격 상실', 제33조 '학생의회의 지원' 등으로 다른 지역보다 자세하고 체계적인 학생위원회 규정을 명시하고 있다.

3. 아동권리협약과 학생인권조례

우리나라 학생인권조례는 아동권리협약(CRC) 정신을 존중하고 있는 것으로 보인다. 그 근거는 학생인권조례가 아동권리협약의 권리 인식 세 가지(3P)를 도모하기 위한 제 권리를 내용으로 하는 조항으로 구성되었다는 데서 찾을 수 있다. 재화공급, 보호, 참여를 축으로 하는 권리들로 구성되어 있다. 이를 권리 측면에서 보면 '생존-보호-참여'의 세 가지 축으로 한다. 하지만, 형식적인 측면에서 보면 아동권리협약의 조항에 기대고 있지만, 실제로는 그 정신에 부합하지 않은 측면이 적지 않다.

아동권리협약의 세 가지 축은 유니세프 등 아동권리기구들에 의하여 일반적으로 '생존-보호-발달-참여'의 네 가지 축으로 분류한다. 실제로 교육받을 권리의 경우에는 생존, 보호, 참여보다는 발달의 개념 범주에서 설명하는 것이 타당하다. 실제로 아동권리협약은 이 네 가지 범주로 아동의 권리를 천명하고 있다.

생존의 경우, 건강, 영양, 안전, 빈곤으로부터 보호 등을 위한 권리가 해당된다. 아동권리협약 제6조에서 제11조, 제18조, 제24조 및 제39조는 생존의 범주에 속하는 권리를 천명하고 있다.

보호의 경우, 학대, 착취, 방임, 차별, 응급상황, 유해환경 등으로부터 보호를 위한 권리가 해당된다. 아동권리협약 제6조, 제19조에서 제22조, 제32조에서 제38조, 제40조는 보호의 범주에 속하는 권리를 천명하고 있다.

발달의 경우, 신체 및 인지발달, 정서발달, 사회적응, 직업선택 능력의 개발을 위한 권리가 해당된다. 아동권리협약 제23조, 제25조에서부터 제30조는 발달의 범주에 속하는 권리를 천명하고 있다.

참여의 경우, 자기결정권, 의사표현의 자유, 집회 및 결사의 자유, 정보접근권, 참정권 및 각종 사회참여에 관한 권리가 해당한다. 아동권리협약 제12조에서 제15조, 제17조, 제31조는 참여의 범주에 속하는 권리를 천명하고 있다.

이를 정리하면 **〈표 8-2〉**와 같다.

〈표 8-2〉 아동권리인식 범주에 따른 아동권리협약 조항

준거	아동권리협약의 해당 조항 및 내용
생존	생명의 권리; 기본권으로서 생존권; 제 권리의 토대(제6조); 성명권, 국적권; 시민권 소유의 토대(제7조); 신분을 보유할 권리, 즉 시민권(제8조); 부모와 분리된 아동의 신분과 제 권리(제9조); 분리된 아동의 재결합을 위한 권리와 조치(제10조); 아동의 불법이송 등의 금지(제11조); 부모 및 후견인의 1차적 양육책임과 국가의 후원(제18조); 건강 및 의료에 관한 권리(제24조); 피해 아동의 심신회복 및 사회복귀(제39조)
보호	아동의 사생활 보호(제16조); 부모 및 후견인의 양육에 반하는 학대 등으로부터 보호받을 권리(제19조); 가족이 없는 아동의 보호(제20조); 입양아동의 권리 및 보호(제21조); 난민아동의 보호 및 당사국과 국제연합의 협력(제22조); 부당한 노동 등 착취와 위험하고 유해한 노동환경으로부터 보호(제32조); 마약 등으로부터의 보호(제33조); 성폭력 및 성적 학대로부터의 보호(제34조); 모든 형태의 착취로부터의 보호(제35조); 아동권리협약

준거	아동권리협약의 해당 조항 및 내용
	정신에 입각한 일반 절차상 인신보호의 권리(제37조); 무력 분쟁 상황에서 아동의 보호받을 권리(제38조); 형사피의자, 유죄 확정된 아동의 형사소송 절차상 권리(제40조)
발달	장애아동의 보호 및 권리(제23조); 보호시설 아동의 건강권(제25조) 사회보험을 포함한 사회보장을 받을 권리(제26조); 적당한 수준의 생활을 향유할 권리(제27조); 교육받을 권리; 초등무상의무교육; 최소한 직업교육(제28조); 교육목적; 전인발달; 국제연합헌장 정신 존중; 아동의 문화적 요소 고려(제29조); 소수민족 및 원주민 아동의 문화에 대한 권리(제30조)
참여	자유로운 의사결정권, 참여권(제12조); 아동의 의사표현 자유(제13조); 아동의 사상 · 양심 · 종교의 자유와 권리(제14조); 아동의 집회 · 결사의 자유와 권리(제15조); 대중매체, 문화 자료, 도서 등에 관한 정보 접근권(제17조); 휴식을 취할 권리, 놀이권, 문화활동 참여의 권리(제31조)

우리나라 학생인권조례는 아동권리협약이 천명하는 아동의 제 권리를 '학생인권'으로 구성하여 제정되었다.

주지하는 바와 같이, 생존에 관한 권리는 이 권리를 침해하게 되면 당장의 생존에 결정적인 위해를 주게 되는 시급성을 지닌 권리이다. 우리나라 학생인권조례는 안전, 쾌적한 환경, 급식, 건강에 관한 권리를 생존의 범주에 넣어 천명하고 있다. 학생인권조례에 명시된 이 네 가지 소범주의 권리를 보면 **〈표 8-3〉**과 같다.

〈표 8-3〉 CRC 생존권과 관련한 학생인권조례 비교

CRC 영역 (3P)	시 · 도 학생인권조례 구체 조항					
	조항의 주요 내용	경기	광주	서울	전북	충남
생존	안전에 대한 권리 학생의 안전을 확보할 수 있는 안전관리체계 정비와 유지를 위한 노력	제7조	제19조 1항	제7조	제10조	제26조
	교육환경에 대한 권리	제21조	제19조	제22조	제22조	제24조

CRC 영역 (3P)	시 · 도 학생인권조례 구체 조항					
	조항의 주요 내용	경기	광주	서울	전북	충남
	건강하고 쾌적한 환경에서 교육받을 권리		1항			1, 5항
	급식에 대한 권리 안전한 급식을 제공받을 권리	제23조	제19조 2항	제23조	제24조	제25조
	건강에 대한 권리 - 최적의 건강상태 유지 및 적정한 질병 치료와 보건시설 이용 권리 - 여학생의 생리일 공결처리	제24조	제19조 4, 7항	제24조	제25조	제24조

〈표 8-3〉에 정리된 학생의 생존권 조항은 주로 학교에서 안전과 관련된 내용들이다. 그러나 이 중에서 급식과 건강에 관한 권리는 마치 학생들이 무한청원을 할 수 있는 권리를 소지하는 것으로 왜곡될 수 있다. 여학생의 생리일 처리 문제도 이를 조례에 법제화함으로써 교사의 전문성과 권한을 침해하는 측면이 있다.

보호에 관한 권리는 각종 위해로부터 아동을 보호하는 제 권리를 가리킨다. 겉으로 보면 시급한 위해는 없어 보이지만 이 권리의 침해로 인하여 결정적인 위해가 야기된다는 점이 생존권과 다르다. 우리나라 학생인권조례는 차별받지 않을 권리, 폭력으로부터 보호, 사생활 및 비밀 보호, 개성의 실현, 합당한 징계 절차 보장, 구제신청 등 절차적 보호 등이 보호의 범주에 넣어 명시하고 있다. 이를 아홉 가지의 소범주로 나누었으며, 이를 정리하면 〈표 8-4〉와 같다.

〈표 8-4〉 CRC 보호권과 관련한 학생인권조례 비교

CRC영역 (3P)	시 · 도 학생인권조례 구체 조항					
	조항의 주요 내용	경기	광주	서울	전북	충남
보호	차별받지 않을 권리 국가인권위원회법 제2조 제3호 차별행위의 정의에 해당하는 차별 받지 않을 권리.	제5조	제20조	제5조	제8조	제15조
	폭력으로부터 보호받을 권리 - 따돌림, 집단 괴롭힘, 성폭력 등 모든 물리적·언어적 폭력으로부터 보호받을 권리 - 학교 체벌 금지	제6조	제19조 3항	제6조	제9조	제13조
	개성을 실현할 권리 복장, 두발 등에서 자신의 개성을 실현할 권리	제11조	제14조 2항	제12조	제12조	제9조
	사생활의 자유 학교의 부당한 간섭 없이 개인 물품을 소지·관리하는 등 사생활의 권리	제12조	제12조	제13조	제13조	제10조
	비밀을 보호받을 권리 가족, 교유관계, 성적, 징계기록 등 사적인 정보를 보호받을 권리	제13조	제12조 1항	제14조	제14조	제10조
	개인 정보에 대한 권리 학생 본인에 관한 학교 기록을 언제든지 열람할 권리	제14조	제12조 7항	제15조	제15조	제12조
	징계 등 절차에서의 권리 징계사유에 대한 사전 통지, 공정한 심의기구의 구성, 소명, 기회 보장, 대리인의 선임권 보장, 재심요청권의 보장	제25조	제16조	제25조	제26조	제14조
	상담 및 조사 청구권 인권침해에 관한 인권옹호관에게 상담과 조사 등을 청구할 권리	제26조	제22조	제27조	제27조	제40조
	구제신청 인권을 침해당하였거나 침해당할 위험이 있는 경우 구제신청을 할 권리	제44조	제40조	제47조	제49조	제39조

〈표 8-4〉에 포함된 보호에 관한 제 권리도 일견 당연해 보이지만, 교육현장에서 논란의 소지가 많다. 징계 절차, 상담 및 조사 청구권, 구제신청 등은 일반 사법행정에서 다루어지는 것처럼 형식적으로 집행될 경우 교육 상황의 특수성이 퇴색되거나 교육적으로 역행하는 결과를 낳을 수 있다. 개성을 실현할 권리의 경우에도 학생에게 무한의 자의적인 표현의 권리가 주어져 정당화되는 것도 아니다. 이에는 학칙과 상충되지 않아야 한다는 점을 지적하지 않을 수 없다. 사생활 자유와 비밀 보호의 권리는 교육적으로 위해한 소지품을 지닌 경우와 각종 매체를 통해 교육적으로 해악을 끼칠 경우에 일률적으로 주장할 수 있는 것이 아니다.

발달의 권리는 아동이 권리를 향유하고 행사할 수 있는 권리 주체로 성장하는 데 요구되는 권리를 말한다. 학습과 발달의 적기성(適期性) 등에 비추어 요구되는 권리이기도 하다. 적정한 연령에 온전한 성장과 발달이 일어나지 않으면 해당 아동의 삶은 황폐화된다. 우리나라 학생인권조례는 학습과 이에 요구되는 사항을 지원받을 권리, 정규교과 이외의 교육활동의 자유, 그리고 소수자의 학습할 권리를 발달의 범주에 넣어 명시하고 있다. 이 네 가지 소범주의 권리를 제시하면 〈표 8-5〉와 같다.

〈표 8-5〉 CRC 발달권과 관련한 학생인권조례 비교

CRC 영역	시 · 도 학생인권조례 구체 조항					
	조항의 주요 내용	경기	광주	서울	전북	충남
발달	학교복지에 관한 권리 학습 부진, 폭력, 피해, 가정 위기, 비행·일탈 등 각종 위기상황 극복과 적절한 지원을 받을 권리	제20조	제17조	제21조	제21조	제23조 7항

CRC 영역	시 · 도 학생인권조례 구체 조항					
	조항의 주요 내용	경기	광주	서울	전북	충남
	학습에 관한 권리 법령과 학칙 이외의 사유에 의한 학습에 관한 권리 침해 금지	제8조	제10조	제8조	제5조	제23조 1, 5항
	정규교과 이외의 교육활동의 자유 - 정규교과 시간 이외 교육활동을 자유롭게 선택하여 학습할 권리 - 야간자율학습, 보충수업 등 종례 이후 실시되는 정규교과 이외 교육활동 금지 및 이와 관련된 불이익 처분 방지	제9조	제10조 2, 3항	제9조	제6조	제23조 2항
	소수자 학생의 권리 보장 빈곤, 장애, 한부모 가정, 조손가정, 다문화가정, 운동선수, 성 소수자, 학교부적응 학생 등 소수 학생의 권리 보장 노력	제27조	제17조	제28조	제38조	제28조

〈표 8-5〉에 포함된 발달에 관한 권리도 일반적으로 동의할 수 있는 내용이다. 그러나 발달은 학교교육을 통하여 필수적인 내용을 가르쳐야 한다는 원칙 위에서 정당화된다. 학교교육이 아니면 습득할 수 없는 내용이나 발달과업의 측면에서 특정 연령이 지나면 성취할 수 없는 내용은 조례에 명기된 것처럼 학생이 청원한다고 향유될 수 있는 것이 아니다. 이러한 대원칙이 충족된 상태에서 위의 발달에 관한 제 권리는 각 해당 학교와 교사가 당면한 상황에 맞추어 고려되어야 한다. 그리고 그 대원칙은 아동권리협약이 천명하는 '아동 최선의 이익' 원칙에 부합한다고 볼 수 있다.

참여의 권리는 아동권리의 핵심이며, 최고의 가치를 지닌다고 볼 수도 있다. 참여권은 아동이 명실공히 권리 주체로서 스스로의 삶을 자율적으로 영위하는 데 요구되는 권리이다. 재화공급과 보호가 잘 이루어졌다고 하더라도 참여권이 없으면 아동권리는 여전히 행사되었다고 볼 수 없다. 우리나라 학생인권조례는 양심과 종교의 자유, 표현의 자유, 휴식을 취할 권리, 자치활동의 권리를 참여의 범주에 넣어 명시하고 있다. 이 네 가지 소범주를 정리하면 〈표 8-6〉과 같다.

〈표 8-6〉 CRC 참여권과 관련한 학생인권조례 비교

CRC영역 (3P)	시 · 도 학생인권조례 구체 조항					
	조항의 주요 내용	경기	광주	서울	전북	충남
참여	양심·종교의 자유 - 양심의 자유와 종교의 자유 - 학생에게 양심에 반하는 내용의 반성, 서약 등 진술 강요 금지	제15조	제13조	제16조	제16조	제7조
	표현의 자유 - 자유롭게 의사를 표현할 수 있는 권리 - 서명이나 설문조사 등을 통한 학교 구성원의 의견을 모을 권리 - 집회의 자유	제16조	제14조	제17조	제17조	제8조
	휴식을 취할 권리 - 건강하고 개성 있는 자아의 형성·발달을 위한 적절한 휴식을 취할 권리 - 정규교과 시간 이외 교육활동 강요 금지(휴식권 침해 금지)	제10조	제18조	제10조	제11조	제27조
	자치활동의 권리 - 동아리, 학생회 그 밖에 학생자치조직의 구성과 운영 등 학생 자치활동 보장 - 성적, 징계를 받은 사실 등을 이유로 학생자치조직의 구성원 자격 제한 금지	제17조	제15조	제18조	제18조	제19조

〈표 8-6〉에 포함된 참여권도 교육적 맥락에서 고려되어야 한다. 우리는 아렌트의 주장을 통하여 학교가 생활영역과 세계영역을 이어주는 가교라는 점을 확인한 바 있다. [플136-140] 아이들이 학교에서 적절한 학습이 이루어지지 않은 상태에서 공론의 장에 참여하는 것은 아이들을 불행하게 만드는 결과를 초래하기도 한다. 학교교육에 참여한 아동은 성인들의 정치참여에 직접적으로 당면하는 존재가 아니며, 사회계약론에서 주장하는 자연 상태에 놓인 계약 당사자는 더욱 아니다.

Ⅲ. 학생인권조례 쟁점 분석

이제까지 우리나라 학생인권조례가 형식상으로 아동권리협약이 천명하는 정신에 따라 구성되었다는 점을 구체적으로 확인하였다. 하지만 학생인권조례는 아동권리협약이 추구하는 정신과 일치하지 않을 뿐만 아니라 교육현장에 적지 않은 문제를 야기하고 혼란을 가중시킨다. 이를 살펴보기 위하여 학생인권보례를 쟁점별로 분석하기로 한다.

1. 학생인권과 교권

여기서 주목해야 할 점은 각 시·도에 제정·공포한 학생인권조례에 맞추어 교권 관련 인권조례가 그 명칭을 달리하면서 각 시·도 의회에서 제정되었다는 점이다. 2011년 인천광역시 교권확립운영조례를 비롯하여 2012년 서울특별시 교권보호와 교육활동 지원에 관한 조례, 충청남도 교권과 교육활동 보호 등에 관한 조례, 광주광역시 교권과 교육활동 보호 등에 관한 조례, 2013년 경기도 교권보호 지위에 관한 조례, 전라북도 교권과 교육활동 보호 등에 관한 조례 등이 그것이다.

여기서 교권의 문제를 다시 다룰 필요는 없지만, 교권은 학생의 권리에 대하여 상관개념이거나 반대개념이 아니다.

우선 교권은 교사의 권리만을 의미하지 않는다. 교사의 권리를 의미하기도 하지만, 교사의 권한과 권위를 가리키기도 한다. [플619-631] 그리고 권위가 비민주적인 것도 아니다. 교권이 교사의 권위를 가리킨다면 거기에는 일차적으로 교사의 고도의 도덕성과 전문성을 요구한다. 즉 권위에는 이를 성립시키는 제 조건이 있다. [플307-314] 따라서 교권을 학생들의 권리에 '대항하는 무엇'으로 설정해선 안 된다. 이는 마치 교육권과 학습권을 '교육시킬 권리'와 '교육받을 권리'의 상관관계로 이해해서는 안 되는 이치와 같다. [증236-244]

교권 관련 조례가 시기적으로 학생인권조례 제정에 맞추어 제정·공포되었다는 것은 몇 가지 내용을 함의하고 있다. 첫째, 학생들의 권리가 증진되면 교권(그것이 교사의 권리이든 교사의 권한이든 교사의 권위이든)이 침해되거나 훼손된다는 인식이다. 이는 교사와 학생의 대립구도를 전제한 발상에 불과하다. 교육상황에서 교사와 학생이 과연 대립하는가? 그렇다면 '사제동행(師弟同行)'은 무엇이며, '교학상장(敎學相長)'은 무엇이며, 또 '줄탁동시(啐啄同時)'는 대체 무엇인가? 교사와 학생은 대립적 관계가 아니며, 적대적 관계는 더욱 아니다. 둘째, 같은 맥락에서 교사와 학생이 하는 활동, 즉 가르치는 일과 배우는 일이 대립적이지 않다. 이 두 가지 활동이 대립적이라면 교육

상황에서 일어나는 일들은 이른바 제로섬 게임(zero-sum game)이 되어 버릴 것이다. 셋째, 교수-학습 장면에서 교사의 권리와 학생의 권리는 상관관계가 아니다. 그러므로 양자의 권리 또한 대립하지 않는다. 채권-채무의 관계는 대립하면서 해소된다. 그러나 교사와 학생의 관계는 채권-채무와 다르다.

이상과 같은 점에 비추어 각 시·도에서 제정하여 공포한 교권 관련 조례는 학생인권조례에 대응하는 전략적 차원에서 마련된 듯하다. 그렇게 되면 학생인권조례나 교권 조례 모두 교육상황을 황폐화시키는 실패작이라는 평가에서 자유로울 수 없다.

2. '학생인권'의 문제

우리나라 학생인권조례는 모두 '권리' 대신에 '인권'이라는 용어를 사용하고 있다. 그러나 이미 전작에서 밝힌 바와 같이, '권리'와 '인권'은 그 의미에 있어서 상당한 차이를 지닌다. 그 의미상의 차이를 다시 정리해보기로 한다.

첫째, '인권'은 '권리'와 달리 인간이 지니는 보편적 권리를 지칭한다. 이는 영어 'universal rights'의 번역에서 온 말이다. 1948년 국제연합이 천명한 '세계인권선언(Universal Declaration of Human Rights)'에서 사용된 '인권'이 바로 이에 해당한다. 인간이면 누구나 지니는 보편적 권리를 가리킬 경우 '인권'이라는 말을 사용한다. 이 경우 '인권'은 권리의 보편성과 추상성을 강조할 때 사용하는 용어이다. 그것을 무시하게 되면 인간이 지니는 권리의 보편성은 매우 심각한 논쟁을 야기한다. 아동권리의 경우, 권리의 보편성을 내세우기만 하고 아동이 처한 특수성을 고려하지 않을 경우 오히려 아동권리가 위축, 침해당하는 경우가 생기게 된다. 이는 전작에서 이미 지적한 바 있다. **[향플 제3장과 제8장; 제12장]** 또한 주된 쟁점은 권리의 보편성이 '현실적으로' 무엇을 지칭하는가에 관한 문제와 복지권과 같은 현대적 권리가 고전적 권리처럼 보편성을 지니는가에 관한 문제와도 관련된다.

둘째, 인권은 말이 지칭하는 그대로 '인간이 지니는 권리'를 가리킨다. 이 경우 '인간'과 인간 이외의 '동물'은 병렬적 지위를 갖는다. 그 결과 '인권'은 인간 이외의 존재가 지니는 권리, 이를테면 동물이 지닌 권리를 가리키는 '동물권(animal rights)'에 대비되는 용어가 된다. 반려동물을 비롯한 동물에 대한 관심이 고조된 것을 고려한다면, 동물권은 경시할 수 권리임에 틀림없다. 그러나 대부분 교육받는 상황에 놓은 학생의 '인권'이 이러한 차원에서 '병렬적으로' 논의되어도 좋은가에는 해소해야 할 의문이 남는다.

셋째, 인권이 'rights of man'의 번역어로 사용되는 경우, '인권'은 '시민권(civil rights)'의 상대어로서 의미를 지닌다. 이 경우 '인권'은 시민권이 없는 사람도 지니는 권리를 흔히 '인권'이라고 칭하기도 한다. 예를 들면, 우리나라에 체류하는 외국인 근로자는 선거권이나 피선거권을 갖지 않지만, 그것이 이들이 노동이나 생활을 영위함에 있어서 인간 이하의 대접을 받아도 된다는 것을 뜻하지는 않는다. 적정한 임금을 받고 적정한 거주지에서 최소한 생계를 유지할 권리를 대개 '인권'이라고 칭한다. 이 경우 '인권'은 자연권을 뜻한다. 17~18세기 이래 계몽사상의 연장에서 정립된 자연법이 잉태한 자연권을 뜻한다.

넷째, '인권'이라는 말이 은연중에 일상적으로 매우 특이하게 사용되는 경우가 있다. 즉 '인권'을 '저항권(rights of resistance)'의 의미로 사용하는 경우이다. 앞의 경우와는 달리, 제 권리가 실정법에 의하여 여러 권리가 보장되었음에도 불구하고 특정한 정책결정에 대하여 시위를 하거나 청원을 할 때 사용하는 '인권'이라는 말을 사용한다. 일상적으로 '인권침해'라는 말을 자주 사용하며, 또한 '인권 차원에서 항의하자!'는 구호를 사용하는 경우가 이에 해당한다. [플303-307] [증47-48]

우리나라 학생인권조례가 '학생권리' 대신에 '학생인권'을 사용하게 된 사유를 위의 네 가지를 통하여 추정해 볼 수 있다.

첫째, 학생인권조례는 권리의 보편성을 지나치게 강조하여 이를 '학생'이라는 지위를 부여받은 특정의 아동에게 부여하는 오류를 범하였다. 이를 위하여 '권리' 대신에 '인권'이라는 용어를 채택하였다. 뒤에 구체적인 분석에서 확인하겠지만, 학생인권조례는 '인권'이 지니는 보편성을 내세우면서 조례가 추구하는 학생들의 참여와 이익을 도모하기 위한 교육적 상황의 특수성을 외면한다. 보편성을 내세우게 되면 그것은 법리상으로도 조례를 뛰어넘는 상위법, 이를테면 법률이나 헌법적 지위와 대등한 것을 다룰 위험성도 내포한다.

둘째, '인권'이라는 용어를 사용함으로써 학생을 가르치는 성인들과 학생을 대등하게 취급하게 된다. 교육은 어떤 의미에서 보면 교사-학생의 비대칭성을 전제로 한다. 하지만 이러한 비대칭성이 학생의 권리를 침해한다고 볼 수는 없다. 이는 교육의 역사를 비롯하여 여러 측면에서 입증된다. 그렇지 않으면 교육은 본질상 지속되기 어려운 활동이다. 또한 '인권'은 인간의 범주를 전제한 개념이므로, 그 사용에 있어서 주의할 필요가 있다. 예를 들어서 '학생인권'이라는 말을 사용할 경우, 그것은 자칫 '범주의 오류'를 범하기 쉽다. 여기서 범주의 오류란 서로 상이한 범주의 대상을 동일한 범주로 놓고 논의할 때 야기되는 오류를 뜻한다. "길 건너에 군인 한 명과 경찰 두 명이 온다"는 표현을 "길 건너에 군인 한 명과 사람 두 명이 온다"고 하면 그것은 범주의 오류를 범하는 경우이다. 이처럼 '학생'의 범주가 '인간'의 하위 범주이므로 '학생인권'이라는 말은 논리적으로 오류를 범하는 어색한 용어가 된다.

셋째, 일종의 자연권적 의미를 지닌 '인권'이라는 용어를 통하여 학생인권조례는 학생이 마치 자연 상태에서 사회계약에 참여하는 존재처럼 인식하게 한다. 학생은 자연 상태의 '자연인'이 아니다. '학생'이라는 법적 지위는 아동이라는 존재가 교육이라는 '제도' 속에서 부여받는 것이다. 게다가 학생인권조례는 그것을 '참여'를 통하여 정당화하고자 하였다. 다섯 개 학생인권조례는 모두 '규칙 제정에 참여할 권리'와 '정책결정에 참여할 권리'를 규정하고 있다. 학생의 참여는 민주시민으로서 갖추어야 할 중요한 덕목임에 틀림없다. 하지만 그것은 자유민주주의라는 '제도' 속에서 중요한 것이지 자유민주주의 제도 자체를 바꾸거나 그 근간을 흔들 기회를 제공하는 데 있는 것이 아니다. 교육상황에서 학생은 '학습자'의 지위 때문에 이에 따르는 각종 권리를 향유하고 행사할 수 있는 것이다. 교육상황에서 학습자로서 학생은 교육제도를 새롭게 설계하러 온 '계약자'가 아니다. 더욱이 학교는 문명이 오랜 세월을 거쳐 '누적적으로' 그리고 '자생적으로' 이룩해놓은 문명의 산물이며, 학생들이 임의적으로 계약하거나 타협해야 할 자연 상태에서 계약을 통하여 분배해야 할 재화가 아니다.

학생인권조례와 관련지어 볼 때, 네 번째 지적이 매우 중요하다. 저항권적 의미를 담고 있는 '인권'은 배움의 장인 학교에 몸담고 있는 학생의 저항의식을 고취시킨다. 자칫하면 적지 않은 수의 학생들이 이른바 '저항투사'가 되는 위험성이 있다. 실제로 학생인권조례에 포함된 여러 항목들은 이러한 위험성을 내포하고 있다. 학생인권조례에 포함된 각종 참여 '장치'는 학생들이 기존 제도에 저항하는 것을 '보장'하고 있다. 그 대표적인 것으로 '학생참여위원회'(경기, 전북), '학생의회'(광주), '학생참여단'(서울), '학생인권의회'(충남)를 들 수 있다. 물론 이들 기구가 학생들의 실질적 참여를 제도화한 측면이 있다. 그러나 거기서 학생들이 '참여'하여 다루는 안건들을 보면 기존 교육제도에 대한 일종의 '저항'으로 보일 수 있다.

오류의 측면에서 보면, 두 번째 지적한 범주의 오류를 범하고 있다고 한다면, 학생인권조례에 담긴 참여 기구 조항의 '저항권'도 '제도를 스스로 부정하는 제도'라는 모순을 드러내는 오류를 범하고 있다. 이 점에서 학생인권조례에 담긴 저항권은 논리적 오류라기보다는 자충수(self-defeating)를 드러내는 패러독스처럼 보인다.

3. 근원적 문제점

학생인권조례가 제정되면서 갖게 되는 근원적 문제점을 살펴보기로 한다. 이 문제점은 방금 지적한 '인권'의 개념적 문제와도 관련이 있다.

먼저 학생인권조례가 갖는 난점을 법리적, 교육적, 실행적 세 가지 측면에서 정리할 수 있다.

첫째, 법리적 또는 권리이론의 측면에서 난점을 정리해 볼 수 있다.

앞서 지적한 바와 같이, 학생인권조례는 '인권'이라는 용어를 채용함으로써 권리의 저항권적 의미를 과도하게 부각시키고 있다. 이 점은 다시 여러 가지 문제를 부각시킨다. 즉 학생인권조례가 '인권'의 보편성을 지나치게 강조했기 때문에 학생권리의 특정권적 특성을 경시하게 된다. 또한 권리의 보편성으로 인하여 복지권을 확대해석할 가능성이 있다. 아울러 행복추구권 문제가 쟁점이 된다. 이는 뒤에서 자세하게 살펴보기로 한다. 이외에 학생인권조례는 '인권'이라는 용어를 사용함으로써 권리-의무-수혜의 삼자 관계를 간과하고 있으며, 자유권의 본질을 왜곡하고 훼손시키고 있다. 학부모와 학교, 학부모와 국가는 적지 않은 경우에 권리-의무 관계에 놓이며, 이때 자녀인 학생은 그 관계의 수혜자가 된다. 권리 주체가 아닌 수혜자로서 학생이 이러한 삼자 관계를 넘어서는 '보편적 인권'을 가지고 있다고 주장할 수는 없다. 한편 자유권의 본질은 그 소극성에 있다. 적극적 자유의 행사는 상대방의 의무 이행을 전제해야 한다. 교육상황에서 학생이 지니는 자유권은 이 두 가지를 전제한다. 끝으로 국가의 책무를 과도하게 상정하고 있어 학생 개개인의 권리 측면이 축소되고 침해될 가능성이 높다.

둘째, 교육적 측면에서 난점을 지적하지 않을 수 없다. 학생인권조례에 따르면, 학생은 사회계약설에서 자연 상태의 '자연인'으로 인식될 수 있다. 그렇게 되면 학생의 지위가 오도된다. 학생은 문명 출발 이전 사회계약 당시의 '자연인'이 아니다. 학생은 문명인이 되고자 학교라는 제도에 몸담은 존재이다. 아렌트의 표현에 따르면, '생활영역'에서 '세계영역'으로 나가는 과도기적 존재로서 학교가 제공하는 교육활동에 참여하고 있는 것이다. [플136-140] 학교는 생활세계와 문명

세계를 연결하는 가교역할을 하는 제도이다. 그러나 학생인권조례에 따르면, 학교라는 이러한 제도적 특수성이 무시된다. 또한 학교는 방임상태의 장소가 아니라 교수-학습이 효율적으로 일어나게 하는 제도적 장치이다. 이 경우 요구되는 것이 교사의 전문성과 교육 당국의 권위이다. 하지만 학생인권조례에 따르면, 학생의 교육받을 권리는 상당 부분 교사의 권한과 제도적 권위에 상응하여 성립하는 사실을 간과하고 있다.

셋째, 실행적 측면에서 여러 가지 난점을 지니고 있다. 학생의 권리는 학교라는 구체적인 상황을 초월하여 존재하지 않음에도 학생인권조례는 이를 묵살하고 실행력 없는 이상적 상황에서 학생의 권리를 규정하고 있다. 특히 학생인권조례는 사상, 양심의 자유와 이에 상응하는 학생의 권리를 명문화하였다. 그 결과 대한민국의 지정학적 상황 등을 고려하지 않음은 물론 마치 학교가 '해방의 기지' 역할을 하도록 방치하고 있다. 이렇게 함으로써 학교라는 구체적인 실천 현장을 넘어서 학생의 권리를 '인권'으로 포장하여 추상화, 이상화시켜 놓았다. 또한 학생의 권리를 형식논리에 따라 학교방침이나 교육정책에도 적용할 수 있다고 본 결과 학생참여를 과도하게 포괄적으로 규정하고 있다. 학생의 자치활동에 관한 권리는 주민자치원리의 과도하게 해석하여 교육의 본질과 학교라는 제도의 특성을 무시한 결과이다.

실행적 측면에서 학생들의 참여가 증진할 수 있는 계기를 마련한 것은 부정할 수 없다. 예를 들어서 경기도 학생인권조례 제6조의 차별금지, 제7조 2항의 체벌금지조항, 동 1항과 3항의 집단괴롭힘 방지조항을 들 수 있다. 하지만 이러한 조항은 굳이 '조례'로 명문화시키지 않아도 학교 운영의 측면에서 추진할 수 있는 문제이다. 즉 교육상황에서 굳이 명문화할 필요 없는 문제를 명문화, 규범화하고 있다. 예를 들어서 여학생의 생리휴가 문제도 마찬가지이다. 이 문제는 명문화했을 경우 교사의 전문성을 존중한다는 측면에서 오히려 교육적으로 역효과를 낼 수 있다. 특정한 처방을 하도록 의료 행위를 구체적으로 규정한다면 그것은 의사의 전문성을 해치는 일인 것과 같은 이치이다.

4. 학생의 행복추구권

이제까지 학생인권조례는 명시적으로는 학생의 권리증진을 위한 조치처럼 인식되지만, 과도한 권리주장과 몇몇 그릇된 권리개념으로 인하여 몇 가지 폐단이 우려된다. 그 폐단의 단초는 학생들의 '행복추구권'에서 찾을 수 있다.

이와 관련하여 두 가지를 지적하지 않을 수 없다. 하나는 법실증주의에 관한 것이고, 다른 하나는 헌법 제10조의 행복추구권의 과도한(그릇된) 해석을 들 수 있다. 첫째, 법실증주의(legal positivism)는 실정권(positive rights)에 대하여 도덕권(moral rights)이 정당화되는 상황이 있어도, 모든 상황에서 청원되는 내용이 권리로 성립되지 않는다는 입장이다. [플320-324] 물론 실정법의 사각지대에 있는 권리문제를 해소하는 데 있어서 요구되는 것이 도덕권이다. 하지만 교육상황에서 학생의 권리문제가 실정법이 닿지 않아서 도덕권으로 해결해야 하는 상황이란 거의 없다. 게다가 학교 상황은 모든 것이 일률적으로 적용되는 보편적인 도덕적 상황이 아니다. 이러한 점들을 면밀하게 고려하지 않는다면 대부분의 교육활동은 간섭과 규제로 인식된다. 그렇기 때문에 특정권(special rights)의 차원에서 학생의 권리문제를 접근해야 한다. [플406-412] [증57-59] 가르치는 행위와 관련하여 교사의 권한 문제를 다루는 데 있어서 특정권의 개념이 중요하다.

둘째, 학생인권조례안에 따르면, 모든 규범적, 윤리적 가치가 모두 '행복추구권'의 이름으로 성립하는 것처럼 보인다. 여기서는 행복추구권 문제를 두 가지 권리 차원에서 살펴보고 학생인권조례에 담긴 실상을 확인해 보도록 한다.

'행복을 추구할 권리'로 해석하는 행복추구권은 한 인격체가 자신이 설정한 인생의 목적에 부합하는 행복을 독자적으로 추구할 권리를 말한다. 이는 자유권 특성을 지닌 것으로 해석할 수 있으며, 기본권으로서 자유권은 소극적 특성을 지닌다. 다른 한편으로 행복추구권은 복지권 특성을 지닌 것으로 해석할 수 있다. 하지만 복지권은 실행성을 전제로 해야 한다. 우리 헌법에 천명된 행복추구권도 이러한 두 가지 특성을 모두 갖고 있다.

먼저, 자유권적 특성을 가진 행복추구권은 개개인이 자신의 합리적 판단과 결정에 따라 삶의 모든 것을 정할 수 있는 권리를 뜻한다. 이 특성도 소극적 자유권의 측면과 적극적 자유권의 측면에서 살펴볼 수 있다. 인근에 고층 건물이나 시설물이 들어설 경우 야기되는 '일조권'은 소극적 자유권 측면에서 행복추구권을 대표하는 사례이다. 만약 타인이 나의 주거 환경을 햇빛을 받지 못하게 한다면, 이 상황을 막을 나의 권리로서 일조권이 성립한다. 이에 반하여 적극적 자유권 측면에서 행복추구권을 대표하는 권리는 '자기결정권'이다. [플532-533] [증83-84] 하지만 자기결정권을 타인으로부터 방해받지 않고 결정할 권리로 볼 경우는 소극적 자유권에 해당한다. [증187-190] 이렇게 자기결정권을 통해서 보면 소극적 자유권과 적극적 자유권은 순환관계에 있다. 또한 자기결정권은 참여를 증진하는 권리교육프로그램에서 매우 중요한 주제이다. [증322-328]

여기서 벌린(Isaiah Berlin)의 두 가지 자유, 즉 적극적 자유(positive liberty)와 소극적 자유(negative liberty)에 대한 해석에 주목할 필요가 있다. 벌린이 그의 유명한 '두 가지 자유'라는 논문을 통하여 간파하고 있는 점은 '자유'의 본질은 '소극적 자유'에 있다는 것이다. 적극적 자유를 자유의 본령으로 보게 되면, 자유의 본질을 왜곡하는 것은 물론 자유민주주의 자체를 전복하여 전체주의를 불러온다는 점을 강조한다. 권리의 문제만 놓고 보더라도, 과도한 권리 주장뿐만 아니라 일체의 정당화된 통제를 부당한 간섭으로 왜곡시키는 오류를 범하게 된다. 문제는 학생 자신이 행복을 추구한다고 하면서 자의적으로 '편한 것'에 집착하여 결정하는 경우에 야기된다. 아동 자신의 이익이 아니라 눈앞에 보이는 편리함에 집착함으로써 그릇된 결정을 할 가능성을 높인다. 이는 신세대 학생들이 이른바 '소확행'과 '워라밸'이라는 사회적 영향을 받은 데서 비롯되기도 하지만, 정작 일본에서 들어온 유토리교육의 영향으로 보인다.

소확행(小確幸): 일상에서 느낄 수 있는 작지만 확실하게 실행 가능한 행복 또는 그러한 행복을 추구하는 삶의 경향이나 방식을 가리킨다. 이 말은 일본의 현대소설가 무라카미 하루키(村上春樹)가 레이먼드 카버의 단편소설 'A Small, Good Thing'에서 따와 1996년 자신의 에세이 '랑겔한스섬의 오후(ランゲルハンス島の午後)'에서 만든 신조어이다. 그가 사례로 든 것으로 "갓 구운 빵을 손으로 찢어먹는 것, 서랍 안에 반듯하게 접어 넣은 속옷이 잔뜩 쌓여 있는 것, 새로 산 정결한 면 냄새가 풍기는 하얀 셔츠를 머리부터 뒤집어쓸 때의 기분" 등이다. 성인의 입장에서 보면, 주택 구입, 취업, 결혼 등 크지만 성취가 불확실한 행복을

좇기보다는, 일상의 작지만 성취하기 쉬운 소소한 행복을 추구하는 삶의 경향에 해당한다. 하지만 아동이나 학생의 경우에는 자신의 원대한 인생목표보다는 학교에서 겪는 당장의 편안함을 가리킨다. 결국 학생들은 학교교육의 원래 목표보다는 당장의 사소한 '행복'에 관심을 가지는 것을 말한다. 이 경우 이른바 '유토리 교육'으로 연결된다.

워라밸: 영어 'work'와 'life'의 'balance'에서 각 첫음절을 따서 만든 신조어. 당초 '일과 삶의 균형(Work-life balance)'이라는 표현으로 1970년대 후반 영국에서 개인의 업무와 사생활 간의 균형을 묘사하는 용어로 처음 등장했다. 당초 이 말은 '일과 삶의 균형'이라는 뜻을 가지며, 구체적으로 개인의 업무와 사생활 간의 균형을 묘사하는 말이다. 따라서 일과 생활의 불균형을 바로 잡고자 하는 말로도 사용된다. 이 경우, 직장생활 불균형과 연관된 특성으로는 성별, 근무 시간, 가족 특성 이 세 가지를 고려대상으로 삼는다. 성별 차이로 초래하는 역할 정체성에 대한 뚜렷한 인식으로 인해 일과 생활 간의 불균형을 바로 잡겠다는 것이며, 근무 시간은 근무시간으로 인하여 초래하는 가족과 가족사와 일 사이의 불균형을 바로잡겠다는 것이다. 가족 특성에 따라 워라밸을 고려해야 한다는 것은 결혼 여부, 고용주인가 고용인인가, 맞벌이 부부인가에 따라 고려해야 할 균형의 초점과 내용이 달라진다. 학생의 경우에는 공부의 부담과 자신이 하고 싶은 일 사이의 균형을 말할 수 있다. '공부'를 학생들이 짊어져야 할 짐으로만 보는 경우에 곧 공부는 학생들의 행복추구와 관련되어 자의적으로 조절할 수 있는 사안으로 전락한다. 이 경우에도 이른바 '유토리 교육'으로 연결된다.

목하 관심 사안인 '여유 있는 교육'을 뜻하는 유토리 교육[餘裕教育]은 당초 일본에서 실시된 교육방침으로서 1976년부터 부각되다가 2002년에 이르러 교육과정 개편에 반영되어 공교육에 본격적으로 도입되었다. 과도한 주입식 교육을 지양하고 창의성과 자율성 존중을 표방하며 학교 수업시간을 줄이는 방식으로 진행되었다.

유토리 교육의 근원은 우리나라 전교조에 상응하는 '일본 교직원조합(일교조)'에서 제기되었다. 유토리 교육방침은 국영기업의 민영

화를 추진한 나카소네 내각의 주도를 기초로 설립된 임시교육 심의회에서, '공교육의 민영화'라는 의미를 부여받고 도입되었다. 하지만 이러한 의도와는 달리 '여유'라는 뜻을 지닌 유토리(ゆとり) 교육은 학생의 자율성과 종합 인성교육을 중시한 교육을 가리킨다. 그러나 일본은 2000년 이후 실시된 '학업성취도 국제비교(PISA)'에서 일본의 학력(學力) 순위가 계속 추락하자 최근 유토리 교육 탈피를 공식 선언하고, 2007년 일본 정부는 학생들의 학력 저하를 이유로 유토리 교육을 철폐해 학력 강화 교육으로 급선회한 바 있다.

우리나라 학생인권조례에 포함된 행복추구권은 유토리교육에서 지적하는 과도한 교육을 피하고 인성교육을 지향한다는 뜻으로 받아들여진 것으로 보인다. 따라서 학생인권조례를 통하여 표방하고 있는 '행복추구권'은 유토리교육을 통한 과도한 학업 부담의 경감을 지향한 것이다. 그리고 그것은 워라밸, 소확행과 같은 사회적 분위기에 편승하여 학생의 '인권'을 증진하는 방안으로 모색한 것이다. 무엇보다도 이렇게 포장된 행복추구권은 본래 의도와는 달리, 교육현장에서 학생들의 성취의욕과 학습욕구를 저하시킨다. 또한 그러한 상황에서 의욕이 저하된 학생들이 자기 스스로를 합리화하는 기제로 '행복추구권'을 남용하게 된다.

학생인권조례에 포함된 '행복추구권'은 복지권(welfare rights) 측면에서 이 권리를 '행복을 전적으로 보장받을 권리'로 해석하는 데서 비롯된다. 이렇게 보면 온갖 개인적 욕망을 실현하기 위한 수단을 모두 '행복추구권'에 포함시켜 자기 주장만을 하는 꼴이 되어 버린다. 따라서 이러한 권리청원을 복지권으로 해석하면 큰 오류에 봉착하게 된다. '행복추구권'을 위하여 국가나 권력기관이 할 수 있는 일은 개개인이 욕망하는 모든 것을 충족시키려고 '복지' 개념을 왜곡 확대하여 복지재정을 늘리거나 하는 일이 아니라 개인의 행복을 추구하기 위한 질서 확립, 법치 및 최소한의 생계를 위한 복지제도를 확립하는 것이다. 왜냐하면 '복지'는 생존적 필요와 보편적 필요를 충족시키는 공적 제도이기 때문이다. [증207-220] [플735-740] 결국 행복추구권의 또 다른 오해는 복지의 그릇된 해석에 근거하는 것이다.

5. 의무교육과정과 국가의 의무

학생인권조례가 학생들의 행복추구권을 증진하거나 실현시키기 위하여 일본의 '유토리교육'에 상응하는 주장을 한다면, 그것은 의무교육과정의 근간을 훼손하는 일을 벌이는 결과를 초래한다.

헌법을 비롯하여 실정법에 의하여 규정된 무상의무교육은 모든 국민이 무지라는 '결핍'에서 벗어나서 인간의 최소한의 온전한 삶을 영위하게 함이다. 여타의 복지정책도 생존이나 질병과 같이 치명적인 결핍으로부터 당사자를 보호하기 위한 것이다. 그러한 결핍의 대상이 되면 누구든지 복지 수혜를 받을 수 있다는 점에서 '보편적 복지'를 주장할 수 있다. [플744] 그러나 보편적 복지를 두고 복지 수혜 대상을 전 국민으로 하는 것은 복지의 본래 취지에 어긋난다. 결핍 상황이 아니어서 충족할 필요가 없는 사람에게 복지 수혜를 지급하는 결과를 초래하기 때문이다. 그렇게 되면 그것은 국가 재정의 낭비로 이어진다.

보편적 복지의 명분으로 결핍된 상황에 놓이지 않은 사람과 그러한 필요를 충족시킬 필요가 없는 사람에게까지 복지정책을 그릇되게 펼친 사례를 우리는 주변에서 쉽게 찾아볼 수 있다. 무상급식의 경우가 그러하다. [플747-752] 이에 관한 논의를 여기서 다시 소개하지 않겠다. 또한 코로나 사태 초기인 2020년경 전 국민에게 재난지원금 명목으로 국가재원을 지출한 바 있다. 이 역시 코로나로 인하여 당장의 생계유지와 영업에 치명적인 타격을 입은 이들에게 집중적으로 지급되어야 하는데, 그렇지 않아서 '복지'의 본래 취지에 어긋난 경우에 해당한다.

무상의무교육은 모든 국민에게 무지로부터 벗어나고 최소한 공동체 생활을 영위하도록 한 복지정책에 속한다. [증217-226] 의무교육은 국가와 부모에게 있어서 학생들에게 교육을 받게 할 의무이며, 학생에게는 권리이지만, 자신이 공동체 일원으로서 살아가는 데 치명적인 결함을 겪지 않게 참여할 의무가 있다. 학생의 입장에서는 의무와 권리가 동시에 성립한다. 또한 무상의무교육인 것은 경제적 차이에 따라 결핍에서 벗어나야 할 당위성이 차별받지 않도록 한다는 데 있다. 상황이 이럴진대, 행복권을 추구한다는 명분에서 유토리 교육과 같이 의무교육을 하나의 '짐'으로 여기는 것은 타당하지 않다.

다른 한편으로 무상의무교육은 국가 재정이나 사회적 형편 등을 고려하여 그 범위를 정해야 한다. 그래서 세계인권선언이나 아동권리협약에서도 '최소한'이라는 단서를 붙여서 무상의무교육을 규정하고 있다. 따라서 종교, 예술, 철학, 교육 등을 통하여 추구할 규범적 가치가 '권리' 또는 '인권'에 의하여 모두 정당화되지는 않는다. 이를테면 '모든 인간은 건강한 삶을 누려야 한다'는 규범적 가치가 '국가는 모든 국민에게 무상급식과 무상진료의 의무를 진다' 또는 '모든 인간은 국가로부터 무상급식 또는 무상진료를 받을 권리를 지닌다'와 같은 의무를 성립시키지 않는다. 즉 의무교육시행과 같은 국가 의무의 경우, 도덕적 정당성뿐만 아니라 실행가능성을 염두에 두어야 한다. 따라서 학생들이 행복추구권을 지닌다고 해서 모든 원하는 활동을 국가가 지원해야 할 의무는 성립하지 않는다.

의무교육(또는 공교육)의 경우, 국가의 의무는 원천적으로 학생과 학부모의 권리를 대리하여 성립하는 것이다. 이 점에서 저소득층 급식지원사업은 정당화되지만, 무상급식(제24조)의 의무는 성립되지 않는다. 무엇보다도 세계 어느 나라나 학교급식은 수익자부담의 원칙이다. 이를 '권리'로 합리화하려 한다든지, 권리문서로 명문화하여 보편적 권리로 여기는 것은 합당하지 못하다.

6. 무한청원의 문제

학생인권조례에 따르면, 학생들이 청원할 수 있는 것이 무한정 제시되어 있다. 이는 학생들의 행복추구권을 증진한다는 명분으로 제시된 것으로 판단된다. 자신이 원하는 바를 무한청원하여 이루는 사회는 없을 것이다. 따라서 이 문제의 핵심을 법리적 측면과 교육적 측면, 두 가지로 나누어 짚어볼 필요가 있다.

첫째, 법리적 측면이다.

권리는 청구한다고 모두 성립하는 것이 아니라, 일정한 법리(法理)와 실정법에 근거해야 한다. 이 점에서 볼 때, 즉 학생의 법적 지위, 교사의 권한 관계 등을 고려해야 한다. 앞서 지적한 바와 같이, 학생의 권리를 사회계약설의 자연 상태처럼 원시상태나 자유방임상태로 보아서는 안 된다. 학교는 자연 상태를 지칭하는 것이 아니라 문명의 산물이기 때문이다. 즉 일차적으로 학생의 권리는 학교라는 특수한 제도와 상황에서 비롯되는 특정권(special rights)이다. [플406-412] [증58-59] 특정한 사례를 조속하고 과도하게 일반화하는 데서 그릇된 입법이 이루어진다. 그러므로 학생의 권리를 자의적이거나 학교와 교육의 특수성을 외면하고 주장하면 곤란하다. 권리의 과도한 명문화는 권리 자체를 침해하는 자충수가 된다.

둘째, 교육적 측면이다.

가장 먼저 학교가 지니는 특수성을 고려해야 한다. 학교는 방임상태의 장소가 아니라 교수-학습이 효율적으로 수행되도록 일정한 통제를 허용하는 인류 문명이 고안해낸 훌륭한 제도이다. 아렌트에 따르면 생활영역에서 세계영역으로 이행하는 과도기적 존재인 아동이 새로운 존재 즉 문명인으로 탄생하고 공동의 시계에 새로운 임무를 담당할 수 있도록 미리 준비시켜 주는 제도가 교육과 학교이다. [플136-146]

또한 학교는 아이들의 판단이 자의적으로 행해지지 않도록 모종의 조치를 강구하는 '가르치는 기관(teaching institute)'이다. 그렇다고 그 조치가 인위적 기획에 따른 강제가 아니라 자생적이고 문명의 도도한 흐름 속에서 꾸준히 축적되어 온 결과물이다. 그래서 권위적 간섭(paternalism)이 상당 부분 정당화되기도 한다. [증164-190] [플633-645] 따라서 '학생 인권'을 빙자하여 이러한 상황이 벌어지도록 하는 오류를 범해서는 안 된다.

형식논리에 따르면, 역설(paradox)이 야기되는 경우가 많다. 특히 자유민주주의 사회에서 그러하다. [플519-529] 교육적으로 요구되는 권위적 간섭의 정당화가 이에 해당한다. 특히 자유의 패러독스가 야기된다. 자유의 패러독스(paradox of freedom)는 자유를 실현하기 위하여 현재의 자유를 잠시 유보한다는 것과, 보다 큰 자유를 실현하기 위하여 현재의 작은 자유를 유보하는 것 두 가지를 지칭하는 패러독스이다. **[플519-522]** 교육상황에서, 구체적으로 학교에서 자유의 패러독스는 간혹 학생들의 자유를 부당하게 유보하기 위하여 권위적 간섭주의와 함께 심각하게 논의되는 쟁점이다. 그럼에도 불구하고 자유의 패러독스는 학생들의 안전, 인지발달 등을 위하여 적극적으로 원용할 필요가 있다. 따라서 학생인권선언이 담고 있는 학생의 자치활동의 권리와 결사권은 무한청원 형식으로 이해될 경우 개별 학생의 권익이 무시될 위험성마저 있다. 교육을 받는 아동이 향유하고 행사할 권리의 특성은 존중되어야 한다. **[플464-479]**

학생의 행복추구권을 명분으로 하여 무한청원이 낳는 심각한 문제는 요즈음 회자되는 '욜로' 또는 '욜로족'에 대하여 잠시 언급할 필요가 있다. 여기서 '욜로'는 현재의 행복을 중요하게 여기는 생활방식을 말한다. 당초 이 말은 영어 'You Only Live Once' 즉 '당신의 인생은 한 번뿐'이라는 뜻이다. 여기서 첫 글자를 따서 'YOLO'가 생성된 것이다. 이러한 삶을 추구하는 사람들을 욜로족이라고 한다.

욜로가 지니는 의미는 두 가지이다. 하나는 현재의 삶에 집중하여 미래를 준비하거나 생각하지 말라는 뜻, 더 정확하게는 미래를 위하여 현재를 희생시키지 말라는 뜻이다. 경제적으로 불확실한 미래보다는 확실한 현재를 중시하는, 미래 투자인 저축보다는 소비를 선택하는 경향을 뜻하기도 한다. 이 말은 '카르페 디엠(Carpe Diem)'과 동의어로 여겨지기도 하지만, 동의어는 아니다. 카르페 디엠은 현재에 충실하라는 뜻을 지니지만, 미래를 현재를 위하여 고려하지 말라는 뜻으로 확대되지 않기 때문이다. 영화 '죽은 시인의 사회'를 면밀하게 분석하면 그 차이를 알 수 있다. [플252-265]

다른 하나는 타인을 위하여 자신을 희생하지 말라는 뜻으로 사용되기도 한다. 왜냐하면 욜로가 '한 번 사는 인생 즐기자'는 뜻이 있으므로 자신의 인생을 자신만을 위하여 영위해야 한다는 뜻이기 되기 때문이다. 따라서 욜로는 이기주의를 부추긴다. 하지만 진정한 이기주의는 타인의 삶을 배려한다는 윤리적 측면, 즉 윤리적 이기주의라는 점에 비추어 볼 때, 욜로가 부추기는 이기주의는 윤리적 이기주의가 아닌 편협한 이기주의 또는 세속적 이기주의에 불과하다.

어떻게 보건 간에 욜로는 앞서 언급한 일본의 유토리 교육이나 소확행, 그리고 워라밸과 무관해 보이지 않는다. 모두 자신의 행복을 추구하고자 하는 동기에서 비롯되었기 때문이다. 따라서 유토리 교육, 소확행, 워라밸, 그리고 욜로 모두 학생인권조례가 천명하는 '행복추구권'과 관련이 있다.

이들 용어가 학생들의 행복추구권과 관련이 있다고 해도 특히 욜로는 학생 자신의 삶의 장기 전망 능력을 갖추지 못한다는 데 문제의 심각성이 있다. 이해를 도모하기 위하여 다음 예를 보자.

> "아이는 아버지로부터 받은 1달러짜리 지폐를 25센트짜리 동전 두 개로 바꾼다[50센트]. 아이는 두 개가 하나보다 많기 때문에 자신이 현명한 일을 했다고 생각한다. 아이는 계속해서 25센트짜리 동전 두 개를 10센트짜리 동전 세 개로 바꾸고[30센트], 10센트짜리 동전 세 개를 5센트짜리 동전 4개로 바꾼 다음[20센트], 마지막으로 5센트짜리 동전 4개를 1센트짜리 동전 5개로 바꾼다[5센트]. 그리고 마침내 아버지에게 돌아와서 자신이 행한 일련의 훌륭한 거래들에 대해 설명한

다.” <넛지Nudge> 127쪽에서 인용.

🗁 Nudge: ‘팔꿈치로 쿡쿡 찌르다’라는 뜻을 지닌 ‘넛지(nudge)’는 일종의 자유주의적인 개입, 혹은 간섭을 지칭한다. 즉, 사람들을 바람직한 방향으로 부드럽게 유도하되, 선택의 자유는 여전히 개인에게 열려있는 상태를 말한다. 이렇게 인식되게 된 요인은 리처드 탈러(Richard Thaler)의 책 제목이자 주제 때문이다. 이 책은 여러 가지 면에서 생각해볼 단초를 제공해주는 책이다. 위의 인용문은 2009년 리더스북 출간 번역서에서 따온 것이다.

위의 인용문을 통해서 아이들이 합리적 판단 능력을 갖추지 못하거나 교묘한 세뇌 및 교화 수단을 강구하여 원천적으로 자율적 판단을 하지 못할 경우 아이 자신의 삶에 어리석고 불행한 결과가 어떻게 나타나는지를 보여준다. 이러한 예는 우리 주변에서만 아니라 주요 작품에서도 어렵지 않게 찾아볼 수 있다. 조지 오웰의 소설『동물농장』에서 독재자 돼지 나폴레옹이 암캐 캐시와 수캐 블루벨 사이에서 갓 태어난 강아지를 모아 격리시킨 후 세뇌시켜 자신의 정권 하수인으로 만든 사례도 아동이 장기 안목을 갖지 못하는 경우에 해당한다. 아이들의 눈앞에 당면한 이익을 매개로 하여 이루어지는 세뇌와 선동을 통하여 아이들이 어떻게 망가지는지를 확인할 수 있다.

🗁 동물농장(Animal Farm): 조지 오웰(George Orwell, 본명 Eric Arthur Blair)의 1945년 작품으로 전체주의 국가의 폐해를 풍자한 소설이다. 풍자 대상은 1917년 볼셰비키 혁명 이후 구 소련의 전체주의 체제 아래서 일어난 온갖 부조리들이다. 이 소설에서 돼지 나폴레옹은 소련의 스탈린을 가리키며, 또한 인간은 부르주아를, 동물은 프롤레타리아를 가리킨다. 특히 소설 속 돼지는 볼셰비키, 개는 비밀경찰, 오리는 선동대, 양은 홍위병을 뜻한다. 전체주의 비극을 문명의 각도에서 다룬 조지 오웰의 또 다른 작품으로『1984』가 있다. 이 작품은 올더스 헉슬리

(Aldous Huxley)의 『멋진 신세계』와 함께 문명이 낳을 수 있는 디스토피아(dystopia)의 세계를 적나라하게 묘사하고 있다. 『동물농장』에서 개에 비유하였지만 아동을 가정(부모)으로부터 격리시켜 세뇌시켜 '의식화' 시키는 것이 얼마나 부당한지를 잘 알려준다.

☞ 『동물농장』에 관한 자세한 내용은 제9장 참조.

결론적으로 아동의 행복추구권을 명분으로 하여 그들의 무한청원을 수용하는 학생인권조례의 경우 결국 학교에 몸담고 있는 학생의 장기적인 안목을 손상시키고 결국 자신의 장래 삶을 온전하게 영위하지 못할 위험에 놓이게 된다.

여기서 반드시 짚고 넘어가야 할 논점은 아동은 연령이나 인지 능력과 관계없이 '권리주체'로서 지위를 갖는다고 하였다. **[증123-156]** **[플105-111]** 그러면 아이들이 선택하고 청원하는 모든 사항을 수용해야 한다고 반박할 수 있을지 모른다. 그러나 그들이 권리주체인 것은 아무런 준비 없이 선택한 모든 것을 존중해야 한다는 뜻이 아니다. 아이들이 공적 문제에 합리적 판단을 내리는 데 가정, 학교, 그리고 교육의 '울타리'가 필요하듯이 아동에게는 생존과 건강한 발달 그리고 보호를 위한 조치가 일차적으로 강구되어야 한다. 그러한 조치가 권리주체로서 아동이 지닌 권리를 침해했다고 볼 근거는 없다.

7. 학교와 교육의 특수성

행복 추구를 위한 학생들의 권리 청원은 한계를 지닌다. 이것도 두 가지로 나누어 볼 수 있다. 하나는 학생인권조례에 포함된 권리 또는 권리청원은 개인의 권리를 보장하는 이념적인 틀인 자유민주주의를 부정하는 주장까지 포함하지 않는다는 점이다. 또한 '학생'의 지위에서 향유하고 행사하는 아동의 권리가 한 인간으로서 누려야 보편적 권리를 상황에 관계없이 확대 적용하는 것은 그릇된 해석이다. 환자는 인간으로서 향유해야 할 자유권을 지니고 있지만, 치료받기 위하여 입원하면 치료받을 권리를 보장받기 위하여 자신이 자의적으로 행동할 자유를 구속받게 된다. 이는 환자의 권리 침해가 아니다. 이와 같은 이치는 학생의 권리에도 통용된다. 따라서 환자는 질병치료를 위하여 자의적인 자유가 제한되고, 의사와 의료진의 지시에 복종해야 하는 것과 마찬가지로, 학생의 권리는 교육목적을 위하여 자의적인 행동이 통제되고 교사와 학교 당국의 통제를 받아야 한다. 특히, 개성을 실현할 권리(경기 제12조) 및 사생활의 자유(경기 제13조)의 경우는 이에 위배된다.

다른 하나는 학생의 권리는 학교라는 구체적인 상황을 넘어서 정당화되는 것이 아니다. 학생인권조례가 규정하는 학생의 인권은 학교와 교육상황을 전제한 것이다. 앞서 지적했듯이, 학생의 권리는 사회계약론에서 언급되는 자연 상태나 롤스의 원초적 지위(original position) 등에 비추어 성립되는 것이 아니다. 특히 롤스의 이론을 교육에 적용하는 데에는 한계와 결함이 있다. [플447-453]

또한 학생의 권리는 특정권의 성격이 지닌다. 교육받을 권리가 누구나 지니는 보편적 권리라고 인정하더라도, 이것이 구체적인 학생의 권리로 인정받으려면, 학생의 권리는 학교 또는 특정한 교육상황 속에서 파악되어야 한다. 인류 문명이 창출한 다른 제도와는 달리 학교는 규율을 배우는 곳이다. 따라서 학생의 권리가 성립하려면 그것은 교육의 특수성을 고려하여 교사와 학교 당국에 대한 특정권으로서만 성립한다. 왜냐하면 학생의 권리는 아동이 다름 아닌 학생이라는 지위를 획득했을 경우 부여받을 수 있기 때문이다. 학생인권조례는 이를 묵살하고 있다. 물론 학교 내에서 학생의 삶이 학교 밖의 삶과 달라야 한다는 뜻이 아니다. 이를테면 학교 안에서도 학생의 사생활은 침해당해서는 안 된다. 그러나 학생인권조례가 학생의 자유와 지나치게 확대해석하고 있다.

이와 관련된 예로 바로 교사의 일기검사를 들 수 있다. 특히 초등학교에서 일기검사처럼 교육적 가치를 지닌 교육행위도 없다. 첨삭지도라는 장점을 살릴 수 있고, 어린 아동의 작문과 표현 능력을 증진시킬 수 있기 때문이다. 그러나 학생인권조례를 지지하는 이들이 일기검사를 반대하는 중요한 논거로 바로 해당 학생의 사생활 침해를 내세우고 있다. 무슨 말인가 하면, 교사가 일기검사를 통하여 아이들의 일기에 혹시 들어있을 가정의 내밀한 내용을 알게 되어 그것이 해당 아동의 사생활 침해할 소지가 있다는 것이다. 하지만, 그러한 주장은 오히려 교사 스스로의 전문성을 깎아내리는 일이다. 어느 전문직이건 간에 자신의 직무상 알게 된 당사자의 사생활을 포함한 정보는 비밀 유지의 의무가 있으며 전문직 종사자라면 누구나 이를 반드시 준수해야 한다. 의사가 진료하면서 알게 된 환자의 은밀한 정보에 관하여 비밀유지해야 하는 것과 똑같은 이치이다. 이처럼 교사의 교육적 권한을 넘어서는 권리를 무한정 성립하는 학생의 권리로 상정하고 이를 무조건 수용한다면, 그것은 교사의 전문성을 스스로 부정하는 결과를 낳는다. 학생인권조례의 사생활의 비밀을 보호받을 권리는 이와 같은 맥락에서 바르게 이해되어야 한다. 이를 무시하고 일반적인 경우의 사생활 보호를 학생의 '인권'으로 주장해서는 안 된다.

같은 맥락에서 휴대전화 소지 금지와 관련하여 학교는 무한 자유가 주어지고 방임이 무제한 허용되는 장소가 아니다. 학교는 교육목적을 위하여 일정한 통제가 정당화되는 기관이다. 정보의 권리를 상황에 관계없이 성립하는 보편적 권리로 보면 학생이 누려야 할 권리를 침해하고 학생의 온당한 지위를 그릇되게 왜곡할 수 있다. 학생은 학교에서 학습을 증진하고 발달을 도모하는 목적을 지닌 존재이므로, 이 목적에 따라 정보접근에 관한 권리가 제한될 수 있다. 의료의 경우에도 환자의 진료 및 수술에 관한 전문적인 정보 또는 치료목적상 필요한 경우는 정보접근이 제한될 수 있다. 이러한 권리를 무한정 성립하는 학생의 권리로 규정하면, 그것은 학생의 교육받을 권리 자체를 왜곡하고 훼손하는 결과를 초래한다. 학생인권조례의 정보의 권리는 이와 같은 맥락에서 수정되거나 바르게 이해되어야 한다.

8. 교육 주체로서 학부모

학생인권조례에 따르면 학부모의 자녀에 대하여 갖는 권리와 의무 등이 과소평가되거나 간과된다. 학교에 재학하는 자녀를 둔 학부모가 행사하는 권리를 '학생인권'의 이름으로 간과하거나 묵살해서는 안 된다. 이 문제도 법리적 측면과 생물학적 측면에서 설명된다.

먼저, 법리적 측면을 보자.

가르치고 배우는 교수-학습 활동의 측면에서 얼핏 보면, 학부모는 제3의 존재로 보인다. 기껏해야 학교에 보내는 자녀를 뒷바라지하는 정도의 조력자에 불과하다고 생각할 수도 있다. 사실 학습에 몸담고 있는 것은 학생 신분의 자녀이며, 학부모 스스로가 교수-학습 과정에 참여하지 않기 때문이다. 그러나 학부모의 위상은 이렇게 단순하게 규정될 수 없다. '권리'는 권리-의무의 이원적 상관관계에서만 성립되는 것이 아니라, '권리' - '의무' - '수혜(beneficiary)'의 삼각관계로 설명되기도 한다. 이를 설명하기 위하여 하나의 예를 들어보기로 한다.

병약한 노모(*老母*)를 요양기관에 의탁한 아들은 요양기관에 대한 권리가 성립하고, 요양기관은 의뢰한 아들에게 의무가 성립한다. 그러나 이들의 권리-의무 관계 속에서 수혜를 받는 사람은 권리-의무 관계 밖의 제3자인 노모이다. 여기서 노모를 위탁한 아들의 경우처럼 학부모는 자녀를 가르치는 학교와 교사에 대하여 중요한 권리를 지닌다. 사정이 이럴진대, 학부모의 권리를 외면하고 학생의 '인권'을 내세우는 것은 온당하지 않다.

그러면 자녀를 가진 학부모가 학교와 교사에 대하여 가지는 권리는 무엇인가를 따져볼 필요가 있다. 그러나 학교에서 학부모의 권리 관계는 여러 가지 복잡한 양상을 지닌다. 즉 이를 총괄적으로 그리고 세밀하게 설명하는 것은 매우 중요하지만 방대한 논의를 요구한다. 학부모의 권리가 갖는 복잡성을 설명하기 위하여 그중 몇 가지만 언급하겠다. 국가가 의무를 지는 공교육의 경우 학부모는 국가 의무이행의 수혜자이면서 권리청구자가 될 수 있다. 즉 학부모는 권리청구자, 국가는 의무 이행자, 학생은 권리수혜자이다. 하지만 우리나라와는 달리 완전히 국가로부터 독립된 외국의 사립학교의 경우는 이러한 관계가 달라진다. 학부모는 사립학교에 의무 이행을 청구할 수 있지만, 비싼 학비를 지불해야 할 의무를 동시에 지게 된다. 어느 경우에도 학생은 일차적으로 권리수혜자의 지위를 지니며, 이에 앞서 학부모는 각종 권리와 의무를 지닌다.

물론 학생 신분으로서 자녀가 권리수혜자이면서 동시에 학교에 재학하면서 지니는 권리가 없는 것은 아니다. 그러나 학부모의 지위를 배제한 채 그 자녀인 학생의 권리를 '인권'으로 묶어서 앞세우는 것은 타당하지 않다.

다음으로 생물학적 측면을 보자.

학부모는 자녀의 교육 문제에 있어서 누구보다도 우선권을 지닌다. 그것은 부모가 생물학적 측면에서 정당화된다. 무엇보다도 유전적 차원에서 정당화된다. 이를테면 부모의 자녀에 대한 사랑(이타심)은 결국 유전적 관점에서 이기심으로 설명된다. 여기서 '정당화'라고 하는 것은 세계인권선언(제26조 제3항)이나 아동권리협약(제5조 및 제27조 제2항)에서 이를 명문화하여 인정하고 있기 때문이다. [증489; 534; 545] 이 경우 우선권은 자녀를 대리하는 대리권이다. 특히 학생의 권리로 인식되는 상당 부분의 청구권은 학생 개인보다는 학부모의 권리로 귀속한다. 이 점에서 부모의 대리권은 정당화된다.

그리고 부모의 대리권은 고대 희랍에서부터 정당화된 개념이다. 부모의 대리권을 인정하지 않으면, '공유지의 비극(tragedy of commons)'처럼 아이들이 실질적 보호자와 후견인이 없는 상태로 방치된다.

> 사람들은 자신의 것에는 최대한의 주의를 기울이지만 공동의 것에는 덜 관심을 쏟기 때문이다. … 아무튼 그들은 저마다 개인적으로 관련되어 있는 한에서만 주의를 기울인다. … 이 아이들은 개별적인 시민 따로따로의 아들이 아니고 모든 아버지에게 동시에 아들이어야 한다. 그 결과는 모든 아버지들이 똑같이 모든 아들들에게 관심이 없거나 소홀하게 되는 것이다. <아리스토텔레스, **정치학** 제2권 제3장>

여기서 부모의 우선권이 고대 사회부터 존재해 왔음을 확인할 수 있다. 학생인권조례에서 학부모의 지위와 중요성을 고려하지 않고 학생의 '인권'을 강조하는 것은 근원적으로 재고해야 할 내용이다.

9. 법적 절차상 부조화의 문제

이제까지 학생인권조례는 법실증주의와 실정권, 특정권, 도덕권의 측면에서 여러 문제를 지니고 있음을 살펴보았다. 그러한 문제 이면에 학생인권조례는 '조례'의 범위를 벗어나 법리적으로 여러 가지 문제를 지니고 있다는 점을 지적하지 않을 수 없다. 한마디로 말하자면, 학생인권조례는 법리적으로 모순을 드러내며 법적 절상 부조화 문제를 야기한다.

먼저 '조례'라는 특성이 비추어 언급하고자 한다. 대개의 권리문서는 '헌장(charter)', '선언(declaration)', '협약(covenant; convention)'의 형식을 갖는다. 이 세 가지는 '헌장', '선언', '협약'의 순으로 구속력이 강해지는 특징이 있다. 물론 '협약'의 경우, 국내법처럼 효력을 갖는 경우도 있다. 1989년의 '아동권리협약'이 그 대표적인 예이다. 하지만 이들 권리문서는 실정법과는 본질적으로 의미가 다르다. 정작 문제는 우리나라 학생인권조례는 '조례'의 형식으로 제정되어 나온 것이라는 데 있다. '조례'는 비유하자면, 중앙정부 차원에서 일반법처럼 지방자치단체가 제정하는 실정법에 해당한다. 따라서 조례는 해당 지역에 실정법적 효력은 물론 구속력도 갖는다. 앞서 이미 지적한 바 있듯이, 조례에다가 '학생인권'의 '보장'이라는 규정을 달고 있으나, 그 조례에 규정된 포괄적이고 이상적이기도 한 모든 권리 내용들을 담아서 보장할 수는 없다.

우려되는 내용부터 살펴본다.

무엇보다도 헌법 수준에서 다루어질 내용이 지방의회에서 제정된 조례에 포함되어 있다. 대표적으로 양심, 종교의 자유, 표현의 자유 그리고 자치활동의 권리가 이에 해당한다. 자치활동의 자유는 마치 학교라는 교육적 상황을 고려하지 않은 결사의 자유를 뜻한다. 심지어 이는 교육적 상황에 대항하는 저항권에 해당한다.

게다가 이렇게 '학생인권조례'로 규정되는 의사표현, 양심, 결사의 자유와 권리는 학생들을 권리 실현의 토대가 되는 이념체계인 자유민주주의를 부정하는 수단으로 악용될 소지가 있다.

학생인권조례의 내용 면에서 보면 제2조의 규정에 의하여 '학생'의 범위를 실정법적으로 규정하고 있지만, 실질적으로 '학생'의 지위를 사회계약설의 자연 상태의 개인이라고 상정하고 있다. 이는 앞서 지적한 바 있지만, '조례'에서 다룰 수 있는 범위를 벗어나 있다. 그래서 모순이 나오기도 한다.

같은 맥락에서 각기 제3조에 담긴 '학생인권보장원칙'이라는 용어 자체가 문제가 된다. '권리' 문제에서 '보장'이라는 말은 쉽게 사용해서는 안 된다. 오히려 '증진', '개선'이라는 말을 사용해야 한다. 오히려 '보장'이라는 용어로 규정하면 현실적으로 권리를 개선하거나 증진하는 길을 막을 수도 있다. [플298]

구체적으로 한쪽에서는 실정권의 측면에서 정의하면서 실정권을 넘어서는 모든 규범적 가치를 '권리'의 범주에 포함시키려 하고 있다. 모든 도덕적 규범이 권리의 범주에서 실현되는 것은 어디까지나 선언적인 차원에서 가능하다. '권리' 문제는 이상이 아니라 현실적이고 실행적인 측면에서 고려되어야 한다.

학생인권조례는 징계, 구제, 청구 등의 절차를 교육본질과 교육실천 상황을 초월하여 매우 폭넓게 규정하고 있다. 이는 조례의 영역을 넘어선 규정이기도 하다.

Ⅳ. 결함과 대책

1. 결함

우리나라 학생인권조례가 지니고 있는 문제점과 결함을 이제까지 살펴본 내용에 비추어 아주 간략하게 정리하면 다음과 같다.

⑴ 우리나라 학생인권조례는 학생인권이라고 칭하여 '인권'의 의미를 '저항권'으로 해석하는 경향이 크다. 그 결과 학생과 교사, 학생과 학교 당국 또는 학부모와 학교 당국 간의 이해충돌 여지가 커지고, 이는 다시 '인권'의 빌미를 제공하는 악순환을 낳는다. 아울러 교사의 법적 지위와 권위도 손상될 여지가 크다. 이를 시정하기 위하여 '권리'의 의미를 다시 새기고 이를 학교라는 교육상황에 어떻게 적용할 수 있는지를 고려해야 한다.

⑵ 아동이라는 용어와 달리 '학생'은 학교라는 교육제도 속에서 부여받는 지위이다. 아동처럼 표준적 의미를 지니지 않고 학생은 문명이 이뤄낸 학교라는 제도 속에 몸담고 문명사회의 일원이

되기 위한 학습을 하는 존재이다. 그러나 학생인권조례에 명기된 '학생'은 마치 자연 상태에서 사회계약을 하려는 계약 당사자처럼 묘사되어 있다. 교육 당국, 학교, 교사 등의 기존 교육 권위체를 부정하지 말아야 한다. 학생의 존재가 '인권' 의식을 통하여 마치 기존 제도를 부정하는 저항 주체로 부각되며, 학생의 지위는 그로 인하여 성립되는 것으로 인식된다. 학생은 일차적으로 학습하는 존재, 공부하기 위하여 학교에 온 존재이다.

(3) 아동이 학생의 지위를 부여받는 것은 교육과 학교의 특수성 때문이다. 이는 학생이 교육제도와 학교가 규율하는 규칙과 규범을 준수할 의무가 있다는 것을 뜻한다. 학교는 학생을 '속박상태에서 해방시키는 곳'이 아니다. 학생은 자연인도 아니며, 학교는 학생을 자연 상태로 환원시키는 '해방 기지'도 아니다. 학교는 사회의 구성원이 되기 위한 제 능력과 역량, 태도와 심성을 배우는 곳이다. 이 점에서 학교는 국회, 법원, 경찰서, 병원, 백화점과 다르다. 더욱이 학교는 해방되어야 할 감옥도 아니다.

(4) 우리나라 학생인권조례는 행복추구권을 과도하게 확대 해석하고 있다. 당초 행복추구권은 포괄성, 추상성을 지니는 권리이다. 우리나라 학생인권조례에 명기된 행복추구권은 그것을 능사로 여겨 권리지상주의를 부추기는 듯하다. 게다가 행복추구권은 일상의 소소한 행복이라는 명분에서 아이들이 '마땅히 공부해야 할 내용'을 회피하는 명분을 줄 가능성이 크다. 이른바 '소확행', '워라밸', 심지어 일본의 '유토리(ゆとり)교육'을 표방할 가능성도 배제할 수 없다. '소확행'이나 '워라밸'은 노동자, 근로자 관점에서 의미를 지니는 것이며 '학생'의 관점에서 정당화되기는

어렵다. 특히 학생이 욜로족이 된다는 것은 스스로 성취하고자 하는 의욕을 포기하고 눈앞에 보이는 이득에만 집착하는 속물로 전락할 가능성을 부추긴다.

(5) 우리나라 학생인권조례는 학부모의 지위를 여러 면에서 과소평가하고 있다. 우선 부모와 자녀의 관계에 있어서 부모와 자녀는 대등한 관계가 성립할 수 없다. 지나친 평등의식을 가정 문제에 적용하면 '아들을 아버지 지위에 놓는' 어리석은 일이 벌어진다. 이는 자녀의 인격과 존엄성을 부모의 지위에 따라 침해하고 훼손해도 좋다는 뜻이 아니다. '가정'이라는 '울타리'가 갖는 교육적 의미를 살리려면 부모와 자녀는 형식적 평등관계를 유지해서는 안 된다. 학부모는 생물학적, 사회적, 경제적 측면에서 자녀와 관련된 문제에 관하여 우선권을 지니는 존재이다. 이는 학생인권조례가 존중한다고 하는 아동권리협약에도 명시되어 있는 사안이다.

(6) 공교육제도는 무상의무교육을 근간으로 성립한다. 무상의무교육은 국가와 학부모의 의무를 전제로 한 것이다. 만약 이 의무가 온전하게 이행되지 않는다면 공교육제도는 무력화된다. 이 제도 속에서 권장되는 각종 '의무'는 학생들에게 '짐'을 부과하기 위한 해악이 아니다. 의무교육에 따라 규정되고 부과된 각종 의무는 배워야 할 내용이라는 점에서, 습득해야 할 습성이라는 점에서 학생들이 장차 사회구성원으로 활동하는 데 요구되는 필수 사항이다. 이 점을 간과해서는 안 된다.

(7) 우리나라 학생인권조례에서 교육문제에 관한 학부모의 대리권이 은폐되거나 큰 폭으로 축소되었다. 학부모는 자신의 자녀를

대리하여 학교 당국에 권리청원을 할 수 있는 권리주체이다. 그러나 학생인권조례에서 학생은 학부모를 능가하는 권리주체로 묘사되어 있다.

(8) 우리나라 학생인권조례는 학생을 자신이 하고 싶은 것을 무한 청원할 수 있는 존재로 규정하고 있다. 이는 권리의 실행성을 간과한 것이다. 이는 교육적 측면과 법리적 측면에서 심각하게 재고해야 할 문제이다. 일견 학생의 무한청원과 무한 참여가 그들의 복지를 향상시키고 삶을 윤택하게 할 것으로 생각할 수도 있지만, 실상은 정반대이다. 오히려 학생들은 편협한 이기주의자가 되거나 나약한 욜로족으로 전락할 가능성도 있다.

또한 권리의 그릇된 해석을 들 수 있다. 우선 '보편적 가치로서 권리'의 오용과 남용 문제를 들 수 있다. 또한 보편적 가치로서 권리는 인격적 평등, 소극적 자유의 보장, 법치준수에 한정하여 성립한다는 점에서 비판을 받는다. 청원권을 지나치게 확대 해석하게 되면 누구나 원하는 것은 무엇이든지 얻을 수 있다는 그릇된 믿음을 조장하게 된다.

(9) 조례를 넘어서는 권리의 그릇된 해석을 들 수 있다. 조례는 헌법과 일반법보다 하위의 법령이다. 일반법은 국회에서 제정되지만, 조례는 지방의회에서 제정되는 규범이다. 이는 조례가 헌법과 일반법을 능가하는 내용을 담을 수 없다는 뜻이다. 바꿔 말하자면, 조례는 어떤 내용을 담고 있건 간에 헌법적 가치를 존중하고 관련 일반법이 규정한 범위를 벗어날 수 없다. 그러나 학생인권조례를 보면, 헌법에서도 감당하기 어려운 내용을 담고 있다. 이를테면 학생이 '계약당사자'로 참여할 수 있다든지 '보장'이

라는 용어를 통하여 상위법 체계를 교란시킬 가능성이 있다. '학생인권'을 통하여 조장되는 교육상황 왜곡을 들 수 있다. 학교라는 구체적인 교육상황을 초월하여 존재하는 '인권'을 매개로 하여 현실적으로 실행하기 어려운 요구사항이 망라되어 있으며, 그 실행에도 문제가 있다.

또한 무엇이든지 '참여'하고 '조직'하고 '청원'한다고 권리로 성립한다는 그릇된 믿음을 조장한다. 이는 법리적으로도 심각한 문제이며, '주민자치원리'의 과도한 해석으로 발전되면 안 된다.

2. 대책 및 개선방향

이상에서 살펴본 문제와 결함을 토대로 학생인권조례가 어떻게 개선되어야 하는지를 살펴보기로 한다. 이 개선 방향은 차후 우리나라 학생인권조례가 드러낸 여러 문제를 진단하고 그 해결책을 모색하는 지침이 될 것이다.

첫째, '학생의 권리'가 지니는 의미를 명확하게 설정해야 한다. 우리나라 학생인권조례는 '인권'이라는 용어를 사용함으로써 그릇된 방향에서 여러 가지 오해를 불러일으킨다. 권리가 반드시 의무와 상관개념인 것은 아니지만, 학교라는 제도를 통하여 여러 가지 수혜를 받는다면 이에 상응하는 의무가 설정되는 것은 당연하다. 이는 권리-의무의 짝 개념 여부와 관계없이 성립한다. 따라서 '학생인권조례'라는 한 방향이 아닌 권리와 의무를 교육상황에 맞게 설정할 필요가 있다.

둘째, 학생의 권리는 학생이라는 지위에 부합하도록 설정되어야 한다. 학생의 지위는 교육제도 및 학교라는 공적 기관을 통해서 획득된다. 그 결과 학생이 향유하고 행사할 권리는 그 제도와 기관의 설립목적이나 취지에 부합해야 한다. 따라서 학생의 권리는 학교라는 교육상황과 관련된 사항만을 연계시켜 규정되어야 한다.

셋째, 교육제도와 학교라는 교육기관은 대한민국이라는 자유민주주의 국가 체제에 부합하여야 한다. 이에 비추어 학생의 권리를 규정해야 한다. 아울러 교육과 학교라는 특수성을 존중해야 한다. 헌법 전문에 천명된 자유민주주의 질서를 존중한다는 내용이 담겨야 하며, 제31조에 규정되어 있는 내용을 존중하도록 해야 한다. 우리나라 학생인권조례에는 우리 헌법을 준수하도록 한다든지 자유민주사회의 시민으로서 자질을 함양하는 것에 관한 언급이 없다.

넷째, 행복추구권을 과도하게 확대 해석하지 말고 교육상황에 합당하게 제한적이되 명확하게 규정해야 한다. 무엇보다도 이와 같이 새롭게 제정될 학생의 행복추구권이라도 그것은 해당 학교 또는 해당 교육청이 지향하는 교육목적과 교육정책 방향에 부합되어야 한다. 특히 행복추구권을 헌법상 자유민주주의 정신을 초월하는 규범으로 과대 해석하지 않도록 해야 한다.

다섯째, 학부모의 책무성을 강화해야 한다. 학생의 권리가 실현되는 데에 학교 당국이나 교원 이상으로 역할을 수행하는 존재가 학부모이다. 따라서 학생의 권리를 규정함에 있어서 이와 관련된 학부모의 지위와 역할을 명시해야 한다. 학부모가 원하지 않는 방향으로 관련 조례 등이 제정되는 것은 교육주체로서 학부모의 지위를 무시하는 것이다. 현행 우리나라 학생인권조례에 대한 학부모의 배제와 이에 따른 불만은 상당하다는 점을 고려해야 한다. 학생의 권리를 규정하고 실행하는 문제에 있어서 학부모의 참여를 전제하도록 해야 한다.

여섯째, 학생의 권리를 규정하는 데 있어서 국가와 지방자치단체 그리고 교육 당국이 수행해야 할 책무를 규정하고, 이에 따른 학부모의 의무도 규정해야 한다. 여기서 학생 권리의 신장을 우선적으로 고려해야 하지만, 동시에 학생의 권리가 너무 포괄적이고 추상적으로 규정되어 오용되거나 남용되지 않도록 해야 한다.

일곱째, 학교선택권의 존중이다. 학생의 중요한 권리 중 하나가 학교선택권이다. 하지만 당사자인 학생 스스로가 학교 선택과 기타 교육 사안에 관하여 일일이 직접 선택할 수 있는 것은 현실적으로 불가능하다. 따라서 이에 관한 학부모의 대리권이 명시되어야 한다. 현행 우리나라 학생인권조례에는 학부모의 대리권이 은폐되어 있거나 언급되어 있지 않다.

여덟째, 학생의 권리는 일차적으로 학생들이 교육상황 또는 학교생활 속에서 원하는 바와 회피하고픈 바를 청원하고, 이에 따른 다양한 활동과 의사결정에 참여할 수 있도록 해주는 데 그 목적이 있다. 하지만 이러한 학생의 청원과 참여가 아무런 제약을 받지 않거나 무제한의 참여를 도모해서는 안 된다.

아홉째, 현행 학생인권조례는 조례를 넘어서는 권리를 규정하지 말아야 한다. 여기에는 최소한 두 가지가 고려되어야 한다. 하나는 기존의 조례를 개정할 경우이다. 이 경우에는 앞서 살펴본 법리상 불일치하는 여러 문제를 해결할 수 있도록 개정되어야 한다. 현행처럼 위헌 소지와 상위법에 위배되는 내용에 대하여 과도한 법적 강제를 수반한다. 이에 대한 별다른 해결책이 없다. 다른 하나는 조례가 아닌 다른 방식으로 권리문서를 제정하는 것이다. 법리적으로 따져보아도 학생의 권리를 증진하는 권리문서로서 조례는 타당해 보이지 않는다.

이에 대한 대안으로 교육 전문성이 뒤지는 지방의회가 제정하는 현행 조례보다는 권리장전 또는 권리와 의무를 함께 다룰 수 있는 '권리의무장전'을 제정하는 방안을 고려해 보아야 한다. 이 경우 '장전' 제정의 주체는 지금처럼 지방의회에 국한되지 않는다. 그 성격에 따라 국회 차원에서도 가능하고, 단위학교 차원에서도 가능하다. 또 학부모가 존중될 경우도 고려해야 한다. 이 경우 가칭 '학부모의회'의 설치가 고려될 수 있다. 이때 학부모의회는 지방의회가 설립하는 일종의 특별위원회 지위를 갖도록 하여 지방자치 정신을 존중하면서도 교육전문성을 고양하도록 한다. 학부모의회가 현실적으로 설립이 어려울 경우 지방자치의 정신을 존중하면서 학부모가 참여할 수 있는 교육협의체를 구성하여 '학생권리장전' 또는 '학생권리의무장전' 제정의 주체로 한다.

이상의 내용 이외에 추가적으로 보완할 내용으로 다음 사항을 제시할 수 있다.

첫째, 학교선택권과 함께 단위학교의 학생선발권 보장을 위한 조치가 병행되어야 한다. 선발권은 교육 주체인 학교가 지니는 핵심 권리이다.

둘째, 헌법 정신을 존중해야 한다. 특히 학생의 권리가 헌법에 규정된 '능력에 따른 기회균등'의 원리를 구체화하고 현실화하는 노력을 담고 있어야 한다. 행복추구권으로 인하여 훼손되는 자기결정의 가치가 능력에 따른 기회균등의 정신에 따라 존중된다는 점을 간과해서는 안 된다.

셋째, 지식기반사회 패러다임에서 요구되는 학교의 책무성에 비추어 조망해야 할 제 권리를 반영해야 한다.

넷째, 학생의 권리가 교사, 학부모, 학교 및 교육 당국의 의도와 상충되지 않고 학생의 실질적 권리와 이익을 도모한다는 점을 부각시켜야 한다. 기존 학생인권조례는 교사, 학부모, 학교 및 교육 당국이 마치 학생의 천부적 권리를 침해하는 주체로 각인시키고 있으며, 결과적으로 기존 제도를 부정하려는 의도를 조장한다. 이러한 부정적 이미지를 연출할 의도를 차단할 필요가 있다.

Ⅴ. 대안 탐색

1. 대안으로서 학생권리장전

앞서 현행 학생인권조례에 대한 대안으로서 '학생권리장전'의 제정을 제안하였다. 그러면 학생권리장전은 어떤 의미를 담고 있는가를 살펴보기로 한다.

역사적으로 권리장전(The Bill of Rights)은 명예혁명의 결과로 이루어진 인권 선언으로서, 영국 헌법의 기초가 되는 중요한 법률 문서 중 하나인 1689년 영국의 권리장전에서 유래한다. 이 권리장전은 국왕과 의회가 주권을 둘러싸고 거의 100여 년에 가까운 시간 동안 대립해 온 역사에 일획을 그은 사건이었다. 또한 권리장전은 입헌 군주제를 확립함으로써 영국의 절대 왕정을 종식시켰다는 점에서 영국 헌정사상 커다란 의미를 지닐 뿐만 아니라, '미국독립선언'과 '프랑스 인권선언'에도 지대한 영향을 끼친 바 있다.

이후 전개된 내용 소개는 생략하기로 한다. 하지만, 이후 천명된 권리장전은 역사적으로 국민들의 권리증진과 권리인식 제고에 크게 기여하였다. 그 결과 우리가 염두에 두고 있는 일반적 의미의 권리장전은 헌법 속의 국민 권리와 의무를 말한다. 즉 대부분의 민주국가에서는 헌법 안에 권리장전이 포함되어 있다. 우리나라의 경우 헌법 제2장 국민의 권리와 의무가 권리장전에 해당한다고 볼 수 있다. 결론적으로 권리장전의 현대적 의미는 헌법상 규정된 기본권을 뜻한다.

현실적으로 권리장전의 의미는 독특한 분야에 적용하여 확장되기도 한다. 대형병원에서 흔히 볼 수 있는 환자권리장전이 대표적이다. 환자권리장전은 임상적 의학적 치료과정과 관련해서 환자-제공자 간의 관계를 보다 긍정적이고 유연하게 최선으로 도움으로써 보다 나은 의료서비스 환경을 제공할 수 있도록 환자의 권리와 의무를 선언해주는 문서이다. 현재 일반적으로 적용되는 환자권리장전은 다음과 같은 내용을 포함하고 있다.

- 환자의 권리
  - 생명의 존엄성을 보장받을 권리
  - 의료 및 임상 그리고 치료과정에 대하여 알 권리
  - 치료과정과 대안 등에 대한 선택과 결정의 권리
  - 프라이버시 및 비밀보장의 권리
- 환자의 의무
  - 의료서비스 제공자에게 올바른 정보를 제공할 의무
  - 치료 거부 결과에 대한 책임을 질 의무
  - 의료서비스제공자 및 다른 환자를 존중할 의무

- 성실한 재정적 이행 의무

환자권리장전에서 가장 잘 확인할 수 있는 점은 환자의 권리와 함께 이행해야 할 의무가 병행하여 명기되어 있다는 점이다. 환자권리장전과 같은 맥락에서 많은 대학과 대학원에서 학생권리장전을 제정하여 시행하고 있다. 이것이 우리나라 '학생권리장전'의 효시가 아닌가 판단된다. 이 경우에도 학생의 권리와 함께 학생들이 이행해야 할 의무가 병기되어 있음에 유의할 필요가 있다. 이 점에서 '학생권리장전'은 정확하게 말하자면 '학생권리의무장전'인 셈이다.

2. 우리나라의 학생권리장전

우리나라 학생권리장전은 2014년 카이스트 대학원 총학생회에 의해 만들어진 대학원생 권리장전이 그 효시이다. 이 권리장전은 다음과 같은 전문을 통하여 제정 취지를 천명하고 있다.

> 대한민국 헌법 및 법률과 대한민국이 가입·비준한 국제조약 그리고 일반적으로 승인된 국제법규 등에서 인정된 인간으로서의 존엄과 가치 및 자유와 권리 등이 지적(知的) 공동체인 카이스트 대학원 내에서도 변함없이 유효함을 다시 한번 확인하고, 이를 바탕으로 모든 카이스트 구성원들이 함께 카이스트 대학원을 인간의 존엄성이 존중받는 평등한 지적(知的) 공동체로 유지하기 위하여 카이스트 대학원총학생회는 2014년 10월 6일 본 권리장전을 제정, 선포한다.

출처: gsa.kaist.ac.kr 홈페이지

카이스트 대학원생 권리장전은 4개 장, 총 21조로 구성되어 있다.

제1장은 제1조의 정의와 제2조의 적용범위를 명시함으로써 대학원생들의 권리와 의무의 성격과 한계를 명확하게 하였다. 제3조에서 제14조에 이르는 제2장은 대학원생들의 권리를 천명하고 있다. 제3조와 제4조에서는 인간존엄성과 평등의 일반적 가치를 대학원생들의 학업과 연구에 연계하여 천명하고 있다. 제5조에서 제14조에 이르는 제 권리는 대학원생의 학업과 연구에 관한 권리, 공정한 평가를 받을 권리를 비롯하여 이에 파생되는 지식재산권을 규정하고, 학업과 연구에 요구되는 일반적인 권리를 명시하고 있다. 여기에는 사생활의 자유와 거부권, 건강과 휴식 및 안전에 관한 권리, 조교활동에 관한 권리, 표현의 자유, 알 권리, 구성원으로서 참여권 그리고 기타 권리가 명시되어 있다.

이와 아울러 제15조에서 제19조에 이르는 제3장은 대학원생의 의무를 규정하고 있다. 이 의무들은 앞서 천명한 대학원생들의 권리에 상응하는 것으로서, 구성원으로서 학칙 및 절차 준수의 의무, 학업에서 면학 분위기 조성 의무와 학문적 위상 제고 노력 의무, 연구윤리 준수 의무 등이다.

제4장 보칙은 대학원생들이 권리를 침해당하였을 경우 침해구제와 대학원 기구운영에 관한 규정으로 이루어져 있다.

이를 바탕으로 하여 몇 가지 사항을 정리할 수 있다.

첫째, 학생의 권리를 규정함에서 있어서 대학원의 설립과 취지에 합당하고 교육목적에 부합하도록 규정한 점이다. 일반적 권리도 같은 맥락에서 그 권리 한계를 명백하게 한 점에 주목할 필요가 있다.

둘째, 학생의 권리에 따르는 의무를 병기한 점이다. 여기서 학생의 지위와 본연의 활동이 반영되어 있음을 알 수 있다.

셋째, 학생의 권리를 규정함에 있어서 일반권이라 하더라도 포괄적이지 않고 대학원 운영과 대학원생의 학업이수에 초점을 맞추어 규정된 점이다.

이러한 카이스트 대학원생 권리장전을 본떠서 2015년 서울대학교 대학원생 권리장전이 제정되었다. 이어 아주대학교 대학원, 중부대학교 대학원, 협성대학교 대학원, 성신여자대학교 대학원생 권리장전 등이 제정되어 시행 중인 것으로 알려져 있다.

3. 외국의 학생권리장전

외국에서는 일반적으로 학생 권리 장전은 학생 권리에 관한 신념이나 규정을 설명하는 문서로, 일반적으로 학생 그룹, 학교 또는 정부가 채택한다. 학생 단체 또는 일반적으로 집행 권한이 없는 그룹에 의해 제기될 때 학생 권리 장전은 일반적으로 신념의 진술이다. 법적 구속력은 없지만 향후 협약이나 입법 노력의 토대 역할을 할 수 있으며 다른 사람들이 학생들을 윤리적 존재로 이해하도록 도와준다. 특히 미국의 유서 깊은 전국 학생 협회(USSA)는 학생 권리 장전을 사용하여 학생 권리에 관한 공동 성명서를 창안하기 시작한 미국 대학교수 협회와의 협력을 하였다. 이 협회는 미국 학생 단체로 1947년에 설립되어 미국에서 가장 큰 학생 협회로 알려져 있다.

이 협회를 주축으로 하여 제정되는 미국의 학생권리장전은 다음과 같은 내용을 포함한다.

- 헌법상의 권리
  - 시민권 행사

- 결사의 자유
- 적법한 절차에 대한 권리

• 연설 및 협회 권리
  - 기관 정부에 대한 학생 참여
  - 학생 간행물

• 적법한 절차 권리
  - 학생 행동 조사 기준

학생 행동 조사/ 학생 행동을 위한 청문회

• 교실 권리
  - 탐구와 표현의 자유 보호
  - 부적절한 학업 평가로부터 보호
  - 부적절한 학생 정보 공개로부터 보호

출처: https://www.aaup.org/report/joint-statement-rights-and-freedoms-students

여기서 우리가 주목해야 할 특징은 학생권리장전이 헌법상 정신을 존중하고 있으며, 이를 각 조항에 적극 반영하고 있다는 점이다.

물론 세계 각국의 대학과 학교에서 학생권리장전이 제정되어 운영되고 있다. 하지만 그 대강을 여기에 모두 소개하는 것은 본고의 취지에 부합하지 않으므로 소개는 여기서 그치기로 한다.

4. 미국 페어팩스 카운티 공립학교의 학생권리장전

우리나라 학생인권조례에 대안으로 고려하고 있는 학생권리장전을 제정하기 위하여 가장 모범적인 사례로 미국 페어팩스 카운티 공립학교의 학생권리장전을 이 절에서 소개하기로 한다. 이를 토대로 우리나라도 학생권리장전 시안을 마련할 수 있기 때문이다.

먼저 미국 버지니아주(Virginia) 페어팩스카운티(Fairfax County) 공립학교의 학생권리의무장전(The Bill of Student Rights and Responsibilities)을 소개하면 다음과 같다.

학생권리의무장전

학생의 권리와 의무는 일상생활 속에서 학생들이 긍정적인 인성과 인격을 함양하고 훌륭한 삶을 선택하도록 하는 좋은 학습 경험을 하도록 기여하는 데 그 목적이 있다.

학생의 권리

미합중국의 헌법과 법률, 버지니아 연방법은 학생들에게 법적 권리와 자유를 부여한다. 교육위원회 정책 및 규정은 학생들의 연령과 성숙도에 따라 누릴 수 있는 많은 특권을 부여한다. 학생들은 다른 사람의 권리나 안전한 학습 환경을 제공하는 학교의 노력을 방해하지 않는 한 이러한 권리와 특권을 행사할 수 있다.

이에 페어팩스카운티 학생들은 다음과 같은 권리를 갖는다.

- ✓ 안전하고 안락한 분위기의 학교에 출석하고, 공동체 일원으로서 긍정적인 행동 습관을 갖추어서 사회적, 정서적 기량을 개발할 수 있는 학습역량을 제고할 권리
- ✓ 자신의 성명과 호칭이 적절하게 불릴 권리
- ✓ 교직원과 다른 학생들로부터 도리에 맞는 공정한 대우와 존중받을 권리
- ✓ 학생 자신의 성 정체성에 부합하는 화장실, 탈의실 시설 및 낙인효과를

주지 않는 기타 설비를 이용할 권리

✓ 학생 자신의 소지품이 안전하게 보존되고 손상되지 않을 권리

✓ 연설, 집회, 청원 등 모든 합법적인 수단을 통해 자유롭게 의견을 표현할 권리

✓ 학생 자신의 성 정체성 및 성적 취향을 공개하지 않을 권리

✓ 법률, 정책 또는 규정의 개정을 옹호할 권리

✓ 학교 관계자가 내린 조치, 금지행위 또는 결정이 학생에게 최선의 이익이 아닌 경우, 교사, 상담사 또는 학교 교장에게 우려 또는 불만 사항을 고지하여 그에 대한 적절한 응답을 받을 권리

✓ 교장에게 고지한 불만 사항이 만족스럽지 못하게 해결된 경우 지역 부교육감에게 이를 고지하여 적절한 응답을 받을 권리

학생의 의무

페어팩스카운티 학생들은 자신들이 향유하는 권리에 따른 적절한 의무를 이행한다. 비록 나이가 어린 학생일지라도 다른 사람을 공정하게 대하고 규칙을 따르는 책임감 있는 행동을 보여야 한다.

이에 페어팩스카운티 학생들은 다음과 같은 의무가 있다.

✓ 지정된 시간에 출석하여 지정된 학교 일정을 따를 의무

✓ 학교의 규칙, 절차 및 제 과정을 준수할 의무

✓ K-12 교육 규정에 의한 복장을 착용할 의무

✓ 교원의 권위를 존중할 의무

✓ 타인의 재산과 권리를 존중할 의무

✓ 타인의 신념과 견해 차이를 존중할 의무

✓ 외설, 폭력, 파괴적이거나 무례한 언어와 용모 및 행동을 삼갈 의무

✓ 다투지 않고 평화적 해결 방법을 모색할 의무
✓ 다른 학생들을 해치거나 왕따시키지 않을 의무
✓ 위험을 초래할 상황을 교직원에게 알릴 의무
✓ 어떤 형태의 지원이건 그것이 필요한 경우 이를 요청해야 할 의무

이와 아울러 학생들이 준수해야 할 학칙은 다음과 같은 경우에 모두 적용된다.

➢ 학교 건물 안에서
➢ 학교 운동장에서
➢ 가상 학습 환경에서
➢ 스쿨버스와 기타 학교 차량 안에서
➢ 버스 정류장에서
➢ 등하굣길에서
➢ 교내외를 막론한 학교교육활동에서
➢ 장소가 학교 밖이거나 일과 시간이 아니라 하더라도 수업을 방해하거나 학교방침에 따르지 않아서 이에 따른 유죄 판결을 받은 경우

🗁 K-12: 통상 미국의 초등학교와 중등학교 교육을 뜻하는 말. 통상 여기에 유치원을 포함한다. 이에 따라 K-14는 대학 예과과정과 같은 2년제 교육을 뜻하며, K-16은 초등교육에서 대학교육을 이르는 말이다. 따라서 'K-12'라는 말은 통상 공교육제도에서 말하는 '보통교육'을 뜻한다고 볼 수 있다.

🗁 이상 소개한 내용의 원문은 다음과 같다.

Student Rights and Student Responsibilities

Students contribute to a quality learning experience by coming to class every day with a positive attitude, personal integrity, and a commitment to making good choices.

Student Rights

The Constitution and the laws of the United States and the Commonwealth of Virginia give students many legal rights and liberties. School Board policies and regulations provide students many privileges as well, according to their ages and maturity levels. Students may exercise these rights and privileges as long as they do not interfere with the rights of others or the schools' ability to provide a safe learning environment.

FCPS students have the right to …

✓ Attend a safe, welcoming school and belong to a community that values and promotes learning alongside social and emotional skill development through a positive behavior approach.

✓ The right to be called by chosen name and pronoun.

✓ Expect courtesy, fairness, and respect from school staff members and other students.

✓ Access the restroom and locker room facilities and other non-stigmatizing accommodations that are consistent with your gender identity.

✓ Expect that all property will be safe and not damaged.

✓ Express opinions freely through speech, assembly, petition, and other lawful means.

✓ Non-disclosure of your gender identity and/or sexual orientation.

✓ Advocate for change in any law, policy, or regulation.

✓ Present a concern or complaint to teachers, counselors, or the school principal if the actions, inactions, or decisions made by a school official do not seem to be in the best interest of the student, and to expect a response.

- ✓ Present a concern or complaint to the region assistant superintendent if not satisfied with the resolution of a complaint presented to the principal, and to expect a response.

Student Responsibilities

FCPS expects students to balance expression of their *rights* with observance of their *responsibilities*. Even the youngest children can demonstrate accountability by treating others fairly and following the rules.

In FCPS, students have the responsibility to:

- ✓ Attend school regularly, on time, and follow assigned schedules.
- ✓ Follow rules, procedures, and processes.
- ✓ Dress appropriately for a K-12 educational environment.
- ✓ Respect the authority of staff members.
- ✓ Respect the rights and property of others.
- ✓ Respect others' beliefs and differences.
- ✓ Refrain from using words, images, or gestures that are obscene, violent, disruptive, or disrespectful.
- ✓ Resolve disputes peacefully.
- ✓ Refrain from bullying or hurting other students.
- ✓ Tell school staff members about any behavior that may cause danger to anyone.
- ✓ Request access to social, emotional, and behavioral supports when needed.

The Rules of Student Conduct apply to students at all times:

- ➢ In school buildings
- ➢ On school grounds

- In virtual classroom environments
- On buses and other school vehicles
- At bus stops
- On the way to or returning from school
- At school and school-related activities both on and off school property
- Off school property and outside school hours if the conduct is detrimental to the school, adversely affects school discipline, or results in a criminal charge or conviction

출처: Fairfax County Public Schools 2021-22 Student Rights and Responsibilities: A Guide for Families.
https://www.fcps.edu/about-fcps/policies-regulations-and-notices/student-rights-and-responsibilities

이상에서 살펴본 바와 같이 이 학생권리장전의 특징은 앞서 강조한 바와 별반 차이가 없다는 점을 확인할 수 있다. 즉

첫째, 헌법 정신을 존중하고 이를 교육상황에 맞게 반영한다는 점이다.

둘째, 학생의 권리와 함께 이에 상응하는 의무를 규정하고 있다는 점이다.

셋째, 학생의 권리가 적용되는 범위와 장소를 명확하게 규정하고 있다는 점이다.

5. 대안 마련을 위한 제언

이제까지 우리나라 학생인권조례의 형성과 특징 그리고 쟁점과 문

제점을 살펴보았다. 이어 이를 개선할 수 있는 방안을 모색하였다. 그 중 하나로 학생인권조례 방식이 아닌 '학생권리장전'을 제정하는 방안을 제안하였다. 이를 위하여 권리장전이 무슨 의미를 지니고 있으며 어떠한 형태의 권리장전이 있는가를 살펴보았다. 이 중에서 미국 버지니아주 페어팩스 카운티 공립학교 학생권리장전을 개선을 위한 하나의 근거 사례로 검토하였다.

하지만 학생권리장전의 제정이 현행 학생인권조례의 가장 타당하고 강력한 대안이라고 하더라도 그 시안을 마련하는 데에 여러 가지 한계가 있다. 첫째, 학생권리장전의 제정 주체가 결정되지 않은 점을 들 수 있다. 지금처럼 지방의회가 맡을 것인지 아니면 다른 주체가 맡을 것인지가 결정되지 않았다. 제정 주체에 따라 제정되는 학생권리장전의 성격이 달라질 것이다. 둘째, 학생권리장전을 구성하는 취지와 내용이 그것이 적용되는 지역 사정에 부합해야 한다는 점이다. 이는 지방자치 원리를 존중한다는 취지에서 고려되어야 한다. 셋째, 학생권리장전의 대상을 각 교육청 단위 지역으로 할 것인지 아니면 단위학교의 독립성과 자율성을 존중한다는 취지에서 단위학교별로 할 것인지도 결정해야 한다. 아니면 광역지방자치단체별로 학생권리장전을 제정하고 이 범위 안에서 해당 지역 단위학교가 각 학교의 특성을 살려서 별도의 학생권리장전을 마련할 수 있도록 할 것인지를 결정해야 하는 문제도 남아 있다. 넷째, 학생권리장전이 대한민국 전체의 교육을 이끌어가는 하나의 지침으로 역할을 할 수 있도록 중앙정부 차원에서 기획하고 제정할 것인지도 고려해 보아야 한다. 이는 학생권리를 교육이 추구하는 규범성과 연계시킨다는 차원에서 매우 중요한 사항이다. 1968년 제정된 국민교육헌장은 그 성격과 긍정적인 역할에도 불구하고 여러 가지 비판에 직면하여 거의 폐기 상태에 있는 것에 비추어, 학생권리장전은 이를 대신하여 우리 교육이 나아가야 할 지표를 제시하는 하나의 축으로 역할을 다할 수 있으리라 사료된다.

이러한 여러 사정을 고려할 때 여기서는 우리나라 학생권리장전(The Bill of Pupil Rights and Responsibilities)을 제정함에서 있어서 반드시 고려해야 할 기준 또는 원칙을 제시하고 이 근거를 간략하게 개진하도록 한다.

[원칙1] (헌법 정신 존중) 학생권리장전은 헌법 정신을 존중한다.

학생권리장전은 헌법을 초월하는 권리문서가 될 수 없다. 대한민국 교육기관과 학교에서 '학생이라는 지위를 부여받은 아동'을 위한 권리를 천명하는 문서이기 때문에 헌법 정신을 존중해야 한다. 그래야 현행 학생인권조례처럼 학생이 문명 이전의 자연상태의 사회계약을 하는 존재처럼 규정하는 오류를 배제할 수 있다. 헌법 정신 존중은 여타의 학생권리장전에서 볼 수 있는 것처럼 전문(前文)에 명기하도록 한다. 그리하여 학생권리장전에 명시된 학생의 권리와 의무가 대한민국 헌법이 부여한 숭고한 가치임을 인식할 수 있도록 해야 한다. 또한 학생권리장전 전체가 우리 헌법의 테두리 안에서 학생의 권리와 의무가 존중된다는 것을 분명하게 해야 한다.

특히 학생권리장전에 포함될 헌법적 가치는 자유민주주의와 시장경제원리에 입각한 제 사항이 되도록 해야 한다. 학생권리장전의 제 조항은 우리 헌법에 따라 교육상황에 합당한 내용으로 구성되어야 한다.

[원칙2] (학생의 권리와 의무) 학생권리장전은 학생의 권리와 함께 이에 상응하는 학생의 의무를 규정한다.

현행 학생인권조례는 학생의 권리만으로 구성되어 있다. 그리하여 현행 학생인권조례는 마치 학생이 학교라는 '굴레'에서 모든 권리를 강탈당하는 피해자처럼 오인되는 폐단을 드러낸다. 또한 학생이라는 존재가 권리를 무한정 청원하고 주장할 수 있다는 이른바 권리지상주의에 빠질 위험이 있다. 실제로 그러한 조짐과 현상이 없었던 것이 아니다. 이는 학생들이 향유하는 권리는 학교라는 교육제도 안에서 그에 상응하는 책무가 따라야 한다는 점을 고려하면 시정할 수 있을 것으로 보인다.

권리와 의무는 항상 상관개념이 아니지만, 그렇게 보지 않을 경우 여러 가지 폐단이 드러나는 경우가 종종 있다. 만약 권리를 무한청원이 가능한 청원행위로 본다든가 권리지상주의에 함몰된다면 그것은 학생들이 교육상황에서 향유해야 할 실질적인 권리조차도 지닐 수 없게 만든다. 그리고 학생권리장전에 포함되는 '의무'는 권리의 상관개념인 'duty'가 아니라 직책, 지위, 신분에 따르는 책임 또는 책무를 가리키는 'responsibility'임을 염두에 두어야 한다. 즉 학생권리장전에서 말하는 '의무'는 권리에 따르는 반대급부가 아니다. 학생권리장전에서 말하는 '의무'는 권리 수혜자가 권리를 향유하기 위하여 준수해야 할 행동 조건이다.

앞 절에서 살펴본 기존 학생권리장전에도 학생의 권리와 함께 의무가 규정되어 있다. 또한 우리가 학생권리장전 시안을 마련하는 하나의 모범 사례로 본 미국 버지니아주 페어팩스 공립학교 학생권리장전의 경우에도 학생의 제 권리와 함께 여러 유형의 의무를 규정하고 있다. 이를테면, 학교 출석 의무, 제 규칙과 절차 준수 의무, 교직원의 권한 존중 의무, 그리고 음란, 폭력, 방해 또는 무례한 단어, 형상, 몸짓을 삼가야 하며 다른 학생을 괴롭히는 왕따와 같은 행동을 삼가야 할 타인 존중과 배려 의무 등을 규정하고 있다. 이러한 학생의 의무 이행이 종국에 학생의 권리를 실질적으로 증진한다는 점에 유념하여 고려할 필요가 있다.

[원칙3] (학생권리의 교육적 특수성) 학생권리장전의 조항은 교육제도와 학교의 특성을 반영하여 구성한다.

학생은 사회개혁을 하기 위하여 또는 원시 상태에서 사회계약을 하기 위하여 학교에 참석한 존재가 아니다. 학생은 학교라는 교육제도를 통하여 인류가 이루어낸 문명 세계에 입문하는 데 필요한 모든 것을 습득하고, 자신의 잠재력을 발휘하고 자신이 선택한 삶의 가치를 실현하기 위한 준비를 하기 위하여 학습하러 온 존재이다. 이 점을 학생권리장전의 제정 목적으로 명백하게 규정할 필요가 있다.

이는 앞서 살펴본 환자권리장전에도 명시되어 있으며 미국 버지니아주 페어팩스 공립학교 학생권리장전의 경우에도 다음과 같이 명시되어 있다.

> 학생의 권리와 의무는 일상생활 속에서 학생들이 긍정적인 인성과 인격을 함양하고 훌륭한 삶을 선택하도록 하는 좋은 학습 경험을 하도록 기여하는 데 그 목적이 있다.

이와 같은 학생권리장전의 제정 목적 또는 의도는 제정될 학생권리장전이 영향을 미치는 범위에 따라 달리 규정될 수 있다. 즉 학생권리장전이 교육청 단위로 제정되는가 아니면 학교 단위로 제정되는가에 따라 달라져야 한다. 만약 교육청 단위 제정이라면 학생권리장전의 제정 목적 또는 의도는 포괄적으로 할 필요가 있으며, 반면 학교 단위 제정을 할 경우에는 그 단위학교가 소재한 지역적 특성이나 학교 건학이념 등을 반영하여 보다 세부적이고 매우 구체적일 필요가 있다.

[원칙4] (법치교육과 과잉 민주화 방지) 학생권리장전은 헌법 정신과 법치주의를 존중하도록 제정한다.

이미 학생권리장전에는 헌법 정신을 반영해야 한다고 지적하였다. 헌법 정신의 반영을 명문화하더라도 헌법 정신을 실질적으로 수호할 현실적인 방안이 마련되지 않으면 다시 헌법을 초월한 주장이나 위헌적 소지가 있는 내용을 담아내거나 그러한 방향으로 교육 분위기를 조장할 수 있다. 따라서 헌법 정신과 법치주의를 존중하도록 하는 법치교육 내용을 반영할 필요가 있다.

이는 우리 사회가 과잉 민주화의 폐해로부터 벗어나는 방법이어서 더욱 요구된다. 민주주의를 하나의 이상적인 가치로 여기고 이에 따라 절차적 원리로 존중되어야 할 민주적 가치가 퇴색되는 것을 방지하는 데 필수적인 요인이다. 우리는 민주주의가 왜곡되는 것을 이미 살펴본 바 있다. **[플567-575; 604-608]** 우리 사회에 그릇되게 팽배해진 과잉 민주화로 인하여 민주주의가 왜곡되는 것을 방지하고 민주주의가 절차적 원리임을 깨닫는 것은 곧 법치주의의 중요성을 학생들에게 알려줌으로써 가능하다. 이러한 방침이 학생권리장전에 반영된다면 그것은 곧 학생 개개인을 합리적 판단을 내릴 수 있는 이성적 존재로 육성한다는 것을 뜻하기도 한다.

학생권리장전에 포함될 헌법 정신과 법치주의의 존중은 보다 구체적으로 헌법교육을 강화하는 것이며, 또한 법치주의 확립을 통하여 우리 사회의 크나큰 폐단인 과잉 민주화를 제지하는 데 크게 기여할 것이다. 학생권리장전의 제정과 법치주의 교육은 불가분의 관계에 있다.

[원칙5] (학생 권리의 포괄적 적용 배제) 학생권리장전에 포함된 학생의 권리는 학교와 교육상황에 부합하는 명시적이고 구체적인 권리로 규정되어야 한다.

학생권리장전에서 규정된 학생의 권리는 상위법처럼 포괄적이고 추상적인 것이 아니라 학교와 교육상황에 부합하는 명시적이고 구체적인 권리로 규정되어야 한다. 이는 현행 학생인권조례가 학생의 제 권리가 교육상황을 넘어서 모든 상황에 걸쳐 적용되는 것으로 오해되고 오용되는 것을 막아준다. 우리는 권리의 보편성을 존중한다. 하지만 권리의 보편성은 실행력 여부를 떠나 시간과 장소에 관계없이 모든 상황에 천편일률적으로 적용되는 것을 의미하지 않는다. 또한 우리는 이른바 행복지상주의를 경계해야 한다. '학생의 권리'는 학생의 지위를 지닌 아동 또는 그러한 사람에게 적용되는 것이며, 학생의 지위는 교육과 관련된 상황 속에서만 향유할 수 있는 권리이다. 이와 유사한 맥락에서 권리의 보편성과 아동의 특수성 문제를 검토해 본 바 있다. **[플133-147; 466-479]** 그리고 교육과 학교라는 제도가 부여하는 특성을 감안해야 한다는 점을 확인한 바 있다. 학생의 권리는 이를 배제한 채 포괄적으로 규정되어서는 안 된다.

새롭게 제정되는 학생권리장전에서는 학생의 제 권리가 적용되는 범위와 장소를 명확하게 규정해야 한다. 첫째, 권리의 내용을 교육상황에 비추어 구체적으로 적시해야 한다. 또한 이에 따른 학생의 의무도 구체적으로 명시해서 이를 이행하는 데 혼선이 없도록 해야 한다. 둘째, 학생권리장전이 천명하는 내용이 적용되는 상황도 명백하게 적시해야 한다. 이를 구체적으로 명시한 사례는 미국 버지니아주 페어팩스 공립학교 학생권리장전의 경우에서 찾을 수 있다.

- 학교 건물 안에서
- 학교 운동장에서
- 가상 학습 환경에서
- 스쿨버스와 기타 학교 차량 안에서
- 버스 정류장에서
- 등하굣길에서
- 교내외를 막론한 학교교육활동에서
- 장소가 학교 밖이거나 일과 시간이 아니라 하더라도 수업을 방해하거나 학교방침에 따르지 않거나 이에 따라 유죄 판결을 받은 경우

이러한 내용을 참고하여 우리 상황에 맞는 학생권리장전을 구체적으로 규정해야 한다.

[원칙6] (자유민주 질서 의식 함양) 학생권리장전은 자유민주적 질서를 존중하는 보편적인 윤리 준칙을 반영하도록 한다.

학생권리장전은 교육이라는 제도적 특성과 학교라는 구체적인 현

장을 토대로 제정되어야 함과 동시에 그것이 교육적으로 지향하는 가치는 자유민주주의 사회의 일원으로서 준수해야 할 보편적 윤리 준칙에 초점을 맞추어야 한다. 현행 학생인권조례의 경우나 우리 사회 현실을 보면 이를 '민주시민교육'이라는 하나의 분야로 설정하여 다루고 있다. 현재 시행되는 각종 민주시민교육 프로그램은 그 나름대로 성과가 없다고 단정할 수는 없다. 그러나 대부분의 민주시민교육의 내용에는 이른바 '인권교육'이라고 하여 현행 학생인권조례가 지닌 결함과 폐해를 그대로 담고 있다.

무엇보다도 민주시민교육이라는 이름의 적지 않은 프로그램이 자유민주적 질서와 가치를 간과하는 수준을 넘어서 부정하는 경향이 있다. 그래서 이는 위헌 소지를 낳는 내용이기도 하다. 또한 '인권교육' 프로그램을 마련하여 학생들의 '생존권'을 무한청원이 가능하고 국가가 무한의 의무를 지는 복지권으로 해석하는 오류를 범하고 있다. 주지하는 바와 같이 복지권은 무한청원의 대상이 아니며 그 실행력을 담보해야만 권리로 작동할 수 있다. [플735-740] 이에 관한 개념적 혼란을 피하기 위하여 일반권과 특정권의 구분이 중요하다. [플400-412] 이와 같은 사례는 윤리 준칙의 보편성을 과대확장 해석하거나 그릇되게 적용한 데서 비롯된 것이다. 따라서 학생권리장전은 자유민주주의 사회의 일원으로서 준수해야 할 보편적 윤리 준칙을 교육적으로 지향하는 가치에 초점을 맞추어 담아내어야 한다.

특히 학생권리장전은 보편적 윤리 준칙을 추상적으로 진술하지 말고 학생의 일상생활과 관련시켜서 교육목적에 부합하는 방식으로 담아내도록 한다. 구체적으로 준법정신과 타인에 대한 배려, 차이의 존중 등을 교육상황에 맞게 규정해야 한다. 앞서 소개한 미국 버지니아주 페어팩스 공립학교 학생권리장전이 명시한 학생의 권리 진술을 참고할 만하다.

[원칙7] (고유의 교육적 가치 존중) 학생권리장전은 우리 고유 미풍양속 등을 반영하도록 한다.

학생권리장전에 민족문화 또는 우리 고유의 문화적 가치를 담을 수 있도록 해야 한다. 흔히 민족문화창달이라고 하면 국수주의(國粹主義) 또는 극우적 가치를 연상하기 쉽다. 아니면 우리 교육을 진보의 방향이 아닌 보수의 방향으로 회귀한다는 비판에 직면할 수도 있다. 당연히 고리타분한 가치나 과거의 가치를 융통성 없이 보존하고 고집하자는 것이 아니다. 하지만 우리는 이 내용과 관련하여 우리 헌법에 주목할 필요가 있다. 헌법 제9조에 따르면, 전통문화의 계승·발전과 민족문화의 창달에 노력하여야 한다고 명시되어 있다. 즉 우리 고유의 가치를 존중하는 것은 헌법적 가치이기도 하다. 따라서 우리 고유의 가치를 교육적으로 활용하는 방안을 마련할 필요가 있다.

이와 관련하여 경계해야 할 두 가지가 있다. 하나는 고유의 가치를 교육적으로 존중하는 데 있어서 지양해야 할 것으로 국수주의, 왜곡된 민족 순혈주의, 문화적 우월주의 등이다. 이는 우리가 전 세계적으로 고립을 자처하는 일이므로 항상 경계해야 할 사안이다. 다른 하나는 고유의 가치를 교육적으로 존중하되 비현실적인 요인을 경계하는 일이다. 이를테면 부모님의 상을 당하여 삼 년 시묘(侍墓)살이를 강조한다든가 4대 봉사 제사 원칙을 준수해야 한다는 내용을 담을 수는 없다.

전통문화를 활용하는 방식은 고유의 가치로 어떤 내용을 교육적으로 존중해야 하는가를 네거티브 방식을 통하여 결정할 수 있다. 무슨 일인가 하면 외래 가치를 수용하면서 우리가 왜곡하여 수용할 가능성이 있는 내용 또는 아예 우리에게 맞지 않는 내용을 다룰 경우, 이 내용을 대체할 우리의 전통적 가치 또는 고유의 문화를 찾아서 이를 다시 평가하자는 것이다.

이를테면 자유와 평등이라는 가치는 서구의 민주주의가 도입되면서 우리에게 보편화된 가치이다. 우리 사회에서 자유가 왜곡된 것은 사회주의 영향도 있지만, 자유를 그릇되게 수용한 것도 원인이 된다. [플489-503] 평등도 기회균등의 단점을 지나치게 부각하여 결과의 평등을 유도하고 이른바 교정적 평등에 이르게 하는 사고방식에 익숙해져 있다. [플717-724] 이와 함께 심각한 문제는 우리 사회의 평등의식이 그릇되게 팽배해 있다는 데에 있다.

그러면 '그릇된 평등의식'을 퇴치하는 방법으로 우리의 고유 가치와 문화를 고려해 볼 수 있다. 먼저 '그릇된 평등의식'이 왜 심각한 문제인가를 언급할 필요가 있다. 사회 또는 공동체, 어떻게 부르더라도 인간이 가치를 공유하면서 모여 사는 경우라면 획일적이고 수평적인 평등이란 존재할 수 없다. 보편적 가치로서 누구에게나 예외 없이 적용될 평등으로 인격적 평등, 즉 인간존엄성 이외에 다른 가치를 찾기 어렵다. 그럼에도 불구하고 산술적 평등이나 획일적 평등의 잣대를 모든 영역에 적용하는 것은 이른바 '아버지 자리에 아들을 올려놓는' 오류를 범한다. 이러한 어리석은 일을 해결하는 방안으로 우리의 전통적 가치인 '장유유서' 정신을 고려하는 일이다. 물론 장유유서 정신이 현실적으로 연공서열이나 이른바 '꼰대'라는 폐습을 낳는 경우도 있다.

하지만 장유유서 정신은 우리가 이를 존중하고 현실에서 지혜롭게 적용하면 우리 사회와 교육을 진흥시킬 수 있는 가치이다. 한 예로 '심부름'이라는 것을 생각해 보자. 우리 사회에서 심부름은 장유유서 정신에 따른다. 즉 나이 어린 사람이 나이 많은 사람에게 심부름을 시킬 수 없다. 그런데 '심부름'을 따져보니 이는 아랫사람에게 무임금 노동을 하게 하는 것이나 종 부리듯 부려 먹는 일로 오인하는 경우가 있다. 하지만 심부름은 누군가 심부름을 해야 할 정황이 있어야 성립한다. 또한 서양의 경우 우리와 같은 '심부름'이 있는가 하면 그렇지 않은 듯하다. 이에 해당하는 영어 단어를 검색하면 'errand'가 나온다. 이 영어 단어는 우리말 '심부름'과는 전혀 다른 의미를 담고 있으며, 사용되는 문화적 맥락도 다르다. 영어의 'errand'가 지니는 의미는 옛말 '사동(使童)이 하는 일'쯤에 해당한다. 그러니까 서양의 맥락에서 보면 정확하게 우리의 '심부름'이라는 개념이 없다. 서양의 관점에서 보면 '심부름'은 부림, 용역, 아니면 하인이나 노예의 개념을 전제해야 성립한다. 그러나 우리말 그리고 우리 사회에서 통용되던 '심부름'은 부림, 용역, 하인, 노예 등의 개념을 전제하지 않고 성립할 수 있다. 그러나 어느 세월인지 특정할 수 없지만 '평등' 의식으로 인하여 심부름은 사라졌다. 요즈음 초등학교 교과서에 심부름이나 이와 관련된 내용을 찾아볼 수 없다. 그 결과 요즈음 심부름을 시키면 봉건적 사고에 빠졌다거나 '갑질'한다고 비난을 받는다. 하지만 우리 문화에서 심부름이 과연 아동의 노동착취인지 가진 자의 갑질인지를 곰곰이 살펴볼 필요가 있다. 그 안에 다른 문화에서는 찾아볼 수 없는 숨은 뜻은 없는지를 새겨보아야 한다.

방금 예를 든 심부름의 수용 여부를 여기서 결정하자는 것이 아니다. 이와 같은 유사한 사례를 검토함으로써 우리 고유의 가치를 반영하자는 취지에서 사례를 든 것이다. 요즈음 언론에 보도되는 노인학대 사례는 그 잔인성에 경악을 금치 못한다. 그리고 노인학대의 가해자 상당수가 피해자인 노인의 아들인 점도 그냥 지나칠 일이 아니다. 이런 세태를 놓고 보면 장유유서의 가치는 적극적으로 고려해 볼 필요가 있다.

끝으로 학생권리장전을 제정할 경우 그 제정 주체를 누구로 해야 하는가를 정해야 한다. 현행 학생인권조례를 제정한 광역지방의회가 제정할 수도 있고, 전문성을 존중하여 교육단체 등이 협의하여 시안을 마련하고 지방의회가 의결을 통하여 확정할 수도 있다. 또한 학부모 의견을 존중한다는 취지에서 학부모의회를 신설하여 여기서 제정하는 방법도 있다.

만약 지방정부가 학생권리장전 제정의 주체가 된다면, 제정은 지방자치의 정신을 존중하여 지방의회가 담당해야 할 몫이다. 그렇지 않고 학생권리장전이 전국 단위로 제정되어야 한다는 사회적 공감대가 형성된다면, 그것을 제정할 주체를 결정하는 일은 교육 당국이거나 헌법상 입법부가 담당해야 할 것이다.

제3부

종합 점검 마당

9

자율 심화 점검

이 장에서는 『증보 향연』과 『향연 플러스』에서 직접 언급하지 않거나 다루지 못한 내용을 자율 점검 문항으로 소개하기로 한다. 그래서 소개된 내용 중 독자들이 나름의 관점에 새롭게 해석하고 해결책을 모색할 수 있는 내용을 토대로 문항을 제시하였다. 따라서 이하 제시된 문항에 대한 응답은 독자들의 판단에 따라 자유롭게 할 수 있다. 이를 돕기 위하여 답안 작성을 위한 단초와 중요하다고 판단되는 주요 논점을 제시한 경우도 있다.

물론 철학이나 교육학과 관련된 내용이 중요한 경우에는 그 관련 내용을 소개하였다. 그리고 교육학이나 아동학 등에 종사하는 독자들에게 비교적 생소한 정치학과 경제학에서 다루어지는 주요 개념과 사상은 다소 장황하게 소개하도록 한다. 이러한 시도는 곧 개인의 자유와 권리를 일차적으로 정확하게 이해하고 나아가서 개인의 권리를 도모하고 증진하는 데 도움이 된다고 판단되었기 때문이다. 하지만 독자들에게 도움이 되기 위하여 소개한 인물소개, 주요개념, 상상적 개요, 사건과 시사문제 등이 독자들의 지적 만족을 충족시킬 만큼 완벽한 것은 아니다. 이에 독자들은 소개한 내용을 참고하고 이를 단초로 스스로 심화시킬 수 있는 계기가 될 것이다. 그래서 이 장의 제목이 '자율 심화' 점검이다.

한편 여기서 다루는 논점이 형해화(形骸化)되지 않도록 하기 위하여 일부는 우리 사회의 시사문제를 끌어들이고, 또 일부는 일상적 소재를 동원하였음을 밝혀둔다. 이는 우리가 흔히 접하는 일상 현안을 거기에 내재된 의미도 모른 채 사태를 해결하려 하거나 오히려 왜곡하는 경우가 적지 않기 때문이다. 학술적인 논의가 현실을 저버리거나 전혀 상관없는 문제를 다루는 것이 되어서는 안 된다.

제9장에 제시한 내용이 산발적으로 보이기도 하지만, 여기에 포함된 내용이 지향하는 것은 단 한 가지로 일관되어 있다. 개인의 자유와 권리를 증진하기 위하여 자유민주주의를 정확하게 이해하고 이 체제를 수호하는 현실적인 과제가 무엇인지를 확인하는 것이다.

이 장에 담긴 문항 형식의 문제들은 학부와 대학원 강의 과제로 활용할 수도 있으며, 보다 심층적인 탐구를 한다면 학위논문의 주제를 설정하는 데 단초가 될 수도 있을 것이다.

아동의 선거 연령 인하를 주장하는 논거를 제시하시오.

& 아동의 선거연령 인하 논거는 다음 네 가지가 있다. ① 자기결정능력, ② 인지능력, ③ 법적 자격, ④ 교육적 고려. 이를 각종 자료를 수집하여 정리하면서 논의를 전개해 보라. 여기에 요즈음 신세대들의 성장과 발달 배경이 이전 세대와 확연하게 다르다는 점을 논의할 수 있다. 과거 세대에 비하여 정보 접근이 용이하여 발달이 빠를 뿐만 아니라 이에 따라 정치적 감각이 매우 예민한 점을 들 수 있다. 이 점은 다시 위의 논점 ①과 ②로 다시 연결된다.

⊠ 아동의 선거 연령 인하를 반대하는 논거를 제시하시오.

& 아동의 선거연령 인하의 반대 논거는 다음과 같은 것이 있다. ① 경륜론, ② 교육상황의 특수성, ③ 학생의 법적 지위, ④ 헌법상 교육의 정치적 중립 등.
이 중에서 교육상황의 특수성이란 교육이라는 제도는 당초 교사와 학생, 가르치는 이와 배우는 이의 비대칭을 전제로 한다는 점을 말한다. 학생의 법적 지위는 아동이 교육제도 속에 몸담는 순간 '학생'이라는 지위를 부여받는다는 점을 가리킨다.

⊠ 아동의 선거 연령 인하로 인하여 이제 현 고등학교 3학년 학생의 상당수가 참정권, 즉 공직선거권을 갖게 되었습니다. 이들에게 대통령 선거, 국회의원을 선출하는 총선, 지방자치단체장과 지방의회 의원을 선출하는 지방선거에서 선거권이 있다는 뜻입니다. 아울러 지방선거에서 각 시 · 도 교육감을 선출하게 되는데, 이들이 교육감 선거에도 참여하게 된다는 뜻입니다. 물론 만 18세를 초과한 선거권을 지닌 고등학교 3학년생들이 법적으로 아동은 아니지만, 이들의 교육감 선거에 참여하게 된 것에 대한 각자의 견해를 개진해 보시오.

& 앞서 선거 연령 인하에 관한 찬반 논의의 연장에서 각자의 의견을 개진할 수 있다. 특히 선거 참여로 인하여 자기결정권이 증진된 점과 이에 반하여 학교교육 현장이 정치적으로 오염될 가능성에 초점을 맞추어 논쟁을 할 수 있다.

& 다만 지배자와 피지배자가 동일시되어야 한다는 동일성 민주주의 또는 진보적 공화정에서처럼 '자기 지배'의 명분이 집합적인 총의로 전개되어야 한다는 주장으로 이어지지 않도록 주의를 기울일 필요가 있다. [플585-587] 특히 자신들의 의사표현이 마치 '일반의지'인 것처럼 결사 항쟁하는 양상으로 변질되지 않도록 해야 한다.

& 교육적으로 가장 중요한 논점은 선거권을 지니게 된 고등학교 3학

년 학생들이 선거에서 정치적 판단을 함에 있어서 합리적 판단능력과 사고력을 구비하고 있는가에 달려 있다. 아울러 고등학교 3학년 수업 현장이 선거기간에 정치 선동의 장으로 변질되지 않게 하는 구체적이고 명시적인 방안이 강구되어야 한다. 그렇지 않으면 학교교육계획에 차질을 빚고, 나아가서는 교권을 침해하는 사례가 발생할 가능성도 있다.

지방선거에서 교육감을 주민이 직접 선출하는 현행 방식의 폐해를 정리하고 이를 개선할 수 있는 교육감 선출 방식과 그 근거를 제시하시오.

& 결론부터 말하자면 교육감은 선출할 것이 아니라 지명에 의하여 선발해야 한다. 현행 교육감 선거의 폐해가 극심하기 때문이다. 여기서 선발은 매 4년마다 치러지는 지방선거에서 선출된 광역단체장이 교육감 후보를 지명한 다음 이를 동시에 선출된 광역의회에서 의결을 통하여 인준하여 임명하는 것을 말한다.

& 현재 실시되고 있는 교육감 선거가 드러내는 폐해는 다음과 같다. 교육의 정치적 중립으로 인하여 교육감 후보는 정당가입을 할 수 없으며 동시에 정당의 공천을 받을 수 없다. 그 결과 유권자들이 정당의 의석수에 따라 부여되는 번호를 사용할 수 없어서 후보의 정체성과 그에 따른 교육정책 노선을 확인할 수 없다. 또한 지방선거와 함께 치러지기 때문에 유권자들이 이른바 '깜깜이 선거'를 할 수밖에 없다.

다만 광역자치단체 단위로 교육감 선거가 치러지므로 유권자들은 보수-진보의 양상 정도를 파악한다. 그러나 그나마 보수-진보의 정책 대결도 가능하지 않은 것은 정당 공천이 원천적으로 배제되어 있기 때문에 같은 지역에서 후보가 난립하여 민의를 왜곡시킨다는 점이다. 대표적으로 지난 세 차례의 서울 교육감 선거에서는 보수

후보가 난립 또는 단일화하지 못하여 단일화한 진보 진영 후보보다 총 득표에서 앞서면서도 당선되지 못하는 결과가 나온 것을 들 수 있다.

한 마디로 현행 교육감 선거는 민의를 제대로 반영하지도 못하며 심지어 민의를 왜곡하는 결과를 낳는다.

& 이에 대한 대안이 몇 가지 제시된 바 있다. 그중에서 가장 설득력을 얻고 있는 대안이 교육감 후보의 러닝메이트 제도이다. 즉 광역자치단체장 후보의 러닝메이트로 교육감 후보를 내자는 것이다. 하지만 이렇게 하면 현행 선출방식보다 더 나쁜 해악이 따른다. 가장 큰 해악이 위헌 소지이다. 우리 헌법은 교육의 정치적 중립성을 천명하고 있다. 그런데 러닝메이트 제도로 하면 아예 교육감을 정치의 한복판에 내세우는 것과 같다. 적지 않은 전·현직 국회의원들이 각종 매체에 나와서 이와 같은 주장을 하는데, 헌법을 수호해야 할 헌법기관인 그들이 '자연스럽게' 그런 주장을 하는 것을 보면 심히 우려가 크다. 그리고 이런 대안으로 가면 교육감 후보는 교육전문가가 아니라 정치꾼으로 전락할 가능성이 크다. 그리하여 겉으로는 국가백년대계를 운위하면서 실상은 포퓰리즘에 빠지게 된다. 이러한 폐해를 해소하기 위하여 교육감은 선출제가 아닌 지명제로 선발해야 한다.

& 교육감 지명제는 다음과 같은 논거에 따라 뒷받침된다. 우선 교육감은 정치적 역량보다는 교육 전문성을 갖추어야 한다. 법관, 검사, 의사 등 전문직과 군 참모총장을 선출하는 경우가 있는가. 그 분야의 출중한 전문가를 지명하는 것이 보다 합리적이고 교육적으로도 바람직하다. 혹 민주주의 원리 또는 지방자치 원칙에 위배된다는 비판이 있을 수 있다. 그래서 교육감 지명 이후 지방의회의 의결을 거치게 하자는 것이다. 이 점은 헌법상 국무총리 인준절차와 유사하다.

& 물론 후속 조치가 따라야 한다. 지방선거가 임기 개시 30일 전에

치러지므로 시·도지사 당선인은 선거 후 30일의 '인수위원회 기간' 동안 후보자를 내고, 임기 개시 후 10일 이내에 지방의회가 의결하도록 한다. 부결되는 경우에는 새로운 후보를 내던지, 지방의회에 재송부하게 하여 처리하도록 한다. 이 모든 과정이 임기 개시 30일 이내에 이루어지도록 관련법을 개정하고, 기타 의결절차에 관한 세부 사항은 대의에 따라 결정하도록 한다.

& 직접 선출이 민의를 그대로 반영한다고 할 수 없다. 게다가 전문성을 요구하는 분야의 공직은 선거가 아닌 다른 방식으로 선임해야 한다. 이에 대한 논거로 '경쟁적 엘리트 민주주의'를 들 수 있다. [플594-597] 이는 고도로 전문화하고 인구가 밀집된 대도시로 형성된 현대사회에서 '직접 참여'의 단점을 보완하고자 한 선출방식을 포함하고 있다. 앞서 지적한 동일성 민주주의 또는 진보적 공화정이 강조하는 직접 참여와 지배자와 피지배자를 동일하게 보는 '자기 지배'의 개념이 작동할 수 없는 상황에서 우리는 전문가를 선발하는 방식을 고려해야 한다. 교육감 선발의 경우에 지명제를 주장하는 논거는 여기에 있다. 다만 전문가 선발 방식이 특정 권력을 지닌 소수에 집중되는 것을 견제하기 위하여 직접 선출한 지방의회의 견제와 인준을 받는 것을 함께 고려해야 한다. 그래서 교육감 선발의 경우, 광역단체장의 지명과 함께 지방의회 인준을 거치도록 한 것이다.

여기에 광역단체장이 교육감을 지명하는 절차도 보다 구체적이고 선명하게 추진할 수 있다. 선거 직후 임기 개시까지 30일 동안 선발심의를 위한 다각도의 노력을 경주할 수 있다. 당선인 또는 인수위원회 산하에 추천위원회를 구성하는 방식이 있다. 이 위원회는 학부모, 지역대표, 교육전문가, 교사 대표자, 학생 대표 등을 포함시킬 수 있을 것이다. 구체적인 사항은 해당 지역과 지역주민의 요구를 반영하여 마련할 수 있을 것이다.

같은 학급의 아이들이 어떤 아이를 두고 별명을 부릅니다. 그런데 당사자인 아이는 그 별명이 마음에 들지 않고, 아이들이 별명을 부를 때마다 모욕감과 함께 피해의식마저 느낍니다. 이 사례를 아동권리의 차원에서 논하고, (당신이 교사로서) 해결책이 있다면 그 방안을 제시하시오.

& 아동의 성명권과 자기결정권의 관계에서 논의할 수 있다. 아동권리협약 **[증531-56]** 및 본서 제7장 참조.

& 생활지도상 초점은 아이들이 붙이는 별명이 특정 아이를 조롱하거나 심리적인 피해를 줄 경우에 있다. 이 경우도 두 가지로 나누어 생각할 수 있다. 하나는 아이들이 붙인 별명이 다소 비속적이어도 해당 아이가 이를 별로 상관하지 않는 경우이다. 다른 하나는 별명을 해당 아이가 싫어하는 경우이다. 전자의 경우에는 별명 자체의 혐오스러움 등을 고려하여 생활지도를 하게 되면 별다른 문제가 야기되지 않는다. 후자의 경우에는 당사자가 일종의 모멸감을 느끼는 경우에 해당하므로 아이들을 대상으로 하여 모종의 조치를 취해야 한다. 이름이건 별명이건 간에 본인이 원하지 않으면 자기결정을 통하여 수정할 수 있어야 할 것이다.

& 아이의 별명이 그 아이의 특징을 잘 나타내는 경우라 하더라도 그것을 아이가 선호하지 않아 자존감이 상하거나 아니면 아이의 일상생활이나 장래 진로 등에 영향을 주는 경우를 고려해야 한다. 이와 같은 사례를 방치해 두면, 그것은 사회적으로 팬덤(fandom) 정치와 마찬가지로 악플 등으로 이어져 인격 살해 등을 야기하는 근거 없는 선동으로 이어질 수 있다.

& 이 문제에 대한 답을 구하는 방법 중 하나는 이른바 '왕따'라는 집단 따돌림 현상을 통한 방법이다. 일본어 이지메(いじめ)와 영어의 'bully' 또는 'bullying'에 상응하는 왕따는 악성 별명에 따른 괴롭힘도 포함한다. 다수의 구성원이 약자인 한 대상을 정해 놓고 집중적으로 괴롭히고 소외시키는 행위인 왕따는 육체적·정신적으로 깊은 상처를 입고 등교를 거부하거나 심지어 자살하는 결과를 낳기

도 한다.

& 우리나라에서도 1990년대 들어서면서 '왕따'라고 불리는 집단 따돌림이 심각한 사회문제로 부상한 바 있다. 게다가 왕따는 학교 안의 교육적 문제로만 끝나는 것이 아니라 사회적으로 확대된다는 데에 그 심각성이 있다. **[증92-94]**

어릴 적 주변 친구들이 원하지 않는 별명을 붙이는 것과 마찬가지로 각종 온라인 매체를 통한 악플의 경우를 견주어 정리해 보시오.

& 어릴 적 별명의 경우가 연장된 것으로 볼 수 있는 악플은 본인의 사생활을 침해하고 인격 살해에 이르기까지 한다는 점을 지적하지 않을 수 없다. 따라서 국가 공권력을 동원하여 이러한 권리 침해 행위를 예방하고 대처해야 한다. 그리고 개인의 권리가 침해된 경우 이를 사법적으로 처벌하고 엄단할 수 있어야 한다.

& 원하지 않는 별명 부르기와 악성 댓글로 개개인의 기본권이 무참하게 그리고 은밀하게 침해당한다는 데에 있다. 더욱이 악성 댓글은 그 전파력이 학급 내, 학교 내의 왕따 현상처럼 지역적으로 국한되지 않고 전국적이고 전 세계적이라는 점에서 권리 침해가 매우 심각하다는 점이다. 이로 인하여 극단적 선택을 한 피해 사례를 수집할 수도 있다.

전직 대통령이 한때 자신의 지지자들이 정치적 상대방에게 악플 공격을 한 것을 두고 '양념'이라고 옹호한 바 있습니다. 개인의 권리 차원에서 이에 대한 의견을 정리해 보시오.

& 자신의 정치적 견해는 우리 헌법에 보장된 국민의 기본권 중 하나이다. 따라서 자신의 정치적 견해와 특정 정치 사안에 대한 비판을 할 수 있다. 그 연장에서 사람들이 정치적으로 견해를 달리하는 경

우에 각종 인터넷상 댓글을 통하여 자신의 견해를 표명하거나 비판을 가한다. 그러나 그것이 악성 댓글인 경우에는 당사자의 인신공격, 사생활 침해 등으로 이어져 불행한 결과를 낳는 경우가 적지 않다. 당사자가 심신장애에 이를 정도의 고통에 이르기도 하고, 때로는 극단적인 선택을 하기도 하며, 주변 가족들의 일상생활이 불가능할 정도의 지경에 이르기도 한다.

& 우리 헌법은 취임식에서 대통령의 책무에 관하여 '선서'를 하도록 규정하고 있다. 그것은 곧 대통령은 어느 누구보다도 헌법 수호의 책임이 막중하다는 것을 만천하에 밝혀야 한다는 것을 뜻하기도 한다. 헌법의 규정에 의거하여 그 선서는 '나는 헌법을 준수하고 …'로 시작된다. 즉 대통령은 국민 개개인의 자유와 권리를 수호해야 할 일차적인 의무가 있다. 그 의무에는 악플을 통하여 적지 않은 국민이 피해를 받지 않도록 하는 일도 당연히 포함된다. 그렇기 때문에 어느 정치인보다도 헌법을 준수할 의무가 있는 대통령은 이러한 사태를 막아야 할 책임이 있다. 그럼에도 불구하고 대통령의 직에 있는 사람이 악플의 피해를 당하는 사람의 헌법상 존엄성과 권리가 침해당하는 상황을 '양념'이라고 표현한 것은 권리 차원에서 그리고 교육 차원에서 매우 심각한 문제이다. 게다가 그 전직 대통령 당사자가 이른바 '인권 변호사'로 알려진 인물이다.

& 이에 따라 헌법을 가장 수호해야 할 책무가 있는 대통령을 비롯한 정치인, 사법당국에 종사하는 사람들은 악플이 개인의 권리를 침해하는 살인 무기에 해당한다고 보고 이에 적극 대처하는 등 모범을 보여야 한다.

※ 다음은 한 일간지에 보도된 기사입니다. 앞의 견해를 토대로 이에 대한 견해를 밝혀 보시오.

국민의힘 김○○ 공동선대위원장은 1일 문○○ 전 대통령이 양산 평산마을 사저 앞 시위대를 고소한 데 대해 "이율배반적"이라고 비판했다.

김 위원장은 이날 페이스북에 "지금 양산 사저 앞 상황은 과거 이명박 · 박근혜 전 대통령에게 소위 '문빠', '대깨문', 민주당 정치인들이 저지른 고약한 짓에 비견할 바가 되지 못한다"라며 "친문 패권주의가 얼마나 위험한 짓이었는지를 아직도 깨닫지 못하고 있는 것 같아 깊은 유감"이라고 썼다. 문 전 대통령 내외는 전날 사저 앞에서 집회를 했거나 계속하는 단체 소속 회원 등 4명을 모욕 및 명예훼손, 협박, 집회시위에 관한 법률 위반 혐의로 고소했다.

김 위원장은 "다른 사람이면 모를까 문 전 대통령과 그 측근들의 입에서 '평산마을의 평화' 운운하며 고소 · 고발전을 펼치는 건 용인할 수 없다"며 "작금의 상황을 유발시킨 장본인이 바로 문 전 대통령과 그 측근들"이라고 했다. 이어 "문 전 대통령은 과거 대선후보 시절 상대 후보에 대해 문빠 · 대깨문들의 악플 문자 폭탄이 이어지자 '경쟁을 흥미롭게 만들어주는 양념'이라고 부추기기까지 했다"며 "이제 와서 자신들에게 향한 비난과 비판의 목소리에 발끈하며 고소 · 고발전을 펼치는 모습이 참 이율배반적"이라고 썼다. 문 전 대통령이 2017년 대선 당시 일부 강성 지지층의 '문자 폭탄'에 대해 "경쟁을 더 흥미롭게 해주는 양념"이라고 비유한 것을 거론한 것이다.

김 위원장은 "문○○ 정권 5년 동안 온갖 불법과 범법으로 법 위에 군림하면서 피비린내 나는 정적숙청을 자행해왔다"며 "그로 인해 극심한 고통을 겪은 피해 국민들의 울분 섞인 항의에 일말의 반성도 없이 적반하장으로 고소 · 고발을 운운하는 것을 보면서 '역지사지'라는 말을 해주고 싶다"고 했다.

〈조선일보 2022년 6월 1일 자〉

& 여기서 논점은 다음과 같다. 첫째, 앞서 지적한 악성 댓글이 상대방의 기본권을 침해한다는 점이다. 둘째, 국민 개개인의 기본권 수호 책무는 영토 수호와 함께 대통령의 가장 중요한 책무이다. 이를 제쳐두고, 그것을 '양념'이라고 언급하는 것은 대통령의 헌법상 기본 책무를 망각하는 일이다. 셋째, 자신의 지지자들의 댓글은 '양념'에 불과하다고 옹호하면서 반대의 입장에서 기본권 침해를 언급하는 것은 '불편부당성(impartiality)'에 어긋난다. 이 원칙은 종교적으로는 '황금률'에 해당하며 예전에는 '역지사지(易地思之)' 원칙이라고 하였다. 요즈음은 '내로남불'이라고 한다. 전직 대통령의 입장은 어느 것으로 설명하건 간에 이 원칙에 위배된다.

& 여기에 첨부해야 할 논점이 있다면, 악성 댓글을 사용하는 우리나라의 정치 행태가 야기하는 팬덤 정치의 폐해이다.

& 이상의 논점에다가 우리나라에서 행해진 정치인들의 언행을 언론이나 기타 자료를 통하여 수집하여 분석해 본다. 그리고 그것을 팬덤 정치와 관련시켜 논의를 진행한다.

이른바 팬덤(fandom) 정치가 개인의 자유와 권리를 어떻게 침해하는지를 정리해 보시오.

& 몇 가지 논점을 통하여 논의할 수 있다.

첫째, 팬덤 정치의 뜻을 명료화하는 데서 해결책을 찾을 수 있다. '팬덤'은 'fan(광신도)'과 '영지'를 뜻하는 'dom'이 결합한 말이다. 애초부터 합리적 이성에 근거하지 않음을 가리킨다.

둘째, 팬덤 정치는 일군의 사람들이 지지하는 특정 정치인을 정치적으로 우상화하는 작용을 한다. 이러한 행태는 여러 가지 불행을 낳는다. 역사적으로 히틀러와 무솔리니가 거대 권력을 잡고 나온 배경도 이와 비슷하다. 즉 팬덤 정치는 정치적 우상숭배(idolatry)라는 불행을 낳는다. 우리나라의 경우도 '노사모', '박사모', '재명이 네 마을', '개딸', '대깨문' 등이 팬덤 정치를 이끄는 무리들이 있다.
셋째, 팬덤 정치는 대안적 사실 또는 의사진리(疑似眞理)를 통하여 사회를 그릇된 방향으로 끌고 간다. 여기서 대안적 사실 또는 의사진리란 바로 'half truth'에 상응하는 말로서 사실이 아니지만 사실처럼 보이는 주장을 말한다. 결국 팬덤 정치에 함몰된 사회의 몰락을 보게 된다. 그러한 사회에서 개인의 자유와 권리가 보장되겠는가.
넷째, 팬덤 정치는 대안적 사실로 그 사회를 편향동화(biased assimilation)시킨다. 그 결과 집단화된 그릇된 가치가 구체적인 개개인의 삶을 황폐화시킨다.
이상의 논점을 토대로 논의를 구성해가면 좋을 듯하다.

우리 사회의 신조어인 '내로남불'의 사례를 신문 기사나 논설 등을 검색하여 선별하고 이것이 개인의 자유와 권리에 어떤 침해가 되는지를 논의해 보시오.

& 언론에 보도된 기사나 사설 등을 선정한 후 다음 논점을 고려하여 정리할 수 있다.

& 내로남불은 종교적으로 황금률(The Golden Rule)을 위반하는 것이고, 윤리적으로는 '불편부당성(impartiality)'을 위반하는 것에 해당한다.

& 정치적으로는 민주주의가 지향하는 절차적 원리(procedural principle)를 위반하는 것이다. 그것은 곧 민주주의를 지향하는 사회가 권위주의 사회로 몰락하는 전조를 띠게 된다. 대개는 권력을 가진 자들이 권력이 없는 자들에게 행해진다.

& 개인의 권리를 침해하는 대표적인 경우는 집회 및 시위에 관한 법률을 적용하는 데 있어서 찾을 수 있다. 다음 사설이 지적하는 사례는 한 권력자가 현직에 있을 때와 물러났을 때의 달라진 입장을

주장하는 데서 저질러진 '내로남불'을 나타낸다.

정○○ 의원 등 민주당 의원 10명이 집회·시위법의 '100m 이내 시위 금지' 대상에 전직 대통령 사저(私邸)를 추가하는 법 개정안을 발의했다. 한○○ 의원도 개인 명예와 사생활의 평온을 현저하게 해치는 행위를 금지하는 법률 개정안을 냈다. 경남 양산 평산마을의 문○○ 전 대통령 사저 앞 시위를 원천 봉쇄하겠다는 목적일 것이다.

일부 유튜버 등의 평산마을 시위는 분명 도를 넘어섰다. 시위에선 차마 들을 수 없는 저주와 혐오의 욕설이 난무하고, 확성기 소음으로 주민들에게 심각한 불편을 주고 있다. 자유는 상대방 코앞에서 멈춘다는 말이 있다. 표현의 자유를 최대한 인정해야 하지만 다른 사람의 평온한 삶을 해치고 인권을 침해하는 수준까지 허용할 수는 없다.

그러나 지난 5년 내내 상대 진영을 향한 소음·욕설 시위를 방관하고 심지어 조장까지 했던 민주당이 이제 와서 이를 문제 삼을 자격이 있는지 의문이다. 2017년 이○○ 전 대통령 사저 앞에서 그의 구속을 촉구하는 욕설 시위가 넉달 간 매일같이 열렸을 때 문 정부 사람들은 자제 촉구는커녕 현장에 찾아가 독려 발언을 했다. 청와대 부근 청운·효자동 일대의 민노총 장기 노숙 시위로 고통 겪던 주민들이 탄원을 거듭했을 때도 문 정부 경찰은 본 척도 안 했다. 인근 서울맹학교 학부모들이 "우리 아이들은 소리에 민감하다"며 호소해도 경찰은 방관했다.

대기업 사옥 주변은 소음·욕설 시위의 해방구가 된 지 오래다. 서울 서초동 삼성전자 사옥 앞에선 극한 소음 시위가 거의 하루도 빠짐없이 벌어지고 있다. 이○○ 삼성 부회장 집 앞에서도 지난 4월 13일 이후 집회·시위가 이어지고 있다. 자기 진영의 과격 시위엔 꿈쩍도 하지 않더니 문 전 대통령이 불편해하자 집시법 개정을 주장하고 나서는 것은 속 보이는 내로남불에 다름 아니다.

다른 선진국에 비해 지나치게 관대한 집시법 규정의 개정 필요성은 오래전부터 제기돼 왔다. 확성기에 대고 고래고래 소리를 질러대 주변을 소음 지옥으로 만들지 못하도록 소음의 허용 기준부터 대폭 강화하고, 미국 등 선진국처럼 음향 기기는 경찰 허가를 받아야 쓸 수 있도록 해야 한다. 욕설과 장송곡 저주 시위 등도 못하게 막아야 한다. 그러나 이 같은 집시법 규정 강화는 문 전 대통령 사저 부근만 아니라 이 나라 어느 곳에서도 동등하고 공평하게 적용되는 것이어야 한다.

"시위 피해 고통 외면하더니 ○이 당하자 금지법 낸 민주당"

조선일보 2022년 6월 7일 자 사설

'목적은 수단을 정당화한다'라는 말의 의미를 민주주의 원리에 비추어 논의하시오.

& 어찌 보면 '목적은 수단을 정당화한다(The end justifies the means)'는 문제는 우리 삶 전반에 걸쳐서 제기되는 철학적 문제인 듯하다. 그러나 이 말의 핵심은 자신들이 설정한 목적을 달성하기 위해서라면 어떤 수단을 강구하는 것도 마다하지 않는다는 전체주의자, 공산주의자, 사회주의자들이 취하는 행동강령이라는 데 있다. 어떤 의미에서건 목적은 수단을 정당화할 수 없다.

& 이 말은 권력을 위하여 수단과 방법을 가리지 않는다는 마키아벨리즘과 관련되어 있다. 그리고 일반인에게는 일종의 처세술이라는 뜻으로도 통용된다. 우리말에 '모로 가도 서울만 가면 된다' 또는 '끝이 좋으면 다 좋은 것이다'라는 표현도 목적은 수단을 정당화한다는 말에 상응하는 표현이다. 실제로 전쟁이나 기타 급박한 국가적, 사회적 위기 상황에서 이 말은 생존을 위하여 용인된다고 보기도 한다. 그러나 그것은 어디까지나 비정상적인 상황에서 극히 예외적으로만 용인될 수 있다.

& 사법적 차원에서는 '실체적 정의'와 '절차적 정의'라는 말로 바꾸어 설명되기도 한다. 이때 실체적 정의란 대부분 특정 세력이나 집단의 정치적 목적을 지칭한다. 즉 수단은 절차적 정의, 목적은 실체적 정의에 해당한다. 이 맥락에 해당하는 사례가 바로 '김○○ 전 법무부 차관 불법 출국금지' 사건이다. '실체적 정의'를 구현하

기 위해 김 전 차관을 체포해서 불가피하게 '절차적 정의'를 소홀히 했다는 주장이다. 권력의 세계에서 실체적 정의와 절차적 정의는 자주 충돌한다. 이 경우에도 당사자의 헌법상 기본권이 심하게 훼손된다.

& 목적은 수단을 정당화한다는 말에서 수단은 '절차'를 지칭한다. 따라서 이 말이 성립하게 되면 민주주의의 핵심 원리인 '절차적 원리'를 무시한다는 말이 된다. 그리고 여기서 절차적 원리란 다름 아닌 '법치(rule of law)'에 해당한다. 이는 입법독재를 뜻하는 '입법통치(rule by law)'와 전혀 다르다. 또한 '환경부 블랙리스트' 사건도 행정적 절차를 무시하고 정치적 목적을 달성하기 위하여 벌어진 개인의 권리 침해 사건이다.

'목적은 수단을 정당화한다'는 말은 제4장에서 소개한 벌린의 책 『이사야 벌린의 자유론』(박동천 역, 2006, 아카넷)의 한 장제목이기도 하다. 이 글은 벌린이 어린 시절 작성한 것으로 알려져 있으며, 여기서도 사람을 처형하는 것이 정치적 목적이나 개인의 원한에 의하여 합당한 절차를 밟지 않고 자의적으로 벌어지고 있음을 고발하고 있다.

아이들이 즐겨 읽거나 보는 동화와 만화영화에서 '목적은 수단을 정당화하는 경우'를 찾아 논의해 보시오.

& 아이들이 즐겨보는 만화영화를 보면, 권선징악(勸善懲惡)을 목적으로 하여 주인공이 즉석에서 악의 무리를 처단하는 많은 장면을 매우 쉽게 찾아낼 수 있다. 여기서 논점은 바로 주인공의 '권선징악'이 적법한 사법절차를 통한 징벌이라는 온당한 수단을 무시하고 자의적인 징벌을 통하여 목적을 달성한다는 데 있다.

& 베트맨, 원더우먼, 황금박쥐, 슈퍼맨, 마린보이 등 대부분의 아동용 만화영화에서 이러한 사례를 쉽게 찾을 수 있다. 대상 만화영화를 선정하고 내용을 분석한다. 그리고 어느 부분에서 이러한 원칙이 어긋났는지를 정리한다.

& 앞서 체벌을 다루면서 체벌을 해서 안 되는 이유 중 하나가 교사의 '체벌 행위'를 학생들이 모방한다는 데 있다고 하였다. 마찬가지로 만화영화는 아이들이 가장 모방하기 쉬운 표본이 된다. 아이들이 주인공의 자의적인 징벌 과정에 나타나는 폭력행위를 모방하는 것은 체벌의 경우와 마찬가지로 폭력행위가 정당하다는 믿음을 은연중에 갖게 된다.

& 교육적 관점에서 다음과 같은 점을 고려하고 실제 장면에서 유념해야 한다. 첫째, 권선징악이라는 윤리적 목적에만 치중해서는 안 된다. 둘째, 사악한 인물이라 할지라도 인간 존엄성 내지 생명 존엄성을 지니고 있음을 주지시켜야 한다. 셋째, 징벌에는 왜 절차가 요구되는지를 설명해주어야 한다. 넷째, 민주주의는 절차를 존중하는 삶의 원리임을 일러주어야 한다. 다섯째, 이러한 사항은 언어로 설명하기보다는 각종 예시를 통하여 아동의 이해를 높여줄 수 있어야 한다.

가르치는 일에 있어서 교화의 개념을 교사의 권위 개념에 비추어 논의하시오. 그리고 그것이 학생의 권리를 침해하는지를 논의하시오.

& 교화(indoctrination)의 개념을 제2장에서 비교적 자세하게 소개한 바 있다. 교화의 분석을 통하여 네 가지 기준을 소개하였고, 이 중에서 의도 기준이 가장 도덕적 문제가 된다는 점을 지적하였다. 이 점을 제외하면 교화는 교수-학습 과정에서 수용될 여지가 있다. 이때 가장 중요한 것이 교사가 직위와 관련된 권위를 발휘하는 일이다. 다음에 소개하는 점들을 고려하여 교사의 권위가 정당화되는 논의를 전개할 수 있을 것이다.

& 교화가 요구되는 측면, 즉 교화의 긍정적 측면은 다음과 같은 점에서 고려된다.

① 경륜론: 스스로 선택하기에 아이들은 충분한 능력과 경험이 부

족하므로 교사의 경륜이 요구된다. 이때 교화가 작동할 수 있다. 다만 경륜론이 요구되는 상황에서 그것이 권위적 간섭이 아닌지를 고려해야 한다.

② 능력론: 아이들이 스스로 선택한 가치가 최선이라고 볼 수 없다. 이 경우에도 권위적 간섭주의에서 살펴본 바를 고려해 보아야 한다.

③ 현실제약론: 아이들이 모든 것을 대상으로 하여 스스로 온전한 선택을 하기에는 많은 시간과 노고가 따른다. 게다가 교육 현실은 아이들에게 이러한 조건을 충분하게 제공하지 못한다. 이 경우 교화의 영향은 긍정적 효과를 발휘할 수 있다.

④ 도덕교육 자체가 교화이다. 정치적 교화와 달리 도덕적 차원에서 올바른 신념과 행동을 '심어주는 일'은 정당화된다. 이것이 정당화되지 않으면 어떤 사회든지 그 체제는 유지될 수 없다.

이 중에서 네 번째 사항은 다시 정리할 필요가 있다.

& 다음으로 교육상황에서 학생들의 자율성을 제한하는 문제를 고려한 다음 이를 정당화해야 교화를 수용할 여지가 있다. 다음의 전제조건을 받아들여야 한다.

첫째, 교화가 도덕성을 함양한다고 해도, 교화의 의도 기준처럼 학생의 자율성 차단(遮斷) 의도가 없어야 한다. 이렇게 하려면 교사의 양심과 도덕적 품성을 전제해야 한다. 교사가 정치적 목적에서 아이들에게 자신의 정치적 성향 이외의 어떤 사고를 허용할 수 없을 만큼 제약하고자 한다면, 교화는 용납될 수 없다.

둘째, 교사의 전문성 문제이다. 즉 교사가 적절한 교육방법과 교육내용에 관한 전문적 식견을 지니고 있어야 한다. 이는 앞서 지적한 교화의 내용 기준과 방법 기준에 관련된다.

셋째, 교화가 작동하더라도 아이들이 자율적인 사고를 할 수 있도록 교사와 학생 모두 개방적 태도를 견지할 수 있어야 한다. 여기서 개방적 태도는 구체적으로 교수-학습 과정에서 다음과 같은 것을 말한다.

① 합리성 추구와 개방적 대화의 인정과 활용 = 구체적으로 정해진 답이 없다는 점을 인정해야 한다.

② 학생의 자발적 참여 유도 = 질문을 스스로 제기할 수 있어야 한다.

③ 교수-학습이 자생적 과정(spontaneous process)임을 인정 = 교사가 수업을 주도하는 상황에서도 그 과정은 교사의 일방적 주도가 아니라 학생들의 참여가 자생적으로 일어나도록 해야 한다. 영화 '죽은 시인의 사회'에서 키팅 선생님이 시연한 수업이 대표적인 사례가 된다. 이 경우에도 교사의 자율적 판단 능력은 개인적 선호도와 자의적이어서는 안 된다.

결론적으로 교화는 개인을 넘어선 문제(non-personal)이고 자의성이 배제되어야(non-arbitrary) 한다.

& 도덕교육 자체가 교화라는 관점은 다음과 같은 내용에 비추어 타당하다.

우선 이미 지적했듯이, 학생의 타율단계에서 자율단계로 이행하도록 교사가 개입할 때 요구되는 조건이 교사의 자율성과 전문성이다. 이를 전제하면서 학생이 처한 현실 상황을 구체적으로 고려해야 한다. 학생이 처한 상황, 즉 학생의 현재 상태는 자율성이 결여되어 있다고 전제된다. 그러니까 교육을 받으러 온 존재가 학생이다.

많은 경우에 학생들은 합리적 판단능력을 온전하게 갖추지 못한 경우가 많으며, 자의적이고 변덕스러운 결정을 내리기도 하며, 교과가 함의하고 있는 활동의 내적 기준을 잘 모르는 경우가 많다. 학생으로 하여금 이 상태에서 빠져나와 자율성을 지니도록 하는 것이 교사의 전문성과 자율성이다. 그리고 교화가 학생 개개인의 권리를 침해하지 않을 경우에 교사의 전문성과 자율성을 존중할 수 있다.

교화가 현실적으로 수용할 수밖에 없는 것이라면, 그 정당화의 논거로 교화가 교사의 가르치는 일과 어떻게 관련되는지를 정리해 보시오.

& 앞서 살펴본 바와 같이 교사의 악의적인 '의도'가 배제되는 상황에서 교화는 가르치는 일 전반에 걸쳐 순기능을 발휘한다. 이를 분석적으로 보면 교화와 가르치는 일이 밀접한 관련이 있다는 점을 확인할 수 있다. 교화는 지식이나 신념, 그리고 그것을 뒷받침하는 증거에 의하여 설명되는 개념이다. 이는 우리가 무엇을 안다고 할 경우 지식을 성립시키는 조건과 관련된다.

여기서 우리는 쉐플러의 『지식의 조건』이 다루는 '지식의 조건'을 검토할 필요가 있다. 지식의 조건을 가장 쉽게 파악하는 방법은 다음과 같은 방식이다. "*X*가 명제 *Q*를 안다"는 것은 다음 조건을 만족시켜야 한다.

(1) "*X*가 명제 *Q*를 안다."는 *X*가 명제 *Q*를 믿고 있음을 전제한다. (신념조건)
(2) *X*가 믿고 있는 명제 *Q*가 진리이어야 한다. (진리조건)
(3) *X*는 명제 *Q*의 진리임을 입증하는 증거를 갖고 있다. (증거조건)
(4) *X*는 명제 *Q*의 진리임을 입증할 수 있다. (방법조건)

주지하는 바와 같이, 쉐플러가 설정한 지식의 조건은 신념조건, 진리조건, 증거조건이다. 그는 '지식의 조건'으로 방법조건을 걸고 있지 않지만, 우리는 지식이, 적어도 명제적 지식이 성립하기 위한 조건을 위와 같이 이해하고 있다. 이 조건들의 관계는 논리적 위계를 이루는 것처럼 이해된다. 그렇게 되면, 저자와는 방향이 다르지만, 우리는 새로운 사실을 확인할 수 있다. 즉 진리조건의 전제 없이 신념조건이 성립하지 않으며, 증거조건 없이 진리조건이 성립할 수 없다. 따라서 가장 중요한 관건은 증거조건이다. 그러나 증거조건의 '증거를 댈 줄 알다'라는 표현에서 확인할 수 있듯이, 증거의 제시는 명제적 지식보다는 방법적 지식에 해당한다. 이를 종합하면, 명제적 지식의 성립에 관건은 방법적 조건에 달려 있다는 뜻이다. 지식의 명제화조차 암묵지 없이 이루어질 수 없다는 것이다. 즉 아이러니다.

여기서 우리는 지식의 증거조건이 결국 방법조건을 포함한다는 점에 주목할 필요가 있다. 비록 암묵적 지식이라고 꼬집어 언급하지 않았지만, 방법적 지식의 중요성은 교화의 비도덕적 남용을 검증하는 데도 중요하다. 교화의 네 가지 기준을 지식의 조건에 관련시켜 이를 간단하게 살펴보기로 한다. 첫째, 교화의 결과기준은 교화된 결과 그릇된 신념을 갖는다는 사실을 의미한다. 둘째, 교화의 내용기준은 참이 아닌 내용을 믿게 하는 것을 의미한다. 셋째, 교화의 방법기준은 그릇된 방법에 따라 자신이 지닌 신념에 대한 증거를 제시할 수 없다는 것을 의미한다. 여기서 우리는 교화의 의도기준을 제외하면 쉐플러의 '지식의 조건'에 상응한다는 점을 확인할 수 있다. 즉 결과기준은 '그릇된 신념'을 갖게 했다는 점에서 지식의 신념 조건에 상응하고, 내용기준은 '참이 아닌 내용'을 갖게 되었다는 점에서 지식의 진리조건에 상응하고, 방법기준은 '증거 제시 불가능'이라는 점에서 지식의 증거조건에 상응한다. 여기에 '방법조건'을 더하면, 방법조건이란 다름 아닌 '증거를 얻는 데 동원되는 어떤 방법'이다. 즉, 지식의 방법조건은 교화의 의도기준과 관련을 맺는다.

교화의 의도기준이 '자율적 판단 능력의 차단 의도'에 있다고 본다면, 그것은 학습자가 '증거를 얻는 데 동원되는 어떤 방법'을 행사하지 못하는 의도를 갖는 것과 다름없다. 자신이 참이라고 믿고 있는 내용의 증거를 제시할 수 없는 방법상 능력의 부재 상태를 의도했을 때 그것은 자율적 판단 능력의 차단을 뜻한다. 따라서 쉐플러의 세 가지 지식의 조건에 방법조건을 더하면, 이 네 가지는 각기 교화의 네 가지 기준과 상응한다는 사실에 이른다. 이를 정리하면 〈표 9-1〉와 같이 나타낼 수 있다.

〈표 9-1〉 지식의 조건과 교화의 기준

지식의 조건	왜곡된 상태	교화의 기준	교화의 허용 여부 기준
신념조건	그릇된 성취상태	결과기준	교화된 내용 여부 (허용)
진리조건	참이 아닌 내용	내용기준	교사의 개방적 탐구 자세 (허용)
증거조건	증거의 미소유	방법기준	습관, 기본능력 습득 (허용)
방법조건	증거제시 불능	의도기준	**없음 (허용 불가)**

이와 같이 교화가 가르치는 일 전반에 걸쳐 관련된다는 점에서 보면 교화는 교육을 받는 아동의 권리를 침해한다고 단정할 수 없다. 다만 교화가 의도 기준에서 살펴본 것처럼 교사의 정치적인 악의와 사고를 차단하려는 의도가 전적으로 배제되어야 한다는 점을 새겨야 할 것이다.

이상에 소개한 내용은 다음 문헌을 참조하라.

* I. A. Snook, 1972, *Indoctrination and Education,* London: Routledge and Kegan Paul.
* I. A. Snook (ed.), 1972, *Concepts of Indoctrination,* London: Routledge and Kegan Paul. 이 두 권은 이미 제2장에서 소개한 바 있다.
* I. Scheffler, 1965, *Conditions of Knowledge* (Chicago: University of Chicago Press), 김정래 역, 2017, **지식의 조건**, 서울: 학지사.
* 김정래 외, 2015, 교화의 교육적 의미, **교육철학** 제56집, 한국교육철학회.

스콧 힉스 감독의 영화 '샤인(Shine)'은 실존하는 천재 피아니스트 데이비드 헬프갓의 실화 이야기를 묘사하고 있습니다. 아래는 영화 '샤인'의 줄거리입니다. 영화 '샤인'에 나오는 주인공 데이비드의 아버지 피터는 다섯 가지 아동관 중 어느 유형의 아동관에 해당하는지, 그 근거는 무엇인지 서술하시오. 아울러 우리 주변의 사례에 비추어 문제의 본질과 해결책을 모색해 보시오.

어린 시절 데이비드는 동네 피아노 연주 대회에 참가하여 특별상을 받았지만 1등이 아니라는 이유로 아버지는 시상 중간에 집으로 와버린다. 친구들도 집에 오지 못하게 하고 레슨을 제의하는 선생님도 자신이 아들을 가르치겠다며 거절하는 등 자신의 테두리에 가둬 아들을 양육한다. 아버지 피터는 자신의 아버지 반대로 못다 이룬 음악가의 꿈을 아들 데이비드에게 투사해 피아니스트로 키우려고 노력한다. 이 과정에서 아들의 의사는 아예 무시되고 아버지로부터 구타를 당하는 등 아동 권리 침해가 노골적으로 행해지는 가운데 독선적이고 가부장적인 아버지로 인해 아들은 점점 병들어 간다.

최고의 음악 학교라 불리는 미국 유학 제의도 아버지의 반대로 막혀 입학통지서가 불태워지기에 이른다. 이에 데이비드는 울부짖으며 문을 박차고 나간다. 또 영국 왕립음악원에 입학허가를 받았음에도 아버지의 심한 반대로 그 갈등이 고조된다. 더욱이 아버지 피터는 자신의 아버지를 가스실에서 잃은 고통을 얘기하며 가족을 자신의 테두리에 가두어 한 발짝도 못 나가게 하면서 아들에게는 "애비만큼 널 사랑하는 사람은 없을 거다"라고 말한다. 이후 데이비드는 스스로 자율적인 판단과 사고를 할 수 없는 상태로 되고 아버지의 명령과 사랑을 저버린 자책감으로 괴로워하며 자신의 온전한 삶을 향유하기는커녕 자신의 기본적인 권리를 인지조차 할 수 없는 상태가 된다.

하지만, 데이비드는 아버지로부터 가족으로 생각하지 않겠다는 폭언마저 들으면서 마음의 큰 상처를 안고 영국행을 결정한다. 이후, 피나는 노력으로 실력이 향상되어 마침내 콩쿠르에 나가게 된다. 아버지가 자신이 연주할 수 있기를 바랐던 불멸의 곡으로 '미치지 않고서야 연주할 수 없는 곡'인 라흐마니노프 피아노 협주곡 3번을 완벽하게 마쳤지만 그 자리에서 쓰러진다.

아버지의 명령과 사랑을 저버린 자책감으로 괴로워하며 자신의 온전한 삶의 향유는 불가능한 상태로 지낸다. 그 후 정신분열증으로 병원에서 10년을 세상과 단절되며 살아가다 자신을 진심으로 사랑해주는 여인을 만나 피아노로 다시 자신을 되찾는 이야기로 이어진다.

& 아들의 뛰어난 음악적 재능을 알아본 아버지는 분명 아들을 사랑하지만 일방적이고 고압적인 태도에 섬세한 아들 데이비드는 불안신경증을 심하게 앓게 된다. 소년의 섬세하고 연약한 마음에 커다란 슬픔과 상처를 입고 소년의 비범한 재능과 미래도 따라 병들고 만다. 이를 아동의 개념과 다섯 가지 아동관에 비추어 볼 필요가 있다. 아버지 피터는 '주조될 수 있는 존재'라는 아동관을 가지고 실제로 자신의 아들을 '주조될 수 있는 존재'로 보고 있다. 즉, 아동의 인격적 주관성을 전혀 고려하지 않고 있다. 피터가 데이비드를 주조의 대상으로 보게 하는 원인은 두 가지다.

첫째, 성취압력이다. 사회와 아버지 피터는 데이비드가 천재적인 최고의 피아니스트가 되기를 원한다. 아들에게 최고가 되는 것만을 강요하는 것, 불멸의 곡으로 '미치지 않고서야 연주할 수 없는 곡'인 라흐마니노프 피아노 협주곡 3번을 자식이 이 곡을 완벽히 연주하도록 강요하는 모습에서 그의 아동관을 읽을 수 있었다. 그리고 이 과정에서 피터가 이용하는 수단은 체벌과 폭행이다.

둘째, 교화 및 세뇌이다. 교화란 교화를 당한 사람이 스스로 생각할 수 없는 상태를 이야기한다. 이것이 최악의 상태로 치달으면 자신의 신념 및 지식을 검증할 수 있는 최소한의 능력을 상실한 상태가 되는데 이것이 '조작(manipulation)'이다.

데이비드는 계속해서 "애비만큼 널 사랑하는 사람은 없을 거다"라는 이야기를 들으면서, 라흐마니노프 피아노 협주곡 3번을 강박관념에 갇혀 연주하면서 데이비드는 스스로 자율적인 판단과 사고를 할 수 없는 상태가 되어 버린다. 즉 교화의 의도기준에 해당하는 폐악이다. 또한 아버지의 명령과 사랑을 저버린 자책감으로 괴로워하며 자신의 온전한 삶의 향유는 불가능한 상태로 지내는 모습은, 데이비드가 자신의 신념이나 지식을 검증하지 못하고, 아버지의 세뇌에 그대로 물든 채로 자신을 판단하여 괴롭게 살아가는 모습을 보여준다.

& 이 영화 스토리를 객관화시키지 말고 우리 주변의 사례에 비추어 생각해 보는 것이 아동권리 증진 방안을 보다 구체적이고 현실적으로 모색하는 데 도움이 될 것이다. 예를 들어서 우리나라가 낳은 세기의, 세계적인 성악가 조수미의 성장과정의 일화를 대입해 보자. 누구든지 인터넷상에서 조수미 선생의 어린 시절 에피소드를 쉽게 구할 수 있을 것이다. 당초 어머니는 어린 수경(조수미의 어릴 적 본명)에게 피아노를 가르치려고 했다고 한다. 성악으로 전환한 것은 수경이 상당히 성장한 시점에 어느 선생님이 그녀의 '목소리'를 발굴한 데서 비롯되었다고 한다. 어쨌건 어린 수경의 음악적 재능과 더불어 어머니의 지극한 교육열이 보태져 피아노 연주에도 대단한 성과가 있었다고 한다. 인터넷상에서도 확인할 수 있는 그녀의 고백에 따르면 어머니는 어린 자신이 피아노에 몰두할 수 있도록 그녀를 피아노 방에 가두고 두 시간 정도 문을 잠갔다고 한다.

& 영화 속의 데이비드와 우리 현실의 프리마돈나 조수미의 사례를 비교할 논점을 정리해 보자.

첫째, 조수미는 성공사례이고, 데이비드는 실패사례이기 때문에, 즉 조수미는 데이비드와 같은 정신질환을 앓지 않고 성공했기 때문에, 어린 수경이 짊어졌던 과한 연습량은 허용되어도 좋다고 할 수 있는가.

둘째, 어린 수경이 피아노 방에 감금된 것과 데이비드에 대한 아버지의 과보호는 어떻게 다른가. 어느 것은 정당화되고, 어느 것은 왜 정당화될 수 없는지를 따져보아야 한다.

셋째, 피아노에서 성악으로 전환하게 된 것은 결국 어머니의 권위적 간섭의 부작용으로 볼 수는 없는가.

& 우리는 어릴 적에 발명왕 에디슨이 문제아였으며, 세기의 천재 아인슈타인이 어릴 적 구제불능의 아이였다는 사실을 잘 알고 있다. 닭이 알을 품는 모습을 보고, 에디슨이 이를 모방하여 달걀을 품고 있는 모습을 보면서 우리는 '역시 천재는 어려서부터 뭐가 달라도…'라며 찬사를 보내지만, 정작 우리 아이들이 그와 유사한 행동을 하면 일탈행동, 삐뚤어진 사고, 심리적 불안 등을 이유로 '문제시'하지 않았는지를 돌아볼 일이다. 그러한 '문제시'가 우리나라에 잠재되어 있는 아인슈타인과 에디슨을 몽땅 사장시켜 버리고 있지는 않는 것인지…

영화 '죽은 시인의 사회'는 여러 측면에서 분석하고 연구할 가치와 내용이 풍부한 영화입니다. 우선 제시할 수 있는 논제는 철학적 방향, 교육적 방향, 그리고 연극영화학적 방향에서 살펴볼 수 있습니다. 그 외에 다른 관점에서 분석을 시도할 수도 있습니다. 이 중에서 자신에게 맞는 주제를 선정하여 이 영화가 담고 있는 의미를 나름대로 분석해 보시오.

& 우선 『아동권리향연 플러스』의 제1부 <부록Ⅱ>에 수록한 논문을 읽고 자신에게 적합한 주제가 있는지를 탐색해 본다. **[플251-291]** 아래에 제시하는 논점을 파악하기에 앞서 영화의 정보와 줄거리 등을 먼저 숙지한다.

& 철학적 방향에서 고찰하자면 다음과 같은 내용을 토대로 논점을 세울 수 있을 것이다. 첫째, 플라톤의 『국가론』과 니체의 『차라투스트라』에 담긴 '동굴'의 의미를 비교해 보는 일이다. **[플265-271]** 둘째, 니체의 '신은 죽었다'와 영화에서 '죽은 시인'의 의미를 분석해 보는 일이다. 이는 니체가 파악하는 교육과 교육적 인간상이 우리가 알고 있는 그것과 얼마나 다른가를 확인시켜 준다. **[플**

271-276] 셋째, 니체의 전도(顚倒)의 철학 관점에서 교육이 지향하는 바를 살펴보는 일이다. [플276-288]

& 교육학의 관점에서 살펴볼 수 있다. 영화를 통하여 다음 논점을 설정할 수 있을 것이다.

첫째, 이 영화는 우리가 알고 있는 아동중심교육을 담고 있는가. 보다 구체적으로 영화에서 키팅(Keating) 선생님은 수업을 아동중심으로 진행했다고 할 수 있는가. 우리가 기억해야 할 점은 어느 형태의 교육이건 수업의 주도권, 수업의 방향과 구성은 교사의 몫이라는 점이다. 그리고 수업의 목표, 교육목적은 여전히 아동의 이익에 맞추어져 있어야 한다는 점이다. 이 점에서 영화는 아동의 이익이란 무엇일까? 무엇을 아동의 이익으로 볼 수 있을까를 생각하게 해준다.

둘째, 우리가 흔히 알고 있는 보수 대 진보의 그릇된 이분법이다. 이른바 진보교육을 강조한 것인가. 따라서 이 영화는 진보교육을 추구한 것이라고 볼 수 없다. 구체적으로, 영화에서 키팅 선생님의 영문학 수업은 '교과'의 범위 안에서 진행되었다. 그는 전통적인 교과 내용인 셰익스피어(Shakespeare)의 시를 가르친다. 또한 전통적 교과를 통하여 스스로 생각하는(Think Yourself) 교육방식을 택하였다. 하지만 교사는 아이들을 마냥 자율에 맡기거나 방임하지 않았다. 그러한 것을 짐작하는 대화 내용이 바로 영화 전반부에서부터 나오는 '카르페 디엠(*Carpe Diem*: Seize the Day)'이었다. 따라서 우리가 흔히 아는 방식의 '전통교육 = 강압과 알력' 그리고 '진보교육 = 자율과 행복'의 이분법 도식은 성립하지 않는다.

셋째, 영화에서 학부모의 요구와 학교의 방침이 아이들의 선택과 상충하는 장면을 확인할 수 있다. 이 문제는 결국 아동권리협약이 천명하는 '아동 최선의 이익' 원칙에 비추어 검토되어 해결책을 마련해야 한다. 이와 관련하여 아이들의 개성 문제는 앞서 지적한 동굴의 의미를 비추어 아동 최선의 이익이 되도록 고려할 수도 있다. 동굴은 '갇혀 있음'을 상징하므로 폐쇄성과 구속성을 유추할 수 있다. 이에 따라 아이들이 제도와 전통 그리고 관습에 매인다는 점을 시사한다. 또한 동굴은 은폐성을 상징한다. 아이들은 제도의 뒤에서 자신이 하고자 하는 것을 도모한다는 점을 파악할 수 있을 것이다. 이 문제는 교육인류학에서 다루어지는 아동의 '하위문화' 또는 '잠재적 교육과정' 문제와 연관시켜 살펴볼 수도 있다.

이외에도 등장하는 인물들의 성격과 전개되는 스토리를 분석하는 것도 관련 논문을 작성하는 데 크게 도움이 될 것으로 믿는다.

& 연극영화학적 관점에서 분석할 수 있다. 영화 '죽은 시인의 사회'는 여러 가지 중요한 교육적 메시지를 전달하는 것은 물론 그 자체가 '교육영화'로서 손색이 없다. 영화가 교육적 메시지를 전달한다는 것은 방금 살펴본 교육학적 방향의 논의를 말한다. 교육영화로서 손색이 없다는 것은 영화가 교육내용으로 지위, 즉 하나의 교재, 교육 소재로 활용될 여지를 충분히 담고 있다는 뜻이다. 교육영화, 교육연극에 관한 내용은 관련 학회 논문을 참고하기 바란다.

이 영화와 관련된 논문이 수록된 한국교육연극학회의 학술지 『교육연극학』은 교육영화 연구에 매우 도움이 되리라 믿는다.

영화 '아이 엠 샘'의 경우, 아이의 양육권은 어떻게 되어야 한다고 보는지를 논하시오. 아울러 자신의 주장을 뒷받침하는 논거를 제시하시오.

& 다루어야 할 논점은 다음과 같다. 아동의 인지능력 여부, 부모의 양육능력, 부모의 양육 자격 문제 등이다. 이때 우리가 고려해야 할 점이 『아동권리향연 플러스』의 제3장과 제8장에서 다룬 이른바 '아동의 특수성'이다.

& 먼저 아동의 인지능력 여부를 보자. 이와 관련하여 기존에도 아동의 법정에서 증언능력 인정이 꾸준히 문제되어 왔다. 만약 어린아이가 법정에서 판단을 가를 결정적인 증언을 할 유일한 사람이라

는 가정 아래 증언을 청취하였다. 그러나 재판을 다투는 양측이 아이에게 증언을 요구할 때마다 증언의 내용이 달라진다고 하면, 그 증언 능력은 인정해야 하는가.

같은 맥락에서 아동의 인지능력을 공적인 장면에서 얼마나 인정하고 그것을 어떻게 뒷받침할 것인가 하는 문제를 숙고해야 한다.

& 부모의 양육능력 문제를 보자. 먼저 영화 '아이 엠 샘'의 경우처럼 인지능력이 상실했다고 판단되는 경우가 있다. 영화는 예외적이고 극적인 장면을 연출시키지만, 현실적으로 이러한 해피엔딩을 기대하는 것은 가능성이 적다.

특별한 경우를 제외하고 모든 성인의 인지능력은 인정된다. 이를테면 법원이나 의사의 판단에 의하여 일상생활에서 정상적인 판단능력을 상실했다고 보는 경우를 제외하면 모든 성인은 자녀의 양육에 따른 인지능력을 인정받았다는 것을 전제로 한다.

하지만 정신질환이나 심리적 상태가 정상이라고 판단을 받은 경우에도 문제는 발생한다. 간헐적으로 또는 주어진 조건 아래 성인의 행동이 일탈하는 경우, 그것이 자녀의 양육에 장애가 되는 사례를 생각할 수 있다. 예를 들어서 일정한 수입이 보장되어 있으며 경제적 여유가 있음에도 수입의 대부분을 음주나 도박이나 게임과 같은 각종 잡기에 탕진하는 경우가 이에 해당한다. 이와 같은 부모의 습관적인 일탈 행위는 정상적인 양육능력이라고 보기 어렵다.

& 양육 자격 문제이다. 법적으로 양육권을 지닌 부모 중 한쪽이 사망한 경우, 나머지 한쪽의 부모가 양육권을 가져야 한다. 그러나 남은 한쪽이 양육에 있어서 결격사유가 있다고 인정되는 경우에는 양육권은 누구에게 주어져야 하는가. 아동권리향연 시리즈에서 언급한 바 있는, 오래전 비운에 작고한 배우 최 모 씨 딸 양육 문제를 통해서 살펴볼 수 있다.

아동 문제를 다룸에 있어서 복지권과 자유권이 상충하는 사례를 주변에서 찾아서 이에 대한 해법과 논거를 제시하시오.

& 가장 큰 논점은 '보편적 복지'라는 정책 구호에서 '보편적'이라는 용어가 그릇되게 확대 적용되는 점이다. 복지는 생존에 위협을 받는 일부 사람들에게 필요한 재화를 집중하는 데 있다는 점을 부각시킨다. 가장 좋은 사례는 코로나 사태에 전 국민을 대상으로 지급한 '보상금'이 된다.

구체적인 사례로 전작에서 밝힌 무상학교급식 확대 문제로 인하여 야기되는 선택권 축소 문제가 이에 해당한다. **[플744-761]** 또한 국가교육과정의 확대에 따른 선택권 제한 문제 등을 논의하도록 한다.

제20대 대통령 선거 기간 동안 쟁점이 되었던 말 중 하나가 '보편적 복지냐, 선택적 복지냐' 하는 문제였습니다. 이 이분법이 지니는 문제를 권리의 보편성 측면에서 검토해 보시오.

& 다음과 같은 논점이 포함되어야 한다.

첫째, 보편적 복지와 선택적 복지의 구분 자체가 성립하지 않는다. 복지는 당초 생존의 위협을 느끼거나 생존에 결정적으로 요구되는 재화를 공급하는 것이니만큼 '보편적', '선택적'이라는 수식어를 붙일 수 없다. 생존에 위협을 느끼는 사람들에게 모두 적용되어야 한다는 측면에서 보면 복지수혜 대상의 개체 수는 '전체'가 아니라 '한정된 수'의 사람일 수밖에 없다. 즉 복지의 '보편성'은 한정된 사람들에게 집중되어야 하므로 복지 수혜 대상의 선정을 놓고 '보편적'이나 '선택적'이라는 하는 수식어를 붙이는 것은 무의미(nonsense)하다.

둘째, 복지권의 보편성은 생존적 필요를 안고 있는 한정된 사람들 모두에게 예외 없이 필요한 재화를 공급하는 것이다. 즉 '해당되는 사람들에게 예외 없이 지급하는 것'이 복지의 올바른 이해이다. 문제는 ‘해당되지 않는 사람들’에게까지 일률적으로 복지 수혜대상을 설정하는 데 있다. 이는 ‘보편적’이라는 개념을 남용하고 잘못 적용시킨 경우이다. 2020년경 코로나바이러스 창궐을 이유로 ‘전국민’ 재난지원금을 지급한 것과 당시 어느 지방자치단체장의 전 도민을 상대로 한 보조금 지급은 ‘보편성’을 빌미로 복지 재원을 낭비한 것에 불과하다. 당시 재난 지원은 저소득층과 거리두기 시행으로 생업에 위협을 받은 소상인과 영세업자들을 대상으로 집중되어야 한다. 그렇지 않으면 자원낭비(chuck away)를 초래하여 국가 재정을 위협한다. 실제로 코로나로 생계에 지장을 받지 않는 상당수의 화이트칼라는 그 재원으로 ‘쇠고기 사 먹게 해줘서 대통령에게 고맙다’는 조롱 섞인 말도 하였다.

셋째, 복지권의 보편성 운운하는 것은 사실을 호도한다. 마치 보편적으로 적용되어야 할 대상이 있으나, 이를 자의적으로 선별한다는 것을 전제하기 때문이다. 그 결과 ‘보편적 정의’니 ‘선택적 정의’니 하는 말이 정치권에서 뜨거운 공방이 된 적이 있다. 정의도 역시 그 대상이 되는 사람에게 예외 없이 적용되어야 한다.

정치권이나 사법당국에서 자기편에는 느슨한 잣대를 들이대고 상대방에게는 엄격한 잣대를 들이댈 경우, 사용하는 말이 ‘선택적 정의’니 ‘선별적 정의’이다. ‘선택적 복지’라는 말과 같이 부당한 용어인 ‘선택적 정의’는 심각한 윤리적 결함을 지닌다. 내 편과 네 편을 가르는 정치적 선동은 물론이고 도덕 준칙을 적용하는 데 있어서 ‘보편성’을 상실하기 때문이다. 여기서 보편성은 도덕 규칙이나 법령을 적용하는 데 있어서 ‘불편부당성(impartiality)’을 말한다. 이른바 자기편에는 느슨한 잣대를 들이대고 상대방에게는 엄격한 잣대를 들이대는 것은 불편부당성에 어긋난다. 이제 영어 사전에 등재되기까지 한 ‘내로남불’은 이 준칙을 어긴 경우를 희화화한 용어이다.

결론적으로 복지문제를 다루는 데 있어서 ‘보편적’이니 ‘선택적’

또는 '선별적'이니 하는 언어는 사태의 본질을 흐리고 호도할 가능성만 높여주기 때문에 이러한 언어 사용은 자제해야 한다.

영국의 격언 중에 열악한 최악의 상황은 악법을 양산한다는 뜻을 지닌 'Hard cases make bad law'라는 말이 있습니다. 이 격언은 일부의 열악한 최악의 상황이 그 적용 대상이 포괄적이고 일반적인 상황을 전제하는 법을 만든다는 뜻입니다. 하지만 이렇게 제정된 법은 오히려 입법 취지와 반대로 여러 가지 부작용을 낳기도 합니다. 언론을 통해서 접하는 열악하고 흉악무도한 사건과 범죄가 바로 악법을 양산하기도 합니다. 이 문제를 권리의 보편성 측면에서 논의하시오. 그리고 아동권리의 측면에서 검토할 만한 문제를 설정하고 해결책을 모색해 보시오.

& 논점은 상황의 특수성이 규범의 보편성을 흔들어놓는다는 데 있다. 가장 먼저 이 격언의 의미를 나름대로 정리한 다음, 어느 문제를 다룰지를 탐색한다.

& 이어 아주 특수한 경우의 문제를 해결하고자 하는 데 있어서 사회적 공분과 적개심을 일으켜서 사건의 본질을 떠나 엉뚱한 결과를 낳는 사례를 수집한다. 예를 들자면, 우리 사회의 흉악범죄나 잔인한 사건·사고를 토대로 제정된 법을 조사한다. 그리고 그 법의 내용을 개괄하고, 그것이 다시 사회적 물의를 일으키거나 분쟁을 야기한 경우를 살펴본다. 통상 피해자 등의 이름을 따서 부르지만 해당 법의 정식 명칭이 있다.

- 혜진이와 예슬이를 희생시켰던 정성현 사건 이후 들끓는 여론에 따라 미국의 메간법을 본떠서 만든 아동 성범죄에 대한 처벌수위를 강화하는 소위 '혜진이 예슬이 법'이 있다.
- 인터넷상의 무차별한 모욕 등으로 연예인들의 연이은 자살을 계기로 제정된 법이 있고, 일명 '최진실법'은 이혼한 부모 중 한쪽이 사망했을 때 다른 한쪽에게 자동으로 친권이 생기는 '친권자동부

활제'를 폐지하고, 가정법원의 심사를 통해 친권자를 결정하도록 한 법으로서, 정식 명칭은 '친권자동부활금지제'이다. **[플114; 143]**

- 2008년 12월 경기도 안산시에서 조두순이 8세 여아를 성폭행, 상해를 입힌 사건과 관련해 나온 입법으로 '조두순 법'이라고 하는 법으로, '특정 범죄자에 대한 보호관찰 및 전자장치 부착 등에 관한 법률 일부 개정안', '사법경찰법 개정안', '아동·청소년의 성보호에 관한 법률 개정안' 등이 있다.
- 2014년 10월 의료사고로 사망한 가수 신해철 씨 사건이 계기가 되어 발의된 법안으로 '신해철법'이 있다. 이 법의 정식 명칭은 '의료사고 피해구제 및 의료분쟁 조정법 개정안'으로, 환자가 사망 또는 1개월 이상 의식불명 상태로 있는 의료사고의 피해자가 발생했을 때 가족이 조정 신청을 하면 한국의료분쟁조정원이 의료인의 동의 여부와 관계없이 조정 절차를 시작할 수 있는 내용의 법안이다.
- 심신미약 상태에서 저지른 범죄에 대해 감형 의무를 삭제하는 내용의 형법 개정안으로, '김성수법'이 있다. 음주나 약물에 취한 상태 등 심신미약 상태에서 저지른 행위에 형을 '감경한다'는 의무 조항을 '감경할 수 있다'로 바꿨다.
- 음주운전으로 인명 피해를 낸 운전자에 대한 처벌 수위를 높이고 음주운전 기준을 강화하는 내용 등을 담은 '특정범죄 가중처벌 등에 관한 법률(특가법) 개정안' 및 '도로교통법 개정안'인 '윤창호법'이 있다.
- 안전조치를 위반한 사업주의 처벌을 강화한 '김용균법'은 법의 대상과 장소를 확대하였다.
- 어린이보호구역 내 과속단속카메라 설치를 의무화하고 해당 지방자치단체장이 신호등 등을 우선 설치하도록 하는 '도로교통법 일부 개정안'과 스쿨존 내 사망사고 가해자를 가중처벌하는 '특정범죄가중처벌 등에 관한 법률 일부 개정안' 등 2건의 법안을

지칭하는 '민식이법'이 있다.

이들은 모두 특별한 상황을 대비하여 만든 법으로서 법리적으로나 현실적으로 적지 않은 문제를 낳으며, 그중 적지 않은 경우가 일반적인 권리의 침해에 있다.

& 열악한 상황에 놓인 아동의 경우를 대비하여 제정한 법안을 검색해 보라. 아울러 같은 맥락에서 열악한 상황을 극복하고자 고안한 정책이나 제안 등도 검토하라. 여기에는 앞서 살펴본 하트(Roger Hart)의 '참여사다리'도 포함될 수 있다. 본서 제6장 참조.

& 이 격언은 권리의 보편적 가치를 앞세워 당사자가 겪는 상황의 특수성을 고려하지 않아서 의도하지 않은 권리 침해 사례를 연구하는 단초를 제공해준다.

위에 적은 우리나라의 사례를 통해서 분석해 볼 수 있으며, 나아가서 외국의 사례 경우에도 이 문제를 다루는 데 도움이 되는 사례가 많을 것이다.

& 아울러 법안이 상황을 더욱 악화시키는 경우가 없는지 살펴보는 것도 좋은 연구문제가 된다. 특정 열악한 상황에 대비하여 선의로 만든 법률 또는 정책이 상황을 더욱 악화시키는 경우를 선별하여 이에 해당하는 법률과 이로 인하여 야기된 상황을 탐색해보라.

이와 관련하여 무상학교급식 전면실시를 규정한 법률과 평준화 정책이 낳은 폐해가 이에 해당하는지를 검토해 보라.

다음 상황을 읽고 권리의 보편성을 어떻게 파악해야 하는지를 서술하시오.

2022년 4월 시점의 대한민국에서 대통령 경호처는 경호 관련법에 따라 세 명의 국가 요인을 경호해야 한다. 즉 현직 대통령, 직전 해에 사면된 전직 대통령, 그리고 동년 3월에 선출된 대통령 당선인이다. 특히 대통령 당선인의 경우, 유력 후보 시절에는 경찰청의 경호를 받아 오다가 대통령 당선인 신분이 되어 대통령 경호처의 강화된 경호를 받게 되었다.

언론을 통하여 이를 본 20대 여성 공정의 씨는 해당 지자체와 지역 경찰이 마련해준 여성안심귀가길 정책이 마음에 내키지 않아서 국가인권위원회, 청와대 게시판 등에 자신도 대통령 당선인처럼 철통경호를 해달라는 청원을 하기에 이르렀다. 공 씨는 인간은 보편적인 권리를 지니며, 헌법상 차별을 받지 않을 권리를 지녔다고 주장하였다. 그녀에 따르면, '보편성(universality)'이란 예외나 정도의 차이를 인정하지 않고 일률적으로 적용되어야 한다는 것이다. 자신의 주장은 권리의 이러한 보편성에 근거한다는 것이다.

공정의 씨의 보편성 주장은 타당한지 아닌지를 밝히고, 그 논거를 제시하라.

& 적어도 다음 논점을 포함시켜야 한다.

① 보편성은 예외나 정도의 차이를 인정하지 않는다는 뜻은 타당하다. 하지만 권리의 보편성은 해당 법규나 도덕법칙이 적용하는 대상에 예외나 정도의 차이를 두지 않아야 한다는 뜻이다. 경호 관련 법은 정파나 성별, 득표율 등에 관계없이 대통령, 전직 대통령, 대통령 당선인에게 예외나 어떤 차별 없이 적용되어야 한다. 같은 맥락에서 여성안심귀가길 정책은 이 정책의 대상이 되는 다른 모든 여성에 견주어 청원인 공정의 씨에게 예외나 어떤 차별 없이 적용되어야 한다는 뜻이다. 이를테면 공 씨의 주거지 관할 경찰서장은 자신과 친분 또는 이해관계가 있는 다른 20대 여성과 공 씨에게 안심귀가길 제공서비스를 어떤 차별 없이 똑같이 제공해야 한다는 뜻이다.

② 보편성은 권리주체의 특수성을 고려해야 한다. 대표적인 경우가

아동의 특수성이다. 이는 권리가 형식논리나 추상적인 논의에 머무는 것이 아니라 개개인의 구체적 삶의 조건에 비추어 고려되어야 한다는 뜻이다. 청원인 공 씨에게 생존이나 안전에 위협을 가하는 상황을 전제로 하여 국가나 지자체가 이행해야 할 의무가 성립하고 이에 따른 권리가 그녀에게 주어진다.

③ 권리는 일반적으로 적용되어야 하는 일반권과 여러 조건에 따른 특정권이 있다. 공 씨의 주장하는 권리는 대통령 당선인과 똑같은 투표권을 지니는 것과는 다른 권리이다. 이를 잘못 해석하면, 걸인이 지나가는 부유한 행인에 대하여 생존권을 내세워 금품을 똑같이 나누어 갖자고 하는 우격다짐처럼 허황된 주장이 되어버린다.

코헨의 저서 『교육과 개인』에 소개된 일곱 가정의 부모들의 사례를 토대로 학교선택의 중요성과 각 가정이 주장하는 논거를 정리해 보시오.

(a) 브라운 가족 (b) 화이트 가족

(c) 그린 가족 (d) 그레이 가족

(e) 플럼 가족 (f) 스칼렛 가족

(g) 블랙 가족

& 쟁점은 다양한 학교선택권의 내용과 근거 **[플672-674]** 및 독자 나름의 관점을 자유롭게 서술하는 데 있다. 그러나 중요한 몇 가지를 소개하면 다음과 같다.

- 국가나 교육 당국이 공교육의 범위와 지원을 확대하는지 여부
- 국가나 교육 당국이 사립학교의 정체성을 어느 정도 인정하는지 여부: 이를테면 사립학교를 공립학교와 마찬가지의 공교육의 기관으로 보는지 여부
- 학부모와 지역사회 인사들의 학교운영 및 결정에 참여 정도
- 학부모의 실질적 학교선택권 허용 정도

♋ 자녀의 개별적 재능을 존중하는 교육제도와 학교운영 여부
♋ 공교육의 강제성(compulsion)에 대한 대안교육 제공 여부
♋ 가정의 사회적, 종교적 배경을 교육정책이 존중하는가 여부

이상의 논점을 중심으로 하여 몇 가지가 결합된 형태로 문제를 설정할 수도 있다.

🗁 Cohen, B., 1981, *Education and the Individual*, 김정래 역, 2014, **교육과 개인**, 교육과학사, 116-120쪽.

다음 그림은 학교폭력의 재생산 과정을 나타낸 것입니다. 자신의 주변에서 이에 해당하는 사례를 선정하여 정리해 보고 나름대로 해결책을 제시해 보시오.

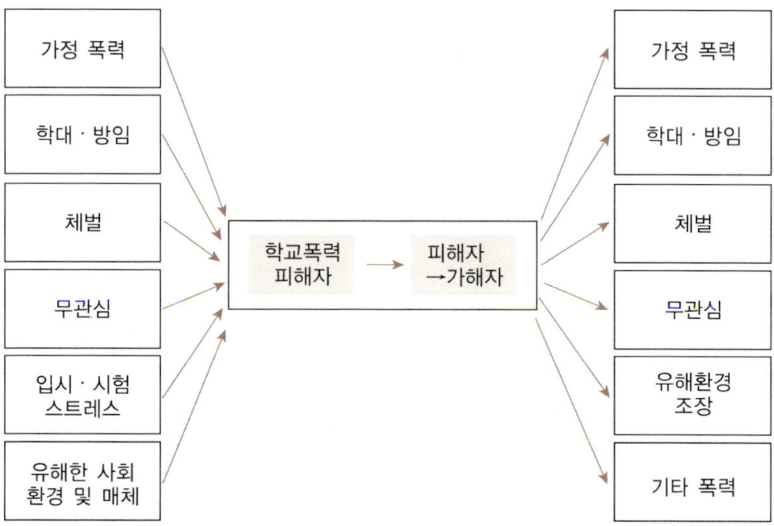

& 온갖 종류의 학교폭력이 재생산된다는 관점을 나타낸 그림이다. 폭력 재생산의 핵심은 폭력의 피해자가 가해자가 된다는 데 있다. 이를 염두에 두고 여러 가지 대책을 강구할 수 있다. **[증91]**

벌의 이론적 근거인 응보이론, 제재이론, 교도이론의 특징을 서술하고, 교육 상황에서 이들 이론이 지니는 장점과 한계를 논하시오.

& 우선 각 이론의 윤리학적 근거를 밝힌다. 이어 그 특징을 서술하되, 특히 응보이론과 제재이론 사이의 대비되는 내용에 초점을 맞춘다. 교도이론이 지니는 교육적 의미를 교육상황에서 보완한다. 아울러 교사가 벌을 내리는 상황이 입법자로서 역할을 수행해야 하는지 아니면 집행자로서 역할을 수행해야 하는지를 구분하여 서술한다. [플684-696]

포퓰리즘과 대중의 지혜를 구분하는 사례를 들어 보시오.

& 논점은 개인과 사회를 이분법적으로 보지 않고 그 관계를 자기유사성으로 보고 개인의 자유와 권리를 보호하는 지혜를 발휘하는 데 있다. [플560-567]
이 점에 착안하여 우리 주변의 사례를 수집하여 분석해 본다.

다음의 다섯 가지 윤리적 입장을 적용해서 생각해 볼 문제들 중 하나를 선택하여 논의해 보시오.

a. 공리주의
b. 의무론
c. 롤스(Rawls)의 사회정의론
d. 생명윤리, 생태윤리
e. 권리이론
(1) 인공지능(AI: Artificial Intelligence)을 이용한 학업평가
(2) 로봇을 활용한 수업
(3) 유전자 조작을 통한 학업 능력 향상
(4) 제비뽑기에 따른 학교배정

(5) 능력 학급 편성

(6) 안락사 허용 문제

& 위의 문제를 선택하여 각기 논의하고자 할 경우 다섯 가지 윤리적 입장에는 다음의 논점이 포함되어야 한다.

a. 공리주의에는 결과주의, 쾌락주의에 입각한 최대 다수의 최대행복이라는 관점이 포함되어야 한다. 그 기준은 다음과 같다.

① 행위의 결과가 행위의 옳고 그름(正邪)을 결정한다. (결과주의)

② 행복, 쾌락의 증진 (쾌락주의): 쾌락의 극대화

③ 최대다수의 최대행복 (전체): 사회 차원의 쾌락 총량 증가

b. 칸트의 의무론에는 동기주의, 보편적 도덕률이 포함되어야 한다. 그 기준은 다음과 같다.

① 행위의 결과보다는 동기 또는 추구되는 목적 (동기주의)

② 보편적인 도덕률 존중 (의무론)

③ 황금률, 인간존엄성, 보편화 가능성 (개인)

c. 롤스(Rawls)의 정의 이론은 결과주의와 의무론의 결합이라는 관점을 고려해 보아야 한다. 정의 원칙을 보면, 제1원칙인 자유 우선 원칙에는 칸트의 의무론적 입장이 반영되어 있으며, 제2원칙인 차별의 원칙에는 공리주의 입장이 반영되어 있다. 최소최대화 원칙은 이에 포함된다. 여기에다 사회계약론적 전통이 반영되어 있다.

① 자유우선의 원칙 (제1원칙): 사회 전체 이익 명분으로 개인의 인권(자유)을 훼손할 수 없다. [의무론]

② 차별의 원칙 (제2원칙): 공정한 분배 달성을 위하여 차별(또는 불평등)을 허용해야 한다. [공리주의]

③ 무지의 베일(veil of ignorance), 원초적 지위(original position): 장점 위협 방지 조치. [사회계약론]

d. 생명윤리, 생태윤리를 포함하여 생명중심주의에는 인간존엄성

을 확장시켜 생명존중 사상이 전제되어 있다.

① 생태, 생명존중을 우선으로 한다. [의무론]

② 상호존중 [의무론]

③ 인간중심에서 모든 생명체를 존중한다.

e. 권리기반이론은 기존 윤리학이 의무에 초점을 맞춘 데 비하여 행위자의 권리에 우선 초점을 맞춘 새로운 관점의 윤리학이다.

① 의무기반[의무론], 결과기반[공리주의]보다는 인간의 의무에 대하여 권리를 우선한다.

② 모든 개체가 권리 주체라는 측면에서 '도덕적 평등'이 성립한다.

다음 세 가지 그림을 토대로 교정적 평등이 추구하는 정의가 어떤 결과를 낳는지를 논의해 보시오.

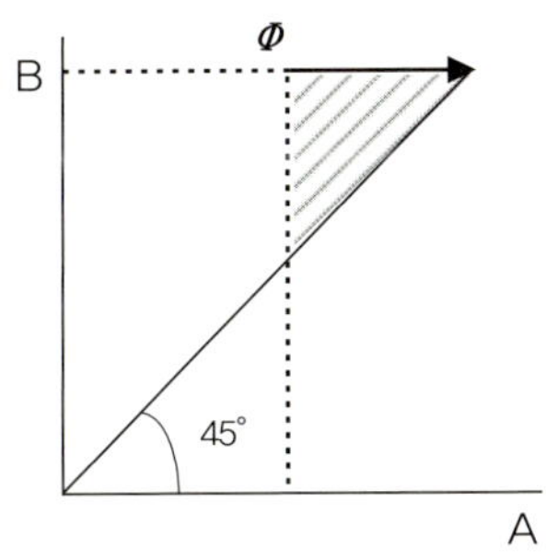

[그림 1] 최소의 최대화 기준

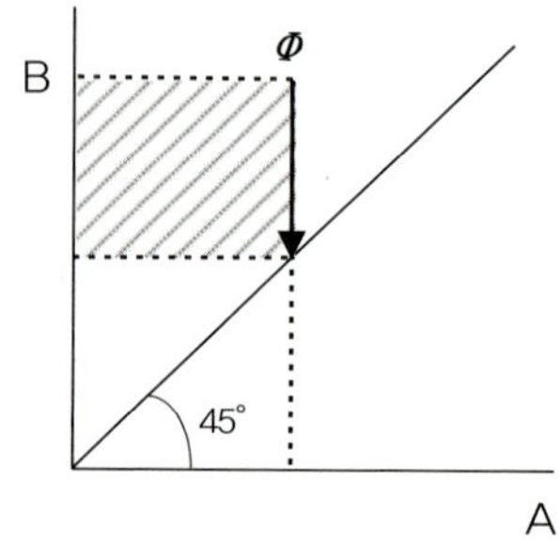

[그림 2] 최대의 최소화 기준

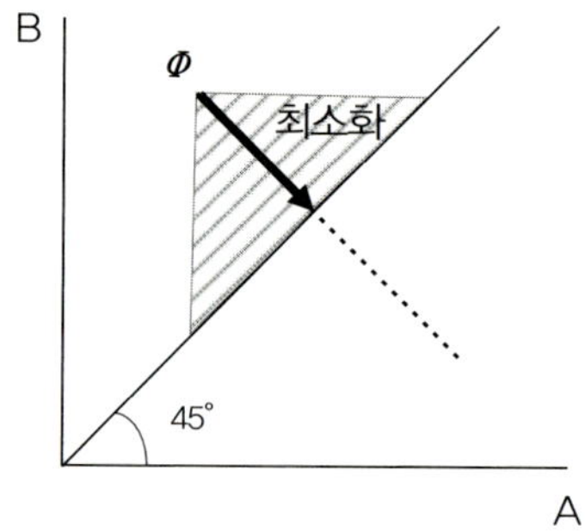

[그림 3] 완전평등의 조건

& 위의 그림에서 기울기 45°인 것은 완전평등을 가정한다. 이를테면 지니계수가 0인 상태를 가정한다고 볼 수 있다. **[플728-729]**

〈그림 1〉은 최소계층의 기회와 재화 등을 최대화함으로써 불평등을 해소하려는 장치를 나타낸다.

〈그림 2〉는 최대계층의 기회와 재화 등을 최소화하여 불평등을 해소하려는 장치를 나타낸다.

〈그림 3〉은 완전 평등이 이루어지기 위하여 빗금 친 부분의 최소화를 나타낸다.

다음과 같은 논점이 포함되어야 한다.

- 총체적 평등이 곧 이상적인 평등을 실현하려는 시도를 나타낸다는 점.
- 이상적인 평등은 곧 국가나 권력기관의 강압적 알력을 동원하게 되어 결국 개인의 자유와 권리를 침해하고 궁극적으로는 말살하게 된다는 점.
- 정책적 측면에서 알력에 의한 자원의 낭비를 초래한다는 점. 그 결과 개인의 삶을 악화시킨다는 점.
- 이러한 논의에는 천부적으로 부여받은 기본권인 사유재산을 부정하는 관점을 당연한 전제로 받아들이고 있다는 점.

다음 표가 나타내는 사회의 분배를 보고 각자의 입장을 정리해 보시오.

	계층 A	계층 B	계층 C	합	평균효용
사회 X	10	10	10	30	10
사회 Y_1	5	20	70	95	31.7
사회 Y_2	10	25	65	100	33.3
사회 Y_3	25	30	35	90	30

& 먼저 사회 X와 사회 Y를 구분해야 한다. 사회 X는 완전평등을 주장하는 이상적인 사회이다. 사회 Y는 불평등이 존재하지만 현실적으로 산술적 평등실현에 초점을 맞추지 않고 공정함 등을 추구하는 사회이다. 다음과 같은 논점이 포함되어야 한다.

- 사회 X는 과연 바람직한 사회인가, 그리고 결과적으로 산술적인 평등이 지속 가능한 사회인가. 하지만 이 사회는 현실적으로 찾을 수 없는 사회이다. 그리고 이러한 산술적 평등이 유지되지도 않고 현실적으로 사회생산총량도 줄어들어 모두가 빈곤해진다. 이를테면, 2(A)—3(B)—10(C)의 분배구조로 변하여 당초의 총량 30보다 줄

어든 총량 15의 불평등하고 빈곤한 사회가 된다. 무엇보다도 인위적이고 산술적인 평등을 유지하기 위하여 국가가 개입하게 되어 개인의 자유와 권리가 침해된다. 20세기 이래 우리가 확인한 전체주의 국가의 모습을 볼 수 있다.

♋ 사회 Y_1은 세 가지 사회 Y 중에서 가장 불평등이 심한 사회이다. 그래서 선뜻 사람들이 동의하기 쉽지 않은 분배 구조를 가지고 있다. 이 사회는 다른 사회에 비하여 역동성이 존재한다는 전제 아래 우리가 선택할 수 있는 사회이기도 하다. 하지만 풀어야 할 과제가 남는다. 즉 역동성이 존재하려면 사회 계층 B가 두터워야 한다. 그런 만큼 계층 A와 C가 상대적으로 엷어져야 한다.

♋ 사회 Y_2는 세 가지 사회 Y 중에서 평균효용이 가장 큰 사회이다. 따라서 공리주의자들이 선호하는 사회이다. 그러나 공리주의적 효용 계산이 분배를 해결해주지는 않는다. 향후 사회 Y_2가 효용의 증가는 확인할 수 있을지 모르지만 사회 Y_1과 비교했을 때 그 증가분이 사회 Y_1에 비하여 작을 수 있기 때문이다. 그리고 최대다수의 최대행복의 조건을 만족시켰는지 모르지만 여전히 불평등이 심화된 채 남아 있다.

♋ 사회 Y_3은 최소계층의 자원이 가장 많으며 계층 간의 격차도 비교적 적은 사회이다. 사회적 합의가 가장 합리적으로 이루어질 수 있는 분배구조이다. 마치 롤스가 제시하는 무지의 장막에서 원초적 지위에 놓인 합리적 계약자들이 선호하는 사회일 것이다. 하지만 자원의 총량이 사회 Y_1과 사회 Y_2에 비하여 줄어들었다는 단점이 있다. 그리고 구성원의 이기심은 결국 사회 Y_1로 전환하도록 유도할 것이다.

♋ 우리가 궁극적으로 고려해 볼 사회는 Y_1로 초점이 맞추어져야 한다. 그 이유는 다음과 같다. 첫째, 사회 Y_1은 여타의 사회에 비하여 교정적 평등에 관심을 두지 않는 구조이다. 둘째, 사회안전망 등의 정책이 작동하면 계층 A의 효용이 증가할 것으로 전망된다. 셋째,

개인의 이기심을 바탕으로 하여 이웃효과를 기대할 수 있다. 그 결과 분배구조는 기존 5(A)—20(B)—70(C)의 총량 95에서 10(A)—35(B)—95(C)의 총량 140과 평균효용 46.7로 전환될 것이다. 이는 곧 복지재원의 확충을 뜻하므로 계층 A와 B의 총량을 증진시킨다. 가장 관건은 계층 B를 얼마나 두텁게 형성하는가에 있다. 소위 말하는 '두터운 중산층'의 형성에 있다. 이를 산술적 불평등을 이유로 부정해서는 안 된다.

고등학교 평준화 정책의 찬반 논의의 핵심인 교육의 공공성과 교육의 자율화(자유화)에 관하여 나름의 입장을 정리하시오.

& 논점은 평준화 지지자들은 교육의 공공성에 초점을 맞추고, 반대자들은 공공성 이전에 학생과 학부모의 학교선택과 단위 학교의 학생선발권에 초점을 맞춘다는 데 있다. 그러나 공공성과 자율성의 이분법은 그릇된 것이다. 사실 공공성이란 개인이 향유하고 행사하는 자유와 권리처럼 실체가 있는 개념이 아니다. 공공성은 일종의 외부효과 또는 이웃효과를 다른 각도에서 포장한 개념이다. 따라서 평준화 정책의 찬성논리의 핵심은 교육으로 인한 외부효과를 주장하고 있는 것이다. 외부효과를 언급할 경우, 그 논의의 핵심은 교육이 가져다주는 이익이다. 그리고 그 이익은 개인이 향유해야 할 이익이라고 할 수 있는 것이다.

다시 본안으로 돌아가서, 교육의 공공성을 내세워서 평준화를 지지하는 것은 다른 사람이 쌓아놓은 업적이나 성취의 외부효과를 강조한다는 말이 되어버린다. 같은 논리로 공익이라는 것은 결국 사익의 외부효과일 뿐이다. 그런데도 우리 일상 어법에서 공공성이라는 실체가 마치 있는 것처럼 평준화를 주장하는 것은 사실을 왜곡하고 호도하는 것이다. 그래서 사회정의를 신기루에 불과하다고 한 하이에크의 논점은 공공성이 허구라는 점을 부각시킨다. 결국 평준화 효과는 타인으로부터 은연중에 얻어지는 이익일 뿐이다. 반대 논거로서 선택과 자율은 교육에 참여하는 사람의 이익을 도모한다는 점에 맞추어져 있다. 교육을 통한 외부효과를 경시할 수 없지만, 교육은 일차적으로 교육을 받는 사람의 이익 증진에 맞추어져야 한다. 선택권은 헌법에도 규정된 기본권이기도 하다. 이 점에서 평준화 정책은 근본적으로 재고되어야 한다.

앞서 제4장에서 소개한 다음을 참고하라.

- 이석연, 2002, 현 고교평준화제도의 위헌성, 자유기업포럼(미간행물).
- 김정래, 2002, 고교평준화정책 논쟁과 자립형사립고 도입, 한국교육개발원 편, **2001 한국교육평론**, 한국교육개발원.
- 김정래, 2009, **고혹평준화해부**, 서울: 한국경제연구원.

그리고 이 쟁점과 관련하여 2004년 당시 교육인적자원부 정책과제의 보고서인 "평준화-자유화 논쟁과 국가수준의 교육정책 연구"(미간행물로 교육부 사이트 등에서 구할 수 있음)를 참조하라. 이 보고서는 마치 공공성과 자율이 반대되는 가치인 양 논의를 전개하고 있다. 자유라는 가치는 헌법적 가치이며 기본권이라는 점을 간과해서는 안 된다.

고등학교 평준화 정책을 지대 추구(rent-seeking)의 관점에서 논의하시오.

& 논점은 고등학교 평준화 정책이 교육 당국이 지급하는 재정결손보조금으로 인하여 해당 고등학교에 지대추구를 강요한다는 데 있다. 지대추구를 가장 쉽게 이해하는 방법은 조폭 영화에서 흔히 볼 수 있는 장면을 연상하면 된다. 조폭들은 자신의 조직이 관할하는 '구역'이 있다. 이 구역 안에 있는 영세 상인으로부터 이런저런 명목으로 금품을 갈취한다. 그러면서 자신들이 이들을 '보호'해준다고 한다. 이때 갈취행위와 보호막을 쳐주는 행동이 바로 지대추구이다.

사립 고등학교는 평준화 정책으로 인하여 자율적인 선발권을 빼긴 반면에 공립학교에 준하는 재정을 유지하기 위한 '보조금'을 받는다. 그로 인하여 정부의 '보호'를 받으면서 사학 나름의 교육적 노력, 이를테면 교육의 특성화, 건학이념 구현, 학교재정 자립의지를 접어버린다. 이로 인하여 기생사학 또는 '좀비사학'이 태어난다. 결국 평준화 정책의 지대추구는 교육의 개성을 말살하는 결과를 초래한다.

🗁 지대추구(rent seeking): 지대추구는 당초 고든 털럭(Gordon Tullock)이 창안한 용어로서, 경제 주체들이 자신의 이익을 위해 비생산적인 활동에 경쟁적으로 자원을 낭비하는 현상, 즉 로비·약탈·방어 등 경제력 낭비 현상을 지칭하는 말이다. 예를 들어 특정 경제 주체가 면허 취득 등을 통해 독과점적 지위를 얻게 되면 별다른 노력 없이 차액지대와 같은 초과 소득을 얻을 수 있다. 각 경제 주체들이 이와 같은 지대를 얻기 위해 정부를 상대로 경쟁을 벌이는 행위를 지대추구행위라 한다. 또는 공급량이 제한된 재화나 서비스를 독과점하는 방식으로 쉽게 이익을 얻으려고 하는 것을 말한다. 이 경우 기업들 간 비생산적인 경쟁이 초래된다. 그런 만큼 경제학에서도 좋은 뜻으로 쓰이는 말이 아니다.
요컨대, 지대추구는 별다른 노력 없이 일정한 이득을 얻기 위하여 비생산적이고 부당한 활동에 경쟁적으로 자원을 낭비하는 행위. 또는 그러한 현상을 말한다. 불행하게도 평준화정책의 대상인 고등학교가 바로 이러한 처지에 놓여 있다.

🗁 공공선택론(Public Choice): 고든 털럭을 비롯한 일련의 학자들이 지대추구 등의 개념을 통하여 정부정책의 실패와 공공성의 허구를 파헤치는 분야를 공공선택론이라고 한다. 교육에 몸담고 있는 사람의 입장에서 볼 때에도 평준화정책의 폐해를 분석하는 데 공공선택론은 매우 유용한 학문이다. 초심자들을 위하여 몇 가지 입문서를 소개하면 다음과 같다.

- 고든 털럭 외, 2000, *Government: Whose Obedient Servant? A Primer in Public Choice*, 김정완 역, 2005, **공공선택론**, 서울: 대영문화사.
- 고든 털럭, 1970, *Public Wants, Private Needs*, 김행범·황수연 역, 2005, **사적 욕망과 공공수단**, 서울: 대영문화사.
- 고든 털럭, 2005, *Public Goods, Redistribution and Rent Seeking*, 황수연 역, 2008, **공공재, 재분배 그리고 지대추구**, 부산: 경성대학교 출판부.

- 고든 털럭, 2006, *The Vote Motive*, 황수연 역, 2009, **득표 동기론**, 부산: 경성대학교 출판부.
- 에이먼 버틀러, 2012, *Public Choice: A Primer*, 황수연 역, 2013, **공공선택론 입문**, 부산: 도서출판 리버티.

공공선택론은 개인의 자유와 권리를 존중하는 자유주의 사상과 밀접하게 연결되어 있다. 영국의 애덤 스미스연구소 소장인 버틀러(Eamonn Butler) 박사의 저술을 통해 보면 자유주의의 사상과 공공선택론이 어떻게 연관되어 있는지를 확인할 수 있다. 그리고 다행히도 황수연 교수의 노고에 따라 적지 않은 저술이 우리말로 번역되어 있다.

- Butler, E., 2011, *The Condensed Wealth of Nations and The Incredibly Condensed Theory of Moral Sentiments*, 황수연 역, 2017, **축약된 국부론 그리고 대단히 축약된 도덕 감정론**, 부산: 도서출판 리버티. (이 서적은 어느 누구라도 애덤 스미스의 고전적 입장을 공부하도록 기획된 책이다.)
- Butler, E., 2015, *Classical Liberalism: A Primer*, 황수연 역, 2016, **고전적 자유주의 입문**, 부산: 도서출판 리버티.

🗁 관심 있는 독자들은 다음 개념을 이해하면 공공선택론이 무엇을 하는 탐구분야인지 파악할 수 있을 것이다. 검색이나 위에 소개한 서적을 통하여 그 의미를 숙지하면 우리의 자유와 권리를 수호하는 데에도 많은 도움이 될 것이다. 특히 남(유권자)을 위한답시고 표를 구걸하는 정치인들의 행각에 속지 않고 이로부터 자신의 권리를 지키고자 한다면 매우 유용한 공부가 될 것이다. (무순)

- 포크-배럴(pork-barrel)
- 로그롤링(log rolling) = 명시적 로그롤링과 암묵적 로그롤링
- 지대추구(rent seeking)
- 합리적 무지(rational ignorance)
- 시간 전가(time shifting)
- 득표동기(vote motive)
- 무임 승차자 문제(free-rider problem)
- 합리적 극대화(rational maximizing)
- 외부성 또는 외부효과(externalities)

🗁 공공선택론이 어떻게 고전적 자유주의와 연결되는가를 언뜻 이해하기

어렵거나 동기화가 이루어지지 않은 독자들은 다음의 두 가지가 어떻게 관련되는지를 생각해 보라.

- 이기적 동기와 보이지 않는 손(The Invisible Hand)
- 합리적 극대화를 추구하는 사람(rational maximizer)

위에 소개한 공공선택론에서 사용하는 주요 개념을 총선과 지방선거 그리고 앞서 살펴본 교육감 선발 방식과 관련하여 그 폐해를 지적해 보시오.

& 두 가지 관점에서 살펴볼 수 있다. 하나는 각종 선거에 출마한 후보자의 공약을 분석한다. 다른 하나는 투표하는 유권자 입장에서 어떤 근거에서 후보를 선택하는가를 살펴본다.

고등학교 평준화 정책의 효과를 입증하는 실증적 연구에 관하여 논의하시오.

& 우리나라에서 논의되는 고등학교 평준화 정책의 찬반 논쟁은 그 효과를 실증적으로 연구한 결과를 토대로 한다. 그만큼 여러 가지의 연구가 많이 나와 있다. 여기에는 한국교육개발원의 보고서, 각 연구자의 석·박사논문, 교육부 용역 연구 및 각 시·도교육청의 자체연구 또는 용역 연구가 있다. 여기서 다 소개할 수 없을 만큼 많이 나와 있다. 각 기관의 사이트나 주요 대학 및 공공 도서관에서 쉽게 자료를 찾아볼 수 있다.

여기서 지적하고자 하는 논점은 평준화 지역과 평준화 정책을 시행하지 않은 지역의 학생들의 학업성취도를 비교하는 데에 있다. 이러한 종류의 연구는 다음과 같은 맹점이 있다.

첫째, 양자 간의 학력이나 학업성취도 차이는 평준화 정책 시행으로 인한 것이 아니라 지역의 사회문화적 요인과 가정 배경으로 인한 것이다. 무슨 말인가 하면, 평준화 지역은 대도시이거나 일정

규모 이상의 도시지역이며, 평준화를 시행하지 못하는 지역은 대부분 인구가 적은 농어촌 지역이다. 평준화 지역은 학부모의 사회경제적 지위와 문화적 혜택이 그렇지 않은 지역보다 높은 것은 당연한 데, 이를 평준화 '효과'라고 주장한다.

둘째, 평준화 정책으로 인하여 유발되는 교육효과를 실증적으로 측정할 수 없다는 데 있다. 즉 실험집단과 통제집단으로 나누어 실증연구를 할 수 없다. 오히려 지역 효과가 가장 영향력이 크다. 서울의 강남 8학군이나 부산의 해운대 지역의 높은 학업성취도는 평준화 효과라고 증명할 수 없다.

셋째, 실증연구에 있어서 변인통제를 할 수가 없다. 평준화 정책 시행 지역은 앞서 지적한 바와 같은 외부효과가 큰 지역이다.

또한 평준화 정책에 대한 설문조사도 다음과 같은 문제가 있다.

첫째, 평준화를 당연히 수용해야 할 정책인 것을 논거로 한다. 즉 적지 않은 설문문항이 평준화 실시를 당연한 것으로 전제하고 찬성을 유도하는 방식으로 제작·구성되었다.

둘째, 설문이 그릇된 이분법을 놓고 선택하게 한다. 예를 들어서, '단위학교의 자율 운영' 대 '정부의 교육재원지원'의 문항에서 무엇을 선택할지는 명약관화하다.

셋째, 어느 경우에는 아예 평준화 정책의 보완책을 묻고 있다. 평준화는 '보완'이 아니라 '폐지' 여부를 물어보아야 한다.

고등학교 평준화 정책의 '보완'이라는 표현을 자주 발견하게 된다. 이 표현의 타당성을 논증하시오.

& 논점은 기본권을 침해하는 정책은 '보완'해야 하는가 아니면 '폐지'해야 하는가에 있다.

& 만약 혼인 연령에 이른 젊은 남녀가 배우자를 선택하고자 할 때, 조선시대 부모의 허락과 결정으로 혼인이 성사되듯이, 감독관청의

허락을 얻어서 결혼해야 하는 제도는 보완해야 하는가, 아니면 폐지해야 하는가. 당연히 '폐지'가 답이다.

& 혼인하고자 하는 남녀가 배우자를 자신의 주민등록 거주지 반경 2km 이내에서 선정해야 하는 법이나 정책이 있다면 이는 보완해야 하는가, 아니면 폐지해야 하는가. 이 역시 '폐지'가 답이다.

& 다음은 『고혹 평준화 해부』 서문에 제시한 일화이다. 다시 소개한다. 아래 법령은 어느 나라, 어느 시대의 것일까?

> 제77조(혼인에 있어서 허락 및 배우자 결정에 관한 실시권자) ① 적정한 연령에 이른 자의 혼인에 있어서 배우자 결정은 그가 소속된 가장(家長)이 결정한다. 이 경우 혼례절차 등 혼인에 관하여 필요한 사항은 혼인청의 혼인감(婚姻監)의 승인을 얻어 당해 가장이 결정한다.
>
> ② 제1항의 규정에도 불구하고 예조판서(禮曹判書)가 정하는 지역 안에 거주하는 혼인하려는 자의 배우자는 당해 혼인감이 결정한다.

많은 사람들이 조선시대의 법령쯤으로 짐작할 것이다. 사실 이러한 혼인에 관한 황당한 법령은 전제 왕정이었던 조선시대에도 없었다. 그러나 다음을 보면, 위와 같은 전근대적인 의미에서 보아도 부당한 법령이 21세기 대한민국에 존속한다는 사실을 알 수 있다.

> 제77조(고등학교 입학전형의 실시권자) ① 고등학교의 입학전형은 당해 학교의 장이 실시한다. 이 경우 입학전형방법 등 입학전형에 관하여 필요한 사항은 교육감의 승인을 얻어 당해 학교의 장이 정한다.
>
> ② 제1항의 규정에 불구하고 교육과학기술부령이 정하는 지역 안에 소재하는 고등학교의 입학전형은 당해 교육감이 실시한다.

우리나라의 이른바 평준화 정책의 유일한 법적 근거가 되는 초·중등교육법 시행령 제77조이다. 앞의 법령은 이를 패러디하여 혼인의 경우로 바꾸어 본 것이다.

사정이 이런데도 불구하고, 평준화 정책에 목매는 이유는 무엇인가. 과연 평준화 정책은 보완해야 하는가, 아니면 폐지해야 하는가. 적어도 평준화 정책의 '보완'이라는 말은 사용하지 말아야 한다. 마치 노예제도의 보완이 부당하다면, 평준화 정책의 보완도 사용해선 안 될 부당한 말이다. 평준화 정책은 마땅히 '폐지'되어야 한다.

- 이상의 내용은 평준화 정책이 곧 위헌 소지를 담고 있다는 방증이다.
- 아울러 우리나라가 1974년부터 시행한 평준화 정책을 도입할 당시 일본의 '학구제(學區制)'와 '학교군(學校群)제도'를 모방 대상으로 한 것이다. 물론 이 제도를 일본은 이미 폐기해 버린 바 있다. 1970년대에는 일본의 학구제와 학교군제도는 다나카 수상이 '일본열도개조론'이라는 포퓰리즘 정책의 일환으로 도입, 시행한 것이다. 이와 관련된 사항은 대형 도서관과 검색창을 통하여 확인할 수 있다. 우리나라 평준화 정책이 도입된 내력은 김정래, 2009, **고혹평준화해부**(서울: 한국경제연구원)의 제3장에서 살펴볼 수 있다.

국가독점의 특징을 지니는 우리나라 고등학교 평준화 정책이 국가사회주의 노선을 따른다는 관점에서 이 정책의 문제점을 들어 비판해 보시오.

- 우리나라 평준화 정책을 통하여 국가가 독점하는 영역을 점검한다. 다음과 같은 영역에서 국가독점이 이루어진다.
  • 학생선발 • 교육과정 편성 • 교원 배치 • 학교 재정
- 자유민주주의 체제에서 사유재산을 존중하는 것은 곧 국가의 생산수단 독점을 막아 각 개개인이 창출해낸 가치를 비교할 수 있다는 점을 지적한 바 있다. 반면에 사회주의, 공산주의에서는 생산수단을 국가가 독점함으로써 창출되는 가치가 교환되지도 않고 비교되지도 않는다는 점에서 생산성, 효율이 저하되고, 개개인의 창의성은 물론 선택의 자유와 권리가 침해당한다는 점을 지적한 바 있다. 결론적으로 각종 교육 수단(교육목적, 교육내용, 교육방법, 교육지

원 등)을 국가가 독점하는 것은 생산수단을 독점하여 사유재산제도를 부정하는 것과 같다.

우리나라 고등학교 평준화 정책으로 위의 영역에서 국가독점의 결과로 야기되는 여러 가지 폐해를 정리한다.

& 학생선발은 국민의 자유와 선택을 근원적으로 가로막는 기본권 침해임을 지적하지 않을 수 없다.

& 평준화 정책이 지향하는 바인 '평형'과 '표준'은 곧 국가가 그 기준을 정한다는 것이므로 목적 자체가 사회주의 내지는 국가사회주의 노선을 따른다는 것을 전제한다. 이에 관한 논점을 정리한다.

& 학생들의 수준을 평준화한다는 것 자체가 이해하기 어려운 '지침'이다. 백 보 양보하여 그것을 인정한다고 해도 현실적으로 드러나는 지역 간 학력 격차는 더욱더 심화되고 악화된다. 그 이유는 바로 생산수단의 독점이 가치의 교환과 비교를 원천적으로 봉쇄하는 것과 같다. '평준화'된 배정으로 한 학교 내에서 학력은 상당 기간 상호 비교가 불가능하다. 즉 국가독점으로 경쟁을 원천 봉쇄한 것이다. 그 결과 유명 대학 진학 상황에서 지역 간 격차가 벌어짐을 알 수 있다.

이와 같은 우리나라 평준화 정책의 폐해는 김정래, 2009, **고혹평준화해부**(서울: 한국경제연구원)에서 확인할 수 있다.

& 공공선택론의 지대추구는 평준화 지역의 사립학교의 경우를 잘 설명한다. 이외에 공공선택론이 전제하는 이기적 욕망은 평준화 정책으로 인한 폐단을 해결하는 단초를 제공해준다. 공공선택론은 '공공이익'이라는 가상의 목표를 내세워 이기적 욕망을 사악한 것으로 간주하는 주장이 그르다는 것을 확인해 준다. 이에 따라 평준화 정책이 지향하는 '평준'이라는 것은 공공의 목적, 공공의 이익이라고 하는 것 자체가 허구이며 허상이다. '좋은 학교', '좋은 대학'을 가고 싶은 사적 욕망이 어째서 공공의 이익 또는 공공의 목적에 비추어 희생되어야 할 사악한 가치라고 할 수 있는가. 이러한 논점에서도 논의가 충분히 가능하다.

국가독점이라는 관점에서 교육에서 행해지는 개인의 자유와 권리를 침해하는 교육 사례를 들어 논의해 보시오.

& 적어도 다음과 같은 것들을 예로 들 수 있다.

• 평준화 정책 • 선행학습금지법 • 무상학교급식 전면실시

& 평준화 정책은 앞서 살펴본 내용을 토대로 한다. 무상학교급식 전면실시 문제는 전작에서 다루었으므로 상론하지 않는다. **[플747-761]** 모든 생산수단을 국가가 독점하듯이 교육정책 전반의 수단을 국가가 독점하는 경우 야기되는 폐단에 초점을 맞출 필요가 있다.

& 일명 선행학습금지법은 대한민국이 교육 영역에서만큼 어느 나라에 뒤지지 않는 사회주의 노선을 견지하는 국가라는 점을 보여준다. 국가독점의 폐해라는 관점에서 이 법으로 인하여 드러나는 개인의 자유와 권리가 어떻게 침해당하고 있는지를 논의한다. 다만 이해를 쉽게 하기 위하여 다음 예를 들어본다. 만약 대학 재학생 중 직전 학기 평균 학점이 3.5 이상인 학생은 오후 9시 이후 도서관 이용과 출입을 금지하고, 4.0 이상인 학생은 오후 8시 이후 이용과 출입을 금지한다고 하자. 이러한 대학의 학칙 또는 운영규칙이 타당하다고 할 수 있는가.

참고로 선행학습금지법의 정식 명칭은 '공교육 정상화 촉진 및 선행교육 규제에 관한 특별법'이다. 이 명칭에서도 알 수 있듯이 '공적 목적' 또는 '공적 이익'으로 '공교육 정상화'를 앞세워 개인의 기본권인 자유롭게 선택하여 공부할 권리를 실정법에 의하여 원천 봉쇄하고 있음을 알 수 있다. 학습 능력이 앞서가는 아이가 그 수준에 맞추어 공부하는 것이 우리 사회 공공의 이익을 해친다는 발상이다. 그 '공공의 이익'에 따른 '공교육'이라는 실체는 과연 무엇인가.

& 유아교육 전공 대학원 강의 시간에 가장 기본적인 한자 중 상형문자(象形文字) 몇 개는 유치원이나 초등학교 1~2학년에서 가르치면 그 효과가 좋을 것이라고 한 바 있다. 예를 들어, 기본 숫자와 윗 상(上), 아래 하(下), 나무 목(木), 문 문(門), 손 수(手), 입 구(口), 가운데 중(中) 등은 어린아이에게 형상과 의미가 결합하는

개념학습으로 좋을 듯하여 제시한 바 있다. 그 당시 이 강의를 수강한 어린이집과 유치원 원장을 비롯한 종사자들이 이구동성으로 선행학습금지법으로 자신들이 처벌을 받는다고 답하였다. 이런 제안을 강의 내용으로 제시한 사람만 '교육 현실을 모르는' 사람이 되어버렸다. 국가 통제 위주의 사회주의 국가에서만 볼 수 있는 현상이 바로 우리 앞의 현실로 존재한다.

& 무상급식 전면실시는 국민의 사생활이 국가가 정한 계획에 따라 침해된다는 논점으로 논의할 수 있다.

'자본주의'라는 말이 개인의 자유와 권리에 주는 영향 또는 양자 간의 관계를 정리해 보시오.

& 고전적 관점에서 인간의 기본권은 자유, 생명, 재산이 불가분의 관련을 맺는다는 점에 착안하여 논점을 파악해야 한다. 이 중에서 '재산'은 곧 '자본'을 뜻한다. 물론 생명은 '인적 자본'이라고도 하지만, 여기서 초점은 사유재산에 맞추어져 있다. 사유재산은 경제학적으로 보면 '생산수단의 사적 소유'를 말한다. 이렇게 보면 자유와 생명이라는 가치가 재산과 불가분의 관계임을 알 수 있다. 여기서 생산수단의 사적 소유를 보장하는 제도가 바로 '자본주의(capitalism)'이다.

& 우선 '자본주의'라는 용어가 어떻게 생성되었는가를 살펴보아야 한다. 영어 'capitalism'은 '머리(head)를 뜻하는 라틴어 'caput'에서 파생된 용어이다. 머리를 뜻하는 'caput'의 복수형이 'capita'이다. 영어로 된 통계자료를 보면 'per capita'라는 말은 '1인당'이라는 뜻이다. 또한 모자를 뜻하는 'cap'도 머리라는 뜻에서 나온 말이며, 우두머리를 뜻하는 'captain'도 마찬가지이다. 이 말은 단순히 신체의 머리를 뜻하지는 않는다. 파생어 'capias'는 구속영장 또는 체포영장을 뜻한다. 여기서 이 말은 인신(人身)이라는 뜻으로

확대된다.

명사로서 'capital'은 수도(首都), 중심지, 대문자를 뜻하기도 하지만, '자본'을 뜻하기도 한다. 수도, 대문자, 중심이라는 뜻은 우리말로 보면 '으뜸'이라는 의미를 가리킨다. 여기서 형용사 'capital'이 주요한(chief), 우수한(excellent), 원래(origin)의 뜻을 갖게 된다. 반면에 '자본'이라는 뜻은 과거 노예를 두거나 농경을 중심으로 한 봉건사회에서 노예와 가축의 숫자가 곧 권력과 부의 척도이기 때문이다. 즉 노예 또는 가축의 수를 헤아려서 자신의 '자본'의 크기를 표시한 것이다.

& 경제학 등에서 사용하는 '자본주의'는 '모든 생산요소에 대한 개인적인 소유를 기반으로 하는 경제체제' 또는 '재화의 사적 소유권을 개인이 가지는 자유의지에 반하거나 법률에 의하지 않는 방법으로는 양도 불가능한 사회 구성원의 기본권으로 인정하는 사회 구성체'를 뜻한다. 이 정의에 포함된 특징을 몇 가지로 정리하면 다음과 같다.

① 재화의 사적 소유권에 대한 인정, 즉 재화의 매매, 양도, 소비 및 이윤의 처분 등에 대한 결정을 개인에게 일임하는 제도를 가리킨다.

② 인간이 가진 이기적 욕망을 사회 발전의 동력으로 삼는 것을 특징으로 한다.

③ 기업의 활동은 자유롭게 이루어지며 생산과 소비는 자유계약과 자발적인 교환에 의해 이루어진다.

④ 자원 배분은 시장 기구에 의해 이루어진다. 강압이나 폭력, 협박, 기만 등의 행위는 금지되는 것이 자본주의에 따르는 가장 중요한 경기 규칙이다.

이상의 특징으로 보면 '자본주의'는 곧 '자유 시장경제(free market economy)'를 뜻한다. 따라서 자본주의는 '자유주의'와 '시장주의'라는 두 가지 뜻을 지닌다. 그러나 '시장주의'에 상응하는 영어가 없고 그 결과 통용되지 않아서 자본주의라는 용어가 보편화된 듯하다. 그래서 시장경제, 시장경제정책이라는 말이 통용된다. 한편에서 '시장주의'라는 말은 영어로 'free-marketry'라는 용어가 사용되기도 하지만 '자본주의'처럼 일반화된 것은 아니다. 그 결과 '자본주의'는 정치적 용어인 '자유주의'와 관련을 맺는다. 여기서 '자유주의'는 본서 제4장에서 살펴본 바와 같이 고전적 자유주의를 말한다.

& '자본주의'라는 용어는 우리 사회에서 은연중에 부정적인 의미를 전달한다. 그 결과 인간이 중심이 아니라 '돈'이 중심인 체제여서 인간적이지 못한 체제로 각인되기도 한다. 그 연유는 무엇인가.

자본주의라는 단어를 현대적 형태와 같은 형태로 사용한 최초의 인물은 바로 프랑스의 공상적 사회주의자 루이 블랑(Louis Blanc)이다. 칼 마르크스가 묘사한 경제 체제를 의미하는 것은 아니었지만, 블랑에 의하여 '자본'이라는 말을 인간으로부터 멀리하는 것을 의미하는 용례로 사용하게 된다. 즉 자본을 가진 사람으로부터 그렇지 않은 사람을 배제하거나, 자본을 중시하는 것은 아예 인간 자체를 배제하거나 경시한다는 뜻으로 사용된다. 예를 들어서 우리나라에서도 한때 선거용 구호로 나온 '사람이 먼저다'도 이와 같은 맥락에서 이해할 수 있다. 자본주의라는 용어를 윤리적으로 경멸하는 용도로 사용하는 대표적인 사례이다.

물론 블랑 이전에도 '자본주의'라는 용어가 사용되기는 하였다. 그러나 그 의미가 본래의 특성과 무관하게 왜곡되어 오늘날과 같이 사용하게 된 것은 블랑과 마르크스의 독특한 경멸적 규정 때문이다.

'자본주의'의 전개와 유형을 정리하시오.

& 앞서 자본주의는 '자유주의'와 '시장주의'가 두 축이라고 하였다. 따라서 자본주의는 사적 생산수단을 보장하는 시장경제체제의 이

면에 자유주의 노선이 깔려있음을 염두에 두어야 한다. 무엇보다도 그 전개와 유형을 통하여 계보를 살펴보는 것은 자본주의가 작동하는 자유민주주의 사회에서 개인의 권리가 신장된다는 점을 확인하는 데 있다.

& 다음의 네 가지로 나누어 그 전개과정을 파악할 수 있다.

① 고전적 자유자본주의(classical liberal capitalism): 국가의 역할이 개인의 재산권을 보호하고(경찰 국방), 개인 간의 분쟁을 해결하는 사법제도(법정)만을 제공하는 것으로 한정하는 자본주의이다. 세금은 국방과 법의 집행에 필요한 조직의 유지를 위한 비용에만 충당할 정도로 최소화해야 한다. 이는 곧 고전적 자유주의(classical liberalism)를 말한다.

② 국가자본주의(state capitalism): 국가자본주의는 본질적으로 개인의 재산권을 인정하는 자본주의 체제이지만, 국가가 단지 공정한 게임을 집행하는 역할뿐만 아니라 필요할 경우 자원 배정과 관련해서 우선적인 권한을 행사할 수 있다. 그 결과 국가자본주의 체제하에서는 국가가 민간부문의 자원배정을 통제할 수 있는 수단을 제공함으로써 시장의 역할을 위축시킨다. 또한 국가자본주의는 시장에 전적으로 의존했을 경우에 발생할 수 있는 국민 복지의 취약한 부분을 국가의 개입을 통하여 개선하려고 한다. 이는 곧 신자유주의(New Liberalism)라고 하는 진보적 자유주의와 통한다. 그리고 국가개입을 강조할 경우 국가사회주의(State Socialism)를 말한다.

국가자본주의라는 용어는 빌헬름 리프크네히트가 처음 사용하였다. 국가사회주의와 국가자본주의 이 둘의 관계는 상부구조와 하부구조로 표현했는데 국가사회주의는 언뜻 국가자본주의와 반의어 같지만, 국가사회주의는 국가자본주의를 포용하는 개념이라고 설명했다. 사실상 이 두 용어의 뚜렷한 차이점은 없으며, 굳이 차이점을 말한다면, 국가자본주의는 단순히 국가

사회주의가 실현하고자 했던 경제 정책일 뿐이었다.

③ 수정자본주의(revised capitalism, modified capitalism): 자본주의의 여러 모순 즉, 노사대립의 격화, 심각한 불황 등 자본주의의 발전과정에서 나타난 모순에 당면해서 자본주의의 일부, 특히 개별자본의 자유로운 이윤추구를 국가의 개입 등에 의하여 완화함으로써 자본주의 사회의 발전과 영속을 도모하려는 주장 또는 정책이다.

여기에는 두 가지가 있다. 하나는 케인스학파의 주장처럼 국가가 종래의 자유방임주의를 포기하고 적극적으로 투자활동이나 경제통제를 통해 자본주의의 결함을 제거하게 된다고 하는 생각이다. 1929년의 대공황 뒤 미국의 뉴딜(New Deal)정책이나 영국의 복지국가정책이 이에 해당한다. 다른 하나는 소득혁명론으로 누진과세와 사회보장제도에 의해 사회 여러 계층의 소득을 평준화함으로써 소득 불평등에서 발생하는 갖가지 모순이나 곤란을 제거하고 사회 전체의 유효수요를 증대하여 불황을 회피하려는 주장이다. 소위 인민자본주의론이나 민주사회주의론 등이 후자에 해당한다.

전자의 '수정'은 자본주의경제 그 자체를 부정하는 것이 아니라 자본주의경제의 내재적 모순을 수정하고 완화하여 자본주의 체제의 지속적인 유지를 목표로 하는 정책적 노력의 표현이라 할 수 있다. 반면에 후자의 '수정'은 관료적인 경제통제나 군사적인 통제와 같은 국가의 강압적 개입이라는 뜻을 포함한다.

④ 자유지상주의(libertarianism): 간혹 나쁜 의미로 무정부 자본주의라고 한다. 고전적 자본주의 보다 더 강한 자유시장주의 사조를 지니면서 경제적인 문제에 국가의 개입 자체를 거부하는 자본주의이다. 따라서 무정부 자본주의에서는 문자 그대로 국방 경찰 사법제도조차도 정부가 아닌 민간 기업에 의하여 제공된다. 경제학에서 오스트리아학파와 시카고학파로 알려진 일

군의 학자들이 이 유형의 자본주의를 지지한다. 그중 하나인 라스바드(Murray Rothbard)는 기업이나 개인의 계약에 관한 분쟁은 민간 기업이 중재할 수 있으며, 민간 보험회사에 속한 민간 수사관이 범죄 행위로부터 민간부문을 보호할 수 있으며 민간이 운영하는 감옥에 범죄자들을 수용할 수 있음을 역설했다. 이를 놓고 자본주의의 본질을 벗어나 있지만, 흔히 천민자본주의라고 지칭하기도 한다. 오해를 방지하기 위하여 소개한다.

⑤ 천민자본주의(pariah capitalism): 근대 이전의 비합리적 자본주의를 가리키는 말이다. 근대자본주의와 구분되는 개념으로서, 베버(M. Weber)가 이 표현을 사용하였다. 그가 염두에 둔 것은 중세사회의 신분제적 테두리 밖에서 오로지 상업과 금융업을 영위한 천민(賤民)으로서의 유대인이며, 그들이 종사하는 직업은 종교적으로나 도덕적으로 비천한 직업으로 생각되었다. 앞서 언급한 루이 블랑이나 마르크스가 의도한 것은 바로 자본주의가 천민자본주의와 같은 전근대적인 사고로 회귀한다는 의미를 전파하려는 데 있다고 추정할 수 있다. 그러나 천민자본주의는 전혀 자본주의의 특성을 지닌 것이 아니라 명칭만 '자본주의'를 표방할 뿐이다.

& 이상에서 살펴본 자본주의의 전개와 유형을 통하여 우리가 확인할 수 있는 것은 자유주의와 결합한 자본주의가 개인의 기본권의 핵심인 자유, 생명, 재산을 불가분의 관계로 한다는 점을 염두에 두어야 한다. 참고로 자유주의를 토대로 한 자본주의를 이끈 인물들을 정리하면 다음과 같다.

데이비드 흄(David Hume, 1711～1776) → 애덤 스미스(Adam Smith, 1723～1790) → 데이비드 리카도(David Ricardo, 1772～1823) → … → 칼 멩거(Karl Menger, 1840～1921) → 미제스(Ludwig von Mises, 1881～1973) → 하이에크(F. August von

Hayek, 1899～1992) → 프리드먼(Milton Friedman, 1912～2006) → 라스바드(Murray Rothbard, 1926～1995) → …

오웰(George Orwell)의 『동물농장』에 나오는 동물들의 입지를 토대로 공산화된 사회상과 함께 자유민주주의 사회에서 존중되어야 할 가치가 무엇인지를 유추해 보시오.

& 우선 『동물농장』이 1917년 볼셰비키 혁명 당시 상황을 풍자한 소설임을 염두에 두고 이에 등장하는 동물들이 누구를 비유한 것인지를 확인한다. 먼저 동물농장을 동물들이 점령하기 전 동물주인 인간은 자본가를 가리킨다. 그러니까 동물들은 '해방된' 프롤레타리아들이다. 등장하는 동물들은 다음과 같은 인물을 빗댄 것이다.

나폴레옹 — 스탈린/ 메이저 — 마르크스/ 스노볼 — 트로츠키/ 존스 — 러시아 황제 니콜라이 2세/ 돼지들 -볼셰비키/ 복서 — 프롤레타리아/ 개들 — 비밀경찰/ 양 — 홍위병/ 오리들 —선전대/ 미니무스 — 마야코프스키/ 몰리 — 러시아 백군/ 미니무스 — 마야코프스키/ 몰리 —러시아 백군/ 스퀼러 — 프라우다/ 필킹턴 — 영국/ 프레드릭 — 독일

또한 다음 명칭은 당시 상황이나 사건을 빗댄 것이다.

동물반란 — 러시아 혁명/ 동물재판 — 모스크바 재판/ 동물학살 — 스탈린의 대숙청/ 외양간 전투 — 1918-19년의 연합군 침공/ 풍차전투 — 1941년 독일의 러시아 침공/ 풍차 - 소비에트의 5개년 계획/ 농장 본채 —그렘린 등.

다음의 논점을 파악하는 것이 중요하다.

- 공산화의 과정, 이른바 적화되는 과정
- 인민민주주의에서 '인민'의 실종

♋ 전체주의 국가에서 개인의 자유와 권리의 말살 과정

♋ 프롤레타리아 독재의 실체

♋ 소설 제2장에 나오는 '동물 칠계명(The Seven Commandments)'의 의미

♋ 소설 제10장에 나오는 '칠계명' 중 유일하게 남은 계명의 의미: '모든 동물은 평등하다. 그러나 어떤 동물은 다른 동물보다 더 평등하다. (ALL ANIMALS ARE EQUAL. BUT SOME ANIMALS ARE MORE EQUAL THAN OTHERS.)' 본서 제4장 문항 점검 참조.

♋ 소설의 마지막 문장이 의미하는 바: "그래, 맞아, 돼지들의 얼굴에 무슨 변화가 일어났는지 이제 알 수 있었다. 창밖의 동물들은 돼지에게서 인간으로, 인간에게서 돼지로, 다시 돼지에게서 인간으로 번갈아 시선을 옮겼다. 그러나 누가 돼지고 누가 인간인지, 어느 것이 어느 것인지 이미 분간할 수 없었다." 본서 제4장 문항 점검 참조.

🗀 위의 논점을 소개하면서 인용한 내용은 도정일의 번역본(민음사, 1998)을 참고하였음을 밝혀둔다.

🗀 조지 오웰(George Orwell, 1903~1950): 본명 Eric Arthur Blair. 영국의 소설가이지만 그의 작품은 소설을 넘어서 우화에 가까울 정도로 유명하다. 그의 『동물농장』이 이에 해당하는 대표적인 작품이다. 그의 작품은 개인의 자유와 권리를 침해하는 전체주의 사회를 고발했다는 점에서 높이 평가받는다.

& 무엇보다도 '권리'의 중요성을 인정하고 주장한다면 누구나 이 소설을 반드시 읽어야 한다.

조지 오웰의 소설 『1984』와 헉슬리의 소설 『멋진 신세계』를 읽고 개인의 자유와 권리에 관하여 논하시오.

& 적어도 다음 논점을 포함해야 한다.

♋ 우선 두 작품이 지니는 특성을 살펴볼 필요가 있다. 둘의 공통점은 유토피아를 내세우는 정치 선동은 모두 그 사회를 디스토피아

(dystopia)로 몰락시킨다는 점이다. 그리고 두 작품이 묘사하는 거대한 사회공학적 기획(Grand Social Engineering Project)은 개인의 자유와 권리를 말살한다는 점이다.

♋ 그럼에도 불구하고 두 작품은 엄연한 차이가 있다. 오웰의 『1984』에서는 사람들에게 고통을 가함으로써 우리의 삶을 의도적으로 기획하고 통제한다. 반면에 헉슬리의 『멋진 신세계』에서는 우리가 즐기고 탐닉하는 것을 이용하여 우리 삶을 조종하려는 사회공학적 기획을 고발한다. 오웰은 우리가 증오하는 것을 교묘히 조정함으로써 우리를 파멸의 길로 이끄는 것을 경계하였고, 헉슬리는 우리가 향락에 빠지는 것이 우리를 파멸로 이끌 수 있음을 경계한 것이다. 이를테면 전자는 누군가가 우리로 하여금 책을 읽는 것을 금지시킬까 두려웠으며, 후자는 우리의 자발적이고 자율적인 사고를 무력화하는 테크놀로지에 빠져 아예 책을 읽지 않는 것을 두려워했던 것이다.

오웰은 우리에게 '빅브라더'가 개인의 자유와 권리를 의도적으로 말살하는 강압적인 전체주의 체제의 위험성을 알려주었다. 반면에 헉슬리는 우리 스스로가 눈앞의 쾌락과 안일함에 빠져서 자신의 소중한 자유와 권리를 방기하는 전체주의 체제가 도래할 수 있음을 알려준다. 전자는 동서고금의 강압적 전체주의 사회의 폐해를 알려주지만, 후자는 과학기술 발전의 성과를 교묘하게 악용하여 종국에는 완전 통제 가능한 전체주의 사회가 도래할 수 있음을 알려준다.

♋ 교육과 관련시켜 보면, 오웰의 『1984』는 개인의 자유와 자율적인 판단을 외적 강압 수단을 통하여 기도하는 획일적인 교육과 관련된다. 헉슬리의 『멋진 신세계』는 외견상 개인의 자유와 선택이 존중되는 듯하지만, 개인의 합리적 판단을 무력화시키는 교육과 관련된다. 후자는 요즈음 회자되는 '소확행(小確幸)', '워라밸', 욜로족, 유토리 교육 등에 치중하게 된 사회적 현실과 관련이 있다. 그리하

여 이것이 결과적으로 개인을 즉흥적 쾌락에 함몰시킴으로써 인간의 존엄성과 개인의 자유와 권리의 중요성을 망각시킨다는 점을 일깨워준다. 이는 앞서 제8장에서 다룬 행복추구권의 문제와도 관련된다.

♋ 무엇보다도 이 두 작품을 통하여 우리가 얻을 수 있는 교훈은 인간의 존엄성은 각 개개인의 사적 자유와 권리를 보장하는 데서 비롯된다는 점이다.

🗀 올더스 헉슬리(Aldous Leonard Huxley, 1894~1963): 영국의 소설가이자 비평가. 현대문명의 발달을 비판적으로 바라보며, 우아한 문체, 위트, 신랄한 풍자가 두드러진 작품으로 유명하다. 영국의 유명한 진화론자이자 동물학자인 토마스 헉슬리(Thomas Huxley, 1825~1895)의 손자이며, 줄리안 헉슬리(Julian Huxley, 1887~1975)의 동생이다. 그의 『멋진 신세계』는 오웰의 『1984』와 함께 이른바 유토피아를 지향한다는 전체주의 사회가 개인의 자유와 권리를 박탈하고 지옥이나 다름없는 디스토피아로 변질되는지를 잘 보여준다. 개인의 자유와 권리가 순간적인 쾌락이나 '작은' 행복에 도취되는 순간 증발해버린다는 점을 입증하는 소설이다.

자신의 소설 『1984』에서 조지 오웰은 '신어의 원리'라는 부록을 마련하여 개인의 자유와 권리를 말살하는 전체주의 체제가 기획하는 '거대공학'의 사례를 들고 있다. 다음 내용은 그 주요 골자를 몇 가지 소개한 것이다. 이를 보고 개인의 자유와 권리가 말살하고자 하는 일종의 구성주의가 지니는 특징을 들고 그 폐해를 논하시오.

- 신어(Newspeak)는 오세아니아 공용어로서 영국 사회주의(English Socialism)의 이념적인 필요에 의하여 창안된 인공어이다. 2050년까지 이 신어가 구어(Oldspeak, 즉 표준영어)를 대체할 것을 기획한다.
- 신어의 창안 목적은 영국 사회주의 신봉자들에게 걸맞은 세계관과

사고 습성을 갖도록 하고, 영국 사회주의 이외의 사상을 갖지 못하게 하는 데 있다.

- 신어는 기존 언어처럼 언어를 통하여 사고를 확장, 심화하는 데 있는 것이 아니라, 사고의 영역을 '줄이기' 위해서 창안한 것이다. 예를 들어, 'free'라는 말은 신어에 남아 있지만, 구어에서 사용된 것처럼 '정치적으로 자유로운(politically free)' 또는 '지적으로 자유로운(intellectually free)'이라는 의미가 삭제되고, 그 대신 '이 개에는 이가 없다(This dog is free from lice.)'와 같은 의미만이 사용된다.
- 신어의 어휘는 A 어군, B 어군, C 어군으로 나뉜다.
- A 어군은 일상어휘에 관련된 것으로서, 그 특징은 언어에 붙어 있는 관습을 제거하고 인위적이고 형식적인 법칙을 사용하도록 한다는 데 있다.
- B 어군은 아예 합성어를 만드는 것으로서, 정치적 목적을 위해서 용의주도하게 만들어진 낱말들을 말한다.
- C 어군은 A 어군과 B 어군을 보조하는 것으로서, 과학적이거나 기술적인 용어들로 구성된다. 이 어군을 만드는 목적은 영국 사회주의에 바람직하지 못한 의미를 아예 제거하기 위한 것이다.

♋ 몇 가지 논점이 포함되어야 한다. 첫째, 인위적 기획에 의한 언어 조작을 통한 사상의 통제이다. 둘째, 사회통제를 위하여 인류문명이 지녀왔던 일체의 관습을 인위적으로 제거하려는 시도이다. 셋째, 단일한 사고를 통한 사회통제와 다양한 사고를 원천 봉쇄하고 자율적인 사고를 차단하고자 한다. 이를 한 가지 개념으로 각기 설명하면, 거대 사회공학적 기획, 구성주의, 자율적인 사고의 차단이라고 할 수 있다.

♋ A 어군과 관련하여 몇 가지 부언한다. 여기서는 우리 일상어가 지시대상이 있는 사실어(fact term)와 관념어(notion term)로 나뉜다는 점에 착안하여 일체의 관념어를 제거하여 언어를 통한 사상 통제를 기획한다. 자르다(cut)라는 말을 폐기하고, 칼(knife)이라는 말을 명사와 함께 동사로 사용한다. 형용사는 명사에 '-ful'을 붙이고,

부사에는 '-wise'를 붙여서 말을 만든다. 명사 'speed'를 사용하여 빠른(rapid)은 'speedful'로 빠르게(quickly)는 'speedwise'라고 표기한다.

부정어를 만들 경우, 접두어 'un-'을 붙이고, 강조어를 만들 경우 'plus'를 앞 또는 뒤에다 붙인다. '더욱더'라는 강조어는 'doubleplus'를 붙인다. 따라서 따듯하다(warm)는 'uncold'라고 표기하고 '매우 추운'은 'pluscold'로 '몹시 추운'은 'doublepluscold'라고 표기한다. 그 결과 나쁜(bad)이라는 말은 'ungood'이 대체하므로 더 이상 소용이 없는 말이다. 어두운(dark)은 'unlight'로 대체하면 된다.

동사의 경우 모든 과거형과 과거분사에는 '-ed'를 붙인다. 따라서 '생각했다'는 'thought'가 아니라 'thinked'가 되며, 기존의 불규칙 동사의 과거형 'swam', 'gave', 'brought', 'spoke', 'took', 'taken' 등은 모두 폐기될 수밖에 없다.

B 어군과 관련하여 인위적 합성어를 만든다. 여기에는 A 어군의 법칙을 바탕으로 한다. 좋은 생각이라는 뜻의 'goodthink'는 정통(orthodox)이라는 뜻을 지닌다. 즉 'goodthink'는 정통적인 방법으로 생각한다는 뜻이다. 이 말은 명사와 동사로 모두 사용되며 과거와 과거분사는 'goodthinked', 현재분사는 'goodthinking', 형용사는 'goodthinkful', 부사는 'goodthinkwise', 동명사는 'goodthinker'가 된다. 이의 연장에서 사상죄는 'crimethink'가 되며, 사상경찰은 'thinkpol'이 된다.

B 어군의 조어방식에 따라 우리 사고의 중요한 기능을 하는 관념어들이 사라진다. 즉 'honour', 'justice', 'democracy', 'science', 'religion' 등이 사라진다.

이에 따라 도덕관념도 통제되고 변화한다. 인간의 성생활과 관련하여 'sexcrime(性罪)'과 'goodsex(善性)'라는 두 가지 언어만이 존재한다. 전자에는 사음(邪婬), 간통, 동성애, 성도착은 물론 정상적인 남녀가 애정을 표하는 이를테면 부부간의 정상적인 성교도 포함되며, 후자에는 오로지 임신만을 위한 성교만이 포함된다. 부부를 중심으로 하는 도덕관념 자체가 말살된 것이다.

도덕적 기준이나 윤리적 판단기준을 아예 뭉개거나 바꿔 버리는 경우도 있다. 쾌락수용소를 뜻하는 'joycamp'는 '강제노동수용소'를 가리키며, 평화를 관장하는 정부 부처를 뜻하는 'Minipax'는 전쟁부(Ministry of War)를 가리킨다. 판단기준이 둘인 경우를 뜻하는 말로서 'prolefeed'가 있다. 이 말은 당이 대중에게 제공하는 시시껄렁한 오락과 허위 보도를 가리키는데, 당에 적용하면 선이고, 적에게 사용하면 악이 된다. 즉, 이중잣대, 또는 내로남불을 가리킨다.

조어는 축어(縮語)로도 만들어진다. 예컨대, 기록국(Records Department)을 뜻하는 말은 'Recdep'으로, 창작국(Fiction Department)은 'Ficdep'으로 표현한다.

♋ C 어군과 관련하여 보면, 이 언어들은 일상생활이나 정치적으로 사용되지 않는다. 현행 우리의 어휘로 보면 전문어(technical term)에 해당한다. 그러나 C 어군의 어휘들은 이른바 전문용어라는 명목으로 만들어져 전문가 상호 간에 통용되지 않는다. 이를테면 같은 과학의 세부 분야에서 만들어지지만, 상호 소통이 안 되는 말이다. 그 결과 '과학(science)'이라는 말 자체가 사라져버렸다.

♋ 신어를 통하여 목적하는 바는 무엇인가. 한 마디로 개인의 자율적인 사고의 차단(遮斷)에 있다. 예를 들어서 '모든 인간은 동등하다(All men are equal).'라는 표현은 인간이 존엄성에서 동등하다든지, 똑같이 대우받아야 한다는 뜻으로 해석되어서는 안 된다. 이 문장은 '모든 인간은 붉은 머리 색을 가진다(All men are redhaired)'라는 문장과 같은 맥락에서 의미를 가질 뿐이다. 따라서 이 문장은 '모든 인간은 신장, 체중, 체력이 모두 똑같다'는 뜻이다.

같은 맥락에서 사람들로 하여금 체스(chess) 게임에서 사용하는 말[馬]의 이름인 'queen'이나 'rook'라는 말[用語]이 무엇을 의미하는지를 알 수 없게 만들어버린다.

& 이상의 내용을 단편적으로나마 우리 주변의 사례에 적용해 볼 수 있다. 아이들과 젊은 세대가 사용하는 신조어 중에 지나치게 의미를 알 수 없는 '축어(縮語)'의 경우를 살펴보는 것도 의미가 있다. 또한 관습을 파괴하는 과감한 어휘들을 조사해 보는 것도 의미가 있다. 다만 이 경우에 이러한 어휘들이 사람들의 사고를 제약하는 데 사용하고 있다면 그것은 매우 중요한 문제이다.

& 중등학교는 말할 것도 없고 심지어 대학 강좌나 강의 내용이 어렵다고 판단되면 외면하거나 폐강된다. 그나마 중등학교에서는 어려운 내용이 있더라도 대학입시를 위하여 인내해야 할 과목이 된 것은 아닌지 검토해 보아야 한다.

& 누군가 기획한 언어 통제라면 더욱 문제이지만, 그렇지 않은 경우라도 신조어가 기존의 관습이나 권위를 파괴하는 데 동원되는 경우는 없는지를 검토해 볼 필요가 있다.

요즈음 회자되는 '꼰대'는 민주사회 운영에 요구되는 권위 자체를 부정하는 것은 아닌지 검토해 볼 필요가 있다. 우리는 앞서 '권위자' 또는 합리적 권위는 전문성과 도덕성을 요구한다. 언필칭 '꼰대'는 도덕성이 결여되어 있거나 전문성을 갖추지 못한 이가 권위를 내세우거나 권위자인 양 허세를 떨 때 적용되어야 한다. 과연 우리 현실은 그러한가를 검토해 보아야 한다.

또한 사회의 모범을 보여주어야 할 권위자들이 스스로 권위를 무너뜨리는 일을 '평등'이라는 미명 아래 기획하고 실행하고 있는 사례도 살펴볼 필요가 있다. 2022년 봄 시점의 현직 대한민국 대법원장은 한때 부하 판사의 사퇴 건으로 거짓말을 한 것이 드러난 바 있다. 판사의 거짓말은 그 나라 사법부의 권위를 통째로 흔들어 놓는 사건이다. 그런데 그는 사법부의 최고수장이 아니던가. 또한 그의 사법부에서는 법원 내 구내식당에서 판사전용 공간을 없앴다고 조치한 바 있다. 판사와 판사 아닌 사람이 먹는 것 가지고 차별을 두어서는 안 된다는 의식이 전제된 조치로 보인다. 그러나 판사

전용식당 운영이 판사 아닌 법원직원의 인권침해라는 논거에 동의할 사람이 있을지 모를 일이다. 같은 논리로 하면 군의 장교식당과 장군 예우도 폐기해야 마땅하다.

이제까지 살펴본 오웰과 헉슬리의 소설을 통하여 공상적 사회가 개인의 자유와 권리를 침해하고 궁극적으로는 말살한다는 가능성을 확인할 수 있다. 저자들이 경계하는 공상적 사고의 기원을 정리해 보시오.

& 오웰과 헉슬리가 경계하고자 하는 것은 개인의 자유와 권리를 침탈하는 수준을 넘어서 말살하려는 전체주의 사회의 실상이다. 더욱이 전체주의 사회가 공상적인 생각에 근거한다는 데서 이 작가들의 발상을 찾아볼 수 있다. 이 발상은 공통된 특징이 있으며, 그것은 아무런 맥락 없이 나온 것이 아니다.

& 이 공상적 사고에는 일련의 계보가 있다. 근대 사상을 두고 볼 때 그 단초를 제공한 인물은 루소이다. 루소의 사상을 토양으로 하여 공상적 사회주의자들이 나타나며 이를 현실적으로 완결시킨 인물이 마르크스이다.

& 이러한 계보 속에서 나타나는 특징은 다음과 같다. 첫째, 문명의 부정이다. 문명이 인간의 삶을 황폐화시켰다고 본다. 둘째, 문명을 부정하는 대신 '자연'의 법칙을 주장한다. 셋째, 문명적 요소 중 물질적인 풍요를 가져온 자본주의를 비판한다. 넷째, 인간의 삶을 황폐화시키는 것을 막고자 하는 인위적 기획을 도모한다.
그 결과 우리가 확인할 수 있는 것은 원래 그들이 의도했던 공상적인 이상사회가 아니라 개인의 자유와 권리가 말살되는 전체주의 사회의 도래였다. 그러한 불행을 자초하게 된 이유는 인간 개개인이 추구하는 가치와 이기적 동기를 사악한 것으로 본 점과 자연을 이상적 상태로 설정한 점 등을 들 수 있다.

흔히 '진보'라고 하는 일련의 사회주의 사상적 계보를 정리해 보시오.

& 흔히 '진보'라고 불리는 사상은 루소에서 그 출발점을 찾을 수 있다. 그 이후 공상적 사회주의자들과 칼 마르크스로 이어진다. 그 사이에 관념론적 변증의 법칙을 주장한 헤겔의 영향을 받은 것은 사실이지만, 이들은 인류의 문명을 부정한다는 점에서 일종의 '낭만주의'를 형성한다. 이들의 공통점은 다음과 같이 말할 수 있다. 문명이 인간의 삶을 윤택하게 하거나 진보를 이루게 하였다는 관점에 대하여 부정적이다. 인간의 풍요한 삶을 보장하리라 본 문명은 인간의 삶을 황폐하게 보았다. 이 점에서 물질적인 풍요를 가져온 자본주의 사회를 비판하는데, 특히 자본주의는 경제력에 의해 계급 간 격차를 벌리며 더 많은 빈곤을 낳는다고 본다. 이에 그치지 않고 문명이 낳은 교역, 도덕과 사랑은 인간의 본성을 기만하는 도구이며, 자연적 법칙에 어긋난다고 주장한다.

& 다소 거칠게 정리한 것이지만 이들의 계보를 다음과 같이 나타낼 수 있다.

루소(J. J. Rousseau, 1712～1778) → 생시몽(Saint-Simon, 1760～1825) → 푸리에(Charles Fourier, 1772～1837) → 프루동(Pierre-Joseph Proudon, 1809～1865) → 루이 블랑(Louis Blanc, 1811～1882) → 라살레(Ferdinant G. Lassalle, 1825～1864) → 마르크스(Karl Marx, 1818～1883) → …

이들 사상을 짧고 일목요연하게 소개한다는 것은 능력 밖의 일이다. 여기서는 사상적 맥을 짐작할 정도의 특징을 개괄하도록 한다.

& 루소(J. J. Rousseau, 1712～1778): 스위스 출신의 프랑스 철학자, 소설가, 교육학자. 이성적 문명이 오히려 감성의 퇴보를 불러왔다고 주장하여 계몽주의를 비판한 계몽주의자.

♋ 루소는 『사회계약론』에서 홉스와 로크의 사회계약론과 다르게 일

반의지를 설정하고 인민주권을 정당화한 사회계약론을 주장하여 동일성 민주주의 또는 진보적 공화정의 토대를 제공하였다. 여기서 '일반의지'는 투표를 통해 드러난 개인 의지들의 공통부분을 말한다. 이는 진보적 공화정 또는 동일성 민주주의의 토대를 제공한다. 또한 일반의지에 따라서 그 사회의 법과 규칙을 결정해야 한다는 생각에 이른다. 그러나 여기서 '내가 정한 규칙'이란 자신이 정한 규칙을 뜻하는 것이 아니라 일반의지에 의하여 규정된 추상적 개념이다. 이것이 직접 정한 규칙이 아니라는 데서 모순이 발생한다. 그리하여 개인의 자유와 권리를 추상적이고 집합적인 권력에 일임해 버림으로써 전체주의의 씨앗을 잉태한다.

♋ 『학문예술론』에서 루소는 문명이 많은 이점을 가져온 것은 사실이지만 동시에 문명은 인간에게 파괴적이라고 주장하였다. 이 점에서 그를 반(反)계몽주의를 편 계몽주의자라고 한다.

♋ 『인간불평등기원론』에서 루소는 자연상태에서 사회상태로 이월되면서 나타난 현상이 불평등이라고 주장함으로써 문명에 대한 반대기치를 내세우면서 '자연'을 이상화시켰다. 그 결과 자연 상태에서 선량했던 인간이 '사유재산'을 지키기 위해 '사회'를 이루면서 노예제도와 빈곤 등의 불평등을 가지게 되었다. 이는 후에 사유재산을 부정하고 이상향을 건설하기 위하여 주장한 마르크스의 프롤레타리아 혁명론의 토양이 된다.

♋ 『에밀』에서 루소는 불평등한 사회 속에서도 자신의 자연성을 잃지 않은 인간, 곧 자유로운 자연인을 길러내고자 하는 교육론을 전개한다. 이 맥락의 연장에서 기존의 교사 중심의 전통적 교육관을 거부하고, 아동의 흥미와 개성, 경험을 중시하는 아동 중심적 자연주의 교육사상을 주장하여 이른바 '아동중심'의 효시가 된다. 또한 교육은 전통이나 제도가 강요하는 것이 아니기 때문에, 시간을 절약하는 것에 너무 집착하지 말고, 때때로 시간을 충분히 소비하는 것에 집중해야 한다고 주장하여 '무한기회 제공'에 따른 평등관을

정립시켜 버렸다.

♋ 핵심 논점은 자연 상태를 규정하는 데서 찾을 수 있다. 이를 통하여 인간의 이기심을 사악한 것으로 간주해 버렸다. 또한 사유재산이 생기면서 경쟁이 생기고 경쟁은 시기와 질투 등의 '이기심'을 유발하여, 인간의 감성은 더 이상 순수할 수 없게 되었다고 단정해 버렸다. 그 결과 자본주의를 부정하고 나아가서 개인의 자유와 권리를 추상적인 것으로 치환시켜 버렸다. 이러한 그의 일련의 주장은 20세기 공산주의로 가는 안내자로 보인다. 즉 루소는 마르크스주의와 같은 전체주의를 지향하게 된다. 다만, 마르크스는 산업혁명의 결과 드러난 사회적 병폐를 대상으로 본 반면, 루소는 산업화 이전의 상태에서 사회상태가 모든 악의 근원이라고 보고 사회적 병폐를 철폐하는 방안으로 자연을 택하는 데서 차이를 찾을 수 있다.

& 생시몽(Claude-Henri de Rouvroy, Le Comte de Saint-Simon, 1760~1825): 프랑스의 귀족 출신 공상적 사회주의의 대표자 중 하나이며, 동시에 사회주의 사상의 선구자, 역사과학의 선구자, 사회학의 선구자, 실증주의의 창시자, 산업주의자, 테크노크라시의 아버지라는 다양한 수식어가 따라다닌다.

생시몽은 프랑스의 유물론에 찬성하고 이신론(理神論)이나 관념론(특히 독일의 고전 철학)에는 반대하면서 자연의 연구를 중시한 결과 사회의 발전에도 일정한 법칙이 지배한다고 주장한 실증주의자이기도 하다. 그러나 미래사회는 과학적으로 조직되고, 계획적 대공학에 의지한다고 주장함으로써 그는 실증주의에 근거한 '사회공학적 기획'을 최초로 강조한다. 즉 생시몽은 산업사회에서 새로운 사회 시스템을 의도적으로 조직하고자 하는 사상이 요구되어야 한다고 보았다. 그의 이러한 사회조직 사상은 '보이지 않은 손' 등으로 표현되는 자생적 질서를 중시하는 스코틀랜드 사상과 정면으로 배치된다.

& 푸리에(Charles Fourier, 1772～1837): 프랑스의 공상적 사회주의자로서, 생시몽, 오웬과 함께 3대 공상적 사회주의자의 한 사람이다. 푸리에의 주장은 반지성주의, 반자유주의, 반자본주의로 요약된다.

♋ 푸리에는 사회적 병리 현상의 주요 원인을 문명의 물질적 발전에 따른 상업화에서 찾았다. 그는 루소처럼 문명이 사회 병리 현상의 근원이라고 본 것이다. 즉 이성이 인간의 진보를 이루었다고 계몽주의는 생각하지만, 그는 사람들의 행복을 위하여 이성이 기여한 바 없다는 반(反)계몽주의와 함께 반(反)지성주의를 주창한다.

♋ 푸리에의 반지성주의는 도덕무용론으로 이어진다. 문명사회의 도덕은 자연과 상반되며, 자연적으로 주어진 열망과 대치된다. 이에 근거하여 사랑이라는 이름으로 결속된 일부일처제를 부정한다. 이러한 주장은 그의 『사랑이 넘치는 신세계(Le Nouveau Monde amoureux)』에서 찾을 수 있다.

이 책에서 푸리에는 '사랑'의 의미를 '육체적 근원과 정신적 근원', '관능적 쾌락과 감정적 쾌락'이 평형을 이루면서 형성된 열정이라고 정의하면서 사랑을 다섯 범주로 나누었다.

① 단순한 사랑 또는 근원적인 사랑: 단순한 관능적 사랑 또는 단순한 감정적 사랑

② 복합적 사랑 또는 균형을 이룬 사랑: 관능적 사람과 감정적 사랑이 결합한 사랑

③ 폴리가미(polygamy) 또는 초월적 사랑: 복합적 사랑의 범주를 다양한 사랑에 적용시키는 경우

④ 일원적 사랑: 전체 구성원 사이에 결혼이 이루어지는 사랑. 이 단계에서 복합적인 통음이 허용된다.

⑤ 여러 가지가 혼합된 사랑: 오늘날 효력을 상실한 유형들을 포함한 다의적 단계의 사랑

여기서 일부일처제는 두 번째 범주에 속한다. 푸리에는 일부일처제

를 부정한다. 일부일처제는 부부 사이에 영속적인 정조를 강요하는 제도이므로 인간 본성에 부합하지 않는다. 오히려 인간적인 욕망을 숨기기 때문에 순수하지 않으며, 이에 대한 증거가 간통이 오직 일부일처제에서 나온다는 점을 들고 있다. 같은 맥락에서 기존 제도 속의 정숙함은 '기만의 정숙'이다.

세 번째 범주의 폴리가미는 남성 위주의 일부다처제를 뜻하는 것이 아니다. 이를 포함하여 이하 단계를 통하여 푸리에는 자신이 주장하는 새로운 형태의 결합을 '천사 같은 고귀한 커플'이라고 하였다. 그 특징은 다음과 같다. 첫째, 수많은 연인에게 엄청난 명예와 재산을 얻을 수 있는 수단을 제공한다. 둘째, 결합 기간은 영속적이지 않고 일시적이다. 결합 기간을 정하지 않으며 자유로운 열정의 특성이나 격렬함의 정도에 따라 기간이 달라진다. 하지만 2~3개월 주기로 새로운 연인이 결합하기 때문에 육체적 쾌락과 정신적 쾌락이 동시에 보장된다.

한 마디로 푸리에가 주장하는 결혼제는 일종의 다부다체제(多夫多妻制)이다. 모르기는 해도 현실 생활을 완전하게 외면하고 이상적으로 설정한 남녀관계를 주장하는 듯하다. 일상적 의미의 '혼음(混淫)'이나 '잡혼(雜婚)'을 제도화하고 미화한 것으로 보인다.

다만 그는 기존의 가족제도는 여성을 노예화한다는 관점에서 '여성해방'을 주장하고, 페미니즘(feminism)이라는 단어를 최초로 사용한 매우 긍정적인 인물로 알려져 평가되기도 한다.

♋ 반자본주의, 반자유주의 입장에서 푸리에는 생산수단의 사유화, 시장, 경쟁을 부정하고 조합주의 또는 '공산촌'에 해당하는 팔랑스테르(Phalanstère) 건설을 주장하였다. 여기서 '팔랑스테르'는 19세기 초 샤를 푸리에가 제안한 자급자족적 유토피아 공동체를 말한다. 이 명칭은 희랍어의 밀집대형을 뜻하는 팔랑크스(phalange)와 수도원을 뜻하는 프랑스어 모나스테르(monastère)의 합성어다. 이에 상응하는 영어로는 'phalanstery'가 있다.

이 집단공동체에서 일자리는 각 개인의 희망에 따라 분배하는 동시에, 의무로 지정된 하루 근로 시간은 6시간이며, 일주일 중 하루는 쉬게 해야 한다고 주장하였다. 또한 재화의 경우는, 모두에게 기초적인 재화를 분배하되, 생산성에 따른 약간의 차등을 둔다. 이 것 외에도 육아를 위한 탁아소, 그리고 정신적 안정을 위한 건전한 오락을 제공하는 사회복지시설, 교육 시설, 의료 시설, 공동 식당 등을 두어야 한다고 주장하였다. 여기서 우리는 '능력에 따라 노동하고 필요에 따라 분배하는' 방식을 확인할 수 있으며, 이 공동체를 통하여 오늘날의 '소확행'이나 '워라밸'의 효시를 보는 듯하다. 이 제도를 통하여 사유재산을 부정하고, 자본주의를 부정함을 알 수 있다.

♋ 아동을 보는 관점에 있어서 푸리에는 루소보다 더 진보적이다. 푸리에는 아동을 '어리석고 시끄럽기만 한 존재'라고 본 전통적 교육제도의 선구자들을 비판했으며, 오히려 어린 시기에 들어서는 교육효과가 성인에 비해 훨씬 높다고 주장하였다. 구체적으로 그는 아동이 모든 것을 조사하고, 해결하려고 하며, 항상 새로운 것을 추구하려는 발견 본능과 모방 본능을 가지고 노작에 있어서 역동적인 형태를 추구하는 등 아동의 연약함 뒤에 숨어있는 강력한 발전 역량이 숨어있다고 보았다. 또한 그의 아동관 이면에는 천부적으로 자신의 속성을 평화롭고 조화로운 방식으로 추구하고 간직하려는 선함의 특성을 지닌다는 인간관이 전제되어 있다. 문명은 자연에 반하는 것으로 보아서, 아동이 사회의 야만성에 함몰되어 결국 성인에 이르게 되면 대부분이 타락한 인간상이 될 수밖에 없다고 보았다.

& 푸르동(Pierre-Joseph Proudon, 1809～1865): 피에르 조제프 푸르동은 프랑스의 상호주의 철학자이자 언론인으로, 스스로를 '아나키스트(anarchist)'라고 칭한 최초의 인물이다. 푸르동은 우리에게 사유재산을 갖는 것은 도둑질이라는 주장을 한 것으로 잘 알려진

인물이다. 그가 사유재산은 도둑질이라고 한 논거는 다음과 같다. 첫째로 자본가와 임금노동자의 고용관계가 불평등한 교환의 관계이며, 이 불평등관계에 따라 이익이 축적된다. 둘째로 자본가가 분업과 협동에 의한 생산력의 증대를 무상으로 손에 넣음으로써 재산은 더욱더 축적되어 간다. 따라서 재산을 형성하는 것은 남의 것을 훔치는 도둑질이라는 주장이다.

♋ 푸르동의 주장에 맞서 반대로 '세금은 도둑질'이라는 주장도 있다. 하지만 이에 대한 반론도 있다. 즉 사유재산에서 조세가 나오는 것이 아니라, 조세가 사유재산의 범위를 규정한다. 세금으로 인해 재산권 제도가 형성된다는 주장이다. 이에 대하여 다시 재반론이 있다. 언론의 자유는 법적 규정 이전에 정당화되는 권리이다. 같은 맥락에서 사유 재산권은 조세를 규정한 법적 제재 이전에 존재하는 권리이다. 따라서 세금을 매기는 것은 도둑질이다.

& 루이 블랑(Louis Blanc, 1811～1882): 프랑스의 사회주의자. 루이 블랑은 원래 자본을 가지고 있는 상태라는 비교적 가치중립적인 뜻의 '자본주의(capitalism)'를 일종의 탐욕스러운 자본가가 타락시키는 사회 또는 사람이 아닌 자본이 중심이 되어 움직이는 바람직하지 못한 사회라는 의미를 부추기는 용어로 최초로 사용한 인물이다. 앞서 자본주의에 관하여 의미와 사상적 전개 그리고 유형을 살펴본 바 있다.

& 라살레(Ferdinand G. Lassalle, 1825～1864): 독일의 사회주의자 및 혁명사상가로 독일 사회민주당의 전신인 전 독일 노동자협회의 창설자. 대표적인 사회주의 분파 사상으로는 국가사회주의를 창시한 인물이다. 우리가 아는 사회주의와 공산주의와 상당히 다른 만큼 마르크스와 엥겔스에 의하여 그의 주장이 거부되기도 하였다. 그 결과 라살레는 독일 시민계급은 진정한 혁명투쟁을 수행할 수 없으며, 자신에게도 독일인의 민족주의적 요소가 많이 있음을 깨닫고 비스마르크와 협상하였다. 그는 비스마르크와 군주를 통하여

두 가지 목표를 실현할 수 있다고 보았다. 하나는 국가를 민주화하기 위한 보통 평등 선거이고, 다른 하나의 목표는 보통선거와 같은 민중의 참여를 통하여 국가를 더 이상 '야경국가'나 경찰국가에 머무르게 하지 않고 경제를 점진적으로 사회화시키는 노동자 조합을 보장하는 사회적 변화에 적극적으로 참여하게 하는 것이었다.

라살레의 『노동자 강령』에 따르면, 역사적으로 노동자 계급은 '보편성을 지니는 제4계급'이다. 이 계급은 혁명에 의하여 부르주아를 타파하여 형성할 수 있다. 그러나 이 계급이 곧 인류 전체를 의미한다고 하였다. 그 결과 제4계급의 안위가 곧 인류 전체의 안위이며, 이 계급의 자유가 인류 전체의 자유이며, 이 계급의 지배가 곧 모든 인류의 지배라고 보았다. 이를 통하여 라살레는 행복을 누리고 자유와 권리를 향유할 주체를 개인이 아닌 집합으로 보았으며, 집합화를 통하여 인민 자체를 추상화시켰다.

한 마디로 라살레가 추구하는 국가사회주의는 이전의 공상적 사회주의 이념을 현실 속의 국가를 통하여 실현시키려는 노력으로 볼 수 있다. 오늘날에도 국가사회주의 형태의 정부를 쉽게 찾아볼 수 있다. 심지어 자본주의와 자유시장경제를 토대로 하는 국가에서도 국가사회주의 정책을 찾을 수 있다.

& 칼 마르크스(Karl Marx, 1818～1883): 마르크스에 관하여 짧게 개괄하는 것이 불가능하므로, 따로 설명하지 않겠다. 다만 앞서 소개한 공상적 사회주의를 반대하고 마르크스는 엥겔스와 함께 자신의 이론을 '과학적 사회주의'라고 하였다. 하지만 이렇게 보면, 마르크스가 주장하는 공산주의는 사회주의 하위 개념이 되어버린다. 그러나 마르크스의 입장에서 보면 사회주의는 공산주의를 포괄하는 개념이 아니다. 공산주의는 공상적 사회주의를 극복하고 필연적으로 도래하는 이상사회를 위한 이념이라고 규정한다. 공산주의는 사회주의에 포함되는 관계가 아니라 시간적으로는 병렬관계에 있다. 하지만 공산주의는 사회주의를 넘어선다는 점에서 우위에

있다고 본다. [플590-594] 마르크스의 사상을 토대로 전개된 민주주의가 인민민주주의이다.

& 이상의 내용을 살펴본 이유는 루소 이후 공상적 사회주의를 거쳐 공산주의 또는 현대의 사회주의를 추종하는 정책들이 어떻게 형성되었는가를 확인하는 논거가 되기 때문이다. 이제까지 살펴본 내용은 자유민주주의와 시장경제를 신봉하는 국가에서 추진하는 정책 중에 담긴 사회주의적 요소의 기원과 특성을 확인하는 데 도움이 될 것이다. 개인보다는 집합과 추상화를 지향하고, 인간의 이기심을 사악한 것으로 보며, 집단의 거대공학적 기획에 개인을 복속시킨다는 점이 특징이며, 이는 곧 개인의 자유와 권리를 침해하는 결과를 초래한다는 점을 유념할 필요가 있다.

개인의 자유와 권리를 존중하는 자유주의의 형성과 특성을 정리해 보시오.

& 자유주의는 17~18세기의 관점에서 보면 '진보사상'이다.

& 자유주의 형성의 계보는 앞서 살펴본 자본주의 계보와 그 근간이 동일하다.

데이비드 흄(David Hume, 1711～1776) → 애덤 스미스(Adam Smith, 1723～1790) → 데이비드 리카도(David Ricardo, 1772～1823) → … → 칼 멩거(Karl Menger, 1840～1921) → 미제스(Ludwig von Mises, 1881～1973) → 하이에크(F. August von Hayek, 1899～1992) → 프리드먼(Milton Friedman, 1912～2006) → 라스바드(Murray Rothbard, 1926～1995) → …

다만 자유주의를 표방하면서도 자본주의 노선과 동떨어진 입장을 견지하는 사상가들이 있다. 이들을 고려하면, 위의 계보는 다음과 같이 바뀐다.

데이비드 흄(David Hume, 1711～1776) → 애덤 스미스(Adam Smith, 1723～1790) → 벤담(Jeremy Bentham, 1748～1832) → 데이비드 리카도(David Ricardo, 1772～1823) → … → 밀(John Stuart Mill, 1806～1873) → … → 칼 멩거(Karl Menger, 1840～1921) → 미제스(Ludwig von Mises, 1881～1973) → 하이에크(F. August von Hayek, 1899～1992) → 프리드먼(Milton Friedman, 1912～2006) → … → 롤스(John Rawls, 1921～2002) … → 라스바드(Murray Rothbard, 1926～1995) → …

이 외에도 자유주의를 대표할 위대한 인물이 없지 않으며, 오히려 많은 위대한 사상가와 이론가가 여기에 포함될 수 있다.
벤담과 밀은 영국의 공리주의자로 잘 알려진 인물이다. 여기에 존 스튜어트 밀의 아버지인 제임스 밀(James Mill, 1773～1836)을 포함시킬 수도 있다. 이들은 모두 사상과 양심 그리고 학문의 자유를 주장한 인물들이며, 그만큼 표현의 자유가 중요하다는 점을 주장하고 사회적 영향을 미친 인물들이다. 그리고 이러한 바탕 위에서 고전적 권리를 현실적으로 정착시킨 점도 크게 자유주의에 공헌한 바이다. 보통선거와 비밀투표제의 정착은 벤담의 노력과 기여라고 할 수 있다. 또한 소수 의견의 존중과 표현의 자유, 개인의 자율성을 바탕으로 한 사상과 양심의 자유를 강조한 인물은 존 스튜어트 밀이다. 하지만 이들은 동시에 사회주의 사상의 형성에도 상당한 영향을 미친 인물이다. 벤담은 '최대 다수의 최대 행복'이라는 공리주의 논리에 따라 다수의 이익과 행복을 위하여 소수의 자유를 희생시키는 논리로 전개하지 않았으나, 소수가 '부당하게' 또는 '지나치게' 재산과 권력을 축적한 소수 특권층의 경우, 그 소수의 자유를 다수를 위해 희생시킬 수 있다고 보았다. 여기서 '지나치게'와 '부당하게'는 소수의 자유가 공동체를 해롭게 하거나 존립에 방해가 될 때를 말한다. 그 결과 공동체의 모든 구성원이 생계와 부를 되도록 안정적으로 소유하고 누릴 수 있도록, 그리고 보장해야 할 상위의 이익과 양립될 수 있는 한에서 생계와 부가 평등하게 분배되도록 노력해야 한다는 평등관을 도입한다. 같은 맥락에서 밀도 사회적 자원의 분배와 약자의 사회적 보호를 강조함으로써 사회주의적 요소를 정책에 반영하려는 노력을 기울였다. 바로 이러한 점은 곧 국가의 개입을 불러오고 궁극적으로 개인의 자유와 권리를 훼손하는 결과를 초래한다는 비판을 받는다. 그리고 자신들이 주장하는 자유와 사회주의적 요소가 내적으로 상충하는 경우도 발생한다.

롤스는 여러 번 언급한 바와 같이 자유주의와 사회주의 양 노선에 입각하여 정의의 원칙을 수립한 인물이다. 그럼에도 불구하고 롤스가 자유주의자로 여겨지는 것은 자유 우선의 원칙 때문이다. 이 경우 자유는 인간존엄과 자기 존중감(self-esteem)을 토대로 한 것이어서 어느 경우에도 침해당할 수 없는 것으로 본다. 그러나 이른바 '기울어진 운동장'을 바로 잡고자 하는 제2의 원칙이 곧 누군가의 강압이나 국가와 같은 권력기관에 의한 개인의 자유와 권리를 제한할 것이라는 현실론에 따라 그의 자유론은 비판받는다.

& 데이비드 흄(David Hume, 1711~1776): 우리에게는 영국의 경험론을 완성시킨 인식론자로 더 잘 알려진 흄은 애덤 스미스와 함께 스코틀랜드 계몽주의를 대표하는 인물이다. 스코틀랜드 계몽주의는 단순 비교를 하자면 앞서 검토한 프랑스의 공상적 사회주의에 대립되는 사고체계이다.

흄을 높게 평가해야 할 근거는 그의 도덕감성론과 '겸손의 회의주의'에서 찾을 수 있다. 그는 영국의 경험론에 바탕을 두고 엄밀한 이성적 추론이 아니라 경험적 개연성을 토대로 한 논증을 전개하였다. 또한 도덕의 선악 판단을 그 도덕의 유용성에서 찾아 이후 공리주의 사상에 큰 영향을 끼쳤다. 같은 맥락에서 흄은 도덕적 공감이 우리에게 말해주는 바를 '확인'해주는 작용과 도덕적 공감이 전혀 다른 감정이나 잘못된 믿음으로 가는 것을 '보정'해 주는 작용을 함으로써 이성의 역할을 담당한다고 하였다. 이와 같이 도덕감성을 강조하여 이성을 부정했다고 반문할 수 있지만, 흄은 이성 전부를 완전히 부정한 것은 아니고 지식의 토대로서의 이성은 무기력하지만, 우리가 세계를 잘 이해하도록 도와주는 도구로서의 이성은 가치가 있다고 주장하였다.

엄밀하고 확고한 이성의 법칙을 인정하기보다는 현실적인 유용성을 지향하면서 감정의 유연성을 인정한 흄의 사고체계는 다양성과 개방성을 전제로 하는 자유주의 사상으로 발전한다. 구체적으로 말하자면, 시대가 달라지고 장소가 달라지면 유용한 것에 대한 감정들이 달라지기 때문에, 도덕과 관습에 일반적인 법칙을 세우기 어렵다는 흄의 논리는 '가치 다원주의(value pluralism)'로 이어진다. 좋은 삶을 사는 데 필요한 것은 여러 가지이며, 하나의 삶이나 한 사회가 그것들을 다 가질 수 없다는 점을 인정하는 자유주의의 핵심은 흄의 사상에서 나온 것이다. 이는 벌린이 이후 '소극적 자유'를 통하여 자유의 중요성을 강조한 논의로 이어지는 철학적 바탕이 되기도 한다.

& 애덤 스미스(Adam Smith, 1723～1790): 고전 경제학의 아버지로 알려진 스미스는 자본주의와 자유무역의 토대를 제공한 인물이다. 데이비드 흄과 함께 스코틀랜드 계몽주의를 대표하는 인물이다. 그의 사상은 다음 인용문에 압축되어 있다.

> 우리가 매일 식사를 마련할 수 있는 것은 푸줏간 주인과 양조장 주인, 그리고 빵집 주인의 자비심(慈悲心) 때문이 아니라, 그들 자신의 이익을 위한 그들의 고려 때문이다.
>
> 출처: 『국부론』 제1편 제2장

그의 사상은 두 가지로 압축된다, 하나는 '보이지 않는 손'이고 다른 하나는 분업이다. 이 두 가지의 전제가 되는 것은 개인의 이기심이다.
스미스는 각 개인이 자신의 이익을 추구하도록 내버려 두면 '보이지 않는 손'이 작용하여 결과적으로 사회 전체의 복지를 증진시키고 국가의 경제 발전이 보다 많이 이룩될 수 있다고 주장했다. 이에 따라 그는 국가의 기능을 최소한으로 축소시켜 야경 국가론을 주장하였다. 그에 따르면 정부의 필수적인 의무는 다음 세 가지로, 외부의 폭력과 침략으로 보호하기 위한 군사력 보유, 사회의 모든 구성원을 불의나 억압에서 보호하기 위한 엄정한 사법제도 구축, 그리고 사회 전체를 위해 필요하지만 이윤이 비용을 보상해 줄 수 없는 공공사업과 공공기구의 설치와 유지 등이다. 또한 당시 각국의 정부가 자국의 산업을 보호하기 위하여 보호 관세를 부과함으로써 수입을 제한하고 있는 보호무역을 자연적인 자유를 침해하는 일이라고 비난하고, 자연의 법칙에 맞는 경제 질서는 국제적 분업에 입각한 자유무역이라고 강조하였다.
분업은 중상주의를 비판하고 중농주의를 주장하는 과정에서 국민의 부는 금은과 같은 화폐의 보유량에 비례하는 것이 아니라 국민의 작업능률에 비례한다고 주장함으로써 나왔다. 이러한 작업능률을 높이기 위한 필수 요소가 바로 분업이라고 보았다.
이기심은 스미스의 모든 주장과 이론의 토대가 된다. 스미스에 따르면, 이기심은 인간의 더 큰 만족을 추구하는 공통적인 성향(propensity) 및 교역 본능을 억압하기보다는, 본래 이기적인 인간이 자신이 원하는 것 대신 남들이 원하는 것을 생산하게끔 유도하는 시장을 통해 본능을 활용하도록 하는 데서 그 의미를 찾을 수 있다. 즉 이기심 존중이 개인뿐 아니라 전체의 부를 추구하는 데 유리하다는 것이다. 이 점은 사회주의는 물론이고 공적 담론에서 나오는 공공이익 또는 공동이익 그리고 공공선이라는 주장의 허구를 드러내 주는 핵심 논거이다.

앞서 소개한 공공선택론이 이기심에 근거한 주장이라는 것은 바로 애덤 스미스의 이론에 바탕을 둔 것이다. 공공선택론의 선봉인 털럭이나 버틀러가 애덤 스미스 신봉자인 것은 결코 우연이 아니다.

& 데이비드 리카도(David Ricardo, 1772~1823): 런던 태생의 영국의 경제학자. 고전경제학을 확립한 인물로 알려진 그는 애덤 스미스가 토지, 노동, 자본 중 노동에 집중한 것에 대하여 반대하고 세 가지 요인이 모두 생산에 영향을 미친다고 하였다. 또한 자유무역을 신봉하고 이에 따라 '비교우위론'을 주장하였다. 그의 비교우위론은 자유 국제 무역과 결합된 산업 전문화가 항상 긍정적인 결과를 낳는다는 생각이다.

애덤 스미스가 이기심과 분업을 창안하여 자유주의 사상을 발전시켰다면, 리카도는 비교우위라는 개념을 토대로 경쟁의 가치를 드러내 보였다. 경쟁을 악덕으로 본 공상적 사회주의자들과 비교해 보라.

& 칼 멩거(Karl Menger, 1840~1921): 오스트리아의 경제학자이자 오스트리아학파의 창시자. 멩거는 제본즈(W. S. Jevons, 1835~1882)와 나란히 한계효용의 원리를 발견하여 근대경제학의 기틀을 마련하였다. 그는 경제학이 자연과학과 다르다고 주장한다. 왜냐하면 경제는 인간만이 생각하고 판단하는 행동의 결과로 이루어진다고 보기 때문이다. 즉 멩거는 각 개인의 행동을 결정하는 것은 경제 환경에 대한 그들 각자의 지식이고 그 지식은 각 개인들에게 고유하다는 의미에서 주관적이므로 가격 수준의 변동은 개인의 주관적 행동의 결과라고 주장한다. 이를 주관주의라고 한다.

멩거는 시장가격과 시장현상은 통치자가 계획해서 만든 것이 아니라 자신의 목적을 추구하는 사람들의 주관적인 행동으로 의도치 않게 생겨난 자생적 질서(spontaneous order)라고 주장했다. 이는 미제스와 하이에크에게 영향을 주었다.

자생적 질서 개념은 스코틀랜드 계몽주의의 영향으로 형성된 것이며, 프랑스 계몽주의가 주장하는 내용과는 대조를 이루는 개념이다.

& 미제스(Ludwig von Mises, 1881～1973): 오스트리아 경제학자인 루드비히 폰 미제스는 고전적 자유주의를 대표하는 인물이다. 미제스는 누구보다도 개입주의(interventionism)를 반대한 인물이다. 그래서 그는 경제적 비개입주의자라고 한다.

미제스에 따르면, 공공기관이 모든 생산수단을 소유한다면, 자본재에 대한 합리적인 가격은 결정될 수 없다. 왜냐하면 공공기관의 생산수단 개입은 최종 상품과 달리 '교환의 대상'이 아니라 단지 상품의 내부 이전에 그치기 때문이다. 또한 자원의 분배도 시장의 기능에 따라 이루어져야 합리적이라고 주장한다. 그의 이러한 입장은 당시 이른바 주류 경제학 이론으로 팽배하던 케인스 이론을 추종하는 케인스주의를 비판하면서 이루어졌다. 그래서 오스트리아학파 이론을 비주류 경제학이라고 한다. 하지만 '비주류 경제학'이라는 의미가 학계에서 인정받지 못한다는 주장이라는 뜻은 아니다.

미제스를 계기로 하여 고전적 자유주의 부활이라는 말을 한다. 이는 이른바 '새 자유주의(New Liberalism)' 또는 사회자유주의(Social Liberalism)로 인하여 드러나는 폐해를 지적하고 그 대안을 고전적 자유주의에서 찾은 데서 비롯한다. 그 결과 하이에크와 밀턴 프리드먼을 포함한 미제스가 주장하는 자유주의를 전통적 자유주의(traditional liberalism), 자유방임적 자유주의(laissez-faire liberalism), 시장자유주의(market liberalism), 자유지상주의(libertarianism)이라고 한다.

미제스는 그의 저서 『인간행동』에서 사회과학의 일반적인 개념적 기초로서 실천학을 채택하고 경제학에 대한 그의 방법론적 접근을 제시하였다. 여기서 실천학(praxeology; praxiology)은 반사적인 행동이나 의도하지 않은 행동과 달리 의도적인 행동에 참여한다는 개념에 기초한 인간행동이론을 뜻한다. 하지만 의도적인 행동에 참여한다는 뜻은 사회주의에서 기획하는 행동과는 달리 의도하지만 행동의 결과를 의도하지 않는다는 뜻이다. 칼 멩거의 주관주의를 이어받은 이론이다.

& 하이에크(F. August von Hayek, 1899～1992): 계획경제를 반대한 오스트리아 태생의 영국 경제학자. 하이에크는 케인스와 논쟁으로 유명하다. 하이에크가 주장한 것은 시장의 가격결정기능에 의한 자유로운 조절이었고, 케인스의 주장은 정부의 개입에 따른 인위적 조절이었다. 이 논쟁에서 케인스의 이론이 한때 우세하여 케인스의 수정자본주의를 받아들이게 되었으나, 1970년대 들어 케인스 이론에 바탕을 둔 국가의 경제 개입이 위기를 맞으면서 이후 하이에크의 시장주의가 우세하게 되었다. 그 결과 그는 자유주의의 이론적 기초를 확립한 공로로 1974년 노벨경제학상을 수상하였다. 하이에크는 그의 저서 『노예의 길(The Road to Sefdom)』에서 공산주의, 나치주의, 파시즘 등 일체의 전체주의가 환상의 장밋빛을 내세우지만 결국 자유를 몰살하여 노예상태로 몰고 간다고 주장하였다. 이 세상을 천국으로 만들어 주겠다는 사람들로 인하여 이 세상은 결국 지옥으로 간다는 것이 그의 주장이다. 또한 계획경제가 인간을 자유롭게 한다는 미명을 내세우지만 그러한 주장을 하는 권력자들에 의하여 예속의 길, 노예의 길을 가게 된다는 것이다. 하이에크의 이론과 사상은 현실 정치에 크게 기여하였다. 하이에크의 주장에 매료된 영국의 대처 총리는 하이에크 처방대로 경제정책을 실시했다. 1979년 정권을 잡은 마거릿 대처 총리는 실업률을 낮추기 위해 통화를 풀고 정부 지출을 늘리라는 케인스식 처방을 거부했다. 높은 실업률은 단기간에 해결할 수 없는 악으로 받아들이고 감내했다. 한편으로는 정부 소유 사업을 매각하고, 경제에 대한 정부의 직접적인 개입을 줄이고, 창업을 권장하고 개인의 소

득세율을 낮추었다. 대처 총리는 하이에크의 주장대로 작은 정부를 지향하고 경제 자유도를 높이는 방식으로 경제 정책을 펼쳐서 '영국병'을 고치고 영국을 개혁하는 데 성공하였다. 또한 미국의 레이건 대통령은 경제 참모로 하이에크파를 대거 기용했다. 레이건의 경제정책은 레이거노믹스라고도 부르는데 레이건의 연설에서 가장 많이 언급되는 경제학자가 바로 하이에크였다.

하이에크의 소개에 있어서 빼놓을 수 없는 것이 그가 내놓은 역작들이다. 『법, 입법, 그리고 자유(Law, Legislation and Liberty)』의 3부작(1973, 1976, 1979)과 『자유의 헌법(The Constitution of Liberty)』(1960) 그리고 『치명적 자만(The Fatal Conceit)』(1988) 등은 불후의 명작이자 인류의 고전으로 꼽힌다.

요즘에도 회자되는 '지옥으로 가는 길은 선의로 포장되어 있다(The Road to hell is paved with good intentions)'라는 유명한 말을 남긴 이가 하이에크이다. 그의 저서에 『노예의 길』에 담겨 있는 말이 있다.

& 프리드먼(Milton Friedman, 1912~2006): 통화주의(monetarism)를 제창한 미국의 경제학자. 프리드먼이 주장하는 통화주의는 화폐 가치 안정을 경제의 최우선 목표로 삼고, 정부의 시장 개입을 반대하는 입장이다.

프리드먼은 통화주의를 통해 경제 분야에서 정부의 적극 개입을 주장하는 케인스의 개입주의를 철학사상뿐 아니라 경제학적으로 분석, 비판하였다. 기존 케인스의 개입주의를 비판하던 자유주의 경제학자들이 미시경제학적 접근을 주로 했던 반면에, 거시경제학자인 프리드먼은 거시경제학 측면에서 케인스 경제학을 더 엄밀하고 본격적으로 비판하였다.

그의 저서 역시 명저로 유명하다. 『자본주의와 자유(Capitalism and Freedom)』, 『선택할 자유(Free to Choose)』 그리고 『화려한 약속, 우울한 성과(Bright Promise, Dismal Performance)』가 있으

며 이 중 『선택할 자유』는 윤석열 대통령의 애독서로 알려져 독자들에게 한동안 큰 호응을 얻은 바 있다.
무엇보다도 프리드먼은 경제학자임에도 불구하고 자유가 문명의 발전을 위해 필요불가결하다고 하여 자유의 가치를 역설한 인물이다. 그는 『자본주의와 자유』에서 자유로운 개인들의 다양한 시도에서 유익한 새로운 것들이 창조되고 이를 통해 문명의 발전이 이루어진다고 강조하였다. '자유지상주의(libertarianism)'에 걸맞게 프리드먼은 자유가 중요한 것은 자유 그 자체가 궁극적 목적이라고 강조하였다. 특히 경제적 자유는 그 자체가 목적이라고 하면서 경제적 자유가 정치적 자유를 위한 중요한 수단임을 강조했다. 이로써 역사적으로 경제적 자유와 정치적 자유는 자본주의에서만 가능하다는 것을 증명하였다. 자본주의 사회가 아닌 곳에서는 자유민주주의가 실현될 수 없기 때문이다. 즉 자본주의는 정치적 자유의 충분조건은 아니지만 필요조건이라고 했다. 자유, 재산, 생명이 불가분의 가치라는 고전적 자유주의 견해가 프리드먼에 의하여 현대적으로 입증된 셈이다.

& 라스바드(Murray Rothbard, 1926～1995): 오스트리아 학파를 계승한 미국의 경제학자. 머레이 라스바드는 경제를 통제하는 강제적인 정부를 폐지해야 한다고 주장하였다. 그는 정부의 독점적인 힘이야말로 대중의 자유와 장기적인 복지에 대한 가장 거대한 위협이라고 생각했고, 모든 종류의 국가를 가장 부도덕하고 탐욕스러운 사람들이 집결된 '거대한 도적 패거리'로 정의했다. 그 맥락에서 그는 '세금은 도둑질'이라는 유명한 말을 남겼다. 세금은 국가 내 주민들의 재산을 강제로 압류하는 것에 불과하다는 것이다. 그의 『인간, 경제, 국가』는 희대의 걸작으로서 평가된다. 즉 멩거의 『국민경제학의 기본원리』와 미제스의 『인간행동』을 잇는 라스바드의 『인간, 경제, 국가』는 명료하면서도, 포괄적이고, 체계적인 학술서적으로서의 지위를 어느 누구에게서나 인정받고 있다.

& 자유주의가 지향하는 내용과 실상을 파악하고자 하는 사람은 미제스의 『자유주의』와 『자유를 위한 계획이란 없다』라는 자그마한 책자는 필독을 요구할 만큼 중요하다. 여기에 포함된 내용을 세세하게 모두 소개하기에는 적절하지 않지만, 개인의 자유와 권리가 사회주의가 아닌 왜 자유민주주의와 시장경제 속에서 증진되고, 특히 개인의 기본권이 자유민주주의와 시장경제체제 속에서 보장된다는 점을 확인하기 위하여 권장한다. 아울러 짝퉁 '자유주의'를 변별할 수 있는 안목도 갖추게 된다.

- 미제스의 『자유주의』: 이지순 역, 1988, 서울: 자유기업원.
- 미제스의 『자유를 위한 계획이란 없다』: 안재욱 · 이은영 역, 2019, 서울: 자유기업원.
- 정리하면, 미제스의 책을 읽고 다음으로 멩거의 『국민경제학의 기본원리』와 미제스의 『인간행동』 그리고 라스바드의 『인간, 경제, 국가』을 읽는 것도 좋다. 그리고 하이에크의 여러 책도 추천할 만하다. 하이에크의 저술은 경제학에 국한된 내용이 아니어서 지적 탐구심이 강한 사람에게는 매우 매력이 있는 저술이 될 것이다. 모두 국내 번역판이 있다.

앞서 제4장에서 벌린의 자유문제를 소개한 바 있습니다. 벌린이 주장하는 자유의 의미를 『아동권리향연 플러스』에서 소개한 자유주의를 왜곡하는 네 가지와 낭만주의에 비추어 논의해 보시오.

& 우선 벌린의 논점을 정확하게 파악할 필요가 있다. 이를 위하여 앞서 소개한 바 있는 서적, 벌린의 자유에 관한 종합판인 『이사야 벌린의 자유론』(박동천 역, 2006, 아카넷)을 읽고 자유에 관한 생각을 정리하라.

& 추상주의, 구성주의, 역사주의, 중간주의(대중주의)를 염두에 두고 벌린의 논의를 이에 맞추어 정리한다. **[향플489-492]**

& 이 중에서 '자유의 두 가지 개념(Two Concepts of Liberty)'이 주 텍스트인 것은 틀림없지만, 이와 함께 '역사적 불가피성(Historical

Inevitability)'과 '존 스튜어트 밀과 인생의 목적(John Stuart Mill and the Ends of Life)'을 텍스트로 하여 정리한다.

& 이 책에서 벌린 자신의 서문은 『자유에 관한 네 편의 논문』을 출간할 때 출간한 것이지만, 벌린의 의도를 파악하는 데 매우 도움이 된다. 아울러 역자의 해제는 짧지만 중요한 논점을 다 담고 있어서 매우 유익한 길잡이가 된다.

& 역사적으로 논의의 단초는 계몽주의에 있다는 점을 염두에 둔다. 내가 소개한 추상주의, 구성주의, 역사주의, 중간주의(대중주의)는 모두 계몽주의를 발판으로 제기된 것이다. 다만 여기서 추가로 지적한 낭만주의는 계몽주의 맥락에 있지만, 반(counter) 계몽주의적 입장이라는 점에서 역설이다.

& 구성주의는 계몽 이래 인간이 세계를 합리적인 원리에 의하여 파악하고, 이에 따라 합리적인 목적을 설정하고 합리적인 계획을 수립하여 인간의 역사를 '진보'시킬 수 있다는 생각이다. 이는 하이에크의 말처럼 '치명적인 자만'이다.

& 역사주의는 합리적인 목적과 계획을 수행하게 하는 법칙이 있다는 생각이다. 이 생각에는 우주가 기계론적 법칙에 따라 움직이고, 그 법칙은 비록 인과론적이지만 인간의 역사에도 그대로 적용할 수 있다는 전제를 깔고 있다. 역사주의는 결정론이다. 이 생각에는 인간의 자기결정 의지를 간과한 오류를 범하고 있다. 이 생각은 유물론과도 연결되어 있지만, 유물론이라는 것이 그렇게 세상의 본질이 유물이라고 생각하고 있는 사람들의 '생각'에 불과하다는 점을 간과하고 있다.

& 추상주의는 자유를 매우 관념적인 것으로 간주한 데서 비롯된다. 결정론이 유물론에 치우친다면, 추상주의는 유물론을 배격하고 자유가 변덕스럽다는 이유에서 자유를 현실에서 격리시킬 뿐만 아니라 추상화하여 오히려 자유를 향유할 인간을 강제하는 결과를 초래한다. '자유로의 강제'라는 해괴한 명제가 우리의 자유를 강압하

기에 이른다. 벌린이 강조하듯이 강압은 자유의 반대이다.

& 중간주의는 사회가 개인의 합으로 설명할 수 있다거나 아니면 사회가 개인의 총합 이상의 실체라고 보는 데 기인한다. 중간, 중도라는 이름 아래, 중용이라는 미명 아래 중용을 왜곡하여 개인의 가치를 획일화하는 오류는 일종의 집합주의의 산물이라고 할 수 있다.

& 사회가 개인을 넘어서서 존재하고, 개인을 지배하고 통제하는 실체로 보는 생각은 낭만주의로 이어진다. 이성을 최고의 가치로 중시하는 계몽의 자식이면서 이성보다는 감성을 중시하는 낭만주의는 문예만이 아니라 종교, 국가, 역사 등 전반에 걸쳐 다양한 양태로 발전한다. 낭만주의 핵심은 '기존의 것'을 타파하는 데 맞추어져 있다. 이를 '보수'라고 칭한다면 낭만주의는 우리 사회에서 상당하게 지지를 받고 있는 '진보주의'의 뿌리가 된다. 이 점에서 벌린의 또 다른 저작인 『낭만주의의 뿌리』는 매우 유용한 문헌이다.

& 낭만주의는 아동 문제를 보편성의 맥락으로 끌어올린 데 크게 기여한다. 아동을 성인과 똑같은 지위에서 다루다 보니 아들을 아버지 위치에 놓고 생각하는 오류를 범하고 말았다. 이러한 맥락의 낭만주의 사고는 아동을 보호하거나 아동권리를 증진시키기보다는 아동을 무방비 상태로 공정 영역으로 끌어들인 결과 아동권리를 심하게 훼손시키는 결과를 초래하기도 한다. 아렌트가 매우 면밀하게 분석하면서 비판한 것이 바로 이 문제이다.

롤스가 말한 장점 위협(threat advantage)에 관하여 우리 사회에서 벌어진 사례를 통해 설명해 보시오.

& 다음과 같은 논점을 포함해서 논의해야 한다.

♋ 우리 사회에서 회자되는 '아빠 찬스'가 그 대표적인 예가 된다. 문재인 정부에서 벌어진 이른바 '조국사태'는 누구나 선망하는 서울

대학교 교수를 비롯하여 권력 핵심인 대통령 비서실 민정수석과 법무부장관을 지낸 아빠의 지위로 인하여 자신의 자녀에게 여러 가지 부당한 혜택이 돌아갔다는 아빠 찬스를 대변하는 사건이다. 그 이전에 자녀의 입시에 활용된(advantage) 일부 서류가 아빠의 직위와 관련되어 발행됨으로써 공정을 해치게 되었다는 점(threat)을 들 수 있다.

- 조국사태의 경우 상당한 혐의가 대법원에 이르는 법원 판결에서 대부분 사실로 입증되어 유죄 판결을 받았다. 장점 위협으로 인한 행동이 실정법 위반으로 밝혀진 경우이다.
- 2022년 4월 당시 윤석열 대통령 당선인이 지명한 보건복지부 장관 후보자의 딸과 아들의 경북대 의전원 편입학 의혹도 장점 위협의 사례에 속하는 것으로 볼 수 있다. 비록 법적인 차원에서 위법 사항이 없었다고 할지라도 당시 관련 심사에 참여한 사람들이 해당 인물이 누구의 자녀임을 암암리에 고지할 수 있는 상황이기 때문이다. 게다가 장관 후보자가 당시 경북대학교 병원의 부원장과 원장의 직책에 있었다는 사실은 '보이지 않는 압력'이 편입학 전형에 작용했을 것으로 추정된다. 그러나 그 추정은 단순한 의심에 그치는 것이 아니라 이른바 '기울어진 운동장'을 경계해야 한다는 사회적 합의에 비추어 강력한 설득력을 지닌다. 다만 조국사태와 다른 점은 실정법에 위반되는 사실이 발각되지 않았다는 점이다. (이후 2022년 5월 23일 해당 장관 후보자는 자진사퇴하여 사안이 마무리되었다. 하지만 논점은 여전히 유효하다.)
- 이에 해당하는 유사한 사례는 우리 주변에서 쉽게 찾아볼 수 있으며, 이를 수집하여 우리가 공부한 방식에 따라 분석하는 것은 독자들의 과제이다.

⊠ 권리의 관점에 비추어 미국 케네디 대통령 취임 연설문 중 다음 문장이 지니는 문제점을 찾아 논의해 보시오.

자, 미국 국민 여러분, 국가가 여러분을 위해 무엇을 할 수 있을 것인지 묻지 말고, 여러분이 국가를 위해 무엇을 할 수 있을지 물어 보십시오.

& 이 문장은 명연설문으로 60년이 지난 지금까지도 인구에 회자된다. 개인이 국가에 의존하거나 기생하려는 심리를 벗어던지고 스스로 국가를 위하여 봉사하고 헌신하려는 자세를 고취시키고자 한 의도가 높게 평가받는다. 그러나 개인의 자존감과 권리의 관점에서 보면 그리 높이 평가할 수 없는 문장이다. 다음 논점이 포함되어야 한다.

♋ 국가와 개인의 관계에서 개인의 이익은 항상 국가의 이익을 전제할 때만이 위의 주장은 설득력을 지닌다. 그러나 개인의 이익을 추구하는 토대를 제공하는 자유와 권리는 국가의 이익을 위해서 존재하지도 않고, 국가의 이익이 개인의 이익에 선행하여 존재하지도 않는다. 즉 개인의 가치를 국가에 종속시켜 설명할 위험성이 있다. 국익, 공익, 공공선은 개인의 이익이 낳은 외부효과에 불과하다는 점을 상기하라.

♋ 방어적 민주주의(protective democracy)의 경우, 국가의 책무는 개인의 자유와 권리를 방어 또는 보호하는 민주정치 체제를 말한다. 여기서 우리가 주목해야 할 점은 국가가 개인의 자유와 권리를 수호한다는 점을 천명한 것은 개인의 자유와 권리가 국가의 이익에 앞선다는 점에서 국가적 책무를 명시했다는 것을 뜻한다. 케네디 대통령의 주장과는 배치된다는 점을 확인할 수 있다.

♋ 그렇다고 케네디 대통령의 주장이 허황된 말은 아니다. 개인의 이익 추구가 자칫 세속적 이익이나 개인의 고립에 귀결되는 것을 경계해야 한다. 개인의 위상이 선행되고 존중된다고 하더라도 개인의 책무를 저버리고 자신만의 이익과 주장을 관철하는 것이 옳지 않다는 점에서는 평가할 만하다. 분명한 점은 개인의 존재 의의는 일

차적으로 국가 이익을 위해서 찾아지는 것이 아니다.

1961년 1월 20일 케네디 대통령 취임연설문의 해당 원문은 다음과 같다.

And so, my fellow Americans, ask not what your country can do for you, ask what you can do for your country. My fellow citizens of the world, ask not what America will do for you, but what together we can do for the Freedom of Man.

자, 미국 국민 여러분. 국가가 여러분을 위해 무엇을 할 수 있을 것인지 묻지 말고, 여러분이 국가를 위해 무엇을 할 수 있을지 물어보십시오. 그리고 세계의 시민 여러분, 미국이 여러분을 위해 무엇을 베풀어 줄 것인지를 묻지 말고 우리가 손잡고 인간의 자유를 위해 무엇을 할 수 있을지 물어보십시오.

뒤의 문장은 당시 국제사회에서 미국의 위상을 말해주는 것이기도 하지만, 인류 공동번영의 밑거름이 인간의 자유에 있음을 천명하고 있다.

민주주의를 절차적 원리로 이해해야 한다는 입장을 우리나라 정치현실에 비추어 설명해보시오.

& 대한민국 국회는 민주주의의 합의정신과 절차적 원리를 존중한다는 취지에서 이른바 '국회선진화법'을 제정한 바 있다. 이 법은 다수당의 일방적인 법안이나 안건 처리를 막기 위해 2012년 5월 2일 제정된 국회법 개정안으로, 국회의장 직권상정 제한, 안건조정위원회 설치, 안건 자동 상정 등을 골자로 한다. 이 세 가지는 이른바 다수당의 폭주, 즉 다수당의 입법독재 또는 입법만능주의(rule by law)를 제지하기 위한 절차적 장치이다.

이 법에 따르면, 여야가 첨예하게 대립하는 쟁점 법안은 과반수보다 엄격한 재적의원 5분의 3(180명) 이상이 동의해야 본회의 상정이 가능하다. 또 재적의원 3분의 1 이상 요구가 있는 경우 본회의 심의 안건에 대한 무제한 토론을 할 수 있는 필리버스터 제도를 도입했다.

무엇보다도 여기서 핵심은 안건조정위원회 설치에 있다. 쟁점 법안의 관련 상임위원회 재적의원 3분의 1 이상이 쟁점 법안에 대해 안건조정위원회 구성을 요구하면 여야 동수로 위원회를 구성해 최장 90일간 논의할 수 있다. 조정안 의결은 위원회의 재적의원 2/3의 이상의 찬성이 필요하다. 이 절차적 조항이야말로 절차적 민주주의를 실현하는 아주 좋은 선례라고 평가할 수 있다.

하지만 국회선진화법 제정 이후 10년이 지난 2022년 4월과 5월의 시점에서 보면, 이 절차적 원리도 그 취지가 무색하게 무시되어 버렸다. 즉 검찰의 수사권을 조정한다는 명분에서 마련된 검찰청법 개정안과 형사소송법 개정안, 이른바 '검수완박' 법안을 통과시키기 위하여 입법 절차가 아예 무시되었다. 당초 안건조정위원회는 여야 3인의 동수로 하여 6인으로 구성하기로 되어 있으나, 다수당인 더불어민주당은 소수 야당의 반대에도 불구하고 무소속 의원을 소위원회에 야당 몫으로 사보임 배정함으로써 그 취지를 무색하게 하였다. 그러나 해당 무소속 의원이 양심선언에 가까운 거부를 하자 이번에는 더불어민주당이 자당 의원을 편법으로 '위장' 탈당시켜 무소속으로 안건조정위원회에 야당 몫 위원으로 배정함으로써 안건조정위원회 설치 취지를 무색하게 하고 무력화시켜 버렸다.

물론 그 이전에도 이른바 고위공직자수사처법(일명 공수처법)이 상임위원회에서 위와 같은 방식으로 편법 처리된 바 있다. 2020년 12월의 일이다. 또한 그 이전의 공직선거법 개정과 언론중재법 등에서 절차적 원리를 준수하지 않은 사례가 없는 것은 아니다. 편법과 꼼수가 더불어민주당의 다수당 독주에 상습화되어 절차적 원리를 궤멸시켜 버린 것이다.

또한 2022년 본회의에서는 재적의원 3분의 1 이상 요구가 있는 경우 본회의 심의 안건에 대한 무제한 토론을 할 수 있는 필리버스터 제도를 국회법을 편법으로 적용하여 이른바 '회기 쪼개기'를 통하여 무력화시켜 버렸다.

이상의 해괴(駭怪)한 꼼수에 따라 민주적 절차는 훼괴(毁壞)되어 버렸다. 결국 민주주의는 명문화된 법령이나 절차도 중요하지만, 그에 앞서 절차를 준수하고자 하는 구성원의 의식이 선행되어야 함을 알 수 있다.

21세기 대한민국에서 벌어진 절차 파괴는 명문화된 절차적 원리가 없어서가 아니라 절차를 준수하고자 하는 의식이 없었기 때문에 야기된 것으로 보아야 한다. 오히려 위의 경우에서 민주적 절차가 그 절차에 의하여 무력화되는 역설적 결과를 낳았다. 이 역시 '패러독스'를 야기한 것이므로 '절차의 패러독스'라고 부를 수 있을 것이다. 자유의 패러독스가 자유를 추구하는 것이 자유를 제한 또는 침해하는 것을 가리키는 것과 같은 맥락이다. 따라서 절차의 패러독스는 민주주의의 패러독스의 하나의 사례로 볼 수도 있다. [플 519-522; 423-525] 민주주의의 패러독스가 민주주의에서 다수결의 존중이 결과적으로 민주적 절차를 무시하는 결과를 낳는 패러독스를 가리킨다는 점에서 그러하다.

여기서 '해괴한 꼼수'가 '절차에 따른 절차적 원리를 무시한 편법'이라면, '민주적 절차의 훼괴(毁壞)'는 70여 년간 이어온 사법체제를 공청회나 여론의 수렴 과정 없이 졸속으로 망가뜨리고 괴멸(壞滅)시켰다는 점을 표현한 것이다. 전자가 절차에 따른 척하면서 절차를 무시했음을 뜻한다. 한편 후자는 절차적 원리를 구성하는 내용이 궤멸(潰滅)되었다는 것을 뜻한다. 이 법의 개정으로 인하여 이제까지 검찰이 담당했던 국가적으로 영향이 매우 큰 권력형 비리, 각종 대형사건이나 정치 범죄, 선거사범에 대한 엄정한 수사가 '증발'하기 때문이다.

끝으로 설사 국회에서 강행 처리되었어도 헌법 제53조는 15일의 숙의 기간을 거쳐 국무회의 의결을 거쳐 대통령이 공포하도록 되어 있다. 15일이라는 기간을 둔 것도 역시 국회를 통과한 해당 법률이 위헌요소를 담고 있거나 현실적으로 시행하기 어려운 경우 등을 감안하여 절차적 원리를 존중하는 장치로 보아야 한다. 따라서 이른바 '검수완박' 법안이 절차적 원리를 무시한 채 통과되어도 적어도 15일 이내의 숙의 기간을 거쳐 공포해야 한다. 그러나 2022년 5월 임기 만료를 6일 앞둔 당시 대통령은 국회 의결이 있은 당일에 정기 국무회의 시간을 오전 10시에서 오후 2시로 변경하여 회의를 소집하고 법률을 공포해 버렸다. 다수당이 차지한 국회의 시간 변경 요청에 응함으로써 대통령이 국회의 시녀 노릇을 했다는 비판도 나왔다. 이날이 2022년 5월 3일이다.

이른바 '검수완박' 법안이 통과된 이날은 헌법상 입법기관인 다수당 국회의원과 행정부 수반인 대통령이 함께 해괴한 꼼수에 의한 절차적 원리를 무시하여 실질적 절차들을 훼괴한 사건으로 우리나라 민주주의 역사에 크나큰 오점으로 길이길이 남을 것이다.

2022년 5월 3일 공포된 검찰청법 개정안과 형사소송법 개정안, 이른바 '검수완박' 관련법이 국회의 의결을 거치고 국무회의를 거쳐 대통령이 조속히 공포한 절차를 롤스의 정의 원칙에 비추어 논의해 보시오.

& 포함되어야 할 논점만을 소개하고자 한다.

- 이날 개정, 공포된 해당 법률은 롤스가 말하는 사회의 기본 구조를 결정하는 일차적 선(primary goods)과 밀접하게 관련된다는 점.
- 사회의 기본 구조를 설정하는 데에는 협상 당사자가 자신의 이해관계를 뒤로 묻어야 한다는 원초적 입장(Original Position)과 무지의 베일(Veil of Ignorance)의 전제를 무시해 버린 점. 입법을 주도한 인물들이 자신들에게 피해가 오지 않도록 하는 입장을 노골적으로

반영된 점.

♋ 해당 법률을 통과시키기 위하여 절차를 무시하고 강행 처리한 국회 다수당인 더불어민주당의 특정 인물과 소속 국회의원이 이 법과 직접 관련된 이해당사자라는 점. 즉 롤스의 장점 위협(advantage threat)에 해당한다는 점.

♋ 최소최대화(maximin) 원칙은 곧 소수자의 의견이 동등한 비중을 갖도록 한 절차와 상통한다는 점.

♋ 국회의 민주적 운영을 도모하고자 제정한 국회선진화법에 따른 '안건조정위원회'와 필리버스터 제도를 무력화시킨 점.

2020년 4월 제21대 총선거를 앞두고 국회는 2019년 12월 27일 공직선거법을 개정하여 '준연동형비례대표제'를 본회의에서 통과시켰습니다. 이 과정에서 이른바 '4+1 협의체'를 만들어 제1야당을 배제한 바 있습니다. 여기서 '4+1 협의체'란 당시 집권 더불어민주당이 과반수 의석을 차지하지 못하여 바른미래당, 정의당, 민주평화당의 네 개 정당에 대안신당을 합류시켜 나온 말입니다. 이 과정을 롤스의 '규칙 당사자' 측면에서 정리해 보시오.

& 개정 내용은 총 300명 정원을 지역구 253석, 비례대표 47석으로 나누되, 비례대표를 기존방식인 병립형으로 17석을 할당하고, 30석을 준연동형으로 할당한다는 것이다. 비례대표제 배분 방식을 수식으로 제시한 바 있지만, 이를 쉽게 이해하는 사람은 드물 정도로 복잡하기 짝이 없다. 마치 고등학교 3학년 학생들이 풀어야 하는 고차방정식을 보는 느낌이다.

& 논점은 다음과 같은 것이 포함되어야 한다.
첫째, 선거법과 같은 게임의 룰을 정하는 경우에는 다수결로 밀어붙이지 않고, 여야 동수로 합의하여 룰을 정해야 한다. 그러나 '준연동형비례대표제'는 이를 원천적으로 어긴 경우이다.

둘째, 과반의결 원칙을 변칙적으로 운용한 점이다. 당시 제1야당인 국민의 힘을 배제한 점을 들 수 있다.

셋째, 게임의 룰을 정하는 당사자와 그 혜택을 보는 수혜자가 명백하게 구분되어야 한다. 그러나 군소정당의 의회진출을 도모하는 명분을 지닌 '준연동형비례대표제'를 다루면서 제1야당을 배제하고 수혜자인 군소정당들과 룰을 정한 점을 들 수 있다.

& 위의 논리적인 결함 이외에도 여당인 더불어민주당은 이른바 '위성정당'을 창당하여 군소정당의 몫인 의석수를 자당으로 흡수하게 하는 '꼼수'를 부렸다는 점을 지적하지 않을 수 없다. 물론 당시 '위성정당'을 먼저 만든 것은 제1야당인 국민의 힘이었다. 그러나 당시 국민의 힘 입장에서는 협상 당사자 제1순위인 자신들이 배제된 데다가 소수 야당의 입지를 바꾸어 보려는 시도로 '위성정당'을 창당한 것으로 보인다. 하지만 더불어민주당은 이를 빌미로 하여 자신들도 위성정당을 창당하여 다수 의석 확보에 기여하였다. 이에 따라 결국 '준연동형비례대표제'는 그 취지를 무색하게 할 정도로 군소정당의 원내진출을 원천 봉쇄해 버렸다. 절차적 원리를 무시하고 이를 악용한 사례이다.

다음은 우리나라 제19대 대통령 취임사와 제20대 대통령 취임사 중 일부를 발췌한 것입니다. 권리의 측면에서 이 둘을 비교해 보시오.

> … 지금 제 가슴은 한 번도 경험하지 못한 나라를 만들겠다는 열정으로 뜨겁습니다. … 분열과 갈등의 정치도 바꾸겠습니다. 보수와 진보의 갈등은 끝나야 합니다. 대통령이 나서서 직접 대화하겠습니다. … 계층과 세대 간 갈등을 해소하고 비정규직 문제도 해결의 길을 모색하겠습니다. 차별 없는 세상을 만들겠습니다. … 기회는 평등할 것입니다. 과정은 공정할 것입니다. 결과는 정의로울 것입니다. …
>
> (제19대 대통령 문재인 취임사 중, 2017년 5월 10일)

… 우리가 보편적 가치를 공유하는 것이 매우 중요하다고 생각합니다. 그것은 바로 '자유'입니다. 우리는 자유의 가치를 제대로, 그리고 정확하게 인식해야 합니다. 자유의 가치를 재발견해야 합니다. 인류 역사를 돌이켜보면 자유로운 정치적 권리, 자유로운 시장이 숨 쉬고 있던 곳은 언제나 번영과 풍요가 꽃 피었습니다. 번영과 풍요, 경제적 성장은 바로 자유의 확대입니다. 자유는 보편적 가치입니다. …
(제20대 대통령 윤석열 취임사 중, 2022년 5월 10일)

& 위의 글을 토대로 두 대통령의 정치적 공과와 통치 업적을 평가하는 것은 무리이다. 우선 제19대 대통령이 임기를 마친 지 얼마 되지 않은 시점이고, 제20대 대통령은 현재 임기 중이기 때문이다. 다만 두 대통령의 정치적 입장을 자유와 권리의 측면에서 비교해 보는 것은 가능할 것이다. 여기서 비교한다는 뜻은 둘 간의 우열이나 정치적 선호를 입증하자는 말이 아니다.
두 연설문이 드러내는 성향을 대비시켜보자는 뜻이다. 주지하는 바와 같이, 프랑스 혁명의 가치는 자유, 평등, 박애(연대)이다. 이를 통해서 대비가 가능하다. 제19대 대통령의 경우에는 자유보다는 박애(연대)에 초점을 맞춘 듯하며, 제20대 대통령의 경우에는 자유를 가장 보편적인 가치라고 천명하고 있다.

& 두 연설문의 비교에 준거를 제공할 내용은 미국 제40대 레이건 대통령의 취임사일 것이다. 다음 내용은 음미해볼 만하다.
"왜 수 많은 세월 동안 우리가 지구상에 있는 다른 어떤 나라 사람들보다도 더 많이 성취하고 번영하였는가 하는 물음에 대한 대답 … 사람들은 인간의 자유와 존엄을 이 지구상의 다른 어떤 곳에서보다도 여기에서 더 많이 가질 수 있고 …"

& 많은 국가들이 민주주의를 표방하더라도 자유를 보편적 가치로 삼지 않으면 풍요와 번영은 물론 개인의 인간으로서 존엄성을 말살당한다는 교훈을 되새길 필요가 있다. 앞서 살펴본 다음 표에서 영

역 Ⅰ에 해당하는 자유민주주의 국가의 의미는 깊게 새겨보아야 할 것이다.

	민주주의	권위주의
자유주의	Ⅰ	Ⅱ
전체주의	Ⅲ	Ⅳ

공정과 정의, 갈등과 분열의 해소도 민주국가에서 추구할 중요한 가치이다. 그러나 이 가치들은 자유라는 보편적 가치를 기반으로 한다는 점을 간과해서는 안 된다. 이에 비추어 '한 번도 경험하지 못한 나라'를 만들겠다는 것이 무슨 뜻인지도 검증해야 할 중요한 문제이다.

흔히 '새는 좌우 날개로 날아간다.'는 말을 통하여 정치적으로 좌와 우의 노선이 적절하게 결합해야 한다는 주장을 합니다. 이 말이 담고 있는 결함을 지적해 보시오.

& 이른바 정치적 중도 노선이나 '제3의 길'을 주장하는 논거로 사용되는 이 말은 여러 가지 측면에서 잘못된 말이다.

& 먼저 비유 자체가 잘못되어 있다. 새가 날아가는 방향을 정하는 것은 좌우의 양 날개가 아니라 새의 방향을 결정하는 두뇌이다. 새가 좌로 날건 우로 날건 어느 경우에도 양 날개를 사용해야 한다. 결국 자유와 권리를 존중하는 자유민주주의 체제를 수호하려는 의지가 있는가 아니면 전체주의와 집합주의를 지향하는가에 따라 새의 진행 방향이 결정된다.

& 또한 도덕적 차원에서 좌와 우의 합작은 중도도 아니고 중용도 아니고 적당주의(mediocrity)를 낳는다. 도덕적 해이를 조장하고 정치적 정체성을 희석시키는 짝퉁 중도일 뿐이다. 도덕적으로는 각

기 맡은 소임을 다하지 않고 적당주의와 온정주의를 조장한다. 그 결과 사회 기강과 기본 질서를 와해시킨다. 경찰은 범인을 끝까지 잡아야 경찰의 중도를 지키는 것이다. 만약 경찰관이 자신의 정치적 성향에 따라 수사 과정에서 철저한 수사를 적당히 한다거나 범인 검거에 최선을 다하지 않는다면, 그것을 중도 또는 중용이라고 하지 않는다. 그 경찰관은 좌-우 합작의 중도를 표방할지 모르지만 그 행위는 사회 기본질서를 무너뜨린다.

& 정치적 정체성을 희석시키는 데 새는 좌우 날개로 날아간다는 '중도론'을 사용한다. 그러나 정치적 정체성이 모호한 것은 대부분 정치적 전략 전술 수단으로 사용한다. 대개 좌파 세력은 자신들이 불리할 경우 그 불리한 입지를 극복하기 위한 수단으로 좌우 합작이나 '제3의 길'을 제시한다. 하지만 그것이 종국에는 사회의 좌경화, 공산화 등을 목표로 한 전략임이 대부분 역사적으로 입증된 바 있다.

& 이러한 지적을 언론이나 항간에서는 흔히 '색깔론'이라고 폄하하지만, 그렇게 폄하라고 하는 사람들이 대부분 자유민주주의보다는 집합주의를 선호하는 입장에 서 있다는 사실에 주목할 필요가 있다.

& 새가 오른쪽으로 날건 왼쪽으로 날건 양 날개를 모두 사용해야 한다. 따라서 문제는 날개가 아니라 머리 속에서 방향을 결정하는 이념이다.

개인이 향유하고 나름대로 행사할 권리를 보전하고 증진시킬 근원적인 방책을 정리해 보시오.

& 무엇보다도 자유민주주의의 일원이라면 다음과 같은 자세가 요구된다. 자신의 눈앞에 놓인 이익에 집착하여 '권리청원'에 함몰되는 대신에 자유민주주의 체제의 수호에 요구되는 것이 무엇인가를 살

펴볼 필요가 있다. 자기 요구사항을 모두 '권리'라고 포장하여 청원하는 것은 곧 자유민주주의 사회 질서를 온전하게 이해하는 방식이 아니며, 오히려 그 체제를 갉아먹는 데 보탬이 되는 경우가 많다.

& 자기주장만을 일삼는 이른바 권리청원은 곧 자유 사회가 안고 있는 여러 가지 패러독스가 현실로 나타나게 하는 계기를 만들 뿐만 아니라 궁극적으로는 사회 분위기를 자유민주주의 체제 몰락으로 몰고 간다. 이에 관하여 자유 사회가 안고 있는 각종 패러독스를 참고한다. 이를테면, 자유의 패러독스, 관용의 패러독스, 민주주의의 패러독스, 통치의 패러독스, 진보의 패러독스 등을 참고한다. **[플519-529]** 그런 다음 이러한 패러독스를 통하여 자유민주주의 체제가 전복되고 몰락된 역사적 사례를 검토해 본다.

이 문제를 보다 심층적으로 탐구하고자 하는 독자는 포퍼의 다음 저술을 참고할 필요가 있다.

Popper, K. R., 1945, *The Open Society and its Enemies*, Book 1 & 2, (5th, 1973), London: Routledge and Kegan Paul.

번역본도 있다. 칼 포퍼, 『열린 사회와 그 적들 1, 2』, 이한구 역, 2006, 서울: 민음사.

다른 포퍼의 저술과 마찬가지로 이 책은 초심자가 그냥 접하기 쉽지 않은 책이다. 따라서 이 책의 역자는 이를 위한 다음의 안내서를 낸 바 있다. 이한구, 2014, 『칼 포퍼의 열린 사회와 그 적들 읽기』 서울: 세창미디어.

& 자기주장 관철이나 권리청원보다 자유민주주의 수호에 보다 관심을 집중해야 한다는 지적이 다소 막연하다고 여겨질 것이다. 보다 구체적으로 관심을 갖도록 하기 위하여 몇 가지를 다시 정리해 보도록 한다.

첫째, 개인의 자유와 권리에 우선하거나 이를 능가하는 '공공의 이익'이 과연 있는가를 따져보아야 한다. 이익이나 선악을 추상화시키거나 집합화시키는 주장을 경계해야 한다. 각종 개인의 자유와 권리를 자의적으로 침해하는 경우는 이를테면 '인민의 이름으로'

와 같은 슬로건과 함께 자행되었다는 점을 상기해야 한다.

둘째, 공공을 선으로 보는 주장을 경계해야 한다. 이와 함께 개개인의 이기적 욕망은 사악한 것이라는 편견을 버려야 한다. [플 698-702] 사회 발전은 사적 동기와 이기심에서 출발하였고, 이에 의하여 추진되고 있다. 앞서 소개한 공공선택론은 이에 관한 구체적 사례를 제시해 줄 것이다.

셋째, 정치인들이 표를 구걸하기 위하여 내세우는 '구호'와 '공약'을 경계해야 한다. 이들의 대부분 주장과 공약들은 이타적인 내용을 포함하고, 국가와 권력기관이 모든 것을 이루게 할 수 있다는 환상을 심어준다. 그렇지 않은 공약이나 주장은 자신의 득표 활동에 도움이 되지 않아 잘 내세우질 않는다. 이는 인위적 기획을 도모하는 체제로 우리를 이끌고 가서 궁극적으로 자유민주주의를 파괴하고 전체주의로 우리를 몰고 간다. 하이에크가 한 말은 사회주의자들만이 아니라 이러한 철없는 정치인들을 염두에 두고 한 말이다. '지옥으로 가는 길은 선의로 포장되어 있다.' 이 말에는 자생적 질서를 인위적 질서로 바꿔버리려는 모든 정치적 의도를 담고 있다. 또한 정부가 정치적 목적을 가지고 자유민주주의와 시장질서에 적극 개입하도록 하여 모든 사람을 노예 상태로 전락시키려는 사회주의자들의 이데올로기를 꼬집고 있다. 각종 복지정책을 내세우는 그들을 보면서 지옥으로 인도하려는 의도를 간파할 수 있어야 한다.

인터넷을 검색하여 다음 인물과 사례와 관련된 자료를 수집하고 이를 토대로 자유를 수호해야 하는 이유를 정리해 보시오.

& 6·25전쟁에서 팔다리를 잃은 미국 영웅 윌리엄 웨버(William Weber, 1925～2022) 대령의 사례를 살펴본다. 다음 어록을 토대로 자유와 권리의 가치를 논의한다. 그의 관련 어록을 소개하면 다음과 같다.

"너희가 빚진 것은 하나도 없다. 그렇게 생각하면 안 되는 거야!

미국인, 영국인 상관없이 자유를 가진 사람들에게는 의무가 있어. 그 의무는 자유가 없거나, 자유를 잃게 생긴 사람들에게 그 자유를 전하고 지키게 하는 거야. 우리가 한국전쟁에 참전한 것은 그 자유를 지키고 전달하기 위함, 즉 우리의 의무이지.

다만 우리가 너희에게 준 자유를 얻었으니 너희도 의무가 생긴 거야. 북쪽에 있는 너희 동포들에게 자유를 전달하는 것, 그것이 너희들의 의무야. 그 의무를 다했으면 한다."

🗁 윌리엄 웨버(William Weber, 1925.11.10.~2022.4.9)는 한국 6·25 전쟁이 발발하자 당시 공수 낙하산부대 작전장교 대위로 참전하여 인천상륙작전과 서울 수복작전에 활약하였다. 그러다가 1951년 2월 15일 원주 인근 324고지전에서 부상으로 오른팔과 오른 다리를 잃었다. 1년간의 수술을 거치고 현역에 복귀하여 1980년에 전역하였다. 전역 후에는 한국전 참전용사기념재단(KWVMF) 회장을 맡아 미국 워싱턴 D.C.의 한국전 참전비 19인상 건립을 주도하였고, 그 자신이 19인상의 모델이 되기도 하였다. 1995년 완성된 한국전 건립비는 그가 주도한 것이다. 2006년부터 2021년에 이르기까지 한국전 추모의 벽 건립운동을 주도하였다.

& 영화 '잠입(The Mole)' = 제2회 서울락스퍼국제영화제 폐막작으로 선정된 2021년 덴마크 영화제 베스트 다큐멘터리상 수상작이다. 원제는 'The Mole: Undercover in the North Korea'이다. 감독은 매즈 브뤼거(Mads Brügger)이다. 이 영화는 두 남자가 북한으로 잠복하는 이야기로, 조선친선협회인 KFA의 조직원으로 잠입하기도 하고 국제 무기상을 가장하기도 하며 북한의 최측근들과 점점 가까워질수록 북한이 국제 법망을 어떻게 피해가는지 밝혀내는 잠복 스릴러 다큐멘터리이다. 따라서 이 영화를 통하여 북한 주민의 인권실태와 부패한 사회상을 직시할 수 있다.

♋ 이 영화에서 출연한 덴마크 배우 울리히 라르센(Ulrich Larsen)은

10년 전 스페인 친북 단체에 가입해 임원이 된 뒤 북한과 우간다, 요르단 등지를 오가면서 무기 밀매 논의 과정을 카메라에 담았다. 10년 동안 정체를 속여 북한에서 훈장도 받았다고 한다. 탄로 났다면 큰 화를 입었을 위험성에도 불구하고 그는 "2500만 북한 주민이 겪는 고통에 비하면 그렇게 위험하지 않았다"고 한 언론과의 인터뷰에서 밝혔다고 한다. 이는 북한 주민들의 자유와 권리가 얼마나 말살되었는지를 시사하는 말이다.

♋ 이 영화는 북한 인민의 실상과 함께 북한이 어떻게 대북제재를 회피하고 무기를 판매하는지 여실히 보여준다. 그럼에도 불구하고 정작 관심을 가져야 할 대한민국에서는 거의 외면당하다시피 한 영화이다. 오히려 N K News와 같은 재한 영어 매체가 관심을 증진시켰다. 대한민국이 배경도 아니고, 직접 등장하지도 않기 때문이라고 하지만, 북한의 실상과 인권에 무지, 그리고 통일을 위한 북한을 막연한 환상 속의 존재로 보게 한 그간의 그릇된 '통일교육'의 영향이라고 사료된다. 그나마 다행히 2022년 4월, 국내 영화제의 폐막작으로 선정되어 관심을 갖게 되었다.

& 북한 인권운동가 수잔 숄티(Suzanne Scholte): 탈북자 지원과 북한의 인권 상황을 개선하기 위한 활동을 지속적으로 펼쳐온 미국의 비정부기구 디펜스 포럼의 회장. 그녀의 활동을 중심으로 정리한다.

🗀 수잔 숄티(Suzanne Scholte, 1959∼): 미국 코네티컷 출생의 인권운동가이자 의회 후보자. 숄티는 Defense Forum Foundation의 회장이며, 미국 북한인권위원회 부공동 의장 및 자유 북한 라디오의 의장으로 활동하는 북한인권운동가이다. 숄티는 2008년 서울평화상과 2010년 월터 저드 자유상, 2013년 대한민국 외교봉사 공로훈장, 2014년 샌더스 평화와 사회정의상, 2014년 미국 대통령으로부터 자원봉사상 금 상 등 많은 상을 수상하였다. 2008년에 서울의 명예시민이 되었다.
숄티는 북한 인권 증진을 위한 활동을 하기 전에는 소련과 쿠바의 인권 증진 운동에 헌신한 바 있다. 북한 주민 구출운동, Free North Korea

Radio를 통한 북한방송활동, 그리고 각종 캠페인을 전개하고 있다. 특히 2004년부터 매년 4월 말에 개최되고 있는 북한 주민의 자유, 인권, 존엄성을 증진하기 위해 매년 북한자유주간을 개최하고 있다. 또한 매년 9월 24일을 북한 난민 구하기의 날을 기념하여 전 세계 행사로 진행한다. 이날은 중국이 북한 주민들을 강제 송환함으로써 난민협약을 위반하는 날을 기억하기 위하여 제정하였다.

& 미국 대학생 오토 웜비어(Otto Frederick Warmbier)의 부모인 프레드 웜비어(Fred Warmbier)와 신디 웜비어(Cindy Warmbier)가 활동한 내용을 수집하여 정리한 내용을 중심으로 문제점을 확인한다.

오토 프레드릭 웜비어(1994~2017)는 전복 혐의로 2016년 북한에 수감된 미국 대학생으로, 2017년 6월 북한에 의해 식물상태로 풀려났고 얼마 지나지 않아 사망했다. 그는 웜비어는 2015년 12월 29일 가이드 투어 그룹의 일원으로 북한에 입국하여 2016년 1월 2일, 그는 평양 국제공항에서 출국을 기다리다가 체포되었다. 그는 호텔에서 선전 포스터를 훔치려고 시도한 혐의로 유죄 판결을 받았으며, 이로 인해 15년의 징역형을 선고받았다.

2016년 3월 선고 직후, 웜비어는 원인이 확인되지 않은 심각한 신경학적 부상을 입어 혼수상태에 빠졌고, 이는 사망할 때까지 지속되었다. 북한 당국은 보툴리누스 중독과 수면제로 혼수상태에 빠졌다고 발표한 2017년 6월까지 그의 건강 상태를 공개하지 않았다. 혼수상태에 빠진 채 미국으로 송환되었으나, 웜비어는 의식을 되찾지 못했고, 미국으로 돌아온 지 엿새 후인 2017년 6월 19일 부모님이 음식 투여 튜브를 제거해 달라고 요청하면서 사망했다. 검시관의 보고서에 따르면 그는 뇌에 산소 부족을 일으키는 알려지지 않은 부상으로 사망했다고 밝혔다.

2018년 미국 연방 법원은 북한이 이 사건에 이의를 제기하지 않은 후 웜비어의 부모에게 유리한 불이행 판결로 웜비어의 고문과 죽음에 대해 북한 정부가 책임을 진다고 판결했다.

2018년 4월, 웜비어의 부모는 워싱턴 D.C.에 있는 미국 연방 지방법원에서 북한을 고문과 살인 혐의로 고소했다. 민간인은 일반적으로 외국과 그 정부를 고소할 수 없지만, 북한과 같은 테러리즘 국가의 희생자들에게 미국 의회가 설립한 특별 기금으로부터 손해배상금을 지급할 수 있다. 북한은 법정에서 이 사건에 이의를 제기하지 않았지만, 웜비어가

치료를 받았던 평양병원 책임자는 보도자료를 통해 웜비어가 정권에 의해 고문을 당하지 않았다는 북한의 입장을 재확인하였다.

- 이외에 북한에 의하여 저질러진 각종 납치 사건 등의 정보를 수집하여 권리 차원에서 논의한다.

각 개인의 자유와 권리가 보장되고 실질적으로 증진할 수 있는 자유민주주의 체제를 위한 교육적 노력을 구안해 보시오.

- 여러 가지 대책을 강구할 수 있다. 독자 자신의 입장에서 자유민주주의 수호 의지를 반영한 교육적 노력을 구체화할 수 있을 것이다.
- 여기서는 필자가 중요한 자리에 참석할 때마다 제시한 바 있는 교육적 시안 하나를 소개하고자 한다. 상황은 학생들을 가르치는 초·중등학교 수업 시간을 전제한다. 여러분은 이 수업을 담당하는 교사이다.

먼저 국경 표시만 되어 있는 세계지도를 아이들에게 제시한다. 그 지도를 학생 각자에게 복사하여 나누어줄 수도 있다.

- 아이들에게 현재 잘 사는 나라와 그렇지 못한 나라를 각기 다른 색깔로 칠하게 한다. 이때 나이 어린 초등학생들이라면 국민 소득을 설명하는 간단한 자료를 제시할 수 있으며, 중등학교 학생들이라면 나름대로 자료를 찾아 이 과제를 수행하도록 한다.
- 부유한 나라와 그렇지 못한 나라의 차이가 자유민주주의와 시장경제를 채택하는가에 달려 있다는 사실을 가르치는 것이 이 수업의 핵심이다. 따라서 각국의 교역 상태를 알려주는 자료를 제시하면 도움이 된다. 이 자료는 학생들이 사용하는 사회과부도에 담겨 있다. 요즈음은 컴퓨터를 활용한 시청각 자료를 많이 사용하므로 여기서 자료를 출력할 수 있다.
- 학생들이 색을 칠한 지도를 토대로 상호 토론을 진행할 수도 있다.
- 중등학교 학생의 경우에는 이 수업의 아이디어를 기본으로 하여 변형시킬 수도 있다. 일례로 과거 냉전 시대의 양 진영을 표시한 지도를 마련한다.

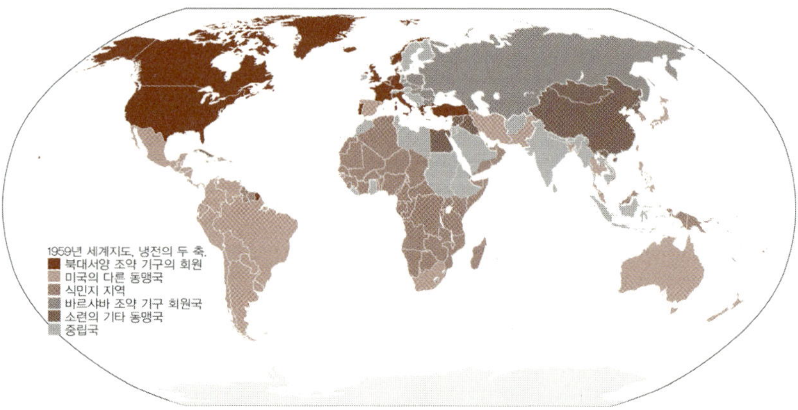

출처 : 위키백과.

이 지도를 토대로 하여 양 진영에 속한 국가들의 소득 정도를 비교하도록 한다. 자유민주주의와 시장경제를 채택한 국가의 우월성을 확인하는 것이 목표이다. 다만 냉전 시대의 자유 진영 국가들 중에서 부유하지 않은 국가의 경우를 설명한다. 예를 들어 1960년대 대한민국은 1인당 국민소득이 500불 정도에 그친 저개발국가였으며 당시 북한보다 뒤진다는 점을 지적한다. 이후 경제성장이 이룩된 점과 함께 대한민국의 자유민주주의 정체성이 도약적인 발전의 토대가 된다는 점을 설명한다.

또한 자유 진영 국가 중에서 열악한 처지에 있는 국가들을 설명한다. 이 경우 논점은 이들 국가가 외양으로는 정치적 자유주의를 표방하지만, 실질적으로 시장경제를 시행하지 않고 부패한 정치인과 관료들의 행태가 국민의 자유와 권리를 침탈했던 점을 설명한다. 이러한 국가들 대부분이 사회주의 국가로 전환되어 빈곤과 약탈의 늪에서 헤어나지 못한 점을 설명한다.

♋ 다음 수업은 경제적 자유가 정치적 자유보다 훨씬 중요하다는 점에 초점을 둔다. 현재 지구상에 사회주의 체제 국가 중에서 경제적으로 도약하는 국가들을 대상으로 하는 수업이다. 이웃 나라 중국과 베트남이 가장 좋은 사례가 된다. 이들 국가는 모두 상당 부분 시장경제체제를 수용한 결과 경제성장을 이룩하였고, 그 결과 사회 하위 계층의 삶도 눈에 띄게 개선된 점을 설명한다.

이 점을 설명하기 위하여 중국 내 각 성(省)을 표시하는 중국 지도를 준비한다.

출처 : 나무위키.

이 지도에 중국 내 각 성(省)의 소득수준을 나타내도록 한다. 이를 통하여 학생들은 중국의 해안을 접한 지역이 소득이 높고 내륙으로 들어갈수록 소득이 낮은 지역임을 알 수 있다. 이는 시장경제가 교역이 활발하게 이루어져야 성공한다는 점을 입증한다.

♋ 다만 중국과 베트남을 포함하는 사회주의 국가들이 지속적인 번영을 누리는 데 한계가 있음을 지적한다. 이 나라 국민은 자신들의 대표자를 직접 선출하지 못한다는 사실을 알려주고 이것이 지니는 의미를 설명하거나 토론하도록 한다.

♋ 각 개인의 자유와 권리를 수호하고 증진하는 데 경제적 자유, 즉 교역이 중요하다는 사실은 역사적으로도 설명할 수 있다. 아테네와 스파르타 등이 활약하던 고대 희랍의 지도를 준비한다. 이 지도에는 지중해를 포함하며 인접 국가들과 교역하였다는 점을 설명할

수 있는 사항이 담겨야 한다.

이 지도를 통하여 번성한 국가의 지정학적 위치를 설명할 수 있다. 그러나 여기에 그치지 말고 교역이 활발했던 도시국가들이 문화적으로 앞섰으며 경제적으로 부유했다는 점을 설명한다. 당시에는 오늘날과 같은 국민소득 수치가 없었지만, 문화 수준을 나타내는 자료와 노예의 수 등은 설명을 위한 자료로 활용될 수 있을 것이다. 무엇보다도 교역이 활발했던 나라들이 정치적 선진국이었음을 알 수 있도록 한다.

이상은 하나의 '시안'이며 이를 토대로 한 이러한 일련의 수업을 준비하고 진행하면서 교육자로서 획득한 여러 사항을 고려한다. 초등학생을 대상으로 할 경우 학년과 아이들의 발달이나 지적 이해 수준 등을 고려하여 진행한다. 중등학생의 경우에도 중학교와 고등학교의 수준이 현저하게 다르므로 이를 고려한다. 특히 중등학교의 경우에는 교사가 담당하는 교과목이 다르므로 이상의 내용은 주로 사회과, 역사, 정치경제, 지리 시간에 다루어질 것이다. 전문성을 갖춘 교사라면 해당 학교와 학급 상황에 따라 진행할 수 있을 것이다.

아동의 권리가 실질적으로 증진되기 위하여 어떤 조치가 이루어져야 하는지 세 가지만 지적하고 그 근거를 제시해 보시오.

& 우리 사회에서 어떤 조치가 이루어져야 하는지, 아니면 어떠한 노력이 선행되어야 하는지를 나름대로 생각했던 점을 세 가지 밝혀본다. 이제까지 다룬 내용을 토대로 해도 좋고 아니면 그렇지 않은 내용을 제시할 수도 있다.

각 개인의 자유와 권리가 보장되고 실질적으로 증진할 수 있는 자유민주주의 체제가 정착하고 온전하게 작동하기 위하여 우리가 유념하여 수행해야 할 과제 세 가지를 제시해 보시오.

& 자유민주주의는 개인의 권리를 보장하고, 신장시키는 토양이다. 이

토양이 없으면 개인의 자유와 권리라는 꽃이 필 수 없다. 그러나 우리 사회 곳곳에서 빈번하게 일어나는 자유민주주의 파괴 행위는 매우 우려스러운 일이다. 자유민주주의 수호를 하나의 좌-우 이념 투쟁으로 보는 것은 아주 잘못된 생각이다. 앞서 지적했듯이 새는 좌우 날개로 나는 것이 아니라, 두뇌의 좌우 회전으로 그 방향을 정한다. 새가 어느 쪽으로 날더라도 두 날개를 다 사용해야 한다. 이 점을 염두에 두고 진술한다.

앞서 자본주의와 자유주의에 관련하여 소개한 내용을 토대로 각자가 필요하다고 판단되는 내용을 정리하고 그 경중을 가려서 독자 나름대로 세 가지만 추려본다.

※ 본서 제1장 제2절의 기본 점검에서 독자 스스로가 진술했던 내용과 방금 위에 진술한 내용을 비교해 보시오. 이제까지 잔치 마당에서 얻은 것이 무엇인지 확인해 보시오.

| 저자소개 |

김정래(金正來)

서울대학교 사범대학 교육학과와 동 대학원을 졸업하고, 영국 키일대학(University of Keele)에서 교육철학을 공부하여 박사학위를 받았다. 그 사이 여러 대학에서 강의를 한 이후 서울대학교 교육연구소와 한국교육개발원에서 근무한 바 있다. 또한 한국청소년개발원 객원연구위원, 한국아동권리학회 학술이사, 한국교육신문 논설위원, 미래한국 편집위원, 하이에크아카데미 원장, 그리고 한국교육철학회 제15대 회장 등을 역임한 바 있다. 현재 부산교육대학교 교수이다. 교육철학과 아동권리 문제를 가르치면서 요즈음은 교육형이상학에 관심을 가지고 공부하고 있다.

저서로는 이 책의 자매서인『증보 아동권리향연』,『아동권리향연 플러스』와 함께『세상을 바꾸는 나』와『세상을 바꾸는 힘(공저)』이 있다. 그 이전에『고혹 평준화 해부』,『진보의 굴레를 넘어서』,『민주시민교육비판』,『전교조 비평』,『학생과 시민의 자원봉사활동(공저)』 등을 지은 바 있다. 이외에 시리즈 저작인『교육과 지식(공저)』,『교육과 성리학(공저)』,『교육과 한국불교(공저)』가 있다.

역서로는『권위, 책임, 교육(리처드 피터스)』,『플라우든 비평(리처드 피터스 편, 공역)』,『봄의 창의성(데이비드 봄)』,『지식의 조건(이스라엘 쉐플러)』,『암묵적 영역(마이클 폴라니)』,『초등교육문제론(로버트 디어든)』,『아동의 자유와 민주주의(로즈마리 챔벌린)』,『교육과 개인(브랜다 코헨)』,『교육목적론(콜린 린지)』,『대중을 위한 경제학(진 캘러헌, 공역)』이 있다.

또 연구기관에서 낸 연구과제로는「자립형사립고등학교 제도도입에 관한 연구」,「학생인권에 관한 연구」,「권리에 관한 청소년 의식조사 연구」,「고교 평준화정책 적합성 연구 I」,「고교 평준화정책 적합성 연구 II」,「사립고등학교의 평준화정책 적합성 연구」,「21세기 교육복지 발전방안에 관한 연구」 등이 있다.

아동권리향연 마당

초판 1쇄 인쇄 / 2022년 8월 25일
초판 1쇄 발행 / 2022년 8월 30일

•

저　자 / 김　정　래
발행인 / 이　중　수
발행처 / **동　문　사**

•

서울특별시 서대문구 홍제원 1길 12
(홍제동 137-8)
Tel : 02)736-3718(대), 736-3710, 3720
Fax : 02)736-3719
등록번호 : 1974.04.27. 제9-17호
가격 : 45,000원

•

ISBN : 979-11-6328-450-5(93370)
E-mail : dong736@naver.com
www.dongmunsa.com